JN441470

한국성경주석총서

갈라디아서

도서출판 횃불

Korea Bible Commentary Series

Galatians

차 례

약어표 ······7
참고문헌 ······11

간행사 ······37
추천사 ······38
편집인 서문 ······39

서 론 ······43
인사말(1:1-5) ······63

제1부:바울의 신학적 변증(1:6-5:12) ······79
Ⅰ. 갈라디아교회의 위기적 상황(1:6-10) ······79
1. 다른 복음은 없다(1:6-9)
2. 사람을 기쁘게 하지 않는 바울 사도(1:10)
Ⅱ. 바울이 자신의 복음과 사도직을 변호함(1:11-2:11) ······97
1. 바울 복음과 사도직의 기원(1:11-17)
1) 계시로 받은 바울의 복음(1:11-12)
2) 회심 전 바울의 유대교 생활(1:13-14)
3) 바울의 다메섹 회심과 그 후 여정(1:15-17)
2. 예루살렘 교회가 인정한 바울의 권위(1:18-2:10)
1) 예루살렘 교회 방문(1:18-20)
2) 수리아와 길리기아를 방문한 바울(1:21-24)
3) 예루살렘 교회 지도자들과의 회합(2:1-10)
(註) 신약에 있어서 가난한 자들에 대한 구제

Ⅲ. 선동자들의 도전과 바울의 응답(Ⅰ)(2:11-5:12) ··················· 184
1. 안디옥 사건과 바울의 이신칭의 복음(2:11-21)
1) 안디옥 사건에 대한 설명(2:11-14)
2) 이신칭의 복음의 신학적 함축들(2:15-21)
2. 재정의된 아브라함의 가족(3:1-4:31)
1) 성령경험을 통한 논증(3:1-5)
2) 성경을 통한 논증(3:6-14)
3) 인간의 공통된 관습에 근거한 논증(3:15-18)
4) 율법의 기능과 목적(3:19-25)
5) 그리스도 안에서 주어진 새로운 신분(3:26-29)
6) 종에서 아들로의 신분 변화(4:1-11)
7) 바울의 개인적 호소(4:12-20)
8) 사라와 하갈의 비유를 통한 논증(4:21-31)
3. 자유를 향한 하나님의 부르심(5:1-12)
1) 자유와 양립할 수 없는 율법 준수(5:1-6)
2) 독자들에 대한 엄중한 경고(5:7-12)

제2부:바울의 윤리적 권면(5:13-6:10) ····················· 491
Ⅳ. 선동자들의 도전과 바울의 응답(Ⅱ)(5:13-6:10) ··················· 491
1. 참 자유의 길:성령을 따라 사는 삶(5:13-24)
1) 사랑은 율법의 완성(5:13-15)
2) 성령은 육체를 극복함(5:16-24)
2. 성령의 실천적 가치(5:25-6:10)

결론적 훈계와 마지막 축도(6:11-18) ······················· 575

약 어 표

BDF	F. Blass, A. Debrunner, and R.W. Funk, *A Greek Grammar of the New Testament* (University of Chicago/ University of Cambridge, 1961)
BEvTh	Beiträge zur evangelischen Theologie
BFCTh	Beiträge zur Förderung christliche Theologie
Bib	*Biblica*
BibSac	*Bibliotheca Sacra*
BJRL	*Bulletin of the John Rylands University Library of Manchester*
BNTC	Black's New Testament Commentaries
BZNW	Beihefte zur Zeitschrift für die neutestamentliche Wissenschaft
CBQ	*Catholic Biblical Quarterly*
CNT	*Commentaire du Nouveau Testament*
EKK	Evangelisch-katholischer Kommentar zum Neuen Testament
EQ	*Evangelical Quarterly*
EvTh	*Evangelische Theologie*
ExpT	*Expository Times*
FRLANT	Forschungen zur Religion und Literatur des Alten und Neuen Testaments

Hermeneia	Hermeneia - A Critical and Historical Commentary on the Bible
Int	*Interpretation*
ICC	International Critical Commentary
HDB	Hastings' Dictionary of the Bible(I-V)
HNT	Handbuch zum Neuen Testament
HTR	*Harvard Theological Review*
HTS	*Harvard Theological Studies*
IDB	G.A. Buttrick(ed.), *Interpreter's Dictionary of the Bible*
JB	Jerusalem Bible
JBL	*Journal of Biblical Literature*
JETS	*Journal of Evangelical Theological Society*
JSNT	*Journal for the Study of the New Testament*
JSOT	*Journal for the Study of the Old Testament*
JTS	*Journal of Theological Studies*
KEK	Kritisch-exegetischer Kommentar über das Neue Testament
KNT	Kommentar zum Neuen Testament
LXX	Septuagint
MeyerK	H.A.W. Meyer, *Kritisch-exegetischer Kommentar über das Neue Testament*
MNTC	Moffatt New Testament Commentary
MQR	*Michigan Quarterly Review*
MS	*Milltown Studies*
NA	Neutestamentliche Abhandlungen
NCB	New Century Bible
NEB	New English Bilbe
NICNT	New International Commentary on the New Testament
NIDNTT	New International Dictionary of New Testament Theology

NIGTC	New International Greek Testament Commentary
NIV	New International Version
NLC	New London Commentary
NovT	*Novum Testamentum*
NovTSup	Supplement to *NovT*
NTD	Das Neue Testament Deutsch
NTS	*New Testament Studies*
RGG	*Religion in Geschichte und Gegenwart*
RSV	Revised Standard Version
SBLDS	SBL Dissertation Series
SBT	Studies in Biblical Theology
SBTh	*Studia Biblica et Theologia*
SEÅ	*Suensk exegetisch årsbok*
SJT	*Scottish Journal of Theology*
SNTSMS	Society for New Testament Studies Monograph Series
SNTW	Studies in the New Testament and Its World
StEv	*Studia Evangelica*
STh	*Studia Theologica*
SUNT	Studien zur Umwelt des Neuen Testaments
TDNT	G. Kittel and G. Friedirch, eds., *Theological Dictionary of the New Testament*, 10 vols, ET(1964-76)
TLZ	*Theologische Literaturzeitung*
TNTC	Tyndale New Testament Commentaries
TQ	*Theologische Quartalschrift*
TynB	*Tyndale Bulletin*
TZ	*Theologische Zeitschrift*
VT	*Vetus Testamentum*
WBC	Word Biblical Commentary
WMANT	Wissenschaftliche Monographien zum Alten und Neuen Testament

WTJ	*Westminster Theological Journal*
WUNT	Wissenschaftliche Untersuchungen zum Neuen Testament
ZNW	*Zeitschrift für die neutestamentliche Wissenschaft*
ZTK	*Zeitschrift für Theologie und Kirche*

참 고 주 석

Beker, J., Conzelmann, H., and Friedrich, G., *Die Briefe an die Galater, Epheser, Philipper, Kolosser, Thessalonicher, und Philemon*, NTD 8, Göttingen, 1976.

Betz, H.D., *Galatians. A Commentary on Paul's Letter to the Churches in Galatia*, Hermeneia, Philadelphia, Fortress, 1979.

Bligh, J., *Galatians in Greek. A Structural Analysis of St Paul's Epistle to the Galatians with Notes on the Greek*, University of Detroit Press, 1966.

Bligh, J., *Galatians: A Dicussion of St Paul's Epistle*, Householder Commentaries, London, 1969.

Bonnard, P., *L'Epitre de Saint Paul aux Galates*, 2nd ed. CNT, Neuchatel and Paris, Delachaux & Niestle, 1972.

Borse, U., *Die Standort des Galatesbriefes*, BBB 41, Bonn, Hanstein, 1972.

Bring, R., *Commentary on Galatians*, ET by E. Wahlstrom, Philadelphia, 1961.

Bruce, F.F., *The Epistle to the Galatians. A Commentary on the Greek Text*, NIGTC, Exeter, The Paternoster Press, 1982.

Burton, E. de W., *A Critical and Exegetical Commentary on*

the Epistle to the Galatians, ICC, Edinburgh, T.& T. Clark, 1980.

Calvin, J., *The Epistles of Paul the Apostle to the Galatians, Ephesians, Philippians and Colossians*, ET by T.H.L. Parker, in Calvin's New Testament Commentaries, Grand Rapids, Eerdmans, 1965.

Chrysostom, J., *Commentary on the Epistle to the Galatians and Homilies on the Epistle to Galatians*, Oxford, Parker, 1840.

Cole, R. A., *The Epistle of Paul to the Galatians*, TNTC, London, 1965.

Duncan, G. S., *The Epistle of Paul to the Galatians*, MNTC, London, Hodder & Stoughton, 1947.

Ellicott, C. J., *A Critical and Grammatical Commentary on St Paul's Epistle to the Galatians*, 2nd edition, London, 1859.

Emmet, C.W., *St Paul's Epistle to the Galatians*, Reader's Commentary, London, 1912.

Fung, R. Y. K., *The Epistle to the Galatians*, NICNT, Grand Rapids, Eerdamans, 1988.

Guthrie, D., *Galatians*, NCBC, Grand Rapids, Eerdmans, 1973.

Hendriksen, W., *The Epistle to the Galatians*, New Testament Commentary, Grand Rapids, Baker, 1969.

Lagrange, M.-J., *Saint Paul, Epitre aux Galates*, 2nd ed. Paris, Gabalda, 1925.

Lietzmann, H., *An die Galater*, 4th edition, HNT 10, Tübingen, Mohr, Siebeck, 1971.

Lightfoot, J.B., *The Epistle of St Paul to the Galatians*, Grand Rapids, Zondervan, 1957.

Longenecker, R.N., *Galatians*, WBC, Dallas, Texas, 1990.

Lutgert, W., *Gesetz und Geist: Eine Untersuchung zur Vorgeschichte des Galaterbriefes*, Gütersloh, 1919.

Machen, J.G., *Machen's Notes on Galatians*, ed. J.H. Skilton, New Jersey, Presbyterian & Reformed, 1977.

Meyer, H.A.W., *The Epistle to the Galatians*, Critical and Exegetical Commentary on the New Testament, VII, ET by G. Venalbes from 5th German edition, Edinburgh, 1884.

Mussner, F., *Der Galaterbrief*, HKNT 9, Herder, Freiburg. Basel. Wien, 1974.

Oepke, A., *Der Brief des Paulus an die Galater*, THNT, Evangelische Verlagsanstalt, Berlin, 1973.

Ramsay, W. M., *A Historical Commentary on St Paul's Epistle to the Galatians*, Minneapolis, Minnesota, 1900.

Ridderbos, H. N., *The Epistle of Paul to the Churches of Galatia*, NICNT, Grand Rapids, Michigan, Eerdmans, 1984.

Schlatter, A., *Die Briefe an die Galater, Epheser, Kolosser und Philemon*, ENT 7, Calwer Verlag, 1963.

Schlier, H., *Der Brief an die Galater*, KEK, Göttingen, Vandenhoeck & Ruprecht, 1971.

Sieffert, F., *Der Brief an die Galater*, KEK, Göttingen, 1899.

Zahn, T., *Der Brief des Paulus an die Galater*, KNT, Leipzig, 1905.

참 고 문 헌

Alt, A., "The Origins of Israelite Law," ET in *Essays on OT History and Religion*, Oxford, 1966, 115-198.

Althaus, P., " 'Das ihr nicht tut, was ihr wollt' . Zur Auslegung von Gal 5,17," *TLZ* 76 (1951), 15-18.

Badenas, R., *Christ the End of the Law*, Sheffield, JSOT Press, 1985.

Bammel, E., "Galater 1,23," *ZNW* 59, 108-112

————, "Gottes ***ΔΙΑΘΗΚΗ*** (Gal.III 15-17) und das jüdische Rechtsdenken," *NTS* 6(1959/60), 313-19

Bandstra, A.J., *The Law and the Elements of the World: An Exegetical Study in Aspects Paul's Teaching*, Kampen, Kok, 1964.

Banks, R., *Jesus and the Law in the Synoptic Tradition*, SNTSMS 28, Cambridge, 1975.

Barclay, J.M.G., *Obeying the Truth. A Study of Paul's Ethics in Galatians*, T.& T. Clark, Edinburgh, SPCK, 1988.

————, "Paul and the Law: Observations on Some Recent Debates," *Themelios* 12 (1985), 5-15.

————, "Mirror-reading a Polemical Letter: Galatians as a Test Case," *JSNT* 31 (1987), 73-93.

Barr, J., *Old and New in Interpretation*, London, SCM, 1966.

Barrett, C.K., "The Allegory of Abraham, Sarah, and Hagar in the Arguments of Galatians," in *Rechtfertigung*, FS for E.

Käsemann, ed. J. Friedrich, W. Pohlmann, and P. Stuhlmacher, Tübingen, Mohr, 1976.

———, *The Epistle to the Romans*, BNTC, 1958.

Barth, K., *Church Dogmatics* II/2, Edinburgh, 1957.

Barth, M., "Die Stellung des Paulus zu Gesetz und Ordnung," *EvTh* 33(1973), 496-526.

———, "Gospel and Law," *God, Grace and the Gospel*, Edinburgh, Oliver & Boyd, 1959.

Bauer, W., Arndt, W.F., Gingrich, F.W., *Greek-English Lexicon of the New Testament and Other Early Christian Literature*, University of Chicago Press, 1979.

Bauer, W., *Orthodoxy and Heresy in Earliest Christianity*, ed. Robert Kraft and Gerhard Krodel, Philadelphia, Fortress, 1971.

———, *Griechisch-deutsches Wörterbuch zum den Schriften des Neuen Testament und übrigen urchristlichen Literatur*, Berlin, Topelmann, 1958.

Bauerfeind, O., '**τρέχω**,' *TDNT* 8, 226-35.

Beasley-Murray, G.R., *Baptism in the New Testament*, London, 1962.

Beker, J.C., *Paul the Apostle. The Triumph of God in Life and Thought*, Edinburgh, 1980.

Belleville, L.L., " 'Under Law' : Structural Analysis and the Pauline Concept of Law in Galatians 3.21-4.11," *JSNT* 26(1986), 53-78.

Behm, J., '**διαθήκη**,' *TDNT* 2, 106-34.

Berger, K. "Apostelbrief und apostolische Rede: Zum Formular früh christlicher Briefe," *ZNW* 65 (1974), 190-231.

Bertram, G., '**παιδεία, παιδαγωγός**,' *TDNT* 5, 596 625.

———, '**ἐπιστρέφω**,' *TDNT* 7, 722-29.

Bertram, G. & Rengstorf, K.H., '**ζυγός**,' *TDNT* 2, 896-901.

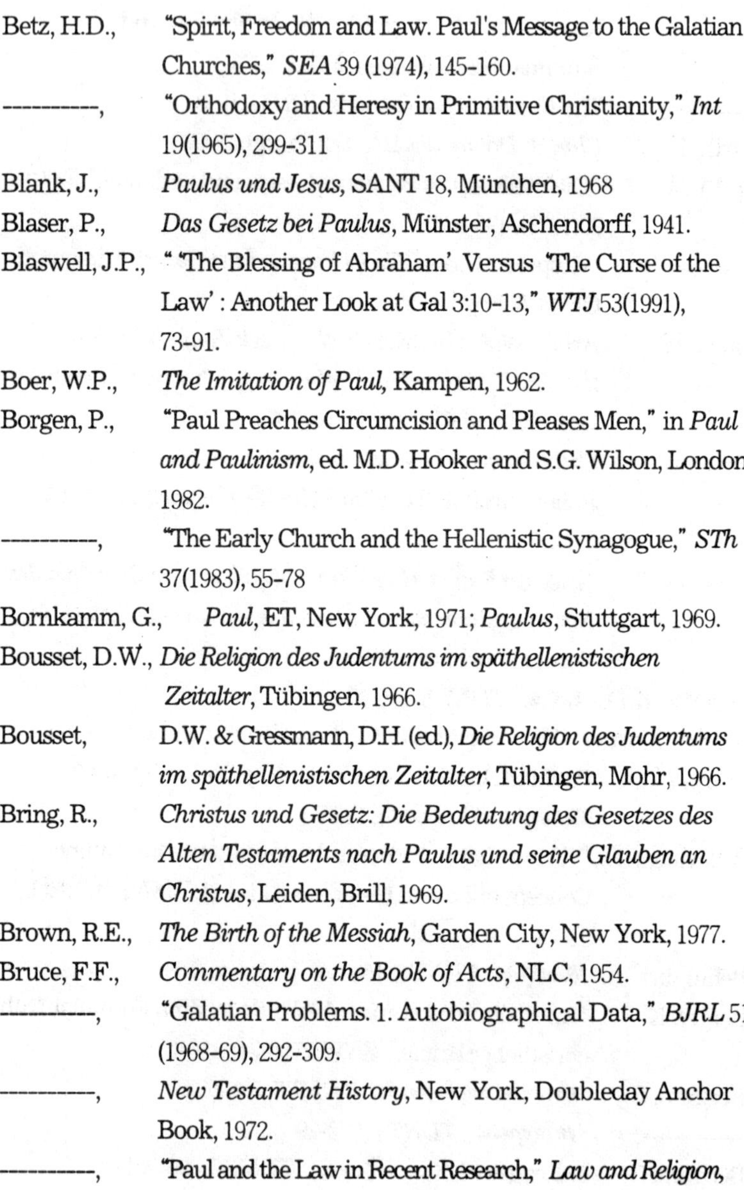

Betz, H.D., "Spirit, Freedom and Law. Paul's Message to the Galatian Churches," *SEA* 39 (1974), 145-160.

----------, "Orthodoxy and Heresy in Primitive Christianity," *Int* 19(1965), 299-311

Blank, J., *Paulus und Jesus,* SANT 18, München, 1968

Blaser, P., *Das Gesetz bei Paulus*, Münster, Aschendorff, 1941.

Blaswell, J.P., " 'The Blessing of Abraham' Versus 'The Curse of the Law' : Another Look at Gal 3:10-13," *WTJ* 53(1991), 73-91.

Boer, W.P., *The Imitation of Paul,* Kampen, 1962.

Borgen, P., "Paul Preaches Circumcision and Pleases Men," in *Paul and Paulinism*, ed. M.D. Hooker and S.G. Wilson, London, 1982.

----------, "The Early Church and the Hellenistic Synagogue," *STh* 37(1983), 55-78

Bornkamm, G., *Paul*, ET, New York, 1971; *Paulus*, Stuttgart, 1969.

Bousset, D.W., *Die Religion des Judentums im späthellenistischen Zeitalter*, Tübingen, 1966.

Bousset, D.W. & Gressmann, D.H. (ed.), *Die Religion des Judentums im späthellenistischen Zeitalter*, Tübingen, Mohr, 1966.

Bring, R., *Christus und Gesetz: Die Bedeutung des Gesetzes des Alten Testaments nach Paulus und seine Glauben an Christus*, Leiden, Brill, 1969.

Brown, R.E., *The Birth of the Messiah*, Garden City, New York, 1977.

Bruce, F.F., *Commentary on the Book of Acts*, NLC, 1954.

----------, "Galatian Problems. 1. Autobiographical Data," *BJRL* 51 (1968-69), 292-309.

----------, *New Testament History*, New York, Doubleday Anchor Book, 1972.

----------, "Paul and the Law in Recent Research," *Law and Religion,*

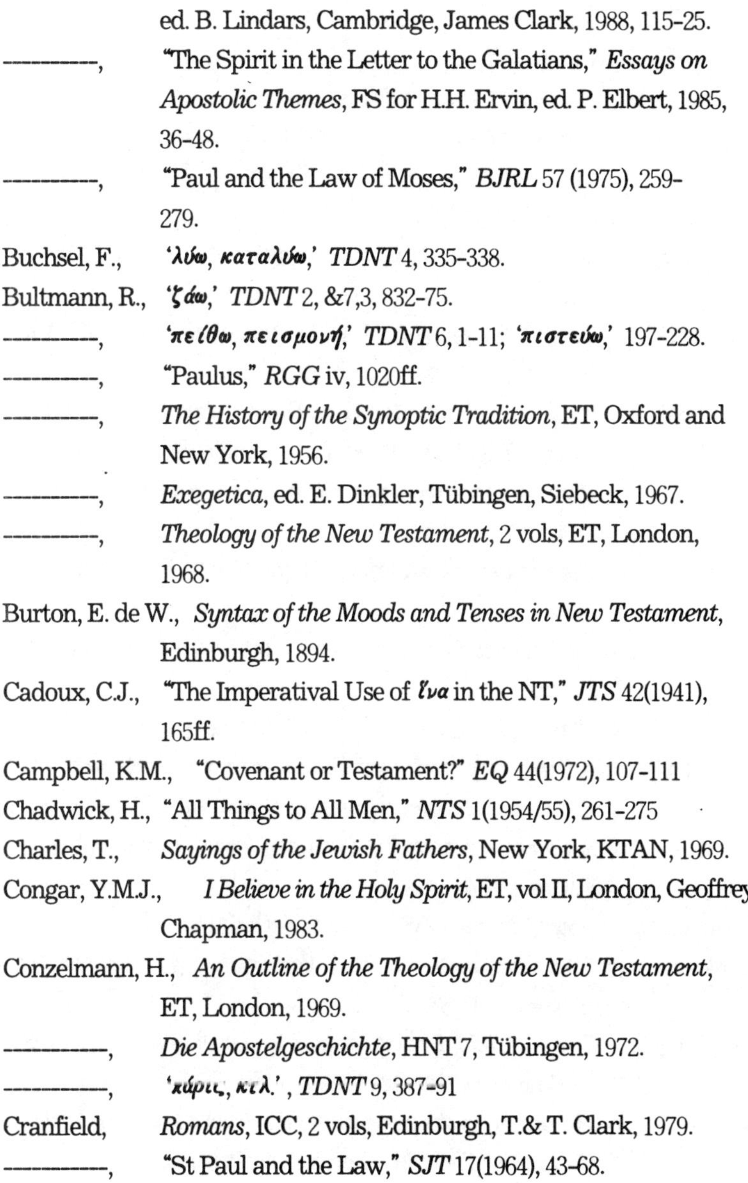

ed. B. Lindars, Cambridge, James Clark, 1988, 115-25.

————, "The Spirit in the Letter to the Galatians," *Essays on Apostolic Themes*, FS for H.H. Ervin, ed. P. Elbert, 1985, 36-48.

————, "Paul and the Law of Moses," *BJRL* 57 (1975), 259-279.

Buchsel, F., '*λύω, καταλύω*,' *TDNT* 4, 335-338.

Bultmann, R., '*ζάω*,' *TDNT* 2, &7,3, 832-75.

————, '*πείθω, πεισμονή*,' *TDNT* 6, 1-11; '*πιστεύω*,' 197-228.

————, "Paulus," *RGG* iv, 1020ff.

————, *The History of the Synoptic Tradition*, ET, Oxford and New York, 1956.

————, *Exegetica*, ed. E. Dinkler, Tübingen, Siebeck, 1967.

————, *Theology of the New Testament*, 2 vols, ET, London, 1968.

Burton, E. de W., *Syntax of the Moods and Tenses in New Testament*, Edinburgh, 1894.

Cadoux, C.J., "The Imperatival Use of *ἵνα* in the NT," *JTS* 42(1941), 165ff.

Campbell, K.M., "Covenant or Testament?" *EQ* 44(1972), 107-111

Chadwick, H., "All Things to All Men," *NTS* 1(1954/55), 261-275

Charles, T., *Sayings of the Jewish Fathers*, New York, KTAN, 1969.

Congar, Y.M.J., *I Believe in the Holy Spirit*, ET, vol II, London, Geoffrey Chapman, 1983.

Conzelmann, H., *An Outline of the Theology of the New Testament*, ET, London, 1969.

————, *Die Apostelgeschichte*, HNT 7, Tübingen, 1972.

————, '*χάρις, κτλ.*', *TDNT* 9, 387-91

Cranfield, *Romans*, ICC, 2 vols, Edinburgh, T.& T. Clark, 1979.

————, "St Paul and the Law," *SJT* 17(1964), 43-68.

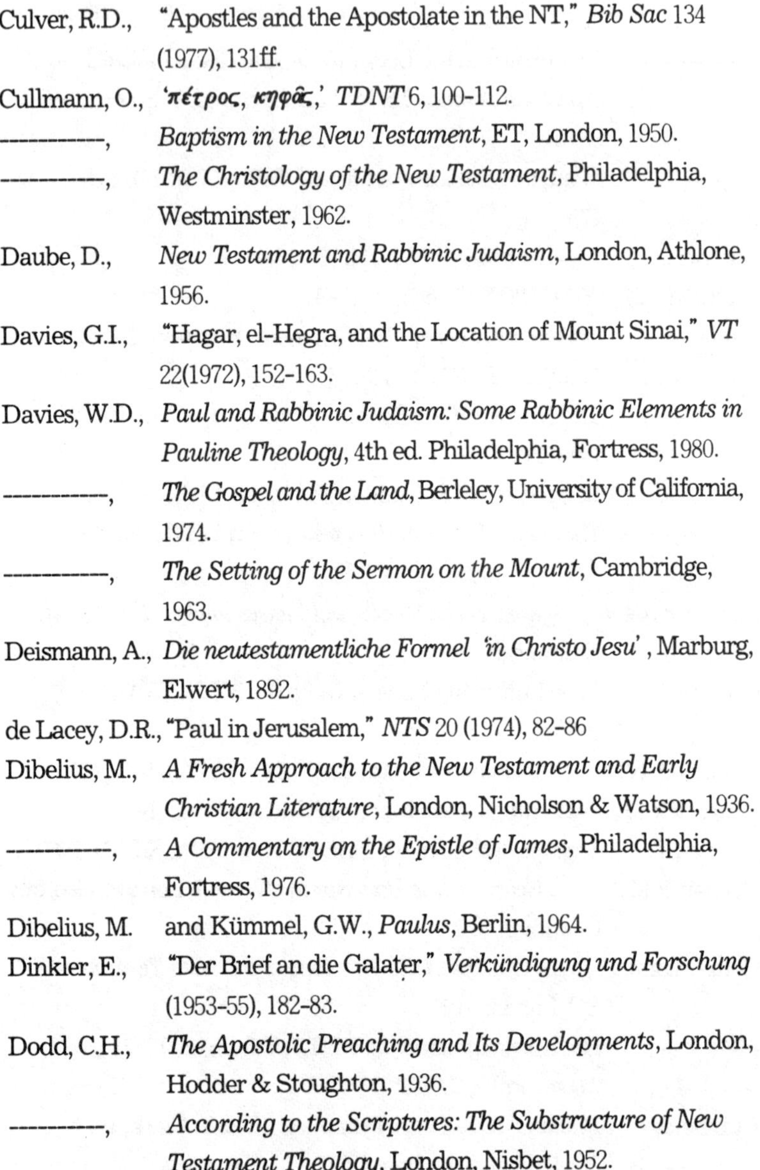

Culver, R.D., "Apostles and the Apostolate in the NT," *Bib Sac* 134 (1977), 131ff.

Cullmann, O., '*πέτρος, κηφᾶς,*' *TDNT* 6, 100-112.

———, *Baptism in the New Testament*, ET, London, 1950.

———, *The Christology of the New Testament*, Philadelphia, Westminster, 1962.

Daube, D., *New Testament and Rabbinic Judaism*, London, Athlone, 1956.

Davies, G.I., "Hagar, el-Hegra, and the Location of Mount Sinai," *VT* 22(1972), 152-163.

Davies, W.D., *Paul and Rabbinic Judaism: Some Rabbinic Elements in Pauline Theology*, 4th ed. Philadelphia, Fortress, 1980.

———, *The Gospel and the Land*, Berleley, University of California, 1974.

———, *The Setting of the Sermon on the Mount*, Cambridge, 1963.

Deismann, A., *Die neutestamentliche Formel 'in Christo Jesu'*, Marburg, Elwert, 1892.

de Lacey, D.R., "Paul in Jerusalem," *NTS* 20 (1974), 82-86

Dibelius, M., *A Fresh Approach to the New Testament and Early Christian Literature*, London, Nicholson & Watson, 1936.

———, *A Commentary on the Epistle of James*, Philadelphia, Fortress, 1976.

Dibelius, M. and Kümmel, G.W., *Paulus*, Berlin, 1964.

Dinkler, E., "Der Brief an die Galater," *Verkündigung und Forschung* (1953-55), 182-83.

Dodd, C.H., *The Apostolic Preaching and Its Developments*, London, Hodder & Stoughton, 1936.

———, *According to the Scriptures: The Substructure of New Testament Theology*, London, Nisbet, 1952.

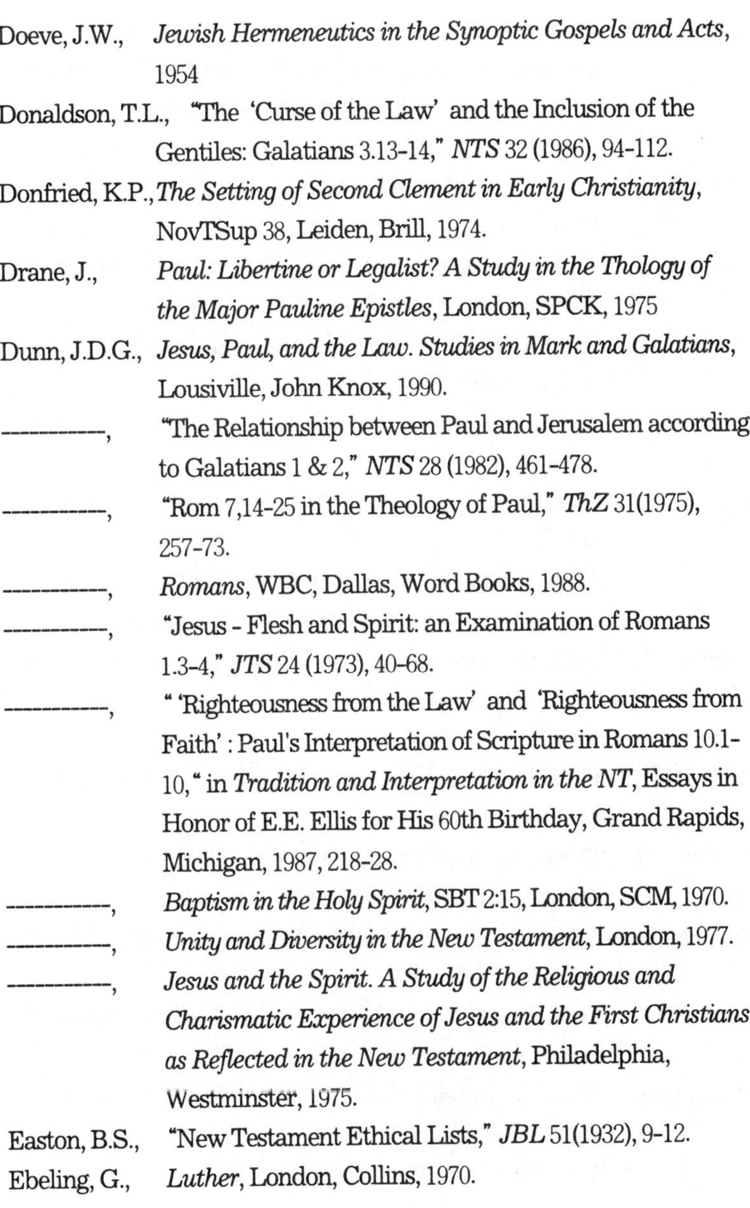

Doeve, J.W., *Jewish Hermeneutics in the Synoptic Gospels and Acts*, 1954

Donaldson, T.L., "The 'Curse of the Law' and the Inclusion of the Gentiles: Galatians 3.13-14," *NTS* 32 (1986), 94-112.

Donfried, K.P., *The Setting of Second Clement in Early Christianity*, NovTSup 38, Leiden, Brill, 1974.

Drane, J., *Paul: Libertine or Legalist? A Study in the Thology of the Major Pauline Epistles*, London, SPCK, 1975

Dunn, J.D.G., *Jesus, Paul, and the Law. Studies in Mark and Galatians*, Lousiville, John Knox, 1990.

__________, "The Relationship between Paul and Jerusalem according to Galatians 1 & 2," *NTS* 28 (1982), 461-478.

__________, "Rom 7,14-25 in the Theology of Paul," *ThZ* 31(1975), 257-73.

__________, *Romans*, WBC, Dallas, Word Books, 1988.

__________, "Jesus - Flesh and Spirit: an Examination of Romans 1.3-4," *JTS* 24 (1973), 40-68.

__________, " 'Righteousness from the Law' and 'Righteousness from Faith' : Paul's Interpretation of Scripture in Romans 10.1-10," in *Tradition and Interpretation in the NT*, Essays in Honor of E.E. Ellis for His 60th Birthday, Grand Rapids, Michigan, 1987, 218-28.

__________, *Baptism in the Holy Spirit*, SBT 2:15, London, SCM, 1970.

__________, *Unity and Diversity in the New Testament*, London, 1977.

__________, *Jesus and the Spirit. A Study of the Religious and Charismatic Experience of Jesus and the First Christians as Reflected in the New Testament*, Philadelphia, Westminster, 1975.

Easton, B.S., "New Testament Ethical Lists," *JBL* 51(1932), 9-12.

Ebeling, G., *Luther*, London, Collins, 1970.

Eckert, J., *Die urchristliche Verkündigung im Streit zwischen Paulus und seinen Gegnern nach dem Galaterbrief*, Münchener Universitäts-Schriften, Katholisch-theologische Fakultät, Regensburg, Pustet, 1971.

Ellis, E.E., *Paul's Use of the Old Testament*, Edinburgh, Oliver & Boyd, 1957.

Feld, H., " 'Christus Diener der Sünde' . Zum Ausgang des Streites zwischen Petrus und Paulus," *TQ* 153 (1973), 119-131.

Fenton, J.C., "Paul and Mark," in *Studies in the Gospels*, ed. D.E. Nineham, Oxford, 1955, 89-112.

Fiebig, P., *Altjüdische Gleichnisse und die Gleichnisreden Jesu*, Tübingen, 1904.

Fitzmyer, J.A., "Some Notes on Aramaic Epistolography," *JBL* 93(1974), 201-25.

-----------, "Paul and the Law," in *To Advance the Gospel: New Testament Studies New York*, Crossroad, 1981.

Foerster, D., "Abfassungzeit und Ziel des Galaterbriefes," *Apophoreta*, FS for E. Haenchen, 1964.

Fohrer, G. & Lohse, E., '**Ζιών, κτλ.**' , *TDNT* 7, 292-338

Fuller, D.P., *Gospel and Law: Contrast or Continuum?* Grand Rapids, Michigan, Eerdmans, 1980.

Furnish, V.P., *Theology and Ethics in Paul*, Nashville, 1968.

Gaston, L., *Paul and the Torah*, Vancouver, 1987.

Gaventa, B.R., "Galatians 1 and 2: Autobiography as Paradigm," *NovT* 28(1986), 309-326.

Georgi, D., *Die Geschichte der Kollekte des Paulus für Jerusalem*, Hambrug-Bergstedt, 1964.

Geyser, A.S., "Paul, the Apostolic Decree and the Liberals in Corinth," *De Zwaan* FS, 131ff.

Gese, H., *Vom Sinai zum Zion*, München, 1974.

Goppelt, L., *Die apostolische und nachapostolische Zeit*, 1/A(ed. K.D. Schmidt, E. Wolf), Göttingen, 1962.

Green, M., *I Believe in the Holy Spirit*, London, Hodder & Stoughton, 1975.

Grundmann, W., "Paulus, aus dem Volk Israel, Apostel der Völker," *NovT* 4(1960), 267-91.

-----------, 'ἄγγελος,' TDNT 1, 74-76.

-----------, 'δεξιός,' 37-40; 'δύναμαι, δύναμις,' *TDNT* 2, 284-317.

-----------, 'χρίω, κτλ.', *TDNT* 9, 493-580.

Gundry, R.H., "Grace, Works and Staying Saved in Paul," *Biblica* 66 (1985), 1-38.

Gunther, J.J., *Paul: Messenger and Exile: A Study in the Chronology of His Life and Letters*, Judson, 1972.

Guthrie, D., *New Testament Introduction*, Illinois, IVP, 1970.

Haenchen, E., *Die Apostelgeschichte*, MeyerK 3, Göttingen, 1968.

-----------, "Petrus-Probleme," *NTS* 7(1961), 187-195.

Hahn, F., "Das Gesetzverständnis im Römer und Galaterbrief," *ZNW* 67(1976/77), 26-63.

Hamerton-Kelly, R.G., "Sacred Violence and the Curse of the Law (Galatians 3.13): The Death of Christ as a Sacrificial Travesty," *NTS* 36 (1990), 98-118.

Hanson, A.T., *Studies in Paul's Technique and Theology*, London, 1974.

Hanson, R.P.C., *The Acts in the Revised Standard Version*, NCB, 1967.

Harnack, A., *Die Chronologie der altchristilichen Literatur bis Eusebius*, 1897.

Harvey, A.E., "The Opposition to Paul," in *Studia Evangelica* IV, 1968.

Hauck, F. & Schulz, S., 'πραΰς, πραΰτης,' *TDNT* 6, 645-51.

Hawkins, J.G., *The Opponents of Paul in Galatia*, Ph.D dissertation, Yale University, 1971.

Hays, R.B., *The Faith of Jesus Christ. An Investigation of the*

Narrative Substructure of Galatians 3:1-4:11, SBLDS 56, Chico, 1983.

----------, "Christology and Ethics in Galatians: The Law of Christ," *CBQ*(1987), 268-290.

Heinemann, I., *Altjüdische Allegoristik*, Bleslau, 1936.

Hendriksen, *Exposition of Galatians*, New Testament Commentary, Grand Rapids, 1968.

Hengel, M., "Die Ursprunge der christlichen Mission," *NTS* 18 (1971/72), 15-38.

----------, "Christologie und neutestamentliche Chronologie," *Neues Testament und Geschichte*, 43-67.

----------, "Zwischen Jesus und Paulus. Die 'Hellenisten', die 'Sieben' und Stephanus(Apg 6,1-15; 7,54-8,3),' *ZTK* 72 (1975), 151-206.

----------, "Mors turpissma crusis," *Rechtfertigung*, E. Käsemann FS (1976), 125-184.

----------, *Judaism and Hellenism: Studies in Their Encounter in Palestine during the Early Hellenistic Period*, 2 vols, Philadelphia, Fortress, 1974.

----------, "Christologie und neutestamentliche Chronologie," in *Neues Testament und Geschichte: Historisches Geschehen und Deutung in Neuen Testament*, FS for O. Cullmann, Zürich, 1972, 43-67.

Hester, J.D., *Paul's Concept of Inheritance: A Contribution to the Understanding of Heilsgeschichte*, Edinburgh and London, Oliver & Boyd, 1968.

Hill, D., *Greek Words and Hebrew Meanings*, SNTSMS 5, Cambridge, 1967.

Hirsch, E., "Zwei Fragen zu Galater 6," *ZNW* 29(1930), 192-97.

Hofius, O., "Gal 1.18: στορῆμαι κηφᾶν," *ZNW* 75(1984), 73-85.

Holl, K., "Der Kirchenbegriff des Paulus im Verhältnis zu der Urgemeinde," in *Gesammelte Aufsätze* 2, 44-67.

Holmberg, B., *Paul and Power. The Structure of Authority in the Primitive Church as Reflected in the Pauline Epistles*, Philadelphia, 1980.

Holztmann, O., "Zu Emanuel Hirsch, Zwei Fragen zu Galater 6," *ZNW* 30(1931), 76-83.

Hooker, M.D., "*ΠΙΣΤΙΣ ΧΡΙΣΤΟΥ*," *NTS* 35(1989), 321-42.

-----------, "Interchange in Christ," *JTS* 22(1971), 349-61.

Houlden, J.L., "The Incident at Antioch," *JSNT* 18(1983), 58-67.

Howard, G., *Paul: Crisis in Galatia. A Study in Early Christian Theology*, SNTSMS 35, Cambridge, 1979.

Hübner, H., *Das Gesetz bei Paulus*, Göttingen, 1978; ET, *Law in Paul's Thought*, SNTW, Edinburgh, 1984.

Hultgren, A.J., "The Pistis Christou Formulation in Paul," *NT* 22(1980), 248-63.

I. Hong, "The Perspective of Paul in Galatians," *Scriptura* 36(1991), 1-16.

----------, *The Law in Galatians*, JSOT Press, Sheffield, 1993.

----------, "Does Paul Misrepresent the Jewish Law? The Law and Covenant in Gal 3: 1-14," *NovT* (1993), forthcoming article, 1-18.

Jeremias, G., *Der Lehrer der Gerechtigkeit*, SUNT 2, Göttingen, 1963.

Jermias, J., *The Central Message of the New Testament*, London, SCM, 1965.

----------, "Mors turpissima crusis," in *Rechtfertigung*, E. Käsemann FS, 1976.

----------, *Jerusalem in the Time of Jesus*, ET, London, 1976.

----------, *The Parables of Jesus*, London, SCM, 1954.

----------, *New Testament Theology I: The Proclamation of Jesus*,

ET, London, SCM, 1971.

----------, 'Abba', *Abba*, Göttingen, 1966, 15-80.

----------, '**Μωϋσῆς**,' *TDNT* 4, 848-73.

Jervell, J., *Imago Dei*, FLANT 76, Gottingen, 1960.

Jewett, R., "The Agitators and the Galatian Congregation," *NTS* 17 (1970/71), 198-212.

----------, *Dating Paul's Life*, London, 1979

Käsemann, E., "Die Legitimitat des Apostels," *ZNW* 41(1942), 33-71.

----------, *Commentary on Romans*, ET by G.W. Bromiley, London, 1980; *An die Römer*, HNT 8a, Tübingen, 1974.

----------, *New Testament Questions of Today*, London, SCM, 1969.

Kertelge, K., *Rechtfertigung bei Paulus*, Münster, Aschendorffische Verlags Buchhandlung, 1967.

Kilpatrick, G.D., "Gal 2:14 **ὀρθοποδοῦσιν**," *Neutestamentliche Studien für R. Bultmann*, BZNW 21, Berlin, Töpelmann, 1957, 269-74.

Kim, S., *The Origin of Paul's Gospel*, Eerdmans, Grand Rapids, Michigan, 1981.

Kittel, G., '**ἀββα̃**,' *TDNT* 1, 5-6; '**ἀκούω, ἀκοή, ὑπακοή**,' 216-25.

Klausner, J., *From Jesus to Paul*, ET, London, 1944.

Klein, G., *Die Zwölf Apostel*, FRLANT 77, Göttingen, 1961.

----------, *Rekonstruktion und Interpretation: Gesammelte Aufsätze zum Neuen Testament*, BEvTh 50, Munich, Kaiser, 1969.

Knox, J., *Chapters in a Life of Paul*, Philadelphia, 1979.

Knox, W.L., *St Paul and the Church of Jerusalem*, Cambridge, 1925.

Koester, H., '**φύσις, κτλ.**', *TDNT* 9, 251-77.

Kramer, W., *Christ, Lord, Son of God*, SBT 50, ET, London, 1966.

Kuhn, H.-W., *Enderwartung und gegenwärtiges Heil*, Göttingen, Vandenhoeck and Ruprecht, 1966.

----------, '**προσήλυτος**,' *TDNT* 6, 727-44.

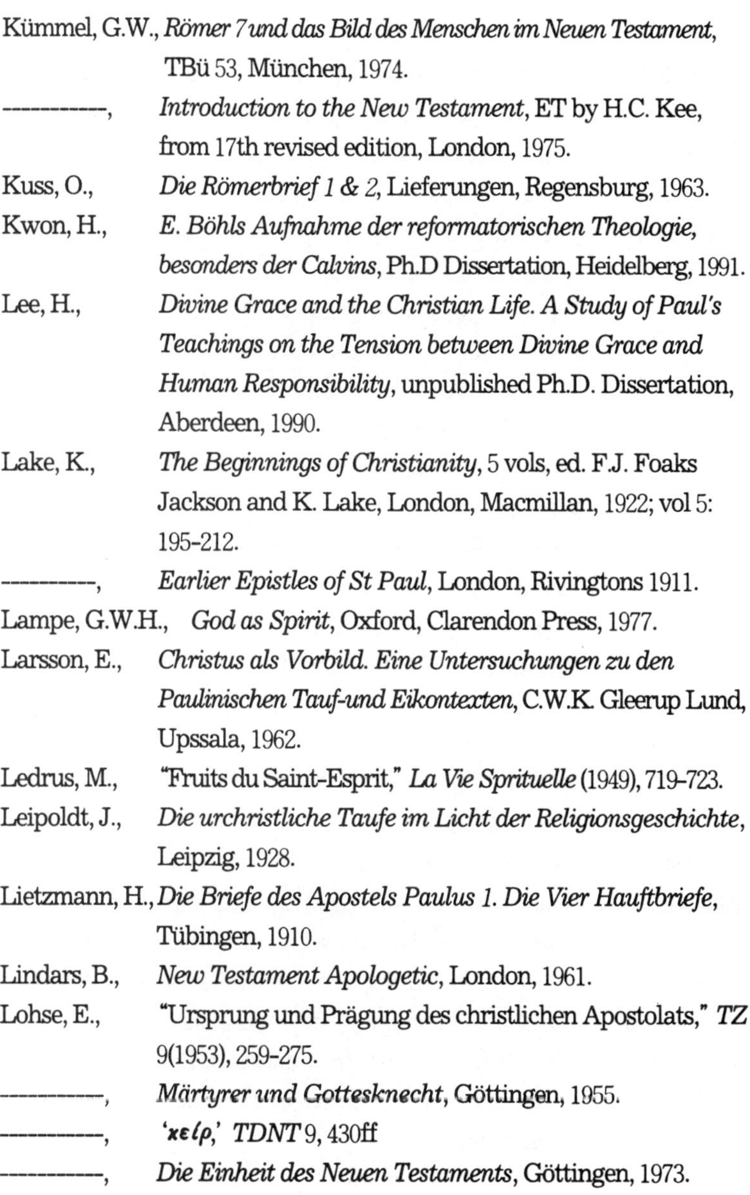

Kümmel, G.W., *Römer 7 und das Bild des Menschen im Neuen Testament*, TBü 53, München, 1974.

----------, *Introduction to the New Testament*, ET by H.C. Kee, from 17th revised edition, London, 1975.

Kuss, O., *Die Römerbrief 1 & 2*, Lieferungen, Regensburg, 1963.

Kwon, H., *E. Böhls Aufnahme der reformatorischen Theologie, besonders der Calvins*, Ph.D Dissertation, Heidelberg, 1991.

Lee, H., *Divine Grace and the Christian Life. A Study of Paul's Teachings on the Tension between Divine Grace and Human Responsibility*, unpublished Ph.D. Dissertation, Aberdeen, 1990.

Lake, K., *The Beginnings of Christianity*, 5 vols, ed. F.J. Foaks Jackson and K. Lake, London, Macmillan, 1922; vol 5: 195-212.

----------, *Earlier Epistles of St Paul*, London, Rivingtons 1911.

Lampe, G.W.H., *God as Spirit*, Oxford, Clarendon Press, 1977.

Larsson, E., *Christus als Vorbild. Eine Untersuchungen zu den Paulinischen Tauf-und Eikontexten*, C.W.K. Gleerup Lund, Upssala, 1962.

Ledrus, M., "Fruits du Saint-Esprit," *La Vie Sprituelle* (1949), 719-723.

Leipoldt, J., *Die urchristliche Taufe im Licht der Religionsgeschichte*, Leipzig, 1928.

Lietzmann, H., *Die Briefe des Apostels Paulus 1. Die Vier Hauftbriefe*, Tübingen, 1910.

Lindars, B., *New Testament Apologetic*, London, 1961.

Lohse, E., "Ursprung und Prägung des christlichen Apostolats," *TZ* 9(1953), 259-275.

----------, *Märtyrer und Gottesknecht*, Göttingen, 1955.

----------, 'χείρ,' *TDNT* 9, 430ff

----------, *Die Einheit des Neuen Testaments*, Göttingen, 1973.

Lohmeyer, E., *Probleme paulinischer Theologie*, Darmstadt, 1954.

Longenecker, R.N., *Paul: Apostle of Liberty*, New York, 1964.

Louw, J.P., Nida, E.A., Smith, R.B., & Munson, K.A.(ed.), *Greek-English Lexicon of the New Testament based on semantic domains I*, New York, United Bible Societies, 1988.

Lüdemann, G., *Paulus der Heidenapostel I: Studien zur Chronologie*, Göttingen, 1977. ET, Paul

Lull, D.J., *The Spirit in Galatia. Paul's Interpretation of 'Pneuma' as Divine Power*, SBLDS 49, Chico, 1980.

----------, " 'The Law Was Our Pedagogue' : A Study in Galatians 3:19-25," *JBL* 105(1985), 481-98.

Luz, U., *Das Geschichtsverständnis des Paulus*, BEvT 49, München, 1968.

----------, "Die Erfüllung des Gesetzes bei Matthäus (Mt 5.17-20)," *ZTK* 75 (1978), 398-435.

----------, "Der alte und der neue Bund bei Paulus und im Hebräerbrief," *EvTh* 27(1967), 318-36.

Lyall, F., "Roman Law in the Writings of Paul - Adoption," *JBL* 88(1969), 458-66.

Lyons, G., *Pauline Autobiography. Towards a New Understanding*, SBLDS 73, Atlanta, 1985.

Machen, J.G., *The Virgin Birth of Christ*, London, 1932.

Manson, T.W., *Studies in the Gospels and Epistles*, Manchester, 1962.

----------, "Jesus, Paul and the Law," in *Judaism and Christianity*, vol III - *Law and Religion*, ed. E.I.J. Rosenthal, 125-41.

Mansoor, M., *The Thanksgiving Hymns*, Leiden, Brill, 1961.

Marshall, I.H., "The Development of the Concept of Redemption in the New Testament," in *Reconciliation and Hope*, ed. R.J. Banks, 1974.

----------, *The Acts of the Apostles*, TNTC, Leicester, 1980.

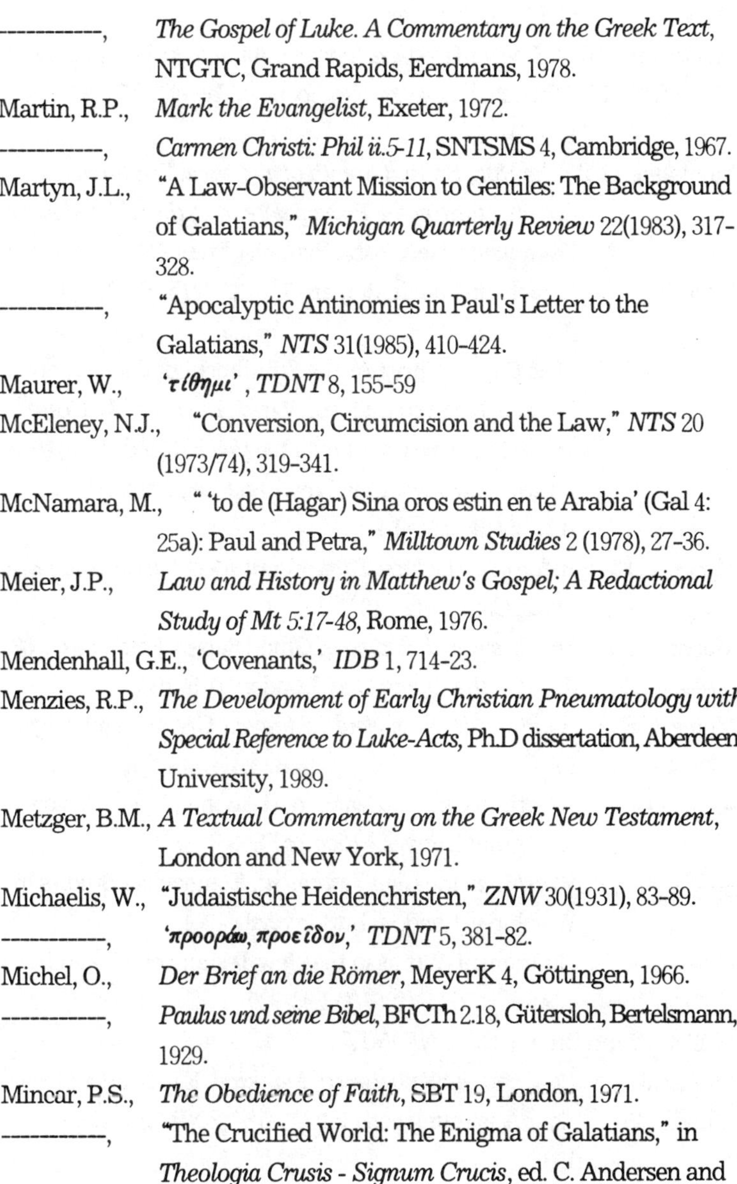

———, *The Gospel of Luke. A Commentary on the Greek Text*, NTGTC, Grand Rapids, Eerdmans, 1978.

Martin, R.P., *Mark the Evangelist*, Exeter, 1972.

———, *Carmen Christi: Phil ii.5-11*, SNTSMS 4, Cambridge, 1967.

Martyn, J.L., "A Law-Observant Mission to Gentiles: The Background of Galatians," *Michigan Quarterly Review* 22(1983), 317-328.

———, "Apocalyptic Antinomies in Paul's Letter to the Galatians," *NTS* 31(1985), 410-424.

Maurer, W., 'τίθημι', *TDNT* 8, 155-59

McEleney, N.J., "Conversion, Circumcision and the Law," *NTS* 20 (1973/74), 319-341.

McNamara, M., " 'to de (Hagar) Sina oros estin en te Arabia' (Gal 4: 25a): Paul and Petra," *Milltown Studies* 2 (1978), 27-36.

Meier, J.P., *Law and History in Matthew's Gospel; A Redactional Study of Mt 5:17-48*, Rome, 1976.

Mendenhall, G.E., 'Covenants,' *IDB* 1, 714-23.

Menzies, R.P., *The Development of Early Christian Pneumatology with Special Reference to Luke-Acts*, Ph.D dissertation, Aberdeen University, 1989.

Metzger, B.M., *A Textual Commentary on the Greek New Testament*, London and New York, 1971.

Michaelis, W., "Judaistische Heidenchristen," *ZNW* 30(1931), 83-89.

———, 'προοράω, προεῖδον,' *TDNT* 5, 381-82.

Michel, O., *Der Brief an die Römer*, MeyerK 4, Göttingen, 1966.

———, *Paulus und seine Bibel*, BFCTh 2.18, Gütersloh, Bertelsmann, 1929.

Mincar, P.S., *The Obedience of Faith*, SBT 19, London, 1971.

———, "The Crucified World: The Enigma of Galatians," in *Theologia Crusis - Signum Crucis*, ed. C. Andersen and

G. Klein, Tübingen, 1979, 393-407.

Montefiore, C.G. & Loewe, H.(ed.), *A Rabbinic Anthology*, London, 1983.

Montefiore, H., "Thou shalt Love thy Neighbour as Thyself," *NTS* 5(1962), 157-170.

Montague, G.T., *The Holy Spirit. Growth of a Biblical Tradition. A Commentary on the Principal Texts of the Old and New Testaments*, New York, Paulinist Press, 1976.

Moo, D.J., "Israel and Paul in Romans 7.7-12," *NTS* 32(1986), 122-35.

----------, "The Law of Christ As the Fulfillment of the Law of Moses: A Modified Lutheran View," *The Law, The Gospel and the Modern Christian: Five Views*, Zondervan, 1993.

----------, " 'Law,' 'Works of the Law,' and Legalism in Paul," *WTJ* 45(1983), 73-100.

Moore, G.F., *Judaism in the First Three Centuries of the Christian Era*, 3 vols, Cambridge, 1927-30.

Morris, L., *The Epistle to the Romans*, Grand Rapids, Eerdmans, 1988.

----------, *Spirit of the Living God*, London, IVF, 1960.

Moule, C.F.D., *An Idiom-Book of New Testament Greek*, Cambridge, 1953.

----------, "Death 'to sin', 'to Law,' and 'to the World' : A Note on Certain Datives," *Rigaux* FS, 367-375.

----------, *Worship in the New Testament*, Ecumenical Studies in Worship 9, London, Lutterworth, 1961.

----------, "Fulfilment-Words in the New Testament: Use and Abuse," *NTS* 14(1967/8), 293-320.

Müller, C. and Brown, C., *NIDNTT* 1, 126-137.

Munck, J., *Paul and the Salvation of Mankind*, ET, London, 1959.

Mundle, W., "Zur Auslegung von Gal 2,17-18," *ZNW* 23(1923), 152-153

Murray, J., *The Epistle to the Romans*, 2 vols, NLC, I: 1960, II: 1965.
Mussner, F., *Der Jakobusbrief*, HKNT, Herder, Freiburg.Basel.Wien, 1981.
Neugebauer, F., "Das Paulinische 'In Christo' ", *NTS* 4(1957-58), 124-138.
Neusner, J., *The Rabbinic Traditions about the Pharisees before 70*, 3 vols, Leiden, Brill, 1971.
-----------, *From Politics to Piety*, Prentice-Hall, 1973.
Nolland, J., "Uncircumcized Proselytes?," *JSJ* 12(1981), 173-194.
Oepke, A., '*βαπτίζω*,' *TDNT* 1, 529-46.
-----------, '*μεσίτης*,' *TDNT* 4, 598-624.
Ogg, G., *The Chronology of the Life of Paul*, 1968.
O'Neill, J.C., *The Recovery of Paul's Letter to the Galatians*, London, 1972,
Pfister, W., *Das Leben im Geist nach Paulus. Der Geist als Anfang und Vollendung des Christlichen Lebens*, Schweiz, Universitäts-Verlag, 1963.
Pfitzner, V.C., *Paul and the Agon Motif*, NovTSup 16, Leiden, 1967.
Räisänen, H., *Paul and the Law*, WUNT, Tübingen, Mohr(Paul Siebeck), 1983.
-----------, "Galatians 2.16 and Paul's Break with Judaism," *NTS* 31(1985), 543-53.
Ramsay, W., *The Church in the Roman Empire*, London, 1897,
----------, *St Paul the Traveller and Roman Citizen*, 1920.
Reicke, Bo, "The Law and This World according to Paul: Some Thoughts concerning Gal 4:1-11," *JBL* 70 (1951), 259-76.
Reid, J.K.S., *Our Life in Christ*, London, 1963
Reitzenstein, R., *Die hellenistischen Mysterienreligionen*, Stuttgart, 1927.
Rcngstorf, K.H., 'ἁμαρτωλός,' *TDNT* 1, 317-35; 'ἀπόστολος,' 407-47.
Ridderbos, H.N., *Paul: An Outline of His Theology*, ET, Grand Rapids, Michigan, Eerdmans, 1975.

Riesenfeld, H., 'ὑπέρ,' *TDNT* 8, 507-16.

Rigaux, B., *The Letters of St Paul*, ET, 1968.

Robertson, A.T., *A Grammer of the Greek Testament in the Light of Historical Research*, New York, 1915

Roloff, J., "Anfänge der soteriologischen Deutung des Todes Jesu (Mk x,45; Lk xxii, 27)", *NTS* 19 (1972/73), 47-48.

Ropes, J.H., *The Singular Problem of the Epistle to the Galatians*, HTS 14, Cambridge, 1929.

Rowland, C. *The Open Heaven. A Study of Apocalyptic in Judaism and Early Christianity,* London, 1982.

Sanday, W. & Headlam, A.C., *The Epistle to the Romans*, ICC, Edinburgh, 1905.

Sanders, E.P., *Paul and Palestinian Judaism: A Comparison of Patterns of Religion*, London, SCM, 1977.

__________, *Paul, the Law, and the Jewish People*, Philadephia, 1983.

Sanders, J.T., "Paul's Autobiographical Statements in Galatians 1-2," *JBL* 85(1966), 335-343.

Sandmel, S., *Philo's Place in Judaism. A Study of Conceptions of Abraham in Jewish Literature*, Cincinnati, Hebrew Union College Press, 1955.

Satake, A., "Apostolat und Gnade bei Paulus," *NTS* 15(1968/69), 96-107.

Schmithals, W., *The Office of Apostle in the Early Church*, ET (London, 1971).

__________, "Die Häretiker in Galatien," *ZNW* 47 (1956), 25-65.

__________, *Paul and the Gnostics*, ET by J.E. Steely, Nashville, 1972.

__________, *Paul and James, Naperville*, Allenson, 1965.

Schnackenburg, R., *Baptism in the Thought of St Paul*, ET, Oxford, 1964.

Schneemelcher, W., *NT Apocrypha II*, in Hennecke-Schneemelcher-

Wilson, ET, 1965.

Schoeps, H.J., *Paul: The Theology of the Apostle in the Light of Jewish Religious History*, ET, Philadelphia, Westminster, 1961.

Schrage, W., *Die konkreten Einzelgebote in der paulinischen Paränese. Ein Beitrag zur neutestamentlichen Ethik*, Gütersloh, 1961.

Schreiner, T.R., "The Abolition and Fulfilment of the Law in Paul," *JSNT* 35(1989), 47-74.

----------, "Is Perfect Obedience to the Law Possible? A Re-examination of Gal 3:10," *JETS* 27/2(1984), 151-160

Schrenk, G., 'γραφή,' TDNT 1, 749-73.

Schürer, E., *The History of the Jewish People in the Age of Jesus Christ*, ET, I-III, Edinburgh, 1939.

Schürmann, H., " 'Das Gesetz des Christus' Gal 6,2. Jesu Verhalten und Wort als Letztgültige sittliche Norm nach Paulus," in *Neues Testament und Kirche*, ed. J. Gnilka, Freiburg, 1974, 282-300.

Schütz, J.H., *Paul and the Anatomy of Apostolic Authority*, Cambridge, 1975.

Schweitzer, A., *The Mysticism of Paul the Apostel*, ET, London, 1956.

Schweizer, E., 'υἱός, κτλ.' , *TDNT* 8, 383/, 354-92.

----------, 'πνεῦμα, κτλ.' , *TDNT* 6, 389-455.

----------, "Die 'Mystik' des Sterbens und Auferstehens mit Chrsitus bei Paulus," *EvTh* 26(1966), 239-257.

----------, "Slaves of the Elements and Worshipers of Angels: Gal 4:3,9 and Col 2:8,18,20," *JBL* 107(1988), 455-68.

----------, "Zum religionsgeschichtlichen Hintergrund der 'Sendungsformel' Gal 4:4f; Röm 8:3f; John 3:16f; 1 John 4:9," *ZNW* 57(1966), 199-210.

----------, "Traditional Ethical Patterns in the Pauline and Post-Pauline Letters and Their Development," in *Text and*

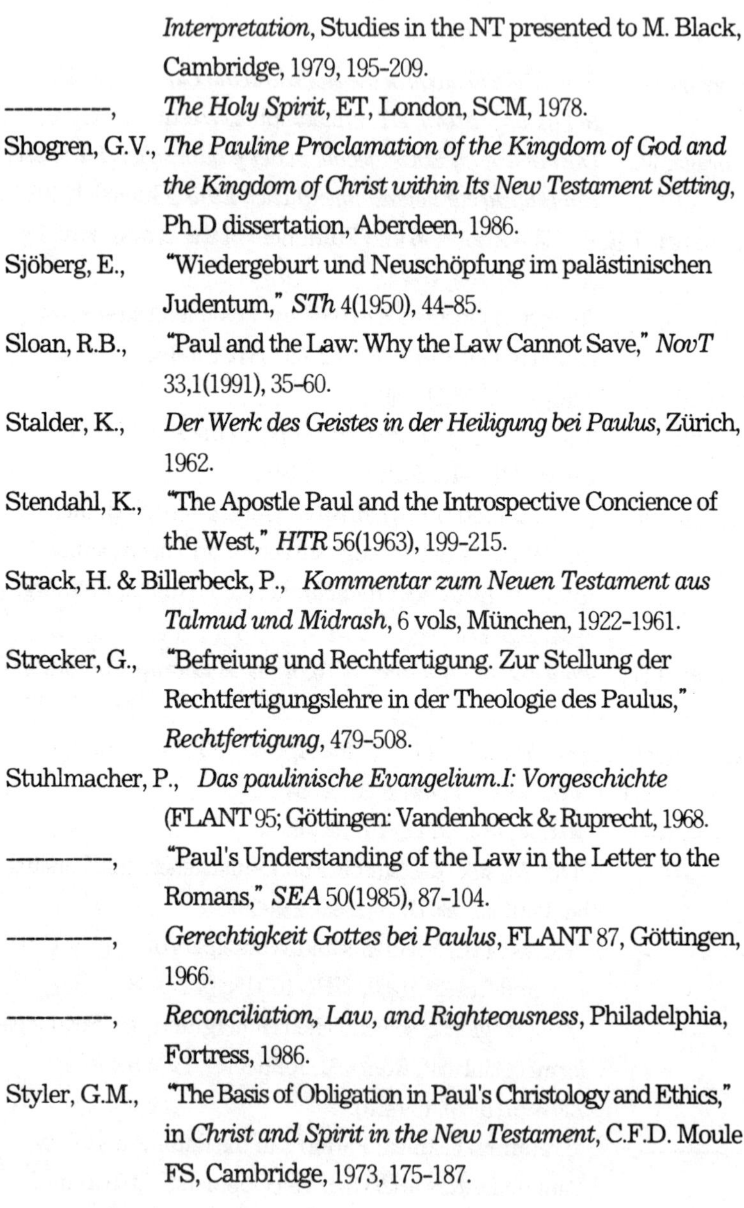

Interpretation, Studies in the NT presented to M. Black, Cambridge, 1979, 195-209.

----------, *The Holy Spirit*, ET, London, SCM, 1978.

Shogren, G.V., *The Pauline Proclamation of the Kingdom of God and the Kingdom of Christ within Its New Testament Setting*, Ph.D dissertation, Aberdeen, 1986.

Sjöberg, E., "Wiedergeburt und Neuschöpfung im palästinischen Judentum," *STh* 4(1950), 44-85.

Sloan, R.B., "Paul and the Law: Why the Law Cannot Save," *NovT* 33,1(1991), 35-60.

Stalder, K., *Der Werk des Geistes in der Heiligung bei Paulus*, Zürich, 1962.

Stendahl, K., "The Apostle Paul and the Introspective Concience of the West," *HTR* 56(1963), 199-215.

Strack, H. & Billerbeck, P., *Kommentar zum Neuen Testament aus Talmud und Midrash*, 6 vols, München, 1922-1961.

Strecker, G., "Befreiung und Rechtfertigung. Zur Stellung der Rechtfertigungslehre in der Theologie des Paulus," *Rechtfertigung*, 479-508.

Stuhlmacher, P., *Das paulinische Evangelium.I: Vorgeschichte* (FLANT 95; Göttingen: Vandenhoeck & Ruprecht, 1968.

----------, "Paul's Understanding of the Law in the Letter to the Romans," *SEA* 50(1985), 87-104.

----------, *Gerechtigkeit Gottes bei Paulus*, FLANT 87, Göttingen, 1966.

----------, *Reconciliation, Law, and Righteousness*, Philadelphia, Fortress, 1986.

Styler, G.M., "The Basis of Obligation in Paul's Christology and Ethics," in *Christ and Spirit in the New Testament*, C.F.D. Moule FS, Cambridge, 1973, 175-187.

Swete, H.B., *The Holy Spirit in the New Testament*, Macmillan, 1910.

Synofzik, E., *Die Gerichts und Vergeltungsaussagen bei Paulus. Eine traditionsgeschichtliche Untersuchungen*, Göttingen, 1977.

Talbert, C.H., "Again: Paul's Visit to Jerusalem," *NovT* 9(1967), 26-40.

Tannehill, R.C., *Dying and Rising with Christ: A Study in Pauline Theology*, BZNW 32, Berlin, Töpelmann, 1967.

Taylor, T.M., "Kingdom, Family, Temple, and Body," *Int* 12(1958), 174-193.

Torrence, T.F., "One Aspect of the Biblical Concept of Faith," *ExpT* 68 (1957), 157-222.

Trench, R.C., *Synonyms of the New Testament*, 1961.

Turner, C.H., "Chronology of the New Testament," *HDB* 1, 403-26

Tyson, J.B., " 'Works of the Law' in Galatians," *JBL* 92 (1973), 423-32.

Valloton, P., *Le Christ et la Foi*, Geneva, 1960.

Vanhoye, A., "Un mediateur des anges en Gal 3,19-20," *Biblica* 59(1978), 403-411.

van Unnik, W.C., "Tarsus or Jerusalem. The City of Paul's Youth," *Sparsa Collecta*, Part One, NovTSup 29(Leiden, 1973), 259-320.

Vielhauer, P., "Gesetzdienst und Stoicheiadienst im Galaterbrief," in *Rechtfertigung*, E. Käsemann FS, Tübingen, 1975, 543-555.

Vöglte, A., *Die Tugend und Lasterkataloge im Neuen Testament, exegetisch, religionsformgeschichtlich Untersucht*, NA 16, Münster, 1936.s

Vos, J.S., *Traditionsgeschichtliche Untersuchungen zur paulinischen Pneumatologie*, Assen, Van Gorcum, 1973.

Walker, D., "The Legal Terminology in the Epistle to the Galatians," *The Gift of Tongues*, Edinburgh, 1906, 81-175.

Watson, F., *Paul, Judaism and the Gentiles. A Sociological Approach*,

SNTSMS 56, Cambridge Univ. Press 1986.
Weder, H., *Das Kreuz Jesu bei Paulus*, FLANT 125, Göttingen, 1981.
Wegenast, K., *Das Verständnis der Tradition bei Paulus und in den Deuteropaulinen*, WMANT 8, Neukirchen, 1962.
Weiss, J., *Der erste Korintherbrief*, KEK, 1910.
―――――, *The History of Primitive Christianity*, ET, 1937
Westerholm, S., *Israel's Law and the Church's Faith. Paul and His Recent Interpreters*, Grand Rapids, Michigan, Eerdmans, 1988.
―――――, "On Fulfilling the Whole Law(Gal 5.14)," *SEA* 51-2 (1986/7), 229-37.
Whiteley, D.E.H., *The Theology of St Paul*, Oxford, 1963.
Wibbing, S., *Die Tugend und Lasterkataloge im Neuen Testament und ihre Traditionsgeschichte unter besonderer Berucksichtigung der Qumran*-Texte, BZNW 25, Berlin, 1959.
Wilckens, U., *Der Brief an die Römer*, EKK, Köln, Neukirchen-Vlyun, 1978.
―――――, "Der Ursprung der Überlieferung der Erscheinungen des Auferstanden," in *Dogma und Denkstrukturen*, E. Schlink FS, Göttingen, Vandenhoeck and Ruprecht, 1963, 56-95.
Williams, S.K., "The 'Righteousness of God' in Romans," *JBL* 99(1980), 260-78.
Wilckens, U., "Zur Entwicklung des paulinischen Gesetzesverständnisses," *NTS* 28(1982), 154-190.
Wilcox, M., " 'Upon the Tree' - Deut 21:22-23," *JBL* 96(1977), 85-99.
―――――, "The Promise of the 'Seed' in the NT and the Targumim," *JSNT*, Issue 5(1979), 2-20.
Wilson, S.G., *The Gentiles and the Gentile Mission in Luke-Acts*, SNTSM 23, Cambridge, 1973.
Wink, W., "The 'Elements of the Universe' in Biblical and Scientific

Perspective," *Zygon* 13(1978), 225-48.

Wrede, W., *Paulus*(1904), reprinted in *Das Paulusbild in der neueren deutschen Forschung*, ed. K.H. Rengstorf, Darmstadt, 1964, 1-97.

Wright, N.T., "The Paul of History and the Apostle of Faith," *TynB* 29(1978), 61-88.

----------, *The Messiah and the People of God*, unpublished D.Phil Thesis, Oxford, 1980.

Young, E.M., " 'Fulfil the Law of Christ' . An Examination of Galatians 6.2," *Studia Biblica et Theologia* 7(1977), 31-42.

Young, N.H., "Paidagogos: The Social Setting of a Pauline Metaphor," *NovT* 29(1987), 150-76.

Zahn, T., *Einleitung in das Neuen Testament*, 1906-7.

Ziesler, J.A., *The Meaning of Righteousness in Paul*, Cambridge, 1972.

간행사

선교 2세기를 맞이한 한국교회가 하나님의 축복 가운데 놀라운 성장을 이루었지만 우리 손으로 복음주의 입장에서 성경을 해석하는 주석총서를 내지 못한 안타까움을 감출 수 없었습니다. 그리하여 복음주의 신학과 신앙을 같이하는 믿음의 동역자들이 뜻을 모아 한국성경주석총서를 발간하기로 결의하고 집필자와 편집위원들을 선정해 놓았지만 강의와 연구 등에 분주한 나머지 별다른 진전 없이 여러 해를 보내고 말았습니다.

그간 편집위원도 바뀌고 한국복음주의신학회 임원진도 여러 번 교체되었으나 성경주석을 발간해야 하겠다는 결의는 변함없었습니다. 한국교회뿐 아니라 복음적인 세계교회가 함께 지향해야 할 방향을 제시할 필요를 느꼈고 올바른 성경 해석과 적용을 통해 성도들과 교회가 더욱 건실하게 성장하도록 돕기 위하여 성경주석 발간 작업을 계속해 왔습니다. 집필자는 물론 편집위원들의 노고에 감사를 드리며 이익 추구의 차원을 떠나 선교적 사명에 동참하는 뜻으로 본 주석총서의 출판을 맡아주신 횃불측에 깊은 감사를 드립니다.

복음주의 신학의 최근 동향을 고찰하면서 학문적 연구와 자료를 수집하고 비판하면서 복음주의 계통의 교인과 신학생 그리고 목회자들이 마음놓고 펴 들 수 있는 성경주석을 발간하게 된 데 대하여 하나님께 감사를 드립니다.

목회자들과 신학생은 물론 평신도들까지도 이해할 수 있도록 배려한 본 총서가 한국교회의 강단을 기름지게 하고 개인의 삶에 부요함을 가져오는 복된 총서가 되리라 기대합니다. 귀한 성경주석총서가 계속되어 출간될 수 있도록 성도 여러분의 기도와 성원을 부탁합니다. 감사합니다.

한국복음주의신학회 회장 성기호

추천사

한국의 복음주의 신학자들에 의하여 한국 정서에 맞게 저술되어 교회 부흥의 시대적 요청을 감당하는 주석서가 될 것입니다.

총신대학교 총장 김의환

21세기의 문턱에 서있는 한국교회가 살아남을 수 있는 유일한 길은 하나님의 말씀인 성경을 진심으로 사랑하고 바로 가르치고 바로 배우는 일입니다. 본 주석총서는 한국교회 성도들의 가슴을 뜨겁게 하여 성경을 바로 배워서 바로 믿고 바로 살아가게 하는 길잡이가 될 것을 확실히 믿습니다.

합동신학대학원대학 학장 신복윤

1970년대에 발족한 한국복음주의신학회가 다각적인 신학 운동을 전개해 오다가 늦게나마 주석 출판에 착수한 것을 다행한 일로 생각됩니다. 복음주의 신학회에서 발행하는 한국성경주석총서는 하나님께 영광, 땅 위의 많은 이들에게 큰 유익을 끼치게 되리라 확신하며 한국교회에 추천하는 바입니다.

전 고신대 총장 오병세 박사

본 총서는 학문적으로 충실할 뿐 아니라 복음적인 신학과 신앙에 입각한 성경 해석과 적용을 평신도들이 이해하기 쉽게 제시해 주는 주석집으로 한국 교회가 진리 위에서 하나되고 더욱 깊은 영적 교제를 이룩하는데 크게 기여할 것으로 믿습니다.

신촌성결교회 정진경 목사

그 동안 외국 주석가들에게 거의 의존해 왔던 성경주석서들을 우리 교계의 신학자들에 의해 집필되게 된 것은 우리 교회의 큰 발전을 뜻하며 한국교회의 미래를 고무적으로 느끼게 하는 일이 아닐 수 없습니다. 모든 사람들에게 구원의 진리로 계시된 말씀을 우리의 역사와 문화와 의식과 상황 속에서 우리와 함께 살며 체득한 우리의 신학자들에 의해 주석되는 한국성경주석총서의 출간을 기뻐하며 이 일과 책을 통해 한국교회가 더욱 성숙하고 부흥할 수 있기를 바랍니다.

장로회신학대학교 총장 서정운

편집인 서문

한국복음주의신학회가 한국성경주석총서를 계획한 지 오랜 세월이 흘렀다. 1990년 봄철 모임 때 복음주의 입장의 주석 총서의 필요를 느껴 본격적인 계획을 세워 추진하여 오던 중 여러 가지 이유로 집필과 출간이 지연되었다. 한국성경주석총서는 성경 66권을 하나님의 말씀으로 믿는 학자들에 의해 집필된 것이다. 성경에 대한 입장이 분명하듯이 주석의 내용은 복음주의 신학 입장을 따르게 된다. 따라서 독자들은 한국성경주석총서에 속해 있는 주석을 안심하고 읽을 수 있을 것이다.

금번에 이한수 교수의 갈라디아서 주석이 처음으로 출판되게 된 것을 기쁘게 생각한다. 이 교수는 방대한 자료를 사용하여 심도 있게 주석해 주셨다. 본 주석은 이 분야를 연구하는 학자들과 성도들에게 오랜 기간동안 빼 놓을 수 없는 귀한 자료가 될 것이다.

본서의 출판을 위해 여러가지 어려움을 마다하지 않고 수고하신 도서출판 횃불의 여러 직원들과 이형자 원장님께 심심한 감사를 드린다. 아무쪼록 본서를 통해 하나님의 말씀이 많은 사람에게 밝히 열려져서 하나님을 더 깊이 알 수 있게 되기를 바라며 한국교회가 더 든든히 서 갈 수 있게 되기를 기도한다.

구약 편집인 정규남
신약 편집인 박형용

한국성경주석총서

갈라디아서

서 론

1. 저자

갈라디아서는 고린도전·후서, 로마서와 함께 바울의 네 주요 서신들 가운데 하나이며, 이들 서신과 마찬가지로 바울에 의해서 저술된 것이 가장 확실하게 인정되고 있다. 다른 바울 서신들의 저작자 문제가 의심을 받고 있는 동안에도 이들 네 개의 주요 서신들의 저작자 문제는 의심의 대상이 되지 못했으며 특별히 갈라디아서의 경우가 더욱 그렇다. 주후 2세기 초에 바울의 저술들이 처음 수집될 때부터 갈라디아서는 확실한 자리를 누리고 있었다. 내증 역시 확고하다. 서신의 서문이 사도 바울을 편지의 저자로 명기한다(1:1). 바울의 다른 서신들과 비교할 때 저술 스타일이나 언어 형태도 의심할 여지없이 바울의 것이며, 갈라디아서의 신학적 논의들도 접근 방식이나 내용에 있어서 바울의 특징들을 나타내고 있다. 특히 바울의 저술들 중에서 갈라디아서와 가장 유사성을 지닌 것은 로마서이다. 라이프푸트(J.B. Lightfoot)는 갈라디아서를 로마서의 개략적인 초고로 비유하였다.[1] 두 서신의 공통적인 신학적 주제들은 율법의 행위와 관계없이 믿음으로만 하나님 앞에서 의롭다 하심을 얻는다는 이신칭의를 주장하고, 성령을 좇아 행하는 것을 신자들이 하나님의 자녀로서 마땅히 영위해야 할 삶의 원리로 제시한다는 점이다. 물론 로마서에는 갈라디아서에 발

1) Lightfoot, Galatians, 49; cf. U. Wilckens, *Römer*, 48. 하지만 이들은 두 서신간의 관계를 적절치 못한 평행구들을 끌어다가 설명하려고 하였다.

견되지 않는 요소들이 있지만 갈라디아서에도 로마서에는 발견되지 않는 요소들이 있는데, 그 대표적인 것이 이방인을 위한 바울의 사도직과 복음을 변호하는 긴 자서전적 내용이다(1:11-2:10). 최근에 학자들은 두 주요 서신들의 바울 저작권을 인정하면서도 신학적으로 상당한 편차를 보이는 점들을 발견하고 그것들 사이에 그의 신학적 사상의 발전을 추정하려고 시도하였다. 심지어 율법에 관한 이해에 있어서 신학적인 모순들의 존재까지 발견하려는 시도가 몇몇 학자들에 의해서 이루어지기도 했다.[2] 이들 학자들의 입장이 과장되었다는 것은 분명하지만, 이들의 주장의 잘못을 증명하기 위해서 뿐만 아니라 바울 자신을 보다 잘 이해하기 위해서도 갈라디아서를 자체적으로 읽고 이해해야 할 필요가 있다.[3]

갈라디아서는 기본적으로 바울 자신의 저술이기는 하지만, '큰 글자'로 손수 쓴 결론 부분(6:11-18)이 존재한다는 사실은 선행하는 서신이 필사자에 의해 대필되었다는 것을 시사해 준다. 필사자는 아마도 전문적인 사람이라기보다는 그의 가까운 동료였을 가능성이 많고, 서론의 인사말에서 언급되는 '함께 있는 형제들' 가운데 하나일지도 모른다(1:2). 필사자가 단순히 글을 받아쓰는 사람이었는가, 아니면 서신의 작성에 모종의 영향을 미쳤는가? 우리는 이 문제에 대해서 정확하게 알 수는 없지만 바울이 일차적으로 개략적인 초고를 작성하고 필사자가 그것을 잘 다듬어서 재작성했을 가능성도 있다. 갈라디아서가 매우 조직적이고 세련되게 구성되었다는 사실은 아마도 그러한 가능성을 암시하는지도 모른다. 하지만 만일 필사자가 어느 정도 독자적인 문장 구성에 참여했다면 편지 내용과 형식 사이에 분열 현상이 일어났을 터인데, 갈라디아서에서는 그러한 분열 현상이 나타나지 않는다. 편지의 내용이나 그 내용을 담고 있는 언어 형식이 너무도 일치한

2) H. Räisänen, *Paul and the Law*(1986)를 참조하라. 그는 심지어 갈라디아서 내에서조차 율법에 관한 이해들의 상충과 모순이 나타난다고 주장한다.
3) Cf. H. Hübner, *Law in Paul's Thought*(1984), 1ff.

다. 바울은 당대의 관습적인 서신 형식을 따르면서도 자신의 신학적 목적과 갈라디아 교회의 상황에 맞추어 아주 독창적으로 글을 작성한다. 이것은 심지어 바울 자신이 손수 기록한 결론 부분에도 적용될 수 있다. 이 부분도 역시 잘 작성되었을 뿐만 아니라 서신의 나머지 부분에 온전히 통합되어지기 때문이다. 바울의 저술 성격에 관해서 한 가지 더 덧붙인다면 서론의 인사말 형식(1:2)은 갈라디아서가 사적인 성격의 편지라기보다는 공식 문서의 성격을 띤다는 것을 시사한다.

2. 수신자

서론의 인사말은(1:2; cf. 3:1) 본 서신이 '갈라디아 교회들'에게 보내진 것이라는 점을 분명히 밝힌다. 하지만 갈라디아 교회들이 정확하게 어느 위치에 있는 교회들을 지칭하는지에 관해서는 학자들 간에 큰 견해차를 보이고 있다. 갈라디아는 갈라디아의 옛 왕국이 있었던 지역을 가리키는가 아니면 갈라디아로 불리우는 로마의 행정 구역을 가리키는가? 바울은 갈라디아인들을(3:1) 종족적인 의미로 사용하는가 아니면 정치적인 의미로만 사용하는가? 전자의 경우를 주장하는 학설은 보통 '북갈라디아설'이라고 불리우고 후자의 경우를 주장하는 학설은 흔히 '남갈라디아설'이라고 불리운다. 두 학설 모두를 뒷받침하는 것으로 보이는 정황 증거들이 제시되고 있기 때문에 둘 중에 하나를 선택하는 일은 매우 어려운 일임에는 틀림없다.

'갈라디아인들'(*οἱ Γαλάται*)이란 명칭은 주전 279년 브레누스(Brennus) 치하에 발칸, 트라케, 마케도니아, 테살리 지역으로 쫓겨난 켈트족(라틴어 *Galli*)에게서 파생되었다. 켈트족들 중 세 종족이 헬레스폰트를 넘어서 주전 278년경에 앙카라(Ancyra) 지역에 정착하게 되었다. 그들은 그곳에서 격동의 역사를 지나게 되었는데, 지역 치리자들은 영토 분쟁들이 일어날 때마다 그들을 용병으로 활용하였고 갈라디아인들은 그 기회를 사용하여 도시들을 약탈하고 땅을 차지했다. 그러나 로마인들이 주전 189년에 이 지역에 들어오면서 상황이 크게 바꿔었다. 그들은 두 치열한 전투에서 갈라디아인들을 패배시켰다. 그 후로 갈라디아인들은 로마편에 서게 되었고 소아시아의 여러 지역들을 정복하는 데 있어서 로마 정부에 큰 도움을 주었다. 특별히 폼페이는 미드라스 전투에서 승리한 후에 그 지역을 재조직하여 휘하의 지배국들로 삼을 때, 그들의 충성에 보상하는 뜻에서 갈라디아인을 지역 치리자로 삼아 통치하게 하였다. 아민타스(Amyntas) 왕이 주전 25년에 죽자 아우구스트 황제는 갈라디아로 지칭되는 옛 지역뿐만 아니라 비시디아, 이사우리아, 밤빌리아, 루가오니아, 파프라고니아, 본도 갈라디아의 일부 지역들까지 포함시킨 로마의 갈라디아 행정 구역을 창설하게 되었다. 물론 문화적으로 갈라디아인들은 곧 헬레니즘화되었고 로마화되었다.

바울은 갈라디아서를 옛 갈라디아 지역의 주민들에게 보냈는가 아니면 로마의 갈라디아 행정 구역의 주민들에게 보냈는가? 결정하기는 쉽지 않지만 여러 학자들은 바울이 켈트족의 후예들에게 편지를 보냈다고 보기보다는 헬레니즘화된 로마 행정 구역의 주민들에게 편지를 보낸 것으로 본다.[4] 바울의 편지가 잘 구성되고 신학적으로 세련된 논의들을 담고 있다는 사실은 그가 가난하고 교육도 받지 못한 지역의 사람들보다는 헬레니즘화되고 로마화된 도시 지역 사람들에게 편지를 썼을 가능성을 한층 더 높여 준다. 더욱이 다음과 같은 요소들은 남갈라디아설을 선호하게 만든다. 누가가 사도행전 16:6에서 부르기아와 갈라디아 지역을 언급할 때 그것은 부르기아와 갈라디아를 두 다른 지역으로 호명한 것이라기보다는 부르기아인들이 살고 있던 로마의 갈라디아 행정 구역을 가리킨다고 보는 것이 타당하고,[5] 북갈라디아 지역은 상당히 고립된 곳이어서 병약한 바울이(4:14) 병든 몸을 끌고 험로를 따라 여행했을 가능성이 없다. 더욱이 사도행전의 보도에 따르

---

4) Cf. D. Guthrie, *NT Introduction*, 452ff; H.D. Betz, *Galatians*, 2; W. Ramsay, *The Church in the Romans Empire* (1897), xiif, 8ff, 97ff.
5) K. Lake, *The Beginnings of Christianity*, vol 5, 224ff.

면 바울이 북갈라디아 지역들을 방문했다는 아무런 관련 구절들이 발견되지 않으며, 바울이 그가 설립한 교회들을 묘사할 때 흔히 그 교회들이 위치한 지역 명칭들을 사용하는 것이 바울의 습관이기 때문에 갈라디아 교회들이란 명칭도 같은 방식으로 이해할 필요가 있다. 사도행전 20장에는 바울의 동료들의 이름이 거론되고 있는데 이들 중에는 더베 사람 가이오와 루스드라에서 온 디모데가 포함되어 있다. 흥미있는 사실은 이들 두 사람 모두가 남갈라디아 지역에서 온 사람들이며 바울의 동료 명단에는 북갈라디아 지역에서 온 사람들이 전혀 언급되지 않는다. 고전 16:1에는 예루살렘 교회를 위한 구제 헌금에 동참한 교회들이 언급되는데 여기서도 남갈라디아 교회들이 지칭되고 있는 것이 분명하다.[6] 따라서 우리는 대다수 학자들의 견해를 따라서 바울이 로마의 갈라디아 행정 구역의 이방 기독교인들에게 편지를 썼다고 보는 것이 합리적이라고 본다.

3. 저작 연대와 장소

갈라디아서의 저작 연대의 결정은 그것이 어느 곳에 보내졌는가 하는 문제에 달려 있다. 북갈라디아설을 취하게 되면 바울이 북쪽 지역을 방문하는 데 필요한 후대의 연대를 상정해야 한다. 만일 위에서 주장했듯이 남갈라디아설이 맞는다면, 우리는 예루살렘 회의와 관련하여 두 가지 가능성들을 상정해 볼 수 있다. 바울은 갈 4:13에서 적어도 두 번에 걸친 갈라디아 교회의 방문을 암시하고 있는데, 만일 두 번째 방문이 행 16:6에 언급된 방문이라면 갈라디아서는 예루살렘 회의보다 한두 해 후에 기록되었음이 분명하고, 만일 두 번째 방문이 바울과 바나바가 안디옥으로 귀환하는 과정에서 남갈라디아 교회들을 재방문한 것을 묘사하는 행 14:21의 방문과 동일하다면 갈라디아서는 예루살렘 회의 전 주후 49년경에 기록되었을 것이다.

---

6) 이러한 논의들에 대해서는 D. Guthrie, *NT Introduction*, 452ff; Bruce, *Galatians*, 8-10을 참조하라.

먼저 우리는 갈 2:1-10의 회의가 사도행전 15장의 예루살렘 회의와 동일한 것인지를 살펴보아야 저작 연대에 관한 우리의 문제를 해결할 수 있다. 갈라디아서 2장의 예루살렘 여행이 사도행전에 언급된 몇 차례의 예루살렘 방문 중(행 9:26-29; 11:30; 12:25; 15:1ff) 어느 것에 해당하는지에 대해서는 많은 논쟁이 있어 왔다. 전통적으로 크게 두 가지 해석들이 제시되어 왔는데, 어떤 견해를 택하든지 간에 난점들이 존재한다. 지금까지 제시되어 온 해석들을 모두 검토하는 것은 어렵고 다만 그중에 대표적인 견해들만 검토하고자 한다.

전통적인 견해는 갈 2:1-10에 묘사된 회의가 사도행전 15장의 예루살렘 회의를 지칭한다고 보는 것이다.[7] 동일한 사람들이 있었고 동일한 주제가 논의되었으며, 본질적으로 동일한 원리가(이방인에게 할례를 행할 필요가 없다) 받아들여진 것처럼 보이기 때문에 이 견해는 어느 정도 설득력 있게 보인다. 하지만 두 설명들간에는 중요한 차이점들과 풀리지 않는 문제점들이 존재한다.

첫째로, 갈라디아서 2:2은 분명히 예루살렘에서 있었던 회의가 사적인 모임이었음을 말하는 반면에, 사도행전 15:22은 공적인 회의였음을 말한다. 갈라디아서 2장의 회의에서는 바울이 담당한 능동적인 역할을 강조하는 반면, 사도행전 15장에서 그는 별 중요한 역할을 담당하지 못한다. 그러나 이러한 차이점은 두 설명이 지니는 관점의 차이에서 기인할지도 모른다.[8]

둘째로, 보다 중요한 차이점은 갈라디아서 2장은 사도행전 15장에서 이방인들에게 부과한 몇 가지 현실적인 결정 사항들을('우상의 더러

---

7) Cf. A. Harnack, *Chronologie*, 233ff; C.H. Turner, "Chronology," 403-26; G. Ogg, *Chronology*, 113-115; J.D.G. Dunn, *Jesus, Paul, and the Law*, 108-128, 129-182.
8) J.D.G. Dunn, *Jesus, Paul, and the Law*, 173 n.124. 던은 여기서 "모임이 어떻게 시작되었든지 간에 그것은 곧 '유명한 자들'보다 더 폭넓은 그룹과의 연속적 논쟁으로 발전되었다"는 견해를 피력한다.

운 것과 음행과 목매어 죽인 것과 피를 멀리하라', 15:20) 전혀 언급하고 있지 않다는 사실이다. 흔히 주장되기를 이방인들에게 그런 조건들을 부과하는 것은 바울 편에서 전혀 용납할 수 없는 타협으로 생각되었기 때문에 바울이 갈라디아서에서 언급조차 하지 않았을 것이라고 한다. 그러나 이런 추측은 예루살렘 사도들이 가난한 자들을 기억해 달라는 부탁 이외에 아무것도 '내게 더하여 준 것이 없었다' (2:6)는 바울 자신의 진술과 모순된다. 만일 바울이 회의 석상에서 자신이 용납할 수 없는 조건들을 자신의 이방인 회심자들에게 부과했다면 '복음의 진리를 따라 바로 행하는' (2:14) 일을 생명처럼 여기는 그가 그저 가만히 침묵하고 있었을 것으로 생각하기 어렵다. 도리어 바울은 갈라디아서를 기록할 당시 그런 조건들을 전혀 알고 있지 못한 것으로 보인다.[9] 이것은 갈라디아서의 저술이 예루살렘 회의보다 연대적으로 앞서 있다는 것을 강력하게 시사하는 것이다.

셋째로, 이와 관련된 또 다른 중요한 문제점이 존재한다. 만일 예루살렘 회의에서(갈 2장=행 15장) 유대인과 이방인 신자들간의 현실적 교제를 가능케 하기 위한 몇가지 최소한의 조건들이 합의되어졌다면, 어떻게 얼마 후에 안디옥 사건에서(갈 2:11ff) 바울과 예루살렘 사도들 사이에 신학적 갈등과 균열이 존재할 수 있었는가?[10] 야고보에게서 온 사람들에 대한 두려움 때문에 베드로와 바나바가 이방 기독교인들과 식탁 교제 나누기를 거부한 안디옥 사건은(2:11-14) 사도행전 15장의 예루살렘 회의 이후의 상황에서는 전혀 이해하기가 불가능하다. 던(J.D.G. Dunn)도 이 점을 진지하게 받아들이지 않을 수가 없어서 갈

9) Cf. I.H. Marshall, *Acts*, 244 and n.1. 마샬은 행 21:25이 바울보다는 이방인 독자들을 위한 것이라고 생각한다. 보다 중요한 것은 바울이 관련된 이 현안 문제를 논의하는 고린도전서 8-10장과 로마서 14장에서 전혀 예루살렘 회의의 결정을 지칭하지 않는다는 사실이다.

10) 2:11의 **ὅτε**는 불확정적이다. 안디옥 사건은 주변의 연대기적 문맥에 비추어 볼 때 갈라디아서 2장의 예루살렘 회합 이후에 생긴 사건인 것이 분명하다. 어떤 학자들은 그 순서를 뒤바꾸려고 하지만 신빙성이 있는 이유를 제시하지 못한다. Cf. Betz, *Galatians*, 105; Bruce, *Galatians*, 128, etc.

라디아서 2장의 회의를 사도행전 15장의 회의와 동일시하면서도 예루살렘 회의는 할례 문제만을 해결하였고 이방인들에게 부과된 조건들은 이방 기독교가 크게 성장한 후대 어느 시기에 합의된 사항들이 끼어 들어온 것에 불과하다는 견해를 피력할 수 밖에 없었다.[11] 이것은 누가의 저술이 갖는 역사적 신뢰성을 의심하는 견해일 뿐만 아니라 그렇게 의심할 만한 정당한 이유가 없기 때문에 받아들이기 어렵다.

넷째로, 갈라디아서 2:1에서 '다시'라는 말은 바울의 두 번째 예루살렘 방문을 시사하는 반면에, 사도행전 15장은 사실상 그의 세 번째 방문에 대한 묘사이다. 갈라디아서 1:18-20의 여행과 일치하는 사도행전 9:26-29이 첫번째 여행이고, 사도행전 11:30, 12:25의 부조 여행이 두 번째 여행이며, 사도행전 15장의 방문이 세 번째 여행이다.

다섯째로, 이상한 점은 예루살렘 사도들의 편지가 안디옥, 수리아와 길리기아에만 보내졌고(행 15:23) 바울의 갈라디아 서신에서는 언급조차 되지 않는다는 점이다. 예루살렘 회의의 결정이 후기에 버가모와 두아디라 교회들에 보내는 요한의 메시지에는 반영되는 것으로 보이는 반면에(계 2:14,20), 고린도 교회나 갈라디아 교회들에서는 알려져 있지를 않다. 계시록의 구절들은 예루살렘 공의회의 결정 사항들이 어떤 형태로든지 존재했음을 보여 준다. 이 견해가 바른 것이라면 갈라디아서를 사도행전 15장의 예루살렘 회의 이후에 쓰여진 것으로 보려는 시도는 설득력이 없다.

이러한 관찰들에 비추어 볼 때 갈라디아서 2장의 회합은 행 11:30의 부조 여행을 가리키며 갈라디아서는 안디옥 사건과 예루살렘 회의 사이의 어느 시점에 쓰여졌다고 보는 것이 타당하다.[12] 이 견해는 바울이

---

11) J.D.G. Dunn, *Jesus, Paul, and the Law*, 160.

12) Cf. W.M. Ramsay, *St Paul the Traveller and Roman Citizen* (1920); K. Lake, *The Beginnings of Christianity V*, 445ff; J.J. Gunther, *Paul: Messenger and Exile*, 25; F.F. Bruce, "Galatians Problems", 292-309; I.H. Marshall, *Acts*, 245, etc.

예루살렘을 방문한 횟수를 계산하는 문제를 잘 해결해 준다(네 번째 문제). 갈라디아서가 사도행전 15장의 예루살렘 방문과 그 결정 사항들을 언급하고 있지 않은 것은 그것이 후자의 사건보다 먼저 기록되었기 때문일 것이다. 이 견해는 갈라디아서 2장과 사도행전 15장의 차이점들을 설명해 준다(첫 번째와 두 번째 문제). 이들 두 기록들이 서로 다른 사건들을 묘사하고 있다고 간주하면 그것들 사이의 차이점들을 애써 조화시키려고 노력하지 않아도 된다. 더욱이 이 견해는 안디옥 사건이(갈 2:11-14) 어떻게 해서 일어나게 되었는지를 설명해 줄 수 있다. 바울과 예루살렘의 기둥 사도들은 전번 회의에서(갈 2:1-10) 이방인에게 할례 베푸는 문제를 포함하여 복음의 핵심 내용에 대해서 이미 상호 협의한 것으로 생각하였지만(갈2:6), 안디옥 사건을 계기로 그들간에 합의된 내용이 충분한 기초를 확보한 것이 아니라는 것이 드러나게 되었다. 할례 문제는 해결되었지만, 이방 기독교인들이 유대인들과 같은 형제들로서 교제하기 위해서는 그들의 음식법이나 그들의 생활 관습들을 받아들여야 하는가 하는 새로운 문제가 터져 나온 것이다. 만일 갈라디아서 2장의 회의가 사도행전 15장의 예루살렘 회의와 동일한 사건이라면, 이미 하나님의 백성으로서 이방인의 신분 문제가 해결되었음에도 불구하고 왜 여전히 안디옥 사건에서 그들의 신분 문제자 거론되는지 전혀 이해할 수가 없다. 할례를 받지 않고도 이방 기독교인들이 하나님의 백성이 될 수 있다는 그들의 신분 문제가 예루살렘 회의에서 완전히 해결되었는데도(행 15:9,11) 안디옥 사건에서 여전히 베드로를 위시한 '야고보에게서 온 자들'이 이방 기독교인들과 식탁 교제하기를 거부한 것은 전혀 납득하기 어려운 일이다.

특히 바울은 안디옥 사건이 갈라디아 교회의 위기의 본질을 잘 밝혀 준다고 생각했기 때문에 갈라디아서에서 그것을 그의 신학적 답변의 출발점으로 삼고 있다. 그렇다면 갈라디아의 유대주의적 선동자들은 할례나 음시법과 같은 유대인들의 행위 패턴들을 받아들이지 않는 바울의 이방 기독교인들을 언약의 울타리 안에 들어와 있는 하나님 백성으로 여길 수 없었던 것이 분명하다.[13] 그들은 할례와 유대인들의 음식법을 지키지 않는 이방 기독교인들을 여전히 '이방 죄인들'(*ἐξ ἐθνῶν ἁμαρτωλοί*, 갈 2:15)로 취급하려 한 것이 분명하고, 베드로가 야고보에게서 온 사람들을 두려워하여 이방 기독교인들과의 식탁 교제를 피하여 물러간 행위도 그러한 맥락에서 이해되어야 한다.

던(Dunn)은 우리의 두 번째 견해에 대해서 다른 문제점을 제기한다. 만일 갈라디아서 2장의 회의가 사도행전 15장의 예루살렘 회의보다 선행하는 사건이라면, 이미 할례 문제가 그 전에(갈 2:1- 10) 다 해결되었는데 후에 예루살렘 회의에서 다시 할례 문제가 뜨거운 논쟁으로 대두된다는 사실이 이해할 수 없는 수수께끼로 남는다는 것이다. 갈라디아서 2:1-10을 보면 이방인들 가운데 전파하는 할례 없는 바울의 복음이 예루살렘 사도들에 의해서 이미 인정되었음이 시사된다. 그에 의하면 레이크(K. Lake)가 일찍이 옹호했던 램지(W.M. Ramsay)의 견해를 포기한 것도 바로 이런 이유 때문이었다.[14] 그러나 갈라디아서 2장에서 바울과 기둥 사도들 사이에 맺어진 합의가 초대교회의 개별 구성원들 전체에 기계적인 구속력을 지닌 것은 아니었을 것이다. 할례 문제가 갈라디아서 2장의 회의에서 합의에 도달한 것은 사실이지만, 유대 지역들에 있던 많은 유대주의적 기독교인들이 이러한 합의와 관계 없이('들은즉 우리 가운데서 어떤 사람들이 우리의 시킨 것도 없이 나가서 말로 너희를 괴롭게 하고 마음을 혹하게 한다 하기로', 행 15: 24) 이방 기독교회들 내에 들어와 문제를 야기시켰을 것이다. 이 점에서 예루살렘 회의는 전에 바울과 바나바 그리고 예루살렘 기둥 사도들 사이에 맺어진 합의사항을 보다 공식화하기 위해 개최되었을 가능성이 많다.

---

13) Cf. E.P. Sanders, *Paul, the Law, and the Jewish People*, 17-19; J. Barclay, *Obeying the Truth*, 235-242; J.D.G. Dunn, *Jesus, Paul, and the Law*, 148-163; R.H. Gundry, "Grace, Works and Staying Saved," 8-9.

14) K. Lake, *Earlier Epistles of St Paul*(1911), 274f; cf. *The Beginnings of Christianity V*, 201; 또한 Dunn, *Jesus, Paul and the Law*, 173 n.124를 참조하라.

위의 관찰들이 정확하다면 우리는 바울의 갈라디아 교회의 방문이 바울과 바나바가 안디옥으로 귀환하는 중에 남갈라디아 교회들을 재방문한 것을 언급하는 사도행전 14:21의 방문과 동일하며, 따라서 갈라디아서는 사도행전 15장의 예루살렘 공회의가 있기 전 주후 49년경에 기록된 것으로 결론지을 수밖에 없다. 갈라디아서 자체에는 그것이 어디에서 기록된 것인지에 대해서 아무런 암시도 주지 않는다. 이런 상황 때문에 상당한 추측이 야기되었다. 말씨온의 서론은 갈라디아서가 에베소에서 보내진 것으로 언급하고 있고 많은 학자들이 여기에 동의하고 있다. 말씨온의 서론이 어디에서 정보를 얻었는지는 알려져 있지 않다. 마찬가지로 로마를 기록 장소로 언급하고 있는 여러 사본들과 시리아 역본들도 어디에서 그런 정보를 얻었는지 불분명하다.[15] 사도행전에 묘사된 바울의 여행 기록들에 기초해서 학자들은 에베소,[16] 마케도니아,[17] 또는 고린도를[18] 저작 장소로 주장한다. 이들 장소가 모두 가능한 후보 지역이지만 그것들을 논증할 만한 결정적인 증거들은 없다.

4. 저작 목적

바울은 이때 즈음 이미 이방인들에게 전하는 자신의 복음이 예루살렘 사도들에게 인정을 받았고 그것을 갈라디아인들에게 확신을 가지고 전파하였다. 하지만 아마도 예루살렘에 기원을 두고 있을지도 모르는 유대주의적 선동자들이 침투하여 할례와 율법 준수를 요구하기 시작하였다(갈 5:3-4; 6:12-14). 그들은 할례를 받지 않은 바울의 이방 기독교인들에게 아브라함 전승과 기묘한 성경 주석들에 기초해서 할례를 받지 않으면 결코 아브라함의 가족이 될 수 없다고 꼬이고 설득

15) Cf. B.M. Metzger, *A Textual Commentary on the Greek New Testament*(1971), 599.
16) Schlier, *Galater*, 18; Bornkamm, *Paul*, 241; Kümmel, *Introduction*, 304.
17) Mussner, *Galater*, 9f.
18) Burton, *Galatians*, xlvii; Bonnard, *Galates*, 14.

한 것으로 보인다(갈 3:1; 5:7-8; 6:12). 할례는 고대 헬레니즘 사회에서 '수치스러운' 의식으로 여겨졌음에도 불구하고 갈라디아인들은 선동자들의 치밀한 설득에 말려들어 크게 동요하게 되었다. 따라서 바울은 선동자들이 사용하는 아브라함 전승과 성경 해석들을 급진적으로 재해석함으로써 종말론적인 새 시대에 하나님의 백성을 규정하는 요소는 아브라함처럼 하나님의 약속을 신뢰하는 믿음뿐이라는 것을 논증한다(3:1-14). 할례 계명은 아브라함이 믿음으로 의롭다 함을 받기 훨씬 후에 주어진 것에 불과하며(창 15:6), 아브라함에게 주어진 축복의 약속은 하나님께서 처음부터 믿음으로 말미암아 이방인들을 의롭다 하실 것을 계획하셨다는 것을 보여 준다(창 12:1-3; 갈 3:8).

더욱이 갈라디아인들은 할례와 같은 율법의 행위와 관계없이 오직 믿음으로 약속의 성령을 경험했는데(갈 3:1-5), 이것은 하나님의 백성된 그들의 신분이 율법의 행위와 같은 유대인의 신분 표지의 행위들과 아무런 관련이 없다는 것을 밝혀 준다. 모세의 율법은 믿음과 더불어 인류 구원을 위한 구속사의 경쟁적인 원리가 결코 아니다. 그것은 인류의 범법함을 더하기 위해 구속사 중간에 끼어들어온 낯선 침입자와 같은 존재에 불과하다(갈 3:19). 특별히 할례나 율법은 유대인들의 민족주의적 배타주의의 표지들이 되었기 때문에 그것들은 아브라함의 약속에 포함된 축복들이 이방인들에게 미치지 못하도록 방해하는 걸림돌 또는 적대의 담 역할을 하였다(갈 3:14; 엡 2:14ff). 그리스도의 십자가는 이와 같은 걸림돌과 적대의 담을 허물어버림으로써 아브라함에게 약속된 축복들이 이방인들에게 미치게 만든 종말론적인 사건이었다. 옛 시대에 사람들을 종노릇하게 만든 율법이나 세상의 초등학문은 이제 십자가 안에서 폐기되었기 때문에, 바울은 갈라디아인들에게 새 시대에 걸맞게 믿음과 성령을 따라 살아갈 것을 권면한다(갈 3:3; 5:16-25; 6:1-10,14-15). 만일 그들이 믿음으로 성령을 받아 하나님의 백성이 되었다면 그들은 끝까지 믿음으로 살고 성령의 인도하심에 순종해야 한다(갈 3:3; 5:16-18; 6:8). 옛 시대에서는 유대인들이 할례나 율법 준수와 같은 율법의 행위들로 자신들을 언약백성으로 나타내었지만, 그러한 유대인들의 배타적 표지들은 범세계적인 믿음의 공동체를 세우려는 하나님의 구속사적 목적과 반대되기 때문에 새 시대에 그리스도의 사람들은 믿음과 성령을 좇아 살아가야만 한다. 오직 믿음과 성령만이 새 시대를 살아가는 하나님 백성을 성격규정하는 요소들이다.

따라서 갈라디아서는 신학적 변증 부분에서나 윤리적 권면 부분에서나 동일한 유대주의적 논점들을 비평하고 바울 자신의 답변을 제시하기 위해서 기록된 것이다. 이것은 바울이 한편에서 유대주의자들을, 다른 한편에서는 자유방임주의자들을 공격했다고 보는 '두 전선 이론'을 근거 없는 것으로 보게 만든다. 바울은 갈라디아서에서 시종일관 유대주의적 논점들을 비평하고 있다.[19]

5. 기본적인 구조

학자들간에 가장 논쟁이 되는 부분은 신학적 변증 부분과(갈 1:6-5:12) 윤리적 권면 부분(갈 5:12-6:10) 사이의 구조적 연관성 문제이다. 물론 구조 문제와 관련된 다른 여러 문제들이 있지만, 신학적 변증 부분과 윤리적 권면 부분이 어떻게 내면적으로 관련되어 있는가를 바로 이해하는 것은 문제를 야기시킨 자들의 정체를 확인하는 일뿐만 아니라 그들에 대한 바울의 근본적인 메시지를 재구성하는 데 있어서도 결정적으로 중요하다. 그래서 필자는 갈라디아서의 구조와 관련된 문제들 중에서 이 부분에 지면을 할애하고자 한다. 구조 문제에 관해서는 크게 두 종류의 견해로 구별된다. 하나는 윤리적 권면 부분이 신학적 변증 부분과 대체로 아무런 관련이 없다고 보는 것이고, 다른 하나는 윤리적 권면 부분이 전체 서신에 필수적으로 통합된 부분이라고 보는 것이다. 이들 각 견해 내부에서도 상당한 견해 차이가 존재한다.

---

19) J.M.G. Barclay, *Obeying the Truth*, 1-35에 실린 논의들을 참조하라.

논의 순서상 첫 번째 견해를 살펴보는 것이 좋을 것이다.

(1) 오닐(J.C. O'Neil)과 같은 학자는 윤리적 권면 부분을 서신의 나머지 부분과 구분하려는 가장 급진적인 견해를 피력한다. 그는 윤리적 권면 부분에 대해 어떤 후대의 편집자가 서로 상관도 없는 윤리적 교훈들을 삽입해 넣은 것들로 간주한다.[20] 바울이 본래 이 부분을 기록하지 않았으나, 그것은 후대의 편집자가 도덕폐기론자들을 공격하기 위해 윤리적 교훈들을 삽입해 넣은 부분이기 때문에 앞의 신학적 변증 부분과 아무런 관련이 없다는 것이다. 이러한 급진적인 견해가 다른 학자들의 지지를 받지 못한 것은 이해할 만하다.[21]

(2) 디벨리우스(M. Dibelius)는 신약과 초대 기독교의 문헌이 서로 어떤 내적인 관련들도 없이 함께 묶여졌으며 일반적인 교훈들을 제공하기 위해 사용된 윤리적 주제들의 단순한 묶음이라고 주장하면서 갈라디아서의 윤리적 권면 부분도 서신 나머지 부분의 논쟁적 내용과 아무런 관련이 없다고 보았다.[22] 특별히 양식비평적 분석 방식을 통해 이런 결론에 도달한 디벨리우스의 견해는 후대의 많은 학자들에게 영향을 미쳤다. 그러나 '권면'(paraenesis)이 특정한 교회나 상황을 염두에 두고 있지 않은 단순한 일반적인 도덕적 요구 사항들로 구성된 것으로 보는 그의 견해는 바울의 다른 서신들에 실린 매우 구체적이고 상황적인 권면들에 비추어 볼 때 매우 의심스럽다. 더욱이 논쟁적 부분에서처럼 율법을 계속 언급하고(갈 5:14,18,23; 6:2), 영육 이원론적 논의에 기초하여 쓴 구절들이(갈 5:16ff; 6:8) 실제로 갈라디아 교회의 상황과 관련이 없다는 디벨리우스의 견해는 의심받아야 마땅하다.

---

20) J.C. O'Neill, *The Recovery of Paul's Letter to the Galatians* (1972), 65-71.

21) J. Drane, *Paul: Libertine or Legalist?*(1975), 93. 드레인은 이렇게 오닐의 견해를 비평한다: 오닐의 손에서 갈라디아서는 "becomes little more than an implausible collection of theological titbits drawn from incredibly diverse sources".

22) M. Dibelius, *A Fresh Approach to the NT*(1936), 217-37; *From Tradition to Gospel*(1965), 238f.

(3) 버튼(Burton)은 윤리적 권면 부분이 바울의 앞선 논의에서 제기될지도 모를 가능한 반대 견해들이나 오해들에 대해서 미리 변호하는 부분이라고 생각한다.[23] 그의 견해는 현대의 여러 학자들의 주장 속에서도 반영되는데, 그들은 5:13이 "서신의 본론 부분에서 요구되는 행위 유형에 대한 오해나 반대를 피하기 위해 논의 이탈을 소개하고 있다"거나,[24] 또는 "바울이 유대교 율법에 관한 그의 견해에 대해서 제기될 수 있는 가능한 반대들을 단지 미리 예견하고 있을 뿐이다"고[25] 주장한다. 겉으로 보기에 5:13의 조심스런 자유의 정의가 오해로부터 자신을 변호하려는 바울의 시도처럼 보인다. 바울이 5:13-6:10에서 폭 넓은 윤리 교훈들을 제시한 점으로 미루어 볼 때 우리는 과연 그러한 권면을 하도록 유도한 갈라디아 교회의 어떤 다른 요인들은 없었는가를 탐구해야만 한다. 많은 학자들이 실제 그런 요인들을 발견하고 있기 때문에 위의 견해는 그렇게 신빙성이 있어 보이지 않는다.

(4) 현대 학자들 가운데 매력을 끌고 있는 또 다른 견해는 바울이 신학적 변증 부분과 윤리적 권면 부분에서 두 다른 논점들과 싸우고 있다고 보는 것이다. 환언하면 바울이 두 전선에서 싸우고 있는데, 하나는 유대주의자들의 공격이고 또 다른 하나는 자유방임주의자들의 공격인 것이다.[26] 그러나 '두 전선'의 이론을 주장하는 이들 학자들의 분석도 학자들 간에 지지를 별로 받지 못하고 있다. 갈라디아서 서신 자체가 그렇게 날카로운 구분들을 시사해 주지 않고 있으며, 이것은 우리의 후속되는 주석을 통해서 더 분명하게 밝혀질 것이다.

우리가 살핀 주된 두 번째 견해는 윤리적 권면 부분이 전체 서신에 필수적으로 통합된 부분이라고 보는 것이다.

---

23) W. de Burton, *Galatians*, 290.
24) W.A. Meeks, in his review of H.D. Betz, *Galatians*, *JBL* 100 (1981), 305-6.
25) J. Drane, *Paul: Libertine or Legalist?* (1975), 81.
26) R. Jewett, "The Agitators," 198-212; W. Lütgert, *Gesetz und Geist*(1919); J.H. Ropes, *The Singular Problem*(1929).

(1) 슈미탈스(W. Schmithals)는 갈라디아 서신 전체에서 할례와 자유방임적 윤리관을 결합시킨 영지주의자들을 공격하고 있다고 추측한다.[27] 그의 견해의 핵심은 할례를 실천했지만 자유방임적 윤리관을 지녔던 유대-기독교 영지주의자들이 갈라디아 교회에 침투했다는 가정에 의존해 있다. 우리는 유대-기독교 영지주의자들의 존재를 보여 준다는 슈미탈스의 증거들을 여기서 다 다룰 수는 없다. 하지만 그의 입장은 두 가지 근거에서 의심스럽다. 첫째로, 그는 갈라디아서 3-4장에 있는 바울의 율법 논의들을 만족할 만하게 설명하지 못하고 있고 따라서 갈라디아서의 모든 다른 주제들을 설명하는 데 실패하고 있다.[28] 둘째로, 그는 5:13-6:10에 담긴 바울의 윤리적 교훈이 전형적인 영지주의적 행동 양식을 비판하고 있다고 가정한다. 하지만 조심스럽게 이 부분을 분석해 보면 슈미탈스의 그러한 가정을 지지해 주지 않는다.

(2) 베츠(H.D. Betz)는 윤리적 권면 부분이 갈라디아인들의 도덕적 혼란을 제거하기 위한 시도라고 주장한다. 그에 의하면 갈라디아인들은 그들의 도덕적 표준들에 관하여 혼란을 겪고 있으며 바울은 따라서 일련의 특정한 교훈들을 제시할 책임을 느꼈다는 것이다. 그는 갈라디아 교회의 위기를 야기시킨 원인들 중의 하나는 갈라디아 교회들이 특정한 도덕적 문제들에 직면하게 된 상황에서 구체적 윤리적 지침들을 제공하는 율법에 매력을 느꼈다고 제안한다.[29] 처음에는 바울의 복음을 열정적으로 좇았지만 시간이 지나면서 갈라디아인들은 육의 문제에 빠지게 되었다. 심각한 범죄까지 자행되는 상황에 직면하여 그들은 시내산 언약에 들어가 율법에 순종하기만 하면 그러한 도덕적

---

27) W. Schmithals, "Die Häretiker in Galatien," 25-65; *Paul and the Gnostics*, 13-64.

28) 특별히 *Paul and the Gnostics*, 33f, 41을 보라. 여기서 그는 갈 3-4장의 대부분의 자료가 단지 유대인들과의 일반적 논쟁에서 나온 당시대의 '주제들'을 나타낼 뿐 갈라디아의 구체적 상황을 직접 지칭하는 구절들을 담고 있지 않다는 어쩡쩡한 견해를 피력한다.

29) H.D. Betz, *Galatians*, 8-9, 273-4, 295-6; "Spirit, Freedom and Law," 145-160.

실패들을 처리할 수 있을 뿐만 아니라 구체적 상황에서 어떻게 처신해야 할까를 안내해 주는 율법의 윤리적 교훈들을 얻게 될 것이라고 주장하는 유대주의자들의 신학에 매력을 느끼게 되었다. 따라서 바울은 할례와 율법을 받아들이지 말라는 단순한 변증으로는 갈라디아인들의 문제를 처리할 수 없음을 깨닫고 육신의 문제들을 효과적으로 처리할 긍정적인 방법을 제시하지 않으면 안 되었다. 물론 바울은 육의 세력들의 위협과 율법의 종노릇하게 하는 세력의 위협이라는 두 다른 위협들로부터 기독교의 자유을 변호하기 위해 싸우고 있지만, 이것들은 갈라디아 교회에 처음 제기된 문제요 그에 대한 바람직한 답변으로서 밀접하게 관련된다. 자유를 보존하기 위해서 그리고 육신의 문제를 처리하기 위해서 바울은 율법을 반대하는 논의를 하였고(갈 1:6-5:12) 성령의 충족성을 옹호하였다(갈 5:12-6:10). 베츠의 견해는 여러 유익한 관찰들을 담고 있기는 하지만, 우리는 과연 바울이 갈라디아인들 중에 행해지는 특정하고도 심각한 죄를 염두에 두고 있었는지를 검토해야만 한다. 우리는 그들이 율법과 할례에 매력을 느끼게 된 이유들을 보다 충분하게 탐구해야 하며 그들의 도덕적 혼란이 어디에 놓여 있는지를 보다 정확하게 정의해야만 한다. 베츠의 견해는 특별히 갈라디아인들이 할례에 매력을 느끼게 된 원인을 잘 설명해주지 못한다.

갈라디아 서신의 신학적 변증 부분은 윤리적 권면 부분이 내면적으로 통합된 통일체로 간주되어야 한다. 바울은 몇몇 학자들이 주장하듯이 두 논점들과 동시에 싸우고 있는 것도 아니고 전반부의 신학적 변증과 아무 관련이 없는 일련의 윤리적 권면들을 덧붙여 놓은 것도 아니다. 그는 처음부터 시종일관하게 유대주의자들의 공격에 답변하고 있다. 그들은 갈라디아 이방 교회에 침입하여 할례와 율법 준수와 같은 유대교의 신율주의적 행습들을 받아들일 것을 요구하였을 것이다. 그들의 요구의 핵심은 본질적으로 신분 문제와 관련이 있다. 시내 인약에 속한 율법 백성의 정체성을 얻기 위해서는 마땅히 이방 기독교인들도 할례와 율법을 준수하지 않으면 안된다는 것이 그들의 요구였다. 이것을 논증하기 위해 바울의 반대자들은 3-4장에 나타난 기묘하고 상세한 성경적 논증과 아브라함 전승에 대한 전통적 해석에 호소했던 것으로 보인다. 하지만 바울은 다메섹 계시 사건에 비추어 그의 반대자들이 의지했던 아브라함 전승과 전통적인 성경 주석을 급진적으로 재해석한다. 그가 논증한 대로 아브라함의 참 가족을 특징짓는 요소는 할례와 율법과 같은 유대 민족적 정체성을 나타내 주는 인간적 표지들이 아니고 오직 '믿음'과 '성령'과 같은 초월적이고 초문화적인 표지들이다. 하나님은 이러한 표지들을 통해 범세계적인 믿음의 공동체를 세우고자 하셨다.

만일 믿음과 성령만이 아브라함 가족의 '신분'(status)을 특징화하는 요소들이라면 그것들은 아브라함 가족의 '행위'(behaviour)를 특징짓는 요소들이어야 한다. 그렇다면 신분과 행위는 두 개의 분리된 다른 원리가 아니다. 사람의 신분이 결정되면 그의 행위가 어떠해야 하는가가 결정된다. 만일 갈라디아 이방 기독교인들이 유대교의 신분 표지인 할례와 율법을 받아들인다면(getting in), 그들은 자연히 할례와 율법을 좇아 살아가야 한다(staying in).[30] 그러므로 바울이 신학적 변증 부분에서 할례와 율법이 아니라 오직 믿음과 성령만이 아브라함 가족의 본질을 규정하는 결정적 요소들인 것을 논증한 후에, 윤리적 권면 부분에서 아브라함의 가족이면 믿음과 성령을 따라 행하라고 교훈하는 것은 매우 자연스러운 일이다. 이것은 신학적 논증 부분과 윤리적 권면 부분이 내면적으로 통합된 부분들이라는 것을 시사해 준다. 아마도 바울이 갈라디아인들에게 윤리적 권면을 덧붙이게 된 것은 그들의 내면적 분쟁 상황에서(갈 5:15) 침투한 유대주의자들의 선동 때문이었을 것이다. 바울이 있지 않은 상황에서 교회의 내부적 갈등의

30) E.P. Sanders, *Paul and Palestinian Judaism*, 543. 그는 getting in과 staying in을 두 다른 구원론적 원리로 날카롭게 구분해 놓았는데, 이 두 원리는 동전의 양면과 같은 통일체라고 할 수 있다. 이에 대한 적절한 비평으로 R.H. Gundry, "Grace, Works and Staying Saved," 8-9를 보라.

문제는 그들이 어떻게 행동해야 할지 모르는 혼란을 가져왔을 것이고, 율법이 구체적인 삶의 지침들을 제공한다는 유대주의자들의 선동은 그러한 혼란을 더욱 부채질하였을 것이다.[31]

갈라디아서의 전체적인 구조를 밝히는 문제는 학자들마다 견해가 다르지만 필자는 위의 관찰들에 근거해서 그 구조를 다음과 같이 세분하고자 한다.

인 사 말 (1:1-5)

제 1 부: 바울의 신학적 변증 (1:6 - 5:12)

I. 갈라디아 교회의 위기적 상황(1:6-10)
  1. 다른 복음은 없다(1:6-9)
  2. 사람을 기쁘게 하지 않는 바울 사도(1:10)
II. 바울이 자신의 복음과 사도직을 변호함(1:11-2:11)
  1. 바울 복음과 사도직의 기원(1:11-17)
    1) 계시로 받은 바울의 복음(1:11-12)
    2) 회심 전 바울의 유대교 생활(1:13-14)
    3) 바울의 다메섹 회심과 그 후 여정(1:15-17)
  2. 예루살렘 교회가 인정한 바울의 권위(1:18-2:10)
    1) 예루살렘 교회 방문(1:18-20)
    2) 수리아와 길리기아를 방문한 바울(1:21-24)
    3) 예루살렘 교회 지도자들과의 회합(2:1-10)
    〈註〉 신약에 있어서 가난한 자들에 대한 구제
III. 선동자들의 도전과 바울의 응답 (I) (2:11 - 5:12)
  1. 안디옥 사건과 바울의 이신칭의 복음 (2:11-21)

31) J.M.G. Barclay, *Obeying the Truth*, 71f; Betz, *Galatians*, 273.

1) 안디옥 사건에 대한 설명 (2:11-14)
2) 이신칭의 복음의 신학적 함축들 (2:15-21)
2. 재정의된 아브라함의 가족 (3:1-4:31)
1) 성령경험을 통한 논증 (3:1-5)
2) 성경을 통한 논증 (3:6-14)
3) 인간의 공통된 관습에 근거한 논증 (3:15-18)
4) 율법의 기능과 목적 (3:19-25)
5) 그리스도 안에서 주어진 새로운 신분 (3:26-29)
6) 종에서 아들로의 신분 변화 (4:1-11)
7) 바울의 개인적 호소 (4:12-20)
8) 사라와 하갈의 비유를 통한 논증 (4:21-31)
3. 자유를 향한 하나님의 부르심 (5:1-12)
1) 자유와 양립할 수 없는 율법 준수 (5:1-6)
2) 독자들에 대한 엄중한 경고 (5:7-12)

제 2 부: 바울의 윤리적 권면 (5:13-6:10)

Ⅳ. 선동자들의 도전과 바울의 응답 (Ⅱ) (5:13-6:10)
1. 참자유의 길: 성령을 따라 사는 삶 (5:13-24)
1) 사랑은 율법의 완성 (5:13-15)
2) 성령은 육체를 극복함 (5:16-24)
2. 성령의 실천적 가치 (5:25-6:10)

결론적 훈계와 마지막 축도 (6:11-18)

인사말(1:1-5)

갈라디아서의 인사말은 다른 바울 서신들의 인사말과 동일한 형식을 가지고 있을 뿐만 아니라, 흔히 저자, 수신자, 인사말을 담고 있는 고대 근동 지중해 세계의 서신 형식과도 다르지 않다(cf. Ezr. 7:12; P.Oxy. 119:1; Cicero, Ep. ad Q. fratrem, i. 2).[1] 그러나 이 형식이 비록 당대 서신들 간에 확립된 것이기는 하지만, 바울은 그러한 고정화된 형식을 따르지 않고 그의 독자들이 처한 상황과 편지를 쓰게 된 목적에 부합하도록 인사말을 확장시킨다. 여러 점에서 서두의 인사말은 서신의 본론 내용과 내적인 상호 관련을 맺고 있다. 바울은 이 인사말을 사용하여 뒤에 따라나오는 내용들을 위한 신학적인 기초를 놓는다. 이 점은 자신의 사도직의 기원에 대한 긴 정의와(1:1) 기독론적이고 구원론적인 진술들(1:4) 가운데서 분명히 나타난다. 이들 내용은 갈라디아서의 중심적 내용을 주도한다.

특히 눈에 띄는 것은 독자들에게 감사 기도를 표현하는 바울의 일반적인 인사말과 대조적으로 그는 처음부터 갈라디아 독자들에게 자

---

1) 이 주제에 대해서는 K. Berger, "Apostelbrief und apostolische Rede: Zum Formular frühchristlicher Briefe," *ZNW* 65(1974), 190-231; cf. J. A. Fitzmyer, "Some Notes on Aramaic Epistolography", *JBL* 93(1974), 201-25를 참조하라: 그에 따르면 아람 세계의 편지들은 다음 다섯 가지 요소들을 포함한다: (1) 서두, (2) 종교적이거나 세속적인 처음 인사, (3) 이차적 인사들, (4) 서신의 본론, (5) 결론적 진술(220).

신의 사도직을 강조한다는 것이다. 다른 바울의 인사말들과 비교할 때, 이것은 저자와 갈라디아 독자들 사이에 긴장스럽고 당혹스러운 상황이 존재하게 되었음을 보여 준다. 저자와 수신자 사이에 형성된 이 긴장 관계는 갈라디아 서신의 인사말이 이렇게 특수한 형식을 취하도록 만들었다.

1. 사람들에게서 난 것도 아니요 사람으로 말미암은 것도 아니요 오직 예수 그리스도와 및 죽은 자 가운데서 그리스도를 살리신 하나님 아버지로 말미암아 사도 된 바울은

바울의 사도직을 정의하는 1절의 표현은 부정적인 것과 긍정적인 내용으로 구성되어 있다. 앞에 제시된 부정의 문구는(갈 1:11,12의 평행구를 참조) 두 가지를 부정하는데, 전자는('사람들에게서 난 것도 아니요') 바울의 사도직이 사람에게서 기원된 것이 아님을 말하고(*ἀπό*), 후자는('사람으로 말미암은 것도 아니요') 바울의 사도직이 어떤 사람을 통해 중개된 것이 아님을 말한다(*διά*). 전통적으로 학자들은 1:1의 정의가 바울의 사도직의 진정성을 의심하였던 갈라디아의 적대자들의 비난을 반영하는 것으로 생각해왔다. 이 전통적 견해에 따르면, 적대자들은 바울의 사도직이 다른 사도들의 것과 비교할 때 단지 인간적인 성격과 기원을 지닐 뿐이라고 생각하였기 때문에, 그들은 결국 바울이 하나님의 사도로서 그들을 감독하고 통제할 권리가 없다고 결론내렸다는 것이다.[2] 베츠는 반대자들의 비난을 재구성하는 이런 방식이 의심스러운 것으로 생각한다.[3] 그가 이렇게 생각하게 된 근거는 바울의 사도직의 진정성을 의심하는 일이 일반적으로 그가 역사적인 예수와 개인적으로 만난 적이 없다는 것과 관련된다는 사실에 기초한다.

---

2) Mussner, *Galater*, 46f.
3) Betz, *Galatians*, 39.

그러나 부활하신 그리스도가 그에게 직접 나타나셔서 그에게 사도직을 주었다는 사실을 암시함으로써 초두부터 바울이 그것의 신적 기원을 변호하기 시작한 사실은 베츠의 주장을 신빙성 없게 만든다. 바울의 사도직은 '오직 예수 그리스도와 및 죽은 자 가운데서 그를 살리신 하나님 아버지로 말미암아' 주어진 것이다(1절 하).[4] 사도직을 정의하는 이 두 번째 긍정적 표현은 "그리스도와 하나님 아버지"를 사도직의 직접적인 기원으로 묘사하는데, 여기서 그리스도와 하나님 아버지는 모두 같은 헬라어 전치사 '디아'(**διά**, '말미암아')에 의해 연결되어 있다. 1절 상에서 '디아' 전치사는 단수명사 '사람'과 함께 쓰임으로써 바울의 사도직이 어떤 사람에 의해 중개된 것이 아님을 의미했기 때문에, 1절 하에서도 그리스도와 하나님을 사도직의 중개인 또는 매개자로 보는 것이 문법적으로는 타당하다. 그러나 버튼은 소유격과 함께 쓰인 '디아' 전치사가 보통 공간과 시간 관계와 관련하여 '수단 또는 도구'의 의미를 표현하지만(cf. 롬 1: 2; 5:1; 고전 2:10 등), 때로 '기원 또는 작인'을 뜻하는 단어와 함께 사용되어 이 수단적이고 도구적 의미는 배후로 밀려나거나 사라지기도 한다고 지적한다. 그는 1절 하의 '디아' 전치사가 바로 그 경우라고 주장하는데, 이 관찰은 많은 주석가들에 의해 지지를 받는다. 그리스도와 하나님은 사도직의 단순한 중개인일 수 없고 오히려 그것의 궁극적 기원이기 때문에 이 헬라어 전치사는 오히려 신적인 사도직 임명의 '직접성'을 부각시킨다고 보아야 한다. 주목해야 할 점은 '디아' 전치사가 그리스도와 하나님 모두에게 관련된다는 사실인데, 이것은 사도직의 직접적인 기원자는 하나님이고 그리스도는 단지 그 중개자라는 주장을 무너뜨린다: 그리스도와 하나님 모두 바울의 사도직의 직접적인 수여자요 임명자이다. 갈라디아 서신은 바울이 부활하신 그리스도에 의해 직접

4) **καὶ θεοῦ πατρός**('및 하나님 아버지')란 말이 말씨온 본문에는 생략되었는데, 그는 또한 **αὐτοῦ**를('그를', 한역에는 '그리스도를'로 의역하였나) **αὐτόν**으로('그 자신을') 변경시켰다. 그러나 이 문구는 바울의 것이다; 갈 1:3; 롬 1:7; 15:6; 고전 1: 3; 8:6; 15:24; 고후 1:2,3; 11:31; 빌 1:2; 2:11; 4:20; 살전 1:1, 3; 3:11; 빌레몬서 3장을 보라.

보냄을 받은 사도이며 그리스도께서 그의 사도적 사역에 책임이 있다는 것을 분명히 한다(10절; 6:17; cf. 고전 4:1-4; 9:1f, 14-27; 롬 15:15-21).

바울은 특히 '죽은 자 가운데서 그리스도를 살리신 하나님'을 언급함으로써 부활과 그의 사도직을 직접적으로 연계시킨다(1절 하). 그는 여기서 어떻게 그의 사도직이 그리스도의 부활과 관계되는지 설명하지는 않지만, 그에게 나타난 그리스도는(1:12, 16) 부활하신 그리스도였다. 비록 그는 역사적인 그리스도를 만나지는 못했지만, 바울에 있어서 역사적인 예수와 부활하시고 올리우신 그리스도는 다른 분이 아니다. 어떤 학자는 부활이 여기서 언급된 것은 그리스도의 신성을, 즉 하나님의 아들됨을 나타내려는 의도에서였다고 하나, 사실 부활의 주제가 바울의 사도직의 정당성과 깊은 관계가 있다는 것은 많은 학자들에 의해서 지적되고 있다. 사도직의 기능에 관한 사도행전에 나타난 초기 전승을 보면 사도는 역사적인 예수와 개인적인 접촉이 있고 또 그의 부활하심을 증거해야 할 사람으로 묘사되어 있는데(행 1:21,22), 다메섹 도상에서 바울과 부활하신 그리스도와의 대면 사실은 그의 사도직에 대한 직접적인 변증이 된다.

특히 부활과 관련하여 사도직의 신적 기원에 대한 바울의 주장은 갈라디아 서신의 전체 내용을 이해하는 데 중요하다. 바울에 있어서 다메섹 경험은 그의 개인적인 회심의 문제가 아니다. 부활하신 그리스도가 그에게 나타났다는 것은 그가 그리스도에게서 사도직을 받았다는 것만이 아니라 그가 전하는 복음의 정당성과 깊은 관련이 있다(갈 1: 16; 롬 1:5). 따라서 다메섹에서의 부활하신 그리스도의 현현은 그의 복음과 사도직의 출처와 기원이며, 후자와 전자는 불가분리적 관계에 놓여 있다: 이것은 바울의 사도직의 신적 기원을 변호하는 것이 곧 그의 복음의 정당성을 변호하는 것과 마찬가지라는 것을 의미한다. 구약에서 흔히 신현(神顯)이 계시의 말씀을 동반한다는 점을 고려할 때,[5] 다메섹 그리스도 현현으로 위임받은 바울의 사도직이 그가 복음

전할 부탁을 받은 사실을(살전 2:4; 갈 2:7) 내포할 것이 분명하다.[6] 본절에서는 또한 하나님은 그리스도를 죽은 자 가운데서 일으키신 분으로 묘사된다. 부활을 믿는 다른 보수적 유대인들처럼, 바울도 하나님을 죽은 자를 일으키시는 분으로 주장한다(롬 4:17; 고후 1:9). 그는 그리스도의 부활이 하나님의 직접적 사역임을 부각시킴으로 그리스도의 부활을 핵심 내용으로 삼고 있는 그의 복음을 변호하고자 한다.

이제까지 논의한 대로 바울은 자신을 '사도'로 묘사한다. 헬라어 본문 초두에 나오는 이 말은 다른 서신에 나오는 일반적인 바울의 자기 묘사와 다른 점이 몇 가지 있다. 정관사 없이 쓰인 이 공식 칭호는 다른 데서 발견되는 '그리스도 예수의'라는 소유격 표현을 생략하는 대신 갈라디아 상황에 맞도록 사도직 정의를 담고 있는 표현으로 길게 확대되었다. 다른 서신에서 바울은 자신과 동역자를 '그리스도 예수의 종'(롬 1:1; 빌 1:1)으로 묘사한 것과 대조적으로 여기서는 자신의 사도직의 신적 기원을 직접적으로 강조한다. 사도(ἀπόστολος)는 일반적으로 보냄을 받은 사람을 가리키는데, 바울이 이 말을 자신에게 사용할 때 그는 자신이 '먼저 사도 된 자들'(17절)보다 못하지 않은 신분을 가지고 있다고 주장한다고 볼 수 있다. 그는 고후 8:23에서 지칭되고 있는 "교회의 사자들(또는 사도들)"과 같이 사람들에 의해서 임명을 받은 다른 사도들을 알고 있었다. 그러나 이들과는 달리 그는 그리스도와 하나님에게서 직접 임명을 받았다. 히브리 전승에 따르면, 보냄을 받은 사자는 그를 보낸 사람과 같다(m.Ber. 5.5). 따라서 바울이 그리스도의 사도로서 말하고 행동할 때 그는 그리스도 자신의 권위를

---

5) Cf. G. Kittel, *TDNT* 1, 217ff.
6) Cf. S. Kim, *The Origin of Paul's Gospel,* 57. 그는 여기서 바울에게 경험된 다메섹 그리스도 현현 사건이 다른 부활 현현 사건들과 같은 성질의 것으로 수상하면서 이런 부활 현현 사건들은 자신에 대한 그리스도의 증거의 말씀과/또는 그의 사도들을 위임하는 말씀을 동반한다고 생각한다(마 28:9-10; 28:16-20; 막 16:14-18; 눅 24:13- 35,36-43; 요 20:19-29; 21:1-23; 행 1:3-9).

가지고 그렇게 하는 것이다(cf. 고후 10:8).[7]

2. (나와) 함께 있는 모든 형제로 더불어 갈라디아 여러 교회들에게

일반적으로 바울은 그의 다른 서신들의 처음 인사말에서 그 서신들을 쓸 당시 그와 함께 있었던 그의 동료들의 이름을 거명한다(cf. 고전 1:1; 고후 1:1; 빌 1:1; 골 1:1; 살전 1:1; 살후 1:1; 몬 1장). 그러나 갈라디아 서신에서 그는 아무도 거명하지 않고 단지 "그와 함께 있는 모든 형제들"이라고만 말한다. 보통 '형제들'이란 표현은 동료 그리스도인 형제들을 지칭하지만(cf. 빌 4:21), 바울은 흔히 자신의 가장 가까운 동료들이나 동역자들을 서신 초두에서 이런 식으로 종종 표현한다는 점에서 볼 때(고전 1:1; 고후 1:1; 빌 1:1; 골 1:1) 본절의 경우는 그와 동역하는 선교사들을 가리킬 것이다. 이들 동역자가 구체적으로 누구인지는 서신 내에 암시되어 있지 않다.

렘지는 바울이 그의 동역자들을 여기에 언급한 것은 그의 서신이 안디옥 교회에 의해서 인준을 받으려는 동기가 있었음을 보여 준다고 추측한다. 강조적인 '모든'이란 말의 사용이 이를 지지하는 것처럼 보인다.[8] 바울은 아마도 자신과 그의 서신 배후에 있는 무리들의 대변인

---

7) 사도들과 사도직에 관한 수많은 논문들과 저술들이 있다. 그중에 특히 K. H. Rengstorf, *TDNT* 1, 407-447; D. Müller and C. Brown, *NIDNTT* 1, 126-137; E. Käsemann, "Die Legitimität des Apostels," *ZNW* 41(1942), 33-71; H. von Campenhausen, "Der urchristliche Apostelbegriff", *STh* 1(1948), 96-130; E. Lohse, "Ursprung und Prägung des christlichen Apostolats," *TZ* 9 1953), 59-275; W. Schmithals, *The Office of Apostle in the Early Church*, ET, London, 1971; J. H. Schütz, *Paul and the Anatomy of Apostolic Authority*, Cambridge, 1975.

8) Ramsay, *Galatians*, 238ff. Schlier, 29에 반대하여 그는 바울이 자신을 한 기독교회의 대표로 생각했다고 주장하는데, 이것은 후대에 발전된 한 교회의 개념을(엡 3:1-13) 전제한 가정이다. Mussner, *Galater*, 48 n.27는 '모든'이 1:7에서 '어떤 사람들'과 대조된다고 말한다.

으로 편지를 쓰고 싶어했는지 모른다. 그러나 그가 그들에게서 자신의 서신의 정당성과 권위를 인정받고 싶었다고 말하는 것은 갈라디아 서신의 일반적인 분위기에 있어 낯선 것이다. 사실 바울이 그의 동료들의 이름도 거명하지 않고 단지 일반적인 표현만 써서 간단히 지나친 것은 이 점에서 주목할 만하다. 그리고 나서 그는 서신 전체에 걸쳐 단수 대명사인 '내가'란 말을 시종일관하게 사용한다. 바울의 권위가 도전을 받았고, 그는 이 도전을 그의 사도직의 신적 기원을 강조함으로 답변하고자 한다.

2절 하반절에 수신자가 '갈라디아 여러 교회들'로 언급되어 있다. 갈라디아 교회들은 고전 16:1에 다시 언급되는데, 서론에서 주장한 대로 여기에 지칭된 교회들은 남갈라디아의 교회들을 의미한다. 바울과 바나바에 의해서 설립된 이들 교회의 역사는 행 13:14-14:23에 기록되어 있다. 복수형인 '교회들'이 언급된 것을 보면 분명히 이 서신은 한 사람이 여러 갈라디아 교회들에 지니고 가도록 의도된 회람서신이었다. 갈라디아 교회들이 동일한 문제들을 겪은 것은 보면 이들 교회들은 지리적으로 인접해 있었던 것이 분명하다. 다른 서신들에서처럼(cf. 살전 1:1; 살후 1:1; 고전 1:2) 이들 교회들을 칭찬하는 말이 생략되고 매우 간략한 표현이 사용된 것은 그들의 신앙적 위기의 정도를 보여 준다.

3. 우리 하나님 아버지와 주 예수 그리스도로 좇아 은혜와 평강이 있기를 원하노라

덧붙여진 이 말은 데살로니가전서 1:1과 골로새서 1:1을 제외하고 다른 바울서신의 인사말에서 약간 다른 형태로 발견된다. 하나님과 그리스도가 언급되는 본절의 순서는 1절의 것과는 다르지만, 본래 바울의 사상에 더 가까운 표현으로 보인다. 1절에서 하나님이 나중에 나온 것은 다음에 따라 나오는 '죽은 자 가운데서 그를 살리신'이란 표현 때문에 기인한다. 바울이 갈라디아 교인들에게 있기를 소원하는 '은혜와 평강'은 여기서 아버지되신 하나님과 주되신 그리스도에게서 기원되는 것으로 묘사된다. 2절에서 예수 그리스도와 하나님 아버지가 같은 헬라어 전치사 '디아'를 통해 연결된 것처럼, 여기서도 하나님 아버지와 주 예수 그리스도가 같은 헬라어 전치사 '아포'(ἀπό)로 묶여져 있다. 이것은 부활하신 그리스도가 바울 사상 가운데서 어떤 위치를 차지하고 있는가를 보여 준다. 그리스도는 부활하심으로 '주'라는—'모든 이름 위에 뛰어난 이름'—칭호를 하나님에게서 부여받았다(빌 2:9; cf. 행 2:36). 하나님과 그리스도는 구원을 베푸는 일에 있어서 완전히 동일한 위치에 계신다. 이 구원 사건 가운데서 발견되는 은혜는 바울에 있어서 '하나님의 은혜'요(갈 2:21) 동시에 '그리스도의 은혜'이다(갈 1:6). 이 구원의 은혜가 만들어 내는 평강도 '하나님의 평강'이요(빌 4:7) 또한 '그리스도의 평강'이다(골 3:15).

'은혜와 평강'이란 말은 모든 바울서신에서 사용되는 정규적인 처음 인사말이다. 이 인사말은 갈라디아인들이 그리스도 안에 있는 하나님의 구속사역에(갈 1:4) 동참하는 자들이 되기를 원하는 바울의 소원을 표현해 준다. 바울 사상에 있어서 특징적인 '은혜'(χάρις)란 말은 아마 헬라서신들 가운데서 발견되는 일반적인 인사말 '카이레인'(χαίρειν)에서 발전되어 나온 것으로 보인다.[9] 개인적 인사나 서신에서 쓰이는 히브리 인사말은 '은혜'라는 말 대신 '평강'(εἰρήνη)과 '긍휼'(ἔλεος)이다 (cf. Dan 3:98 (4: 1); 2 Apoc. Bar. 78:2). '은혜와 평강'이란 형식은 이 점에서 특징적으로 바울적이다. 이 두 단어는 단순히 헬라와 히브리 인사말의 종합이 아니라 완전히 기독교적인 의미를 지니고 있다. 은혜는 바울신학의 핵심을 표현하는 특징적인 바울의 용어로서, 이 단어는 그것이 나타나는 신약의 전체 용례 가운데 거의 3분의 2 정도가 바울서신에서 사용된다; 은혜란 그리스도의 구속 사역 또는 행위 속에서 결정적으로 나타나는 인류를 향한 하나님

9) Cf. J. Weiss, *Der erste Korintherbrief*, 4f; Burton, *Galatians*, 10; Betz, *Galatians*, 40 등.

의 무조건적인 호의를 뜻한다(갈 2:21 참조). 평강은 하나님의 주도적인 은혜로 인해 하나님과 인간 간에(롬 5:1) 또는 인간과 인간간에(엡 2:14- 18) 생겨진 온전한 관계내지 삶의 상태를 가리킨다. 이 평화는 그리스도 안에 있는 하나님의 은혜를 경험한 사람들에 의해 향유되는 축복이다(cf. 5:22; 6:16). 이 두 단어 앞에 정관사가 생략된 것은 아마도 '예배' 때 기원된 이 인사말의 성격 때문인 것으로 생각된다.[10)]

4. 그리스도께서 하나님 곧 우리 아버지의 뜻을 따라 이 악한 세대에서 우리를 건지시려고 우리 죄를 위하여 자기 몸을 드리셨으니

하나님이 예수께 대해 행하신 일을('죽은 자 가운데서 그리스도를 살리신 하나님 아버지') 묘사하는 1절의 기독론적 진술과 비슷하게, 본절의 인사말에는 또 다른 기독론적 진술이 덧붙여졌다. 이 기독론적 진술은 이제 그리스도께서 '우리를 위해' 행하신 구속행위를 요약한다. 그리스도의 구속행위는 전적으로 하나님 '아버지의 뜻에 따른' 것이다. 이 표현은 하나님을 아버지로 지칭하는 1,3절의 표현들과 일치하며, 그리스도를 통한 구원이 하나님의 뜻과 관계없이 일어난 것이 아니라 그것과 완전히 일치한다는 것을 보여 준다. 하나님의 뜻은 그리스도 안에서 알려졌고 그의 구속사역을 통해 성취되었다. '하나님 곧 우리 아버지의 뜻을 따라'란 말이 (a)'드리셨으니'(**δόντος**)를 수식하는지, 또는 (b)'건지시려고'(**ἐξέληται**)를 수식하는지, 아니면 (c)4절 전체의 사상을 수식하는지 분명치가 않다. 가장 개연성 있는 견해는 세번째 (c)의 구조일 것이다.[11)] 바울이 여기서 이 표현을 강조한 것은

---

10) Cranfield, *Romans*, 71f; Käsemann, *Romans*, 16; Betz, *Galatians*, 41 등.

11) Burton, *Galatians*. 15. *Contra* F. F. Bruce, *Galatians*, 76. 여기서 브루스는 이 구절이 의미하는 것은 신자들이 이 악한 세대에서 구원받는 것만이 하나님의 뜻에 따른 것이 아니라 그 구원 경험을 통해 그들이 하나님의 뜻을 따라 살 수 있게 된 것도 의미한다고 주장하는데, 이 해석은 바울의 전체 사상에 비추어 볼 때 정

아마도 갈라디아의 유대주의적 선동자들에 의해 평가절하되고 있는 그리스도의 십자가 사건의 신적인 의미를 부각시키기 위한 것일 것이다. 바울이 전하는 그리스도의 십자가는 유대인들에게 있어서 언제나 거침돌이었다(고전 1:23): 십자가에 달린 예수는 인간적 관점에서 볼 때 단지 저주받은 존재에 불과하다(cf. 고전 12:3; 갈 3:13). 그러나 십자가에 못박힌 예수는 바울에게 부활하신 주(主)로 나타나셨기 때문에, 십자가의 의미는 전혀 다른 관점에서 발견되어야 했다. 십자가는 하나님 앞에 버림을 받은 어떤 개인의 죽음도 아니요 하나님이 단지 허용한 사건도 아니다: 그것은 하나님 아버지께서 본래 뜻하셨던 구속사건이다.

하나님의 구속 행위의 목적은 '이 악한 세대에서 우리를 건지는 것'이다. 본절의 '건지다'(*ἐξαιρέομαι*)는 동사는 바울서신 중 여기서 단 한 번만 쓰인 단어인데, 그리스도 안에 있는 하나님의 구속 행위를 묘사할 때 그가 선호하는 말은 '구원하다'(*σῴζω*), '구출하다'(*ῥύομαι*), '해방하다'(*ἐλευθερόω*), '값을 지불하고 사다'((*ἐξ*)*αγοράζω*) 등이다.[12] 이 동사는 LXX에서 이런 의미로 자주 사용되며 누가는 사도행전에서 이 70인경의 용법을 여러 곳에서 따르고 있다(7:10,34; 12:11; 23:27; 26:17). 본절에서 쓰인 *ἐξέληται* 동사는 '이 악한 세대'라는 표현과 연결되어 종말론적인 강조점을 얻게 되었다. 그것은 단순히 무엇으로부터 옮겨가는 것이라기보다 어떤 힘의 영역에서 구출받는 것을 의미한다.[13] 이 점에서 '현 세대'는 죄의 세력의 지배로 특징지워지는 영역을 의미하며, 중간사 시대의 묵시문헌적인 배경을 가지고 있다. '현 세대'는 묵시문헌에서 '이 세대'(하올람 하예)와 같은 표현인데,

---

당한 해석임에도 불구하고 본절에 직접적으로 발견되지 않는 의미를 거기에 집어넣어 해석하는 'eisegesis'이다.

12) 신약에서 쓰인 "구속"에 해당하는 단어들에 대한 연구는, 李漢洙, "新約에 있어서 구속 개념의 배경과 발전," 神學指南 222(1989), 162-186을 참조하라.

13) Cf. Burton, *Galatians*, 13; Bruce, *Galatians*, 75; Schlier, *Galater*, 34.

이들 묵시문헌은 악과 불의가 지배하는 '현 세대'와 하나님과 그의 의가 지배하게 될 '오는 세대'(하올람 하바)를 이원론적으로 날카롭게 구분한다(4 Ezr. 7:12f; 1QpHab 5:7f 참조). 고린도전서 1:20, 2:6,8, 3:18f에서 시사하듯이, '이 세대'는 '이 세상'과도 교환 가능한 표현이다. 이것은 아마도 이 세상의 시간성이란 동기가 '세대'란 말 속에서 강조되기 때문으로 보인다.[14] 이 세대가 악하다는 것은 또한 시간적인 관점에서 때가 악하다는 것과(엡 5:16) 같은 의미를 가진다. '이 세대', '이 세상', 또는 '때'가 악한 것은 사람들이 악 가운데서 살 수밖에 없도록 그것이 악의 세력에 의해 지배를 받고 있기 때문이다. 그러나 바울의 종말론이 묵시문헌의 시간적 전망과 결정적으로 다른 것은 그리스도의 십자가 사건이 악이 지배하고 있는 이 세대 또는 이 세상의 영역에서 신자들을 지금 구원하고 있다는 사실이다. 바울은 그리스도 안에 있는 구원이 '세상'과 완전히 반정립인 관계에 있다는 것을 말할 뿐만 아니라 이 종말론적 구원의 새 질서가 그리스도를 통해서 이미 이 '옛 세계' 가운데 실현되고 있다고 본다. 이것은 이원론적인 묵시적 시간관을 현저하게 변경시키는 것이다; "이 전망에서 그리스도 사건은 세계사의 완성이 아니라 그 완전한 역전(逆轉)이다".[15] 갈라디아 서신에서 묵시적 전망과 구속사적 전망이 적절히 결합되고 있다.[16]

하나님의 구속행위는 그리스도께서 '우리 죄를 위하여 자기 몸을 드리셨다'는 데서 구체화되었다. 이 구절이 고정화된 표현 형식이라는

---

14) Schlier, *Galater*, 33.
15) Barclay, *Obeying the Truth*, 99.
16) 환상, 묵시 같은 형식적인 요소들에 초점을 맞춤으로써 바울서신에서 묵시적 요소가 매우 적다고 결론 내리는 학자가 있다: C. Rowland, *The Open Heaven. A Study of Apocalyptic in Judaism and Early Christianity*, London, 1982; cf. J.C. Beker, *Paul the Apostle*(1980), 58: "Galatians threatens to undo what I have posited as the coherent core of Pauline thought, the apocalyptic co-ordinates of the Christ-event that focus on the imminent, cosmic triumph of God."

것은 바울서신의 다른 평행 표현들에서 분명해진다(cf. 갈 2:20; 엡 5:2; 롬 4:25; 8:32; 딤전 2:6). 그리스도께서 우리의 죄를 '위하여'(ὑπέρ)[17] 자신을 주셨다는 말은 여기서 예수의 죽음을 속죄적(贖罪的) 희생의 죽음으로 이해한 기독론적 옛 전승을 반영한다.[18] 전치사 '휘페르'(ὑπέρ)는 마지막 만찬 석상에서 자신을 죽음을 설명할 때 예수께서 사용하셨는데, 여기서 그의 피는 '많은 사람을 위하여'(ὑπὲρ πολλῶν, 막 14:24) 또는 '너희를 위하여'(ὑπὲρ ὑμῶν, 눅 22:19,20) 흘려진 것으로 묘사된다. 신자들을 '위한' 그리스도의 속죄적인 죽음의 의미는 또한 초기 기독교 전승을 담고 있는 고린도전서 15:3에서도 나타난다. 위의 표현들은 기본적으로 대속(代贖, vicarious)의 개념을 담고 있지는 않지만, 대속의 개념은 예수의 목숨을 '많은 사람의 대속물'(λύτρον ἀντὶ πολλῶν)로 묘사하는 마가복음 10:45에서 분명하게 표현되고 있고 바울 역시 이 구절을 디모데전서 2:6에서 인용하면서 위의 두 전치사를 결합시킨다는 점에서 예수 자신과 초대 교회에서 나온 것이 분명하다.[19] 더욱이 슐리어는 '우리의 죄를 위해 자기 몸을 드렸다'는 구절이 이사야 53:6,11-12을 상기시키는 의도적 표현이라고 생각한다.[20] 본절의 어구가 비록 이사야 53장의 70인경 헬라어와 특별히 가깝지는 않지만 우리는 그것이 여기서 암시되고 있다고 인정해야 한다.[21] 베츠와 다른 독일 학자들은 예수의 속죄적 죽음의 신학이 순

---

17) 전치사 ὑπέρ가 변이형인 περί 보다 더 낳은 사본적 증거를 가지고 있다. 비슷한 표현이 고전 15:3에서 사용된다: **Χρίστος ἀπέθανεν ὑπὲρ τῶν ἁμαρτιῶν ἡμῶν**(이 말은 전통적인 케뤼그마의 요약이다).

18) Cf. Bultmann, *TDNT* 2, 873; Conzelmann, *Outline*, 69-71; H. Riesenfeld, *TDNT* 8, 507.

19) 막 10:45의 진정성을 부정하는 R. Bultmann과 여러 학자들이 있지만 그것을 인정하는 최근 학자들의 논의를 보라. Cf. I.H. Marshall, "The Development of the Concept of Redemption in the NT," 169: "이 말씀은 그 셈어적 형태와 인자(人子) 구절 가운데 전수되어 왔다는 사실에서 나타나듯이 교회의 가장 이른 전승에서 나온 것이다"; R. P. Martin, *Mark the Evangelist*(1972), 196.

20) Schlier, *Galater*, 32f; 또한 비슷하게 Bruce, *Galatians*, 75.

21) J. Bligh, *Galatians*, 76; cf. Jeremias, *The Central Message*, 39-40.

교를 당한 의로운 사람이 다른 사람들의 죄를 속죄할 수 있다는 중간사 시대의 유대교 신학에서 기원되었다고 생각한다 (cf. 2 Macc 7:32,37-38; 4 Macc 6:27-29; 17:21-22).[22] 이들 학자가 지적하듯이 속죄적이며 대리적 죽음의 개념 형식이 이미 중간사 시대의 유대교에서 발전된 것은 사실이지만, 또한 주목해야 할 중요한 차이점들이 있다: 의로운 순교자의 죽음은 중간사 시대 문헌에서 절대적으로 '율법'을 위한 죽음이고(4 Macc. 6:28; 7:9, 37; 8:21) '조국'을 위한 죽음이다(4 Macc. 8:21). 이것은 한 의인의 순교가 많은 사람들의 죄를 속죄할 수 있다는 후기 유대교의 사상이 자기 동족의 죄를 속죄하려는 민족주의적인 동기와 율법을 부흥시키려는 유대교적 동기를 넘어서지 못함을 시사한다. 그럼에도 후기 유대교 사상은 내용보다는 사고 양식에 있어서 신약의 사상과 비슷한 점이 있다는 사실은 인정되어야 할 것 같다. "따라서 후기 유대교의 대리적 속죄사상은 개념사적인 면에서 마가복음 10:45의 배경이 되겠지만, 마가복음 10:45의 실제 의미 내용은 구약과 예수 자신의 수난과 실제 역사로부터 이해되어야 한다".[23] 결론적으로, 신자들의 죄(罪)를[24] 속죄하는 그리스도의 죽음은 죄와

---

22) G.F. Moore, *Judaism in the First Three Centuries of the Christian Era*, 546-49; W. Bousset, *Die Religion des Judentums im Spät-hellenistischen Zeitalter*(1966), 198f; E. Lohse, *Märtyrer und Gottesknecht*(1955) 등의 문헌에서 논의된 유대교적 배경을 참조하라.

23) 이에 관한 보다 상세한 논의를 보려면, 李漢洙, "新約에 있어서 구속 개념의 배경과 발전", 神學指南 222(1989), 172-175를 참조하라; 또한 신약의 대리 속죄 사상의 뿌리를 후기 유대교 사상에서 찾으려는 시도에 대한 비평으로는, J. Roloff, "Anfänge der soteriologischen Deutung des Todes Jesu(Mk x, 45; Lk xxii, 27)," *NTS* 19(1972/73), 47-48을 참조하라. 그러한 시도에 대해 긍정적인 태도를 취하는 최근 학자로는, I.H. Marshall, "The Development of the Concept of Redemption in the NT," 169를 보라.

24) '죄'를 보통 단수형으로 써서 귀신적인 세력으로 묘사하는 것이 바울의 일반적인 습관인데, 여기서 복수형 *ἁμαρτιῶν*을 사용한 것은 죄를 토라에 대한 개인적 '범과들'(transgression)로 생각한 바울 이전의 개념을 반영한다고 본 학자들이 있다(Betz, 42). 그러나 바울은 죄를 지배하는 '능력, 세력'으로 간주할 뿐만 아니라

악이 지배하기 때문에 사람들이 죄 가운데서 살 수밖에 없는 '이 악한 세대'의 영역에서 그리스도 자신이 통치하는 새로운 질서로 구원하는 종말론적 사건이다.

5. 영광이 저에게 세세토록 있을지어다 아멘

서론적인 인사말 뒤에 덧붙여진 이 송영(頌榮)은 다른 바울서신에서는 전례가 없는 것이다(신약에서 발견되는 오직 유일한 곳은 계 1:5,6이다). 송영의 언어를 보면 그것이 유대적인 배경을 지닌 예배의 맥락에서 기원된 것임을 시사한다.[25] 바울은 왜 그러한 송영이 자신의 일반적인 습관이 아님에도 여기에 덧붙일 필요가 있다고 느꼈는가? 아마도 그것은 그리스도를 통한 구속의 복음이 갈라디아인들이 따르고 있는 "다른 복음"에 의해 대치될지도 모른다는 바울의 깊은 염려 때문에 기인되었을 것이다: 송영은 그들 가운데 일어나는 비평과 반대를 초월하여 그리스도 안에 있는 하나님의 구속 사역을(갈 1:4절) 찬양한다. 송영은 이 점에서 소원이라기보다 사실에 대한 확인이기 때문에, 희구법 동사인 '에이에'(*εἴη*)보다는 직설법 현재 동사인 '에스틴'(*ἐστίν*)이 추가되어야 한다. 동일한 용법이 베드로전서 4:11에서도 발견된다. 갈라디아서의 위기적 상황은 처음 인사말 뒤에 보통 나타나는 감사말들을 부적절한 것으로 생략하게 만들었다. 또한 송영의 언어가 예배적 맥락을 반영한다면, 아마도 그것이 덧붙여진 것은 천상적인 영광이 하나님께 마땅할 뿐만 아니라, 그 영광이 그리스도의 구속사역에 나타났기 때문에 예배 때 이 서신을 듣는 사람들이 그 영광에 '아멘'의 응답을 유도하도록 의도되었을지도 모른다(LXX Ps 112:2 참조).

또한 율법에 대한 범과들로 정의한다(cf. E.P. Sanders, *Paul and Palestinian Judaism*, 500f; *contra* J. Knox, *Chapters in a Life of Paul,* 141-59.)

25) Betz, *Galatians*, 43.

구약에서 언약백성들이 하나님께 '영광'을 돌린 것은 영광이 하나님의 속성이라는 추상적 이유 때문이 아니라 그가 역사 속에서 그의 백성들을 위해 행한 위대한 구속행위와 창조사역에 관련이 있다(cf. 시 29; 96; 대상 16:28-36). 이것은 본절에 있어서도 마찬가지다. '영광'이 정관사와 함께 쓰인 것은 아마도 이 점에서 의미가 있을 것이다. 그것은 단순히 일반적인 '영광'이 아니라 그리스도의 구속사역에 나타난 영광이다(cf. 빌 2:11). 따라서 본절의 '영광'은 기독론적인 기초를 가지고 있다. 관계대명사 '호'(ᾧ)의 선행사는 바로 앞에 나오는 '하나님 곧 우리 아버지'다(cf. 빌 4:20). 하나님께 돌려진 영광은 세세토록 영원하다. '세세토록'(***εἰς τοὺς αἰῶνας τῶν αἰώνων***)이란 말은 70인경의 흔한 표현인 '영원히'(***εἰς τὸν αἰῶνα τοῦ αἰῶνος***) 보다 더 강세적 표현이다(cf. LXX Ps 83:4). 시편에 흔히 덧붙여진 송영들에서처럼, 신약의 송영들 역시 규칙적으로 '아멘'이란 말로 끝을 맺는다. 위에서 지적한 대로 갈라디아 서신이 예배시 읽혀지도록 의도된 회람서신이기 때문에, 청중들은 바울의 송영에 '아멘'으로 응답했을 것이다. 그리스도 안에 나타난 하나님의 구속사역을 말하고 송영으로 그 확신을 나타내는 것은 유대주의자들의 침해를 받고 있던 갈라디아 교회들에게 매우 적절한 것이다.

갈라디아서는 보내는 자의 이름, 수신자, 인사말로 시작하는 바울 당대의 서신 형식을 따르고 있다(1-3절). 그러나 바울은 관습적인 서신 형식을 사용하기는 하지만 자신의 사도직을 열정적으로 변호하는 내용을 거기에 포함시킴으로써 처음부터 자신의 편지가 논점들에 대한 비평을 지향하고 있음을 드러낸다. 바울은 또한 초대 기독교의 신앙고백문으로 보이는 내용을 서두에다 덧붙이는데(4절), 그것은 인류를 위한 그리스도의 사역과 그 목적을 언급한다. 아직 서두에서 분명하게 언급되지는 않지만, 신앙고백문은 분명히 유대주의자들이 주장하는 율법이 어떤 행위와도 관계없이 인류를 위한 그리스도의 구속사역의 충족성을 나타내기 위해 덧붙여졌다. 송영 자체는 바울의 인사말들 중에서 독특하다. 그것은 유대 기독교의 예배에 뿌리를 둔 것으로 보이며 그리스도의 구속 사역의 완전한 충족성으로 인해 하나님께 찬양하는 내용을 담고 있다. 따라서 갈라디아서의 인사말은 두 가지 주된 이슈들을 설명한다. 하나는 바울의 이방인 사도직의 성격이고, 다른 하나는 이방인을 위한 그의 복음의 성격이다. 바울의 갈라디아 회심자들을 선동하는 반대자들에 대항해서 그는 자신의 사도직과 복음의 정당성을 분명하게 밝히고자 한다. 그것은 인간적인 출처에서 나온 것이 아니라 예수를 죽은 자들 가운데서 살리신 하나님에게서 나온 것이다. 따라서 바울이 하나님께 찬양을 드리는 것은 정당한 일이다.

제1부:바울의 신학적 변증(1:6-5:12)

Ⅰ. 갈라디아 교회의 위기적 상황(1:6-10)

바울은 감사말 표현을 송영으로 대신하고 직접 갈라디아 교회들이 처한 위기의 '사실들'을 지적하는 데로 향한다. 그러나 바울은 6-7절에서 단순한 사실들을 제시하는 것 이상의 일을 한다. 그는 선동자들의 잘못된 주장을 받아들이는 갈라디아인들에 대해 강한 논조로 자신의 실망을 표현하고 비평한다. 그리고 8-9절에서 그는 자신이 전한 것과 다른 복음을 전하는 자들에게 이중적인 저주를 선언한다. 이 저주는 새로운 것이 아니고 전에 어떤 경위에 의해 이미 선언된 것을 다시 한번 반복한 것이다(9절). 이로써 바울은 선동자들뿐만 아니라 그들의 선동에 따라가는 갈라디아인들 모두에게 경고한다. 베츠의 분석에 따르면 '원인' 제시와 '저주' 선언은 고대 서신들의 서론(exordium)에서 흔히 발견되는 형식이라고 말한다.[26] 결론적으로 바울은 이런 상황에서 사람을 기쁘게 하는 것이 자신의 관점이 아님을 말하는데, 10절과 11절이 어떤 관계에 있는가에 대해서는 학자들간에 의견이 갈려 왔다. 이 문제에 대해 분명한 결단을 내리기는 불가능하지만, 11절은 '자신의 복음에 대한 바울의 변호'라는 후에 거론될 주제를(1:11-2:10) 도입한다고 보고 본서는 10절과 11절을 구분하고자 한다.

---

26) Betz, *Galatians*, 44-46 참조.

1. 다른 복음은 없다(1:6-9)

6. 그리스도의 은혜로 너희를 부르신 이를 이같이 속히 떠나 다른 복음을 좇는 것을 내가 이상히 여기노라

소유격 표현인 '그리스도의'란 말은 본문상 논란의 여지가 있고 이 표현이 삽입된 본문과 결핍되어 있는 본문 사이에 본문상 증거가 거의 대등하게 나누어져 있다.[27] 그러나 원문이 무엇이든지 간에 바울이 말하는 은혜는 하나님이나 그리스도 가운데 한 분에게만 귀속되는 배타적인 호의가 아니다(3절 주석 참조). 그 은혜는 그리스도 사건에 나타난 하나님의 구원 행위 속에서 논증되었고, 그로 말미암아 경건치 못한 사람들이 구속되고 의롭다 함을 얻게 되었다(cf.롬 5:6). 전치사 '엔'(*ἐν*)의 의미에 대한 해석은 학자들간에 의견이 갈려 있다. (a)몇몇 주석가들은 흔히 '엔' 전치사를 수단적인 의미로 해석하거나 원인과 근거의 의미로 해석한다.[28] 그러나 바울이 '칼레오 엔'(*καλέω ἐν*)이란 표현을 다른 데서 사용할 때, '엔' 전치사는 결코 이런 의미로 사용되지 않고 거의 시종일관하게 어떤 부름을 받은 사람이 처해 있는 상태 또는 영역을 나타낸다. (b)이때 가능한 또 다른 두 가지 해석은 '엔' 전치사를, (1)그가 부름을 받을 당시의 상태나 영역을 시사하는 것으로 보거나(고전 7:18,20,24), 또는 (2)그의 부르심의 결과를 나타내는 것으로 취하는 경우이다. 전자를 전치사 구의 의미로 취하기는 불가능하다. 왜냐하면 갈라디아인들이 처음 부름을 받을 때 그들이 본래 있었던 불신 상태를 '은혜의 상태 또는 영역'으로 볼 수 없기 때문이다. 후자의 경우는 이 전치사 표현이 '불러서 어떤 상태 또는 영역에 있게 하다'(call to be in)라는 함축적 의미를 가지게 된다(살전

---

27) 여러 권위 있는 본문 증거들이 이 소유격 표현을 가지고 있지 않다($P^{46\ vid}$ A G H^{vid} it^{g} Marcion Tertullian Ambrosiaster al). 그러나 이 표현을 담고 있는 다른 권위있는 본문 증거들도 있다($P^{51\ vid}$ O A B *Ψ* 4 al).

28) 예를 들면 Lightfoot, Sieffert 같은 학자들을 여기에 포함시킬 수 있다.

4:7; 고전 7:15; 골 3:15; 엡 4:4; cf. εἰς가 쓰이는 고전 1:9; 골 3:15; 살후 2:14). 대다수 현대 주석가들에 의해 취해지는 이 마지막 해석은 바울의 일반적 용법과 조화될 뿐만 아니라 전후 문맥 연결에도 훨씬 더 적합하다. 이 해석이 맞다면, 본절의 전치사 표현은 하나님께서 갈라디아인들을 은혜라는 수단을 사용하거나 은혜라는 근거 위에서 부르신 것을 뜻하기보다 그들의 구원의 현재 상태를 의미한다.[29] 그렇다면 본절은 하나님께서 갈라디아인들을 부르셔서 이제 그들로 '그리스도의 은총의 영역 또는 신분 안에' 있게 하셨다는 뜻을 갖게 된다. 아마도 이 표현은 바울의 은총의 복음과, 구원이 율법의 행위로 말미암는다는 유대주의자들의 신학을 대조하기 위해 의도된 것인지도 모른다.

'부르다' (**καλέω**) 동사는 여기서 구원에 있어서 하나님의 주도권을 강조할 때 쓰이는 바울의 어휘의 일부를 형성한다(cf. 갈 5:13; 롬 8:30; 고전 1:9; 빌 3: 14). 하나님의 부르심은 바울에게 있어서 구원을 얻으라는 단순히 중립적인 초청이 아니라, 로마서 11:29에서 함축된 대로 능력과 효과를 지닌 부름이다. 이것은 태어나기 전부터 바울을 구별하고 그를 이방인 사도로 부르셨던 하나님의 부르심에서 분명히 나타난다. 그러나 놀라운 사실은 갈라디아인들이 율법의 멍에를 다시 짊어지려고 함으로써 은총의 지위를 저버리고 있다는 사실이다(갈 5:4; cf. 3:10-14). 본절이 분명히 시사하는 것은 하나님의 이 부르심이 "인간의 책임의 영역을 벗어나서 실현되지 않고 도리어 이 부르심에 주의를 기울이지 않는 사람들을 매우 위태롭게 만든다"는 사실이다. 여기서 사도 바울은 '내적 부르심' (vocatio interna)과 '외적 부르심' (vocatio externa)간의 전통적인 구분을 날카롭게 긋고 있는 것 같지 않다.[30] 갈라디아인들은 과거에 바울의 복음 설교를 통해 하나님의

29) Cf. Burton, *Galatians*, 21; Betz, *Galatians*, 48; Schlier, *Galater*, 37; Oepke, *Galater*, 48 등.

30) *Contra* Hendriksen, *Galatians*, 38. 바울의 부르심과 갈라디아인들의 부르심 간에는 모종의 차이가 있는 것 같다. 전자는 하나님의

부르심을 받고 그리스도의 은혜 안에 살게 되었음에도 불구하고 이제 그들은 은총의 영역에서 떨어져 나갈 위험에 있게 되었다(5:4). 하나님의 부르심이 비록 능력과 효과가 있을지라도 그것이 하나님의 은혜 안에 머물러야 할 인간의 책임을 무너뜨리지 않는다는 것은 데살로니가전서 4:7-8에도 나타나 있다. 형제에게 죄를 범하여 그를 저버리는 사람은 사실 그 사람을 저버리는 것이 아니라 그를 부르시고 그에게 성령을 주신 하나님을 저버리는 것이다.

부정과거 분사인 '칼레산토스'(**καλέσαντος**)의 사용은 갈라디아인들이 이미 과거에 바울이 전한 복음에 순종하므로 하나님의 부르심에 결정적으로 응답한 것을 보여 주는데, 그들의 위험은 바울의 복음선포 속에서 부르시는 하나님을 '이같이 속히 떠나 다른 복음을 좇는' 것이다. '이같이 속히'(**οὕτως ταχέως**)란 말은 두 가지 의미를 지닐 수 있다. 만일 이 말이 순전히 시간적인 뜻으로 사용되었다면 바울의 말 뜻은 갈라디아인들이 최근에 회심한 자들이며 또한 그들이 회심한 지 얼마 안돼서 그의 복음을 저버리고 있다는 것이 된다. 이 경우 바울이 생각하고 있는 시점은 그의 두 번째 갈라디아 교회 방문이 아니라 분명히 그들이 처음 회심하던 때일 것이다. 아마도 이때를 기준으로 갈라디아 서신의 기록 연대를 추측하는 일이 가능하겠지만, 서신 내에 갈라디아인들이 회심한 때와 바울이 그들에 관해 어지러운 소식을 듣게 된 때 중간에 게재된 기간이 정확히 시사되어 있지 않기 때문에 그것을 측정하는 일은 쉽지 않다. '속히'란 말은 말하는 자의 관점에 따라 다른 의미를 지닐 수 있는 상대적인 표현이다. 그 기간이 더 짧을수록 그 의미는 좀더 확정적이 된다. 그러나 만일 '타케오스'(**ταχέως**)가 이와 달리 비난조의 부사로 사용될 경우, 그것은 '너무 쉽게, 너무 성급하게, 너무 경솔하게'를 뜻할 수 있다(cf. 딤전 5:22; 살후 2:2). 이

행위의 주권적인 자유를 보여주는 반면, 후자는 회심 경험의 정상적 경우와 또 사람이 하나님의 부르심에 거역할 수 있는 함축된 가능성을 나타내 주기 때문이다.

경우 어떤 특정한 시점을 지칭하는 의미는 없게 된다.[31] 후자의 해석은 '떠난다'(**μετατίθεσθε**)는 말의 의미에 의해 지지를 받을 수 있다. 이 동사는 군사적이거나 정치적인 반역 또는 폭동의 의미로 쓰일 수 있고(Polyb. xxvi. 2.6), 또는 더 자주 종교적 신앙이나 철학적 논쟁에서 입장을 변경하는 일에 사용되기도 한다(2 Macc 7:24; 왕상 11:25). 그렇다면 현재 시제가 암시하는 것처럼, 갈라디아인들은 다른 견해가 제시되자 너무도 성급하게 그들의 본래 입장을 변경하여 그 견해를 추구하게 되었다. 그들이 추구하는 '다른 복음'은 종류에 있어서 다른 복음이기 때문에 실상은 복음이 아니다.[32]

신약에서 '복음'은 하나님 나라가 가까왔다는 예수의 선포(막 1:14f), 그리고 하나님 나라가 예수의 인격과 사역 속에서 완전히 나타났으며 그는 수난, 부활, 올리우심을 통해서 메시야, 주(主), 그리고 하나님의 아들로 논증되었다는 초대교회의 선포와 관련이 있다. 갈라디아서에서 '복음'은 여러 가지 방식으로 묘사된다: (1) 그것은 '무할례의 복음'(2:7)이다. 할례의 요구는 사람이 하나님의 백성이 되는데 필수적인 조건으로서 이제 더 이상의 효력을 상실했으며 이방인이나 유대인이나 오직 믿음이라는 동일한 근거 위에서 의롭다 칭함을 받기 때문에 무할례의 복음이란 필연적으로 바울의 이신칭의 구원론과 관련된다.[33] 이것은 율법의 행위를 이방인들이 구원얻는 필수불가

---

31) Bligh, *Galatians*, 79; Lightfoot, *Galatians*, 75.

32) 바울은 헬라어 두 형용사 **ἑτερός**와 **ἀλλός** 사이에 그리 큰 의미상의 차이를 두지 않는 것 같다. 둘 사이에 의미상 차이점을 두는 R. C. Trench, *Synonyms of the NT*(1961), 334ff; Burton, Galatians, 420ff와는 달리, *BDF* 306 (4)에서는 그 차이를 두지 않는다. 고후 11:4에서 바울은 **ἀλλὸν Ἰησοῦν**과 **εὐαγγέλιον ἑτερόν**을 중복시킴으로써 이 두 형용사 사이를 엄격하게 구분하지 않는다.

33) S. Kim은 여기서 바울의 이신칭의 구원론이 다메섹 도상에서 나타난 부활하신 그리스도의 顯現과 관련을 맺는다고 주장하고, 이를 시시하는 다른 학자들도 인용한다(269): cf. M. Dibelius & G. W. Kümmel, *Paulus*, 45ff; W. Grundmann, "Paulus, aus dem Volk Israel, Apostel der Völker," *NovT* 4(1960), 267ff; F. F. Bruce, *NT History*, 228f, etc.

결한 조건으로 제시하는 유대주의자들과의 갈등을 반영하는 갈라디아서의 논쟁적인 배경에서 나타남이 분명하다; (2) 복음은 '예수 그리스도의 계시'로 말미암은 것이다(1:11-12). 여기에서 '예수 그리스도의'라는 표현을 주격 소유격 표현으로 본다면, 이것은 다메섹 도상에서 나타나신 부활하신 예수 곧 메시야가 하나님의 아들이라는 선포가(cf.1:16, *ἵνα εὐαγγελίζωμαι αὐτόν*) 바울 복음의 내용이라는 것을 의미한다.[34] 이것은 바울의 복음이 기독론적이고 구원론적 기초를 가지고 있고, 후자는 전적으로 전자에 근거한다는 것을 의미한다. 이미 위에서 지적한 대로, 이 서론적인 문구에서 갈라디아인들에 대해 하나님께 감사하는 표현이 쓰이는 대신 복음의 주제가 놀람과 당혹의 표현 속에서(*θαυμάζω*) 제기되고 있다.

7. 다른 복음은 없나니 다만 어떤 사람들이 너희를 요란케 하여 그리스도의 복음을 변하려 함이라

앞 절에서 바울은 갈라디아 교회 내에 소위 '다른 복음'이 존재함을 언급하고 그것을 좇는 자들에 대해 실망과 놀라움을 표현하였는데, 본절에서 그는 복음의 진정한 개념에 관하여 갈라디아인들 가운데 존재하는 혼란을 교정하기 위해 그들이 '다른 복음'이라고 생각한 것이 결코 '복음'이 아니라는 것을 강조한다.[35] 아마도 갈라디아인들을 충동질하는 유대주의적 선동자들은 바울이 전한 메시지의 진정성과 신

---

34) Cf. S. Kim, *The Origin of Paul's Gospel,* 60 그리고 100ff.
35) 본절의 헬라어 문장 구성이 좀 난해하게 되어 있다. 중성 관계대명사인 '호'(*ὅ*)는 '복음'만을 지칭하거나 '호티'(*ὅτι*)에 의해 소개되는 전체 문장을 지칭하기 보다 "다른 복음"(*ἕτερον εὐαγγέλλιον*)을 지칭한다(cf. Burton, 22). 베츠는 생각하기를, 바울은 7절에서 자신을 먼저 교정함으로써 6절의 진술이 부적절하다는 인상을 주고 있다고 한다(Betz, 49). 그러나 7절은 바울이 자신의 부적절한 표현을 교정한 것이라기보다 "다른 복음"이 마치 존재하는 것처럼 생각하는 갈라디아인들간의 경향을 중립적으로 진술한 것이다. 그들은 그것을 마치 다른 복음인 것처럼 생각하지만(6절) 바울은 그것이 결코 다른 복음이 아니라고 생각한다(7절).

되성을 공격하면서 그들이 제시한 메시지가 그것에 대안이 될 만한 '좋은 소식'이라고 주장했을 것이다. 이러한 상황은 분명히 갈라디아인들을 혼란스럽게 만들고 그들 앞에 마치 경쟁적인 어떤 두 복음이 존재하는 것처럼 생각하게 했을 것이다. 따라서 선동자들에 의해 가중된 혼란을 겪게 된 갈라디아 교회의 위기는 바울로 하여금 다른 복음은 없고 오직 '그리스도의 복음'밖에 없음을 강조하게 만들었다. 선동자들의 메시지는 복음을 그 속에 담고 있기보다 오히려 '그리스도의 복음을 변케 하는 것'에 불과하다. '그리스도의 복음'이란 말은 단순히 예수 그리스도께서 전한 소식이란 뜻을 가질 수 있지만, 구속사역에 있어서 그의 유일한 위치를 강조할 필요가 있는 논쟁적 상황에 그것은 훨씬 그 이상의 것을 의미할 수 있다: '그리스도의 복음'은 예수 그리스도를 바로 그 본질이요 핵심으로 삼고 있는 복음이다.[36] 이 해석은 위에서 언급된 1:16의 유사어구에(*ἵνα εὐαγγελίζωμαι αὐτόν*) 의해서 지지를 받는다. 이 '그리스도의 복음'은 6절에 나오는 '그리스도의 은혜'와 분명히 내면적인 연관을 가지고 있다. 갈라디아인들이 복음을 통해서 경험하게 된 그리스도의 은혜는 그리스도의 복음의 본질을 규정한다. 은혜는 바울이 전하는 복음 가운데서 나타났다. 복음은 그리스도 사건, 즉 하나님의 아들이요 메시야 되신 예수의 생애와 죽음, 그리고 부활을 통해 신자들을 악한 세상에서 구속하여 그들을 영원한 생명의 세계로 불러내고 있다는 사실을 선포한다. 이 선포 속에서 그리스도 사건이 가져다 주는 모든 은총의 축복들이 경험된다.

그리스도의 은혜를 결핍하고 있는 다른 복음은 결국 그리스도의 복음을 '변하게 하는 것'이다(*μεταστρέψαι*). 이 동사는 본래 정치적인 배경을 가지고 있으며 혁명이나 전복의 행위들을 시사한다. 바울은 여기서 자신의 복음을 처음으로 정통교리로 제시하면서[37] 그것을 거부하고 다른 복음을 좇는 사람은 결국 그리스도의 복음을 타락시키는 '배

36) Duncan, *Galatians*, 18; J. Becker, *Galater*, 10; *contra* J.G. Machen, *Galatians*, 38.
37) W. Bauer, *Orthodoxy*, 312; Betz, "Orthodoxy", 299-311.

교자'라고 경고한다. 베츠는 복음이 하나밖에 없다고 선언하는 본절의 진술과 2:7의 진술 사이에 모종의 불일치가 존재하는 것으로 생각한다. 2:7에서 바울은 '무할례의 복음'과 '할례의 복음'을 구별한다. 베츠는 바울이 후자를 '복음'으로 부르는 데 주저할지라도 예루살렘 회의의 전체 맥락을 살펴보면 두 복음이 존재한다는 사실이 사도행전 15장에 전제되어 있다고 추측한다. 예루살렘 회의는 이 두 복음들 사이에 실질적인 차이가 없다는 것과 둘 다 하나님의 사역이라는 사실에 의견일치를 보았다(2:1 -10). 그에 따르면, 이 두 복음 사이의 실제적인 갈등 관계가 생긴 것은 예루살렘 회의 이후 사태가 변한 데 기인하며, 바울과 그의 적대자들이 서로 상대방의 메시지에 구원의 능력이 없다고 주장한 것은 바로 변화된 이 시기의 상황을 반영한다.[38]

이 해석은 갈라디아서의 위기가 예루살렘 회의보다 연대기적으로 후기에 위치할 때에만 신빙성을 가질 수 있다. 예루살렘 회의와 갈라디아서 2:1-10과의 관계 문제는 상당히 복잡하여서 여기서 자세한 논의를 하는 것은 어렵고(이 문제에 대한 어느 정도 상세한 논의는 서론을 참조하라) 다만 우리의 견해를 제시하는 것으로 충분할 것이다. 전통적으로 갈라디아서 2:1-10에 묘사된 회합은 예루살렘 회의에 대한 다른 설명이라고 주장되어 왔다. 그러나 최근 여러 학자들은 갈라디아서의 회합이 그 이전 회합이며 사도행전 15장의 회의는 그 서신에서 전혀 언급이 되지 않았다고 본다. 바울이 갈라디아서에서 묘사하는 것은 동일한 주제에 관심을 가졌던 보다 이른 어떤 모임이었다.[39] 사실 사도행전이나 다른 곳에서 예루살렘 회의의 결정이 바울의 일차 전도여행으로 세워진 교회들을 넘어서서 다른 곳에서 선포되었다는 시사가 없다. 예를 들어, 그것은 후기에 버가모와 두아디라 교회들에

---

38) Betz, *Galatians*, 49.

39) Bruce, *Galatians*, 43-45; I. H. Marshall, *Luke*, 184. 사도행전의 회의와 갈 2:1-10의 회합을 동일시하지만 사도행전의 신뢰성을 보다 긍정적으로 받아들이는 학자들 가운데는 L. Goppelt, *Die apostolische und nachapostlische Zeit*, 158f; R.P.C. Hanson, *The Acts*, 153-165 등이 있다.

보내는 요한의 메시지에는 반영된 것으로 보이는 반면(계 2:14,20), 고린도 교회에서는 알려져 있지 않다. 계시록의 구절들은 예루살렘 회의의 결정 사항들이 어떤 형태로든 존재했었음을 분명히 보여 준다. 이 견해가 정당한 해석이라고 본다면, 갈라디아서의 위기를 연대기적으로 사도행전 15장의 회의 이후로 위치시키는 것은 신빙성이 없는 것 같다.

갈라디아 교회의 위기를 조장하고 그들을 선동하는 자들은 본절에서 '요란케 하는 자들'(**οἱ ταράσσοντες**)로 묘사되어 있다. 이들은 또한 다른 곳에서 '요동케 하는 자들'(**οἱ ταράσσων**, 5:10) 또는 '어지럽게하는 자들'(**οἱ ἀναστατοῦντες**, 5: 12)로 묘사된다. 바울은 여기서 정치적 배경의 언어를 사용함으로써(cf. 행 15: 24) 혼란과 소용돌이를 일으키는 이들 선동자들의 파괴적 활동을 부각시킨다. 이들이 누구인가를 암시하는 것으로 보이는 증거들은 상당히 복잡하고 또 그 증거들을 통해 갈라디아서의 위기를 재구성하는 데 많은 난점들이 존재한다.[40] 그럼에도 몇 가지 확실하게 알 수 있는 것들이 있다. 바울이 선동자들을 '거짓 형제'라고(2:4) 지칭한다는 사실은 그들이 기독교 배경을 지닌 사람들이었음을 보여 준다. 그러나 이들의 인종적이며 지리적 기원을 확인하는 일은 더 어렵다. 갈라디아서 6:13에 나오는 '할례받은 저희'(**οἱ περιτεμνόμενοι**)라는 말이 수동태 분사라는 해석에 근거해서 어떤 학자들은 선동자들이 유대주의적 이방인들, 즉 다른 사람들의 권유에 의해 할례를 받은 이방인들을 가리킨다고 주장한다.[41] 그러나 대

---

40) Cf. G. Lyons, *Pauline Anthropology*, 96ff. 여기서 그는 많은 학자들이 흔히 사용하는 '거울을 통해 읽는'(mirror-reading) 방법이 돌이킬 수 없을 만큼 사변적이라고 비평하기까지 한다. 사실 위기에 대한 바울의 반응이 매우 논쟁적이기 때문에 중립적, 객관적인 보도라고 하기 어렵다. 그는 선동자들의 주장 중에 몇 가지 점만 답변하고 자신과 그들간에 일치되는 점들은 그의 서신에서 언급하지 않았을 가능성이 많다. 이러한 논쟁적 증거들을 거울 읽기 식으로 함부로 해석하여 갈라디아서의 위기를 재구성하려는 것은 위험이 많다

41) Cf. E. Hirsh, "Zwei Fragen zu Galater 6," *ZNW* 29(1930), 192-

다수의 학자들은 그들이 유대인들이라고 확신한다. 그들은 '계집종과 그 아들을 내어 쫓으라'고 말하는 4:30에서 바울의 공격 대상인 것 같고, 3-4장에서 바울이 여러 구약 구절들을 인용하여 이들의 주장을 논박하는 것으로 미루어 이들은 근거 없는 성경적 논의들을 사용한 것으로 보인다. 그래서 많은 학자들은 6:13의 분사를 중간태로 취하여 '자진해서 할례를 받은 사람들', 즉 유대인들을 가리키는 것으로 해석한다.[42] 그들의 지리학적 기원에 대해서 바울은 항상 선동자들을 삼인칭으로(1:7; 3:1; 4:17; 5:7-12; 6:12-13), 그리고 갈라디아인들을 이인칭으로 지칭한다(1:6,11; 3:1; 4:12 등). 특히 '가만히 들어온 거짓 형제들'(2:4)이라는 묘사는 선동자들이 갈라디아 회중 밖에서 들어온 자들임을 시사한다.[43] 이들 유대인들이 예루살렘에서 왔는지 또 그들이 안디옥 교회에서 문제를 야기시켰던 '야고보에서 온 자들'(2:12)과 동일 인물들인지는 전혀 분명하지가 않다.[44] 이들이 실제 무슨 내용의 주장을 했는지는 후에 밝혀질 것이다. 다만 그들이 그런 주장을 하는 것은 '다른 복음'을 제시하는 것이 아니라, '에이 메'(εἰ μή)가 시사하는 대로, 바울의 사도적 복음을 변개시키고 갈라디아 교인들을 혼란스럽게 하는 것밖에는 다른 목적이 없다.

8. 그러나 우리나 혹 하늘로부터 온 천사라도 우리가 너희에게 전한

7; W. Michaelis, "Judaistische Heidenchristen," *ZNW* 30(1931), 83-89; 이들의 논의를 받아들이는 학자로서 또한 J. Munck, *Paul and the Salvation of Mankind,* 87-89. 이와 동일한 결론은 J.H. Ropes, *Singular Problem*, 44-5; A. E. Harvey, "The Opposition to Paul," in: *StEv* 4(1968), 323ff.

42) Cf. O. Holtzmann, "Zu Emanuel Hirsch, Zwei Fragen zu Galater 6," *ZNW* 30(1931), 76-83; W. Schmithals, *Gnostics*, 26-28; R. Jewett, "Agitators and the Galatian Congregation," 198-212; 그리고 대다수 주석가들.

43) 물론 이 표현은 안디옥 교회나 바울이 세운 이방교회들에 대해 일차적으로 적용되는 말이기는 하지만, 갈라디아 교회도 비슷한 상황에 놓여 있었던 것이 분명하다.

44) *Contra* F. C. Baur; 비슷하게 F. Watson, *Paul, Judaism and the Gentiles*, 59-61.

복음 외에 다른 복음을 전하면 저주를 받을지어다

바울의 궁극적인 관심은 사람에 있지 않고 메시지에 있다. 바울이 전하는 복음이 참된 복음인 것은 그것이 바울에 의해서 전해지기 때문이 아니라 부활하신 그리스도께서 그에게 전하라고 주신 복음이기 때문이다. 이것은 본절 바울의 '자기 저주' 선언에서도 분명히 나타난다. 바울이 아무리 사도라 할지라도, 그가 부활하신 주께서 주신 복음 이외에 다른 복음을 전하면 하나님의 '저주'가 그에게 임할 것이다. 복수형 '우리'란 말은 바울 자신뿐만 아니라 2절에서 언급된 바울의 다른 동역자들을 지칭한다. 여러 주석가들은 바울이 자신의 메시지가 참된 복음이라고 확신했고 따라서 자신을 '이단자'로 생각할 수 없기 때문에 바울의 이 말이 매우 가능성 없는 주장이라고 믿는다.[45] 그러나 조건적인 '자기 저주' 선언은 다른 사람들을 직접적으로 저주하는 일을 하지 않음으로써 아마도 저주하는 일을 피하는 초대 기독교의 전통을 존중하기 때문일지 모른다(롬 12:14; 마 5:44; 눅 6:27; 약 3:9 참조). 또한 여기서 바울이 자신을 조건적인 저주의 대상에 포함시킨 것은 자신의 복음이 인간적인 메시지가 아니고 부활하신 주께서 직접 인준하고 부탁한 신적인 메시지라는 것을 강조하기 위해서일 것이다.

바울의 복음이 신적인 권위와 능력을 갖는 것은 그의 저주 선언에서 뒷받침된다: '저주를 받을지어다' (**ἀνάθεμα ἔστω**). 구약에서 저주는 하나님의 개별명령이나(수 7: 1,20f) 십계명을(신 28:15-68) 범하는 행위와 관련을 맺고 있다. 이런 명령들을 어길 때 어긴 사람에게 저주가 선언되는 이유는 그런 명령들이 하나님의 거룩한 율법이기 때문이다. 바울이 구약적 배경을 가진 '아나떼마'란 말을(LXX에서 이것은 보통 히브리어 '헤렘'을 번역한 말이다) 사용한 것은 자신이 전한

45) Lightfoot, *Galatians*, 77; Mussner, *Galater*, 60; Schlier, *Galater*, 40.

복음이 구약의 율법과 마찬가지로 신적 기원을 가지며 동일한 구속력을 가진다는 것을 암시한다. 바울의 "아나떼마" 용어 사용이 70인경의 용법과 다른 점이 있다면, 그것은 후자의 경우 저주가 파멸되도록 하나님께 바쳐진 것인 반면(cf. 수 6:17-25) 바울에 있어서 그것은 하나님의 저주 아래 있는 것을 말한다는 점이다(cf. 롬 9:3). 하나님의 저주가 어떻게 나타나는지는 본절의 저주 선언에 언급되지 않지만, 본절의 저주 선언은 6:16의 축복 선언과 내용상으로 반대된다. 다른 복음을 전하는 사람들은 그리스도와 그의 백성으로 부터 끊겨지고(5:4), 그가 가져다 주는 축복들에 참여할 수 없다. 다른 복음을 전하게 되면 저주는 심지어 '하늘로부터 온 천사'에게도 임하게 된다. 바울이 여기서 천사들이 갈라디아인들에게 계시들을 전해준 실제 경우들을 염두에 두고 있는지는 분명치 않다.[46] 본서 내에 이에 대한 긍정적 암시가 존재하지 않기 때문에 위의 표현은 그러한 천사적 계시를 통해 메시지를 받았다고 주장하는 갈라디아인들의 주장에 대한 바울편의 공격이라기보다 하늘로부터 온 천사라도 부활하신 그리스도에 의해 계시된 바울의 복음을 변경시킬 아무런 권리가 없음을 강조하는 말일 것이다.

9. 우리가 전에 말하였거니와 내가 지금 다시 말하노니 만일 누구든지 너희의 받은 것 외에 다른 복음을 전하면 저주를 받을지어다.

바울은 8절에서 다른 복음을 전하는 자들에게 웅변체적인 언어를 사용하여 저주를 선언하였는데 이제 그는 그것을 다시 반복한다. '우리가 전에 말한 것처럼'(***ὡς προειρήκαμεν***)이란 표현은 선행하는 8절의 어떤 것을 지칭하거나,[47] 또는 바울의 처음 방문을 지칭할 수 있다.[48] 이 두 견해 중에 전자는 문맥상의 이유로 배제되어야 한다: 1) '이제 다시'(***ἄρτι πάλιν***)란 말은 8절과 9절의 두 경우들 사이에 시간

46) Cf. W. Grundmann, *TDNT* 1, 74-76; Betz, *Galatians,* 53 n. 84.
47) Schlier, *Galater*, 40; Bruce, *Galatians*, 84.
48) Burton, *Galatians*, 29.

적인 간격을 분명히 함축하고 있고; 2) 현실을 지칭하는 직설법과 함께 전제문의 '만일'(*εἰ*)이란 접속사는 구체적인 경우를 지시한다. 이것은 두 번째 저주가 첫 번째 저주를 실현한다는 의미에서 두 선언들이 서로 관련된다는 것을 시사한다. 그렇다면 저주가 적용된 것은 선동자들이 그들이 바울에게서 처음에 '받은'(*παρελάβετε*) 것과 반대되는 메시지를 갈라디아 교회들 가운데 끌어들였다는 사실 때문에(1:6-7) 정당화된다. '받는다'(*παραλαμβάνω*)는 동사는 '전해준다'(*παραδίδωμι*)는 동사와 더불어 전승을 전해주고 받는 것을 지칭하는 전문적인 술어이다.[49] 갈라디아인들은 바울이 직접 '예수 그리스도의 계시'를 통해서(12절) 받은 복음을 그의 처음 선교사역을 통해 이미 받았었다.

2. 사람을 기쁘게 하지 않는 바울(1:10)

10. 이제 내가 사람들에게 좋게 하랴 하나님께 좋게 하랴 사람들에게 기쁨을 구하랴 내가 지금까지 사람의 기쁨을 구하는 것이었더면 그리스도의 종이 아니니라

전후 문맥구성과 관련하여 본절은 다음 부분으로 넘어가는 일을 용이하게 만들어 준다. 10절에서 바울은 두 다른 질문들을 제기하고 그에 대해 답변하는데, 이들 두 질문들은 웅변체적이고 평행을 이루며 상호 해석해 주는 것으로 여겨진다.[50] 두 질문들이 동일한 생각을 다른 방식들로 표현하는 것이며 바울의 답변이 두 번째 질문에 대한 답변이라면, 이 부정적인 답변은 첫 번째 질문에도 관계된 것이 분명하다.

---

49) G. Delling, *TDNT* 4, 11-14.
50) Burton, *Galatians*, 31; Bultmann, *TDNT* 6, 2-3.

본절 첫 번째 질문에 '이제'(ἄρτι)와 마지막 답변에 '아직까지'(ἔτι)란 말들이 사용된 것은 아마도 바울의 행동의 일관성이 의심을 받고 있다는 사실을 암시하고 있는 것 같다. 바울의 행동에 의심을 품은 사람들에게는 그가 한때 다른 방식으로 행하고 가르쳤던 것으로 보였을 것이다. 바울은 사실 시간이나 장소를 달리하여 그의 바뀐 청중들에게 그의 행위와 설교를 적용시킨 것으로 의심을 받았었다. 결정된 그의 공식적 입장은 '모든 사람에게 모든 모양이 되는 것'(고전 9: 22)인데, 바울의 행동을 의심하는 사람들이 그의 보다 깊은 신학적 일관성을 평가하지 못한 채 겉으로 보기에 바뀌는 것처럼 보이는 그의 행동들만 주목하는 것은 쉬운 일이다. 사실 그는 한때 자신의 자유를 행사하다가 다른 때 그것을 자발적으로 제한하였고(고전 9:19-22), 한때 유대인들을 인하여 디모데에게 할례를 베풀었다가(행 16:3) 다른 때에는 그것을 단호하게 거절하기도 하였다(갈 2:2-3). 그러나 이것은 그의 신학적 원리가 바뀐 것을 의미하지 않는다. 예를 들어 할례가 단지 유대인들의 종교적 관습 또는 문화적 생활 패턴일 경우 바울은 그것을 허용했고 자신도 유대인으로 그것을 준수했지만, 그것이 일단 신학적이고 구원론적 원리가 될 때 바울은 할례를 단호하게 거부하였다. 이런 의미에서 자신의 신학적 원리만 해치지 않는다면 바울은 모든 것을 '복음을 위해'(고전 9:23) 그리고 '형제의 덕을 세우기 위해'(롬 14:19) 하였다.[51]

한역 성경에 '좋게 하다'로 번역된 동사는 본래 '설득하다'(πείθω)는 의미를 지니고 있다. 10절 상의 의문구는 그러므로 '이제 내가 사람들을 설득하는 것인가 아니면 하나님을 설득하는 것인가?'라고 번역할 수 있다. 이 질문에 대해 바울 편에서 암시된 답변은 학자들 사이에 달리 해석되어 왔다: (1) 어떤 학자들은 바울의 암시된 답변은 그가 실제 사람들을 설득하는 것이라고 해석하고;[52] (2) 어떤 학자들

51) H. Chadwick, "All Things to All Men," *NTS* 1 (1954/55), 261-275.
52) Lightfoot, *Galatians*, 79; Bruce, *Galatians*, 84.

은 암시된 답변이 그가 하나님을 설득하는 것이라고 해석한다;[53] (3) 다른 학자들은 위의 두 견해를 부정하고 바울의 진정한 답변은 그가 지금 사람들도 하나님도 설득하고 있는 것이 아니라는 견해를 취한다.[54] 신의 호의를 얻어내려고 하나님을 설득한다는 개념은 바울에 있어서 낯선 사상이다. 그것은 보통 마술(魔術)과 종교적 의식들에서 발견되는데, 고대 근동과 희랍-로마 세계에서 속죄 의식이나 마술들은 신들을 설득하여 인간들의 이익을 섬기게 하려는 수단으로 흔히 사용되었다(cf. Eur. *Medea* 964; Plato, *Rep.* 3.390E). 바울이 여기서 자신이 지금 하나님을 설득하고 있는가라고 묻는 것은 따라서 8-9절의 저주 선언과 관련하여 역설적인 질문으로 받아들여질 수 있고 강한 부정을 예견한다. 그는 이방 마술적 행습에 젖어 있는 사람들처럼 자신의 저주 선언이 효과를 지니도록 하나님을 설득하여 그것을 승인하게 하게 하려고 노력하지 않는다.

사람들을 설득하는 일과 관련하여 '페이도'(**πείθω**) 동사와 관련된 어휘들은 부정적이며 긍정적인 의미로 모두 사용된다. 사람들을 설득하는 것은 본래 복음선포를 통해 그들을 하나님과 화해시키려는 바울의 줄기찬 사역이었다(고후 5: 11, **ἀνθρώπους πείθομεν**). 반면에 갈라디아서에서 이 동사는 갈라디아의 이방신자들을 설득하고 선동하여 바울 복음을 순종치 않게 하려는 유대주의적 선동자들의 행위와 관련하여 부정적으로 쓰인다(5:7-8, **ὑμᾶς ἐνέκοψεν τῇ ἀληθείᾳ μὴ πείθεσθαι; ἡ πεισμονὴ κτλ**). 이 동사가 갈라디아서의 논쟁적 배경을 지닌 문맥에서 사용된 것을 고려할 때, 아마도 그것은 선동자들의 구체적인 비난들 속에서 취해진 술어일 것이다. 즉 바울은 율법 없는 그의 복음 설교를 통해서 지금 손쉬운 효과를 노리고 있고 따라서 사람들을 설득하여 그들의 호의를 얻어내려는 거짓된 동기를 지닌다는 것이다.[55] 이 비난에 따르면 바울의 설교는 율법의 경건한 열심을 평가절하하고 이

53) Bligh, *Galatians*, 84.
54) Betz, *Galatians*, 54-55.
55) Oepke, *Galater*, 53; Mussner, *Galater*, 63.

방인들에게 '사람의 뜻을 따라'(11절) 그들의 기호에 맞춰 말하는 인간적 메시지였다. 바울은 갈라디아서 5:7-8에서 선동자들의 '설득'(**πεισμονή**)을 하나님에게서 나온 것이 아닌 인간적 술수라고 부정적으로 평가했는데, 아마도 바울의 반대자들은 이제 역으로 그의 메시지 역시 마찬가지로 거짓된 인간적 술책이라고 비난했을지 모른다. 이 점에서 플라톤 이래로 철학자들은 변론에 있어서 설득하는 기술을 부정적이고 사기적인 어떤 것으로 간주해 왔는데(Plato, *Soph*. 222C; *Apol*.19B; *Theaet*.201C 등), 아마도 다른 기독교 저술가들과 마찬가지로 바울도 여기서 이러한 부정적 견해를 취했을 것이다.[56)]

우리는 위에서 첫 번째 질문이 개념상으로 두 번째 질문과 평행을 이룬다는 것을 지적한 적이 있다: '사람들의 기쁨을 구하랴?'(**ἤ ζητῶ ἀνθρώπους ἀρέσκειν**). 사람들을 기쁘게 함으로 그들을 설득하는 것은 고대사회의 정치적 웅변과 선동 전략으로 유명하다(Plato, *Gorg*.462D; Demosthenes *Ep*.3.27). 본절에서 바울의 웅변체적 질문들은 그의 복음 설교가 인간을 기쁘게 하는 이런 세속적 웅변술과 모종의 관계가 있다는 것을 강하게 부정한다(cf. 살전 2:4f; 고전 10:33; 엡 6:6; 골 3:22). 복음의 근본 성격은 브루스가 지적한 대로 사람들에게 복음을 전하여 그들을 '얻으려고' 추구하는 것이고 이 점에서 그가 '모든 사람에게 모든 것이 되는 것'(고전 9:19-23)은 완전히 바울의 포부와 일치한다. 이러한 포부에서 나온 바울의 선교 행습이 선동자들의 눈에 사람들을 기쁘게 하는 술책으로 보였을지는 몰라도 사실 그것은 자신을 위해서가 아니라 '복음을 위해' 이루어진 것이다. 만일 그가 사람들을 기쁘게 하기 위해 할례나 율법 없는 복음을 전했

---

56) Cf. 갈 5:7-8 (**μὴ πείθεσθαι...ἡ πεισμονή**); 고전 2:4 (**τὸ κηρυγμά μου οὐκ ἐν πειθοῖς σοφίας**); 골 2:4(**πιθανολογία**); Ign. *Rom* 3:3("기독교는 설득의 작업이 아니라(**πεισμονή**) 위대한 사역이다"; Justin *Dial*. 47:1; 그외 필로의 저작들 가운데 많은 평행구들(*Post*. 55; *Det*.131; *Op*.165; *Agr*.13). 그러나 필로는 오직 "영감받은" 사람만이 참된 의미에서 설득하는 능력이 있다고 말한다(*Virt*. 217; *Fug*.139; *Plant*.10 등).

다면 그는 '그리스도의 종'이 아니다. 10절 하의 조건절에서 쓰인 미완료과거 동사 '에레스콘'(ἤρεσκον)은 미완성된 조건을 가리킨다. 여기에 '아직까지'(ἔτι)란 말의 의미에 대해서 의견이 갈려 왔다. 많은 학자들은 '에티'가 시간적인 의미를 지니는 것으로 이해하여 그것이 바울의 회심 이전의 생활을 지칭하는 것으로 본다.[57] 그렇다면 바울은 여기서 '사람을 기쁘게 하는 일'을 그리스도인 생활에 적합치 않은 것으로 특징화하고 있다고 볼 수 있다. 그러나 이 해석은 바울의 행동의 일관성을 의심하는 반대자들의 비난을 암시하는 '이제'(ἄρτι)와 '여전히'(ἔτι)란 말의 대조와 관련하여 이해되어야 한다. '에티'는 분명히 갈라디아서의 논쟁적인 배경 속에서 이해되어야 한다. 바울 편에서 사람들을 기쁘게 하는 것은 분명히 회심 이전 생활의 숨은 동기이고 그 인간적 동기는 그의 행동과 선교사역 속에 '여전히' 계속된다고 할 수 없는 반면에, 선동자들 편에서 사람들을 기쁘게 하는 동기는 바울의 행습들 가운데 나타나는 것으로 보여지고 있다(cf. 5:11).[58] 그러나 '종'은 그의 주인 이외 어떤 다른 사람도 기쁘게 하려는 목적을 가질 수 없기 때문에, 바울이 만일 그러한 인간적 동기를 가졌다면 그는 그리스도의 종이 될 수가 없다. 선동자들의 이러한 비난은 그러므로 바울의 행습 속에 놓여 있는 깊은 신학적인 동기를 보지 못하고 그를 피상적으로 평가한 것에 불과하다. 바울은 그의 다른 서신에서 계속 자신을 그리스도의 '종'으로 묘사함으로써(롬 1:1 등등) 그가 그리스도의 전권 아래 놓인 존재임을 강조한다. 그는 자신의 것이 아니고 전적으로 그리스도에게 속해 있고, 그를 봉사하기 위해 그의 전권하에 놓인 존재이다.

갈라디아 교회의 위기적 상황은 바울이 전해 준 복음을 떠나 선동

---

57) Bligh, *Galatians*, 86; Schlier, *Galater*, 42; Mussner, *Galater*, 64.
58) Duncan은 ἔτι가 여기서 순진히 '논리적인' 의미로 쓰였다고 본다. 분명히 이 단어는 바울이 회심 이후 초기에 '사람을 기쁘게 한 적이 있다'는 의미로 해석되어서는 안된다고 본 점에서 던컨의 관찰은 옳다.

자들이 부추기는 '다른 복음'을 추종하려는 것이었다. 본 부분에서 (1:6-10) 그는 갈라디아 교회의 문제 상황을 분석하고 자신의 복음의 본질을 정의한다. 그의 복음은 '그리스도의 복음'(7절)이다. 그러므로 그리스도의 복음을 저버리는 갈라디아인들은 곧 그들을 은혜 속에서 부르신 하나님을 저버리는 것과 마찬가지다. 만일 어떤 사람이든지 다른 복음을 전하면 그는 하나님의 저주를 받게 될 것이다. 두 번에 걸쳐서 저주를 선언한 후에(8-9절) 바울은 감정이 섞인 두 도전적인 질문을 던진다: '이제 내가 사람들에게 좋게 하랴 하나님께 좋게 하랴?' 바울의 반대자들 가운데는 그가 사람들의 기분을 맞추려고 할례와 율법 없는 그의 복음을 고안해 냈다고 주장하는 자들이 있었던 것으로 보인다. 하지만 바울은 사람을 기쁘게 하는 자가 동시에 그리스도의 종이 될 수 없다고 주장한다. 바울은 사실 디모데와 같은 유대인 출신 동료에게 할례를 허용했지만 헬라인 디도에게 할례를 베푸는 일은 단호하게 거부한 적이 있다. 반대자들은 아마도 할례에 대한 바울의 태도가 일관성이 없다고 생각했겠지만, 그것은 바울의 보다 깊은 신학적 동기를 간파하지 못한 데서 나온 평가에 불과하다. 그들은 복음의 적응성 문제와 신학적인 원칙의 타협 사이의 차이점을 오해한 것이 분명하다.

Ⅱ. 바울이 자신의 복음과 사도직을 변호함(1:11-2:10)

바울은 자신이 부활하신 '그리스도의 계시'로 말미암아 사도가 된 경력에 대한 자서전적 설명을 2:10까지 계속하는데,[59] 이것은 전체 서신의 거의 5분의 1에 해당하는 부분이다. 물론 갈라디아 위기에 대한 바울의 본격적인 답변은 소위 '안디옥 사건'(2:11ff)에 대한 바울의 신학적인 설명에서 발견되지만 그는 이 자서전적 부분에서 이방의 사도로서 자신의 신분에 관계된 비난들에 답변하고 있다. 우리는 앞의 부분에 대한 주석에서 바울이 사람들을 기쁘게 하고 부추김으로 그들을 설득하려는 인간적 메시지를 전한다는 선동자들의 비난을 지적한 적이 있다. 그 비난의 구체적 내용이 본 부분에서 언급되어 있지는 않지만, 그의 복음이 '사람의 뜻을 따라 된 것'이 아니라는 주장은 바울의 단순한 "변호 전략의 일부"라기보다 선동자들의 실제 비난에 근거한 것으로 생각된다.[60] 바울은 선동자들의 이러한 비난에 대해 자신이 전하는 복음과 그가 위임받은 사도직이 어떤 인간적인 중개자의 개입이 없이 부활하신 그리스도에게서 직접적으로 받은 것임을 엄숙하게

---

59) 몇몇 학자들은 바울의 자서전적 부분이 1:11에서 2:14까지 계속되는 것으로 생각한다(Betz, 58; Bruce, 87). 그러나 갈라디아서의 위기 문제에 대한 바울의 직접적인 답변은 그의 자서전적 부분보다 안디옥 사건에 대한 설명 부분에서(2: 11ff) 찾아져야 하기 때문에 바울의 새롭고 본격적인 논의는 2:11에서 시작된다고 보는 것이 옳을 것이다(J. Barclay, *Obeying the Truth*, 76; cf. Dunn, "The Relationship between Paul and Jerusalem according to Galatians 1 & 2," *NTS* 28 (1982), 461-478).

60) *Contra* Betz, *Galatians*, 59.

강조한다.

1. 바울 복음과 사도직의 기원(1:11-17)

바리새적 유대교의 신념에 따라서 선민주의적 배타주의를 열렬하게 추종하던 바울이 어떻게 이방인 선교에 뛰어들었고 또한 유대인들과 이방인들이 믿음으로 함께 하나님의 백성에 포함될 수 있다는 하나의 '보편교회' 개념을 가지게 되었는가? 사실 전통적인 유대교 신학에 의하면 아브라함의 자손이 되고 하나님의 언약 백성이 되는 것은 혈통적인 유대인들이나 유대교로 개종한 이방인들에게 주어지는 축복이며 이 축복에 동참하기 위해서 할례를 받고 율법의 멍에를 짊어지는 것이 필수적이었다. 하지만 바울은 할례나 율법준수와 관계없이 단지 예수 그리스도를 믿음으로 의롭다 함을 받고 아브라함의 자손이 될 수 있다고 선포하였는데(갈 2:11ff; 롬 4:9-12), 이것은 바리새적 전통을 지녔던 바울에게 있어서 혁명적인 변화였다. 우리는 여기서 바울에게 어떻게 이런 혁명적인 변화가 생겼는지 그의 복음과 사도직의 기원 문제에 대해서 살펴보고자 한다.

1) 계시로 받은 바울의 복음 (1:11-12)

11. 형제들아 내가 너희에게 알게 하노니 내가 전한 복음이 사람의 뜻을 따라 된 것이 아니라

'형제들아 내가 너희에게 알게 하노니'란 도입적 문구는 새로운 장을 열어 준다. 바울의 자서전적 설명을 담고 있는 이 부분은 6-7절에서 제기된 갈라디아 교회들의 위기의 '사실들'에 대한 실질적 답변의 일부로서 그가 받은 복음과 사도직의 정당성을 논증하는 데 목적이 있다. '알게 한다'는 말은 바울이 갈라디아인들에게 이미 익숙한 어떤 내용을 말하고 있음을 시사한다. 바울이 새로운 내용을 소개하는 것처럼 말하지만 실제 그는 그들이 이미 알고 있으면서도 현재 망각하려는 것을 그들에게 상기시킨다. 그것은 '내가 전한 복음'(**τὸ εὐαγγέλιον τὸ εὐαγγελισθὲν ὑπ' ἐμοῦ**)으로 불리워진다(cf. 8절). 바울이 전한 복음은 또한 갈라디아 독자들이 '받은 복음'이며(9절), 이것은 예루살렘 사도들에게 제출된 소위 바울이 '이방 가운데서 전파하는 복음'(2:2)과 동일한 것이다. 특히 갈라디아서의 문맥에서 바울 복음의 핵심적 내용은 다메섹 도상의 그리스도 현현 사건에서 계시된 하나님의 아들을 '이방인들에게' 전하는 것과 관련된다(cf. 16절). 사실 바울은 유대인이나 이방인이나 모두 믿음이라는 동일한 근거 위에서 의롭다 함을 받고, 같은 아브라함의 자손이 된다는 이신칭의 복음을 회심 이후 처음부터 전파하였고, 할례는 그가 회심한 지 17년 이후에야 비로소 문제로 대두되기 시작하였다(cf.1:18; 2:1). 바울은 유대 선동자들 앞에서 '이방인들을 위한' 그의 사도직과 복음을 다메섹 도상의 '그리스도 계시사건'과 직접 연결지음으로써 그의 사도직과 복음이 어떤 인간적 출처에서 나온 것이 아님을 변호한다.

분명히 선동자들은 바울의 복음을 비평하고 있었고, 그들은 '다른 복음'을 선호하여 그것을 거부하였다. 바울의 변호는 단순하게 보인다: 그가 전한 복음은 '사람의 뜻을 따라 된 것이 아니다'(**οὐκ ἔστιν κατὰ ἄνθρωπον**). '사람을 따라'라는 말은 좀 애매한 표현이다. '카타' 전치사는 흔히 비교의 표준을 뜻하는데, 바울이 무엇을 정확하게 의미했는지는 아마도 문맥을 통해서 결정되어야 할 것이다. (1) 바울의 복음은 사람들을 기쁘게 하려는(1:10) 인간적 동기에서 전파된 것이 아니다. '카타 안뜨로폰'이 이런 의미를 가질 수 있는 것은 고전 15:32에서 증명된다. (2) 바울의 복음은 사람의 중개를 통해 주어진 인간적인 기원을 지닌 메시지가 아니다. 이것은 다음 절이 접속사 '왜냐하면'(**γάρ**)과 함께 시작하고 있고, 바울의 복음이 어떤 사람의 가르침에 의한 것이 아님을 말한다는 점에서 분명하다.[61]

---

61) Bligh, *Galatians*, 88.

12. 이는 내가 사람에게서 받은 것도 아니요 배운 것도 아니요 오직 예수 그리스도의 계시로 말미암은 것이라

바울은 그가 이미 1:1에서 진술한 것을 그가 이제 변호하려는 논제로서 짤막한 형식으로 제시한다. 본절에서 바울이 자신의 복음과 관련하여 부정한 것은 내용적으로 11절의 '사람의 뜻을 따라 된 것이 아니라'는 진술을 보다 구체적으로 정의한 것이다. 바울은 자신의 복음의 출처와 관련하여 두 가지를 부정한다: 그는 복음을 사람들에게서 받지 않았다(**παρέλαβον**). '받는다'는 동사는 이미 우리가 위에서 지적한 대로 전승(傳承), 전해 주고 받는 행위를 지칭하는 기술적인 술어이다. 아마도 이 진술은 바울이 그보다 앞선 그리스도인들로부터 기독교 전승을 받지 않았다는 것 이상을 의미할 것이다: 바울 자신의 과거 유대교 경력을 언급하는 13-14절의 진술로 미루어 볼 때, 그가 복음을 사람에게서 받지 않았다는 주장은 그것이 그의 초기 환경과 종교적 교육과 관련하여 설명될 수 없다는 것을 시사한다. 바울에 대한 초기 해석들은 흔히 그의 회심이 초자연적인 계시에 의한 것이라기보다 회심 이전 그가 유대교에 있을 때 경험했던 심리적 갈등에 의해 준비된 것이라는 입장을 취하였다.[62] 1:13-14은 그러나 자신의 유대교 시절의 생활에 대해 어떤 갈등이나 모순, 경험을 표출하기보다 오히려 그에 대한 확신과 인간적 열정을 표현하고 있기 때문에 바울의 회심에 대한 이러한 심리적인 해석을 완전히 부정한다. 그의 복음은 따라서 초대 교회의 기존 전승으로부터 받은 것도 아니고 유대교 생활이나 환경에서 내면적으로 발전된 것도 아니다. 바울은 또한 그의 복음이 교육의 매개체를 통해서 얻은 것이라는 것도 부정한다(**οὔτε ἐδιδάχθην**). 아마도 '배운다'는 말은 전승을 배우는 랍비적 관행을 지적하는 것 같은데,[63] 어쨌든 바울은 자신의 복음을 과거 랍비적 교육에서 끌어온 것이 아니다.

---

62) Cf. G. W. Kümmel, *Römer* 7, 154ff.
63) J. Blank, *Paulus und Jesus,* 212.

그의 복음이 어떤 인간적 교사들의 교육의 결과에 근거하지 않는다는 진술은 앞의 부정과 더불어 바울 복음의 초자연적 기원, 즉 '예수 그리스도의 계시로 말미암은 것이라'는 사실을 강조하기 위해 의도된 것이다. 주석상에 문제가 되는 것은 '예수 그리스도의'라는 표현이 주격 소유격인지 아니면 목적격 소유격인지에 관한 것이다. 그것이 예수 그리스도가 복음을 바울에게 계시한 주체라는 의미에서 바울이 '예수 그리스도로부터 계시를 받았다'는 뜻인지 아니면 예수 그리스도 자신이 그에게 계시되어 그 결과로 그가 이제 전할 복음을 소유하게 되었다는 뜻인지 결정하기 어렵다. 문법적으로는 둘 다 가능하기 때문에 아마도 문맥이 그것을 결정해야 할 것 같다. 대부분의 학자들은 바울이 1절에서 자신의 사도직과 복음을 다메섹 도상에서 있었던 부활하신 그리스도 현현 사건과 암시적으로 연관시키며 더욱이 '아들'의 계시가 16절에서 다메섹 사건과 다시 한번 명시적으로 언급되기 때문에, '예수 그리스도의'란 말을 주격 소유격 표현으로 취한다. 엄격하게 말해서 우리는 16절에서 그리스도의 '자기 계시' 개념을 생각할 수 없다. 왜냐하면 계시자는 그리스도 자신이 아니라 하나님이기 때문이다. 그러나 내용적으로 계시 자체는 그리스도께서 '바울 속에' 현현한 사건으로 이해되어야 하고(1:16; cf. 2:20상) 이것은 또한 그에게 복음이 계시된 것이나 마찬가지이다(엡 3:3 참조). 따라서 12절의 '예수 그리스도의 계시'는 주격 소유격 표현으로 취하여 예수 그리스도 자신이 바울에게 계시되어 그 결과 그가 복음을 소유하게 되었다는 것을 뜻할 수 있다.

많은 학자들은 12절의 주장이 고전 15:3의 바울의 진술과 모순되는 것으로 간주한다. 그는 고전 15:3에서 '받다'(**παραλαμβάνω**), '전해 주다'(**παραδίδωμι**) 같은 동사들을 자신에게 사용하여 고린도인들이 그에게서 전해 받은 복음이 사실 초대교회의 복음전승에 기초한 것이라고 말한다. 이것은 샌더스(J.T. Sanders)가 주장한 대로, 위의 두 바울 진술들간에 완전한 모순이 존재함을 의미하는가?[64] 그러나 그가 생각한 것처럼 실질적인 모순은 없다. 이 문제에 대한 여러 다양한 견해들 가운데 최선의 것으로 보이는 것은 갈라디아서 1:12은 복음의 본질을 지칭하고 고린도전서 15:3ff은 복음의 형식을 지칭한다고 보는 것이다.[65] 이들 입장의 세부적 내용은 다르지만 공통되는 기본 주장은 바울이 다메섹 도상에서 경험한 '예수 그리스도의 계시를 통해' 십자가에 못박힌 예수가 부활하고 승천한 주와 하나님의 아들이라는 사실을 깨닫게 된 반면(갈 1:12,16), 고린도전서 15:3ff의 전승은 복음의 이 본질을 형식적으로 표현한 것이라고 간주하는 것이다. 갈라디아서 1:1, 12의 언어를 이해할 때 초대교회의 어떤 전승적 내용도 그의 복음 가운데 포함되어 있지 않다는 식으로 그것을 잘못 해석해서는 안 된다. 예수 그리스도가 바로 하나님의 구원 사건이라는 인식은 바울이 사람을 통해 받은 것이나 배운 것이 아니고, 하나님이 그의 아들을 그에게 나타낸 다메섹의 '그리스도의 계시' 사건을 통해서 얻은 것이다. 따라서 비록 바울이 케뤼그마적 전승들을 사용하기는 하지만(cf. 갈 1:4) 그가 갈라디아서의 문맥에서 말한 복음은 단순히 형식이나 전승이 아니라 십자가에 못박혀 죽고 부활하신 예수가 바로 그리스도와 하나님의 아들이며 바로 그를 통해서만 구원을 얻을 수 있다는 바울 자신의 선포와 관련되어 있다.[66] 그러나 이 복음은 단순한 깨달음이 아니라 예수에 관한 역사적 사실들에 근거하기 때문에, 그것들은 전승의 대상이 되며 또한 다른 사도들이 전하는 케뤼그마와 공유되는 규범적 기초이다. 아마도 역사적인 예수에 관한 사실들은 바울이 회심한 후에 그보다 먼저 사도 된 예루살렘 사도들이나(18f) 예수의 생애와 교훈을 알고 있는 사람들이 그에게 전해 주었을 것이다. 바울은 이들을 통해 받은 케뤼그마적 전승들이 그가 다메섹 도상의 그리스도 현현 사건을 통해서 갖게 된 자신의 확신들을 '확증하는' 것으로 분명히 간주하였을 것이다.[67] 이 점에서 갈라디아서 1:12과 고린도전서

64) J. T. Sanders, "Paul's Autobiographical Statements in Galatians 1-2", *JBL* 85(1966), 337.
65) Schlier, *Galater*, 48; S. Kim, *The Origin of Paul's Gospel,* 69; Wegenast, *Verständnis*, 68f 등.
66) Cf. Wegenast, *Verständnis*, 44.
67) Dunn, *Unity and Diversity*, 66.

15:3이 다루는 주제와 관점에서 다르다는 것을 인정한다면 그것들 사이에 실질적인 모순은 존재하지 않는다.

2) 회심 전 바울의 유대교 생활 (1:13-14)

13. 내가 이전에 유대교에 있을 때에 행한 일을 너희가 들었거니와 하나님의 교회를 심히 핍박하여 잔해하고

바울이 본절과 다음 절에서 회심 이전의 과거 유대교 시절의 생활을 언급하는 것은 다메섹 도상의 그리스도의 현현 사건으로 말미암아 생긴 그의 삶의 행로의 급격한 변화를 보여 주기 때문에 필요한 것이라 할 수 있다. 본절에서 묘사된 대로 회심 이전에 그가 유대교에서 보여 준 종교적 열정은 그가 유대교에 내면적으로 존재하는 모순 때문에 심리적으로 갈등을 겪었고, 따라서 그 갈등은 바울로 하여금 기독교로 회심할 수밖에 없도록 준비시켰다거나 또는 그가 기독교를 받아들이기까지 점차적으로 사상적 발전을 경험했다고 하는 가정을 배제시킨다.[68] 오히려 사태의 진전은 전혀 다른 반대 방향을 지시한다. 갈라디아 독자들도 바울이 회심하기 이전에 유대교에 있을 때 행하였던 일들에 관해 '들었다'(*'Ηκούσατε*). 그들은 분명히 바울 자신을 통해 그가 교회를 핍박했던 소식들을 들었을 것이다. 그러나 20절의 바울의 진술을 보면, 아마도 다른 사람들 역시 바울 자신의 증거와 다를 뿐만 아니라 그를 의도적으로 험담하는 소문들을 퍼뜨린 것 같다. 바울은 사실 다메섹 도상에서 자기에게 나타난 하나님의 넘치는 은혜를 높이기 위해 자신의 과거 교회 핍박의 경력을 이야기하는 반면, 그들

68) 바울은 흔히 자신의 과거 경력에 대해 잘 말하지 않는다(cf. 고전 15:9f; 빌 3:5f). 바울의 교회 핍박에 관한 소문들은 그가 세운 교회들 밖에서도 전해졌고(갈 1:22f) 후에 그의 핍박 사실들은 바울에 관한 선승의 일부가 되있다(행 8:3; 9:1,21; 22:4f; 26:9-11). 바울의 유대교 생활에 관해서는 H. J. Schoeps, *Paul*(1961), 51ff; van Unnik, *Tarsus or Jerusalem* (1962), 여기에 다른 문헌들도 실려 있다.

은 바울이 신뢰할 수 없는 의심스러운 성격의 소유자라는 것을 부각시키려고 그런 소문을 퍼뜨렸을 것이다.

바울은 회심하기 이전에 유대인이었을 뿐만 아니라 유대 종교와 그 삶의 방식을 성실하고도 열정적으로 준수하던 바리새인이었다. '유대교'(*'Ιουδαισμός*)라는 단어는 헬레니즘적 유대교의 술어로서 신약에서는 오직 본절과 다음 14절에서만 나타나며, 여기서는 단순히 유대인들의 종교적 신앙과 생활 방식을 의미한다(2 Macc 2:21; 8:1; 14:38; 4 Macc 4:26). 유대인으로서 그의 이전 '행위' 또는 '행적'(*ἀναστροφή*)은 두 가지 주된 이유 때문에 두드러진다. 첫 번째 이유는 13절에 설명되고 있고, 두 번째 이유는 14절에 언급된다. 가장 중요한 것은 그가 하나님의 교회를 '파괴할'(*ἐπόρθουν*)[69] 목적으로 기독교인들을 심하게(*καθ ὑπερβολήν*) 핍박하였다는 사실이다. 바울은 빌 3:6에서도 본절과 거의 같은 언어를 사용하여 '율법에 대한 그의 열심'과 '교회를 심하게 핍박한 그의 행위'를 연결시키고 있다. 바울이 교회를 핍박한 것은 그러므로 그가 율법과 조상들의 유전을 지키려는 열심당(*ζηλωτής*)이었기 때문이다(cf. 고전 15:9 ; 빌 3:6; 행 9:1ff).[70]

왜 율법에 대한 바울의 열심이 그로 하여금 교회를 핍박하고 파괴하도록 만들었는가? 이 질문에 대한 가장 가능성 있는 대답은 두 가지로 제시될 수 있다: 첫째로, 바울은 기독교인들을 율법을 버린 배교자들로 생각했기 때문에 그들을 핍박하였다. 사도행전 6:11,13f은 이 견해에 대한 증거로 사용될 수 있다. 여기서 스데반은 헬라 지역 회당

---

69) *πορθεῖν* 동사는 신약에서 단지 세 번만 나타난다(갈 1:13, 1:23, 행 9:21). 그것은 본래 성읍들을 파괴하는 일에 대해 사용된 말인데, 그것은 행 8:3에 사용된 누가의 언어에 비추어 볼 때 적당한 말이다.

70) '열심당'이란 말은 갈릴리 사람 유다의 이상을 추종하는 집단을 지칭하는 특별한 의미로 쓰였지만(Josephus, *War* 2,441,651; 4, 160f), 본절에서는 '열심 있는 사람'이란 일반적인 의미로 사용되었다.

들 출신인 예루살렘 유대인들로부터 그가 성전과 율법을 모독했다는 비난을 받았었다. 팔레스틴의 유대 기독교인들은 아직도 성전과 율법에 대해 보수적 경향을 띠고 있었기 때문에, 그것은 분명히 헬레니즘적 유대 기독교인들이 성전과 율법을 모독하였다는 유대인들 편에서의 비난을 반영한다.[71] 헬레니즘적 유대 기독교인들은 예수께서 자신을 모세와 대조시키고, 급진적으로 내면화된 자신의 새로운 윤리 계명들을 모세의 율법과 대체시킨 사실을 정확히 이해하였을 것이다(마 5:21ff). 따라서 모세 율법과 조상의 유전들에 열심이었던 바울은 유대교를 지탱하는 핵심적 요소들인(Pirqe Aboth 1.2) 율법과 성전에 대한 그러한 공격을 도저히 참을 수 없었을 것이다. 둘째로, 기독교 이전 시기에 이미 십자가에 못박힌 자가 하나님께 저주받은 인물로 간주되었음을 보여주는 얼마간의 중간사 시대의 문헌적 증거가 존재하기 때문에, 유대인들이 십자가에 못박힌 예수를 하나님께 저주를 받은 사람으로 생각하였음이 분명하다.[72] 그러므로 이들에 있어서 십자가에 못박힌 예수를 메시야로 선포하는 기독교 메시지 자체가 모순된 주장이었다. 기독교 케뤼그마 속에서 자주 신명기 21:23이 암시되는 것은(행 5:30; 10:39; 13:29; 갈 3:13; 벧전 2:24) 유대인들이 처음부터 신명기 21:23에 근거하여 예수를 메시야로 선포하는 기독교 메시지에 반대하여 기독교인들을 핍박하였다는 것을 시사한다. 기독교인들은 신명기 구절을 주도적으로 예수에게 적용하였다기보다 유대인들이 그것을 이용하여 기독교 메시지를 공격하는데 사용한 것을 그들의 케뤼

---

71) M. Hengel, 'Ursprünge', 26; cf. S. Kim, *The Origin of Paul's Gospel*, 44.

72) 4QpNah 3-4,I.7f 그리고 쿰란의 성전 두루마리 64.6-13을 보면 기독교 이전 유대교에서 신 21:23의 저주가 십자가 처형에 적용되었고 십자가에 못박힌 자는 하나님의 저주를 받은 사람이라는 사상을 보여 준다. 따라서 유대인들이 십자가에 못박힌 예수를 저주받은 자로 생각했을 것은 분명하다. G. Jeremias, *Der Lehrer der Gerechtigkeit*(1963), 133ff; M. Wilcox, "'Upon the Tree' - Deut 21:22- 23," *JBL* 96(1977), 85ff; M. Hengel, "Mors turpissima crusis," in *Rechtfertigung*, E. Käsemann FS(1976), 176ff; S. Kim, *The Origin of Paul's Gospel*, 46.

그마 변호에 역으로 사용하였을 것으로 보인다. 십자가의 메시지가 유대인들에게 '거리낌'(scandal)이었다는 것은 바울 자신의 진술 속에서도 반영되기 때문에(갈 3:13; 고전 1:23; 갈 5:11), 회심 이전에 율법과 조상의 유전에 열심이었던 바울이 기독교의 십자가 선포를 하나님께 대한 참람된 주장 또는 모욕으로 간주했음이 분명하다. 바로 이 사실이 바울로 하여금 기독교인들을 핍박하도록 만들었을 것이다.

14. 내가 내 동족 중 여러 연갑자보다 유대교를 지나치게 믿어 내 조상의 유전에 대하여 더욱 열심이 있었으나

이미 위에서 지적한 대로 바울이 반기독교적 활동들을 하게 된 것은 그가 유대 종교에 대한 깊은 헌신과 열심이 있었기 때문이다. 바울의 다른 자서전적 진술에서 나타나듯이(고후 11:22; 빌 3:5f; 롬 11:1; 행 22:3-5; 23:6; 26:4f), 유대인들의 종교적인 신앙과 생활방식에 대한 바울의 헌신은 흠이 없었다. 그는 많은 그의 '동년배들'(*συνηλικιώτης*)보다 유대교의 사상과 실천에 있어서 크게 '진보하였다'(*προέκοπτον*). '프로코프토'(*προκόπτω*) 동사는 누가복음 2:52에서 지혜와 키가 자라가는 예수의 정신적, 육체적 성장에 대해 사용되었고, 요세푸스도 교육에 있어서 남다른 진보가 있었던 자신의 어린시절을 묘사할 때 이 동사를 사용하였다(*Life*, 8). 이 단어는 대중적 철학에 잘 나타나는데, 아마도 헬레니즘 유대교를 통해 초대 기독교 언어에 들어온 술어로 생각된다.[73] 본절은 바울이 젊은 시절에 유대교의 신앙과 사상을 공식적으로 교육받았다는 사실을 시사하지는 않는다. 그러나 많은 학자들은 이 구절과 신약의 다른 구절에서 적극적으로 그런 시사를 찾으려고 한다.

바울이 사도행전의 보도처럼 다소에서 자랐다면, 그의 부모들은 정규

---

73) G. Stählin, *TDNT* 6, 703-19. 이 단어는 신약 빌 1:12,25; 딤후 2:16; 3:9,13; 딤전 4:15; 눅 2:52 등에서 사용된다.

적으로 그를 그곳에 있는 회당에 데리고 다녔을 것이다. 일종의 학교 역할을 했던 회당에서[74] 그는 유대교 종교의 신앙과 문화를 배웠을 것이다(cf. 빌 3:5; 행 23:6). 더욱이 반 우닉은 사도행전 22:3에 근거하여 바울이 다소에서 태어났지만 그가 실제로 예루살렘에서 성장했을 가능성을 보여 주었다.[75] 바울은 사도행전의 구절에서 예루살렘의 적대적인 청중들에게 자신이 예루살렘에서 자라 '가말리엘의 문하에서 우리 조상들의 율법의 엄한 교훈들을 받았다'고 주장하였다. 이 보도는 바울이 그의 양친의 집에서 그의 어린 시절을 보냈으며(ἀνατεθραμμένος) 가말리엘 문하에서 교육을 받았다는 것을 시사한다. 이것은 바울이 어린 시절에 그의 가족이 예루살렘으로 이주했다는 것을 전제한다(행 26:4f 참조).[76] 바울이 적어도 예루살렘에서 젊은 시절 공식적인 교육을 받았음이 분명한 것은 그가 유대교의 신앙과 실천에 큰 진보가 있었다고 말하는 바울 자신의 증언에 의해 지지를 받는다(갈 1:13f; 빌 3:5f). 이러한 관찰이 맞는다면, 젊은 시절 유대교에 대한 바울의 헌신과 열정은 남다른 것이었다. 그가 특별히 열심과 헌신을 쏟았던 '조상들의 유전'은 바울이 그의 가정교육과 학교교육을 통해서 배우게 된 조상들의 교리들과 풍습들을 포함한다. '유전'은 특별히 구두로 전해진 율법 교훈들 속에 담겨진 것들 또는 바리새 학파들 가운데서 전수되어 내려온 할라카(halakah)를 지칭할 것이다. 사도행전 22:3은 조상들의 율법 교훈의 '엄격성'(ἀκρίβεια)을 언급하는데, 이것은 그가 교육받은 엄한 바리새적 전승을 자랑스럽게 여겼다는 바울서신의 진술들과 일치한다

74) Cf. Strack-Billerbeck, II, 150, 662; Schrage, *TDNT* 7, 824f.
75) W.C. van Unnik, "Tarsus or Jerusalem," 259-320.
76) R. Bultmann, "Paulus," *RGG*[2] iv, 1020f; E. Haenchen, *Apostelgeschichte* 544 등을 참조하라. 이들은 바울이 예루살렘의 가말리엘 문하에서 배웠다는 사도행전의 보도의 신뢰성을 부정한다. 불트만은 갈 1:22을 근거로 하여 바울이 회심하기 전에 예루살렘에 결코 길게 체류하지 않았다고 추론하는데 이것은 부당한 추론이다. 예레미아스가 추정한 대로(J. Jeremias, *Jerusalem in the Time of Jesus*(1976), 83f) 바울 당시 55,000명의 주민들을 가진 예루살렘이 가말리엘의 모든 제자들을 다 알 것이라고 추정하는 것은 비현실적이기 때문이다. Cf. S. Kim, *The Origin of Paul's Gospel,* 33.

(빌 3:5-6; cf. 행 23:6; 26:5). 결국 바울이 조상의 유전에 대해 가졌던 개인적인 열심은 교회를 파괴하려는 그의 시도에서 두드러진다. 그것이 '지식을 좇은 열심이 아니라'는 것을 깨닫게 된 것은 바울이 다메섹 도상에서 회심한 이후였다.

3) 바울의 다메섹 회심과 그 후 여정(1:15-17)

15. 그러나 내 어머니의 태로부터 나를 택정하시고 은혜로 나를 부르신 이가(하나님)

결과적으로 바울이 그리스도의 교회를 핍박하던 과거 열심이 참된 지식을 좇은 것이 아님을 결정적으로 깨닫게 된 것은 내면적인 사고과정이나 인간적 교육 또는 주변환경의 영향을 통해 이루어진 것이 아니라, 다메섹 도상에서 부활하신 그리스도께서 바울에게 나타나시고 그를 부르신 사건을 통해서이다. 한역 성경에는 바울을 태어나기 전부터 '택정하고' 그를 은혜로 '부르신' 주체가 명시되어 있지 않다. 그러나 무게 있는 사본들이 위의 두 동사들의 주체를 하나님으로 언급하고 있고 이것은 문맥에 의해서도 지지를 받기 때문에(하나님은 '기뻐했다'(*εὐδόκησεν*)의 암시된 주어이다), '하나님'을 본문에 넣기로 결정한 네슬-알란트판의 편집자들의 판단이 옳다고 생각된다.

위에 언급된 두 동사는 바울의 사도직이 두 단계를 거쳐 이루어진 것을 시사한다. '택정했다'는 말로 번역된 헬라어 동사 '아포리사스'(*ἀφορίσας*)는 본래 '구별한다'는 뜻을 지니는데, 바울이 자신을 가리켜 하나님의 복음을 위해 '구별되었다'고 말하는 로마서 1:1에서와 같은 의미를 갖는다. 이 동사는 하나님의 행위의 주도적이고 주권적 성격을 나타내며, 그것은 또한 하나님이 바울을 "어머니의 태(胎)로부터" 구별했다는 진술을 통해, 즉 바울이 태어나기전부터 복음을 위해 그를 구별했다는 사실에 의해서 더욱 강화된다. 바울을 구별한 하나님의 이 행위는 갑자기 이루어진 것이 아니고 영원 전부터 결정된 하나님의 계획들의 일환이다(κατὰ τὸ θέλημα τοῦ θεοῦ 란 표현에 대한 4절의 주석 참조). 태어나기 전부터 바울을 구별하기로 결정한 하나님의 계획은 그리스도께서 다메섹 도상에 나타나셔서 그를 '부르신' 역사적 사건 속에 구체화되었다. '부르심'이란 단어가 함축하듯이 바울이 십자가에 못박힌 예수를 메시야로 믿고 그가 핍박하던 교회를 메시야 공동체로 인정하므로 결국 기독교 신앙으로 회심하게 된 것은 결코 자기 자신의 결정이 아니라 하나님의 영원한 계획들의 결과이다. 하나님의 부르심은 따라서 '하나님의 은혜로 말미암은' 것이다.

사도직의 부르심과 하나님의 은혜를 관련시키는 것은 특징적인 바울의 사상이다. 그는 자신의 사도직을 하나님의 '은혜'라고 묘사하며(롬 1:5), 시종일관 그것을 '내게 주신 은혜'(χάρις ἡ δοθεῖσά μοι)로 지칭한다(롬 12:3; 15:15; 고전 3:10; 갈 2:9; 엡 3:2,7,8). 그 외에 바울은 '은혜'라는 말을 믿음을 통해서 얻는 칭의(稱義) 또는 구원에 대해서만 사용하며(롬 3:24; 5:2; 6:14; 엡 2:8) 자신의 사도직 이외의 다른 직책들과 봉사들에 대해서는 '은혜'라는 말을 사용하기보다 '은사'(χάρισμα)란 말을 사용한다. 이것은 그러나 다른 사람들의 직책이 은혜가 아니라는 것을 뜻하지는 않는다. 바울이 다른 사람들의 직책에 대해 은혜란 말을 직접적으로 사용하지는 않지만 그럼에도 그것은 갈라디아서 2:7-9에 암시되어 있는 듯하다.[77] 본절에서 바울이 은혜란 말을 '부르다'(καλεῖν)란 단어와 연결시킨 것은 주목할 만하다. 그가 후자를 사용할 때, 그것은 보통 구원을 얻도록 사람을 부르시는, 즉 그를 그리스도인이 되도록 부르는 하나님의 행위를 지칭한다(καλεῖν, 롬 8:30; 고전 1:9; 갈 1:6: κλητός, 갈 1:6f; 롬 8: 28; 고전 1:2,24). 이 점에서 바울의 특별한 부르심이나 신자들의 일반적 부르심은 모두 그들의 구원과 관계된다는 점에서 공통적이다. 그러나 여기에서 몇 가지 차이점이 주목되어야 한다. 첫째로, 신자들의 일반적 부르심은 복음 선포가 전제된다. 복음을 듣는 사람들은 그것을 통해서 대

77) S. Kim, *The Origin of Paul's Gospel*, 292.

면되는 하나님의 부르심에 긍정적이든 부정적이든 응답을 해야 한다. 그러나 바울의 부르심은 복음선포의 일반적 정황이 전제되지 않은 하나님의 주권적 사역이었다. 둘째로, 바울은 '부르다/부름을 받은' 이란 말을 자신의 사도적 소명에 대해 적용하는 반면(갈 1:15; 롬 1:1; 고전 1:1), 직책에 대한 다른 사람들의 소명에 대해서는 잘 사용하지 않는다.[78] 이것은 그러나 사타케가 주장하듯이 그렇게 중요한 차이점은 아니다. 직책에 대한 소명은 이미 구약에서 잘 확립되어 있고(출 31장; 사 41:9 등) 제자들에 대한 예수의 소명을 언급하는 공관복음서의 구절들에서도 발견된다(막 1:20; 마 4:21). 특히 '태로부터 구별함' 또는 '은혜로 부르심'을 언급하는 본절의 언어는 선지자들의 소명에 관해 언급하는 구약 전승을 생각나게 한다(사 49:1-6; 렘 1:5). 따라서 본절의 언어가 구약의 선지자들의 소명에 관한 전승을 따른 것은 의도적인 것이라 할 수 있다. 아마도 바울이 '부르다'는 말을 다른 사람들의 직책에 대해 잘 사용하지 않는 것은 그것이 주로 자신의 사도적 권위를 변호하는 논쟁적 문맥에서 사용되기 때문일 것이다.

16. 그 아들을 이방에 전하기 위하여 그를 내 속에 나타내시기를 기뻐하실 때에 내가 곧 혈육과 의논하지 아니하고

다메섹 도상의 그리스도 현현 사건은 '그 아들을 이방에 전하기 위한'(*ἵνα εὐαγγελίζωμαι αὐτὸν ἐν τοῖς ἔθνεσιν*) 목적이 있었다. 이미 우리가 앞의 절에서 지적한 대로 '구별하다', '부르다'의 주어는 하나님이라는 것을 지적했기 때문에 본절의 '그 아들'은 곧 '하나님의 아들'을 지칭한다. 이 목적절은 놀랍게도 두 가지 사상을 한 절에 압축시켜 표현한다. 하나는 계시된 하나님의 아들이 바울이 전하는 복음의 핵심 내용이라는 것이고, 다른 하나는 바울이 이 복음을 '이방인들에게' 전하기 위해 부르심을 받았다는 것이다. 여기서 그는 다메섹 도상

---

78) A. Satake, "Apostolat", 102. Satake의 논제에 대한 자세한 비평으로는 S. Kim, *The Origin of Paul's Gospel*, "Excursus: Paul and the Grace of His Apostleship," 288-296을 참조하라.

의 그리스도 현현을 이방인을 위한 그의 복음과 사도직의 근원으로 지칭하며, 둘 중에 하나의 합법성이 무너지면 다른 하나의 합법성도 지탱될 수 없기 때문에, 전자와 후자는 불가분리적으로 연결되어 있다. 이와 비슷한 사상이 로마서 1:5에서도 표현된다. 바울이 '은혜와 사도직'을 부활하신 주로부터 받은 것은 '그(예수의) 이름을 위하여 모든 이방인 중에서 믿어 순종케 하기 위한' 것이었다. '복음 전하다' (**εὐαγγελίζομαι**)는 동사가 일반적으로 비인격적인 대상을 취하는 것과 달리(cf. 갈 1:8,9,23; 4:13), 여기서 인격적인 대상인 '하나님의 아들' (cf. **αὐτόν**)을 그것의 목적어로 취한 것은 놀랍다.

주목할 만한 것은 '그리스도'(1:12)와 '하나님의 아들'(1:16)과 같은 기독론 칭호들이 다메섹 그리스도 현현 사건을 지칭하는 갈라디아서 구절들 속에서 나타난다는 사실이다. 특히 베츠는 바울이 왜 여기서 '하나님의 아들'과 같은 바울 이전의(pre-Pauline) 기독론 칭호를 소개하고 있는지 분명치 않다고 생각한다.[79] 베츠가 주장하듯이, 이들 칭호들이 바울 이전 시기에 기원을 두고 있다는 것은 이제 보편적으로 인정되고 있기 때문에, 바울은 분명히 그가 회심하기 전에 기독교인들이 이런 칭호들을 십자가에 못박힌 예수에게 적용하고 있다는 것을 알았을 것이고, 이것은 회심 이전 바울에게 있어서 십자가에 못박혀 저주를 받은 예수를 메시야와 하나님의 아들로 선포하는 것이 하나님을 모욕하는 것이었기 때문에 그가 열정적으로 교회를 핍박하였다는 사실에서도 분명하게 나타난다(갈 3:13; cf. 신 21:23). 그렇다면

---

79) Betz, *Galatians*, 70. 바울이 여기서 전통적인 칭호를 단순히 인용하고 있다고 생각하는 학자들도 있고 (E. Schweizer, *TDNT* 8,383; U. Wilckens, "Der Ursprung der Überlieferung der Erscheinungen des Auferstandenen," in: *Dogma und Denkstrukturen. FS für E. Schlink*(Göttingen, 1963), 56-95; cf. also Betz, *Galatians*, 71 n. 143 등 참조), '하나님의 아들' 칭호가 다메섹 그리스도 현현 사건과 깊히 연관되어 있다고 생각하는 학자들도 있다(M. Hengel, "Christologie und neutestamentliche Chronologie," *Neues Testament und Geschichte*, 43-67; S. Kim, *The Origin of Paul's Gospel*, 104ff 등 참조).

다메섹 도상에서 바울은 예수가 저주를 받아 십자가에 못박혀 죽은 것이 아니라 부활하심으로 하나님의 아들로 확증되었고, 따라서 초대 교회의 선포는 옳은 것이었다는 것을 깨닫게 된 것이라 할 수 있다 (롬 1:4; cf. 행 2:36).[80] 다메섹 사건은 바울의 생애와 사상에 있어서 큰 전환점이었다. 나무 위에 못박혀 율법의 저주를 받은 존재로 보여졌던 예수가 다메섹 도상에서 바울에게 부활하신 '메시야'와 '하나님의 아들'로 계시되었기 때문에, 십자가의 의미는 전혀 다른 관점에서 해석되어야 했다. 예수의 십자가는 바리새인으로서 사울이 보기에 하나님이 그를 버리고 '죄인' 취급하셨으며 그를 율법의 저주를 받은 자로 보셨다는 것을 의미하였다. 다메섹 그리스도 현현은 이런 식의 논리를 거꾸로 완전히 뒤집어 놓았다. 왜냐하면 그것은 하나님께서 십자가에 못박힌 예수를 받아들이셨으며 변호하셨다는 것을 뜻하기 때문이다. 다메섹 그리스도 현현 사건을 통해서 바울은 초대교회가 주장했던 예수 그리스도의 대속적 죽음의 의미를 진지하게 받아들였을 것이고 그는 또한 하나님의 교회와 메시야를 핍박하도록 열심을 내게 만들었던 율법에 대해서도 재평가하지 않을 수 없었을 것이다.

다메섹 사건은 나사렛 예수가 그리스도와 하나님의 아들이 되시며 바로 그가 바울에게 이방선교를 위한 사도직을 위임했다는 것을 확증하는 그리스도 '계시 사건'이다: 즉 하나님께서 하나님의 아들을 바울 '속에 나타내시기를 기뻐하신'(***ἀποκαλύψαι τὸν υἱὸν αὐτοῦ ἐν ἐμοί***) 사건이다. 여기서 두 가지 점이 주목되어야 한다. 아들을 '계시한다'(***ἀποκαλύψαι***)는 말은 12절에 '예수 그리스도의 계시'라는 말과 평행을 이루며 부활하신 그리스도께서 바울에게 나타난 그의 다메섹 도상의 경험을 지칭한다(고전 9:1; 15:8; cf. 빌 3:12). 이러한 그리스도의 계

80) 바울은 이런 초대 교회의 칭호들을 사용함으로써 십자가에 못박히고 부활하신 역사적인 예수를 해석하려고 하였다(S. Kim, 105). 이것은 두 가지를 확증해 준다: 초대 교회의 기독론 칭호들은 그들의 부활절 사건 경험에서 발전된 것이고, 다메섹 경험은 부활 사건을 통해 예수께서 그리스도와 하나님의 아들이라는 것을 깨닫게 된 초대 교회의 선포를 바울이 확증하게 된 사건이다.

시는 바울 '속에서' (ἐν ἐμοί) 경험된 사건이었다. 학자들은 이 헬라어 전치사구 표현에 대해 의견을 달리하여 왔다. 어떤 학자들은 이 계시 사건을 바울 자신의 내면에서만 경험된 주관적 또는 신비적인 체험이었다고 생각한다.[81] 그러나 그의 경험에 대한 바울 자신의 진술들은 반대 방향을 지시하는 것 같다: 부활하신 그리스도께서 그에게 '나타났고' (ὤφθη καμοί, 고전 15:8), 바울은 부활하신 그리스도를 '보았다' (ἑώρακα, 고전 9:1). 이런 표현들은 단순히 내적인 체험들이라기보다 외적인 환상들을 시사한다. 아마도 '내 속에' 라는 말을 여격 표현으로 해석하는 것이 고린도전서 9:1, 15:8, 그리고 사도행전의 설명들(행 9:1-19; 22:3-16; 26:9-18)과 조화시키는 일을 훨씬 용이하게 만들 것 같다. 이것은 바울의 다메섹 경험의 외적인 환상과 내면적 깨달음이 일치한다는 것을 전제한다.

바울이 태어나기 전부터 그를 '구별한' 하나님의 주권적 행위는 역사적으로 바울을 '부르신' (καλέσας) 데서 구체화되었다. 부정과거 부정사 '아포칼륍사이' (ἀποκαλύψαι)는 그 부르심의 목적을 나타내며, 또한 '아포칼륍사이' 의 직접적인 목적은 하나님의 아들 예수를 이방에 선포하는 것이다. 이것은 하나님께서 바울을 부르시고 그를 구원한 것은 이방인들에게 하나님의 아들 예수를 선포함으로써 그들을 구원하려는 목적을 지닌다는 것을 뜻한다. 이 점에서 바울 자신의 구원은 이방인을 구원하려는 그의 사도직과 연결되어 있다고 할 수 있다(cf. 고전 9:16,23). 그래서 바울은 자신이 이방인들에게 '빚진 자' (ὀφειλέτης) 라고 묘사한다(롬 1:14). 바울이 이방인의 사도로 하나님께 부르심을 받았다고 말할 때, 그것은 자신이 복음을 이방인들에게 전할 의무를 지니고 있다는 것을 뜻하며 그는 자신이 이 의무를 이행하지 않을 때 그에게 '화' (ἀνάγκη), 즉 하나님께로부터 재앙이 임할 것이라고까지 말한다. 바울은 그의 부르심에 있어서 하나님께 빚을 진 자라면, 그는

81) Cf. R. Reitzenstein, *Mysterienreligionen*, 371; B. Rigaux, *Letters of St. Paul*, 51-55.

또한 이방인들 때문에 하나님의 부르심을 받았기에 그들에게도 빚을 진 사람이다.[82)]

16절 후반부는 실질적으로 17절에 속한 것이다. 16c-17절에서 바울은 다메섹 도상에서 그리스도 현현을 경험하고 그 경험을 통해 이방 사도직을 위임받은 사실에 대해 자신의 '반응'을 묘사하고 있다. 그는 먼저 자신이 하지 않은 일을 말함으로 16절 하에서 먼저 자신의 반응을 부정적으로 진술한다: 바울은 다메섹에서 부활하신 그리스도를 만난 후 '즉시 혈육과 의논하지 않았다.' 주석가들은 '즉시'(**εὐθέως**)라는 부사가 앞의 문장에 관련된 것인지[83)] 아니면 한역 성경에서처럼 16절 하의 부정적 진술에 관련된 것인지,[84)] 또는 '아라비아로'까지 연결되는 다음에 따라오는 전체 문장에 관련된 것인지에[85)] 대해 견해를 달리 해왔다. 바울이 여기서 하나님의 부르심에 대한 자신의 즉각적인 반응을 부각시키고자 한 것이 분명하기 때문에, 세 번째 견해가 옳은 것으로 보인다.

그의 첫 번째 반응은 '혈육과 의논하지 않은 것'이다(***οὐ προσανεθέμην σαρκὶ καὶ αἵματι***). '의논하다'는 동사(***προσανατίθεσθαι***)는 단지 일반적으로 어떤 사람과 상의한다는 개념보다 강하다: 그것은 꿈이나 불길한 징조 또는 전조(前兆) 같은 것들에 관해서 '자격 있는 해석자로 인정된 어떤 사람과 상의한다는 기술적 의미를 보다 더 지닌다'[86)] 바울은 '그리스도의 계시'(12절)를 이방인들에게 복음을 전하라는 하나님의 부르심으로 이해했고, 그의 이러한 이해도 역시 계시 자체 가운

---

82) Cf. V. C. Pfitzner, *Paul and the Agon Motif*, 85; P. S. Minear, *The Obedience of Faith*, 104.
83) Cf. Sieffert, *Galater*, 63-65.
84) Oepke, *Galater*, 61; Schlier, *Galater*, 57.
85) Burton, *Galatians*, 53; Bruce, *Galatians*, 94.
86) Dunn, *Jesus, Paul, and the Law*, 109f. 그래서 이교 저술가들의 문헌을 보면 그것은 진문적인 해석자들인 점쟁이나 예언자들과 상담하는 일에 대해 사용되었다(cf. Lightfoot, 83; cf. Diod.Sic. xvii. 116).

데 포함된 것으로 생각된다(cf. 1:16, ἀποκαλύψαι ἐν ἐμοί). 계시와 그 의미가 인간적 중개를 거치지 않고 하나님에게서 직접적으로 주어졌기 때문에, 바울이 다음에 어떤 행동을 취해야 할지 상의해야 할 분은 하나님 자신이었다. 그가 의논하지 않기로 결심한 대상은 '혈육', 즉 '죽을 운명을 지닌 유한한 인간들'이다(고전 15:50; 마 16:17; cf. 엡 6:12).[87] 본절의 '혈육'은 17절의 '아라비아'와 반립적 위치에 있기 때문에 예루살렘에 있는 바울 자신의 동족 유대인들을 지칭할 수 있고, 보다 특수하게는 17절의 예루살렘 사도들과 평행적 위치에 있기 때문에 그것은 또한 그곳에 있는 기독교회의 지도자들을 지칭할 수 있다.[88] 다메섹에서 뿐만 아니라 예루살렘에서도 그와 같이 중요한 때에 바울에게 충고와 의견을 제시해 줄 만한, 존경받을 만한 사람들이 있었다. 그러나 그는 그들을 자신이 다메섹에서 보고 들은 것의 의미를 해석해 줄 수 있는 최종적인 권위를 지닌 자들로 간주하지 않았다: 이제까지 율법의 저주받은 인물로 생각해 왔던 예수가 그에게 부활하신 주와 하나님의 아들로 계시되었고 그로부터 이방인을 위한 복음과 사도직을 위임받았다는 사실은 '혈육'과 의논하는 일을 부적절한 일로 만들어 버렸다.

17. 또 나보다 먼저 사도된 자들을 만나려고 예루살렘으로 가지 아니하고 오직 아라비아로 갔다가 다시 다메섹으로 돌아갔노라

바울은 또한 회심한 이후에 인정된 기독교의 지도자들을 만나려고 예루살렘으로 올라가는 얼핏 정당하게 보이는 행로도 취하지 않았다. 이러한 이중적인 강한 부정을 통해 바울은 그의 복음이 다메섹의 아

---

87) '육'(σάρξ)의 개념을 바울은 매우 복합적으로 사용한다. 본절에서 처럼 죽을 운명을 지닌 인간들에 대해서도 그는 이 단어를 사용하지만, 그는 또한 성령의 움직임에 반대하는 나의 인격 속에 내재하는 힘인 罪性에 대해서도 이 단어를 사용한다. '육'의 개념에 대한 최근 학자들의 견해에 대해서는 후에 5:16절 이하의 주석을 참조하라.

88) Bligh, *Galatians*, 95.

나니아나(cf. 행 9:10ff; 22:12ff), 후에 예루살렘 지도자들로부터 배운 것에 불과하다는 그의 반대자들의 주장을 반영하는 것 같다. 바울이 의존하고 있지 않다고 강하게 부정하는 예루살렘 교회의 지도자들은 여기서 '나보다 먼저 사도된 자들'로 묘사된다. 이들은 베드로만 아니라 예수의 나머지 열한 제자들을 포함하는 것이 분명하고(cf. 고전 15장), 아마도 '주의 형제 야고보'와(cf. 19절) 다른 사람들도 포함할 것이다. 사도직의 정확한 개념과 기원, 그것이 초대교회에서 사용된 방식, 그리고 그런 칭호로 불리워지던 사람들의 범위 등에 관한 문제들은 신약 학계에 있어서 가장 난해한 문제들 가운데 하나이다.[89] 또한 이미 위에서 지적한 대로 사도직 개념의 근본적 문제들 가운데 하나가 갈라디아서 논쟁의 일부를 형성한다.

아마도 사도직의 개념은 다음과 같은 요소들을 포함해야 할 것 같다: 먼저, 사도로 불리울 수 있는 사람은 역사적 예수를 목격하고 그의 생애와 교훈을 아는 사람이어야 한다(cf. 행 1:21f). 이것은 고린도의 반대자들에게 바울이 '예수 우리 주를 보지 못하였느냐'고 반문하면서 자신의 사도직을 변호할 때에 분명하게 나타난다(고전 9:1). 바울은 역사적 예수를 직접 만나지는 못하였지만, 그는 다메섹 도상에서 부활하신 그리스도를 대면했기 때문에 사도라 할 만하다. 바울은 그래서 자신을 '만삭되지 못하여 난'(**ἔκτρωμα**, 고전 15:8) 사도라고 칭한다. 둘째로, 역사적인 예수를 보았거나 부활하신 그리스도를 목격한 사람들이라고 해서 다 사도가 되는 것은 아니다.[90] 사도는 그리스도와 그의 복음을 전하도록 '직접' 위임을 받은 사도직 부르심이 있어야 한다(1:15; cf. 막 3:13ff). 셋째로, 사도직 소명은 교회의 터를 세우는 일, 즉 사도들에게 독특하게 주어진 계시 사역을 통해 교회의 기초를 세우는 일과 깊은 관련을 가지고 있다(엡 2:20). 따라서 사도직과 복음의 기초를 놓는 계시 사역은 불가분리적 관계에 놓인다(cf. 1:6-9).

---

89) Cf. W. Schneemelcher, *NT Apocrypha*, 2.25.
90) *Contra* Bruce, *Galatians*, 94.

넷째로, 바울이 복음 선포의 과정에서 경험한 '표적과 기사와 능력'을 사도된 표지로 거명하는 것은 이런 것들이 사도직에 보통 동반되었다는 것을 보여 준다(고후 12:12). 그러나 표적과 기사와 능력을 행하는 사람이 모두 사도가 되는 것은 아니다. 안드로니고와 유니아와 같은 사람들이 로마서 16:7에서 사도로 언급되고 있는데, 이들이 위의 모든 표준을 다 갖춘 사람들인지는 분명치 않다. 분명한 것은 초대교회가 사도라는 칭호를 우리가 생각하는 것보다 훨씬 폭 넓게 사용한다는 사실이다.

유대교에 있어서 중심지인 예루살렘은 갈라디아인들에게 매우 중요한 의미를 지니고 있었고 바울의 반대자들 역시 그들의 권위를 예루살렘에서 끌어다 대었다(cf. 2:4-5,11-14; 4:25-26). 그러나 바울은 회심 후에 그곳에 가지 않음으로써 그는 자신의 사도직이 예루살렘 교회의 지도자들에게 의존한 것이 아님을 논증한다(cf. 2:6). 이것은 바울이 모교회인 예루살렘 교회의 권위를 부정했다는 것을 의미하지 않고, 단지 그의 복음이 그들에게서 기원된 것이 아님을 시사한다. 이런 의도에서 바울은 예루살렘으로 가지 않고 '아라비아로 갔다'. 우연한 이 언급은 매우 혼란스럽게 보인다. 많은 학자들은 바울이(아라비아 지방이라고 불리우는) 나바테아(Nabataea) 왕국의 성읍들로 간 것이라고 추측한다.[91] 바울이 회심할 당시 나바테 왕은 아레다 4세였는데(BC 9-AD 40), 아레다 왕은 갈릴리와 베뢰아의 분봉왕이었던 헤롯 안디바가 자기의 딸과 이혼하고 헤로디아와 결혼한 데 분노하여(Josephus, *Ant.* 18.109-115) 안디바와 매우 불편한 관계에 있었다. 최근의 고고학 발굴들에 비추어 볼 때 이 지역의 문명은 바울이 방문할 때 절정에 달했고 헬레니즘 영향을 많이 받았다는 것을 보여준다(cf.

---

91) Schürer, *History* I, 574-86; Bruce, *Galatians*, 95; Betz, *Galatians*, 73 등. 나바테아 왕국은 BC 2세기에 세워진 왕국으로 수도는 페트라(Petra)에 두고 있었다. 이 당시 이 왕국은 다메섹 인근에서부터 히자즈(Hijaz) 남방으로 펼쳐 있었는데, 바울이 회심할 당시 나바테아 왕은 아레다 Ⅳ세(Aretas Ⅳ, BC 9-AD 40)였다.

Betz, 73). 바울이 회심한 후에 무슨 목적으로 아라비아로 갔고 또 얼마 동안 그곳에서 체류하였는지 정확하게 확인할 수는 없다. 그러나 그가 다메섹에 있는 나바테아 왕 아레다의 지방 통치자(ethnarch)를 피하기 위해 광주리를 타고 성을 탈출했다는 사실은(고후 11:23; cf. 행 9:24f) 그가 아라비아에서 선교사역을 하다가 나바테아 당국의 핍박을 야기시켰다는 것을 시사한다.[92] 바울이 회심하고 이곳에서 선교사역을 시작할 때 이미 기독교 회중이 거기에 존재했는지 또는 그가 거기서 성공적인 선교 사역을 했는지는 바울이 그에 대해 침묵하고 있기 때문에 정확히 알 수 없다. 갈라디아서 1:17은 기독교인이 '아라비아'에서 활동한 것을 보여주는 가장 오래된 구절이다.

바울은 아라비아로 갔다가 후에 '다시 다메섹으로 돌아갔다'(17절 하, ***καὶ πάλιν ὑπέστρεψα εἰς Δαμασκόν***). 바울의 이 진술은 그가 부활한 그리스도와 만난 곳이 다메섹이나 그 근처였다는 사도행전의 기록과 일치한다(행 9:3; 22:6; 26:12f). 다메섹이 AD 37부터 61년까지 나바테아 왕들에 의해 지배되었다고 추정하는 학자들도 있다.[93] 고린도후서 11:32f에 의해서만 다메섹 정부의 변동을 추정할 필요는 없지만 이 구절은 다메섹이 나바테아 왕의 지방 통치자에 의해 통제되고 있었다는 것을 보여 준다: 나바테아 왕국이 다메섹 주변지역과 가깝게 인접해 있었고 상당한 정도의 나바테아 주민들이 다메섹에 있었기 때문에, 그들의 이익은 아레다 왕의 지방치리자에 의해 돌보아지고 있었을 것이 분명하다. 아무튼 바울이 아라비아로 갔다가 다메섹으로 돌아간 후에 바울은 회당을 중심으로 경건한 이방인들뿐만 아니라 헬라 유대 기독교인들, 그리고 유대인들 가운데서 선교 사역을 하였을 것이다(행 9.19-25). 그의 다메섹 체류는 결국 바울을 체포하려는 나바테아 왕 지방치리자를 피해 탈출함으로써 종결되었다. 바울이 다메섹에 있는 기

---

92) Cf. K. Lake, "The Conversion of Paul," *Beginnings* v, 192-94; Bruce, *NT History*, 230; Haenchen, *Apostelgeschichte*, 67; Bornkamm, *Paulus*, 48f.

93) Cf. R. Jewett, *Dating Paul's Life*(1979), 30-33.

독교인들에 대해 핍박한 사실에서 알 수 있듯이 당시 이곳에는 상당한 정도의 기독교 인구가 존재한 것이 확실하다. 어쨌든, 그가 처음으로 그리스도인 교제를 나눈 것은 다메섹의 제자들이었지만 그의 복음을 그들에게서 끌어온 것은 아니었다.

2. 예루살렘 교회가 인정한 바울의 권위 (1:18-2:10)

바울은 이제까지 이방인을 위한 자신의 복음과 사도직이 어떤 인간적 출처에서 나온 것이 아니고 예수 그리스도께서 다메섹 도상에서 직접 나타나셔서 계시해 주신 것이라는 것을 강하게 주장하였다. 그는 이제 자신의 사도적 권위가 예루살렘 교회에 의존하고 있다고 주장하는 유대주의적 반대자들에게 답변할 필요를 느끼게 되었다. 바울은 분명히 갈라디아서 초반부의 자서전적 부분에서(1:11-2:10) 이방인의 사도로서 자신의 신분을 의심하거나 비난하는 사람들의 주장에 답변하고 있는 것처럼 보인다. 이들 유대주의적 반대자들은 아마도 바울의 사도직이 예루살렘 사도들이 부여한 것이며 그의 복음은 그들에 의해 전수된 것인데, 바울이 예루살렘 사도들이 전수한 복음의 내용을 이방 선교의 과정에서 임의적으로 왜곡하거나 변질시켰다고 비난한 것으로 보인다. 이러한 비난에 직면하여 바울은 자신의 복음과 사도직이 예수 그리스도께서 신적 계시를 통해 직접 주신 것이기 때문에 예루살렘 사도들과는 직접적인 관계가 없는 '독립성'을 지니고 있으며, 더욱이 자신의 이신칭의 복음과 이방 사도직을 예루살렘 사도들이 인정한 것이라는 사실을 밝히고자 한다. 따라서 바울의 자서전적 부분에서 흐르는 주도적 논조는 그의 사도적 권위가 '예루살렘으로부터 독립되었다는 것과 예루살렘에 의해 인정받았다는 것 사이의 변증법적' 주장이다.[94]

---

94) B. Holmberg, *Paul and Power*, 15.

1) 예루살렘 교회 방문(1:18-20)

18. 그 후 삼 년 만에 내가 게바를 심방하려고 예루살렘에 올라가서 저와 함께 십오 일을 유할 새

바울이 예루살렘 교회를 방문한 것과 그곳에서 활동했던 내역을 언급하는 18-20절은 바울의 사도직의 독립성을 확증하려는 목적을 가진다. 바울이 예루살렘을 방문한 것은 사실이지만, 그것은 그가 다메섹 도상에서 회심을 경험한 후 '삼 년 뒤에'(*Ἔπειτα μετὰ ἔτη τρία*) 있었던 방문이었다. '그 후'(*Ἔπειτα*)라는 말은 세 번 계속해서 쓰인 경우들 중에서(cf.21; 2:1) 첫번째의 것이다. 이 단어의 사용을 통해 바울이 의도하고자 한 것은 그의 예루살렘 방문과 관련하여 회심 이후에 있었던 자신의 전체 경력을 설명하는 것이다. 만일 그가 예루살렘 방문에 관한 사실을 생략했다면, 그는 그의 반대자들에 의해 의심을 받았을 것이다. 그러나 그의 예루살렘 방문은 그의 회심이 있은 지 삼 년 후의 일이었다. 이 점에서 바울이 회심 후에 '곧'(*εὐθέως*) 예루살렘으로 올라가지 않았다는 진술은(16절 이하) 그 후 '삼 년 뒤에' 예루살렘으로 올라갔다는 진술에 의해(18절) 부연 설명된다.

'그 후 삼 년 만에'라는 말이 정확히 어느 시점에서 계산된 것인지 분명치 않다. 그것은 바울이 회심을 경험한 이후 삼 년인가 아니면 다메섹으로 다시 돌아간 이후 삼 년인가? 바울의 예루살렘 처음 방문과 사도행전의 이야기를 조화시키는 지극히 난해한 문제는 여기서 논의될 수는 없다.[95] 그러나 바울의 사도직과 복음의 정당성이 여기서 그의 회심 사건과 깊이 연관되어 있기 때문에 여기서는 회심 이후 삼 년을 지칭한다고 보는 것이 옳다. 유대인들의 계산법에 따르면 첫해는 완전한 한 해로 치기 때문에, 삼 년이 만 삼 년을 지칭하는지 아니면

95) Cf. W.M. Ramsay, *Galatians*, 280-85; C.H. Talbert, "Again: Paul's Visit to Jerusalem," *NovT* 9(1967), 26-40; D.R. De Lacey, "Paul in Jerusalem," *NTS* 20(1974) 82- 86.

두 해를 지칭하는지 정확히 알기는 불가능하다.[96] 공관복음서의 용법과 비교해 볼 때 '삼 년 뒤에'라는 말은 따라서 내포적인 계산방식으로 간주하여 '세번째 되는 해에'라는 의미를 지닌다고 할 수 있다(cf. 막 8:31; 10:34=눅 9:22; 18:33). 바울이 여기서 자신의 회심과 그의 첫 번째 예루살렘 방문 사이에 게재된 기간을 강조하는 것은 그가 예루살렘 교회 지도자들의 인준이나 인정을 받지 않고도 벌써 이 방지역에서 그의 사도적 사역을 시작했다는 것을 보여 주기 위한 것이다.

바울은 무슨 목적으로 베드로를 '심방하려고'(***ἱστορῆσαι***) 예루살렘을 올라갔고, 그곳에서 '십오 일'을 머물면서 무슨 일을 했는가? 바울의 예루살렘 방문이 어떤 공적인 성격이나 목적을 지닌 것이 아니라는 것은 그가 예루살렘 교회의 지도자들을 모두 만난 것이 아니고 게바를[97] 개인적으로 만났다는 데서 분명하다. '심방한다'는 술어의 의미에 대해서는 많은 추측이 존재해왔다. 호피우스(O. Hofius)는 그것이 '어떤 사람에게서 정보를 얻다'는 뜻을 지니기보다는 '어떤 사람을 (개인적으로) 알게 되다'는 의미를 지닌다고 주장하고, 이를 뒷받침하기 위해 고전 헬라어 이후의 여러 용법을 인용한다.[98] 사실 이 동사를 전자의 의미로 번역하는 것은 억지적인 인상을 풍긴다. 그것은 보통 식견이나 면식을 얻으려는 목적으로 여행자들이 도시나 사람들을 찾아가는 일에 대해서 사용되었기 때문에,[99] 이 경우에 바울은 회심한 지 2-3년 후에 베드로와 '친분을 맺기' 위해 예루살렘을 방문한 것이 된다. 그러나 비록 이 사실을 인정한다 하더라도, '정보를 얻는

96) Schlier, *Galater*, 59; Betz, *Galatians*, 76; Bruce, *Galatians*, 97.
97) '게바'(***Κηφᾶς***)는 반석을 지칭하는 베드로의 아람어 이름을 헬라어로 음역한 것이다. 베드로란 이름을 거명하는 갈라디아서 2:7f을 제외하고는 바울은 거의 게바를 이름으로 사용한다(갈 1:18; 2:9,11,14; 고전 1:12; 3:22; 9:5; 15:5 등).
98) O. Hofius, "Gal 1:18: ***ἱστορῆσαι Κηφᾶν***," *ZNW* 75(1984), 73-85.
99) 예를 들면 Plut. I 14c; Polyb.3, 48,12; Jos.Ant.I, 203; Epict.Diss.II 14,28; Clem. Hom.1,9 등을 참조하라.

다'는 개념이 그 동사의 배후에 함축되어 있다는 것은 인정되어야 한다.[100]

어떤 학자는 바울이 개인적으로 그것도 단지 두 주일 동안만 예루살렘의 베드로를 방문한 것은 결코 베드로에게서 복음이나 또는 예수에 관한 교훈을 얻기 위한 목적이 없었다고 주장한다.[101] 이들에 의하면 바울은 이미 갈라디아서 1:12f에서 자신의 복음이 인간적인 기원이나 교훈에서 나온 것이 아님을 천명하였고, 또한 본절 역시 그것을 주장하는 문맥 가운데 놓여 있기 때문에 그가 베드로를 방문한 것은 복음이나 예수에 관한 교훈을 얻는 일과 아무 관계가 없다는 것이다. 그러나 바울이 게바를 방문한 두 주일 동안 날씨 이야기만 했을 가능성은 없다[102]: 이 기간 동안 아마도 그는 베드로에게서 역사적 예수의 생애와 사역에 관한 지식과 정보들을 얻게 되었을 것이 분명하다. 이미 12절에서 바울은 자신의 복음이 인간적 출처와 기원을 지닌다는 것을 부정했고 고린도후서 5:16에서도 '그리스도를 육체를 따라 알지 않기로' 결심하기는 했지만, 이 같은 진술들은 바울이 역사적인 예수에 관한 기본적인 지식을 초대교회로부터 전혀 받지 않았다는 것을 의미하지는 않는다. 우리는 12절을 주석하는 곳에서 이미 고린도전서 15:2ff를 언급한 적이 있다: 이 구절은 바울 복음의 기본적 형식적 내용들이 그가 이미 초대교회로부터 '받은' 것임을 분명히 한다. 바울이 십자가에 못박힌 예수가 부활하고 올리우심을 받은 주(主), 그리스도, 하나님의 아들이라는 것을 깨닫게 된 것은 다메섹 도상의 회심 사건이지만, 그의 복음이 담고 있는 기본적인 역사적 전승들은 초대교회로부터 받은 것이다. 아마도 이 사실은 바울이 두 주일 동안 예루살렘의 베드로를 방문한 것이 단지 그와 면식을 얻거나 친분을 맺게 해 주었을 뿐만 아니라, 그에게서 역사적 예수에 관한 기본적인 지식과 전승

---

100) Dunn, *Jesus, Paul, and the Law*, 126f.

101) Betz, *Galatians*, 76; Duncan, *Galatians*, 31.

102) C. H. Dodd, *The Apostolic Preaching*(1963); cf. 또한 R.Y.K. Fung, *Galatians*, 74-5.

들을 얻게 해 주는 기회였을 가능성을 높여 준다고 하겠다. '15일'은 바울이 예수에 관한 많은 이야기를 베드로에게서 들을 수 있는 충분한 기간이라고 생각된다. 그러나 바울이 베드로와 '함께' 있었던 이 기간에 어떤 일이 일어났는지는 몰라도, 그의 이 짧은 방문은 그가 어떤 중개인을 통하지 않고 그의 복음을 부활하신 그리스도에게서 직접 받았다는 바울의 절대적 확증을 무효화하지는 못한다.[103)]

19. 주의 형제 야고보 외에 다른 사도들을 보지 못하였노라

바울은 예루살렘에서 적어도 다른 한 사람을 보았음을 인정하고는 있지만 이것은 그의 방문의 사적인 성격을 변경시키지는 못한다. 바울이 그의 첫 번째 예루살렘 방문에서 '주의 형제 야고보 외에 다른 사도들을 보지 못했다'는 사실은 그의 방문에 대해 다른 잘못된 소문을 퍼뜨리는 그의 반대자들의 입지를 무너뜨리기에 충분한 것이다. 문장 구성상 야고보가 '사도들' 그룹에 속하는지에 대해 의문이 제기될 수 있지만 '다른'(*ἕτερον*)이란 말의 의미가 자연히 '외에'(*εἰ μὴ*)라는 말과 연결되기 때문에,[104)] 야고보 역시 사도의 무리 속에 포함되는 것이 자연스럽다. 바울이 말하던 당시에 그가 누구를 염두에 두고 사도들이라고 언급했는지 불분명하다. 그러나 그가 염두에 둔 사도들 가운데 열두 제자들이 포함되어 있지 않았다는 슈미탈스의 주장은 받아들이기 힘들다. 베드로는 예루살렘 교회의 지도급 인사일 뿐만 아니라 예수의 열두 제자들 가운데 대표적 인물이다. 바울이 예수의 제자들 가운데 수제자인 '게바'의 이름을 언급했다면, 그는 또한 '다른 사도들'을 언급했을 때에도 예수의 다른 '제자들'을 염두에 두고 있음이 분명하다.[105)] 야고보는 예수의 열두 제자들 가운데 속하지 않지만 바울과

103) G. Bornkamm, *Paul*, 28. 그는 이렇게 말한다: "A late catechumenate and a crash course in missionary work with Peter are thus ruled out".
104) Lightfoot, *Galatians*, 84.
105) *Contra* Betz, *Galatians*, 79; Schmithals, *Office*, 82ff; G. Klein, *Zwölf Apostel*, 44ff.

마찬가지로 부활하신 주를 보았기 때문에(cf. 고전 15:7; 9:1) 바울은 그에게 사도의 칭호를 붙이는 것을 시종일관 거부하지는 않는다.

야고보는 여기서 '주의 형제'라고 묘사된다. 그는 아마도 마가복음 6:3에서 예수의 네 명의 형제들 가운데 첫 번째로 언급된 야고보와 동일 인물임이 분명하다. 마리아의 자녀들은 예수 자신뿐만 아니라 그의 네 형제들과 여러 누이들이었다(마 13:56). '주의 형제들'이 잘 알려진 기독교 인물들로 언급되는 곳은 50년대 중반에 바울이 쓴 고린도전서이다(고전 9:5). 복음서에서는 예수의 모친과 그의 형제들이 예수의 사역에 대해 몰이해하였을 뿐만 아니라(막 3:31f) 그를 메시야로 믿지도 않은 것으로 묘사된다(요 7:3-5). 어떤 경로를 통해서 그들이 예수를 믿게 되었는지는 알 수 없으나, 그들이 오순절 전날 성령을 받기 위해 기도하던 120명의 신자들 무리 가운데서 발견되는데 아마도 그들은 부활 이후에 예수를 메시야로 믿게 된 것 같다. 이것은 부활하신 예수께서 '야고보에게' 나타났다는 고린도전서 15:7의 바울의 진술에서 증명된다고 볼 수 있다. 바울이 회심한 지 2-3년 이후에는 이미 야고보가 예루살렘 교회의 지도자가 된 것 같다. 사도행전에서는 약 9년 뒤에 '야고보와 형제들'(행 12:17)이 베드로와 관련된 사람들로부터 구별된 한 그룹으로 지칭되는 것 같다. 갈라디아서 2:9에서 바울은 예루살렘 교회의 '기둥 같은' 지도자들을 언급하는 가운데 심지어 야고보를 베드로보다 먼저 언급함으로써 그의 영향력이 예루살렘 교회에서 신속하게 증대되었음을 암시한다.

바울은 그의 처음 예루살렘 방문에서 만난 두 지도적 인물을 통해 개인적으로 자신에게 부활하신 그리스도께서 그들에게도 나타났다는 사실을 알게 되었을 것이다. 고린도전서 15:7에서 바울은 분명하게 야고보에게 있었던 그리스도의 현현 사건을 베드로에게 있었던 것보다 시간적으로 후에(ἔπειτα) 위치시키고 있다. 위에 언급한 고린도전서 15:7에서 부활하신 그리스도의 현현이 야고보에게 먼저 있었고 '그 후에 모든 사도에게' 있었다는 표현이 나오는데, 이 구절을 근거로 해서 하르낙은 베드로와 야고보에게 나타났던 부활 현현 설명들이 본래는 두 독립된 집단에서 나온 대립적 설명들이었다고 추측하였다.[106] 그러나 7절에서 언급된 것은 베드로와 열두 제자들에게 처음 있었던 5절의 그리스도 현현 사건보다 후에 베드로를 포함한 보다 폭 넓은 사도들이 또다시 경험한 현현 사건을 지칭한다고 생각된다. 아무튼 바울은 자신에게 나타난 부활하신 그리스도께서 베드로와 야고보에게도 나타나셨다는 것을 그의 처음 예루살렘 방문 기간 동안 확인하게 되었을 것이다. 이런 측면에서 우리는 바울이 이들 예루살렘 지도자들을 방문한 사실에 의미를 부여할 수도 있다. 그러나 위에서 이미 지적한 대로 그의 처음 예루살렘 방문은 '혈육'과 의논하는 제한되고 개인적인 기회를 제공했을 뿐 그의 복음의 신적인 성격은 무너뜨리지 못한다.

20. 보라 내가 너희에게 쓰는 것은 하나님 앞에서 거짓말이 아니로다

바울이 자신의 증거가 참인 것을 '하나님 앞에서' 엄숙하게 증언하는 것은 자신의 경력에 관한 다른 소문들이 떠돌아다니고 있었고 갈라디아 독자들에게도 전해졌다는 것을 암시한다. 아마도 이 소문들은 그가 예루살렘에 가서 그보다 먼저 사도 된 자들에게서 예수와 복음에 관한 지식들뿐 아니라 선교 사역을 행사할 권리도 받게 되었다는 식의 이야기들일 것이다. 그러나 바울은 이런 소문들이 참이 아니라는 것과 그가 예루살렘을 방문한 것이 단지 베드로와 15일을 머물면서 친분을 맺게 된 개인적 방문이었다는 것을 '하나님 앞에서' 엄숙하게 맹세한다.

바울이 여기서 맹세 형식을 사용하는 것은 그가 진실을 말한다는 것을 그의 독자들과 그의 반대자들에게 확신시키기 위한 것이다. 그는

---

106) A. Harnack, 'Verklärungsgeschichte Jesu', 62ff; cited in F.F. Bruce, *Galatians*, 100.

가끔 그의 서신에서 이런 맹세 형식을 사용하는데(롬 9:1; 고전 15:31; 빌 1:8; 살전 2:5,10; 딤전 5:21 등) 고대의 수사학에서 그것들은 의심되는 것을 해명하거나 진실을 확증하기 위한 '증거 제공'의 기능을 한다(Aristotle, *Rhet.ad Alex*. 17). 여기서 자신의 복음과 사도직의 정당성이 문제되고 있기 때문에, 그는 진실에 대한 엄숙한 맹세가 이 시점에서 절대적으로 필요하다고 생각하였을 것이다. 바울의 독자들이나 반대자들은 그가 처음 예루살렘을 방문하였을 당시 그곳에 더 많은 사도들이 있었으리라고 기대하였을 것이기 때문에 15일을 예루살렘에 머물면서 단지 두 사도만 만났다는 그의 진술을 의심스럽게 생각하였을 것이다. 사실 바울 자신도 더 많은 사도들을 만날 수 있을 것으로 기대하였을지 모르나 결국 그는 적은 수의 사도만 만났다는 것을 자기 변호의 근거로 주장한다.

본절의 바울의 주장은 사도행전 9:26-30에 나타난 누가의 증언과 일치하지 않는 것처럼 보이기 때문에 학자들 사이에 논쟁이 되어왔다. 베츠는 사도행전의 보도가 바울 자신의 확신들을 지지하기보다 오히려 의심들을 지지하는 다른 형태의 이야기를 보여준다고 본다.[107] 신약의 여러 학자들은 사도행전이 바울에게 불리하거나, 또는 후에 그에게 불리한 것으로 드러났거나, 또는 그를 대적하기 위해 반대자들에 의해 사용된 전승들을 끌어들였다는 식으로 해석하여 왔다.[108] 어떤 학자들은 바울 서신들과 사도행전의 보도 사이에 모순처럼 보이는 점들을 해소하기 위해서 바울 자신의 보도를 일차적 자료로 취급하는 반면 누가의 보도는 후대에 신학적 목적 때문에 삽입된 이차적인 자료로 간주한다.[109] 사실 처음 예루살렘 방문과 관련하여 누가와 바울의 설명

---

107) Betz, *Galatians*, 79.
108) Cf. J. Eckert, *Die urchristliche Verkündigung*, 181; Mussner, *Galater*, 96 등.
109) J. Knox, *Chapters*, 68f; J. Munck, *Paul and the Salvation of Mankind*, 80f. 바울의 생애의 연대기적 연구서들로는 John J. Gunther, *Paul: Messenger and Exile: A Study in the Chronology* of His Life and Letters(Judson:1972); G. Lüdemann,

들간에는 두드러진 차이점들이 존재하는 것처럼 보인다. 사도행전에 따르면 바울은 '사도들'을 만났을 뿐만 아니라, 사도들이 과거 교회를 핍박하던 바울을 만나기를 두려워함으로 그들간의 만남도 바나바의 중개를 통해 이루어졌고, 그는 예루살렘에서 보다 공개적인 복음전도 사역을 행하였다. 반면, 갈라디아서에서 바울은 사적으로 베드로를 방문하였을 뿐이고 주의 형제 야고보 외에 다른 사도들을 만나보지 못하였다. 이 문제에 대해 여기서 상세한 분석을 제시할 수 없고 다만 몇 가지 중요한 점들을 지적하는 것으로 만족해야 할 것 같다. 겉보기에 모순처럼 보이는 점들은 두 저자들이 서로 다른 관점에서 사건을 설명하고 있기 때문에 생겼을 것이다. 사도행전 9:27의 '사도들'이란 말은 소위 문법학자들이 이해하는 '일반화적 복수'의 용법일 것이다. 누가의 관점에서는 바나바가 바울을 사도들에게 데려간 일과 특별히 바울이 예루살렘의 제자들과 함께 담대히 예수를 선포한 사실 등을 언급하는 것은 바울의 명예를 교회 지도자들 가운데서 확실히 회복시키는 것이기 때문에 중요한 의미를 지닌다. 누가가 일반화적 복수 형태인 '사도들'이란 말을 사용한 것은 이런 맥락에서 이해될 수 있다. 그러나 갈라디아서에서 바울은 누가와는 다른 관점을 피력하고 있다. 그는 그의 반대자들에게 자신의 복음과 사도직의 기원이 예루살렘 지도자들과 아무 관련이 없음을 강조하는 데 골몰한다. 바울은 그의 복음을 사람들에게서 얻은 것이 아니고 그의 처음 예루살렘 방문도 실제는 15일을 머문 짧은 체류였을 뿐만 아니라 베드로와 야고보만을 만난 제한적이고 사적인 방문이었음을 강조한다. 사건보도에 있어서 이러한 관점의 차이들을 인정한다면 겉보기에 두드러진 차이점들일 뿐이지 근본적인 모순들이라고 할 수는 없다.[110]

2) 바울의 수리아와 길리기아 여행(1:21-24)

Paulus der Heidenapostel I: Studien zur Chronologie(Göttingen: 1977); J. Knox, *Chapters*, 1967; R. Jewett, *A Chronology of Paul's Life* (Philadelphia: 1979) 등을 참조하라.

110) Cf. Bruce, *Acts*, 206; Marshall, *Acts*, 175.

21. 그 후에 내가 수리아와 길리기아 지방에 이르렀으나

'그 후에' (ἔπειτα) 라는 말은 바울이 자신의 회심 이후의 경력을 설명하는 과정에서 세 번 연속적으로 사용하였는데(1:18,21; 2:1) 본절의 것은 두 번째의 것이다. 바울이 여기서 이 부사를 사용한 것은 회심 이후의 자신의 경력을 이야기하는 과정에서 어떤 의심스러운 시간적 간격도 숨겨져 있지 않음을 그의 갈라디아 독자들에게 확신시키려는 의도를 가진다. 본 서신에서 바울이 예루살렘을 방문한 것은 두 번 기록되어 있다(1:18; 2:1ff). 두 번에 걸친 이 예루살렘 방문 기간들 사이에 바울은 예루살렘 교회와 그 지도자들을 접촉할 기회가 없었다. 본절에서 확인하듯이 바울은 그의 첫 번째 사적인 예루살렘 방문 이후에 즉시 '수리아와 길리기아 지방'으로 떠났고 그 지역에서 몇 해를 머물렀다.

본절의 바울의 진술은 사도행전 9:30과 11:25f에 나타난 누가의 보도와 일치한다. 누가의 설명에 따르면 바울은 처음 예루살렘을 방문하여 그곳의 제자들과 함께 헬라파 유대인들 가운데서 복음을 전도하였다. 그러나 복음을 전하는 바울을 미워하여 죽이려는 그들의 음모가 전해지자 그는 자신의 안전을 위해 도피하지 않으면 안되었다. 바울의 예루살렘 친구들은 그를 '가이사랴로 데리고 내려가서 다소로 보냈다' (행 9:30). 몇 해 뒤에 바나바가 다소를 찾아가서 바울을 안디옥 교회로 데려왔고 그곳에서 두 사람은 영적 지도자로서 큰 무리를 가르쳤다(11:25f). 위 두 구절에서 수리아와 길리기아 지역에서 체류하던 때의 바울의 선교사역이 회심 후 아라비아에서 하던 선교사역보다 더 성공적이었다는 사실이 분명히 암시되고 있다.

예루살렘 방문 이후에 바울이 몇 해 동안 머물렀던 수리아와 길리기아 지방은 과연 어느 지역을 지칭하는가? '지방' (κλίματα)이란 말은 여기서 기술적인 술어라기보다 '영역, 지역'의 뜻을 가지는 비기술적인 통상적 술어이다. 어떤 학자들은 수리아와 길리기아가 독립된 두 나라를 지칭하는 것으로 해석하여 본절과 사도행전 9:30 사이에 모순이 있는 것처럼 주장하였다. 사도행전의 구절에 따르면 예루살렘 형제들이 바울을 죽이려는 사람들을 피하여 그를 가이사랴로 데려갔다가 결국은 '다소'로 보냈다. 그러나 여러 학자들이 지적한 대로 수리아와 동부 길리기아는 하나의 로마 행정구역을 형성하고 있었다. 두 지역은 폼페이의 통할 아래 행정구역의 위치로 축소되어 왔다. 주전 약 25년부터 다소를 포함한 동부 길리기아가 행정적으로 수리아에 통합되어 '수리아-길리기아'라고 불리우는 제국의 한 지방이 되었다. 이 상태는 거의 한 세기 동안 계속되었는데, 주후 72년에 동부 길리기아는 수리아에서 떨어져 나와 서부 길리기아와 통합되었고 이 통합된 지역은 길리기아 지방으로 불리우게 되었다.[111] 바울은 예루살렘을 방문한 이후의 몇 년 간을 수리아-길리기아 지방의 여러 곳에서 체류하였다. 그렇다면 위에서 제시된 사실들을 유의할 때 본절과 사도행전의 보도 사이에는 모순은 존재하지 않는다. 아마도 수리아는 다소의 남부 지역을 지칭하고, 길리기아는 바울의 고향인 다소의 주변 지역을 지칭한다고 보는 것이 옳을 것이다.[112]

22. 유대에 그리스도 안에 있는 교회들이 얼굴로 나를 알지 못하고

바울이 수리아와 길리기아에 도착한 후에 발견한 결과는 유대의 기독교회들이 그를 개인적으로 '알지 못하는 상태에'(ἤμην ἀγνοούμενος) 있었다는 사실이다. '에이미'(εἰμί)의 미완료 시제와 현재분사가 함께 쓰인 위의 헬라어 표현은 부연적 구조로서 주동사가 시사하는 상태나

---

111) W.M. Ramsay, 275-280; Bruce, *Galatians*, 103; Zahn, *Einleitung*, 124. 여기서 바울은 로마 제국의 지역들을 본래의 지방 이름을 따라 부르던 습관을 보여 준다.

112) 권위 있는 몇몇 사본에서 정관사가 Κιλικίας 앞에 생략되어 있다(ℵ* 33 1611 pc). 위 사본들의 본문을 택한다면 수리아와 길리기아는 한 지방의 두 부분을 지칭한다고 생각할 수 있다 (W.M. Ramsay, 277; Betz, 80 n.222).

행위의 계속성을 강조한다.[113]: 유대의 교회들이 바울을 개인적으로 알지 못하는 상태가 계속 지속되고 있었다. '얼굴로' (τῷ προσώπῳ)란 말은 관계, 참조의 여격으로서 '개인적으로'라는 뜻을 함축하고 있으며 23절의 '다만…듣고'라는 표현과 대조를 이룬다. 바울이 여기서 유대 교회들과의 개인적 친분이 없었음을 말하는 것은 그가 그들의 모임에 가서 예수와 복음에 관한 교훈들을 얻어낼 수 없었음을 부각시키기 위한 것이다.

바울 사도가 말하는 '유대에 그리스도 안에 있는 교회들'이란 어느 지역의 교회들을 지칭하는가? 갈라디아 서신이 쓰여질 당시에 '유대'라는 말은 협의의 유대지역뿐만 아니라 갈릴리와 사마리아를[114] 포함한 로마의 유대 행정구역을 지칭한다. 그렇다면 '유대'는 팔레스틴 전 지역을 의미한다. 본절의 이들 교회들은 데살로니가전서 2:14에서 바울이 언급하는 '그리스도 예수 안에서 유대에 있는 교회들'과 술어상으로 매우 비슷하다. 만일 유대가 팔레스틴 전체를 지칭한다면 본절의 유대교회들은 사도행전에 나오는 '온 유대와 갈릴리와 사마리아 교회들'과도 동일한 것이라고 할 수 있다(행 9:31). 본절과 데살로니가전서 2:14에서 이들 유대교회들은 논리적으로 예루살렘 교회 자체를 배제할 수 없다. 바울이 여기서 말하고자 하는 것은 자신이 예루살렘 교회에는 개인적으로 알려져 있지만, 예루살렘 밖의 다른 유대교회들에게는 알려져 있지 않다는 것이 아니다.[115] 만일 갈라디아 독자들이 22절의 진술을 통해서 바울이 예루살렘 교회에는 알려져 있었다고 추론하게 되었다면 그가 유대 교회들에게 개인적으로 알려져 있지 못했다고 아무리 주장해도 별 의미는 없었을 것이다. 바울은 바로 그런 식의 추론을 여기서 제거하고자 애쓰고 있다.

---

113) Cf. **ἀκούοντες ἦσαν**, 1:23.
114) 사마리아는 AD 44년에 Herod Agrippa I세가 죽은 이후로부터 '유대'라는 말로 불리워지게 되었다(Bruce, 103).
115) *Contra* A. Ehrhardt, *Acts*, 63; Lightfoot, *Galatians*, 86.

바울이 예루살렘 교회뿐만 아니라 그 외의 다른 유대교회들에게도 개인적으로 알려져 있지 않은 것은 아마도 스데반 사건으로 인한 최근의 핍박의 상황과 관련이 있을 것이다. 회심한 이후에 바울이 예루살렘을 처음으로 방문했을 때, 대부분의 신자들은 예루살렘을 떠나 그 주변 지역으로 흩어졌을 것이고 그들이 다시 귀환하는 데에는 어느 정도의 시일이 걸렸을 것이다. 사도행전의 저자인 누가도 비슷하게 말하기를, 핍박의 큰 비바람이 처음 예루살렘 교회 위에 불어닥쳤을 때, '사도 외에는 다 유대와 사마리아 모든 땅으로 흩어졌다'(행 8:1)고 하였다. 이 구절은 바울이 예루살렘 교회를 핍박할 때 주도적인 역할을 담당한 것으로 암시하는데(3절 참조), 회심하기 전 바울이 유대교에 있을 때 '하나님의 교회'(예루살렘 교회)를 심히 핍박하고 잔해하였다는 소문이 갈라디아 독자들에까지도 미친 사실이(갈 1:13) 바로 그것을 분명히 시사해 준다.

어떤 학자들은 바울이 단지 헬라파 유대 기독교인들만 핍박했기 때문에 그가 개인적으로 히브리파 유대 기독교인들에게 알려져 있지 않았다고 주장함으로써 예루살렘에서의 바울의 핍박 행위를 확증해 보려고 노력한다.[116] 그러나 사도행전(8:1)은 이들 두 유대 기독교인들 사이를 명시적으로 구분하지는 않는다. 예루살렘의 유대 기독교인들이 대부분 예루살렘 이외의 다른 유대와 사마리아 지역으로 흩어졌다. 이것은 '히브리파' 유대 기독교인들도 바울의 핍박을 벗어나지 못한 것을 시사한다. 헬라파 유대 기독교인들이 유대교의 핵심적 요소들인 성전과 율법에 대해 히브리파 유대 기독교인들보다 더 진보적인 태도를 취했기 때문에 그들이 바울의 핍박을 보다 심하게 받았을 가능성은 있다. 그럼에도 불구하고 히브리파 유대 기독교인들 역시 십자가에 못박힌 예수를 메시야로 선포했을 뿐만 아니라 예수의 진보적인 율법 해석을 받아들였기 때문에, 본절은 그들이 전혀 핍박을 받지 않았다는

---

116) Cf. Blank, *Paulus*, 246; Hengel, 'Zwischen Jesus und Paulus', 196f.

식으로 해석되어서는 안된다.

다른 학자들은 갈라디아서 1:22을 근거로 해서 유대교회들이 바울을 개인적으로 알지 못한 것은 바울의 핍박의 중심지가 예루살렘이나 유대 지역이 아니라 다메섹과 그 주변지역이었기 때문이라고 주장한다[117] 이 주장에 대해서 한 가지 비평할 것이 있다. 바울은 예루살렘에서 베드로와 야고보를 이미 개인적으로 만났기 때문에(18절), 22절은 문자적으로 바울이 유대교회들 중 어떤 사람에게도 알려진 바가 없다는 뜻을 포함하지 않는다. 아마도 남아 있는 얼마 안되는 형제들은 바울을 개인적으로 알았을 것이다(cf. 행 9:27-30). 그러므로 본절에서 예루살렘이 핍박의 장소가 아니었다는 결론이 추론될 수는 없다. 오히려 두 사도 외에 다른 그리스도인들을 바울이 만나지 못한 것은 위에서 지적한 대로 스데반 사건으로 인한 큰 핍박 때문에 대부분의 신자들이 다른 지역으로 흩어져서 아직 돌아오지 못했기 때문일 것이다.[118] 바울이 유대교회들에 개인적으로 알려져 있지 않은 것은 그가 처음 예루살렘을 방문한 후에 자신을 죽이려는 자들을 피하여 그곳의 형제들의 도움을 받아 서둘러 가이사랴를 거쳐 다소로 갔기 때문일 것이다. 그러므로 바울은 유대의 다른 교회들을 방문하여 그들과 사귈 기회를 가질 수 없었다. 한 가지 의문이 여전히 남는다. 사도행전에 의하면(8:3) 바울이 집집마다 다니며 기독교인들을 색출한 것으로 되어

117) E. Haenchen, *Apostelgeschichte*, 249f; G. Bornkamm, *Paulus*, 169; P. Stuhlmacher, *Evangelium*, 74 등.

118) 바울의 핍박의 주요 목표는 헬라파 유대 기독교인들이었기 때문에 히브리파 유대 기독교인들 가운데는 그의 핍박을 직접적으로 받은 사람이 많지 않았고, 그들은 대부분 예루살렘에 머물 수 있었다고 주장하는 학자가 있다 (cf. S. Kim, *The Origin of Paul's Gospel*, 48f and n. 4). 이런 근거 위에서 바울은 갈 1:22과 23을 말할 수 있었다는 것이다. 그러나 이 주장은 신빙성이 없어 보인다. 헬라파 유대 기독교인들과 히브리파 유대 기독교인들 사이에 성전과 율법에 대해서 어느 정도의 태도의 차이가 있을 수 있었겠지만, 이러한 초기 역사에 두 그룹간에 날카로운 대조가 있어서 바울이 한 쪽 그리스도인만 집중적으로 핍박할 수 있었는지는 의심스럽다. 사도행전의 보도는 이런 구분을 배제하는 것처럼 보인다(8:1f 참조).

있는데 그를 피하여 유대와 사마리아 지역으로 도피해 간 그리스도인들이 바울을 모를 수가 있겠는가? 핍박을 주도한 지도자로서 바울은 아마도 휘하에 부하를 두어 각 집을 다니며 신자들을 색출하여 그에게 데려오도록 했을 가능성도 있다. 예루살렘의 인구가 당시 55,000명 정도 되었던 것으로 알려지고 있는데,[119] 바울이 일일이 각 집을 수색한다는 것은 사실 불가능하다. 그의 핍박 소식을 듣고 이미 예루살렘을 떠난 기독교인들도 많았을 것이 분명하기 때문에 그들이 바울을 개인적으로 알았을 가능성은 없다.

바울이 그의 수리아-길리기아 여행을 이야기하는 것은 그가 핍박을 피하여 급히 다소로 떠났기 때문에 유대교회들과 친분을 맺고 그들에게서 그의 복음의 핵심적 내용을 배울 만한 기회가 없었음을 지적하기 위한 목적 때문일 것이다. 그렇다면 바울의 수리아와 길리기아 여행은 본절에서 그가 유대교회들과 직접적인 관계가 없음을 증명하기 위해 부차적으로 언급된 것이라 할 수 있다.[120] 어떤 학자는 유대교회들이 바울을 개인적으로 알지 못하였다는 본절의 진술이 그가 예루살렘에서 복음을 전파하며 그 성(城)을 자유롭게 출입하였다는 사도행전의 진술과(9:26ff) 모순되는 것으로 생각한다.[121] 그러나 예루살렘을 '출입하였다'는 말이 유대와 사마리아 지역에서 그의 적극적인 선교사역이 진행되었다는 의미를 반드시 내포하지는 않는다.[122] 바울의 선교 사역은 예루살렘에 집중되어 있을 뿐만 아니라 바울에 따르면 그것은 단지 두 주 동안의 짧은 체류에 불과하였다.

---

119) J. Jeremias, *Jerusalem in the Time of Jesus*, 83f.
120) Duncan은, 바울을 그곳으로 파송하여 그로 하여금 이방선교를 하게 한 것이 유대교회들의 인준이나 결정이 아니었음을 보여주기 위해 그가 자신의 수리아와 길리기아 여행을 여기서 언급한다고 주장한다(*Galatians*, 33). 그러나 이 견해가 신빙성이 없는 것은 17절이 바울의 예루살렘 방문 이전에 이미 이方비이 선교사역이 그에 의해 시작되었음을 말한다는 점이다.
121) Betz, *Galatians*, 80 n. 225.
122) Cf. Sieffert, *Galater*, 73.

23. 다만 우리를 핍박하던 자가 전에 잔해하던 그 믿음을 지금 전한다 함을 듣고

현재분사와 미완료과거인 '에이미'(εἰμί) 동사가 함께 결합된 '다만…듣고'(μόνον δὲ ἀκούοντες ἦσαν)라는 표현 역시 부연적 구조를 가지고 있어서 행위의 계속적 성격을 보여 준다. 현재분사인 '듣고'의 의미상의 주어는 앞의 22절에 명기되어 있는 유대교회들이다.[123] 전에 바울이 예루살렘 교회를 파괴하려고 핍박했다는 소문을 들은 사람들은 수리아와 길리기아에서 새로 예수를 믿게 된 그리스도인들이 아니다. 바울이 전에 핍박하던 대상은 '우리'(ἡμᾶς)란 복수 일인칭 대명사로 설명된다. 이것은 지금 수리아-길리기아에 있는 유대 기독교인들이 전에 예루살렘에 있을 때 바울에 의해 핍박을 받았었다는 사실을 시사한다(cf. 13절): 바울을 '우리의 이전 핍박자'로 지칭하는 사람들은 유대교회들이다. 이들은 스데반 사건으로 큰 핍박이 있게 되자 예루살렘을 떠나 유대의 다른 지역으로 흩어진 사람들일 것이다.

이들 중 어떤 사람들이 최근 바울에 관해 들려지는 소식을 듣게 되었을 때 그들은 또한 그 소식을 다른 사람들에게도 전해 주었을 것이다. 전해진 그 소식의 내용은 접속사 '호티'(ὅτι) 절에 담겨져 있다. 전에 우리를 핍박하던 사람이 과거 그가 파괴하려고 노력했던 '그 믿음을'(τὴν πίστιν) 지금 전하고 있다. 여기서 '믿음'이란 말은 바울의 이신칭의(以信稱義) 구원론에서 특징적으로 사용되는 '신뢰, 순종'의 뜻을 담기보다 교리적 내용으로서의 '복음'을 뜻한다(cf. 2:16,20). 소문의 내용에 대해 한 가지 주목할 점이 있다. 바울이 전파하는 복음의 내용은 본질적으로 유대교회들에 의해서 받아들여지고 전파되는 것과 다르지 않다. 과거 튀빙겐 학파에 의해 주장된 것과는 달리, 베드로에

---

123) 현재분사 ἀκούοντες는 남성 복수 주격이고 반면에 그 의미상의 주어는 여성명사인 ταῖς ἐκκλησίαις이기 때문에 성(性)의 일치가 되지 않지만 의미상으로 문장을 구성하는 이런 현상은 헬라어에서 흔히 발견된다(BDF, 197).

의해 대표되는 유대교회들과 바울에 의해 대표되는 이방교회들 사이에 복음의 내용에 있어서 어떤 실질적 차이가 있었다는 시사가 없다. '복음 전하다'(*εὐαγγελίζομαι*)는 동사는 1:16에서 하나님의 아들을 목적어로 삼는 반면(*αὐτόν*), 본절에서는 복음을 목적어로 삼는다(*τὴν πίστιν*). 유대교회뿐만 아니라 바울도 역시 그리스도를 복음의 주제로 받아들였으며 오직 그를 믿을 때만 구원이 존재함을 선포하였다(1:4,6; 2:16).

24. 나로 하여금 영광을 하나님께 돌리니라

'영광을 돌리다'(*ἐδόξαζον*)는 헬라어 동사는 과거 행위의 반복과 계속을 나타내는 미완료시제이다. 유대교회들은 과거 하나님의 교회를 핍박하던 바울이 이제 복음을 전하는 사람이 되었다는 소식을 들을 때마다 하나님께 영광을 돌리게 되었다. 본절에서 감사의 주체는 복수 3인칭 동사가 시사하듯이 유대 기독교회들이다. 그들이 하나님께 영광을 돌린 것은 변화시키는 하나님의 은총이 '내 속에'(*ἐν ἐμοί*) 즉 바울의 생애 속에 나타났기 때문이었다. 위의 전치사 구(句)의 표현은 좀 특이하다. 그것은 문맥과 관련하여 볼 때 '나로 인하여' 또는 '나와 관련하여'의 의미를 지닌다고 생각된다. 이렇게 유대교회들이 최근에 바울에게 일어난 변화에 대해서 하나님께 영광을 돌린 것은 자신의 사도직과 선교 사역의 정당성에 대한 그의 주장을 실질적으로 강화시켜 준다. 바울의 유대주의적 반대자들은 갈라디아서 2:4에서 안디옥 교회나 또는 다른 이방교회의 회중 밖에서 들어온 '거짓 형제들'로 묘사된다. 그들이 예루살렘에서 왔는지 아니면 다른 유대 지역에서 왔는지는 확실하지 않으나, 한 가지 분명한 것은 할례와 율법준수를 강조하는 것을 보면 이들이 유대 기독교적인 배경에서 나온 사람들이라는 점이다. 이 사실을 인정한다면, 본절은 바울에 대한 그들의 반대가 최근의 일에 불과하고 유대 기독 교회들의 본래적인 태도를 반영하는 것도 아니라는 사실을 시사한다. 다른 한편 유대교회들은 단지 최근의 바울의 변화에 대해 소문을 들었을 뿐이지 그의 선교사역을 인준해 준 것은 아니었다. 바울은 그들을 만나기 전에 독립적으로 이미 이방선교를 시작했었다.

어떤 학자들은 바울이 여기서 자신의 회심을 유대 순교자 사상과 관련하여 나타내고 있다고 주장한다.[124] 그러나 유대교의 순교 사상은 핍박자의 비참한 종말을 부각시키는 반면에(cf. 2 Macc 9:5-12,28; Euseb. *HE* 8.16.3-5), 본절은 핍박자의 회심과 그의 증거를 부각시킨다는 점에서 전자와 후자의 사이에는 차이점이 존재한다.

3) 예루살렘 교회 지도자들과의 회합(2:1-10)

본 부분은 앞선 부분에서와 같이 바울 자신의 사도직과 복음을 변호하기 위한 목적을 지닌다. 바울은 여기서 그의 복음을 예루살렘 사도들을 통해 받지 않고 하나님에게서 받았다는 사실을(1:11-12) 논증하기 위해 그의 두 번째 예루살렘 방문을 상술한다. 바울의 논의는 그러나 예루살렘 사도들과의 관계에 있어서 자신의 독립성만을 다루지 않고 그들이 그의 사역과 복음을 인정한 사실도 부각시킨다. 그들의 인정은 이방인 선교의 문제가 예루살렘 회의에서 토론되었을 때 증명되었다.

1. 십사 년 후에 내가 바나바와 함께 디도를 데리고 다시 예루살렘에 올라갔노니

한역 성경에는 생략되어 있는 '에페이타'(**Ἔπειτα**)란 단어가 본절 초두에 나타나는데, 이 말은 이미 앞서 연속적으로 사용된 것 중에(1:18,21) 세 번째 것이다. 바울은 이 단어를 세 번 연속적으로 사용함으로써 자신의 과거 경력에 대한 설명이 연대기적인 서술이라는 것과

124) Bammel, "Galater 1,23," *ZNW* 59, 108-112; cf. Betz, *Galatians*, 81.

중간에 중요한 어떤 사건도 생략되지 않았다는 것을 강조하고자 한다. 만일 그가 그의 두 번째 예루살렘 방문 사실을 생략하게 되었다면 그의 반대자들에게 의심을 샀을 것이다. 바울은 회심한 지 삼 년 만에 이루어졌던 첫 번째 예루살렘 방문에서 베드로나 야고보 같은 소수의 사도만을 단지 사적으로 만났었다(1:18). 사도들과의 공적인 회합의 계기를 제공했던 그의 두 번째 예루살렘 방문은 바울이 이미 이방 선교사역을 시작한 지 오랜 후에, 즉 '십사 년 후에' (*διὰ δεκατεσσάρων ἐτῶν*) 이루어진 일이다. 이 기간 동안 많은 중요한 일들이 일어났겠지만, 바울은 그것들을 현재 그의 논의에 관련이 없는 것으로 생각하여 상술하지 않는다.

'십사 년 후' 라는 기간은 어느 때를 시점으로 계산된 것인가? 어떤 학자들은 1:21에 언급된 '그 후' 라는 표현에 주목하여 바울이 수리아와 길이기아를 방문한 때를 시점으로 14년을 계산하려고 하고,[125] 반면 다른 학자들은 '십사 년' 을 바울의 다메섹 회심 이후를 시점으로 계산해야 한다고 주장한다.[126] 다음 몇 가지 점들을 고려할 때 첫 번째 견해가 더 타당한 근거를 지니는 것으로 보인다: (1) 연속적으로 사용된 '에페이타' ('그후에')란 말이 시사하듯이 바울은 분명히 여기서 지나간 사건들을 연대기적으로 기술하고 있고, (2) '다시 예루살렘에 올라갔다' 는 바울의 진술은 바울의 이전 예루살렘 방문(1:21)을 시간 계산의 시점으로 삼고 있음을 암시하며, (3) 전후 문맥의 강조점은 바울이 유대 사도들과 접촉하지 못했던 기간에 놓여 있다. 1:18에서 목적격과 함께 '메타'(*μετά*) 전치사가 쓰인 반면, 본절에서는 소유격과 '디아'(*διά*) 전치사가 함께 사용되었다. 이 두 표현은 '해'(年)를 나타내는 말과 함께 사용되어 '몇 해 후에' 란 의미를 가지지만 정확하게 두 표현 사이에 어떤 차이점이 있는지는 학자들 사이에 견해

---

125) Cf. Sieffert, Galater, 77f; Betz, Galatians, 83; Ridderbos, Galatians, 76.

126) Cf. W.M. Ramsay, Galatians, 287; S. Kim, The Origin of Paul's Gospel, 103 n. 2.

를 달리해 왔다. 브루스는 이 두 표현이 단지 문체상의 차이일 뿐 의미상의 차이는 없다고 보지만, 소유격과 함께 쓰인 '디아' 전치사는 아마도 경과된 시기의 길이에 강조점을 두는 것으로 보인다(cf. 막 2:1; 행 24:17).[127] 만일 이 해석이 맞는다면 바울이 언급하는 기간은 완전한 14년으로 간주되어야 한다.

바울의 첫 번째 예루살렘 방문이 그가 회심한 지 삼 년 만에 이루어졌다면, 그의 두 번째 방문은 예루살렘을 떠나 수리아와 길리기아로 떠난 이후 십사 년 후에 이루어진 것이다. 이 두 번째 방문이 사도행전에 여러 차례 나타난 예루살렘 방문 보도들 가운데 어떤 것과 동일한 것인지에 대해 학자들 사이에 견해를 달리해 왔다. 우리는 1:7의 주석에서 갈라디아서 2:1-10에 묘사된 회합이 사도행전 15장의 예루살렘 회의보다 앞서 있었던 회의라고 주장한 적이 있었다. 만일 갈라디아서의 회합이 예루살렘 회의와 동일한 것이거나 그 후에 이루어진 어떤 다른 회의였다면, 바울은 분명히 그의 서신을 기록할 때 예루살렘 회의의 결정사항을 적극적으로 사용하였을 것이다. 이러한 결정사항들이 갈라디아서에 잘 반영되지 않을 뿐만 아니라 예루살렘 회의의 결정사항들을 주도적으로 끌어낸 베드로가 갈라디아서에서 자신의 이전 결정들을 뒤엎는 모순된 행동들을 한다는 점 등은 위의 두 회합을 동일한 사건으로 보지 못하게 만든다.

바울이 두 번째 예루살렘을 방문할 때 '바나바'와 함께 동행하였고 사도행전의 보도에 따르면 회심한 바울로 하여금 예루살렘의 제자들과 친분을 맺도록 주선한 사람은 바나바였다(행 9:27) 그 후 다소에

---

127) Cf. Ridderbos, *Galatians*, 76 n. 2; Burton, *Galatians*, 68; Lightfoot, *Galatians*, 102. Burton은 이렇게 말한다: "διά, which, meaning properly "through", and coming to signify 'after' only through the thought of a period passed through, also suggests that the period of fourteen years constitutes a unit in the apostle's mind - an unbroken period of non-communication with the apostles".

있는 사울을 안디옥으로 데리고 와서 그곳에 있는 회중에 소개하고 그와 함께 가르치는 사역을 담당한 사람 역시 바나바였다(행 11:25f). 마가를 선교사역에 데리고 가는 문제로 다투고 서로 갈라설 때까지(행 15:36f) 바울과 바나바는 함께 일하였다. 그들은 친밀한 동역자로서 흉년으로 궁핍해진 예루살렘 성도들을 돕기 위해 구제 방문을 할 때도 동행하였고(행 11:28-30), 할례 논쟁으로 야기된 신학적 문제를 해결하려고 예루살렘 회의를 참석할 때도 두 사람은 안디옥 교회의 대표로서 동행하였다(행 15:1-3). 어떤 학자들은 사도행전과 바울서신들에서 바나바를 지칭하는 구절들이 서로 모순되는 것으로 생각하지만,[128] 상호 보완하고 확증해 준다고 보는 것이 더 타당하다. 누가에 따르면, 바나바는 구브로 출신의 레위인으로서 '요셉'이라는 본명을 가지고 있었다(행 4:36). 그는 예루살렘 교회의 초기에 열두 제자의 동료였는데, 바울이 갈라디아 서신을 기록할 당시만 해도 바울과 대등한 위치에 있었던 것 같다.

두 번째 예루살렘을 방문하였을 때 바울은 바나바와 함께 동행하였을 뿐만 아니라 '디도'라는 사람도 데리고 갔다. '데리고 갔다'(**συμπαραλαβών**)는 분사는 '어떤 사람을 조수나 또는 조력자로 데리고 간다'는 뜻을 지니는데, 이 단어는 바울이 디도를 데리고 가는데 주도적 위치에 있었음을 암시한다. 사도행전 12:25, 15:37f에서도 사용되는 이 단어는 디도가 바울이나 바나바에 비해 보다 낮은 위치에 있음을 시사한다. 디도는 이방 기독교인으로서(3절) 안디옥 출신의 바울의 동역자였다. 그는 아마도 바울의 전도를 통해 기독교 신자가 된 것으로 보인다(cf. 딛 1:4). 고린도후서의 보도에 따르면, 디도는 예루살렘 성도들을 위한 구제 헌금을 책임지고 수집한 사람이다(cf. 고후 2:13; 7:6,13,14; 8:6,16,23; 12:18). 뿐만 아니라 고린도 교회에서 야기된 예민한 문제들을 다룰 때나(고후 2:12f; 7:5-16) 예루살렘 교회를 위한 구제 헌금을 수집하고 보낼 때에(고후 8:6ff; 9:3 5; 12:18) 비

128) Cf. Betz, *Galatians*, 84.

울은 디도를 신뢰할 만하고 용납될 만한 대변인으로 추천하였다. 이것은 디도가 바울과 함께 일하던 초기부터 유능하고 신뢰할 만한 성품을 지닌 사람이었음을 시사한다. 그의 이러한 성품 때문에 바울은 두 번째 예루살렘 방문에서 그를 자신의 조수로 동행케 했을 것이다.[129] 본절에서 바울은 왜 디도를 데리고 갔는지 그 이유를 설명하지는 않는다. 그러나 그가 후의 사건들 가운데서 담당한 역할을 살펴보면(3-5절 참조) 바울이 디도를 이방 그리스도인들의 할례 문제에 대한 시범케이스로 삼고 있음을 알 수 있다. 바울은 "할례자이든 무할례자이든 이방인들과 유대인들에게 모두 동등하게 충족한 것은 오직 은혜뿐이라는 것을 증명하기 위해서 그를 데리고 갔다".[130] 디도가 바울과 함께 있다는 사실 자체가 할례나 무할례에 관계없이 믿는 사람은 누구나 오직 은총에 기초하여 하나님의 백성이 될 수 있다는 바울의 확신을 논증하는 현저한 본보기이다.

2. 계시를 인하여 올라가 내가 이방 가운데서 전파하는 복음을 저희에게 제출하되 유명한 자들에게 사사로이 한 것은 내가 달음질하는 것이나 달음질한 것이 헛되지 않게 하려 함이니라

바울이 예루살렘을 두 번째 올라가게 된 것은 '계시 때문이었다'(***κατὰ ἀποκάλυψιν***). 바울은 예루살렘 모임에 올라갈 수밖에 없었던 주변 환경들에 관해 정확하게 알려 주지 않고 단지 '계시 때문에' 올라가게 되었다고 말하는데, 이 계시가 구체적으로 무슨 내용을 담고 있고 또 누가 받은 계시인지는 불확실하다. 본절에 언급된 계시가 사도행전 11:27ff에 기록된 아가보의 예언(행 11:27-30)과 동일한 것일 가능성은 많고 이 해석은 대부분의 최근 주석가들에 의해 지지를 받아 왔다[131] 기본적으로 이 해석은 갈라디아서 2:1-

129) 디도는 후에 목회서신인 디도서의 수신자였고, 딛 1:5에 기초할 때 그는 또한 그레데 교회의 첫 번째 감독으로 생각될 수 있다.
130) M. Luther, *Vorlesung*, quoted by H. Schlier, *Galater*, 65 n. 5; cf. Burton, *Galatians*, 69; Ridderbos, *Galatians*, 77.

10의 예루살렘 방문이 안디옥 교회의 대표로서 바울과 바나바가 흉년 때문에 궁핍해진 예루살렘 성도들을 부조(扶助)하기 위해 예루살렘에 올라간 일을 기록한 사도행전 11:27-30의 구제 방문과 동일한 사건이라는 것을 전제한다. 그러나 이렇게 동일시하기에는 풀어야 할 많은 난제들이 존재하기 때문에 우리는 이미 위에서 제시한 좀 폭 넓은 결론, 즉 갈라디아서 2:1-10의 방문이 시기적으로 예루살렘 회의보다 선행한다는 결론을 상기하는 것으로 만족해야 할 것 같다.

본절에 언급된 '계시'가 아가보와 같은 다른 선지자들의 예언을 지칭하는지 아니면 바울 자신이 직접 받은 계시인지 그는 분명하게 밝히지 않는다.[132] 사용된 바울의 언어로 미루어 볼 때 그 계시의 내용은 예수의 인격의 참된 성격을 나타내 주는 것이라기보다(cf. 1:12,16) 그가 예루살렘에 올라가야 한다는 구체적 지시를 담고 있는 것이 분명하다. 바울이 예루살렘에 올라간 행동은 '계시에 기초하여' 또는 '계시를 따라'(**κατά**) 이루어진 것이지 어떤 개인적인 동기에서 이루어진 것은 아니었다. 사도행전은 선교사들이 중요 결정들을 내릴 때마다 얼마나 자주 그리스도 또는 성령의 직접적 인도하심에 의존하는가를 보여준다(cf. 행 8:2; 16:6,7; 20:22). 이와 마찬가지로 바울도 역시(자신에게 직접 주어진 것이든 또는 다른 사람이 받은 것이든) 계시를 접하게 되자 예루살렘에 올라가야 한다는 확신을 가지게 되었다.

---

131) Cf. Duncan, *Galatians*, 35; S. Kim, *The Origin of Paul's Gospel*, 103; W. C. Emmet, *Galatians*, 13; S.G. Wilson, *Gentiles*, 183.

132) '계시'라는 말은 신약에서 상당히 다양하게 사용된다. 다메섹 도상에서 바울에게 나타난 그리스도의 현현도 계시의 범주에 포함되고(갈 1:16), 바울의 복음 자체도 계시로 규정될 수 있으며(갈 1:11f), 구체적인 상황에서 하나님께서 특정한 행동을 취하도록 지시하는 일도 계시이며(갈 2:2), 신자 개인의 눈을 밝혀 하나님의 뜻을 잘 깨닫도록 하는 성령이 조명(照明)도 계시라 불리운다(엡 1:17f). 바울의 계시 개념이 후대에 교의신학에서 기술적으로 좁혀 이해되어 온 것보다 폭 넓은 의미를 포함하고 있음은 이로써 분명하다.

병렬적 구조를 가지고 있는 다음 문장에서 우리는 바울의 두 번째 예루살렘 여행의 실제 목적을 발견하게 된다. 그가 예루살렘에 올라간 것은 자신이 이방인 가운데 전파하는 복음을 '저희에게 제출하기 위한' (**ἀνεθέμην αὐτοῖς**) 목적 때문이었다. '저희' 라는 인칭대명사는 앞에 선행사가 명기되어 있지 않지만 바울이 예루살렘에서 만난 기독 공동체를 일반적으로 지칭한다고 보아야 한다.[133] 그가 이방인 가운데 전하는 자신의 복음을 이렇게 그들에게 공개적으로 제출하는 것은 그가 그의 복음의 내용에 대해 자신감을 잃기 시작했음을 뜻하지는 않는다. 여기에 쓰인 '제출한다' (**ἀνατίθεμαι**)는 동사는 '상의하려고 의견 교환하다' 는 뜻을 가진다. 중간사 시대의 문헌이나 고대 세속문헌에서 그것은 보통 높은 사람에게 그의 충고나 판단을 구하고자 어떤 정보나 견해를 제시하는 일에 대해 사용되었다(cf. 2 Macc 3:9; Polybius, XXII, 27,11; 행 25:14). 분명히 이 동사는 바울이 이 시기에 적어도 예루살렘 사도들의 권위를 인정했다는 것을 시사해 준다. 그럼에도 불구하고 예루살렘 교회나 그 지도자들이 바울의 복음을 인정하지 않았을 경우, 그가 자신의 복음을 변경시켰을 것 같지는 않다. 왜냐하면 바울은 자신의 복음이 부활하신 그리스도께서 나타나셔서 자신에게 직접 위임한 것이라는 것을 확신하고 있었기 때문이다(1:1,11f). 홈버그의 다음과 같은 관찰은 이 점에서 정확한 것이다: "예루살렘으로부터 독립되었다는 것과 예루살렘에 의해 인정받았다는 것 사이의 변증법이 이와 같이 중요한 본문의 핵심논조이다".[134]

자신의 복음이 지니는 공동체적 성격 때문에, 바울은 자신의 복음의 독립성을 주장하면서도 그들의 권위를 인정하고 그들에게 그의 복음을 설명할 필요가 있었다. 부활하신 그리스도께서 전해 준 복음이라면 그것을 누가 받았느냐 하는 문제와 관계없이 모든 사람들에게 용납되어야 하고 인정되어야 할 보편성을 가져야 한다. 더욱이, 기독교회의 기초를 놓았던 예수의 처음 사도들이 예루살렘에 생존해 있었기 때문

133) Burton, *Galatians*, 70; Schlier, *Galater*, 66.
134) B. Holmberg, *Paul and Power*, 15.

에 그들에게 인정을 받는 것은 그의 사역을 보다 용이하게 만들 뿐만 아니라 반대자들의 비판 앞에서 자신을 변호하는 변증적인 목적에도 부합하는 것이다. 바울이 사도로서 선교사역을 시작할 때만 해도 그는 어느 누구에게도 자신의 복음을 제출한 적이 없었으나(1:16), 이제 자신의 복음을 예루살렘 지도자들과 함께 공유하고 그들과 보조를 맞추어야 할 때가 온 것이다. 이것이 바로 그가 예루살렘에 올라가도록 지시한 신적 계시의 핵심 내용이었을 것이다.

바울은 이방인 가운데 전하는 자신의 복음을 '저희에게'(**αὐτοῖς**) 제출하였으나(2절 상) '유명한 자들에게는 사적으로' 하였다고 주장한다 (2절 하). 어떤 학자들은 선행하는 '저희'가 보다 구체적으로 후에 '유명한 자들'로 정의되었다고 보고 두 표현 모두 동일한 인물들을 지칭한다고 주장한다.[135] 그러나 2절 후반에 쓰인 '데'(**δέ**) 접속사가 '그러나'라는 반의적 의미를 지니기 때문에 선행하는 '저희'는 예루살렘의 그리스도인들을 일반적으로 지칭하고 반면에 '유명한 자들'은 예루살렘 교회의 지도자들을 지칭한다고 보는 것이 타당하다. 그렇다면 두 번째 예루살렘 방문에서 바울은 그의 복음을 제출할 수 있는 공적이며 사적인 모임을 모두 가졌다고 할 수 있다. 사적인 모임에서 그가 만난 '유명한 자들'은 분명히 6절에서 언급된 '유명한 이들'(***οἱ δοκοῦντες εἶναι τι, οἱ δοκοῦντες***), 그리고 9절에서 언급된 '기둥같이 여기는 자들'(***οἱ δοκοῦντες στῦλοι εἶναι***)과 동일 인물들이다. 9절 후반부에서 이들 유명한 자들은 또한 야고보, 게바, 그리고 요한으로 동일시된다. 바울은 그들이 실제 지도자들도 아닌데 그렇게 행세한다는 의미에서 그들을 비난조로 풍자하거나 비꼬기 위해 이런 표현들을 사용한 것이 아니다. 요세푸스나(cf. *War* 3.453; 4.141) 또는 고대 세속문헌을(cf. Eur. *Hec.* 294; *Heracl.* 897) 보면 위의 표현 자체는 공동체 내에서 매우 존경을 받았던 사람들에게 사용된 용어이고 비난조의 의미를 가지고 있지 않았다.

135) Bruce, *Galatians*, 109.

그러면 바울이 존경받는 예루살렘의 지도자들과 사적인 이런 모임을 가지게 된 이유는 어디에 있는가? 바울이 자신이 전하는 복음의 정당성을 인준받으려고 그들과 만난 것이 아니라는 것은 이미 위에서 지적된 바 있다. 어떤 학자는 바울이 그들과 사적인 모임을 갖게 된 것은 헤롯 아그립바 1세의 핍박으로 인해 교회 지도자들이 대부분 숨어버렸기 때문이라고 추측한다.[136] 그러나 아그립바의 죽음은(AD 44) 바울의 두 번째 방문보다 먼저 있었던 일이 분명하기 때문에(1:18f; 2:1 참조), 위의 주장은 신빙성이 없다. 오히려 바울이 예루살렘 지도자들을 사적으로 만난 것은 그가 공적인 모임에서 율법 없는 자신의 복음을 전했을 때 대중적인 압력을 받을 수 있지만 사적인 모임에서는 자신의 복음에 대해 충분히 설명할 수 있을 뿐만 아니라 그들에게서 보다 동정적인 반응을 얻을 수 있었기 때문이다. 설명되어야 할 또 다른 질문이 남아 있다. 왜 처음 방문 때 그의 복음을 제출하지 않고 하필 두 번째 방문 때 제출했는가? 더욱이 바울이 율법 없는 그의 복음을 이방인들에게 전한 지 이미 오랜 후에, 왜 하필이면 지금 그것이 논쟁의 대상이 되고 있는가? 첫 번째 질문에 대해서는 두 방문이 서로 다른 목적을 가지고 있었기 때문이라고 답변할 수 있다. 처음 방문의 중심된 목적은 바울이 게바와 친분을 맺는 것이었다면, 두 번째 방문의 주된 목적은 그의 복음을 예루살렘 지도자들에게 제시하고 이방인 선교에 있어서 그 효과를 증명하기 위한 것이었다. 하워드는 다른 각도에서 이 문제를 보다 심층적으로 분석한다: 계시와 두번째 방문 사이의 시간적 간격이 생긴 것은 바울이 그의 사도적 신분과 그의 이방선교가 충분히 확립되어 예루살렘 지도자들에게 하나님께서 그것을 자기에게 위임했다는 것을 확신시킬 수 있을 때까지 기다리기로 결심했기 때문이라는 것이다.[137]

위의 두 번째 질문에 대해 학자들 사이에 상당한 견해 차이가 존재

---

136) A.S. Geyser, "Paul, the Apostolic Decree and the Liberals in Corinth," *De Zwaan FS*, 131.

137) G. Howard, *Crisis*, 21ff, 특히 39.

해 왔다. 한 가지 가능성 있는 전통적 답변은 처음에는 모두가 같은 견해를 가지고 있었으나 후기에 가서야 율법 없는 복음을 전하는 바울을 반대하는 운동이 일어났다고 보는 것이다. 그러나 베츠를 비롯한 많은 대륙의 학자들은 율법과 할례가 없는 복음이란 개념이 후기에 부차적으로 발전된 것이라고 주장한다.[138] 베츠는 주장하기를 율법 없는 바울의 이신칭의 복음이 갈라디아에서 두드러지게 부각된 것은 그가 유대주의자들과의 논쟁 가운데서 율법이 없어도 오직 믿음으로만 의롭게 된다는 개념을 점차 발전시켰기 때문이라고 한다. 이것은 단적으로 그의 복음이 갈라디아에 있는 유대 그리스도인들과 싸우는 가운데서 오직 후기에 가서야 발전된 것이라는 것을 주장하는 것이다. 스트레커는 그가 가장 초기 서신으로 간주하였던 데살로니가 전서에서 바울의 이신칭의 복음이 나타나지 않는다는 것을 증거로 삼는다.[139] 이들의 이론은 바울이 갈라디아 선교사역 초기부터 율법 없는 복음을 전파하였다는 근본적 사실을 (cf. 1:11, **τὸ εὐαγγέλιον τὸ εὐαγγελισθὲν ὑπ' ἐμοῦ**) 망각하고 있다. 만일 갈라디아의 유대 그리스도인들이 바울의 복음이 자신들의 신학과 근본적으로 다르지 않다고 생각했다면, 왜 그들이 바울을 반대하게 되었는가? 그러나 바울이 갈라디아 사역 초기부터 전한 복음이 공격을 받았고, 반대자들이 공격하게 된 근거는 그것이 율법과 특별히 할례를 소홀히 했다는 것이다. "이런 이유 때문에 유대주의적 유대 그리스도인들과 그들의 영향 하에 있는 갈라디아의 그리스도인들은 바울이 그가 예루살렘 사도들에게서 받은 원래의 복음을 왜곡시켰다고 주장한 것이다".[140] 이것은 위에서 제시한 첫 번

138) Cf. Betz, *Galatians*, 85; G. Strecker, "Befreiung und Rechtfertigung", *Rechtfertigung*, E. Käsemann FS, 479ff. 이 이론은 본래 브레데와 슈바이쳐에 의해 주장된 바 있다: W. Wrede, *Paulus*(1904), reprinted in *Das Paulusbild in der neueren deutschen Forschung*, ed. K.H. Rengstorf, 67; A. Schweitzer, *The Mysticism of Paul the Apostle*(1956²), 220f.

139) 데살로니가 서신에서 바울의 이신칭의 복음이 거론되지 않은 것은 그것이 그곳의 이방 독자들에게 문제화되지 않았기 때문일 수 있다. 데살로니가 교인들에게 오히려 문제가 된 것은 예수의 임박한 재림을 받아들인 독자들의 혼란이었다.

140) S. Kim, *The Origin of Paul's Gospel,* 271.

째 전통적 견해가 더 정확하다는 것을 뒷받침하는 것이다.

바울이 율법 없는 자신의 복음을 예루살렘 사도들에게 사적으로 제출한 것은 그가 '달음질하는 것이나 달음질한 것이 헛되지 않게 하려는' (2c, μή πως εἰς κενὸν τρέχω ἢ ἔδραμον) 목적을 가진다. 바울은 여기서 자신의 복음전파의 행위를 경주하는(τρέχω) 것으로 묘사한다. 이 동사는 신의 은총 속에서 신자들의 책임 있는 노력의 중요성을 부각시킨다. 경주에는 성취해야 할 분명한 목표가 있고 그 목표를 성취했을 때 주어지는 보상도 있는데, 비슷한 사상을 담고 있는 빌립보서 2:16에서 보상은 재림시에 하나님 앞에서 존재하는 바울의 '자랑' (καύχημα)과 관련되어 있다.[141] '달음질하다' (τρέχω)는 동사가 취하는 법(法)이 직설법인가 아니면 가정법인가에 대해 학자들 간에 논쟁이 되어 왔다. 어떤 학자는 그것을 현재 직설법으로 취하고 "μή…ἔδραμον"을 간접적 질문으로 간주하려고 하지만,[142] μή πως가 신약에서 간접 질문으로나 결과절로 쓰인 예가 없다. 오히려 라이트푸트는 그것을 가정법으로 취하고 "μή…ἔδραμον"을 바울 편에서의 두려움을 나타내는 목적절로 해석한다.[143] 이것은 문법적으로 가장 가능성 있는 해석이다. 문제는 그러나 바울이 무엇을 두려워하거나 의심하였는가에 있다. 슐리어는 주장하기를, 바울은 그리스도의 현현이 자신의 사도직과 복음에 대한 충분한 근거가 됨을 확신하지 못했기 때문에 자신의 복음이 합법적인 참된 것인지에 대해서 의심했다고 한다.[144] 그는 심지어 가톨릭 교회에서 주장하는 '교회의 권세' 교리의 기본 골격을 여기서 발견하려고 한다. "참된 복음과 합법적인 사도 선교는 그 안에 보편성을

141) Cf. V.C. Pfitzner, *Paul and the Agon Motif*, 99ff; O. Bauerfeind, *TDNT* 8, 225-35. 롬 9:16; 고전 9:24,26; 빌 2:16; 또한 갈 5:7; 살후 3:1; 히 12:1 등을 참조하라. 바울은 흔히 이런 구절들 속에서 자신의 선교사역을 그의 "Agon Motif"와 관련시켜 설명한다.

142) Bligh, *Galatians*, 102.

143) Lightfoot, *Galatians*, 103; Burton, *Galatians*, 74; Schlier, *Galater*, 67; Pfitzner, *Paul and the Agon Motif*, 100f.

144) Schlier, *Galater*, 67-69.

향한 경향을 지니고 있다. 왜냐하면 교회는 하나의 사도직을 통해 중개되는 한 복음을 통해서만 세워지기 때문이다." 그러나 이런 주장들은 자신의 사도직과 복음이 예루살렘 지도자들과 관계없이 부활하신 그리스도에게서 직접 위임받았다는 바울의 주장과 대치된다. 더욱이 바울 자신은 그의 복음이 참되고 합법적인 것이라는 점에 대해 한번도 의심한 적이 없었다. 그러므로 바울이 여기서 염려하는 것은 이방인을 위한 그의 과거나 미래의 사역이 예루살렘 지도자들의 반대나 몰이해로 인해서 비효과적인 것이 되지나 않을까 하는 데 있다. 만일 예루살렘 사도들이 바울의 사역을 인정하지 않는다면—물론 그들의 인정하지 않는 행위가 바울의 복음의 근본적 타당성을 무너뜨리는 것은 아닐지라도—그것은 바울의 사역에 심각한 장애요소가 될 것이고 그것을 비효과적인 것으로 만들어 버릴 것이다. 이 점에서 바울의 염려는 실천적인 데 있는 것이지 그의 복음의 타당성 문제에 있는 것이 아니다: 그의 사역은 예루살렘 사도들과의 친밀한 교제 없이 효과적으로 수행될 수 없다.

3. 그러나 나와 함께 있는 헬라인 디도라도 억지로 할례를 받게 아니하였으니

접속사 '그러나'(*ἀλλά*)와 함께 3절을 시작하는 것은 자신의 사역을 헛되게 만드는 일을(2:2) 단호히 거절하려는 바울의 의도를 시사한다. 바울은 자신이 달음질을 잘하였고 지금도 잘하고 있다는 것을(cf. 5:7) 보여 주는 증거로 디도라는 개인을 지시한다. 그는 할례를 받지 않은 이방 헬라인 신자였기 때문에, 바울은 자신의 복음의 살아있는 증거로서 그를 예루살렘에 데리고 갔다(2:1).[145] 갈라디아서의 문맥에

145) 3절의 분사구문인 *Ἕλλην ὤν*(헬라인)은 양보절로 해석하여 "비록 그가 헬라인일지라도"의 뜻을 가지며 그것은 *Ἰουδαῖος*(유내인)와 내조를 이룬다. 이들은 할례를 받았는지 여부에 의해 구분된다(cf. 5:6; 6:15). 유대교 신학에 있어서 할례는 그것을 행하는 사람을 언약의 백성이라는 울타리 안에 귀속시키는 표징 역할을 하였다.

서 과거에 디도에게 있었던 일을 언급하는 것은 바울의 의도적인 논의이탈(digression)이다: 전에 디도에게 있었던 일은 당시 중요성을 가지지 못했으나 후의 사건들에 비추어 볼 때 훌륭한 전례가 되기 때문에 바울은 여기서 그것을 부각시킨다(cf. *BDF* 448 (6)). 바울이 갈라디아서를 쓰지 않으면 안되었던 현 상황은 과거 두 번째 예루살렘 방문에서 디도에게 있었던 사건과 본질적인 유사성을 지녔다. 바울이 두 번째 예루살렘을 방문했을 때 유대주의자들이 그와 동행했던 헬라인 신자(信者) 디도에게 할례를 받아야 한다고 압력을 가했던 것처럼(**ἠναγκάσθη**), 할례 없는 복음을 전하는 바울에 반대하는 갈라디아의 유대주의적 그리스도인들도 대부분 이방인들로 구성된 갈라디아인들에게 할례를 받아야 한다고 선동하였음이 분명하다. 따라서 과거 디도에게 할례 베풀기를 거부한 것은 동일한 문제에 직면해 있는 현 상황에서 바울의 입장을 강화시켜 주는 것이다.

디도는 헬라인이지만 할례를 받도록 '강요받지는'(**ἠναγκάσθη**) 않았다. 이 동사는 본절에서 뿐만 아니라 갈라디아의 선동자들의 실제적 강요행위를 설명하는 6:12에서도 사용되기 때문에(cf. 2:14),[146] 우리는 할례를 강요하는 행위가 갈라디아의 선동자들에 의해 실제로 이루어진 것으로 확신할 수 있다. 선동자들의 행위는 할례를 받도록 '강요하는' (6:12) 일 외에 또한 다른 곳에서 '설득하고'(**πείθω**, 5:7) '꾀는' (**βασκαίνω**, 3:1) 일로 설명되고 있다. 이들의 행위가 모두 할례와 깊이 관련되어 있기 때문에 '할례의 요구'가 갈라디아 교회의 위기를 분석하는 가장 확실한 기초임이 분명하다.[147] 창세기 17:9ff에 의하면(이 구절은 갈라디아 선동자들의 신학적 논거에 매우 중요하였다) 아브라함의 자손, 즉 하나님의 언약 백성되는 가장 중요한 표징 중에 하나는 할례를 받는 것이다. 할례의 중요성은 이스라엘 백성 가운데 할례를

146) 이방인을 유대인답게 살게 하려고 강요하는 베드로의 행위에 대해서도 이 동사가 사용된 것은 바울이 그의 행위와 유대주의자들의 행위를 비교함으로써 베드로의 행동을 비판하려는 의도가 있는 것 같다.

147) Cf. J. Eckert, *Verkündigung*, 31ff.

받지 않는 사람은 언약 백성 가운데 끊겨지리라는 하나님의 명령 가운데 증명된다(창 17:14). 이것은 할례와 언약 백성되는 것과 깊은 연관성이 있다는 것을 의미한다. 출생한 지 8일 만에 할례를 받는 이스라엘 백성들은 모두 하나님의 언약백성이라는 자의식을 갖게 되지만, 이방인들 가운데 유대교에 입교하고자 하는 개종자들은 할례를 받음으로 비로소 언약 백성이라는 울타리 안에 들어오게 된다.

베츠와 다른 학자들의 주장에 의하면 바울 당시의 유대교는 개종자들이 예외없이 모두 할례를 받아야 했는지에 대해 공통된 견해가 없었으며, 따라서 개종자들의 할례 문제에 관한 유대교 내부의 논쟁이 기독교 내부의 논쟁으로 변했다고 한다(Betz, 89, n. 297). 그러나 비록 예외적인 경우들에 있어서 이방인들이 할례를 받지 않고도 유대인으로 여겨질 수 있는 가능성은 있지만,[148] 할례는 유대인 신분을 얻는데 있어서 필요하고도 결정적인 요구 사항이었음은 널리 인정되고 있다. 요세푸스의 진술에 의하면, 할례를 받는 목적은 아브라함의 백성을 다른 백성들과 혼합되지 않도록 방지시켜 주는 것이었다(*Ant* 1.192). 디아스포라 유대인들은 선교적 측면에서 하나님을 경외하면서도 할례를 받지 않는 이방인들을 환영하기는 했지만, 팔레스틴 지역에서는 할례를 받지 않는 이들은 이방인 취급을 받았다.[149] 결국 할례는 유대인들과 유대교에 개종한 사람들을 언약백성으로 구분짓는 중요하고도 결정적인 신분표지의 하나임이 분명하다.

---

148) N. J. McEleney, "Conversion, Circumsision and the Law," *NTS* 20(1973/74), 319-341. 이 글에서 McEleney는 개종자가 언제나 할례를 받을 필요가 없었음을 시사하는 것으로 여겨지는 여러 증거들을 제시했지만 그의 주장은 각 경우마다 J. Nolland에 의해 훌륭하게 반박되었다(J. Nolland, "Uncircumcized Proselytes?", *JSJ* 12(1981), 173-194; cf. Räisänen, Paul and the Law, 40-41). Izate의 경우에 심지어 아나니아도 할례를 받지 않는 것은 하나님께 용서를 구해야 할 죄라고 인정하였다(Josephus, *Ant* 20.41-2).

149) Cf. Räisänen, *Paul and the Law*, 41.

그러나 우리의 관심은 바울의 유대주의적 선동자들이 어떤 주장을 했고 또 어떻게 갈라디아에서 성공했는가를 발견하는 일이다. 당대의 문헌 증거에 비추어 볼 때, 할례는 유대교에 매력을 느끼고 개종자가 되려고 했던 이방인들에게 가장 넘기 어려운 장애물이었던 것은 명백하다. 할례는, 비록 그것이 동방의 어떤 종족들에게는 흔한 것이기는 했지만, 고대 그리이스-로마 세계에서는 일반적으로 '수치스러운' 의식으로 여겨졌다. 요세푸스는 아피온(Apion)이 유대인들의 할례 풍습을 조롱한 사실에 대해 불평했고(*Apion*, 2.137), 필로는 할례가 많은 백성들 가운데서 조소의 대상이라는 것을 인정했다(*Spec Leg* 1.1), 그리고 여러 로마의 저술가들도 할례에 대해 이와 비슷한 증언을 하였다(Tacitus, *Histories* 5.5; Martial, *Epigrams*, 8.82; *Historia Augusta, Hadrian* 14.2; *1 Macc* 1.15 등등). 그렇다면 어떻게 선동자들이 이들 이방 갈라디아인들이 할례를 받도록 '강요하고'(6:12) '꾀며'(3:1) '설득할 수'(5:7) 있었는가? 갈라디아의 그리스도인들은 분명 할례가 수치스러운 의식이라는 것을 아는 이방인들이었을텐데 어떻게 지금 그들은 선동자들의 압력이나 설득을 받아들여 바울의 할례 없는 복음을 버리고 할례를 받는 데 매력을 느끼게 되었는가? 이 질문을 이해하기 위해서 우리는 갈라디아인들이 처한 사회적 환경을 분석해야 할 뿐만 아니라, 그들이 할례에 매력을 느끼도록 선동할 수 있었던 선동자들의 신학적 논거(論據)들도 살펴보아야 한다. 선동자들이 사용한 신학적인 논거는 3-4장에 나타나는 여러 복합적인 구약성경 인용과 깊은 관련이 있는 것으로 여겨지는데, 이에 대해서는 앞으로 이들 장들에 대한 주석에서 자세히 논의될 것이다.[150]

어떤 학자들은 바울이 디도에게 할례를 베풀라고 강요하는 유대주의자들의 압력을 단호히 거부한 사실이(갈 2:3) 사도행전에서 디모데에게 할례를 베푼 바울의 행위와(16:3) 모순된다고 생각한다.[151] 그러

---

150) Cf. Barclay, *Obeying the Truth*, 특별히 75-96.
151) Haenchen, *Acts*, 482; Conzelmann, *Apostelgeschichte*, 88ff.

나 디모데는 디도의 경우와 다르다. 그는 유대인 어머니와 이방인 아버지를 두고 있어서 '유대인'으로 간주될 수 있었기 때문에 유대인이 유대인으로서 할례를 받는 것을 바울은 반대하지 않았을 것이다. 이 경우에 할례는 구원론의 문제가 아니라 유대인의 신분을 나타내는 삶의 패턴에 불과하다. 그러나 유대인들의 압력 앞에서 이방인 출신이었던 디도가 할례를 받는 것은 구원론의 핵심과 관련된 전혀 다른 문제였기 때문에 바울은 양보할 수가 없었다. 할례가 유대인이 '유대인으로서' 살아가기 위해 지켜야 할 삶의 유형일 경우에(갈 2:14, *'Ιουδαϊκῶς ζῇς*) 바울은 문제삼지 않지만 그것이 구원론의 문제가 될 때 그는 단호히 그것을 거절한다(cf. 고전 7:18f). 여러 주석가들은 디도가 '억지로 할례를 받지 않았다'(*ἠναγκάσθη περιτμηθῆναι*)는 구절을 그가 '강요를 받기보다는 오히려 자진해서 할례를 받았다'는 뜻으로 취하려고 한다. 그러나 이것은 피상적일 뿐만 아니라 바울이 부정하려는 것을 인정하는 오류를 범하는 해석이다.

4. 이는 가만히 들어온 거짓 형제 까닭이라 저희가 가만히 들어온 것은 그리스도 예수 안에서 우리의 가진 자유를 엿보고 우리를 종으로 삼고자 함이로되

본절의 문장구조를 이해하는 일은 난해하기로 유명하다. 본절은 전치사 구로만 구성되어 있는데, 문제는 바울이 그것을 전후 문맥과 관련이 없는 것처럼 사용한다는 데 있다. 4절 하와 5절의 두 관계절은 (*οἵτινες, οἷς*) 모두 4절상의 전치사 '디아'(*διά*)에 의해 이끌려지는 전치사 구인 '가만히 들어온 거짓 형제들'(*διὰ δὲ τοὺς παρεισάκτους ψευδαδέλφους*)을 수식한다. 이 구(句)는 그것이 4절에서 시작된다고 간주하면 그 자체로는 결코 완성된 문장이 아니다. 바울은 가만히 들어온 이들 거짓 형제들 때문에 어떤 일이 일어났는지 설명하지 않는다. 보통 전치사 구는 동사를 수식한다. 그러나 본절의 전치사 구는 수식하는 동사가 4절과 5절에 없다. 여기서 우리는 다음 중요한 네 가지 견해들만 거론하려고 한다.

(1) 이러한 난점들 때문에 여러 주석가들은 4절과 5절을 '파격문장'(anacoluthon)으로 보려고 한다. 즉, 바울은 문장을 시작하자마자 완성되기도 전에 그것을 중단시켰다는 것이다. 이 견해를 따르면 바울은 아마도 디도가 할례를 받아야 한다는 유대주의자들의 주장 때문에 예루살렘 교회에서 야기된 모종의 문제를 이야기하려고 한 것 같다. 그러나 그는 '거짓 형제'를 수식하는 두 번째 관계절에서 논의의 결말이 무엇인지 말했기 때문에—일시라도 복종치 않았다는 것—다시 되돌아가 그 논의 자체를 재검토하기보다는 문장을 중간에서 성급하게 중단시켜 버리고 다른 문제로 나아갔다. 이런 식의 파격문장은 좀 별나게 보인다. 그러므로 많은 주석가들은 완성되지 못한 문장에서 바울이 말하려고 했던 의미를 4-5절 자체에서 찾기를 피하고 오히려 전치사 구를 선행하는 어떤 것과 연결시키려 한다.

(2) 예를 들면, 어떤 학자들은 전치사 구가 '할례를 받았다'(*περιτμηθῆναι*)를 수식한다고 제안하고, 그 동사를 선행하는 3절 하에서 끌어다 보충한다. 이 해석을 취하면, 4절은 다음의 뜻을 갖게 된다: "디도라도 할례를 받도록 강요를 받지는 않았다; 그러나 그런 일이 일어난 것은—디도가 할례를 받은 것—가만히 들어온 거짓 형제들 때문이다." 그러나 어떤 상황에서도 바울은 이방인 디도에게 예루살렘에서 할례를 베풀었을 리 없기 때문에, 이 해석은 분명히 신빙성이 없을 뿐만 아니라 우리는 이미 앞절의 주석에서 그것을 비판한 적이 있다. 그리고 이들 학자들이 4절을 3절에 의존시켜 거기서 디도가 결국 할례를 받게 되었다는 암시된 의미를 찾는 것은 바울이 유대주의자들에게 '일시라도 복종치 않았다'는 5절의 명백한 진술과 정면 배치된다. 보다 가능성 있는 해석은 4절의 전치사 구에서 암시된 의미가 디도가 할례받았다는 것이 아니라 그가 도리어 할례받지 않았다는 것으로 보는 것이다: "디도라도 할례를 받도록 강요를 받지 않았다. 그러나 그런 일이 일어난 것은—디도가 할례를 받지 않은 것은 가만히 들어온 거짓 형제들 때문이었다." 환언하면, 만일 거짓 형제들만 거기에 없었더라면 디도는 할례를 받았을 것이다. 이 해석은 칼빈과 같은 학

자들에 의해 받아들여지고 있으나[152] 개연성이 없다. 바울이 과연 유대주의자들이 그곳에 없을 경우에 디도에게 할례를 베푸는 데 동의했을지 의심스럽고, 또한 전치사 구에서 디도가 할례를 받지 않았다는 암시적 의미를 끌어내는 것도 매우 부자연스럽다.[153]

(3) 위의 두 해석보다 더 가능성 있는 해석은 4절의 전치사 구(句)를 3절에 나오는 "할례받도록 강요받지 않았다"는 어구에 대한 '설명보족어'(epexegetical)로 간주하는 것이다. 그러면 3절과 4절의 연결은 다음과 같이 된다: "디도라도 할례를 받도록 강요를 받지 않았다 — 말하자면, 가만히 들어온 거짓 형제들 때문에 할례받도록 강요받지 않았다." 그래서 전치사 구는 3절에서 부정되고 있는 압력의 종류, 즉 유대주의자들이 요구했지만 실상 실행되지 못한 압력의 종류를 보다 분명하게 정의내린다. 이 해석은 훌륭한 의미를 제공할 뿐만 아니라 아마도 본래 의미에 가장 가깝게 접근한 것으로 여겨지며 현대 해석자들에 의해서도 많은 지지를 받는다.[154]

(4) 마지막으로 현대 주석가들에 의해 흔히 받아들여지지 않는 또 다른 해석은 전치사 구가 바로 앞에 선행하는 어떤 단어나 구를 수식하기보다 1, 2절에 있는 동사들을 수식한다고 보는 것이다. 이 견해에 따르면, 바울이 전치사 구를 통해 설명할 필요가 있는 것은 왜 바울이 예루살렘에 올라가 그곳의 지도자들에게 그의 복음을 제출했는가라는 질문과 관련된다. 반대자들의 눈에 보기에 그것이 바로 예루살렘 지도자들에 대한 복종처럼 보였을 것이다. 그러나 그것이 복종도 타협도 아니라는 것은 바울과 함께 예루살렘에 있었던 디도까지도 할례를 받지 않았다는 사실에서 밝혀진다. 오히려, 바울이 예루살렘에 올라가 그곳의 지도자들에게 그의 복음을 제출한 것은 그들에게 인준을 받을

152) J. Calvin, *Galatians*, 51.
153) J.G. Machen, *Galatians*, 103ff.
154) Cf. Betz, *Galatians*, 89f; Schlier, *Galater*, 70f; Mussner, *Galater*, 107f; Machen, *Galatians*, 104 등.

필요가 있기 때문에가 아니라 사실은 '가만히 들어온 거짓 형제들 때문이었다.' 이 해석이 대부분의 현대 주석가들에 의해서 거부되는 이유는 전치사 구와 연결되는 동사들이 너무나 멀리 떨어져 있다는 데 있다. 마지막의 이 해석은 의미가 통하기는 하지만 전치사 구가 수식하는 단어를 찾기 위해 멀리 떨어져 있는 동사들을 독자들이 알아서 채워 넣기를 기대한다는 것은 옳지 않다.

그러면 '가만히 들어온 거짓 형제들'은 누구를 가리키는가? 이들의 행동을 지칭하는 단어들은—'가만히 들어온'(**παρεισάκτους**), '몰래 들어오다'(**παρεισέρχομαι**)—적 진영에 몰래 들어가는 첩자들의 행위를 지칭하는 은유이다(cf. 유 1:4; 벧후 2:1; Plut *Popl.* 17; *Polyb* i.7.3). 바울은 이들이 본래 어느 교회 출신의 사람들인지 말하지 않지만, 할례를 주장하고 '형제'라고 불리운다는 점에서 볼 때 그들은 유대 기독교의 배경에서 나온 것이 분명하다. 유대인들은 예루살렘의 중심성을 강조하기 때문에 아마도 이들 거짓 형제들도 궁극적으로 예루살렘에서 온 유대 기독교인 출신일 가능성이 높다.[155] 위에 언급한 두 헬라어 단어가 어떤 교회에 들어온 것을 지칭한다고 한다면, 우리는 두 가지 가능성을 생각할 수 있다. 바울이 두 번째 예루살렘을 방문하기 이전에 이미 유대주의적 거짓 형제들이 안디옥 교회나 그가 설립한 다른 이방인 교회들 가운데 출현하여 문제를 야기시켰으며 그가 예루살렘 교회를 방문하였을 때에 이들의 강요에도 불구하고 디도에게 할례 베풀기를 거절하였을 가능성이 있기 때문에, 우리는 본절에서 이들 거짓 형제들이 '안디옥 교회'나 바울의 다른 '이방교회들' 가운데 들어왔다고 추정할 수 있다.[156] 그렇다면 3-5절은 논의이탈(digression)로 이해되어야 하고 4-5절은 이 논의이탈 부분 내에 존재하는 삽입구로 생각되어야 한다.[157] 3절에서 바울은 두 번째 예루살렘 방문 시에 디도

155) Burton, *Galatians*, 79; Mussner, *Galater*, 109.
156) Mussner, *Galater*, 109; Burton, *Galatians*, 78f; Schlier, *Galater*, 71등.
157) 4-5절의 삽입구적 성격에 대한 논의들은 상당히 다양하다. 이에

에게 할례를 베풀지 않았던 사건을 언급하고, 4-5절에서 그는 디도에게 할례를 베풀지 않게 된 이유가 이미 전에 안디옥 교회나 다른 이방 교회에(또는 보다 후에 예루살렘 교회에) 들어와 할례를 강요하는 유대주의자들의 행위 때문이었다고 부연 설명한다. 바울이 이렇게 갑자기 중심 논의에서 이탈하여 디도의 할례 강요 사건과 그 역사적 배경에 대해 언급하는 것은 유대주의적 선동자들의 침입 때문에 동일한 문제를 겪고 있는 갈라디아 교회들을 염두에 두었기 때문일 것이다.

무스너는 4절에 나오는 '우리'(ἡμῶν, ἡμᾶς)란 복수 일인칭 대명사가 본 서신의 수신인들인 갈라디아 교인들을 지칭하기 때문에 안디옥 교회에 출현하였고 예루살렘에서 디도의 할례를 강요했으며 결국 갈라디아인들의 자유까지 빼앗아 가려고 했던 사람들은 모두 동일 인물들이라고 주장한다.[158] 이것은 가능성을 지닌 견해이기는 하지만, 안디옥이나 갈라디아 또는 예루살렘 교회에 들어온 거짓 형제들이 모두 동일한 인물들인지는 분명치 않다. 5절에서 바울은 '우리'(바울과 함께 예루살렘에 올라갔던 사람들, cf. 9)와 '너희'(갈라디아 독자들)를 구분한다. 그러나 바울과 그의 동료들의 행동이 갈라디아인들이 그리스도 안에서 누리는 자유의 신분에 미치는 영향이 크기 때문에(5절), 아마도 그는 일반화적 복수용법으로서 '우리'라는 말을 쓰지 않았나 생각된다. 디도를 할례받게 하는 것은 비록 특정한 문제이기는 하지만 유대인과 이방인 기독교인들, 특별히 갈라디아 독자들에게 관계되는 보다 폭 넓은 문제의 일부에 속한다.

바울의 관점에서 볼 때 율법과 할례 없는 복음을 전하는 그를 반대하는 이들 유대 그리스도인들은 '거짓 기독교인들'이고, 이들은 이방신자들이 하나님의 은혜로 구원받을 수 있다는 것을 부정하기 때문에 이방 기독교인들의 관점에서 볼 때 '거짓 형제들'이다. 바울은 이들이

대한 보다 상세한 연구들을 참조하려면 Bruce, *Galatians*, 116f과 거기에 실린 참조문헌들을 보라.

158) *Contra* Mussner, *Galater*, 109.

악한 동기들을 가진 것으로 묘사한다. 그들이 몰래 들어온 것은 이방 기독교인들이 그리스도 안에서 소유하고 있는 자유를 '엿보고' (κατασκοπῆσαι) 그들을 '종으로 삼기'(καταδουλώσουσιν) 위한 목적 때문이다. 바울이 여기서 언급하는 자유는 디도의 할례가 문제되는 문맥에서 볼 때 율법의 속박으로부터의 자유를 가리킨다. 후에 안디옥 사건에서는(2:11-21) 할례받지 않은 이방 그리스도인들과 식탁 교제가 부각되지만, 본절에서는 할례를 강요함으로써 그들을 율법에 종노릇하게 하는 문제가 다루어진다. '자유'와 '종노릇'이라는 반제는 갈라디아서의 핵심적 논제이다. 갈라디아인들이 율법에 매력을 느끼는 일을 끊어 버리기 위해 바울은 그것을 '종노릇'의 한 형태로 묘사한다(2:4-5; 4:1-11; 4:21-5:1).

율법의 종노릇에서 자유하는 것은 갈라디아서의 전체 문맥에서 볼 때 단지 신학적인 측면만을 가진 것은 아니고 5-6장에서 중점적으로 다루어지는 그리스도인의 윤리와도 깊은 관련을 맺고 있다. 사실 바울이 율법의 종노릇에서 자유하는 것(2:4), 율법으로부터 구속받는 것(3:13; 4:5), 그리고 율법에 대해 죽는 것(2:19) 등에 대해 말하는 것은 도덕적 안전장치로서 율법의 '울타리' 역할을 부정하는 것이기 때문에 갈라디아인들에게 도덕적인 불안감을 안겨 주고 그들을 선동자들의 유혹에 넘어가도록 만드는 효과를 가질 수 있다.[159] 그러므로 갈라디아서에서 자유는 신학적인 주제일 뿐만 아니라 윤리적이고 실천적 주제이다. 바울이 현재 동사 '에코멘'(ἔχομεν)을 사용한 것은 자유가 지금 신자들이 누리고 있는 현재적인 실재라는 것을 시사한다. 자유는 구원론적 직설법의 영역에 속한 사건인데(cf. 5:1, 13), 이것은 신자들이 죽으시고 부활하신 그리스도와 연합하여 그의 '안에'(ἐν) 있을 때에 주어진다. 후에 5장 주석에서 상술하겠지만 이 자유는 율법의 저주와 관련될 뿐만 아니라 죄인이 율법의 거룩한 요구에 직면할 때 발견하는 윤리적 무능력과도 관련된다. 그리스도께서 신자들에게 가

---

159) Cf. Betz, *Galatians*, 91; J. Barclay, *Obeying the Truth*, 106.

져다 주는 자유는 그들을 율법의 저주에서 놓이게 할 뿐만 아니라, 전에 죄성 때문에 성취할 수 없었던 율법의 의로운 요구를 성령의 능력을 통해 자신들 안에서 이루어지게 한다(5:14,16f; cf. 롬 8:4; 13:8). 그리스도 안에서 향유하는 자유는 성령의 능력에 붙들려 있는 실존을 의미한다. 결과적으로 그리스도를 신뢰하고 성령을 의지하는 것은 율법 아래서의 실존과 삶에 대한 실재적인 대안이기 때문에 선동자들의 주장은 이방 신자들을 율법에 예속시킴으로 그들을 통제하려는 뜻밖에는 없다.

5. 우리가 일시라도 복종치 아니하였으니 이는 복음의 진리로 너희 가운데 항상 있게 하려 함이라

바울은 4절에서 선동자들의 활동과 목표를 묘사한 후에 그들의 요구와(5절 상) 목표에(5절 하) 대해서 강한 거부 의사를 표시한다.[160] 본절은 문장 구성상 4절의 전치사 구에 이끌려지는 '거짓 형제들'을 수식하는 관계절인데, 여러 사본들이 "그들에게…아니하다"(*οἷς οὐδέ*) 라는 말을 생략함으로써 우리 한글성경의 번역과는 정반대의 의미를 제시한다: "그러나 가만히 들어온 거짓 형제들 까닭에…우리는 잠시 동안 복종하였다." 이러한 본문은 디도가 강요에 의해서가 아니라 자진해서 할례를 받았다는 뜻으로 3절을 해석하고자 하는 주석가들의 견해를 지지하는 것처럼 보인다. 그러나 이런 식의 상황 해석은 5절 하에 나오는 바울의 진술과 논리적 연관을 맺는 일을 상당히 어렵게 만든다: 거짓 형제들의 강요 때문에 잠시 동안 복종케 되었다는 상황 해석은 '복음의 진리로 너희 가운데 항상 있게 하려 함이라'는 목적절의 진술과 일치되지 않는다. 뿐만 아니라 만일 바울이 디도에게 할례를 베풀었다면 이 소문은 갈라디아의 선동자들에 의해 악용되었을

160) 5절 상은 많이 토론된 본문상의 문제를 포함하고 있다. 그러나 변이형 본문들은 이차적인 것이고 새로운 표준본문에 실려 있는 *οἷς οὐδὲ πρὸς ὥραν*이 원문에 더 가까운 것이 분명한 것 같다. 상세한 논의로는 Burton, Oepke, Schlier, Mussner 등의 글을 참조하라.

것이기 때문에, 본절의 바울의 진술은 사태 해결에 전혀 도움이 되지 않는다. 이것은 5절 초의 관계대명사와 부정어를 생략하려는 신학적 경향들이 후대의 이차적 현상들이라는 것을 보여 준다. 결론적으로 바울은 거짓 형제들에게 잠시 동안이라도 복종치 않았다. 본문의 '복종하다' (εἴξαμεν τῇ ὑποταγῇ)는 표현은 실제 '복종함으로 승복하다'는 의미를 담고 있다.[161] '복종함으로' (τῇ ὑποταγῇ)라는 여격 표현은 실상은 승복하다는 말 속에 포함되기 때문에 필요없는 중복어이지만, 바울은 여기서 자신의 의도를 강조하기 위해 이 말을 덧붙였다. 복종이란 말 앞에 정관사가 붙여진 것은 아마도 유대주의적 선동자들이 주장한 특정한 요구, 즉 할례와 관련이 있을 것이다.[162] 바울이 여기서 일시라도 복종치 않았다는 강조적 진술은 선동자들의 요구를 기꺼이 받아들이려는 갈라디아인들의 현 상황과 대조를 이룬다.

바울이 이렇게 잠시라도 선동자들의 요구에 복종치 않은 것은 "복음의 진리로 너희 가운데 항상 있게 하기 위한"(5절 하) 것이다. '복음의 진리'란 말은 특이한 표현이다. 바울은 이미 앞서 '거짓된 복음' (cf. 1:6-9)을 언급했기 때문에, 복음의 진리라는 표현은 여기서 거짓된 복음에 반대되는 '참된 복음'을 뜻할 수 있다. 히브리어에는 형용사가 적어서 명사들을 직접 연결하는 경우가 많기 때문에 셈어적 표현에 익숙해져 있는 바울이 이런 표현을 선호했든지 아니면 헬라 저술가들처럼 고양된 문체를 사용하기 위해 추상명사들을 사용하였을 수 있다. 그러나 바울이 여기서 흠 없는 '온전한 복음'을 지칭한다고 보는 것이 더 낫다. 복음의 진리는 선동자들의 거짓 교훈에 반대하여 신자들의 자유를 보존하고 신의 은총을 붙드는 바울의 '온전한 교훈'을 의미한다. 유대주의자들의 주장에 복종하는 것은 결국 복음에서 은총을 제거하는 것이기 때문에 그것의 온전성을 해치는 것이다(cf. 2:14,21). 따라서, 예루살렘에서 디도의 할례를 요구한 유대주의자들의

---

161) εἴκω 동사는 '승복하다', '양보하다', '허용하다'의 뜻을 가지고 있는데, 신약에서 한 번만 나오는 *hapax legomenon*이다.
162) 그러나 H. Schlier, 73에 실려 있는 반대견해를 참조하라.

압력을 거절한 것은 현재 갈라디아인들에게도 중요한 함축을 지니고 있다: 바울의 행위는 은총의 복음을 '너희' 즉 갈라디아 신자들과 함께(πρὸς ὑμᾶς)[163] 영구하게 머물게 하려는 것이었다. '디아메이네'(διαμείνῃ) 동사는 과거 시제이기 때문에 이미 은총의 복음이 갈라디아 독자들에게 선포되었다는 것을 시사한다. 그것은 전치사와 결합된 합성어로서 '영구히 또한 확고히 머문다'는 의미를 지닌다. 이로써 바울은 그의 독자들이 이미 그들에게 전파된 복음을 확고히 소유하게 되기를 소원한다.

6. 유명하다는 이들 중에 (본래 어떤 이들이든지 내게 상관이 없으며 하나님은 사람의 외모를 취하지 아니하시나니) 저 유명한 이들은 내게 더하여 준 것이 없고

바울은 2절 하단에서 중단된 그의 이야기의 중심 논의를 본절에서 다시 시작한다. 그는 예루살렘에 있는 유명한 이들에게 자신의 복음을 제출하였으나, 이들 유명한 자들은 그의 복음에 보충해 준 것도 없었고 그가 본래 소유했던 것보다 더 큰 권위를 그에게 부여해 준 것도 아니었다. 얼핏 보기에 6-10절에서 바울이 서술하는 사건은 바울이 의도하는 논의의 중심 문맥을 벗어난 것처럼 보이지만 갈라디아 교회들이 처한 위기 상황에 대한 사실 진술의 핵심을 형성하는 것으로 생각된다. 두 번째 예루살렘 방문에서 있었던 사건들과 현재 갈라디아 교회들의 위기 사이에 모종의 관계가 있음이 분명하다. 바울이 6-10절에서 예루살렘 교회의 지도자들을 중점적으로 언급하는 것은 현재 갈라디아 교회에서 활동하는 선동자들의 신학적 입장이 이들 예루살렘 당국자들과 모종의 관련이 있음을 보여 준다. 이 관련성에 대해서는 바울뿐만 아니라 선동자들과 갈라디아인들까지도 어떤 생각을 했을 것이다. 만일 바울이 그의 복음과 사도직을 예루살렘 당국자들에게 받지

163) πρός 전치사는 보통 '무엇을 향하여, 누구에게'를 뜻하지만 '무엇, 누구와 함께'를 의미할 수도 있다(살전 3:4; 살후 2:5; 3:10; 갈 1:18; 4:18,20).

않고 하나님에게서 직접 받았다면(1:1,12), 그는 이들 당국자들이 그에게 어떤 역할을 했으며 또 바울과 바나바가 왜 예루살렘에 올라갔고 거기서 어떤 일이 있었는가 하는 질문들을 다루어야만 했다.

바울은 먼저 과거 그가 예루살렘 사도들과 어떤 관련을 맺고 있었고 지금 또 어떤 관련을 맺고 있는지를 설명한다. 그는 이들을 '유명한 이들'(***οἱ δοκοῦντες εἶναι τι***)이라고 부른다. 2절에서 이미 그는 비슷한 표현을 사용하였는데(***τοῖς δοκοῦσιν***), 본절에서는 '에이나이 티'(***εἶναι τι***)가 덧붙여졌다. 어떤 학자들은 위의 두 표현들 간에 모종의 뉴앙스 차이가 존재한다고 생각하고 '에이나이 티'가 덧붙여진 본절의 표현을 갈라디아서 6:3과(***εἰ γὰρ δοκεῖ τις εἶναί τι μηδὲν ὤν***) 비교하고자 한다. 그러나 6:3에서는 무언가 된줄로 생각함으로 스스로 속는 사람이 문제되는 반면에, 본절에서는 유명한 이들로 여기는 주체는 사도들 자신이 아니라 동료 그리스도인들이다. 뿐만 아니라 6:3에서처럼 그들의 명성이 근거 없는 허황된 것이라는 암시는 본절에서는 존재하지 않는다. 그럼에도 불구하고 라이트푸트는 본절의 표현이 고대 문헌들 가운데 비난조의 의미로 쓰인 여러 용례들을 제시한다(Plat. *Apol*. 41 E; *Euthyd*. 303 C; *Gorg*. 472 A; Ignat. *Polyc*. 3).[164] 던 역시 본절과 9절에 사용된 바울의 언어표현 가운데서 부정적인 의미의 뉘앙스를 탐지할 수 있다고 생각한다.[165] 본절의 표현이 만일 논쟁적 문맥에서 사용된 사실을 고려한다면, 이들 학자들의 지적은 근거 없는 주장이라 할 수 없다. 그렇다면 우리는 예루살렘 사도들이 객관적인 명성과 권위를 소유했음에도 불구하고 왜 본절의 '유명한 이들'이란 표현에 부정적 이미지가 덧붙여졌는지에 대해 설명해야 한다. 바울이 예루살렘에 올라가서 그곳의 지도자들과 만난 사실과 후에 그들과 맺은 관계를 고려해 보면(cf.행 15:1-29), 그는 예루살렘 지도자들의 신분과 명성을 의심하지 않았다. 그럼에도 '유명한 이들'이란 본절의 표현이 부정적 이미지를 갖게 된 것은 사도들 자신 때문이 아니라 유대

164) Lightfoot, *Galatians*, 107f 참조.
165) Dunn, *Unity and Diversity*, 408 n. 49.

주의자들이 바울의 신분과 명성을 평가절하시키려고 예루살렘 지도자들에게 갖다 붙인 그들의 지나치고 배타적인 주장들 때문이었을 것이다. 이와 비슷한 비난조의 표현을 우리는 고린도후서 11:5, 12:11에서 사용된 '지극히 큰 사도들'이란 말에서 찾을 수 있다.

6절 중반의 삽입구에서 바울은 이들 지도자들을 어떻게 평가하는지를 보충설명한다. 이들의 신분은 우리말 성경에서 모호하게 번역된 "본래 어떤 이들이든지"(**ὁποῖοί ποτε ἦσαν**)란 어구표현 속에 잘 나타나 있다. 여기서 문제가 되는 말은 후접사인 '포테'(**ποτε**)가 정확하게 어떤 의미를 지니는가에 달려 있다. 고전 헬라어에서 이 단어는 묘사되는 주체가 처해 있던 실제 상황을 묘사하는 데 사용되었다. 그래서 어떤 학자들은 단지 대명사 '호포이오이'(**ὁποῖοι**는 '누구이든지'란 말에서처럼 '—이든지'의 뜻을 지닌다)에 불확정한 측면을 덧붙여줄 뿐이라고 생각한다. 그러나 바울이 그의 서신에서 이 말을 과거 동사와 함께 사용할 때마다, 그것은 흔히 시간적인 의미로 '전에'란 뜻을 가진다(cf. 롬 7:9; 갈 1:13; 엡 2:2; 빌 4:10; 골 1:21; 살전 2:5 등). 만일 '포테'가 이렇게 시간적인 의미를 지닌다면, 여기에 세 가지 가능성이 존재한다: (1) '포테'는 예수에게서 부름을 받기 전 어부와 같은 낮은 직업에 종사했던 제자들의 신분을 지칭하던가, (2) 아니면 공생애 기간 동안 역사적 예수와 교제하였던 제자들의 신분을 지칭할 수 있다. 또는 (3) '포테'는 바울과 사도들이 만난 예루살렘 회합의 때를 지칭할 수도 있다. 첫 번째 해석은 블라이에 의해 지지받고 있는데, 그는 본절의 삽입구를 다음과 같은 의미로 해석한다: "사도들은 비록 이전에는 어부들이었지만, 바울은 그들을 존경했다. 왜냐하면 하나님은 사람을 외모로 취하지 않기 때문이다".[166] 이 해석은 그러나 "내게 상관이 없다"는 바울의 진술과 어울리지 않을 뿐만 아니라, 선동자(예루살렘 사도들의 우월한 권위를 강조하는)들의 주장을 비평하는 바울의 논쟁적 문맥과도 일치하지 않는다. 세 번째 해석은 몇몇 학

166) Bligh, *Galatians*, 107f.

자들에 의해 지지되고 있기는 하지만,[167] 현재 바울이 그의 이야기에서 예루살렘 회의에 관해 쓰고 있기 때문에, 이 경우에 '포테' 보다 '토테' (**τοτε**)라는 말이 더 적합하다. 오히려 바울의 언어는 두 번째 견해를 지지한다: 비록 예루살렘 사도들이 전에 역사적 예수와 교제했던 원사도들이지만, "육체를 따라 그리스도를 아는 것"(고후 5:16)은 그 자체가 하나님 보시기에 가치 없는 일이다. 중요한 것은 하나님께서 바울을 부르고 그에게 사도직을 위임하셨다는 사실이기 때문에, 바울은 과거 예수와 교제했다는 역사적 자격들이 그들을 보다 우월하게 만든다는 유대주의자들의 주장을 단호하게 부정한다. 하나님의 현존 앞에서 인간적 차이점들은 모두 사라지고 만다.

미완료과거 동사인 '에산' (**ἦσαν**)과 현재동사 '디아페레이' (**διαφέρει**)의 의미상의 관련성에 대해 여러 다양한 견해들이 제시되어 왔으나,[168] 이들 견해 중에 특별히 우리의 주목을 끄는 것은 던(J.D.G. Dunn)의 것이다. 그는 6절에 사용된 두 동사들의 시제 변동에 주목한다: 예루살렘 사도들이 과거에 어떤 사람들이었든지 간에 현재 바울에게 아무 관계가 없다. 또한 갈라디아서 1-2장에서 바울과 예루살렘의 관계를 묘사하는 데 사용된 네 중요한 동사들을 검토한 후에, 그는 갈라디아서가 기록될 당시 그들 사이의 관계에 어떤 중요한 변화가 생겼다고 추측한다. 주석학적인 이러한 관찰들은 던이 다음과 같은 결론을 내리

---

167) Sieffert, *Galater*, 119; Oepke, *Galater*, 77f.

168) Karl Heussi는 미완료 과거의 사용에 근거하여 이 동사가 바울이 그의 편지를 쓸 당시 베드로, 야고보, 요한은 이미 죽은 상태에 있었다는 가설을 주장했다(cf. Betz, 93 n. 337; 여기에 인용된 K. Heussi, *Die römische Petrustradition in kritischer Sicht*, Tübingen, 1955). 그러나 이에 대한 비평으로는, Schlier, 75 n. 4; Mussner, 113 n. 6을 보라. 다른 학자들은 '*ἦσαν*'을 사도들이 과거에 소유했으나 지금은 더 이상 가지고 있지 못한 특권들을 지시한다고 생각한다. 제자들은 역사적 예수, 또는 부활하신 그리스도와 교제했고, 그들은 그들의 명성을 그 교제에 근거시켰다. 그러나 하나님은 바울을 부르실 때 이러한 역사적 자격들을 요구하지 않았기 때문에 바울은 그런 자격들을 여기서 무시하였다는 것이다(Schlier, 75f).

게 만들었다: 바울은 자신의 논적들의 비평에 직면하여 자신의 복음과 사도직이 소유하는 합법성과 독립성을 주장하면서도 그의 사역 초기에 자신이 예루살렘의 지도력과 권위에 의존하였음을 인정하였다. 그러나 안디옥 사건(2:11-14)이 발생한 이후로 이 의존관계는 깨어지고, 바울은 더 이상 예루살렘의 권위를 과거와 같이 인정할 수 없었다.[169] 사실 '안디옥 사건'은(바울의 권위가 예루살렘에 의존해 있고 결국 그의 사도직과 복음이 인간적 기원을 지닐 뿐이라는 유대주의자들의 주장을 비평하는) 논쟁적인 문맥 가운데 위치하여 있고 그것은 또한 바울이 그의 논적들의 신학적 주장들에 대해 실제적인 답변을 시작하는 부분이기 때문에, 바울이 안디옥 사건에 핵심적인 비중과 의의를 두고 있는 것은 사실이다. 이 점들을 고려할 때, 던의 주된 주장은 본문적인 근거를 가지고 있다. 그러나 그의 논의가 바우르(F.C. Baur)의 주장대로 바울의 이방 기독교와 예루살렘의 유대 기독교 사이에 어떤 근본적인 신학적 균열이나 갈등을 배후에 전제하고 있다면, 우리는 그 전제를 반대할 수밖에 없다. 갈라디아서 1:22-23; 2:6 등의 구절은 바울과 유대 교회들 사이에 신학적 의견일치를 함축하고 있고, 2:6-10은 거기서 성립되는 상호 협력과 교제를 강조한다. '에산'(**ἦσαν**)과 '디아페레이'(**διαφέρει**) 동사를 담고 있는 본절 삽입구는 상호 협력과 교제를 강조하는 문맥 속에 위치하고 있기 때문에 우리는 안디옥 사건이 바울과 예루살렘 사이에 존재하는 그러한 근본적 관계를 깨뜨렸다고 볼 수 없다.

하나님은 '사람을 외모로 취하지 아니하신다'(**πρόσωπον οὐ λάμβανει**)는 이 표현은 '얼굴을 들게 하다' 또는 '호의를 베풀다'는 의미를 지니는 히브리어 '나샤 파님'(**נָשָׂא פָּנִים**)을 헬라어로 번역한 것이다. 구약에서 이것은 본래 편파성이란 부정적 개념을 지니지 않은 중립적인 표현이었고 나쁜 의미보다는 오히려 좋은 의미로 더 자주 쓰였다. 그러나 그것이 독립적인 헬라어 관용어가 되었을 때 나쁜 의미가 거기

169) Dunn, *Jesus, Paul and the Law*, 108-122.

에 덧붙여져서 사람의 내면적 가치보다 외적인 부나 지위 또는 환경 등을 더 존중한다는 뜻을 가지게 되었다. 이런 배경 때문에 신약에서 그것은 항상 나쁜 의미를 지닌다. 위의 헬라어 표현은 누가복음 20:21에서도 발견된다. 그러나 더 자주 사용되는 것은 합성어들인데 (***προσωπολήμπτης***, 행 10:34; ***προσωπολημψία***, 롬 2:11; 엡 6:9; 골 3:25; 약 2:1; 또는 ***ἀπροσωπολήμπτως***, 벧전 1:17) 하나님은 편파적이지 않다는 성경적 개념을 시종일관하게 나타낸다. 비록 역사적 예수의 제자들이나 친족들은 지상에서 그와 직접적인 교제를 나누었다는 특권을 누리기는 하였지만, 하나님은 그런 특권들을 지닌 그들이라고 해서 후에 사도적 소명을 받은 바울보다 더 우월하게 대우하시는 것은 아니다.

그러한 특권을 누렸던 유명한 이들은 도리어 바울에게 "아무것도 더하여 준 것이 없었다." 바울이 '유명한 자들에게서'란 말로 시작한 표현을 완성된 문장으로 끝맺었다면, 아마도 그는 '내가 아무것도 받지 않았다'든지 아니면 '내가 아무 것도 배운 바가 없었다'는 문장을 뒤에 덧붙였을 것이다. 그러나 그는 중간에 삽입구를 넣어 처음 문장을 중단시키고 '유명한 이들'(***οἱ δοκοῦντες***)을 주문장의 주어로 삼고 있다—이것은 바울서신에서 흔히 발견되는 파격문장(anacoluthon)이다. 아마도 문장을 시작하자마자 이렇게 갑작스럽게 중단시키고 새 문장을 시작하는 것은 바울이 자신의 사도직을 비판하는 반대자들의 공격에 직면하여 격앙된 그의 감정을 표출한 것이라 생각할 수 있다 (Bruce, 118). 파격문장 뒤에서 바울은 접속사 '가르'(***γάρ***)를 사용하여 삽입구 때문에 중단된 문장에 되돌아가 그 의미를 완성시킨다.[170)]

본절의 '더해 주다'(***προσανατίθημι***)는 동사는 1:16에서 쓰인 것과

---

170) 아니면 ***γάρ***가 삽입구인 ***ὁποῖοί…διαφέρει***에 덧붙여질 경우에 그 뜻은 다음과 같이 된다: "그들이 과거에 어떤 사람들이었든지간에 그것은 나에게 상관이 없다: 왜냐하면 나에게 그들은 아무것도 더해 준 것이 없기 때문이다"(Lightfoot, 108).

형태는 동일하지만 다른 의미를 지니고 있다. 이 동사는 1:16에서 정보를 얻으려고 다른 사람과 의논하는 행위에 대해 사용되었지만, 본절에서 그것은 정보를 다른 사람에게 더해 주는 행위에 대해 사용되기 때문에 의미상으로 2:2에서 사용된 '아나티떼미'(ἀνατίθημι) 동사와 크게 다르지 않다. 특히 전자의 경우는 자동사로 사용되는 반면, 후자의 경우는 '아무 것도'(οὐδέν)라는 목적어를 가진 점에서 서로 다르다. 결국 바울의 복음과 그의 사도직 권위에 대해서 예루살렘 사도들은 아무 의문도 가지고 있지 않았다. 그들이 바울에게 더해 준 것이 없다는 말은 그가 이미 배워 알고 있는 것 외에 다른 것을 더 가르쳐 준 것이 없다는 것을 말한다: 예루살렘 사도들은 바울이 그들에게 제출한(ἀνεθέμην, 2:2) 핵심적인 복음선포에 대해 어떤 제한을 가한 일도 없고, 또한 어떤 다른 요구들을 덧붙여 부과한 일도 없었다. 예루살렘에서 있었던 회합에서 바울의 복음이 이렇게 사도들에 의해 인정되었으며, 바울에게 마땅히 있어야 한다고 주장하는 선동자들의 그런 요구들이 사도들에 의해 부과된 적도 없었다는 것은 바울의 자기변호에 있어서 가장 결정적으로 중요하다. 또한 역으로 선동자들의 요구들은 이로써 부당한 것으로 판명되었다.[171]

7. 도리어 내가 무할례자에게 복음 전함을 맡기를 베드로가 할례자에게 맡음과 같이 한 것을 보고

바울은 6절에서 예루살렘 회의의 중요한 부정적 결과를 진술한 후에, 이제 그 긍정적 결과에 대해서 언급한다. 앞절에서처럼, 그는 그 결과를 난해하고도 긴 문장으로 진술한다(7-9절). 본절 초반에 '그러나 도리어'(ἀλλὰ τοὐναντίον)라는 말은 바울이 앞절에서 진술한 것에

---

171) 몇몇 학자들은 바울이 특별히 행 15:14-19에 묘사된 "사도회의의 결정"을 염두에 두고 있다고 주장한다(Schlier, 74f; Mussner, 14f; Georgi, *Kollekte*, 19f), 그러나 이 제안은 갈라디아서에서의 바울의 주장과 일치하지 않는다. 주지하듯이, 사도행전에 나타난 '사도회의의 결정'은 할례의 요구를 담고 있지 않다.

상반되는 긍정적 결과를 소개하도록 유도한다: 유명한 자들은 그의 복음에 무엇을 더해 주기보다 오히려 베드로가 '할례의 복음'을 맡은 것처럼 바울도 '무할례의 복음'을 맡은 것을 깨닫게 되었다. 이것은 예루살렘 회의에서 바울의 복음이 이방인을 위한 복음으로 공인되었다는 것을 뜻한다. 아마도 이것을 이야기할 때, 바울은 자신의 논의 가운데서 가장 위험스러운 부분을 거론하는 것으로 느꼈을 것이다. 왜냐하면 예루살렘에 올라가 사도들과 회의한다는 사실 자체가, 그들을 보다 우월한 권위를 지닌 사람들로 인정하는 것처럼 보이게 하기 때문이다. 그래서 바울은 반대자들 앞에서 자신을 변호하기 위해 자신이 당시에 그렇게 인정한 사실이 없었음을 논증해야만 하였다. 본절의 요점은 바울이 예루살렘 사도들을 인정한 것이 아니라 도리어 그들이 그를 이방인의 사도로, 그리고 그의 복음을 이방인을 위한 복음으로 인정하였다는 것이다.

예루살렘 사도들이 바울을 그렇게 인정하게 된 데에는 모종의 신학적 통찰이 있었던 것 같다: "그들이… 보고"(*ἰδόντες*).[172] 이 말은 사도들이 바울의 논의에 근거해서만이 아니고 그의 사역의 결과와(cf. 8절, *ἐνεργήσας*) 그의 주장에 대한 그들 자신의 확신에(cf.9절, *γνόντες*) 근거해서 판단하고 행동하였음을 시사한다.[173] 어떤 학자들은 이러한 통찰이 회의 석상에서 뜨거운 논쟁이 있은 후에 비로소 생겼다고 주장한다.[174] 이 주장은 바울과 예루살렘 사도들 사이에 모종의 의견 차이 때문에 논쟁이 있었다는 것과 그 논쟁의 결과로 그들이 자신들의 견해를 바꾸었다는 것을 전제한다. 이들은 사도들이

172) Cf. 갈 2:14; 마 27:3,24; 행 12:3.

173) Burton은 사도들이 바울의 복음과 사도직을 인정할 수 있게 된 배경들을 여러 가지로 추정한다: 그들이 바울을 인정하게 된 것은 그가 자신의 복음의 내용을 진술한 데 근거하든지, 그가 어떻게 그 복음을 받게 되었는지 이야기한 것에 근거하든지, 그의 사역의 결과들에 근거하든지, 그가 보여 준 정신에 부분적으로 근거하든지, 아니면 이 모든 것들이 결합된 데 근거할지 모른다 (*Galatians*, 91).

174) Cf. Betz, *Galatians*, 96.

신학적 원리 때문이 아니라 유대주의자들의 압력을 누그러뜨린다는 실천적 이유 때문에 디도의 할례를 권유했다는 4절의 불확실한 주석에 근거해서 바울과 사도들 사이에 그런 논쟁이 있었음을 추측한다. 그러나 전후 문맥을 보면 그런 논쟁이 있었다는 어떤 암시도 없을 뿐만 아니라 사도들은 오히려 바울의 실제적인 이방선교 사역과 그 결과들을 '보았고'(7절) 하나님이 그에게 주신 사도직의 은혜를 '알았다'(9절). 이것은 그들이 이미 성공적인 바울의 이방선교 활동들을 들어 알고 있었음을 전제한다(cf. 1:23). 과거에 이미 들은 소식들과 바울 자신의 보고를 통해 그들은 그의 이방선교 사역의 정당성을 인정하게 되었을 것이다.

본절에서 '(무)할례의 복음'이란 표현은 생소하게 보인다. 복음을 수식하는 소유격 표현은 그 복음의 내용을 지칭하기보다 그것이 전파되는 대상들을 지칭하는 것이 분명하기 때문에 그것을 목적격적 소유격으로 취하는 것이 옳다. 즉 베드로는 할례자들을 위한 복음을 맡았고 바울은 무할례자들을 위한 복음을 맡았다. 여기서 '무할례'는 이방인들을, '할례'는 유대인들을 각각 가리키는 집합적인 술어들이다(cf. 롬 2:6f; 3:30; 엡 2:11). 바울은 다메섹 도상에서 처음 회심할 때부터 이방인들을 위해 복음을 전할 사명을 위탁받았었고(1:16; 롬 11:13; 15:16f),[175] 전생애를 다바쳐 이 사명을 완수하는 일에 시종일관 매진하였다. 예루살렘 사도들은 소문이나(1:23) 바울 자신의 보고에(2:2) 근거해서 그가 이방인들에게 복음을 전하는 사도라는 것을 인정하게 되었다. 여기서 바울과 베드로가 특별히 언급된 것은 분명히 이들이 초대교회 내에서 담당한 주도적인 역할 때문일 것이다. 바울이 이방선교를 성공적으로 수행한 대표적 인물이라면, 베드로도 역시 예루살렘이나 다른 유대지역에서 자기 백성들에게 복음을 효과적으로 전도하였다(cf. 행 2:14ff; 3:12ff; 9:32ff). 물론, 베드로도 한때 가이사랴에서 고넬료라 하는 이방 백부장에게 전도한 적이 있고, 또 이것은 선교의

175) Cf. 고전 9:17; 살전 2:4; 딤전 1:11; 딛 1:3. 완료 수동태인 이 동사는 복음을 위탁한 하나님의 행위를 강조한다.

새로운 전환점을 이루는 중요한 사건이기는 하지만(행 10:1-11:18) 그의 예외적인 사역일 뿐이다. 바울 역시 유대인들에게 제한된 선교사역을 하기는 했지만(행 9:15; 26:20), 그의 특징적인 사역은 이방인들에게 복음을 전하는 것이었다.

이미 지적한 대로 '(무)할례의 복음'이란 표현이 좀 생소하게 들린다. 어떤 학자들은 이 표현이 바울의 언어가 아니며 또한 그것은 이미 1:6-7에서 다른 복음은 없다고 선언한 그의 진술과 모순되기 때문에, 바울이 여기서 세부사항까지 헬라어로 기록한 공식 합의문에서 글자 그대로 인용한 것이라고 주장한다.[176] 그러나 '(무)할례의 복음'이란 말은 위에서 이미 지적한 대로 초대교회 내에 존재하는 두 다른 복음을 지칭하기보다 두 다른 대상들에게 선포되는 복음을 의미하고, 이 복음의 핵심적 내용에 대해서 바울과 예루살렘 사도들은 전적으로 동의하였었다(cf. 6절). 만일 이들 사이에 어떤 심각한 의견차이가 있었다면, 그것은 반대자들에게 노출되었을 것이고 그들에 의해 악용되었을 것이다. 후에 예루살렘 회의에서(행 15:1-20) 합의된 사항들 중에서도 할례가 구원에 필요한 조건이나 또는 유대주의자들을 누그러뜨리기 위해 이방인들도 때로 받을 필요가 있는 사항으로 포함되어 있지 않을 뿐 아니라,[177] 유대인이나 이방인 모두 오직 '주 예수의 은혜로 구원받는다'(10절; cf. 9절, ***τῇ πίστει καθαρίσας***)는 기본적 신학 원리는 바울과 예루살렘 사도들 사이에 완전히 합의된 사항이었다. 물론, 베드로가 유대인들에게 전하는 복음과 바울이 이방인들에게 전하는 복음은 서로 다른 청중을 향하고 있기 때문에 각기 다른 강조점을

176) E. Dinkler, "Der Brief an die Galater," *Verkündigung und Forschung*(1953/55), 182f; Schlier, *Galater*, 77, n.2.

177) 실제로 이 경우에 사도들이 유대인들을 위해 이방인 신자들에게 권면한 실천적 사항들은 할례가 아니고 다른 것들이었다: 이를테면 "우상의 더러운 것과 음행과 목매어 죽인 것과 피를 멀리하는 것" 등이다. 이런 조항들은 구원론적 원리 때문에 제시되기보다는 종교적 풍습을 달리하는 유대인과 이방인이 서로 상대방을 격돌시키지 않고 절제함으로 그들간의 교제를 원활히 하기 위한 조처로 제시된 것이다.

포함했을지 모르지만 그들이 전하는 복음이 종류에 있어서 다른 복음이라고 할 수는 없다(cf. 1:6-9). 이 점에서 예루살렘 사도들의 복음을 왜곡시킨 사람들은 바울이 아니라 유대주의자들 자신이었다.

바울이 다른 곳에서 흔히 언급하는 '게바'(***Κηφᾶς***)란 이름이 사용되지 않고 (cf. 1:18; 2:9,11) 본절에서 '베드로'(***Πέτρος***)란 이름이 대신 사용된 점이 여러 학자들에게 문제시되었다.[178] 딩클러는 7-8절에서 '베드로'란 이름이 예외적으로 사용된 것은 이 구절들이 어떤 공식적 합의문서에서 글자 그대로 직접 인용된 것을 시사한다고 주장하였다.[179] 그러나 7절 전체가 합의사항에 대한 바울 자신의 평가를 담고 있다는 점에서 그의 언어를 반영한다는 사실이 많은 학자들에 의해 인정되고 있다.[180] 그럼에도 불구하고 '(무)할례의 복음'이란 말이 바울적인 표현이 아닌 것은 분명한 것 같고, '베드로'란 이름이 여기서 전후 문맥과는 대조적으로 사용되기 때문에, 우리는 여기서 바울이 예루살렘 사도들이 사용한 표현을 빌려다 쓰되 자신의 문맥 속에 편입시켰을 가능성을 완전히 배제할 수는 없다.

8. 베드로에게 역사하사 그를 할례자의 사도로 삼으신 이가 또한 내게 역사하사 나를 이방인에게 사도로 삼으셨느니라

예루살렘의 사도들은 바울의 선교 활동에 관한 소문과(1:23) 그의 직접적 설명(2:2)을 들었을 때, 그들은 하나님께서 유대인들을 위한 그들의 사도직 사역 속에서 역사하신(***ἐνεργήσας***) 것처럼, 바울의 이방 사도직 사역 속에서도 역사하신(***ἐνήργησεν***) 것을 인정하지 않을 수가 없었다. 접속사 ***γάρ***('왜냐하면')는 7절과 8절을 논리

---

178) 이에 대한 학자들의 다양한 견해에 대해서는, Betz, 96-97와 Bruce, 120f를 참조하라.
179) Dinkler, *op.cit.*, 182f; Cullmann, *TDNT* 6, 100 n.6.
180) Betz, *Galatians*, 97; Bruce, *Galatians,* 121; Georgi, *Kollekte,* 14 n.10; Haenchen, "Petrus-Probleme," *NTS* 7(1961) 187-97, 192ff.

적으로 연결시켜 주지만, 8절 자체는 7절과 9절 사이에 끼여 있는 삽입구적 진술이다. 본절은 베드로의 유대 사역과 바울의 이방 사역을 평행시켜 놓음으로써(cf. ***καὶ ἐμοί***) 모두 동등한 직접적인 하나님의 사역이라는 사실을 부각시키며, 이것은 예루살렘 회의에서 바울 자신뿐만 아니라 그곳의 사도들에 의해 모두 인정된 것으로 보인다.

동일한 하나님께서 베드로에게(***Πετρῳ***) 뿐만 아니라 바울에게도(***ἐμοί***) '역사하셨다'(***ἐνήργησεν***). '역사하다'(***ἐνεργεῖν***)는 동사는 사람에게 능력을 불어넣어 어떤 일을 하도록 만드는 하나님의 행위에 대해 보통 사용된다(cf. 고전 12:6; 갈 3:5; 엡 1:11; 빌 2:13). 힘써 수고하고 일한 것은 베드로와 바울 자신이지만, 그들의 행위의 주체(主體)를 하나님, 그리스도로 삼음으로써 그것을 신적인 행위의 관점에서 묘사하는 것은 특징적인 바울의 습관이다(cf.롬 15:18; 빌 1:6; 2:13; 살전 5:24 등). 그는 때로 신자의 행위를 두 가지 다른 관점에서 동시에 묘사한다. 선한 행위를 해야 할 인간의 책임을 강조하면서도, 바울은 그것을 하나님 자신의 행위로 묘사하려는 경향이 있다. 바울사상에 있어서 '행위'는, 신인협동설(synergism)의 경우처럼, 객관화하는 방식으로 하나님과 인간 사이에 분리되지 않는다.[181] 바울과 베드로에게 역사하신 하나님의 행위는 표적이나 기사(cf. 갈 3:5; 롬 15:18), 사람들을 변화시키는 능력 있는 사역 등을 동반한다(cf. 롬 15:18f; 골 1:29). 그의 서신 다른 곳에서 '에네르게인'(***ἐνεργεῖν***) 동사가 단순한 여격 명사와 더불어 쓰인 경우는 없다. 여기서 여격표현은(***Πετρῳ, ἐμοί***) 단순히 하나님의 내면적인 사역을 지칭하기보다(cf. ***ὁ ἐνεργῶν ἐν ὑμῖν***, 빌 2:13) 베드로와 바울에게 미친 신적인 능력의 영향, 결과를 지칭하기 때문에 '유익의 여격'(dative of advantage)으로 해석하는 것이 옳을 것이다. 하나님은 베드로와 바울을 사도로 삼기 위해서 그들을 '위해' 크신 일을 행하셨다. 쓰여진 동사가 부정과거라는 사실에 근거해

---

181) H. Lee, *Divine Grace and the Christian Life*, 193.

서 베드로와 바울을 위해 하신 하나님의 크신 일이 여기서 단지 바울의 다메섹 회심사건이나 베드로의 변화산 사건만을 지칭한다고 볼 수 없다.[182] 하나님이 하신 크신 일은 처음 부르심만이 아니라 그들의 성공적인 선교사역을 포함한다. 바울의 경우에 있어서 과거 그의 효과적인 이방선교 활동 결과들을 '듣고' 예루살렘 사도들은 하나님께서 그에게 역사하여 이방인 사도로 삼으셨다는 사실을 깨닫게 된 것이다.

하나님의 사역의 목적은 베드로에게 '할례의 사도직'(*ἀποστολὴ τῆς περιτομῆς*)을 감당하게 하시는 것이다. '할례의 사도직'이란 표현은 신약에서 한 번 본절에서 나타나며 7절의 '할례의 복음'과 상응한다. 사도직이란 말은 여기서 기독공동체들을 세우는 일, 즉 사도적 사명을 수행하는 행위를 가리킨다.[183] 놀라운 것은 베드로에게 '할례의 사도직'이란 표현이 이미 사용되었기 때문에 바울에 대해서도 대칭되는 '이방인들의 사도직'(*ἡ ἀποστολὴ τῶν ἐθνῶν*)이란 표현이 쓰일 수 있을 법 한데, 바울은 자신의 사역에 대해 '사도직'이란 표현을 사용하기를 피하고 대신 단순히 '이방인들을 위해'(*εἰς τὰ ἔθνη*)란 말을 사용하였다는 점이다. 이런 현상에 근거하여 어떤 학자들은 사도들이 바울의 복음을 그들의 복음과 동등한 것으로 인정하기는 했지만 그를 결코 '사도'로 인정한 적이 없었다고 주장한다.[184] 그러나 이들의 주장은 바울의 사도직의 정당성이 그의 복음의 정당성과 필연적인 관계가 있다는 사실을 망각하고 있다: 바울을 '사도'로 인정하지 않았으면서도 예루살렘 사도들이 그가 이방인들에게 전하는 할례 없는 이신칭의(以信稱義) 복음을 인정했다고 말하는 것은 논리적으로 빈약하다. 뿐만 아니라 9절에서 사도들은 하나님께서 바울에게 주신 은혜를(*τὴν χάριν τὴν δοθεῖσάν μοι*) 인정한 것으로 되어 있다. 이 헬라어 표현은 항상 바울의 사도직을 지칭하는 술어라는 것이 여러 학자들에 의해

---

182) *Contra* Bligh, *Galatians*, 110.
183) Ridderbos, *Galatians*, 89. R.D. Culver, 'Apostles and the Apostolate in the NT,' *Bib Sac* 134(1977), 131ff.
184) Bultmann, *History of the Synoptic Tradition*, 289; Betz, *Galatians*, 99.

지적되고 있다.[185] 하나님이 바울에게 주신 '은혜'가 사도직의 은혜가 아니라면 그것은 그의 전체 선교활동을 통해 나타난 하나님의 구속사역을 지칭할 수도 있지만 여기에 부정과거 분사 '도떼이사'(δοθεῖσα, '주신')가 사용된 것은 과거에 이루어진 결정적인 한 사건을 지칭하고 있음을 시사한다. 그것이 하나님께서 바울을 사도로 부르신 다메섹 사건이라면, 7절의 완료동사 '페피스튜마이'(πεπίστευμαι)는 그 사건의 계속적 효과를 나타낸다. 이런 관찰들은 예루살렘 회의의 주된 결과가 바울의 복음만 아니라 그의 사도직을 인정하는 것이었음을 시사한다. 본절의 "이방인들"(εἰς τὰ ἔθνη)이란 표현은 그러므로 "이방인의 사도직"(εἰς ἀποστολὴν τῶν ἐθνῶν)에 대한 압축된 표현이라고 볼 수 있다.[186]

9. 또 내게 주신 은혜를 알므로 기둥같이 여기는 야고보와 게바와 요한도 나와 바나바에게 교제의 악수를 하였으니 이는 우리는 이방인에게로, 저희는 할례자에게로 가게 하려 함이라

바울은 예루살렘 회의에서 공동으로 확인하고 합의한 사항들을 진술한 후에(8절) 이제 회의를 결론짓는 형식적인 행위에 대해 묘사한다. 이 형식적인 행위에 대한 세부 사항은 매우 간결하고도 분명하게 진술된다. 본절의 처음에 나오는 분사 '알므로'(γνόντες)는 7절에 나오는 분사 '보고'(ἰδόντες)와 평행적인 위치에 서 있다. 예루살렘 사

---

185) Michel, *Römer*, 296; Käsemann, *Römer*, 317,64; S. Kim, *Origin*, 25; A. Satake, 'Apostolat und Gnade bei Paulus,' *NTS* 15 (1968/69), 99. 바울의 사도직 부르심을 지칭하는 의미로 쓰인 ἡ χάρις ἡ δοθεῖσά μοι라는 헬라어 표현은 롬 12:3, 15:15, 고전 3:10, 갈 2:9, 엡 3:2,7,8, 빌 1:7에서 발견된다. 이들 구절들의 서신별 분포를 보면 위의 헬라어 표현이 바울의 사역 초기부터 그의 사도직을 지칭하는 고정된 형식이라는 것을 보여준다 (*contra* Betz, 98).

186) Cf. A. Oepke, 81: "Die Behauptung, Paulus vermeinde diesen Ausdruck für sich mangels voller Anerkennung seines Apostolats in Jerusalem, konnte nur über-triebenem sachlichen, mangelndem sprachlichen Feingefühl entspringen."

도들은 하나님께서 바울에게 이방인을 위한 복음을 위탁하신 것을 보았고 또 그에게 주신 '은혜'를 알았다. 우리는 이미 앞절 주석에서 이 은혜가 바울이 전하는 복음 메시지를 지칭하기보다 바울 자신이 하나님께 받아 행사하는 사도직을 가리킨다고 지적한 적이 있다. 따라서 위의 두 분사들의 존재는 사도들이 바울의 사도직뿐만 아니라 그의 복음과 신학도 인정했다는 것을 의미한다.

바울을 인정한 예루살렘 지도자들이 앞에서 단순히 '유명한 자들'로 언급되었는데(2, 6절), 이제 그들의 이름과 칭호가 구체적으로 제시된다: '기둥같이 여기는 야고보와 게바와 요한.' 놀라운 것은 여기서 야고보가 다른 사도들보다 앞서 거명된다는 점이다. 대다수의 학자들이 인정하듯이, 본절의 야고보는 세베대의 아들 야고보가 아니라 주의 형제 야고보임이 분명하다(1:18); 세베대의 아들 야고보는 사도행전 보도에 따르면(cf. 12:1-3) 바울이 두 번째 예루살렘을 방문하기 이전에 이미 처형당한 것으로 생각된다.[187] 바울의 처음 예루살렘 방문의 목적은(1:18) '게바'를 방문하여 그와 15일 간 교제하는 것이었고, 주의 형제 야고보를 만난 것은 단지 우연한 것이거나 부차적인 중요성 밖에 가지지 못한 것처럼 보인다. 이 구절은 '게바'가 예루살렘 교회의 가장 중요한 인물이었고, 야고보는 그렇게 중요한 위치를 차지하지 않는다는 인상을 준다. 그러나 야고보의 영향력은 현저하게 증대되어 처음 방문 이후 14년이 경과되었을 때 그는 예루살렘 교회에서 베드로보다도 더 큰 영향력을 갖게 된 것으로 보인다. 이렇게 상황이 바뀐 것은 아마도 베드로가 헤롯 아그립바의 감옥을 탈출하여 예루살렘을 떠나 피신하였고(행 12:17) 남아 있던 야고보가 다른 장로들과 함께 예루살렘 교회를 지도한 때문인 것으로 보인다. 두 번째 방문 때에(갈 2:1-10) 베드로는 예루살렘에 돌아왔으나, 오래지 않아 다시 그곳

---

187) 야고보가 처형당한 연대가 AD 43년 봄이었는지 아니면 44년 봄인지 분명치 않다. 어떤 연대를 취하든지, 갈 1:18과 2:1의 연대기적 자료들과 바울의 회심과 야고보의 처형 사이에 게재된 기간을 조화시키기가 어렵다.

을 떠나 지중해 동부 지역에서 선교사역을 시작한 것 같다. 예루살렘 교회에서 야고보가 베드로보다 더 큰 영향력을 행사할 수 있었던 것은 바로 이런 상황변이 때문이다.[188] 세 사람 중에서 마지막에 언급된 '요한'은 예수의 제자들 가운데 하나인 세베대의 아들 요한이다. 그는 바울서신 중에서 오직 유일하게 여기서만 언급된다. 사도행전 초반부에서(3:1ff; 4:13ff; 8:14) 그는 베드로 다음으로 중요하게 등장하지만 항상 그와 관련하여 나타난다.

이들 세 예루살렘 지도자들은 '기둥같이 여기는 자들'(***οἱ δοκοῦντες στῦλοι εἶναι τι***)로 묘사되는데, 이 헬라어 표현이 지칭하는 사람들은 분명히 2절과 6절의 "유명한 이들"(***οἱ δοκοῦντες***)과 동일 인물들이다. '기둥'(***στῦλοι***)이란 단어는 교회를 하나님의 성전으로 보려는 초대교회 전승에서 온 것으로 보이며(cf. ***στῦλον ἐν τῷ ναῷ τοῦ θεοῦ μου***, 계 3:12), 이러한 사상은 바울서신 가운데서도 발견된다(고전 3:16f; 고후 6:16; 엡 2:21; cf. 히 3:6; 10:21; 벧전 2:5).[189] 이 경우에 '기둥들'은 하나님의 집 또는 성전인 교회의 영적 지도자들을 가리킨다(cf. IQS 8:1-6; b. Ber. 28b). 유대주의자들이 기둥이란 용어를 이들 세 지도자들을 지칭할 때 사용하였는지는 불분명하다. 여기서 바울의 의도는 이들 지도자들의 명성을 평가절하시키거나 또는 그들의 위치를 부당한 것으로 의심하려는 것이 아니다. 오히려 바울이 말하고 싶었던 것은, 유대주의적 반대자들이 일방적으로 권위를 치켜 세우려 했던 예루살렘 지도자들이 사실 바울과 바나바에게 (대등한 위치에서) 교제의 악수를 청했다는 사실이다. 7-8절에서 베드로에게 맡겨진 유대인 선교사역이 9절에서 세 '기둥' 사도들도 담당한 사역으로 묘사되는 것처럼, 7-8절에서 바울에게 맡겨진 이방인 선교사역이 마찬가지로 본절에서 바울과 바나바가 담당한 사역으로 언급된다. 바나바가 예루살

188) Bruce, 122; Ridderbos, 89. 베드로까지도 야고보의 견해를 진지하세 받아들인 것은 갈 2:12에서 분명하다.

189) Cf. Oepke, 81; Lightfoot, 110; Duncan, 50; Bruce, 122; Mussner, 121.

렘 회의에 참석하였음에도 불구하고 1절 이래로 언급되지 않은 것은 이유가 분명한 것 같다. 갈라디아 교회에서 의문시된 것은 바나바의 사도직이 아니라 바울 자신의 사도직이었기 때문에, 그는 자신과 예루살렘 지도자들간의 관계에 초점을 맞추었을 것이다. 바나바와 바울의 사명은 다른 근거 위에서 시작되었다. 바울과는 달리, 바나바는 부활하신 그리스도에게서 직접 부르심을 받은 것도 아니고, 그가 이방 선교사역에 뛰어들게 된 것도 예루살렘 교회가 안디옥 교회를 감독하기 위해 그를 파송하였을 때부터였다(행 11:22). 그들은 안디옥교회를 선교 거점으로 삼아 이방선교를 시작하였지만 회심자들의 지원을 받지 않고 스스로 일하면서 자비량 선교를 하였다(고전 9:6). 본절에서 바나바는 바울의 사도직과 밀접하게 연관되어 있고 누가 역시 그들을 모두 '사도들'이라고 부르기 때문에(행 14:4,14) 바나바를 사도로 부르는 것이 정당하다.

바울과 바나바 그리고 세 기둥 사도들 사이의 관계는 소유격 명사 '코이노니아스'(*κοινωνίας*, '교제의')에 의해 잘 설명된다. 교제는 관계된 당사자들 사이에 분명한 공통분모가 존재할 때 가능하다. 따라서 이 단어는 바울과 바나바, 그리고 '기둥' 사도들 모두가 그리스도를 위해서 헌신한다는 공통된 명분에 참여하고 있다는 상호적인 인정을 전제한다. 그것은 한쪽에서 다른 쪽을 지배하거나 통솔하는 관계를 배제하고, 대등한 관계 속에서 상호 인정하고 협조하는 관계를 시사한다. 헬라어 본문에는 본래 한역성경에 빠져 있는 한 단어가 있다: 기둥 사도들은 바울과 바나바에게 '교제의 오른손을 주었다'(*δεξιὰς ἔδωκαν ἐμοὶ καὶ Βαρναβᾷ κοινωνίας*). '오른손'(*δεξιά* 또는 *δεξιαί*)을 교환하는 것은 보통 대등한 두 당사자들이 '협정' 또는 '조약'을 맺는 것을 의미한다.[190] 악수하기를 거절하는 것은 따라서 당사자들 사이에 불일치와 불화가 존재한다는 공개적 증거로 간주될 수 있다. 그러나 악수를 청하는 행위를 지칭하는 동사가(*ἔδωκαν*) 여기서 복수 3인칭

190) Grundmann, *TDNT* II, 37f; Guthrie, *Galatians*, 83; Mussner, *Galater*, 121 등.

으로 사용되었기 때문에, 바울과 바나바에게 교제의 악수를 먼저 청한 사람들은 분명히 예루살렘의 기둥 사도들이다. 사도들과 바울 사이에 어떤 의견 불일치나 논쟁이 없었다. 오히려 그들 모두는 율법과 할례의 시대가 종말을 고하고 이제 성령의 시대가 도래되었으며(3:13f), 유대인이나 이방인이나 오직 믿음이라는 공통근거 위에서 의롭다 함을 얻을 수 있다는 사실에 대해 의견일치를 보았다(cf. 행 15:8-11; 갈 2:6; 3:28). 만일 이것이 바울과 사도들 사이에 신학적으로 합의된 사항이 분명하다면, 새롭게 전개되는 이방인 선교사역은 유대인 선교사역만큼 동등하게 합법적일 뿐만 아니라 논리적으로 필연적인 과정이라 할 수 있다. 바울을 반대하던 유대주의적 그리스도인들은 분명히 이러한 신학적 함축을 정면으로 거부하였다. 그러나 기둥 사도들이 바울의 복음을 인정하고 그와 교제의 악수를 청하였다는 사실이 만일 "할례와 율법의 특수한 구속사가 이제 은총과 믿음의 보편적인 구속사에 자리를 내주었다"는 그들 편에서의 인식을 내포한다면, 이것은 유대 그리스도인들 '모두가' 율법 없는 바울의 이방 선교사역에 대해 유보적이거나 비판적인 태도를 취한 것은 아님을 보여 준다.

교제의 악수를 나눔으로써 그들 사이에 맺어진 협약은 9절 후반절에 진술되어 있다: '이는 우리는 이방인에게로, 저희는 할례자에게로 가게 하려 함이라'.[191] 얼핏 보기에 본절의 협의내용은 8절에 보도된 협의내용과 다르게 보인다. 그러나 이 두 협의내용들 사이의 관계는 분명하다. 7-8절에서는 예루살렘 사도들이 바울의 사도직과 그의 복음을 신학적으로 타당한 것으로 인정한 사실이 언급되는 반면, 9절에서는 첫 번째의 협의내용의 실제적 결과, 즉 선교영역의 구분이 언급된다.[192] 이 협의내용은 함축적으로 두 그룹들 사이에 상호 협조적이지만

191) 여기 *ἵνα*-절은 동사가 빠져 있다. 한역성경에서 처럼 '가다'(*πορεύθωμεν*) 같은 동사를 보충하는 것이 아마도 옳을 것이다. 바울에 있어서 동사가 생략되는 것은 여러 조건하에서 이루어진다. 앞에 *ἵνα*가 선행할 때 가끔 동사가 생략되는 경우가 그 한 예이다(cf. 고전 1:31; 고후 8:13; 롬 4:16; 또한 고후 8:11).

동시에 독립적인 선교사역이 진행될 것임을 보여 준다: 유대인 선교는 기둥 사도들의 지도하에서 계속되고 이방인 선교는 바울과 바나바에 의해 계속 진행될 것이다. 이런 식으로 선교영역을 구분한 것은 그들간에 있었던 어떤 불화나 갈등 때문이 아니라 유대인과 이방인 사이에 가로 놓인 문화적인 장벽들 때문에 필요하였다. 전치사 '에이스'(εἰς, 이방인, 할례자 '에게로')는 지리학적인 구분들을 지시하기보다는 인종적 구분들을 지시한다.[193] 그러나 비록 본절의 합의내용이 인종적 구분을 염두에 두고 있다 할지라도, 그것은 절대적 구분일 수는 없다. 바울이 이방 도시들을 방문하는 중에 들르게 된 회당들 가운데는 얼마간의 경건한 이방인들뿐만 아니라 다수의 유대인들이 있었다. 회당에 다니던 이들 경건한 이방인들이 후에 바울의 이방교회의 핵심 구성원들이 되지만, 바울은 회당에서 이들에게만 전도하고 유대인들을 제쳐 둘 수는 없었다.

10. 다만 우리에게 가난한 자들 생각하는 것을 부탁하였으니 이것을 나도 본래 힘써 행하노라

바울은 6절에서 사도들이 그에게 어떤 제한을 가한 것도 없었고 또한 다른 어떤 요구들을 덧붙여 부과한 적도 없었다는 사실을 주장한 적이 있다. 이와는 반대로, 그는 본절에서 사도들의 요구사항이 사실 한 가지(μόνον, '다만') 있었다는 사실을 승인한다. 얼핏 보기에 그것은 모순적인 진술로 보인다. 아마도 바울은 이 추가적 요청이 유대주의자들과의 논쟁의 핵심도 아닐 뿐만 아니라 갈라디아의 현 위기 상황과 직접적인 관계가 없기 때문에 그것을 고려할 만한 중요한 요구사항으로 본 것 같지 않다. 본절은 주절이 없는 '히나'(ἵνα)-절로만 구성되어 있다. 논리적으로 그것은 교제의 악수를 청하였다는 9절의 주동사에(δεξιὰς ἔδωκαν) 의존한다: '그들은 우리가 가난한 자를 생각한다는 이해하에서…교제의 악수를 내밀었다'.[194] 그러나 문법적으로

192) Mussner, *Galater*, 122f; Klein, *Rekonstruktion*, 107ff.
193) Schmithals, *Paul and James*, 45; Betz, *Galatians*, 100.

'히나' 절은 독립되어 있다. 아마도 '그들이…을(ἵνα) 요청하였다'는 문구가 앞에 생략되어 있다고 보는 것이 옳을 것이다. 여기서 '히나'(ἵνα)는 명령법적으로 쓰인 좋은 예이다(cf. 막 5:23; 고후 8:7; 엡 5:33).[195]

'가난한 자들'은 일차적으로 예루살렘 교회의 가난한 성도들을 지칭한다. 일반적으로 예루살렘의 경제적 사정은 그리이스와 소아시아의 다른 헬라 도시들의 경제사정보다 낙후된 것으로 알려져 있다. 구약에서 경건한 하나님의 백성들을 '가난한 자'로 지칭하는 경우들이 있고, 또한 많은 유대인들은 가난을 개인적인 경건의 표현으로 받아들였기 때문에, 어떤 학자들은 바울이 여기서 예루살렘 성도들을 경제적 가난의 관점에서뿐만 아니라 유대인들의 '아나윔' 경건의 관점에서 묘사하고 있다고 주장한다.[196] 비슷한 표현이 로마서 15:26에서 발견되는데, 여기서 바울은 마케도니아와 아가야 성도들이 '예루살렘 성도 중 가난한 자들을(τοὺς πτωχοὺς τῶν ἁγίων) 위하여 기쁘게 얼마를 동정하였다'고 말한다. 이 헬라어 표현은 예루살렘 성도들을 모두 '가난한 자들'로 지칭하지는 않는다. 후대에 유대 교회들을 '가난한 사람들'(에비오님)로 지칭하는 전통이 발전된 것은 사실이지만, 여기서 바울은 일차적으로 경제적 측면에서 가난의 개념을 말하고 있음이 분명한 것 같다. 그들이 왜 소아시아의 다른 로마 식민지들보다 더 가난했는지에 대해서는 분명히 알 수 없다. 초기에 그들이 재산 모두를 사도들에게 다 바쳤기 때문에 가난해졌다는 주장은 사도행전 보도에 기초한 추측일 뿐이다(행 2:44f; 4:32 참조).

본절 후반부는 바울이 예루살렘 회의에서 추가적으로 덧붙여진 합

194) Guthrie, *Galatians*, 83.
195) C.J. Cadoux, "The Imperatival Use of ἵνα in the NT," *JTS* 42 (1941), 165-174; C.F.D. Moule, *Idiom-Book*, 144f등을 참조하라. 직접화법에서는 사도들이 다음과 같은 표현을 사용했을 것이다: "가난한 자들을 기억해 주시오."
196) Betz, *Galatians*, 102 그리고 n. 422; Bruce, *Galatians*, 126; Mussner, *Jakobusbrief*, 76ff.

의사항을 자신도 적극적으로 실천하고 있다는 사실을 분명히 한다. 바울의 언어를 보면(ἐσπούδασα),[197] 그는 사도들의 요구를 단지 승인한 정도가 아니라 그가 오래 전부터 이미 주도적으로 실천해 온 사항임을 강조한다. 이것은 바울이 예루살렘 교회를 위한 구제헌금을 수집하는 일에 있어서 단지 그곳 사도들의 대리인이나 파견인이 아니라는 것을 시사한다.[198] 바울이 이방교회들을 동원하여 예루살렘 성도들을 위해 구제헌금한 것은 전혀 강제성을 띠지 않은 자발적인 행위였다(cf. 고후 9:5; 롬 15:26f). 이 점에서 예루살렘 사도들의 요구를 명령으로 이해하는 노력은 근거 없는 시도일 뿐이다.[199] 왜냐하면 기둥 사도들이 바울에게 교제의 악수를 청한 사실은 그를 선교사역의 대등한 동반자로 인정한 것이기 때문에 본절의 합의내용도 이런 대등한 관계 속에서 이해해야 하기 때문이다. 바울을 인정한 사실을 포함하여 다른 사항들이 원래부터 합의되어지지 않았더라면, 사도들은 구제헌금 수집을 요청도, 승인도 하지 않았을 것이다. 바울은 이방교회들의 구제헌금을 명령의 대상으로 이해하기보다는 유대교회와 이방교회 사이에 존재하는 구속사적 특수한 관계와 관련하여 이해한다. 사실 영적인 축복들이 유대교회들로부터 출원되어 나왔기 때문에 그들에게 '빚을 진 자들'(ὀφειλέται)인 이방교회들은 그들이 받은 영적 선물에 대해 감사해야 할 의무가 있다(롬 15:27). 이러한 인식이 예루살렘 회의 당시에 있었는지는 불분명하다.

바울이 예루살렘의 가난한 성도들을 위해 구제헌금을 전달해 준 경우는 두 번 있었다. (1) 갈라디아서 2장에서 언급하고 있는 예루살렘 회의가 있기 몇 해 전, 즉 바울의 두 번째 예루살렘 여행 때가 첫 번째

---

197) **σπουδάζω**는 '열심을 내다', '온갖 노력을 기울이다'는 뜻을 지닌다. 본절에서 부정과거 시제가 쓰인 것은 바울이 이미 과거에 구제헌금 수집에 적극적인 노력을 기울인 것을 말해준다.

198) *Contra* J. Klausner, *From Jesus to Paul*, 364f; cf. Schoeps, *Paul*, 69 n. 1.

199) *Contra* K. Holl, "Der Kirchenbegriff," 44-67; cf. Bruce, *Galatians*, 127.

경우이고(행 11:29,30), (2) 갈라디아 서신이 쓰여지기 직후에 있었던 그의 네 번째 마지막 여행이 두 번째 경우이다(롬 15:26f; 고전 16:3; 고후 9:1). 고린도전서 16:1에 따르면, 바울은 이미 갈라디아 교회들에게 예루살렘 교회의 가난한 성도들을 위해 어떻게 구제헌금을 해야 할 지 교훈한 적이 있고 이 교훈에 따라 갈라디아 교회들은 구제헌금에 동참한 것 같다. 구제헌금 수집에 있어서 갈라디아 교회들은 마케도니아 교회들에게 '모델'이 되었다. 그러나 갈라디아 서신이 보내졌을 당시에 바울은 아직 두 번째 예루살렘 구제헌금 수집에 착수하지 않았었다. 그리고 고린도전서 16:1-4에서 헌금수집 방법과 관련하여 갈라디아 교회들에게 제시된 지침사항들은 본 서신에 나타나 있지 않다. 고린도전서 16:1 이후로 갈라디아 교회들이 구제에 참여한 사실이 언급되고 있지 않지만, 바울의 마지막 예루살렘 여행에 이들 교회의 구성원들이 동참한 것을 보면(행 20:4) 갈라디아 교회가 구제헌금에 계속 동참한 것으로 생각된다.

〈註〉 신약에 있어서 가난한 자들에 대한 구제

가난한 자들에 대한 구제 행위는 의심할 여지없이 구약이나(출 23:11; 시 82:2f; 잠 19:17) 중간사 시대에서(cf. 마 6:2-4; 행 10:1-2) 하나님의 백성이 마땅히 실천해야 할 경건생활의 필수적인 표현이었다. 가난한 자들을 멸시하거나 핍박하는 행위는 따라서 하나님의 언약을 파괴하는 행위이며 하나님 자신을 저버리는 행위이다(암 2: 4-5; 5:6,11; 사 58: 7-11). 공관복음서에서 가난한 자들에게 긍휼을 베푸는 일은 예수의 생애와 교훈에 있어서 핵심적 부분에 속한다. 예수는 자신의 전체 공생애를 '희년' 언어를 빌려 묘사하는데(눅 4:18-19), 여기서 그는 자신이 메시야적 기름 부음을 받은 것은 "가난한 자들에게 복음을 전하고…주의 은혜의 해를 선포하기 위한" 것이라고 정의한다(cf. 눅 1:52f). 그의 많은 비유들과 일반 교훈들이 부와 가난에 관한 가르침을 담고 있다(마 19:21; 25:32-46; 눅 16:19-31 등).

예수는 사람들에게 가난한 자들에 대한 긍휼을 단순히 교훈했을 뿐만 아니라 스스로도 실천하였다. 예수와 그의 제자들의 전도여행에 필요한 경비는 아마도 자신들의 소유로 섬기던(διακονεῖν) 여자들과 그 외 다른 사람들이 담당한 것으로 보인다(눅 8:1-3; cf. 마 27:55). 여인들이 이렇게 물질을 통해 섬긴 비용은 가난한 자들에 대한 예수의 교훈과도 깊은 관련이 있다. 가롯 유다에게 '네 하는 일을 속히 하라'고 한 예수의 말을 다른 제자들이 "가난한 자들에게 무엇을 주라"는(요 13:27-29) 뜻으로 이해한 것을 보면, 재정이 예수와 그의 제자들의 필요뿐만 아니라 가난한 자들의 구제를 위해서도 흔히 사용된 것으로 사료된다. 이것은 예수의 사역을 돕기 위해 사람들이 섬긴 재물은 복음전도 사역뿐만 아니라 가난한 자들에 대한 구제로도 사용되었음을 보여 주는 증거이다. 가롯 유다는 구제를 가르치고 실천하던 예수의 이러한 정신을 자신의 탐욕에 이용하려 하였다(요 12:5,6). 마태는 요한복음의 이 구절을 좀 다르게 보도한다. 여인이 옥합을 예수의 머리에 붓는 것을 보고 분노하여 '그것을 많은 값에 팔아 가난한 자들에게 줄 수 있었겠도다'(마 26:8f)고 말한 사람은 요한의 보도처럼 가롯 유다 한 사람만이 아니고 '제자들'이라고 했다(cf. 막 14:4, '어떤 사람들'). 이것은 제자들이 보편적으로 가난한 자들에 대한 예수의 교훈을 이미 잘 알고 있었다는 것을 의미한다. 예수께서 여인의 행동을 우선적으로 취했기 때문에 가난한 자들에 대한 교훈이 오히려 소극적으로 다루어지기는 했지만, 가난한 자들에 대한 그의 태도는 분명하다: "가난한 자들은 항상 너희와 함께 있으니 아무 때라도 원하는 대로 도울 수 있거니와 나는 너희와 항상 함께 있지 아니하니라"(막 14:7).

오순절 이후 초대교회가 처음부터 구제에 힘쓴 것은 주지의 사실인데, 이것은 예수의 이러한 교훈의 배경에서 이해되어야 한다. 사도행전의 초대교회는 영적인 일에만 힘쓴 것이 아니고 공동체 내의 가난한 구성원들을 돌보는 일에도 힘을 썼다. 오순절 이후에 사람들이 사도들의 가르침을 받고 그들 발 앞에 내어 놓은 모든 물질들은 각 사람의 필요에 따라 분배되기도 했지만 공동체 내에 있는 고아와 과부들, 그리고 가난한 자들을 위해 사용되었다(행 2:44f; 4:35). 특별히 이러한 일을 관장하는 사도들의 행위를 헬라어 본문은 '공궤를 섬기다' (*διακονεῖν τραπέζαις*, 행 6:3)로 지칭한다. 이 말은 본래 '식사를 감독하다' 는 뜻을 지니지만, 여기에 사용된 '상' (床) 또는 '공궤' (*τραπέζαις*)는 아마도 재정적인 의미로 사용된 것 같다(cf. 마 21:12 = 막 11:15; 요 2:15).[200] 처음에는 사도들이 이 일을 감당하다가 교회가 양적으로 팽창함에 따라 교회 내에 형성된 가난한 계층을 돕기 위해 집사들의 일로 대치되었다. 누가는 교회가 이들 가난한 계층을 위해 재정적으로 돌보는 일을 '봉사' (*διακονία*)로 칭하였다(cf. 행 6:1; 11:29; 12:25; 24:17). 사도행전 저자는 구별된 봉사의 두 개념을 발전시킨다: *διακονεῖν τραπέζαις* 그리고 *διακονία τοῦ λόγου*. 여기서 *διακονία*란 동일한 단어가 물질적인 필요를 돕는 일과(6:1) 복음을 전파하는 일에(6:4) 모두 적용되고 있는데, 이것은 공관복음서에 나타난 예수의 기본적 사상을 발전시킨 것이다.[201] 사도행전에서 바울도 흉년으로 말미암아 궁핍해진 유대의 형제들을 돕기 위해 여러 번 여행을 한 적이 있다(11:29f; 24:7). 이렇게 가난한 형제들을 위해 물질적으로 봉사하는 것은 예수의 교훈을 실천하는 것이며 교회의 영적인 교제를 실천적으로 적용하는 것이다.

바울은 성도를 섬기는 일, 즉 가난한 성도들을 구제하는 일을 그의 사역 초반부터 진력하였다. 이것은 두 번째 예루살렘에 올라가 그곳 교회 지도자들과 만나 확인한 협의사항과 자신의 결의를 통해서도 반영된다(갈 2:10). 바울의 이러한 결의는 여러 차례 있었던 구제 여행으로 나타난다(행 11:29; 24:17). 그는 이러한 구제노력을 '성도 섬기는 일' (롬 15:25)로 묘사한다. 특별히 성도 섬기는 일에 대해 가장 실

200) Cf. F.F. Bruce, *Acts*, 152. H.J. Holtzmann은 조직가, 분배자, 식사 감독자로서 이러한 일을 담당한 자들을 *τραπεζοποιοι*라고 한다(*Apostelgeschichte*, 1901, 51f 참조).

201) 봉사의 두 개념은 복음서에서는 암시적으로만 존재하지만, 사도행전에서는 상당히 발전된 개념으로 부각된다(cf. 행 1:25; 6:4; 20:24; 21:19).

천적으로 다룬 고린도후서에서 바울은 가난한 예루살렘 성도들을 물질적으로 섬기는 일을 그리스도의 구속사역과 연결짓는다: '우리 주 예수 그리스도의 은혜를 너희가 알거니와 부요하신 자로서 너희를 위하여 가난하게 되심은 그의 가난함을 인하여 너희로 부요케 하려 하심이라'(고후 8:9). 물질적으로 궁핍한 성도들을 섬기는 행위는 섬기는 자로 오셔서 '자신의 목숨을 많은 사람의 대속물로 주신'(막 10:45) 그리스도의 구속사역의 정신을 본받는 일이다. 또한 바울은 이렇게 자신의 유여한 것으로 다른 사람의 부족을 보충하는 일을(고후 8:14) '성도 섬기는 일에 참여하는 것'(고후 8:4; cf. 8:19f; 9:11-14; 롬 15:26-28)으로 말한다. 진정한 성도들간의 교제는 정신적이거나 영적인 일에만 국한되지 않고 물질적 나눔을 포함한 전인격적인 사귐으로 확대되어야 한다. 이러한 사귐은 인간들 자신에게서 나온 것이 아니고 구원공동체가 누리는 하나님의 은혜에 근거한다. 성도들이 가난한 형제들을 물질적으로 돕는 일은 그들이 받은 하나님의 은혜를 현실적으로 그리스도의 몸된 교회의 형제들에게 표현하는 것이기 때문에 바울은 성도 섬기는 일 자체를 하나님께 받은 은혜 또는 은사라고 부른다(고후 8:7,19).

가난한 자들을 구제하고 섬기는 일을 강조하는 이러한 초대교회와 바울의 사상과 실천은 실제적으로 복음서에 나타난 그리스도의 교훈으로부터 기원된다. 특히 바울은 예수에 의해 교훈된 가르침과 성취된 섬김의 사역들을 자신의 서신들 속에서 신학적이며 실천적으로 확대해석하였다. 바울은 이런 의미에서 예수의 생애와 교훈을 가장 충실하고도 깊이 있게 발전시키고 적용한 위대한 예수의 해설자라고 하겠다.

III. 선동자들의 도전과 바울의 응답 (I) (2:11-5:12)

1. 안디옥 사건과 바울의 이신칭의 복음 (2:11-21)

역사적으로 갈라디아서에 기록된 안디옥 사건은(2:11-21) 바울의 이신칭의의 복음뿐만 아니라 1세기의 유대 기독교의 상황과 관련하여 제대로 평가되지 못하였었다. 최근의 신약 학자들은 안디옥 사건이 갈라디아서의 저술 배경과 목적을 이해하는 데 있어서나 유대 기독교와 역사적 바울을 이해하는 데 있어서 반드시 조심스럽게 검토되어야 할 핵심적 부분들 가운데 하나라는 것을 인정한다.

안디옥 사건이 갈라디아서에서 차지하는 위치와 의미는 두 가지 측면에서 살펴져야 한다: 1) 안디옥 사건 이야기는 소위 바울의 자서전적 진술이라고 불리우는 1-2장과 어떤 관련이 있는가? 2) 바울은 갈라디아 교회의 문제를 다루는 서신에서 왜 전에 안디옥 교회에서 일어났던 일을 언급할 필요를 느꼈으며, 또 그것은 갈라디아 교회의 위기를 조장하는 유대주의적 선동자들의 주장과 어떤 관련이 있는가?

이런 질문들에 대한 분명한 답변을 주기에는 바울의 자서전적 진술들은 많은 모호한 점들을 내포하고 있다. 아마도 바울은 여기서 이방인의 사도로서 자신의 신분을 의심하거나 비난하는 주장들에 대해서 답변하고 있는 것으로 보이지만, 실제로 자서전적인 부분은 선동자들이 갈라디아인들에게 제시한 것과 직접적인 관련은 없다.[202] 소위 갈라디아인들이 봉착한 위기에 대한 바울의 본격적인 답변은 안디옥 사건의 설명 부분(2:11-21)에서 발견되기 때문에, 여기서 문제를 삼아야 할 부분은 우리가 어떻게 자서전적 진술에서 선동자들의 주장을 끌어낼 수 있는가 하는 것보다는 오히려 그 진술이 안디옥 사건과 어떤 관련이 있는가 하는 데 있다. 갈라디아서 1-2장에서 바울이 예루살렘에 대해 자신의 사도직과 복음의 독립성을 주장하고 있다는 것은 분명하다. 그러나 이미 앞에서 우리는 이런 식의 설명만으로는 바울과 예루살렘의 관계를 올바로 설명할 수 없다는 것을 지적한 적이 있다. 갈라디아서에 따르면, 바울은 적어도 두 번 정도 예루살렘을 방문하였으며, 두 번째 방문에서 그는 이제까지 자신의 이방선교 사역이 헛된 것이 되지 않게 하기 위해서 '기둥' 사도들에게 자신의 복음을 제출하기까지 하였다. 이것은 바울이 그의 사역 초기에 예루살렘 사도들의 권위를 어느 정도 의존하고 있었다는 것을 시사한다. 그러나 2:11절 이하의 이야기에서 바울은 이방인들과 함께 먹는 문제와 관련하여 베드로와 의견을 대립하게 되는 사건을 설명한다.[203] 바울과 예루살렘 측

202) Cf. J.D.G. Dunn, *Jesus, Paul, and the Law*, 108-126; B.R. Gaventa, "Galatians 1 and 2: Autobiography as Paradigm," *NovT* 28(1986), 309-326. 여기서 이들은 바울이 자서전적 장들에서 자신을 갈라디아인들을 위한 전형(paradigm)으로 제시한다고 말하지만, 사실 바울의 설명 대부분은 갈라디아인들의 경험과 아주 다르다.

203) 안디옥 사건은 바울이 더 이상 예전처럼 예루살렘의 권위를 인정할 수 없게 된 전환점이었다는 던의 주장은 지나친 과장해석으로 보인다(*contra* Dunn, *Jesus, Paul and the Law*, 118-122). 안디옥 사건이 사도행전 15장의 예루살렘 회의보다 선행한다는 우리의 견해가 맞다면, 안디옥 논쟁 이후에 바울과 바나바가 다시 예루살렘에 올라간 것은(행 15장) 여전히 예루살렘의 권위를 인정한 것이 된다. 이것은 바울이 베드로를 면책했다는 사실에 의해 무효화되지 않는다. 안디옥 논쟁의 의의는 바울이 예루살렘에 대하여 자신의 사도직과 복음의 독립성을 전보다 더 분명하게 갈라디아인들에게뿐만 아니라 예루살렘에 대해서도 부각시킬 수 있는 계기를 제공했다는 점일 것이다. 후에 베드로도 바울 복음의 신적인 권위를 인정하였다(벧후 3:15-16). 만일 베드로와 바울간에 근본적인 신학적 갈등이 있었다면 이러한 구절은

은 복음의 핵심적 내용에 있어서 이미 상호 합의한 것으로 생각했지만(2:6), 안디옥 사건을 계기로 그들간에 합의된 내용이 단지 빈약한 기초 위에 세워진 것이란 사실이 드러나게 되었다. 그래서 바울은 자신의 이방 사도직과 복음이 예루살렘의 권위와 전혀 독립적으로 그리스도의 초자연적인 계시를 통해서 주어진 것이며(1:16f), 그가 처음부터 갈라디아인들에게 전한 복음도(1:8; 2:2) 다메섹 도상에서 계시로 받은 그의 이신칭의 복음이었다는 사실을 강조하게 되었다. 분명히 그의 복음 속에 담겨진 신학적 통찰은 이방인의 사도로 부르심을 받게 된 바울의 회심 사건으로 소급된다.[204] 그러나 안디옥 사건이 생기기 전까지는 바울의 복음이 그와 예루살렘 사도들 사이에 문제로 제기된 적은 없었다. 그들은 서로 공통된 복음의 이해를 가진 것으로 생각했으나[205] 안디옥에서 있었던 음식 논쟁은 바울이 다메섹 회심사건에서 받았던 계시(啓示)와 믿음으로 의롭다 함을 받는다는(바울과 예루살렘 사도들 사이에 이루어진) 합의내용의 온전한 의미를 밝힐 기회를 그에게 제공하게 되었다.

안디옥 사건은 최근에 일어난 사건이기 때문에 일련의 사건들 가운데 늦게 언급되기는 했지만,[206] 뒤에 따라오는 바울의 신학적 논의들과

기록될 수 없었을 것이다.

204) *Contra* J.L. Houlden, "The Incident at Antioch," *JSNT* 18 (1983), 58-67; P. Stuhlmacher, "Paul's Understanding of the Law in the Letter to the Romans," *SEA* 50(1985), 87-104. 여기서 이들은 바울의 신학적 통찰이 안디옥 사건에 관련된 것이 아니고 그의 회심 사건으로 소급된다고 주장한다. 이에 대한 비평적인 평가는 J.D.G. Dunn, *Jesus, Paul, and the Law*, 210f를 보라.

205) 안디옥 사건에 나타난 바울과 베드로 사이의 의견불일치가 초대교회 역사에 얼마나 큰 영향을 미쳤는지 우리는 알지 못한다. 그러나 우리는 이미 앞에서 지적한 대로 바울로 대표되는 이방 기독교와 베드로로 대표되는 유대 기독교 사이에 근본적인 신학적 갈등이 있었다고 전제하는 F.C. Baur의 주장을 반대한다. 베드로는 바울과 이미 합의한 신학적 내용을 실천에 옮기는 일에서 자기 모순에 빠졌을 뿐이다.

206) *Contra* G. Lüdemann, *Paul*, 57-9,75-7.

중요한 연계점을 제공해 준다. 안디옥 논쟁에 연루된 문제는 유대인과 이방인의 근본적 동등성과 이방인들을 '유대인처럼 살게 하는' 오류라고 할 수 있는데, 그것은 바울의 관점에서 볼 때 갈라디아인들이 당면한 위기의 핵심이기도 하다. 최근에 일어난 안디옥 사건은 바울이 자신과 베드로 사이에 어떤 논쟁이 있었는지를 갈라디아인들에게 말할 수 있는 기회를 제공해 주었다. 주목할 만한 사실은 바울이 사실 안디옥에서 게바와 논쟁한 것을 기록하면서도 마치 지금 갈라디아 선동자들과 논쟁하는 것처럼 뉘앙스를 풍기고 있다는 점이다. 그는 갈라디아서의 나머지 부분에서 발견되는 신학적 논의와 정확히 일치되는 표현들을 안디옥 사건 설명에서 사용함으로써 그것을 후속되는 자신의 신학적 중심 논의들을 위한 발판으로 삼고 있다.[207)]

1) 안디옥 사건에 대한 설명(2:11-14)

11. 게바가 안디옥에 이르렀을 때에 책망할 일이 있기로 내가 저를 면책하였노라

헬라어 원문에 있는 '그러나'(*δέ*)라는 접속사는 '기둥' 사도들이 바울에게 교제의 오른손을 청한 사실과(9절) 바울이 안디옥에서 베드로를 면책한 사실을(11절) 대조시키는 역할을 한다. 안디옥 사건의 설명은 연대기적인 관점에서 볼 때 1:11에서 시작된 바울의 자서전적 논의의 계속이라고 볼 수 있지만, 그의 이방 사도직과 복음의 독립성을 부각시키려는 전체 논의의 맥락에서 안디옥 사건 설명이 차지하는 독특한 중요성을 고려할 때 '그러나'라는 반의접속사는 그것을 선행하는 문단들과 구분시키는 역할을 한다(cf. 1:15; 2:12; 4:4). 바울이 갈

207) Cf. Betz, 18-19. 바울이 처음 베드로에게 한 말은 14-15절에 담겨 있고 17-18절의 해석에서도 염두에 두어져야 한다. 그러나 안디옥 사건 설명에서 발견되는 이신칭의, 믿음으로 그리스도와 함께 죽고 함께 사는 주제들은 이후에 따라오는 바울의 신학적 논의를 위한 청사진적 의미를 지닌다.

라디아인들에게 안디옥 사건을 부각시킨 것은 아마도 그것이 갈라디아 독자들에게 잘 알려진 사건이었기 때문인 것 같다. 바울이 안디옥에서 공개적으로 예루살렘 교회의 지도적 인물을 면책한 것은 그가 베드로와 단순히 동등한 관계에 있다는 것 이상의 것을 갈라디아인들에게 보여 준 것이다. 바울과 예루살렘 사이에 예전과 다른 모종의 중요한 변화를 초래케 만든 사건이 "게바가 안디옥에 이르렀을 때에" 발생하였다. 바울은 왜 게바가 안디옥을 방문했는지 말해 주지 않는다. 게바의 방문 이유에 대한 많은 추측들이 제시되어 왔지만 그중에 어떤 것도 신빙성 있는 근거를 지니고 있지 못하다. 사도행전은 예루살렘과 안디옥 사이에 있었던 잦은 왕래들을 시사하는데(행 11:19-27; 14:26; 15:1ff; 18:20), 게바의 안디옥 방문은 아마도 다른 곳으로 가는 도중에 잠깐 들른 방문일 수도 있고, 또는 예루살렘의 상황이 악화되어 예루살렘에서 안디옥으로 아주 옮겨 온 것일지도 모른다.[208]

바울이 안디옥에 온 베드로를 면책한 것은 어떤 학자들이 생각하는 것처럼 베드로가 이미 합의된 선교영역 구분을 망각하고(cf. 2:9) 이방 기독교의 중심지이며 바울의 선교 영역인 안디옥에까지 침입해 들어왔기 때문이 아니라(*Contra* Bligh, 113), 오히려 베드로에게 "책망할 일이 있었기"(**κατεγνωσμένος ἦν**) 때문이었다. 이 헬라어 표현은 문자적으로 베드로가 '정죄된 상태에 있었다'는 의미를 갖는다.[209] 여기서 '정죄된'(**κατεγνωσμένος**)이란 분사는 수동태적 의미를 지니기보다 실제적으로 '죄 있는' 또는 '잘못된'과 같은 형용사적 의미를 가진다

---

208) Cf. Haenchen, *Acts*, 380ff; Conzelmann, *Apostelgeschichte*, 69ff. 헤롯이 예루살렘 교회를 핍박할 때 붙잡혀 옥에 갇혔으나 천사에 의해 기적적으로 풀려난 베드로는 '야고보와 형제들에게 이 말을 전하라 하고 떠나 다른 곳으로 갔었던'(행 12:17)적이 있다. 여기에 언급된 '다른 곳'이 안디옥을 지칭하는지 분명치는 않다. 베드로가 떠난 후에 야고보가 교회의 유일한 지도자로서 예루살렘에 남아 있었다.

209) 미완료과거 **ἦν** 동사가 분사(여기서 서술적 위치에 있는 **κατεγνωσμένος**)와 함께 쓰일 때 그것은 현재 지속되는 상태를 함축한다(cf. 갈 4:3; 마 9:36; 막 1:6; 눅 1:7).

고 보아야 한다(cf. 행 8:7; 갈 1:22; 엡 2:12; 골 1:21). 따라서 이 문구를 바울이 공식적인 권위를 가지고 베드로를 정죄했다고 해석하기보다는 모순에 빠진 베드로 자신의 행동이 그를 정죄하였다고(12절의 ***γάρ***를 참조) 해석하는 것이 더 문맥에 어울린다.

베드로의 행동이 모순에 빠져 잘못되었기 때문에 바울이 그를 "면책하였다"(***κατὰ πρόσωπον αὐτῷ ἀντέστην***). '카타 프로소폰'이란 헬라어 문구는 그것이 사용되는 다른 구절들을 참조해 보면(행 25:16; 고후 10:1) 적대적인 의미를 담기보다 단순히 "얼굴을 맞대고 대면한다"는 뜻을 지니고 있다. '안테스텐'(***ἀντέστην***) 동사는 수동적인 저항뿐만 아니라 능동적인 적대 행위를(cf. 행 13:8; 딤후 3:8) 모두 지칭할 수 있지만 그것은 보통 상대편에서 먼저 행하여지는 공격적 행위를 배후에 함축하고 있다. 본절의 경우에 베드로의 행위가 그러한 공격적인 행위를 지칭하겠지만, 베드로가 반드시 안디옥에서의 바울의 위치를 의도적으로 공격했다고 할 수는 없다. 정죄받은 베드로의 행위는 이 점에서 바울의 면책 행위보다 선행한다는 사실이 분명하다. 많은 주석가들은 갈라디아서 2:1-10의 회합이 사도행전 15:6-29에 묘사된 예루살렘 회의와 동일한 것으로 주장하지만 전자가 후자보다 선행하는 어떤 회합이라고 보는 것이 더 타당하다. 그렇다면 안디옥에서 바울이 베드로를 면책한 것은 이들 두 회의들 사이에 발생한 사건이라고 할 수 있다. 11-14절의 사건은 아마도 바울과 바나바가 구브로와 남갈라디아 지역을 선교하고 안디옥에 귀환했던 시기에 발생했던 것으로 보인다(행 14:26ff). 라이트푸트와 같은 학자들은 바울의 면책이 사도행전 15장의 예루살렘 회의가 끝난 직후 바울과 바나바가 안디옥에 돌아와 머물던 기간에(행 15:30-40) 일어났을 것으로 추정한다. 그러나 바울과 바나바가 예루살렘을 떠나 안디옥에 도착했을 때 예루살렘 회의를 주재하던 베드로가 벌써 그들보다 먼저 안디옥에 도착하여 이방인들과 식사하고 있었다는 것도 불가해 할 뿐만 아니라, 예루살렘 회의에서 이방인의 자유를 앞서 주창하던 베드로가 이렇게 금방 자기모순적 행동에 빠져 있다는 것도 이해하기 어렵다.[210]

12. 야고보에게서 온 어떤 이들이 이르기 전에 게바가 이방인과 함께 먹다가 저희가 오매 그가 할례자들을 두려워하여 떠나 물러가매

본절 초반에 사용된, '왜냐하면'을 뜻하는 접속사 '가르'(*γάρ*)는 바울이 안디옥에서 베드로를 면책한 이유가 12절에서 좀더 구체적으로 명기되고 있음을 시사한다. 베드로가 바울에게 면책을 받은 이유는 그가 안디옥에서 이방 기독교인들과 함께 식사를 하다가 '야고보에게서 온 어떤 이들이' 도착하자 이들 할례주의자들을 두려워하여 이방인들과의 식탁 교제를 기피하여 물러간 행위 때문이었다. '야고보에게서 온 어떤 이들'(*τινας ἀπὸ Ἰακώβου*)이 그에 의해 파송된 공식 파견인들을 지칭하는지,[211] 아니면 단순히 그의 이름을 사용하는 그룹에 속한 사람들을 지칭하는지[212] 확실하게 결정할 수 없다. 대부분의 주석가들에 의해 지지를 받고 있는 전자의 견해가 전후 문맥에 더 어울리는 것으로 보인다: 바울과 예루살렘 사이에 이미 합의된 사항이 안디옥에서 베드로와 야고보에게서 온 사람들에 의해 깨뜨려졌음을 지적함으로써 바울은 여기서 자신의 사도직과 복음이 예루살렘과 독립된 권

---

210) *Contra* Lightfoot, 111; cf. Dunn, *Jesus, Paul, and the Law*, 159f. 갈 2:1-10을 보면 할례 없는 바울의 복음이 예루살렘 사도들에 의해서 이미 인정되었음을 시사한다. Dunn은 이런 관찰에 근거하여 만일 갈라디아서 2장이 사도행전 15장보다 선행한다면 왜 할례가 사도행전 15장의 회의에서 여전히 문제로 다루어지는지 불가해하다고 의문을 제시한다. K. Lake가 일찍이 옹호하던 W. Ramsay의 견해를 포기한 것도 바로 이런 이유 때문이었다 (*Earlier Epistles of St. Paul*, London, Rivingtons 1911, 274ff; cf. *Beginnings* V.201). 그러나 갈라디아서 2장에서 바울과 기둥 사도들 사이에 맺어진 합의가 초대교회의 개별 구성원들 전체에 기계적 구속력을 지닌 것은 아니었을 것이다. 할례 문제가 갈라디아서 2장의 회합에서 합의에 도달한 것은 사실이지만, 유대지역에 있던 많은 유대주의적 기독교인들이 이러한 합의와 관계없이 이방 기독교회들 내에 들어와 문제를 야기시켰을 것이다. 예루살렘 회의는 전에 바울과 바나바 사이에 맺어진 합의사항을 보다 공식화하기 위해 개최되었을 가능성이 있다.

211) Duncan, *Galatians*, 57; Bruce, *Galatians*, 130; Schlier, *Galater*, 83.

212) Schmithals, *Paul and James*, 66ff.

위에 기초해 있음을 말하려고 한다. 이 점을 고려할 때 '야고보에게서 온 어떤 이들'이란 표현은 그들이 안디옥에서 행한 일에 대해 야고보가 모종의 책임이 있다는 암시를 던져 준다. 이들을 사도행전 15:1에 언급된 '어떤 사람들'과 동일시하는 것은 잘못이다. 본절의 사건은 사도행전 15장의 예루살렘 회의보다 선행할 뿐만 아니라, 사도행전에 언급된 사람들은 사도들의 인준도 받지 않은 채 안디옥 교회에 가서 문제를 일으킨 자들이며, 이들은 할례가 구원에 필수적 조건이라고 주장한 반면에, 본절에 언급된 사람들은 할례보다는 이방인들과의 식탁 교제를 문제삼고 있다.[213]

어떤 학자들은 본절에서 언급된 '야고보에게서 온 어떤이들'이 4절에서 이미 언급된 "거짓 형제들"과 관련된다고 주장한다.[214] 물론 이들 간에 평행되는 점들이 존재하는 것은 사실이지만, 고려해야 할 중요한 차이점들도 있다. 4절의 '거짓 형제들'은 분명히 두 번째 예루살렘 방문에서 바울과 기둥 사도들 사이에 합의된 사항들을, 좀더 구체적으로 바울의 할례 없는 복음을 인정하지 않았음이 분명하다. 그들은 할례를 구원의 필수적인 요소로 생각했기 때문에 헬라인 디도가 할례를 받도록 강요했었다. 이러한 신학적 입장 때문에 바울은 4절에서 그들을 "거짓 형제들"이라고 불렀으나, 본절에서 바울은 마음만 먹으면 그렇게 부를 수 있었는데도 야고보에게서 파견받은 사람들을 '거짓 형제들'로 부르지는 않는다. 만일 야고보가 그들을 보낸 배후 인물이며 또한 바울이 그들을 거짓 형제들로 규정했다면, 이것은 바울과 예루살렘 사도들과의 정면 대립과 갈등을 의미할 것이다. 바울은 비록 이들을

---

213) 물론 바울은 이들을 "할례자들"(τοὺς ἐκ περιτομῆς)이라고 부르지만, 이 표현은 본절에서 분파적인 의미없이 "할례받은 유대 기독교인들"을 지칭한다(cf. Betz, 109; Lightfoot, 112 등). 물론 이 표현은 할례받은 유대인들이나(롬 4:12) 할례의 필요 불가결성을 주장하는 교회 내의 유대주의자들을(cf.행 11:2; 딛 1:10) 지칭할 수 있으나 바울이 이들을 거짓 형제들로 부르지 않기 때문에 문맥에 어울린다고 볼 수 없다.

214) Bruce, *Galatians*, 130; Schoeps, *Paul*, 67f, 74f.

'할례자들'로 부르기는 하지만, 이들이 안디옥의 이방 기독교인들에게 할례를 구원의 필수적 조건으로 강요한 것 같지는 않고 단지 베드로와 같은 유대 기독교인들이 이방 기독교인들과 식탁 교제를 나눈다는 사실을 문제삼은 것으로 보인다. 아마도 이들이 제기한 항의는 다음과 같이 표현할 수 있을 것이다: "당신들이 습관적으로 이방인들과 식탁 교제를 나눈다는 소식이 예루살렘에 있는 우리에게도 들려오고 있습니다. 이런 행위는 보수적인 성향을 지닌 이곳에 있는 우리의 형제들에게 큰 거침돌이 되고 있습니다. 뿐만 아니라 이런 소문이 교회 밖에까지 퍼져 우리의 동족 유대인들을 전도하려는 우리의 노력이 심각한 장애를 받고 있습니다".[215] 베드로가 이렇게 이방인들과 식탁 교제를 나누게 된 행동 배후에는 분명히 사도행전 10장에 기록된 고넬료 사건이 놓여 있다. '부정한 음식'(이방인들을 상징하는)을 먹으라는 하나님의 명령은 음식먹는 문제와 관련된 유대인들의 협소한 전통들의 무가치성을 깨닫게 해주었을 것이다. 그는 '이방인처럼 사는 일'(ἐθνικῶς ζῇς)에 관해 아무런 양심의 가책이 없었다. 안디옥에서 이방인들과의 식탁교제를 기피한 것은 베드로가 자신의 확신을 따라 행동하지 않는 자기모순을 드러낸 것이었다.

이와 같은 항의를 제기한, 야고보에게서 온 사람들은 한편 예수를 메시야로 고백하였지만 다른 한편 할례나 유대인들의 음식법을 받아들였던 유대 기독교인들이었다. 왜 이들에게 이방인 기독교인들과의 식탁 교제가 문제가 되었는가? 그리고 안디옥 사건은 바울신학의 맥락에서 어떤 사회적인 함축들을 지니고 있는가? 이방 기독교인들과 함께 식사를 해야 하는가 안 해야 하는가 하는 문제는 신학적 중요성이 없는 단순히 유대인들의 관습적 삶의 방식과 관련된 것처럼 보인다. 그러나 유대인의 음식법 때문에 이방 기독교인들과 교제를 기피하는 일은 바울이 보기에 단순한 관습적 삶의 패턴의 문제가 아니라 '복음의 진리'(14절)와 관련하여 핵심적인 신학적 함축들을 가지고

---

215) Bruce, *Galatians*, 130; cf. T.W. Manson, *Studies*, 178ff.

있고 그리스도 안에서 유대인과 이방인의 동등성의 문제를 날카롭게 부각시키는 계기를 제공하였다.

유대인들의 음식법은 안디옥 논쟁의 핵심을 형성한다. 주지하듯이, 바울은 이것을 계기로 그의 유명한 이신칭의 복음을 개진할 기회를 얻게 되었다(2:16ff). 어떤 이유 때문에 이방인들과 함께 식사하는 일을 기피하는 유대인들의 행위가 그의 이신칭의 복음의 진리와 모순되는가? 이 질문에 답변하기 위해서는 안디옥 사건이 일어날 수밖에 없었던 주후 1세기 전후의 유대종교의 역사적 상황을 먼저 이해해야 한다. 기독교회가 형성되던 초창기에 기독교인들은 분명히 자신들의 교회를 유대종교와 전혀 관련이 없는 독립된 종교적 분파운동으로 생각하지 않았다. 그들은 예수에 관한 독특하고 특정한 신앙들을 소유하고 있었지만 그들의 종교는 본래 유대인들의 종교였다.[216] 이방인들이 예수에 관한 이러한 특정한 신앙들을 받아들이기 시작하였을 때에도 여전히 그들 가운데 제기된 문제는 이방인들이 유대인들로 구성된 하나님의 백성의 울타리 안에 들어오기 위해 어떤 조건들이 충족되어야 하는가 하는 질문과 관련되어 있었다. 바울이 갈라디아서에서 논의하는 중심 논제가 어떻게 사람이 아브라함의 자손이 되느냐 하는 질문과 관련된다는 사실은 이방 기독교인들의 신분과 관련된 초대교회 내의 이러한 논쟁적 상황을 훌륭하게 논증해 준다. 안디옥 사건이 시사하듯이, 예루살렘 교회도 안디옥 교회를 팔레스틴에 있는 유대 기독교인들과 독립된 어떤 신앙단체로 생각하지 않았음이 분명하다(cf. 2:12, **τινας ἀπὸ Ἰακώβου**): 그것은 단순히 하나님을 경외하는 보다 많은 이방인들을 포괄하는 안디옥의 유대 기독 공동체였을 뿐이다.

---

216) 유대 기독교인들은 그들 자신의 독립된 교회를 설립하기 전까지 상당한 기간 동안 예루살렘 성전과 유대인 회당들에서 계속 예배를 드렸다(행 2:46; 3:1,11; 4:1-4; 5:12-14,42 등). Cf. T.M. Taylor, "Kingdom, Family, Temple, and Body," *Int* 12(1958), 174-193.

안디옥 논쟁을 이해하기 위해 반드시 고려해야 할 또 한 가지 중요한 점은 주후 1세기 중엽에 유대교가 직면하였던 사회-정치적 상황이라고 할 수 있다. 팔레스틴 안과 밖을 막론하고 이 시기를 살았던 많은 유대인들은 그들의 종교적 신앙과 민족적 독특성이 점차 위협을 받고 있었다고 생각하였다. 카리귤라가 자신의 조각상을 예루살렘의 성전에 건립하려고 했기 때문에 위기가 조성되었고(AD 40), 아그립바가 죽은 후에 뒤를 이어받은 로마 행정관들의 비효과적인 집권하에서 상황은 급속하게 악화되어 로마의 통치를 대항하는 여러 민족주의적 반란들이 발생하게 되었다.[217] 이들이 로마를 대항하여 폭동을 일으키게 된 목적은 다분히 민족주의적이고 종교적인 것이었다: 그들은 로마의 식민통치로부터 유대 땅을 독립시키고 이교도적 영향으로부터 유대종교의 독특한 신앙과 문화를 보존함으로써 하나님의 언약백성으로서 유대인들의 자기 정체성을 지키려고 하였다. 이러한 민족주의적 경향은 폭동을 일으킨 자들에 국한된 것은 아니고 일반 유대인들에게도 발견되는 현상이다. 유대인들의 중심된 관심은 자신들이 그들의 종교적이고 민족적인 유산에 헌신하는 선한 유대인들이라는 자기 정체성을 확보하는 것이다. 이러한 의식을 가지고 있었던 사람들은 자연히 그들의 자기 정체성을 위협하는 세력에 대해 사회적이고 종교적인 압력을 가하게 되었다.

더욱이 유대교의 삶과 종교에 일치하도록 가해졌던 종교-사회적인 압력은 초기 기독교 공동체 밖에서뿐만 아니라 안에서도 발견되었다. 헤롯 왕에게 체포되기 전 베드로가 할례받지 않은 이방인 고넬료의

217) Cf. E. Schürer, *History of the Jewish People* I, 455. 예를 들면, 쿠스피우스 파두스 치하의 드다의 반란(Josephus, *Ant.* 20.5.1), 티베리우스 알렉산더 치하에 일어났던 갈릴리 유다의 아들 야고보와 시몬의 반란(*Ant.* 20.5.2), 쿠마누스 치하에 일어나 수만 명의 죽음을 불러온 예루살렘의 폭동(*Ant.* 20.6.1; *Jewish War* 2.12.2-5) 등을 언급할 수 있다. 요세푸스는 기록하기를, "그때부터 온 유대 땅은 도둑 떼들로 들끓게 되었다"(*Ant.* 20.6.1)고 한다—'도둑 떼'(***λησταί***)라는 말은 요세푸스가 '열심당들'을 묘사하는 방식이었다.

집에 들어가 그와 함께 식사한 사실 때문에 그가 할례자들에게 비난을 당한 일은 우연한 일이 아니었다(행 11:2-3). 할례의 필요성에 관한 후속되는 논쟁을 보면 많은 유대인들은 이방인들이 유대인들의 특권적 지위에 동참하려면 할례를 받아야 한다고 믿었음이 분명하다. 유대인들의 특권이나 자기 정체성이 위협받고 있다고 생각되기만 하면 그들의 반응은 즉각적이고도 격렬하였다. 특별히 유대 민족과 종교의 정체성을 위협하는 신앙과 행습을 따라 산다고 여겨지는 유대 기독교인들은 의심할 여지없이 독특한 유대종교적 유산에 충성하는 다른 동료 유대인들로부터 심한 사회적 압력을 받았다. 다른 여러 가지들 가운데 유대사회에서 식탁 교제가 지니는 종교사회적 의의는 잘 알려져 있다. 유대교에서는 특별히 공동식사의 '종교적' 의의는 핵심적 중요성을 가졌다. 이에 대해 예레미아스는 "유대교에서 식탁교제는 하나님 앞에서의 교제를 의미하는데, 식사에 동참하는 사람들이 떡 조각을 떼어 먹는 것은 그들 모두가 먹기 전에 떡 위에 빌었던 집 주인의 축복에 동참한다는 사실을 부각시키기 때문이다"[218]라고 지적했다. 안디옥 사건 자체가 논증하듯이(cf. 행 11:2-3; 고전 8-10) 누가 식탁 교제하기에 합당한 사람인가 아닌가를 구분하려는 태도는 이 시기를 살아가던 많은 유대인들을 크게 지배했던 정신이라고 할 수 있다. 합당한 식탁 교제의 한계들을 그으려는 유대인들의 태도는 특별히 부정한 음식에 대한 율법의 금지조항들과(cf. 레 11:1-23; 신 14:3-21), 그리고 정도는 다르지만 십일조와 정결의식에 관한 수많은 구전으로 구성된 '할라콧'(halakoth)에 기초하여 있다.

---

218) J. Jeremias, *New Testament Theology* I, 115; cf. R. Simeon, m. Abot 3.3. R. Simeon의 말은(*m. Abot* 3.3) J.D.G. Dunn, *Jesus, Paul, and the Law*, 137에서 인용되었다: "만일 세 사람이 한 식탁에서 먹으면서 율법의 말씀을 거론하지 않았다면, 그것은 마치 시체로 드려진 희생제물을 먹는 것과 마찬가지이다…그러나 만일 세 사람이 한 식탁에서 먹으면서 율법의 말씀을 말한다면 그것은 마치 하나님의 식탁에서 먹는 것과 마찬가지이다. 왜냐하면 기록되기를 '그가 내게 이르되 이는 여호와 앞의 상이라' 했기 때문이다"(R. Simeon, c. 100-160 또는 170).

부정한 음식에 관한 율법을 순종하는 일은 단순히 계명의 순종이라는 차원을 지나서 유대인들의 종교-사회적 자기 정체성을 지키는 일과 깊이 연루되어 있다. 마카비의 반란을 묘사하는 글에서 음식 먹는 문제는 핵심적 이슈 가운데 하나로 발견된다: "이스라엘 중에 많은 사람들이 결연한 자세로 굳게 서서 부정한 음식을 먹지 않기로 마음에 결심하였다. 그들은 차라리 죽을지언정 음식으로 자신을 더럽히거나 거룩한 언약을 더럽히지 않기로 결정하였고 또 그렇게 죽었다"(1 Macc. 1.62-3). 유대인들의 이러한 전형적인 태도는 베드로가 욥바에서 환상을 보고 취한 반응에서도 잘 나타난다: "속되고 깨끗지 아니한 물건을 내가 언제든지 먹지 아니하였삽나이다"(행 10:14). 유대인들이 특별히 부정하거나 깨끗지 못한 것으로 여긴 음식은 돼지고기(Josephus, *Ant.* 13.8.2; *m. Baba Qamma* 7.7; Philo, *Embassy to Gaius* 361; Plutarch, *Quaestiones Convivales* 4.5), 우상제물과 관련된 음식 (Josephus, *Life* 3 §§ 13-14; 4 Macc 5.2; 고전 8-10; 행 15:20,29), 피를 온전히 빼지 않은 고기(레 3:17; 신 12:16,23-4; 15:23; 행 15:20; *Keritot* 5.1) 등이다. 이런 음식들을 먹지 않는 일은 주후 1세기 경건한 유대인들에게 있어서 근본적인 것이었다. 그것은 그들의 유대인된 신분과 유대종교의 독특성을 보여주고 그들을 선택받은 하나님의 백성으로 구별짓는 표지 역할을 하였다. 경건한 유대인들이 식탁 교제에 제한을 두었던 것은 바로 이런 이유 때문이다. 그들은 그래서 이러한 음식규정들을 소홀히 하는 사람들의 식사 초청을 쉽게 받아들일 수가 없었다(cf. 고전 10:27-29).

바리새 유대교의 두드러진 특징들 중의 하나는 식탁 교제에 포함된 제한들을 보다 세밀하게 정의하려는 태도에 있다. 바리새인들에 관한 랍비 전승을 자세히 연구한 결과 뉴스너(J. Neusner)는 다음과 같은 결론에 도달하였다: 341개의 개별 규정들 중에서 "적어도 229개 정도의 규정들이 직접, 간접으로 식탁 교제와 관련이 있는데, 이것은 전체 규정들 가운데 어림잡아 67%에 해당하는 것이다."[219] 식탁 교세에 제한을 가하려는 바리새인들의 태도는 정결의식과 관련이 있는데, 그들은 성전의식을 규정하는 정결법들을 그들의 일상생활에까지도 적용하고자 하였다: 유대인은 누구나 성전에서 일하는 제사장처럼 의식적으로 정결한 상태에 있을 때 일상적 음식을 먹어야 한다. 복음서에서 증거되듯이 혹시 무의식적으로 물건을 만져서 부정해졌을지 모르기 때문에 자신의 손을 항상 씻는 것은 일상적인 바리새인들의 정결의식과 관련하여 중요한 위치를 차지한다 (막 7:2-5=마 15:2; 눅 11:38). 같은 논리에 근거하여 십일조가 중요했던 이유는 온전한 십일조를 바친 음식만이 의식적으로 용납될 수 있었기 때문이다. 십일조는 손을 씻는 의식 만큼이나 식탁 교제에 관련이 있었다.[220] 음식에 관한 이런 바리새적 규정들과 행습들의 영향은 단지 바리새파(the haberim)에만 국한된 것은 아니고 일반 유대인들의 사고의식에도 발견된다. '세리와 죄인들'과 함께 식사를 하고(막 2:16=마 11:19=눅 7:34; 눅 15:2) 씻지 않은 손으로 음식을 먹는(막 7:2-5=마 15:2; 눅 11:38) 예수의 행위에 대한 바리새인들의 비평은 바리새인들의 할라콧을 준수하지 않는 데 대한 경건한 일반 유대인들의 비평도 함축적으로 반영한다— "어찌하여 당신의 제자들은 장로들의 유전을 준행하지 아니하고 부정한 손으로 떡을 먹나이까?"(막 7:5=마 15:2). 그리고 이러한 영향은 단지 팔레스틴 지역에만 국한된 것은 아니고 로마나 소아시아의 디아스포라 유대 공동체들에서도 발견된다(cf. Josephus, *Ant.* 14.10.21 §245; Philo, *Embassy to Gaius* 156; *Special Laws* 1.153 등).[221] 이것은 디아스포라 출신인 바울이 바리새인 시절에 다른 많은 동년배들보다 유대교를 지나치게 믿어 조상들의 유전에 열심이었다는 그의 진술에서도 증언되는 것이다(갈 1:14; cf. 빌 3:6).

---

219) J. Neusner, *Rabbinic Traditions* 3.297; 또한 *From Politics to Piety*, 86.
220) J. Neusner, *From Politics to Piety*, 80f; cf. 마 23:23; 눅 18:12.
221) 위에 인용된 사료들과 논의들은 기본적으로 J.D.G. Dunn, "The Incident at Antioch(Gal 2.11-18)," *Jesus, Paul, and the Law*, 129-174에서 끌어온 것이다. 보다 자세한 논의를 보려면 그의 책을 참조하라.

음식규정이나 정결의식에 헌신함으로써 이방인들과 식탁교제하는 일에 제한을 두려는 태도는 유대인들이 그들의 민족적인 신앙과 신분의 정체성을 확인하는 것과 깊이 관련되어 있다. 바울 당대의 유대교를 주도했던 경향은 이방인들과 사회적 교제를 나누는 일을 가능한 한 피하는 것이었다. 그래서 '이방인들의 음식' 먹기를 거절하는 것은 유대인이 유대인으로서 성실한 삶을 살고 있음을 보여 주는 징표였다(Tob 1.10f; Jud 10.5; Macc 3.4). 이방인들은 본질상 우상숭배자요 의식적으로 부정한 자로 간주되었기 때문에(*Makkot* 2.3; *Oholot* 18.7; *Eliyahu Rabba* 10) 경건한 유대인이 그들과의 사회적 접촉을 피하는 것은 당연한 논리적 귀결이었다(*Jub* 22.16; *The Epistle of Aristeas* 139,142; Tacitus, *Histories* 5.5). 그러므로 어떤 경건한 유대인도 유대교 신앙과 생활풍속을 받아들인 개종자가 아닌 이상 부정한 이방인들과 식탁 교제에 참여하려고 생각조차 하지 않았다.[222] 분명히 안디옥 사건은 음식법과 정결의식에 근거하여 이방인들을 부정한 '죄인들'처럼 취급했던 유대인들의 이러한 배타적 태도의 배경 하에서 이해되어져야 한다. 예루살렘 교회의 입장에서 볼 때 안디옥 교회는 비록 많은 이방 기독교인들을 받아들인 교회이지만, 그들은 예수를 메시야로 고백하는 개종자들 또는 하나님을 경외하는 자들이며 예루살렘 교회의 지도와 권위 아래 있어야 할 안디옥의 유대기독교 공동체에 불과하였다. 야고보는 최근의 안디옥 사태에 관한 염려스러운 소식을 듣고 자신의 사람들을 파견하여 할례도 받지 않고 유대인들의 음식법이나 정결의식도 지키지 않는 이방인들과 식탁교제를 나누는 베드로와 안디옥 교회의 지도자들에게 책임을 추궁하려 했을 것이다. 베드로는 이미 전에 욥바에서 본 환상을 통해 "부정한 음식"을 먹으라

---

222) 물론 유대인들은 개종한 이방인들과 식사하는 일을 피하지 않았지만, 율법의 얼마간의 계명들만 받아들인 팔레스틴에 거주하는 이방인('제르 토샵')이나 또는 유대교에 매력을 느껴 회당예배에 참석하는 이방인들('하나님을 경외하는 자들')에 대해 어느 정도 식탁 교제에 허락되었는지에 대해서는 유대인들 가운데 다양한 의견들이 개진되었다(cf. Dunn, *Jesus, Paul, and the Law*, 142-148).

는 하나님의 말씀을 듣고서 이러한 유대인들의 협소하고 배타적인 전통이 이제 새로운 메시야 시대에 무가치한 것이 되었다는 것을 깨닫게 되었을 것이다. 이러한 깨달음 때문에 그는 안디옥에서 할례받지도 않고 유대인들의 음식법도 지키지 않는 (소위) 부정한 이방 기독교인들과 함께 식사를 하게 되었다. 이것은 베드로가 "이방을 좇고 유대인처럼 살지 않는"(**ἐθνικῶς καὶ οὐχὶ Ἰουδαϊκῶς ζῇς**) 행위였다(14절). 그러나 안디옥 사건의 경우에 야고보의 파견인들을 두려워하여 이방인들과의 식탁 교제를 기피한 그의 행위는 스스로 모순에 빠진 행위일 뿐만 아니라 복음의 진리와 관련하여 다른 사람들에게 좋지 못한 영향을 행사하는 결과를 초래하게 되었다.

13. 남은 유대인들도 저와 같이 외식함으로 바나바도 저희의 외식에 유혹되었느니라

'남은 유대인들'은 여기서 안디옥 교회의 유대 기독교인들을 지칭한다: 15절의 표현에 따르면 이들은 '태어날 때부터 유대인들'(**φύσει Ἰουδαῖοι**)이었던 사람들로서 안디옥 교회의 이방인들과 같이 예수를 메시야로 고백하던 기독교인들이었다. 이들은 예루살렘에서 온 야고보의 사람들이 도착하기 전까지 이방 태생의 동료 기독교인들과 함께 식탁 교제하는 일을 기쁘게 생각하였음이 분명하다. 최근에 있었던 예루살렘 방문에서 바울과 바나바는 예루살렘 사도들과 교제의 악수를 나누었고 그들이 이방인들 가운데 전하던 할례 없는 복음이 그들에게 인정을 받았기 때문에, 바울과 바나바의 지도와 가르침을 받았던 안디옥 교회는 이방 기독교인들과 식탁 교제와 같은 사회적 접촉을 자유롭게 가지게 되었을 것이다. 베드로가 안디옥에서 그들과 함께 식사를 하게 된 것도 이방 기독교인들을 하나님이 용납하신 같은 형제들로 대우하고 사귈 수 있도록 태도 전환을 가능케 했던 고넬료의 회심사건 때문이었을 것이다. 변화된 이러한 인식 때문에 베드로는 안디옥에서 처음에 이방 기독교인들과 아무런 격이 없이 교제하는 바른 태도를 취하게 되었다.

그러나 야고보의 사람들이 도착하자 베드로는 방금 전에 이방 기독교인들과 함께 식사하던 행위가 마치 불법적인 것이거나 잘못된 것이기라도 한 것처럼 그들과 교제하던 자리에서 피하여 물러갔다. 어떤 학자는 베드로와 나머지 유대인들이 이방 기독교인과 교제하는 자리를 피한 것은 보다 엄격하게 바리새적 음식법과 정결의식을 준수하는 예루살렘의 방문객들에게 '예의'를 갖추기 위한 때문이라고 주장한다.[223] 그러나 바울의 평가를 따른다면 베드로가 피한 것은 예루살렘에서 파송한 사람들에 대한 '두려움' 때문이었다(12절). 베드로나 바나바와 같은 교회 지도자들뿐만 아니라 안디옥의 나머지 유대 기독교인들마저도 예루살렘의 압력에 굴복함으로써 안디옥 교회에 미친 예루살렘의 영향이 얼마나 컸는가를 알 수 있다. 예루살렘 형제들은 안디옥 교회를 그곳에 있는 유대 기독교회 정도로 보았을 뿐만 아니라 기독교회 역시 예수를 메시야로 신앙하는 유대인들의 종교로 이해하였기 때문에, 그들은 이방인과 진정한 교제를 나누기 위해서 안디옥의 이방 기독교인도 음식법이나 정결의식과 같은 전형적인 유대인들의 삶의 패턴들을 받아들이도록 영향력을 행사하려 했을 것이다. 이 입장의 배후에는 이방 기독교인들이 유대인된 신분표지의 행위들인 이러한 삶의 유형들을 준수하지 않는 한,[224] 예루살렘은 그들을 부정한 '이방 죄인들'(**ἐξ ἐθνῶν ἁμαρτωλοί**)로 취급할 수밖에 없으며(15절) 따라서 그들과 교제할 수 없다는 전제가 함축적으로 깔려 있다.

바울은 그러나 이방인들과의 교제를 기피한 베드로의 행위를 '위선'으로 규정하고 '나머지 유대인들'이 그의 위선적 행동에 동참한 것으로 주장하였다(**συνυπεκρίθησαν αὐτῷ**). '위선'이란 본래 가면을 쓴 배우가 극중에서 다른 사람의 역할을 하는 일에 사용되었는데, 보통 사람의 실제 나쁜 성품, 성격, 의도 등을 은폐하고 겉으로 선한 어떤 행동을 하는 것처럼 위장하는 것을 의미한다(cf. 눅 20:20). 바울이 여

223) Bruce, *Galatians*, 131.
224) Cf. J. Barclay, *Obeying the Truth*, 82.

기서 위선적 행위라고 판단한 부분은 베드로와 나머지 유대인들의 편에서는 어떤 내면적 확신이 변화된 것도 없는데 단순히 예루살렘의 파견자들의 책망이나 비평이 두려워 그들의 내면적 확신과 모순되는 행동을 취한 데 있다. 이제까지 그들은 떳떳한 양심으로 이방인들과 함께 식사를 하였었다. 그들이 식탁 교제를 피한 것은 따라서 신학적 원칙에서 나온 것이 아니고 형편에 따라 원리를 타협하려는 태도에서 기인된 것이다.

베드로와 이들 유대인들의 교제 기피행위는 결과적으로 바울의 평생 동역자인 "바나바"까지도 그들의 외식적 행위에 휩싸이게 만들었다(*συναπήχην*). 바울에 있어서 바나바의 행위는 다른 사람들의 행위보다도 더 예민하게 느껴졌을 것이다. 그들은 오랜 동안 이방선교 사역을 해오면서 상호 두터운 신뢰를 쌓아 왔고 안디옥 교회도 그들의 지도와 설교를 통해 세워졌을 뿐만 아니라 갈라디아서 2:1절 이하에 언급된 예루살렘 방문에서 그들은 바울이 '이방 가운데 전하는 복음'에 관하여 예루살렘 사도들의 인정을 받아냈던 안디옥 교회의 대표자들이었다. 결국 바나바의 위선적 행위는 바울과의 신뢰관계를 크게 손상시켰을 것이고, 아마도 요한 마가를 선교여행에 데리고 가는 문제로 그들 사이에 심한 다툼과 결별이 생긴 것은(행 15:36ff) 마가의 동행 여부의 문제 때문에 계기가 되어 일어나게 된 점도 있지만 안디옥에서 있었던 바나바의 위선 행위와 보다 깊은 연관이 있었을 것이다.[225]

14. 그러므로 나는 저희가 복음의 진리를 따라 바로 행하지 아니함을 보고 모든 자 앞에서 게바에게 이르되 네가 유대인으로서 이방을 좇고 유대인답게 살지 아니하면서 어찌하여 억지로 이방인을 유대인답게 살게 하려느냐 하였노라

바울은 이방 기독교인들과 식탁교제를 기피하던 베드로와 바나바의

---

225) Bruce, *Galatians*, 132; cf. Dunn, *Jesus, Paul, and the Law*,

위선적 행위를 통해 그들이 "복음의 진리를 따라 바로 행하지 아니함을 보게"되었다고 말한다. '보았다'(**εἶδον**)는 말은 발생한 어떤 가시적 사건이 지니는 어떤 내면적 의미를 '파악했다'는 뜻을 갖는다(cf. 2:7). 바울이 안디옥 사건의 내면적 의미를 파악하게 된 시점은 아마도 안디옥 사건이 일어난 후 그가 그의 선교여행에서 귀환했을 때였을 것이다. 베드로가 안디옥에 머물던 초기에 바울은 여행 중에 있었기 때문에 그곳에 없었던 것으로 보인다. 바울은 여행에서 돌아와 그 동안 안디옥에서 발생했던 사건에 대해서 듣고 베드로와 바나바의 행위가 "복음의 진리를 따라 바로 행하지 않은" 것임을 깨닫게 되었다. 여기서 '바로 행한다'(**ὀρθοποδοῦσιν**)는 동사는 신약에서 오직 여기서만 사용되었고, 후기 교부 저술가들의 글들 가운데서는 자주 발견된다.[226] 본절에서는 그것을 두 가지 의미로 해석하는 것이 가능하다: 1) 하나는 (절뚝거리는 것과는 반대로) '바르게 또는 똑바로 걷는다'는 뜻이고; 2) 다른 하나는 '목표를 향해 바로 나아가다'는 뜻이다. 본절의 문맥에 가장 적당한 해석은 우리 한역 성경이 취한 전자의 의미이다. 이 경우에 '프로스'(**πρός**) 전치사는 '향하여'라는 일반적인 의미보다는 '따라서'라는 뜻을 갖는다고 보는 것이 더 타당하다.[227] 그렇다면 베드로와 바나바 그리고 나머지 안디옥의 유대 기독교인들은 '복음의 진리'라는 바른 길을 따라 바로 걷지 않고 잘못된 길로 들어선 것이다. 그들의 행위는 단순히 음식법과 같은 유대인의 관습적 행위의 문제가 아니고, 바울뿐만 아니라 베드로나 바나바와 같은 초대교회 지도자들도 공통적으로 인정하고 선포하여 온 복음의 진리가 왜곡되고

---

226) 신약의 *hapax legomenon*인 이 술어에 대해서는 다음 문헌을 참조하라: George D. Kilpatrick, "Gal 2:14 **ὀρθοποδοῦσιν**," *Neutestamentliche Studien für R. Bultmann(BZNW 21: Berlin, Töpelmann, 1957), 269-74; H.D. Betz, "Orthodoxy* and Heresy in Primitive Christianity," *Int* 19(1965), 299-311. 본래 바울에게 있어서 "걷는다 또는 행(行)하다"(**περιπατεῖν**)는 동사는 신자의 윤리적 삶과 행위에 대해 흔히 사용되는 말이지만, 본절에서 그것은 윤리적 의미보다는 정통 진리를 묘사한다.

227) Cf. Burton, *Galatians*, 110f; Bruce, *Galatians*, 132; Lightfoot, *Galatians*, 113 등의 대다수 주석가들.

무효화될 위기를 불러 들이는 중차대한 문제였다.

그래서 바울은 안디옥 사건이 지닌 신학적인 중요한 함축들을 간파하고 "모든 자 앞에서 게바에게" 다음과 같은 공개적인 질의를 제기하기에 이르렀다: "네가 유대인으로서 이방을 좇고 유대인답게 살지 아니하면서 어찌하여 억지로 이방인을 유대인답게 살게 하려느냐?" 바울은 '모든 자'(*πάντων*)란 말 앞에 정관사를 생략함으로써 그의 진술을 일반화시켰다. 따라서 그가 '모든 자'라고 지칭한 사람들은 방금 전에 언급된 베드로와 바나바 그리고 나머지 유대 기독교인들만을 가리키는 것은 아니고 바울이 게바에게 공개적 질의를 할 때 참석했던 안디옥 교회의 모든 구성원들을 지칭한다(cf. 고전 11:18; 14:23; 딤전 5:20). 11절에 이미 언급된 '면책하였다'는 표현을 참조한다면 바울의 꾸짖음은 개인적일 뿐만 아니라 공개적이었다. 바울이 마태복음 18:15에 기록된 예수의 말씀을 알고 있었다면 게바를 공개적으로 꾸짖기 전에 개인적으로 그를 면책하였을 가능성도 있다(cf. 갈 6:1). 그러나 바울은 "범죄한 자들을 모든 사람 앞에 꾸짖어 나머지 사람으로 두려워하게 하라"(딤전 5:20)고 교훈할 때도 있기 때문에, 마 18:15이나 딤전 5:20 중에서 어떤 것이 그의 규범적 태도인지 결정하기가 어렵다.[228] 더욱이 안디옥 사건의 설명 부분 뒤에 따라 나오는 신학적 논의들이(15-21절) 바울이 게바를 공중 앞에서 꾸짖을 때 실제로 발언한 내용인지, 아니면 그가 후에 갈라디아인들에게 안디옥 사건을 설명할 때 덧붙인 해설인지 확실하게 결정하기가 어렵다. 사건설명과 신학적 해설이 서로 뒤섞여 있어서 그것들 간에 구분짓기가 거의 불가능하다. 안디옥 사건과 직접 관련된 바울의 분명한 진술은 14절 하반절에 기록된 질문뿐이고, 2장 나머지 부분에서 직접적인 대화체 말투가 발견되지 않기 때문에 그가 베드로에게 한 말이 실제로 여기서 인용되고 있는 것 같지는 않다. 그럼에도 바울이 사건 현장에서 14절 하에 수록된 한 마디의 질문밖에 하지 않았다고 보기 어렵기

228) Augustine, *Ep.* 95.3; cf. Bruce, *Galatians*, 132.

때문에, 15-21절은 전에 안디옥에서 했던 바울의 말을 반영한다고 보는 것이 정당하다.

그러면 바울이 게바에게 공개적으로 제기했던 14절 하반절의 질문의 핵심은 어떤 것인가? 안디옥 사건은 바울과 예루살렘 사도들과의 관계를 이해하는 데 있어서나 현재 갈라디아 교회들의 위기의 성격을 이해하려 할 때도 매우 중요한 의미를 가지고 있으며, 더욱이 바울은 이 사건의 신학적 함축들을 부각시킴으로써 갈라디아인들과 그곳에 있는 유대주의적 반대자들에게 실질적인 답변을 제시하고 있기 때문에, 14절 하에 있는 바울의 공개적 질문이 실제 어떤 의미를 가지고 있는지 반드시 조심스럽게 검토되어야 하고 그것은 또한 15절에 실려 있는 진술과도 함께 다루어져야 한다. 바울이 던진 질문의 핵심은 베드로가 본래 유대인 태생이면서도[229] "이방인처럼 살고 유대인처럼 살지 않았다"(**ἐθνικῶς καὶ οὐχὶ Ἰουδαϊκῶς ζῇς**)는 사실과, 이제 그가 이전 태도를 바꾸어 "이방인들을 유대인처럼 살도록 강요하고 있다"(**τὰ ἔθνη ἀναγκάζεις ἰουδαΐζειν**)는 사실이다. 이 점에서 볼 때 베드로는(바나바와 나머지 유대인들도 마찬가지로) 두 가지 면에서 바울의 비판을 받았다: (1) 게바는 모순된 행동을 했기 때문에 정죄되었다. 지금까지 그들은 유대인처럼 살지 않았었다: (2) 이방 기독교인과 식탁교제를 피함으로써 게바는 이방인들을 유대인처럼 살도록(**ἰουδαΐζειν**), 즉 유대 기독교 형제들의 습관들을 받아들이도록 강요하였기 때문에 정죄되었다.

바울의 첫 번째 비평 중에서 문제가 되는 것은 '유대인처럼/이방인처럼'(**ἐθνικῶς** ж **Ἰουδαϊκῶς**) 산다는 것이 정확하게 무엇을 의미하느냐 하는 것이다. 이런 용어들은 유대인들의 음식법이나 정결의식이 문

---

229) **Ἰουδαῖος ὑπάρχων**이란 헬라어 표현은 우리 한역 성경에 '유대인으로서'라는 말로 번역되었는데, 이 말은 15절에 '본래 유내인' 또는 '태어날 때부터 유대인'(Jew by birth)이란 뜻을 가지고 있는 **φύσει Ἰουδαῖοι**라는 말과 거의 동등한 표현이다.

제가 되는 문맥 속에서 사용되었기 때문에, 그러한 독특한 유대적 삶의 관습들을 따라 사는 일이 바로 '유대인으로서 살아가는 것'을 지칭하고, 반대로 그런 것들을 따라 살지 않는 것이 '이방인으로서 살아가는 것'을 가리킨다고 생각할 수 있다. 이런 문맥 속에서 음식법이나 안식일 또는 정결의식을 준수하는 것은 바울이 "유대인으로서 살아가는" 것으로 지칭한 행위들, 다시 말해서 "유대인의 신분을 표현해 주는 행위들"(those activities which express Jewish identity)을[230] 의미한다. 바울과 베드로의 논쟁의 핵심은 그리스도 안에서 유대 기독교인들의 신분과 관련이 있다. 바울은 분명히 그 신분을 유대인들의 표준적 사고양식과 모순되는 방식으로 재정의하려고 시도한다. 그가 전했고 베드로나 바나바가 인정했던 "복음의 진리"는 새로운 삶의 유형과 표준을 확립해 놓았다. 안디옥의 유대 신자들은 더 이상 유대인처럼 살지 않고 "하나님을 향하여 살고"(갈 2:19) "하나님의 아들을 믿는 믿음 안에서 산다"(2:20). 그러나 새로운 메시야 시대에 지금 그들이 다시 되돌아가 채용하려는 것은 단순히 유대인의 삶의 방식일 뿐이다. 유대인의 신분을 표시해주는 행위들은 예수의 십자가 상의 죽음을 통해 소개된 새로운 메시야 시대에서 더 이상 하나님과 인간의 관계를 규정하는 기초가 될 수 없다.

이방 기독교인들과 식탁 교제에 참여한 베드로의 처음 행위는 그가 바로 이러한 사실을 공개적으로 인정했었다는 것을 전제한다. 그럼에도 이제 그는 교제 기피행위를 함으로써 이방 기독교인들을 '유대인

---

230) J.M.G. Barclay, *Obeying the Truth. A Study of Paul's Ethics in Galatians*(1988), 82. 바클레이와 비슷한 견해를 취하는 최근의 학자로는, J.D.G. Dunn, *Jesus, Paul, and the Law*(1990), 148ff; J. B. Tyson, "'Works of the Law' in Galatians," *JBL* 92(1973), 423-32; E.P. Sanders, *Paul, the Law, and the Jewish People* (1983); F. Watson, *Paul, Judaism and the Gentiles. A Sociological Approach* (SNTSMS 56, Cambridge 1986); N.T. Wright, "The Paul of History and the Apostle of Faith," *Tyndale Bulletin* 29(1978), 61-88; 또한 *The Messiah and the People of God*, Un-published D.Phil.Thesis, Oxford 1980, etc.

처럼 살도록'(ἰουδαΐζειν) 강요하고 있다. 이 헬라어 동사는 이해하기가 매우 어려운 말이다. 바울은 특별한 이 단어를 사용함으로써 지금 베드로가 이방 신자들에게 어떤 것을 얻어내려 한다고 비난하고 있는가? 본절에 사용되는 동사는 구약 칠십인경과 다른 고대문헌들에 상대적으로 자주 발견된다(LXX Esther 8.17; Plutarch, *Cic* 7.5; Josephus, *Bell* 2.454,463; Eusebius, *P.E.* 9.22.5; Ignatius, *Mag* 10.3, etc).[231] 이들 문헌의 용법을 검토해 보면 본절에 사용된 동사는 "유대인들의 관습을 받아들이다" 또는 "유대인처럼 살다"라는 의미를 가지고 사용되며 결코 다른 사람을 유대인이 되도록 격려한다는 의미를 가지지는 않는다.[232] 또한 분명한 사실은 '유대인처럼 사는 것'(ἰουδαΐζειν)이 할례를 받는 것과 동일한 것이 아니라는 점이다: 할례는 유대인으로 살아가는 전체 과정의 마지막 종착 지점인 반면에, '유대인처럼 사는 것'은 할례받는 것을 포함하여 다양한 수준에서 유대인의 관습들에 동화되는 것을 의미한다.[233] 아마도 바울의 두 번째 예루살렘 방문 때 그의 할례 없는 복음을 인준했던 예루살렘 사도들은 안디옥의 이방 기독교인들이 비록 할례는 받지 않더라도 유대인들의 관습을 받아들임으로써 적어도 '유대인처럼 살 것'을 요구했을 것이고, 최소한의 이러한 요구가 관철되지 않으면 같은 형제들로서 그들과 진정한 사귐이 불가능하다고 주장했을 것이다. 더욱이 안디옥이나

---

231) 이들 문헌에는 다음과 같은 말들이 나온다: "많은 이방인들이 유대인들을 두려워하여 할례를 받고 유대인처럼 살았다(ἰουδάιζον)"(LXX Esther 8.17); 야곱은 "세겜의 모든 주민들이 할례를 받고 유대인처럼 살 때까지(περιτεμνομένους ἰουδαΐσαι)" 디나를 하몰의 아들에게 주지 않았다(Eusebius, Praep.Evang. 9.22.5); 예루살렘에 있는 로마 수비대의 지휘관은 "유대인처럼 살고 할례까지 받겠다는(καὶ μέχρι περιτομῆς ἰουδαΐζειν) 조약과 약속을 제시함으로 자신의 생명을 건졌다"(Josephus, *Jewish War* 2.17.10 §454).

232) 이 동사의 본래의 의미의 관점에서 보면 실제의 '유대주의자들'(judaizers)은 안디옥과 갈라디아에 있는 바울의 유대주의적 반대자들이 아니라 유대인들의 풍습을 기꺼이 받아들이려고 하는 그곳의 이방 신자들이다. Cf.J. Barclay, *Obeying the Truth*, 36 n. 1.

233) Dunn, *Jesus, Paul, and the Law*, 149; Barclay, *Obeying the Truth*, 36 n. 1, 77ff.

갈라디아에 있는 '거짓 형제들'은 예루살렘의 합의사항보다 훨씬 그 이상의 것을 요구함으로써 모든 이방 기독교인들은 하나님의 백성의 울타리 안에 들어오려면 반드시 할례를 받아야 한다고 주장하던 상황에 있었다. 이러한 급박한 상황에서 베드로와 바나바(이들은 예루살렘의 합의를 이끌어 낸 사람들이었다), 그리고 안디옥의 나머지 유대 기독교인들은 예루살렘의 압력에 굴복하였고 결국 그들이 식탁 교제를 기피한 것은 이방 신자들을 '유대인처럼 살도록' 강요하는 결과를 초래하게 만들었다. 이것은 하나님의 참 백성으로서 이방 신자들의 신분과 위치를 위태롭게 만드는 행위였다.

2) 이신칭의 복음의 신학적 함축들 (2:15-21)

15. 우리는 본래 유대인이요 이방 죄인이 아니로되

바울은 여기서 자신을 포함한 유대 기독교인들을 '본래 유대인', 즉 '날 때부터 유대인'(*φύσει Ἰουδαῖοι*)인 사람들로 부름으로써 그들의 신분을 정의한다[234]: 유대인된 신분은 태어날 때부터 혈통적으로 결정되며, 이것은 또한 유대인들을 소위 "이방 죄인들"(*ἐξ ἐθνῶν ἁμαρτωλοί*)로부터 구분시켜 놓는다. 본절의 '하마르톨로이'란 말은 일반적인 의미의 '죄인들'을 뜻하지 않고 율법과의 관계에 의해서 죄인들로 규정된 사람들을 지칭한다. 죄인이란 말은 시간이 흐르면서 점차 율법을 범하였거나 또는 율법을 알지 못하던 사람을 지칭하는 기술적인 술어가 되었으며, 예수께서 활동하시던 시기에는 이미 '죄인'과 '이방인'은 동의어적으로 고정화되기 시작하였다(눅 6:33과 마 5:47; 막 14:41//마 26:45; 눅 24:7).[235] 더욱이 중요한 것은 본절이 바울 당대에

234) *φύσει*의 의미에 관해서는 롬 2:27; 엡 2:3; 갈 1:13f을 보라. Cf. H. Koester, *TDNT* 9, 272; Schlier, *Galater*, 88 n. 2; Baur-Arndt-Gingrich, *A Greek English Lexicon*, 869f.

235) '이방인'과 '죄인'을 동일시하는 것은 유대인들의 표준적 의식이었다: 예를 들면, 삼상 15:8; LXX Ps 9:18; Ps Sol 2:1f; 17:25; Jub 23.23f; 24.8. Cf. Rengstorf, *ἁμαρτωλός*, *TDNT* 1,

유행하던 전형적인 유대적 전망 가운데서 이해되어야 한다는 점이다: 유대인들은 하나님의 택하심을 받은 백성으로서 자신들이 이방 죄인들과는 다르며 또한 그들보다 우월하다고 생각하였다. 이러한 유대적 전망에서 볼 때, 이방인들은 율법과의 관계에서 보든지 아니면 의식적인 관점에서 보든지 '죄인들'로 취급될 수밖에 없다.

이방인들을 '죄인들'로 취급하려는 태도는 단지 일반 유대인들에게만 국한된 태도가 아니고 유대 기독교인들에게도 발견되는 태도였다. 안디옥 사건에서 보듯이 그들에게 '죄인'이라는 딱지를 가져다 붙임으로써 언약적인 의(義)의 울타리 안에 있는 유대 기독교인들과 그 울타리 밖에 있는 이방 기독교인들 사이를 구분하는 경향이 형성되었다. 안디옥에서 베드로와 나머지 유대 기독교인들이 이방 기독교인들과 식탁 교제를 기피한 것은 이방 신자들이 비록 예수를 메시야로 신앙한다 하더라도 음식법이나 정결의식과 같은 유대인들의 관습을 받아들임으로써 '유대인처럼 살지' 않으면 그들을 아직 언약적 의의 울타리 안에 있다고 간주할 수 없으며 따라서 죄인들인 그들과 진정한 교제가 불가능하다는 것을 함축하는 것이다(cf. *Clementine Homilies* 11.16). 안디옥의 사건은 유대인들의 이러한 우월의식 내지 선민적 배타주의가 어떻게 이방 기독교회 안에까지 영향력을 행사하게 되었는지를 잘 보여준다. 하나님의 모든 약속과 언약적 축복은 오직 유대인들에게만 속한다고 여겨졌기 때문에, 비록 이방 기독교인들이 예수를 메시야로 받아들였다 하더라도 그들은 마땅히 유대종교의 울타리 안에 머물러 있어야 한다. 그러기 위해서는 할례를 받거나 또는 적어도 유대인들의 관습을 받아들임으로써 '유대인처럼 살아야' 한다.

전통적으로 많은 학자들은 바울이 유대교를 신랄하게 비평한 이유가 그것이 율법의 선행이나 공적을 쌓음으로써 하나님의 의를 확보하

324-6; Dunn, *Jesus, Paul, and the Law*, 150f; Barclay, *Obeying the Truth*, 77 n. 7.

려는 행위구원의 종교였기 때문이라고 주장해 왔다(다음절 주석에서 이 문제를 자세하게 다룰 것이다). 이런 입장을 따르면 심지어 유대인들조차도 구원받은 하나님의 백성이 되기 위해 율법을 열심히 준수하려고 노력하였다는 것이다. 유대인들은 마치 사람의 구원이 그가 행한 선행과 악행의 수효를 저울질하여 많은 쪽에 의해 결정되는 것처럼 생각하였기 때문에 그들에게 미래에 대한 확고한 소망이 존재하지 않았으며, 더욱이 이러한 유대교의 구원론은 이방인들, 또는 할례와 율법의 멍에를 받아들임으로 유대교로 개종한 사람들에게조차도 확실한 소망을 보장하여 주지 못했다고 주장되어 왔다.[236] 그러나 안디옥 사건과, 특별히 15절에 반영되고 있는 바울 당대 유대인들의 태도는 이러한 전통적인 유대교의 이해를 지지하지 않는다. 최근에 많은 신약학자들은 바울이 유대교를 비평한 것은 그것이 행위의 의(義)를 치켜세우기 때문이 아니라 '국가적인 의'(national righteousness)를 내세우기 때문이라는 점을 지적하기 시작하였다.[237] '국가적인 의'라는 용어는 하나님의 참된 언약백성은 혈통적으로 육적인 이스라엘 후손들에게 속해 있다는 전형적인 유대인들의 자기이해를 지칭한다. 이방인들을 죄인들로 취급하여 교제하기를 기피하는 유대인들(또는 유대 기독교인들)의 태도 이면에는 자신들을 의로운 하나님의 언약백성으로 간주하려는 그들의 선민적 우월의식과 배타주의가 깊이 깔려 있다.

---

236) Strack-Billerbeck, Bultmann, Käsemann, Gundry 등 유럽대륙에 있는 절대 대다수의 학자들과 영미계통의 많은 학자들이 이런 견해를 추종하여 왔다.

237) 이런 견해를 받아들이는 학자들이 모두 동일한 주장을 피력하는 것은 아니지만, 이들은 바울의 유대교 비평이 그것이 행위구원의 종교라는 주장에 기초하지 않고 오히려 국가적인 의를 내세우는 종교라는 주장에 근거한다는 점은 대체로 일치한다. H. J. Schoeps, *Paul*을 참조하라. 그는 행위로 의(義)를 확보하려는 종교라는 전통적인 비평에서 유대교를 건져내려고 시도하지만, 좀 색다른 입장을 제시한다. 행위구원의 종교라는 비평이 사실은 바울 자신에게서 시작했다는 기존 입장을 받아들이면서도 Schoeps는 그런 비평이 정통 유대교에 해당하는 것은 아니고 비전형적이고 분파적인 형태의 유대교에 해당하며 바울은 바로 그런 잘못된 형태의 유대교를 비평한다고 보았다.

16. 사람이 의롭게 되는 것은 율법의 행위에서 난 것이 아니요 오직 예수 그리스도를 믿음으로 말미암는 줄 아는 고로 우리도 그리스도 예수를 믿나니 이는 우리가 그리스도를 믿음으로써 의롭다 함을 얻으려 함이라 율법의 행위로서는 의롭다 함을 얻을 육체가 없느니라

바울이 그의 유명한 이신칭의의 복음을 개진하게 된 것은 음식법과 정결의식에 근거하여 유대 기독교인들이 이방 신자들과의 사회적 접촉에 제한을 두려는 역사적 상황과 깊이 관련되어 있다. 갈라디아서의 핵심적 주제는 최근의 연구문헌들이 보여주듯이 유대인과 이방인의 관계를 어떻게 이해해야 하는가에 관련되어 있으며, 이 질문이 바울의 이신칭의 교훈의 역사적 배경을 형성한다. 바울 신학에 대한 많은 해석들의 주된 약점 중에 하나는 초대기독교 내의 논쟁들이 지니고 있는 인종적이고 민족주의적 차원들을 올바로 파악하지 못한 데 있다. 스텐달(K. Stendahl) 교수는 그의 한 유명한 논문에서[238] 바울의 이신칭의 교훈이 루터처럼 개인적인 구원의 확신을 얻으려고 고뇌하는 실존적인 씨름에서 출발된 것이 아니라고 지적한 적이 있다. 바울의 관심은 오히려 유대인과 이방인과의 관계에 있었다. 그의 질문은 '내가 어떻게 하면 구원을 얻을 수 있는가?' 라는 개인적이고 실존적 질문이 아니고, '이방인들이 어떻게 메시야적인 이스라엘 공동체 속에 포함될 수 있는가?' 라는 구속사적인 질문이었다.[239] 이 점에서 바울을 루터 신학적인 실존적이고 개인주의적 전망에서 이해하는 것은 다시 한번 바울을 루터로 만드는 일이 될 것이다.

---

238) Stendahl, "The Apostle Paul and the Introspective Conscience of the West," *HTR* 56(1963), 199-215.

239) 하나님의 선택과 그가 이스라엘과 맺은 언약의 결과로서 유대인들 가운데 형성된 인종적이고 민족주의적인 의의 개념은 최근 팔레스틴 유대교를 "언약적 계율주의"(covenantal nomism)로 성격규정한 E. P. Sanders의 연구저술들을 통해 새로운 조명을 받고 있다. E.P. Sanders, *Paul and Palestinian Judaism: A Comparison of Patterns of Religion*(London: SCM,1977)를 보라.

본절에서 중요한 것은 안디옥의 음식 논쟁에서 '의롭다 함을 받는다'는 표현이 정확하게 무엇을 의미하는가에 있다: "날 때부터 유대인이요 이방 죄인들이 아닌 우리는(15절) 사람이 율법의 행위에 의해서가 아니라 예수 그리스도를 (또는 예수 그리스도의) 믿음으로 의롭다 함을 받는다는 것을 알므로(16절 상)…" 15절과 16절은 상호 독립된 문장이 아니다. 16절의 부정과거 분사 '알므로'(**εἰδότες**)의 의미상의 주어는 15절에 있는 '우리'(**Ἡμεῖς**), 즉 지금 바울이 호소하고 있고 또 자신도 그 속에 포함되는 유대 기독교인들이다. 이들은 단순히 일반적인 유대 기독교인들이라기 보다는 베드로와 바나바 그리고 안디옥의 유대 기독교인들처럼 복음의 진리에 관하여 바울과 이미 공통된 견해를 가지고 있던 유대 기독교인들일 것이다.[240] 15절에서 '우리'란 말을 사용함으로써 바울이 자신을 포함시킨 사실이 그것을 증명해준다. 바울은 14절에서 베드로와 바나바가 '복음의 진리'를 따라 행하지 않고 위선적으로 처신한 데 대해서 책망하였는데, 본절은 그의 책망의 '논리적 근거'를 제시한다고 볼 수 있다. 이 논리적 근거는 예루살렘 교회의 대표인 베드로와 안디옥 교회의 대표인 바울과 바나바 사이에(갈 2:1-10) 이미 합의된 복음의 진리였다. 그래서 바울은 베드로의 위선적 행위를 책망할 때 그들 사이에 합의된 움직일 수 없는 근본적 사실을 지적하려고 한다: "우리는 이방 죄인들과 본질적으로 다른 유대인들이지만,[241] 사람이 그리스도를 믿는 믿음 이외에 율법의 행위로 의롭다 함을 받지 못한다는 것을 알고 있다."

---

240) Mussner, *Galater*, 169: *contra* Dunn, *Jesus, Paul, and the Law*, 189.

241) 16절 초반에서 Nestle-Aland의 표준본문은 **εἰδότες** 뒤에 **δέ** 접속사를 삽입하고 있는데, 그것을 삽입하는 본문과(ℵ B C 등) 그것을 생략하는 본문이(P^{46} A 등) 거의 동등한 무게를 지닌 사본들의 지지를 받고 있어서 어떤 것이 원문에 가까운지 결정하기가 어렵다. 문맥은 반의접속사를 삽입하는 것이 더 타당한 것으로 시사하지만, 한 가지 분명한 것은 "본래 유대인이요 이방 죄인은 아니다"라는 전망은 베드로나 바울이 예수를 믿기 전에 가졌던 유대인들의 전형적인 선민적 우월의식 내지 배타주의를 지칭한다는 점이다. *Contra* Dunn, *Jesus, Paul, and the Law*, 204 n. 25.

본절에서 '의롭다 함을 받는다'는 표현은 그러면 무엇을 뜻하는가? 우리는 일차적으로 '율법의 행위로 의롭다 함을 얻지 못한다'는 바울의 부정적 진술이 무엇을 뜻하는지 밝혀야 한다. 이 부정적 진술은 15절에 나타난 유대인들의 전형적 전망과 관련하여 이해되어야 한다. 예루살렘에서 온 야고보의 사람들은 의롭다고 여기시는 하나님의 선언이 '율법의 행위'와 깊이 관련 있는 것으로 생각했음이 분명한데, 그렇다면 바울이 여기서 강하게 부정하는 율법의 행위로 말미암는 칭의 개념은 '우리는 본래 하나님의 택하심을 받은 언약백성이며 이방 죄인들과는 다르다'는 유대인들의 우월의식 내지 선민적 배타주의와 깊이 관련된다고 볼 수 있다. 유대인의 전형적 특권의식과 깊이 맞물려 있는 이러한 칭의 개념도 그러므로 강한 언약적 특징들을 지닌 유대적 색채를 띤다고 할 수 있다. 특히 시편과 이사야서에서 '하나님의 의'는 하나님의 언약적 성실성, 언약백성인 이스라엘을 구원하시는 하나님의 능력과 사랑을 지칭한다.[242] 이 경우에 하나님께서 의롭다고 여기시는 것은 이스라엘과 맺은 언약에 근거해서 그들에게 호의로운 판결을 내리고 그들을 자기 백성으로 인정하는 것을 의미한다. 바울서신에서 '의롭다 함을 받는다'(**δικαιοῦσθαι**)는 동사는 과거의 사건을 지칭할 때도 있고(롬 4:2; 5:1,9; 갈 2:16; 고전 6:11) 현재의 상태를 지칭할 때도 있다(롬 3:24,26,28; 4:5; 8:30,33; 갈 2:16; 3:8,11). 그러나 바울은 몇 구절에서 칭의를 미래의 사건으로 말하기도 한다(롬 2:13; 갈 5:5).[243] 본절 초반에 사용된 동사는 현재동사로서(**δικαιοῦται**) 어떤

---

242) Cf. E, Käsemann, " 'The Righteousness of God' in Paul," *New Testament questions of Today* (1969); S.K. Williams, "The 'Righteousness of God' in Romans," *JBL* 99 (1980), 260ff; Dunn, *Romans*, 40-2; Mussner, *Galater*, 168ff, 특별히 여기에 사해사본의 관련구절들을 참조하라.

243) 아마도 다른 몇몇 미래 동사는(롬 3:20,30; 갈 2:16c) 논리적인 미래의 의미로 이해되어야 할 것이다. 이 동사들은 이들 구절이 교훈하고 있는 교리의 확실성과 보편성을 표현해 준다. 그러나 다른 경우들은 칭의가 단지 현재 상태로 귀결되는 과거사건만을 지칭하지 않고 갈 5:5에서 시사하듯이 성도들은 장차 재림시에 완성될 "의의 소망을 기다린다."

사람이 현재 언약관계 속에 있다는 것을 하나님이 인정하는 것을 시사한다. 특별히 자신들을 이미 하나님의 언약백성으로 간주했던 유대 기독교인들의 입장에서 볼 때 이 현재동사는 하나님께서 그의 백성과 언약을 맺는 처음 행위나 또는 어떤 사람을 언약백성의 일원으로서 처음 받아들이는 행위를 지칭한다고 볼 수 없다. 그렇다면 '율법의 행위'는 어떤 사람이 하나님의 언약백성 가운데 속해 있음을 보여주는 신분표지의 행위들을 의미한다.

'율법의 행위'는 전통적으로 자신의 선행으로 하나님의 무죄선언을 확보하려는 공적(功績)들, 선행으로 구원을 얻어보려는 자기 의(義)의 행위들을 지칭하는 것으로 해석되어 왔고,[244] 이것은 또한 종교개혁의 이신칭의 교리의 근본적인 전제이기도 하였다. 그러나 바울이 '율법의 행위로 의롭다 함을 받는다'는 개념을 거부할 때 그가 바로 유대인들의 '행위-의'를 공격하는 것이라고 보는 것은 바울의 본문을 처음부터 잘못 해석하는 것이다. 바울이 만일 특이한 유대인이 아니라면 그는 루터와 같이 생각하는 유대인은 더욱이 아니다. 이미 앞에서 우리는 '그리스도를 믿는 믿음'과 '율법의 행위'를 대조시키는 바울의 진술들이(2:16) '유대인'과 '이방 죄인' 사이를 구분하는 유대인들의 표준적 구분방식을 수정한다는 것을 살핀 적이 있다. 안디옥 논쟁의 전후 문맥에서 살필 때, 16절의 '율법의 행위들'은 분명히 '유대인처럼 사는'(**ἰουδαΐζειν**) 행위들을(14절) 지칭한다.[245] 베드로는 음식법이나 정결의식에 근거하여 이방 기독교인들과 식탁 교제를 피함으로써 그들을 유대인처럼 살도록 강요하였지만, 사실 이러한 독특한 유대적 삶의 유형들이 유대인이나 다른 어느 누구에게도 칭의의 본질적인 요소는 될 수는 없다(**ἄνθρωπος…πᾶσα σάρξ**). 분명히 야고보의 사람들은

---

244) 이 견해는 Billerbeck, Bultmann, Bousset, Käsemann 등과 같은 학자들에 의해 수상되어 왔는데, 이것은 또한 한국교회의 표준적인 유대교 이해가 되어버렸다.

245) Dunn, *Jesus, Paul, and the Law*, 191f; Barclay, *Obeying the Truth*, 78.

예수를 메시야로 믿는 유대 기독교인들이었다. 안디옥 사건이 보여주듯이 이들은 예수를 메시야로 믿는 신앙과 더불어 유대인의 신분표지의 행위들인 율법의 행위들도 필수적인 것으로 보았음이 분명하다.[246] 사실 유대 기독교인들은 비록 그들이 예수를 메시야로 믿는다고 해서 그들의 유대인된 신분과 행위들을 반드시 버려야만 하는 것은 아니었다. 그러나 문제는 이방인들이 하나님의 백성이 되려 할 때 그런 것들이 예수를 메시야로 믿는 신앙에 반드시 덧붙여져야 하는 조건으로 주장하는 데 있다. '야고보에게서 온 어떤 사람들'이 바로 이런 태도를 취하는 사람들이었고, 베드로와 바나바는 그들에 대한 두려움 때문에 복음의 진리를 저버리고 이런 주장에 (잠시?) 굴복했던 사람들이었다.[247]

그러나 바울은 이들의 입장과 다른 입장을 취하였다. 이방인들이 예수 그리스도를 믿음으로 얻은 칭의는 어떤 의미에서건 유대인들의 신분표지의 행위인 '율법의 행위'에 의존할 수는 없다. 만일 하나님께서 믿음을 보시고 어떤 개인에게 호의로운 판결을 내리신다고 하면, 그것은 믿음 이외에 '율법의 행위'라는 추가적 조건을 필요로 하지 않는다 - "사람이 의롭게 되는 것은 예수 그리스도를 믿는 신앙 이외에 (ἐὰν μή) 율법의 행위로 말미암지 않는 줄을 알므로 우리도 그리스도 예수를 믿나니…율법의 행위에서 아니고…" 이 문장에서 명백한 것은 그리스도에 대한 믿음은 하나님께서 사람을 의롭다고 하실 때 찾으시는 필요하고도 충분한 단일조건이라는 점이다. 이것은 본절에서 예수 그리스도에 대한 믿음과 관련하여 '이외에'(ἐὰν μή)라는 어구가 사용

246) 베드로와 바나바가 "야고보에게서 온 사람들"과 다른 점이 있다면, 그것은 전자는 이런 유대적 삶의 유형들이 칭의에 아무 관련이 없음을 본래 인정했던 사람들인데 반해, 후자는 예수에 대한 신앙뿐만 아니라 그런 삶의 유형들이 필수적이라고 주장한 데서 발견될 수 있다. *Contra* Dunn, *Jesus, Paul, and the Law*, 195f. 그는 여기서 이러한 차이점을 소홀히 하고 있다.

247) 이에 반해 4절에 언급된 "거짓 형제들"은 예수를 메시야로 믿는 신앙보다는 할례와 율법준수 같은 "율법의 행위들"을 하나님의 언약백성이 되는 필수적인 조건으로 내세웠던 사람들일 것이다.

된 사실 때문에 증명된다.[248] 그러나 바울은 할례, 음식법, 안식일 등의 준수가 칭의와 관계 없는 단지 유대인이 '유대인으로서 살아가는' 행위들이라고 말하고 하나님께서 사람을 의롭게 여기시는 것은 오직 예수 그리스도를 믿는 신앙에(ἡ πίστις Ἰησοῦ Χριστοῦ)[249] 의존한다고 주장하였다. 그러므로 바울과 베드로를 포함하여 안디옥의 나머지 유

---

248) *Contra* F.F. Bruce, "Paul and the Law in Recent Research," *Law and Religion*, ed. B. Lindars, Cambridge: James Clarke (1988), 124-5. 헬라어 어구 ἐὰν μή가 본래 반의적 의미보다 예외적 의미를 갖는다는 사실이 문법학자들 사이에 널리 인정되고 있다(Burton, *Galatians*, 121; *BAGD*, ἐάν 3.b). Moulton과 Howard는 εἰ μή 또는 ἐὰν μή가 ἀλλά와 대등한 기능을 갖는 경우들을 인용하지만, Hort는 이런 경우에 전자가 단순히 '그러나'를 뜻하기보다 '그러나 오직'을 의미한다는 것을 지적한 적이 있다(Dunn, *Jesus, Paul, and the Law*, 212 n.9).

249) 헬라어 본문에 "예수 그리스도의 믿음"(πίστις Ἰησοῦ Χριστοῦ)이란 소유격 표현은 롬 3:22, 갈 2:16, 그리고 빌 3:9 등에서 발견되는데, 그 동안 신약학계에서 그것을 주격적 소유격의 해석을 주장하는 학자들과(예수 그리스도 자신의 믿음 또는 성실성) 또는 목적격적 소유격의 해석을 주장하는 학자들(예수 그리스도에 대한 믿음) 사이에 큰 논란이 되어 왔다. 전자에 대해서 L. Gaston, *Paul and the Torah* (Vancouver, 1987), 12; P. Vallotton, *Le Christ et la Foi* (Geneva, 1960) 등을 보라. 후자는 여러 학자들에 의해서 받아들여진다(cf. A.J. Hultgren, "The Pistis Christou Formulation in Paul," *NT* 22(1980), 248-63; H.D. Betz, *Galatians*, 117f; J. A. Ziesler, *The Meaning of Righteousness in Paul* (Cambridge, 1972), 152 등). 또한 중간적인 입장을 취하여 일차적으로 그리스도의 신실함을 의미하면서도 인간의 믿음도 내포한다는 입장을 취하는 학자들은 T.F. Torrance, "One Aspect of the Biblical Conception of Faith," *Exp.T.* 68 (1957), 157-222; M.D. Hooker, "ΠΙΣΤΙΣ ΧΡΙΣΤΟΥ," *NTS* 35(1980) 등이다. 두 가지 해석은 문법적으로 모두 가능하다. διὰ πίστεως Ἰησοῦ Χριστοῦ라는 명사와 ἡμεῖς εἰς Χριστὸν Ἰησοῦν ἐπιστεύσαμεν이라는 동사가 평행적으로 위치하여 있고, 또한 πίστις Ἰησοῦ Χριστοῦ는 ἔργα νόμου에 대해서 반제적인 평행구로서 후자가 인간의 행위라면 전자도 인간 행위를 지칭할 수 있기 때문에, 여기서 "예수 그리스도의 믿음"이 예수 그리스도를 믿는 신자 자신의 믿음을 지칭할 가능성은 열려 있다. 그러면서도 바울은 εἰς Χριστὸν Ἰησοῦν과 같이(πιστευεῖν εἰς +목적격) 분명한 표현을 알고 있으면서도(16절 하) 바로 앞에서 이런 특이한 소유격 표현을 사용한 것은 의도적인 것 같다. 바울은 의도적으로 애매한 이런 표현을 사용함으로써 칭의에 (십자가

대 기독교인들도('우리도', 16절 하) 의롭다 함을 얻는 것이 율법의 행위가 아니라 예수 그리스도에 대한 믿음에 의존한다는 것을 공통적으로 인식하고 그를 믿어 왔다.

이를 논증하려고 바울은 시편 132:2을 암시하는 구절에 호소한다(cf. 롬 3:20). 그러나 바울은 시편의 구절을 문자 그대로 인용하기보다는 '율법의 행위로'라는 표현을 덧붙이고 '인생' 대신에 '모든 육체'란 말을 삽입하였다: "율법의 행위로서는 의롭다 함을 얻을 육체가 없느니라." 바울이 '모든 육체'(**πᾶσα σάρξ**)란 말을 대신 사용한 것은 아마도 육(肉)의 본질을 지닌 인간의 연약성과 죄악성에 초점을 맞추려 했을 것이다(4:13-14; 5:16-17; 6:8). 그러나 갈라디아서의 문맥에서 '육체'라는 말은 갈라디아서 4장의 알레고리에서 알 수 있듯이 인간적 관계나 또는 육신적 혈통에 기초한 단순히 '인간적인 어떤 것'을 뜻할 수도 있다(4:23,29; cf.고전 3:3-4).[250] 바울이 "모든 육체"라고 말할 때, 그것은 안디옥 논쟁의 문맥에서 하나님과의 바른 관계가 아브라함의 육적인 혈통, 유대인이라는 민족적 정체성에 의존한다고 생각하는 사람들을 지칭한다. 인간적 관계와 육적인 의식들을 지나치게 강조하는 자들은 바울이 보기에 "육체의 모양을 내고…육체로 자랑하려는" (6:12-13) 사람들에 불과하다. 유대교의 할례, 음식법, 율법 준수가 '육적'인 이유는 유대인들이 그런 것들을 선행으로 생각하여 구원을 얻어보려고 했기 때문이 아니라 유대인의 혈통, 조상들의 유전, 인종적 배타주의 같은 인간적인 삶의 유형들에 불과하기 때문이다. 바울이 다메섹 도상에서 전격적으로 받은 신적인 계시의 복음에 비추어 볼 때 이런 것들은 인간적인 전승에 불과하고(cf. 갈 1:10-12) 따라서 인간과 하나님 사이의 근본적인 관계를 규정하는 기초가 될 수가 없다. 새로

사건에 나타난 그리스도 자신의 성실성과 같은) 객관적인 근거를 제공하려고 했을지도 모른다(cf. M.D. Hooker, *op.cit.*).

250) J.D.G. Dunn, "Jesus - Flesh and Spirit: an Exposition of Romans 1.3-4," *JTS* 24 (1973), 43-9; J. Barclay, *Obeying the Truth*, 178-215 등을 참조하라.

운 메시야 시대에는 하나님의 계시가 요구하는 새로운 삶의 방식이 요구된다. 그것은 '믿음'과 '성령'에 의해 움직여지는 삶의 방식이다.

17. 만일 우리가 그리스도 안에서 의롭게 되려 하다가 죄인으로 나타나면 그리스도께서 죄를 짓게 하는 자냐 결코 그럴 수 없느니라

본절의 전체 문장이 질문인지[251] 아니면 단순히 사실적 진술인지에[252] 대해서 주석가들 사이에 의견이 갈려 왔다. 그러나 '아라'(ἆρα)는[253] 질문에 답변할 때 자주 사용되는 '결코 그럴 수 없느니라'(μὴ γένοιτο)는 어구와 연결되어 있기 때문에 본절의 주문장은 질문이라고 보아야 한다: "그리스도께서 죄의 종이냐?"(ἆρα Χριστὸς ἁμαρτίας διάκονος;) 확실하게 말할 수는 없지만, 이 질문이 안디옥 논쟁에서 제기된 질문일 가능성은 있다: 그리스도에게 속하기 때문에 유대 기독교인들이 율법을 무시한다면, 바울 당신은 그들이 율법을 범하는 죄인들이 되어도 괜찮다고 생각하는가?[254] 바울은 이미 새로운 메시야 시대에 할례나 음식법과 같은 유대인의 특징적인 삶의 패턴들이 더 이상 하나님의 백성의 성격을 규정하는 요소들이 될 수 없다고 주장했었다. 그렇다면 유대 기독교인들이 그들의 독특한 삶의 방식들을 버리고 '이방 죄인들'처럼 살아도 된다면, 율법의 관점에서 볼 때에 그들은 율법을 범한 죄인들로 남게 된다. 만일 그들이 그리스도를 믿기 때문에 율법을 범한 죄인들로 발견된다면 "그리스도께서 죄의 종이냐"라는 반대

---

251) Oepke, *Galater*, 92; Nestle-Aland, *Greek New Testament*.
252) Borse, *Galater*, 114-5; *Moule*, *An Idiom Book*, 196; Bultmann, *Exegetica*, 394f.
253) 본문에서 ἀρα가 ἄρα인지(B^2 H) 아니면 ἆρα인지(P^{46} ℵ A) 분명하지는 않으나, Nestle-Aland의 표준본문은 후자를 선택하였다.
254) T. Zahn, *Galater* (1905), 128; Betz, *Galatians*, 120 등을 참조하라. 어떤 학자는 심지어 이것이 안디옥 논쟁에서 베드로가 실제로 말한 항의조의 질문을 인용한 것이라고 생각한다(H. Feld, "'Christus Diener der Sünde.' Zum Ausgang des Streites zwischen Petrus und Paulus," *TQ* 153(1973), 119-131; cf. Barclay, *Obeying the Truth*, 79 n. 12).

질문이 제기될 수밖에 없다.

이러한 질문은 바울의 가르침이 결국은 도덕폐기론(antinomianism)으로 인도할 수밖에 없다는 폭넓게 유포된 의구심을 반영하는 만큼(cf. 롬 3:8; 6:1; 행 21:21), 바울이 그에 대해 조심스럽게 답변하는 일이 중요하다. 그러나 바울은 그리스도께서 죄를 짓게 만들고 죄를 조장하는 분이라는 생각을 단호하게 부정한다: "결코 그럴 수 없느니라"(*μὴ γένοιτο*). 그가 그렇게 단호하게 부정할 수밖에 없는 이유는 18-21절에서 발견된다.

18. 만일 내가 헐었던 것을 다시 세우면 내가 나를 범법자로 만드는 것이라

본절에서 바울은 단수 일인칭 대명사 '내가'를 사용하는데, 이것은 베드로를 직접적으로 공격하는 일을 피하여 보려는 문체상의 기교임이 분명하고,[255] 또한 19-20절에서 바울이 그리스도 안에 있는 유대인 신자를 지칭하기 위해 사용한 '나'의 용법을 준비하는 역할을 한다. 그는 그리스도 안에서 의롭다 함을 얻기 위해서 율법의 요구를 '헐었었다'(*κατέλυσα*). '헌다'는 이 동사는 '없애 버리다, 폐지하다, 무효화 시키다'는 의미를 갖는다.[256] 율법을 헐었다는 바울의 진술은 '죄인'과 '의인'의 구분이 새로운 메시야 시대에는 유대인 신분표지의 행위들인 '율법의 행위'의 존재 여부에 의해 결정될 수 없다는 것을 의미한다. 왜냐하면 그리스도 안에서 의롭다 함을 받은 사람은 그리스도와

---

255) Schlier, *Galater*, 96f; R. C. Tannehil, *Dying and Rising with Christ*, 56ff.

256) Bauer, *A Greek-English Lexicon*, 414; F. Büchsel, *TDNT* 4, 335f.338. 바울 서신 이외에 그것이 유일하게 사용되는 장소는 마태복음 5:17이다. '헌다'는 술어는 본절 이외에 로마서 3:31에서도 사용되는데, 후자의 구절은 바울이 율법을 허무는 사람이라는 유대인들의 비난을 반영하는 것 같다(cf. 롬 3:31; 6-8; 행 18:13; 21:28). Cf. Betz, *Galatians*, 121 n.70.

함께 십자가에 못박혔고 율법을 향하여 죽었다는 것을 뜻하기 때문이다(2:19). 따라서 유대인들이 이방인과 식탁 교제를 하기 위해서 율법을 포기했다는 사실은 유대적 전망에서 볼 때는 죄가 되지만, 율법에 대해서 죽은 그리스도인들에게는 죄가 되지 않는다. 비록 유대 그리스도인들이 이방인과 식사함으로 율법의 관점에서 죄인들로 불리워진다 할지라도 결과적으로 그리스도께서 죄를 짓도록 부추기는 '죄의 종'이라고 말할 수는 없다.[257]

유대 기독교인이 이방인과 함께 식사하기 때문에 범법자로 낙인 찍히는 것은 안디옥에서 있었던 베드로의 행위처럼 율법의 요구를 '다시 세우고' (**πάλιν οἰκοδομῶ**) 율법이 본래 가지고 있었던 의의와 타당성을 다시 인정할 때뿐이다. 그리스도인을 율법의 범법자로 만드는 것은 본절에서 그가 율법을 완전하게 지키는 일이 불가능하기 때문도 아니고,[258] 또는 그가 율법을 온전히 지키려고 하기 때문에 복음에 대항하여 죄를 범하기 때문도 아니다.[259] 그리스도인이 율법의 범법자가 된다면 그것은 여전히 율법의 요구가 신자에게 타당성이 있으며 그의 신분과 행위를 규정하고 지도할 만한 권한이 있다고 '다시' 인정할 때이다. 왜냐하면 이렇게 율법에 계속적인 타당성을 인정할 때 율법은 그리스도 안에 있는 생명을 부여해 주기보다는(갈 3:10-11,21-2) 도리어 나를 범법자로 드러낼 뿐이기 때문이다(2:18; 3:19; cf. 롬 3:20; 4:15 등).[260] 여기서 바울은 유대교와 유대 신자들이 가지고 있는 '언약적 계율주의' (covenantal nomism, 은총으로 주어진 언약의 테두리 안에서 율법을 따라 사는 삶)를 그가 이해한 '이신칭의 복음'과 날카롭게 대조시킨다. 그리스도를 믿는 신앙 안에서 사는 동시에 율법을

257) Burton, *Galatians*, 125-6; Räisänen, *Paul and the Law*, 76 n. 173.
258) Pace Schlier, *Galater*, 97; W. Mundle, "Zur Auslegung von Gal 2,17-18," *ZNW* 23 (1923), 152-53.
259) Duncan, *Galatians*, 69.
260) Oepke, *Galater*, 61; Becker, *Galater*, 30; Mussner, *Galater*, 178-9; Räisänen, *Paul and the Law*, 41-3.

따라 사는 것은 본질적으로 불가능하다. 그것은 술어적으로 모순된다; 하나를 헐든지 아니면 다른 하나를 세워야 한다.[261] 그래서 바울은 신자와 이스라엘의 관계를 2-3장에서 그의 이신칭의 복음을 통해서 재정의하려고 시도한다. 사람을 하나님의 백성이 되게 만드는 것은 음식법이나 정결의식과 같은 유대인이 유대인으로서 살아가는 삶의 방식들이 아니고 아브라함이 살았던 '믿음'의 삶을 통해서이다(갈 3:6-9; cf. 롬 4:9-25).

여기서 우리는 율법이 이방인들을 죄인들로 취급함으로써 언약백성인 유대인과 이방 죄인들 사이를 구분시키고 그들 사이의 진정한 교제를 불가능하게 만드는 '장애물' 역할을 한다는 사실을 주의해야 한다. 하나님께서 아브라함에게 주셨던 본래의 약속은 이방인들이 그를 통해 복을 받는 것이었다; 하나님은 처음부터 마지막까지 이방인들을 염두에 두고 계셨다(창 12:3; 갈 3:8). 그러나 아브라함을 통해 이방인들에게 주시겠다고 약속하신 축복들이 '율법 때문에' 이제까지 이방인들에게 미치지 않았고, 율법은 이런 의미에서 이방인들과 유대인들이 같은 하나님의 백성으로서 서로 교제하지 못하도록 방해한 '적대의 담'(***τὸ μεσότοιχον τοῦ φραγμοῦ***) 역할을 하였다(엡 2:14). 예수 그리스도의 십자가 사건은 이방인과 유대인 사이에 가로놓인 이 적대의 담을 허물어버림으로써 그들을 그리스도 안에서 '한 새 사람'으로 창조한 사건이며(엡 2:15), 그것은 또한 스스로 율법의 저주를 받으신 그리스도께서 이방인들을 죄인 취급하던 율법에서 그들을 구속함으로 "아브라함의 복이 이방인에게 미치게 하셨던"(갈 3:14하, ***ἵνα εἰς τὰ ἔθνη εὐλογία τοῦ Ἀβραὰμ γένηται ἐν Χριστῷ Ἰησοῦ***) 사건이었다. 이들 구절들이 분명히 말해주는 것은 바울이 '율법' 또는 '율법의 행위들'을 유대인과 이방인 사이를 갈라놓는 사회적 기능 속에서 파악하고

---

261) 이렇게 그리스도 안에 있는 삶과 율법 아래서의 삶을 날카롭게 대립시키게 된 것은 바울 자신의 회심 경험과 관련이 있다(갈 1:13-16 주석 참조). Cf. Dunn, *Jesus, Paul, and the Law*, 98f.

있다는 사실이다.[262] 유대인이나 이방인 모두 믿음이라는 공통 근거 위에서 의롭다 함을 받는다는 바울의 이신칭의 복음은 결국 그들이 그리스도 안에서 같은 하나님의 백성으로서 상호 교제하지 못하도록 방해한 율법의 요구들을 '헐어버린'(**κατέλυσα**) 반면, 안디옥에서 베드로는 그것들을 '다시 세우려고'(**πάλιν οἰκοδομῶ**) 함으로써 이방 기독교인들을 다시 죄인들로 취급하려 하였다.

19. 내가 율법으로 말미암아 율법을 향하여 죽었나니 이는 하나님을 향하여 살려 함이니라 내가 그리스도와 함께 십자가에 못박혔나니

본절 초반에 있는 '왜냐하면'(**γάρ**)이란 접속사는 18절과 관련하여 다음과 같은 뜻을 갖는다: 율법의 범법자라는 문제는 율법과 관련하여 죽은 신자들에게는 제기될 수 없다. 나는 이미 율법과 관련하여 죽었기 때문에 내가 내 자신을 범법자로 만들 수 있는 가능성은 이제 없어져버렸다. 여기서 바울의 진술은 일반적인 성격이 강하기 때문에, 본절의 '나'(**ἐγώ**)는 개인적인 '나'가 아니고 그리스도 안에 있는 모든 신자들, 특별히 바울과 같은 유대 기독교인들을 지칭하는 전형적인 '나'를 뜻할 것이다. 그리스도 안에 있는 신자들은 "율법을 통해 율법에 대해서 죽었다"(**ἐγὼ γάρ διὰ νομοῦ νόμῳ ἀπέθανον**). 위의 헬라어 표현과 관련하여 두 가지를 고려해야 한다: 1) "율법에 대해서 죽었다"는 것과, 2) "율법을 통해서 죽었다"는 것이 무엇을 뜻하는가?

'율법에 대하여'(**νόμῳ**)라는 말은 이해하기 쉬운 낯익은 여격 표현

---

262) 바울이 율법 자체를 비평하였는가 아니면 율법에 대한 유대인들의 특수한(또는 오해된?) 태도를 비평하였는가에 대해서는 3장을 주석할 때 언급할 것이다. 이 문제에 대한 상세한 논의는 Dunn, *Jesus, Paul, and the Law*, 211-213; T.R. Schreiner, "The Abolition and Fulfilment of the Law in Paul," *JSNT* 35(1989), 47-54; F.F. Bruce, "Paul and the Law in the Recent Research," *Law and Religion*, ed. by B. Lindars, Cambridge: James Clarke (1988), 124-25 등이다.

은 아니지만, 그것의 의미는 로마서 7:1-4에 언급된 바울의 진술과 관련하여 이해되어야 한다: 율법은 죽은 자에게 대해서는 더 이상 효력을 갖지 못한다.[263] '죽었다'는 말은 20절 상에서 뒤따라 나오는 "그리스도와 함께 십자가에 못박혔다"(Χριστῷ συνεσταύρωμαι)는 표현을 통해 보다 분명하게 부연설명된다: 율법이 신자에게 더 이상 효력을 갖지 못하는 것은 신자가 그리스도와 함께 십자가에 못박혔기 때문이다. 여기서 십자가는 과거와의 전적인 단절을 상징한다. 신자는 그리스도와 함께 십자가에 못박힘으로써 "죄에 대해 죽고"(롬 6:2), "율법에 대해 죽고"(갈 2:19), "세상에 대해 죽었다"(갈 6:14). 이것은 그리스도의 죽음에 동참한 신자들이 죄와 율법과 세상의 통치와 지배를 받던 과거의 삶에서 이제 벗어났음을 의미한다. 베츠(H.D. Betz)와 같은 학자는 본절이 로마서 6장에서처럼 '그리스도와 함께 죽고 사는 일'에 대해 언급하지 않기 때문에, 전자를 후자와 관련하여 해석하기를 주저한다.[264] 그러나 바울이 '죽는 것'(ἀπέθανεν)과 '사는 것'(ζῆν)을 반립적으로 평행시켜 놓은 사실은 로마서 6장의 주제와 유사하고,[265] 또한 본절과 로마서 6장의 두 본문에서 이신칭의 구원론이(롬 6:7; 갈 2:16) 그리스도와 함께 죽고 사는 구원론과(롬 6:4-5; 갈 2:19b,20) 관련하여 설명된다는 사실은 베츠의 주장을 신빙성 없게 만든다.[266] 그리스도를 믿음으로 의롭다 함을 받는 것은 결국 그리스

---

263) Tannehill, *Dying and Rising with Christ*, 18; Barclay, *Obeying the Truth*, 80 n.14. 랍비문헌에도 비슷한 진술이 나온다: "사람은 죽자마자 계명들을 지켜야 할 의무로부터 벗어난다"(R. Johanan, b Shabbath 30a).

264) Betz, *Galatians*, 123; *pace* Schlier, *Galater*, 99f.

265) C.F.D. Moule, "Death 'to sin', 'to law,' and 'to the world,': A Note on Certain Datives," *Rigaux FS*, 367-375.

266) 이 점에서 바울이 '법정적인' 구원론과 '신비적인' 구원론이라는 두 이질적 구원론을 발전시켰으며 그리스도와 함께 죽고 사는 것을 말하는 신비적 구원론이 바울의 본래 사상을 나타낸다는 슈바이쳐의 주장은 근거가 없는 것이다(A Schweitzer, *The Mysticism of Paul the Apostle*, London 1959). Cf. E. Schweizer, "Die 'Mystik' des Sterbens und Auferstehens mit Christus bei Paulus," *EvTh* 26(1966), 239-257; S. Kim, *The Origin of Paul*,

도와 함께 죽고 부활하는 구원경험을 지칭한다. 그러므로 하나님께서 신자를 의롭다고 선언하는 것은 단순히 죄인이 마치 의인인 것처럼 선언하는 법정적 행위 이상의 것이다: 심판자이신 하나님의 판결은 옛 사람을 그리스도와 함께 십자가에 못박고 이제 그리스도와 함께 부활의 생명을 얻게 하여 새로운 존재로 변화시키는 창조자 하나님의 행위를 가리킨다.

"율법을 통해서 죽었다"는 말은 그러면 무엇을 뜻하는가? 어떤 학자는 바울이 율법에 대한 열심 때문에 하나님의 교회를 핍박했고 그리스도를 거부하게 되었기 때문에(갈 1:13-14), 결국 율법은 바울에게 자신의 행위의 죄악성을 깨닫게 하는 데 실패했을 뿐만 아니라 오히려 그로 하여금 하나님을 향해 죄를 짓도록 만들었다고 주장한다. 바울이 "율법을 통해 죽었다"고 말한 것은 바로 이런 의미라는 것이다.[267] 그러나 문맥은 율법이 죄를 부추긴다는 것을 말하기보다는 율법이 그리스도의 십자가 사건에서 담당한 역할에 대하여 말한다.[268] 많은 학자들은 "율법을 통해 죽었다"는 표현이 갈라디아서 3:13을 미리 지시한다고 생각한다. 3장 13절에서 바울은 그리스도께서 십자가에 못박히실 때 율법의 저주를 친히 담당하셨고 그의 백성을 위하여 그 형벌을 대신 받으셨다고 말한다. 이런 의미에서 그리스도께서 '율법을 통하여' 죽으셨고, 또한 그리스도인은 그리스도와 함께 십자가에 못박혔기 때문에 그가 율법에 대하여 죽은 것도 '율법을 통해서' 이루어진 것이라고 할 수 있다.[269]

한 가지 주목해야 할 점이 더 남아 있다. 안디옥 사건은 본래 유대 기독교인들이 이방 기독교인들과의 식탁 교제를 기피함으로 그들을 '이방 죄인들'로 취급하려던 상황에서 생긴 것이다. 그러므로 안디옥

267) Burton, *Galatians*, 132-3; Bruce, *Galatians*, 143-4.
268) Tannehill, *Dying and Rising with Christ*, 58f.
269) Schlier, *Galater*, 99-101; Bruce, *Galatians*, 143; Barclay, *Obeying the Truth*, 81 n.14.

사건의 본질적인 질문은 이방 기독교인들을 하나님의 백성으로 인정할 수 있는가 하는 그들의 '신분'(identity) 문제와 관련이 있다. 이 신분의 문제는 그러나 본질적으로 '행위'(behaviour)의 문제와 분리될 수 있는 성질의 것이 아니다. 복음의 진리가 만일 유대인이나 이방인 모두 믿음으로 의롭다 함을 받는다는 사실을 교훈한다면(신분), 그들은 이제 더 이상 '유대인처럼'(Ἰουδαϊκῶς) 살아서는 안된다(행위). 복음의 진리는 사람이 믿음으로 의롭다 함을 받아 하나님의 백성이 된다는 것만 말할 뿐만 아니라(갈 2:16) 그가 이제 믿음으로 살아가야 한다는 것도 요구한다(갈 2:20). 이 점에서 신분과 행위는 두 개의 다른 원리가 아니라 한 동전의 다른 두 면들과 같다.[270] 베드로는 전에 복음의 진리를 따라 본래 유대인 태생이면서도 유대인처럼 살지 않고 이방인처럼 살았었다. 그러나 안디옥에서 그는 유대인으로서 '유대인처럼 살려고' 함으로써 이전의 태도를 변경시키고자 하였고 이로써 이방 기독교인들을 유대인처럼 살도록 강요하였다. 19-20절에는 '삶의 주제'가 빈번하게 나타나는데, 기독교인의 삶을 묘사하는 이 진술들은 '유대인처럼 살려고' 하였던 베드로의 행위에(2:14, Ἰουδαϊκῶς ζῆς) 대한 바울의 평가를 분명하게 반영하고 있다.[271] 믿음으로 말미암는 칭의(稱義)는 이제 새로운 생활의 유형과 표준을 확립해 주기 때문에 신자의 삶 전체를 규정해야만 한다.

20. 그런즉 이제는 내가 산 것이 아니요 오직 내 안에 그리스도께서 사신 것이라 이제 내가 육체 가운데 사는 것은 나를 사랑하사 나를

---

270) *Contra* E.P. Sanders, *Paul and Palestinian Judaism* (1977), 543. 샌더스는 신분(getting in)과 행위(staying in)를 마치 두 다른 원리인 것처럼 날카롭게 분리시켰는데 이것은 본문적 지지를 얻지 못한다. 그는 갈라디아서의 문제가 신분의 문제에 걸려 있다고 주장하지만, 실제 안디옥 사건은 행위의 유형(staying in)이 신분(getting in)의 문제와 마찬가지로 논쟁의 일부를 형성한다는 것을 보여준다. Cf. R.H. Gundry, "Grace, Works and Staying Saved in Paul," *Biblica* 66(1985), 1-38, 특히 8-9; J. Barclay, *Obeying the Truth*, 74; Dunn, *Jesus, Paul, and the Law*, 211f.

271) Barclay, *Obeying the Truth*, 81.

위하여 자기 몸을 버리신 하나님의 아들을 믿는 믿음 안에서 사는 것이라

바울은 그래서 이제 "하나님을 향하여 산다"(*ἵνα θεῷ ζήσω*)고 말한다(2:19절하): 그의 삶은 율법이 아니라 믿음에 의해 특징화되는 삶이며(*ἐν πίστει ζῶ τῇ τοῦ υἱοῦ τοῦ θεοῦ*) 그리스도께서 그의 안에 사는 삶이다(*ζῇ δὲ ἐν ἐμοὶ Χρίστος*). 믿음으로 의롭다 함을 받은 사람은 이제 또한 동일한 믿음으로 살아가야 한다: 신자의 신분과 행위를 지배하는 유일한 원리는 '믿음'뿐이다. 바울에게 있어서 믿음이 따로 있고 행위가 따로 있는 것이 아니다. 이렇게 신자가 믿음으로 하나님을 향하여 살 수 있는 근거는 두 가지가 있다. 하나는 '믿음'의 본질적 성격과 관련이 있고, 다른 하나는 칭의(稱義)의 성격에 근거한다. 믿음은 단지 복음에 대한 지적인 승낙이 아니라 그리스도와 그의 말씀에 전적으로 헌신하는 것을 의미한다. 그래서 바울은 복음을 받아들이는 영접행위를 "믿음의 순종"(롬 1:5; 16:26; cf. 갈 5:7; 고후 9:13; 살후 1:8)이라고 묘사한다. 이렇게 전폭적이고 인격적인 헌신으로서의 믿음의 성격이 신자의 의식적인 행위와 삶에 영향을 미칠 수밖에 없기 때문에, 그는 신자로서의 그의 기본적인 헌신을 그의 삶 속에서 표현하게 된다. "믿음은 순전한 수동성 또는 행위의 결핍을 의미하지 않는다. 구원하는 믿음은 선행으로 자신의 존재를 나타내고 논증한다".[272] 둘째로, 우리는 이미 위에서 칭의가 단지 죄인을 마치 의인인 것처럼 선언하는 법정적 교리 이상의 경험이라는 것을 말한 적이 있다. 심판자이신 하나님께서 죄인을 의롭다고 선언하실 때 그것은 단순한 가상적 판결이 아니라 신자를 죄의 지배영역에서 해방하여(롬 5:16-19; 6:7) 새로운 은총의 통치영역으로 옮겨 놓으며(롬 7:6) 하나님의 형상을 따라 새 사람으로 변화시키는 사건이다. 그러므로 칭의는 신자를 부활의 새 생명 가운데서 행할 수 있도록(롬 6:4) '새 피조

272) H. Lee, *Divine Grace and the Christian Life*, 167; cf. R.H. Gundry, "Grace, Works and Staying Saved in Paul," *Bib* 66 (1985), 11f.

물'(고후 5:17,21)로 변화시키는 하나님의 창조행위라 할 수 있다.[273)]

바울은 이미 앞절에서 자신이(ἐγώ) 율법과 관련하여 죽었다고 말했기 때문에, 본절에서 우리는 "내가 이제 그리스도 안에서 산다"라는 표현을 발견할 수 있을 법하다. 그러나 새로운 생명의 질서 속에서 바울 자신은 완전히 보좌에서 내려오고 "사는 것은 내가 아니라 그리스도께서 내 안에 사시는 것이다"(cf. 빌 1:21, "내게 사는 것은 그리스도니"). 삶을 지배하고 다스리는 주체가 뒤바뀌었다: 그 주체는 내가 아니라 그리스도이다. 신자는 그리스도의 죽음 속에서 그와 함께 죽었기 때문에 이제 그의 생명 속에서 그와 더불어 사는 것이다. 나의 생명은 그리스도와 관계 없이 따로 존재하는 것이 아니라 그리스도의 부활의 생명 속에서만 발견된다. 그리스도 안에 있는 이 생명은 부활하신 그리스도께서 신자 속에 그의 삶을 사는 것에 불과하다(고후 13:5). 그러나 슈바이쳐(A. Schweitzer)가 주장하는 대로 신자의 인격이 그리스도의 인격 속에 몰입되어 그의 개인적 개성을 상실한다고 말할 수는 없다.[274)] 이러한 인상을 불식하는 또 다른 표현이 그래서 본절 하반절에 덧붙여진다: "이제 내가 육체 가운데 사는 것은 나를 사랑하사 나를 위하여 자기 몸을 버리신 하나님의 아들을 믿는 믿음 안에서 사는 것이다". 신자는 그리스도로 말미암아 주어진 부활의 생명을 살며 그리스도께서 그의 안에 사시지만, 바울은 또한 그리스도께서 "믿음으로 말미암아 너희 안에 거하신다"(엡 3:17)고 말한다. 믿음은 부활하신 그리스도와의 연합을 가능케 하는 통로 역할을 한다. 믿음은 전폭적인 신뢰 또는 헌신의 성격이 있기 때문에 신자의 인격적인 판

273) Cf. J. Jeremias, *The Central Message of the New Testament* (1965), 57ff; F. F. Bruce, *Romans*, 40; P. Stuhlmacher, *Gerechtigkeit Gottes bei Paulus*, 83f. 특히 고린도후서 5:17과 21절은 칭의와 새 창조의 개념을 인상적으로 결합시킨다: ***καινὴ κτίσις…ἵνα ἡμεῖς γενώμεθα δικαιοσύνη θεοῦ ἐν αὐτῷ.***

274) A Schweitzer, *Mysticism*, 125. 슈바이쳐는 신자는 "그리스도의 인격이 현현된 한 형태에 불과하다"고 주장한다("a form of manifestation of the personality of Christ...").

단과 행위 그리고 그에 대한 책임을 배제하지 않는다. 또한 바울에게 있어서 믿음 안에서 산다는 것은 성령 안에서 사는 것과 같은 의미를 갖는다(갈 2:20과 함께 5:28): 믿음으로 사는 사람은 '하나님의 아들'의 지배와 인도하심을 인정하고 사는 사람이며, 마찬가지로 그는 성령 안에서 그의 인도를 따라 행하는 사람이다. 그래서 슈바이쳐(E. Schweizer)는 성령을 "믿음이 따라서 살아가는 규범"으로 정의한다.[275]

"육체 안에 산다"(**ζῶ ἐν σαρκί**)는 표현은 바울의 전형적인 '육(肉)'의 의미를 담고 있지는 않다: 그것은 단순히 '죽을 운명을 지닌 몸 안에서 산다'는 뜻을 함축한다(cf. 고후 4:11; 롬 6:12; 8:11). 그러면서도 바울은 죽을 운명의 육체 속에서 이미 그리스도 안에서 종말론적인 새 시대의 생명, 부활의 생명의 질서가 시작되었음을 대조시켜 강조하고자 한다. 그리스도인은 아직도 악과 사망이 지배하며(1:4) 인간적인 관습들과 표준들이 지배하는 '옛 세계' 속에서 살고 있지만, 그는 더 이상 옛 시대의 잔유물들의 지배를 따라 살지 않고 "하나님을 향하여 살며"(2:19) "하나님의 아들을 믿는 믿음 안에서 산다"(2:20절 하). '하나님의 아들'이란 칭호는 바울에게서 자주 사용된다(cf. 1:16의 주석 참조). 이 기독론 칭호는 두 가지 분사 표현들을 함께 결합시키고 있다: 하나님의 아들은 "나를 사랑하셨고", "나를 위해 자신을 주셨다". 이 표현들은 십자가상의 그리스도의 죽음은 그의 자발적인 사랑의 행위였으며, 신자들을 대신한 자기희생의 행위였다(cf. 갈 1:4; 3:13)는 것이다. 아마도 바울이 사용한 이 기독론적 진술들은 이사야 53장에서 서술되는 '고난당하는 종'의 사상과, 그것을 자신의 사역 이해에 끌어다 쓰셨던 예수의 사상에(cf. 막 10:45; 딤전 2:6) 영향을 받아 발전된 초대교회의 신앙고백 형식이었을 것이다.[276]

---

275) E. Schweizer, *TDNT* 6, 427; cf. Bultmann, *Theology* I, 336; D. Hill, *Greek Words and Hebrew Meanings*, 271.
276) J. Jeremias, *Abba*, 206f; *contra* W. Kramer, *Christ, Lord, Son of God*, 30ff.

21. 내가 하나님의 은혜를 폐하지 아니하노니 만일 의롭게 되는 것이 율법으로 말미암으면 그리스도께서 헛되이 죽으셨느니라

바울은 "하나님의 은혜를 폐하지 않는다"고 선언한다. 본절 상반절에 나오는 "은혜"라는 말은 후반절에 나오는 '율법'이란 말과 반제적인 대칭표현이다. 바울에 있어서 '은혜'는 자신의 복음을 지칭할 때 즐겨 사용하는 술어이다. 1장 6절에서 이를 잘 보여 준다. '하나님의 은혜'는 궁극적으로 그리스도 안에서 나타난 것이기 때문에 그는 여기서 '그리스도의 은혜'라는 말로 바꾸어 표현한다. 결과적으로 그리스도 안에 나타난 '은혜'를 저버리는 것은 곧 바울이 전하는 '복음'을 저버리는 것이나 다름이 없다. 이 진술 가운데는 바울의 복음을 헐뜯는 유대주의자들의 비난이 반영되고 있을지 모른다. 그렇다면 바울은 여기서 그러한 비난에 대해 답변하는 것이 된다. 유대주의적 반대자들의 비난은 그러면 어떤 것인가? 이 질문에 대해서는 두 가지 답변이 가능하다.

첫째로, 그들은 바울의 율법 없는 복음이 하나님의 은혜를 오용하도록 만들고 결국 도덕적인 혼란이나 방종에 빠지게 만든다고 주장했을지 모른다(롬 6:1절 이하 참조). 랍비신학에서 주장하듯이 율법은 인간 내면에 있는 '나쁜 충동'(예쩌 하라)을 제어할 수 있는 하나님의 은총의 선물인데, 바울이 그 충동을 어거하는 율법의 울타리를 걷어치움으로써 하나님의 은총을 무너뜨렸다는 것이다. 그러나 도덕적 혼란과 방종의 문제는 안디옥 사건의 문맥에서 직접적으로 제기된 문제가 아니다. "우리가 그리스도 안에서 의롭게 되려 하다가 죄인으로 나타나면 그리스도께서 죄를 짓게 하는 자냐"라는 17절의 질문도 도덕적 방종의 문제와 관련하여 해석되어서는 안된다. 바울은 여기서 결코 도덕적인 혼란이나 방종의 문제를 겨냥하고 있지 않다. 이 구절은 율법이 요구하는 음식법이나 정결의식 등은 이미 신자들이 그리스도와 함께 "율법에 대해 죽은"(2:19) 상황에서 그들을 죄인들로 규정할 수 있는 근거가 되지 못함을 강조할 뿐이다.

둘째로, 그들은 여기서 '율법'을 하나님의 은총의 선물로 이해하는 유대인들의 인식에 기초하여 바울을 비평하고 있을지 모른다. 21절에서 '은혜'와 '율법'이 반제적으로 대칭되는데, 아마도 이것은 하나님께서 이스라엘 백성에게 율법을 선물로 주신 데서 나타난 하나님의 은총을 바울이 지금 무너뜨린다는 유대주의자들의 비난을 반영할지도 모른다.[277] 그러나 바울의 반대자들이 그를 향해 어떤 비난을 퍼붓든지 간에, 그들의 비난을 역으로 부정하는 것은 바울 자신일 수도 있다 (2:17의 비난조의 질문 참조).

바울이 보기에는 하나님의 은혜를 '폐하는'(**ἀθετέω**)[278] 자들은 자기 자신이 아니라 유대주의적 반대자들이었다: 하나님의 은혜를 폐하는 사람은 '내가' 아니다. 반대자들에 대한 바울의 이러한 반박이 어떻게 논리적으로 정당화되는가? 그의 반박의 논거는 접속사 '왜냐하면'(**γάρ**)으로 시작되는 21절 후반절에 명시되어 있다: "(왜냐하면) 만일 의롭게 되는 것이 율법으로 말미암으면 그리스도께서 헛되이 죽으셨느니라". 이 구절이 만일 바울의 반대자들의 주장을 반영한다면, 그들은 거짓된 가정에 근거하여 거짓된 결론을 끌어내고 있는 것이나 다름이 없다. "만일 의롭게 되는 것이 율법으로 말미암으면"이란 조건절의 표현은 그들의 거짓된 가정을 시사한다. '율법으로 말미암아'(**διὰ νόμου**)란 말은 사실상 16절에서 사용된 '율법의 행위에서'(**ἐξ ἔργων νόμου**)라는 말과 동등한 표현이다.[279] 안디옥 사건에서 '율법의 행위'는 구원을 얻어내기 위해 인간들이 행한 공적행위들을 지칭하지 않는다. 그것은 유대인이 '유대인으로서 살아가는'(**Ἰουδαϊκῶς ζῆν**) 행위들

277) 유대교에서 "은혜"와 "율법"의 일치성에 대해서는 H. Conzelmann, **χαρις, κτλ.**, *TDNT* 9, 387-91; F. Mussner, *Galaterbrief*, 185f; H. D. Betz, *Galatians*, 126 그리고 n. 114 등을 참조하라.
278) 이 단어에 대해서는 갈 3:15; 고전 1:19; 딤전 5:12; Ign. *Eph*. 10:3 등을 참조하라 또한 W. Maurer, **τίθημι**, *TDNT* 8, 155-59를 보라. 이 단어는 흔히 '무효화시키다', '폐기처분하다', 또는 '거절하다'는 법률적인 의미를 갖는다.
279) Betz, *Galatians*, 126; Barclay, *Obeying the Truth*, 235.

또는 유대인의 신분을 나타내 주는 신분표지의 행위들을 가리킨다. 예컨대, 할례나 음식법, 정결의식, 안식일, 율법준수 같은 행위들을 말한다. 안디옥 사건의 맥락에서 '율법의 행위'는 특별히 유대 기독교인들과 이방 기독교인들과의 교제를 가로막았던 유대인들의 음식법을 가리킨다.

다메섹 그리스도 계시사건 이후로 바울은 유대인들의 이러한 '율법의 행위들'은 단지 인간적인 유전과 삶의 유형들에 불과한 것을 깨닫게 되었다(1:12-14). 그것들은 그가 다메섹에서 받은 초월적이고 신적인 계시의 전망에서 비추어 볼 때 단지 '육적인 것'(**σάρξ**)에 불과하였다. 바울신학에서 '육(肉)'의 개념은 여러 갈래로 논쟁되어 왔는데, 그중에서 바클레이(J. Barclay)의 분석이 가장 신빙성 있는 것으로 보인다.[280] 그는 갈라디아서의 교리적인 부분(2:16; 3:2; 4:23)과 윤리적 권면부분(5:13, 19-24; 6:8)에서 나타나는 "육"의 술어를 분석한 뒤에 이렇게 결론지었다: "바울이 영육의 이원론을 묵시적인 주제들과 관련하여 채용한다는 점을 고려할 때, 십자가 위에서뿐만 아니라 성령을 선물로 주신 데서 나타난 신적인 행위와 대조적으로 **σάρξ**는 단순히 인간적인 어떤 것을 지칭할 뿐이다"[281] 이것은 바울의 다른 서신에서도 지지를 받는 견해이다. 고린도인들이 '육신에 속한 사람들'로서 서로 시기하고 분쟁한 것은 결국 그들이 "사람을 따라 행한 것"(**κατὰ ἄνθρωπον περιπατεῖτε**)을 시사한다(고전 3:4-5). 이스마엘이 "육체를 따라 난"(4:23) 것은 하나님의 약속과 관계 없이 그가 인간적인 혈통을 따라 났다는 것을 의미한다. 마찬가지로 믿지 않는 이스라엘 백성도 '인간적인 혈통'을 따라 난 것에 불과할 뿐(4:29) 그들이 다 참 아브라함의 자손들은 아니다(롬 9:6 이하). 바울이 바리새인 시절에 '율법에 대한 열심' 때문에 하나님의 교회를 핍박하였으나, 그가 의지한

280) 이에 대한 최근의 자세한 논의로는 J. Barclay, *Obeying the Truth*, 178-209, 그리고 여기에 인용된 여러 서자들의 저술들과 논문들을 참조하라.
281) Barclay, *Obeying the Truth*, 206.

율법은 다메섹 도상에서 받은 '그리스도의 계시'에 비할 때 단지 "조상의 유전" 또는 인간적인 전통에 불과한 것이었다(1:11-14). 마찬가지로 바울은 갈라디아의 유대주의자들이 "육체로 마치려 한다"(3:3)고 비난한다. 이러한 비난은 단지 할례가 육체와 관련이 있기 때문만이 아니라 그들이 유대교에 헌신하는 것은 "단지 인간적인 종교"에 헌신하는 것에 불과하기 때문이다. 유대인들이 의지했던 인간적인 혈통이나 전통 또는 삶의 유형들은 결코 사람이 의롭다 함을 얻는 근거는 될 수 없다(2:16).

바울이 어떻게 유대인으로서 이렇게 파격적으로 부정적인 유대교관을 가지게 되었을까? 이미 위에서 살핀 대로, 우리는 갈라디아서에서 이 질문에 대한 몇 가지 실마리들을 발견할 수 있다. 첫째로, 바울이 자신의 이전 유대교 생활을 "조상의 유전"에 대한 열심으로 묘사한 것은 "조상의 유전"을(1:14) 그가 다메섹 도상에서 받은 직접적인 '하나님의 계시'와(1:15-16) 대조하려는 의도가 있음이 엿보인다. 그처럼 극적인 하나님의 간섭을 경험한 후에, 바울은 자신의 이전 유대교 생활을 단순히 인간적인 전통에 헌신하는 것으로 간주할 수밖에 없었을 것이다. 둘째로, 바울이 이스마엘의 탄생을 "육체를 따라 난 것"(4:23,29)으로 묘사한 것은 이스마엘을 현재 불신앙하는 이스라엘 백성으로 동일시하려는 것이었다(4:29). 그렇다면 그것은 유대교를 단순히 인간적인 혈통에 근거한 종교로, 이스라엘 백성을 단순히 인간적인 혈통에 의지하는 사람들로 비평하기 위한 것이라 할 수 있다(롬 9:6 이하 참조). 사람은 유대인 혈통을 지닌 부모에게서 태어날 때 유대인이 되지만, 반면에 사람은 성령의 창조적인 사역을 통해서만 그리스도인이 될 수 있다. 셋째로, 갈라디아서를 통해서 줄곧 나타나는 바울의 주된 유대교 비판들 가운데 하나는 유대교가 이방인들을 배제하는 '선민적 배타주의'에 빠져 있다는 것이다. 안디옥 사건에서 바울은 유대인과 이방인의 동등성과 통일성을 강조하였다. 그의 주장을 뒷받침하는 논리적 근거는 그의 '이신칭의 복음'이다: 유대인이나 이방인이나 모두 예외 없이 오직 믿음으로 의롭다 함을 받을 수 있다. 그가 이 진리를 깨닫게 된 결정적 계기는 물론 다메섹 그리스도 현현사건이지만, 그의 이신칭의 복음은 이미 하나님께서 구약에서 아브라함에게 '먼저 전하신'(***προευηγγελίσατο***) 것이었다(3:8). 신구약을 통해 줄기차게 적용되어 온 이 대원칙은 율법이 중간에 뛰어들었다고 해서 폐기될 수 없다(3:13).

더욱이 율법은 하나님께서 아브라함과 맺은 언약을 통해서 "이방을 믿음으로 말미암아 의로 정하실 것이라"(3:8)고 약속한 구원사의 흐트러질 수 없는 대원칙과 위배되는 방식으로 사용되었다. 율법은 아브라함의 언약이 약속한 축복에서 이방인을 배제시키는 유대인들의 선민적 배타주의의 방패막이로 사용되었다. 율법은 이방인이 아브라함의 축복에 들어오지 못하도록 방해하는 '적대의 담'(엡 2:14)이었다. 율법의 울타리 때문에 이제 이방인은 유대인들과 하나가 될 수가 없었다. 율법 때문에 이방인은 유대인으로부터 '이방 죄인들'(2:16)로 취급당하게 되었다. 안디옥 사건은 바로 이 역사적 사실을 웅변적으로 보여 준다. 그리스도께서 바로 율법의 저주를 받으시고 이방인들을 위해(물론 유대인들을 포함하여) 십자가에 못박혀 죽으신 것은 "아브라함의 복이 이방인에게 미치게 하려는"(***ἵνα εἰς τὰ ἔθνη ἡ εὐλογία του Ἀβραὰμ γένηται***, 3:14 상) 목적이 있다. 십자가 사건은 유대인들의 선민적 배타주의의 버팀목 역할을 하였던 '율법' 또는 '율법의 행위'를 헐어버림으로써 아브라함에게 본래 주어졌던 축복의 약속이 이방인에게도 미치게 만들었다.

만일 바울의 반대자들이 주장하는 대로 의롭게 되는 것이 아직도 "율법"으로 말미암는다면, 이 점에서 그리스도의 십자가는 헛된 죽음으로 판명되고 말 것이다. 그러나 신자들은 "율법으로 말미암아 율법을 향하여 죽었기"(2:19) 때문에, 더 이상 율법의 요구들이 그들의 신분과 삶을 규정하는 통제적인 원칙이 될 수 없다. 왜냐하면 그리스도 안에서 이제 새로운 신분과 삶을 지배하는 원칙이 적용되기 때문이다. 그것은 바로 그리스도를 신앙하는 믿음이며 성령 안에서 사는 삶이다.

이 원칙은 이제 새로운 메시야 시대에서 유대인이나 이방인을 막론하고 믿는 자들 누구에게나 보편적으로 적용된다.

이제 안디옥 사건의 역사적이며 신학적 함축들에 대해서 결론을 지을 때가 되었다. 우리가 이제까지 관찰해 온 사실들에 근거해 볼 때 안디옥 사건은 초대교회의 역사를 이해하는 데 있어서나 바울의 이신칭의 복음의 역사적인 배경과 본질을 이해하는 데 있어서 매우 중요한 위치를 차지한다. 안디옥 사건과 그에 대한 바울의 신학적인 해설을 담고 있는 갈라디아서 2:11-21은 바울의 사상을 압축적으로 표현한 본문이기 때문에 모호한 면도 있지만, 지금까지 이 본문에 대한 우리의 주석학적 검토와 분석을 통해서 몇 가지 중요한 결론에 도달하게 된다.

첫째로, 바울의 이신칭의 복음은 그의 유대교 비판과 관련하여 새롭게 이해될 필요가 있다. 전통적으로 바울이 유대교를 비평한 것은 유대교가 행위로 구원을 얻으려는 "행위구원의 종교"이기 때문이라고 주장되어 왔다. 그러나 안디옥 사건이 분명하게 보여주듯이, 바울의 유대교 비평은 오직 언약의 축복이 유대인에게만 있기 때문에 이방인이 아브라함의 자손이 되어 그의 축복을 누리려고 한다면 '할례'를 받음으로 유대교로 개종하든지(갈 2:3-5; 5:3-4; 6:12-16), 아니면 적어도 유대인의 삶의 유형들을 받아들여 '유대인처럼 살아야'(2:14, Ἰουδαϊκῶς ζῆς) 한다는 유대인들의 선민적 배타주의와 관련된다.

여기서 '유대인처럼 사는 것'은 할례를 받는 것과 동일한 것을 말하지는 않는다. 할례는 유대인으로 살아가는 전체 과정의 마지막 종착지점인 반면에 '유대인처럼 사는 것'은 할례를 받는 것을 포함하여 다양한 수준에서 유대인의 관습에 동화되는 것을 의미한다. 안디옥 사건은 사실상 할례 문제 자체보다는 '음식법'과 같은 유대인들의 관습을 받아들이는 문제와 더 직접적인 관련이 있다. 아마도 바울의 두 번째 예루살렘 방문 때에 그의 할례 없는 복음을 인준했던 예루살렘 사도들은 안디옥의 이방 기독교인들이 비록 할례는 받지 않더라도 유대인들의 관습을 받아들임으로써 적어도 '유대인처럼 살 것'을 요구하였을 것이고, 최소한의 이러한 요구가 받아들여지지 않으면 같은 형제들로서 그들과의 진정한 교제가 불가능하다고 주장했을 것이다. 더욱이 안디옥이나 갈라디아에 있는 '거짓 형제들'은 예루살렘의 합의사항보다 훨씬 그 이상의 것을 요구함으로써 모든 이방 기독교인들은 하나님의 언약백성의 울타리 안에 들어오려면 반드시 할례를 받아야 한다고 주장했을 것이 분명하다.

그렇다면 바울이 언급하는 '율법의 행위'(**τὰ ἔργα τοῦ νόμου**)는 사람이 구원을 받기 위해서 행하는 공적행위라기보다 "유대인으로서 살아가는" 행위들을 가리킨다고 할 수 있다(2:14f). 즉 율법의 행위란 유대인의 음식법(갈 2:11-14), 월력준수(4:10), 할례(6:12f), 율법준수와(5:4) 같은 유대인된 신분을 나타내고 구체화시켜 주는 "유대인의 신분표지의 행위들"(those activities which express Jewish identity)[282]을 가리킨다. 이러한 우리의 분석이 정확한 것이라면, 바울이 유대교를 비평한 것은 유대교가 아브라함의 언약에 본래 포함되어 있었던 이방인에 대한 축복의 약속을 저버리고 언약적인 의(義)가 유대 민족에게만 존재한다고 생각했던 유대인들의 '선민적 배타주의'를 옹호했기 때문이라고 할 수 있다.[283]

둘째로, 바울은 유대인으로서 살아가는 이러한 종교-사회적 생활패턴을 평가절하시키고 상대화시킴으로써 유대인과 이방인 모두 누구나 오직 '믿음만으로' 아브라함의 자손이 될 수 있음을 천명하였다. 그는 유대인들의 전형적인 우월의식, 선민적 배타주의를 상대적인 것으로

---

282) J. Barclay, *Obeying the Truth* (1988), 82; cf. J.D.G. Dunn, *Jesus, Paul and the Law* (1990), 129-174. 따라서 "율법의 행위"라고 할 때 강조점은 "율법의"란 소유격 표현 자체에 있다.

283) 샌더스의 표현을 빌린다면 바울은 이방인을 아브라함의 언약의 축복에서 배제시킨 유대교의 "언약적 신율주의"(covenantal nomism)를 비평했다고 볼 수 있다.

평가절하시킴으로써(cf. 롬 9:6ff) 고대사회에서 넘어설 수 없었던 유대인과 이방인 사이의 '적대의 담'(엡 2:14), 인간들이 만들어 놓은 인종적이고 종교-사회적인 담을 허물어버렸다. 바울은 이신칭의 교리를 통하여 이방인들을 죄인시하고 부정하게 여겨 그들과 식사까지 안하려고 하는, 그래서 "우리는 본래 유대인이요 이방 죄인이 아니라"(2:15)는 유대인들의 종교, 문화, 사회적 편견의 장벽을 무너뜨림으로써 이방인이나 유대인이 다 함께 하나님의 백성에 포함되는 보편적이고 범세계적인 믿음의 공동체를 세우려고 하였다. 바울이 이신칭의 복음을 말하는 문맥에서 "너희는 유대인이나 헬라인이나 종이나 자주자나 남자나 여자 없이 다 그리스도 예수 안에서 하나이니라"(갈 3:28)고 선언한 것은 그러므로 이신칭의 복음을, 당대의 사회현실에서 인간적인 전통가치와 사상을 뒤엎고 모든 믿는 사람을 하나님 앞에서 한 형제자매로 결속시키는 사회변혁적 성격을 지니고 있음을 보여준다고 하겠다.

셋째로, 안디옥 사건은 '신분'과 '행위'의 문제가 둘이 아니라 본질적으로 하나라는 사실을 보여 준다. 이 사건으로 제기된 본질적인 질문은 이방 기독교인들을 하나님의 백성으로 인정할 수 있는가 하는 그들의 '신분'(status) 문제와 관련이 있다. 그러나 이 신분의 문제는 본질적으로 '행위'(behaviour) 문제와 분리될 수 있는 성질의 것이 아니다. 복음의 진리가 만일 유대인이나 이방인 모두 믿음으로 의롭다 함을 받는다는 사실을 교훈한다면(신분), 그들은 이제 더 이상 '유대인처럼'(Ἰουδαϊκῶς) 살아서는 안된다(행위). 복음의 진리는 사람이 "믿음으로 의롭다 함을 받아" 하나님의 백성이 된다는 것만 말하지 않고(갈 2:16) 그가 이제 하나님 백성답게 "믿음으로 살아가야 한다"는 것도 요구한다(갈 2:20).

그렇다면 신분과 행위는 두 개의 다른 원리가 아니라 같은 동전의 두 면들과 같다. 샌더스(E.P. Sanders)는 신분(getting in)과 행위(staying in)를 마치 두 다른 구원론적 원리인 것처럼 날카롭게 분리시켰는데 이것은 바울의 본문적 지지를 받지 못한다. 그는 갈라디아서의 문제가 신분의 문제에 걸려 있다고 주장하지만, 그는 실제 안디옥 사건이 행위의 유형이(staying in) 신분(getting in)의 문제와 마찬가지로 논쟁의 중요한 일부를 형성한다는 사실을 소홀히 하고 있다.[284] 베드로는 전에 복음의 진리를 따라 본래 유대인 태생이면서도 유대인처럼 살지 않고 이방인처럼 살았었다. 그러나 안디옥에서 그는 예루살렘의 영향에 굴복하여 '유대인처럼 살려고' 함으로써 이전의 태도를 변경시키고자 하였고 이로써 이방 기독교인들을 '유대인처럼 살도록', 즉 유대인의 삶의 습관들을 받아들이도록 강요하였다.

19-20절에는 '삶의 주제'가 빈번하게 나타난다. 기독교인의 삶을 묘사하는 이 진술들은 "유대인처럼 <u>살려고</u>" 했던 베드로의 행위에 (2:14, *'Ιουδαϊκῶς ζῆν*) 대한 바울의 비평을 분명하게 반영해 준다. 믿음으로 말미암는 칭의(稱義)는 이제 새로운 생활의 유형과 표준을 확립해 주기 때문에 신자의 삶 전체를 규정해야 한다. 이것은 바울의 이신칭의 구원론이 그의 윤리사상의 기초와 근거가 된다는 것을 의미한다. '믿음으로' 하나님의 백성이 되었다면(we are justified <u>by</u> <u>faith</u>), 이제 동일한 '믿음으로' 살아가야 한다(we live <u>in</u> <u>faith</u>). 믿음과 행위는 동전의 양면과 같은 것이다. 그것들은 서로의 실재를 나타내 주고 논증해 준다.

2. 재정의된 아브라함의 가족 (3:1-4:31)

바울이 3-4장에 걸쳐 관심을 기울이는 것은 하나님의 백성을 할례받은 율법 백성으로 간주하려는 유대주의자들의 공격에 직면하여 '아브라함의 가족'의 참된 성격을 재정의하는 것이다. 갈라디아서 3-4장

---

284) Cf. R. H. Gundry, "Grace, Works and Staying Saved in Paul," *Biblica* 66 (1985), 1-38, 특히 8-9; J. Barclay, *Obeying the Truth*, 74; J. D. G. Dunn, *Jesus, Paul and the Law*, 211f.

에 아브라함에 관한 이야기들이 많이 언급되고 있는데 이것은 바울의 유대주의적 반대자들이 아브라함 전승을 끌어들여 바울의 신학적 입장을 무너뜨리려고 했다는 것을 시사해 준다. 이러한 도전에 직면하여 바울은 아브라함 전승을 재해석하여 누가 아브라함의 가족인가를 재정의하지 않을 수 없었을 것이다. 아브라함의 가족은 혈통이나 할례나 율법준수와 같은 것들에 의해 규정될 수 없고 창세기에 언급되어 있듯이 오직 믿음을 통해서만 성격규정될 수가 있다. 아브라함은 할례 명령을 받기 전에 이미 믿음으로 의롭다 여기심을 받았으며(창 15:6) 아브라함의 약속 속에 포함된 이 축복 속에는 본래 '모든 열방'이 포함되어 있었다(창 12:3). 따라서 하나님께서 아브라함의 언약 속에서 창조하시고자 의도하셨던 그의 백성은 유대 민족적 경계선을 초월한 믿음의 보편적인 공동체였다. 만일 아브라함 전승에 대한 바울의 해석이 정당한 것이라면, 유대인들의 민족적 정체성을 규정하는 기본적인 요소였던 할례나 율법준수 같은 것들은 새롭게 해석된 바울의 언약적 체계 속에서 다시 자리매김이 이루어져야 한다. 바울은 3:1-4:31에서 언약적 체계에 대한 재해석 작업을 시도한다.

1) 성령경험을 통한 논증 (3:1-5)

1. 어리석도다 갈라디아 사람들아 예수 그리스도께서 십자가에 못박히신 것이 너희 눈 앞에 밝히 보이거늘 누가 너희를 꾀더냐

바울의 서두 문구는 전의 논조와는 달리 공격적이고 비판적이다. 그는 갈라디아의 이방 기독교인들을 '어리석은' 사람들이라고 치부한다. 로마서에서는 이 단어가 '지혜 있다'는 말의 반대어로 나타난다(1:14). 여기서 이 단어는 갈라디아 독자들이 바울의 복음전도를 통해서 이미 하나님의 백성이 되었으면서도 이제 다시 그들 자신의 참된 신분을 망각하고 '다른 길'을 찾아나서려는 그들의 퇴보적인 행위와 관련이 있다. 그들은 이미 성령을 소유한 사람들로서(2-5절) 마땅히 자신들의 신분이 어떠한지를 알았어야 했다(cf. 4:8-9; 6:1).

갈라디아 사람들이 어리석은 이유는 1절 후반절에 나타난다. 그들은 '십자가 사건'의 의미를 올바로 파악하지를 못했다: "예수 그리스도께서 십자가에 못박히신 것이 너희 눈앞에 밝히 보이거늘". 여기서 '밝히 보이다'(*προγράφω*)로 번역된 헬라어 동사의 의미는 논쟁의 대상이 되어 왔다. 그것은 1) '앞서 기록하다'라는 의미를 가질 수도 있고(롬 15:4; 엡 3:3), 2) '공개적으로 기록하다 또는 그리다'는 의미를 지닐 수도 있으며 (유 4), 3) '문서나 항목의 초두에 기록하다'는 뜻을 지닐 수도 있다. 마지막 세 번째 의미는 성경에 나오지 않으며 문맥에도 전혀 어울리지 않는다. 첫 번째 의미는 보통 시간적으로 전에 기록된 구약의 예언이나 서신을 지칭할 때 사용되는데, 바울이 여기서 자신이 전에 기록한 서신을 두고 이야기한다고 여겨지지는 않는다. 오히려 한역성경이 선택한 두 번째의 의미가 문맥에 더 잘 어울린다.[285] 그렇다면 위의 본문은 바울이 갈라디아의 독자들에게 처음 복음을 전파했을 때 십자가에 못박힌 그리스도를 그림 그리듯이 생생하게 제시했다는 뜻으로 해석될 수 있다.

여기서 우리는 바울 복음의 핵심 속에 십자가 사건이 놓여 있었다는 것을 관찰할 수가 있다. 그는 갈라디아에 도착하여 십자가에 못박힌 예수 그리스도에 관한 복음을 생생한 언어를 사용하여 전파하였다. 갈라디아인들이 현재 당면한 위기는 그들에게 처음 전파된 이 십자가의 복음을 올바로 이해하지 못하고 '다른 복음'을 추구한 데서 발견된다(1:6-9). 이 점을 좀더 구체적으로 검토해 보자. 바울은 갈라디아인들의 위기를 다루는 3장 초반부부터 왜 예수 그리스도의 '십자가 사건'을 부각시킬 필요가 있었는가? 우리는 바울이 갈라디아 위기에 답변하면서 2장에서 이미 '안디옥 사건'을 부각시켰다는 사실을 지적하였다. 안디옥 교회가 당면한 위기는 사실 갈라디아 교회들이 당면한 위기와 사실상 본질적으로 유사하였다. 안디옥 교회의 위기가 야고보

---

285) Cf. Bruce, *Galatians*, 148; Burton, *Galatians*, 144f; Bligh, *Galatians*, 126.

에게서 온 사람들의 충동을 받아 베드로를 위시한 안디옥 교회의 지도자들이 이방 기독교인들에게 음식법과 같은 유대인들의 삶의 관습들을 받아들이도록 강요하는 일과 관련된다면, 갈라디아 교회의 위기는 유대주의자들이 그곳의 이방 기독교인들에게 할례를 강요하고 율법을 지키도록 부추기고 강요하는 일과 관련된다(6:12). 이들 두 교회에 있어서 강요의 내용은 서로 다르지만, 그 본질은 동일하다: 이방 기독교인들이 아브라함의 자손이 되기 위해서는 예수를 메시야로 믿는 것만 가지고는 부족하고 할례를 받아 유대교로 개종하거나 또는 적어도 유대인들의 관습을 받아들여 유대인처럼 살아야 한다. 이러한 유대주의자들의 주장은 예수를 메시야로 믿는 이방 기독교인들이 아직 완전한 하나님의 백성된 신분을 얻지 못했다는 함축을 지니고 있다. 결국 안디옥 교회나 갈라디아 교회의 위기는 이방 기독교인들의 '신분'(identity) 문제와 연관된 것이라고 할 수 있다.[286] 바울의 십자가 복음은 이러한 유대주의자들의 주장과 정면으로 배치된다. 바울에 있어서 십자가 사건은 이방 기독교인들과 유대 기독교인들 사이에 가로놓여 있었던 '적대의 담'을 무너뜨려 그들을 한 하나님의 백성으로 만든 사건이었다(3:14; 엡 2: 13-18). 따라서 바울이 할례를 받지 않고 율법을 준수하지 않는 이방 기독교인들도 하나님의 백성이라고 선포할 수 있었던 것은 전적으로 십자가 사건에 대한 자신의 이해에서 비롯된 것이다. 이방 기독교인들의 신분 문제와 예수 그리스도의 십자가 사건은 뗄래야 뗄 수 없는 필연적 관계가 있다. 결국 십자가의 의미를 바로 깨닫지 못한 갈라디아인들의 소치는 바울이 보기에 어리석은 것이었다.

갈라디아 사람들이 십자가의 의미를 오해하게 된 것은 외부에서 들

---

286) 갈라디아의 위기는 신분 문제만이 아니라 행위/윤리 문제와도 깊은 관련이 있다. Cf. Barclay, *Obeying the Truth*, 104f; R.H. Gundry, "Grace, Works and Staying Saved in Paul," *Bib* 66 (1985), 1-38. *Contra* E. P. Sanders, *Paul and Palestinian Judaism*, 543. 여기서 그는 'getting in'와 'staying in'을 두 대립적인 구원론 원리들인 것처럼 분리시킨다.

어 온 어떤 유대주의자들의 선동 때문이었다. 이들 선동자들의 행위가 본절에서 '꼬이다'(βασκάνω)는 말로 묘사된다: "누가 너희를 꾀더냐". 이 단어는 본래 악한 눈의 힘을 믿는 대중적인 신앙에서 나왔다고 한다(Ignat. Rom. 43; Wisd. iv 12).[287] 물론 배경은 그렇다고 할지라도 갈라디아 선동자들의 행위가 마술과 관련된 것은 아니다. 오히려 이 동사는 마술사들의 주문을 거는 행위처럼 갈라디아인들을 꼬였다는 것을 의미한다. 그들의 꼬임의 결과는 갈라디아인들이 어리석음에 빠졌고 십자가의 복음을 오해한 것이다. 이미 우리가 앞에서 지적한대로 위기를 조장하는 선동자들은 '꼬이는' 행위를 했을 뿐만 아니라 때로 '설득하기도'(ἀνακόπτω) 하였고(5:7) '강요하기도'(ἀναγκάζω) 하였다(6:12). 유대주의자들이 갈라디아의 이방 기독교인들에게 꼬이기도 하고 강요하기도 한 선동행위의 내용은 의심할 것도 없이 할례였다(5:2-3; 6:12; cf. 2:3). 그러나 할례를 주장하는 선동자들의 '다른 복음'은 십자가의 복음과 정면으로 배치되는 것이며, 그것을 받아들이는 사람은 결국 '은혜에서 떨어져 나가는' 것이며(5:4) 그리스도에게서 끊어지는 엄청난 파국을 자초하게 된다. 그것은 어리석게 되는 첩경이다.

2. 내가 너희에게 다만 이것을 알려 하노니 너희가 성령을 받은 것은 율법의 행위로냐 듣고 믿음으로냐

본절은 바울의 두 번째 질문을 담고 있는데, 그가 변호하고 있는 주된 요점을 소개한다. 바울은 자신이 갈라디아 교회의 위기에 대한 답변을 스스로 제시하기보다는 질문을 던짐으로써 그들에게 직접 답변을 듣기 원한다. 바울이 이러한 질문을 하게 된 이유는 그가 갈라디아인들 자신의 경험에 직접 호소하므로써 그들이 바른 답변을 하기를 기대했기 때문이다. 그들의 경험은 부인할 수 없는 사실이었고 할례와

287) 이 단어는 주문을 통해서 상대방에게 마술을 거는 마술사의 행습을 배경으로 삼는다고도 한다(Lightfoot, 133; Burton, 143f; Betz, 131 n.31).

율법을 받아들이려고 하는 그들의 지금 처신과 정면으로 모순된다. “너희가 성령을 받은 것은 율법의 행위로냐 듣고 믿음으로냐?” 이 질문에 대한 답변은 자명하다. 그들이 비록 지금 할례와 율법을 받아들이려고 하고 있지만, 사실 그들은 바울이 전하는 복음을 처음 들었을 때 성령을 받았다. 부정과거 동사인 ‘받았다’(**ἐλάβετε**)가 사용된 것은 그들이 복음을 처음 받아들였을 때의 확정적인 과거 회심사건을 지칭한다.[288] 이렇게 그들이 성령을 경험하게 된 것은 전혀 할례나 율법준수와 관계없이 이루어진 것이었다.

하나님께서 유대교로 개종하지 않은 이방인들에게 성령을 주신다는 사실은 유대 신학의 흔한 두 가지 가정들에 비추어 이해되어야 한다. 첫째로, 이방인들은 ‘죄인들’이며 성령은 ‘거룩하시기’ 때문에 성령은 이방인들에게는 주어지지 않으며 오직 율법을 준수하는 유대인들에게만 주어진다(Num Rabba 20.1; Mekilta Beshallah 7).[289] 둘째로, 하나님께서는 새로운 시대가 오기 전에는 성령을 주시지 않는다(Enoch 61.11; M. Sota 9.15; Gen Rabba 26.6).[290] 이 두 사상들은 쥬빌리서(Jubilees)의 종말론적인 예언에서 전형적으로 결합되어 나타난다: “내가 그들을 위해 거룩한 영을 창조하리니 그들을 정결케 하여 그들이 그날 이후로는 영원히 나를 좇는 데서 돌이키지 않을 것이니라. 그리고 그들의 마음은 나와 나의 모든 계명들을 붙들 것이라. 그들이 나의 계명들을 행하리니 나는 그들의 아비가 되고 그들은 나의 아들들이 되리라. 그들은 ‘살아계신 하나님의 아들들’이라 불리울 것이라”

---

288) 바울서신에서 부정과거 시제인 **ἐλάβετε**가 쓰인 경우가 몇 차례 나오는데(롬 8:15; 고전 2:12) 모두 처음 회심사건을 지칭한다.

289) 에스겔 36:22과 랍비문헌의 본문들에 대한 논의로는, D. Hill, *Greek Words and Hebrew Meanings*, Cambridge 1967, 220-232를 참조하라.

290) 하나님께서 새 시대에 성령을 주신다는 사상은 흔히 이스라엘이 새롭게 되는 종말론적인 사상과 결합되어 나타난다(겔 37:1-14; 욜 3:1; 사 32:9-20; 44:1-5). 이들 본문들과 다른 랍비문헌의 본문들에 관한 논의로는, W.D. Davies, *Paul and Rabbinic Judaism*, 202ff를 참조하라.

(Jubilees 1.23-25).

구약과 유대교에 나타나는 이 종말론적인 성령론에 따라 바울은 성령 경험을 약속의 성취로(3:14), '때의 참'의 도래로(4:4-6; 참조 롬 8:23) 해석한다. 쥬빌리서의 저자처럼 바울은 성령경험을 '하나님의 자녀'가 된 증거로 생각한다(4:6). 이러한 의미에서 성령의 임재는 그를 경험한 자들이 하나님의 백성이 되었음을 보여주는 가시적인 증거였다. 그러나 바울의 논의가 전형적인 유대교의 기대들과 모순되는 결정적인 한 가지 측면이 있는데, 그것은 이방 기독교인들이 성령을 '율법의 행위'(**ἔργα νόμου**)를 통해 받지 않았다는 것이다(3:2,5). 갈라디아의 이방인들은 유대교의 개종자들이 되지 않았는데도 성령을 받아 하나님의 백성의 완전한 구성원이 되었다. 따라서 성령이 부정한 이방 죄인들에게 주어졌다는 사실은 결정적인 면에서 유대교의 유대인 중심적인 종말론적 기대들을 완전히 무너뜨렸다는 것을 뜻한다.[291]

갈라디아인들이 율법의 행위로 성령을 받지 않았다면 도대체 어떤 경로를 통해서 받았는가? 사실, 바울이 대답하기를 기대한대로, 그들은 "믿음의 들음으로"(**ἐξ ἀκοῆς πίστεως**) 성령을 받았다.[292] '믿음'은 갈 1:23에서 '믿어지는 것', 즉 복음과 동일한 의미를 가질 수는 있다. 이 때 소유격(**πίστεως**)은 '복음을 들음으로'를 뜻하는 목적격적 소유격이 된다. 그러나 '율법의 행위'와 '믿음의 들음'은 상호 반제적 평행 표현들이다. 그렇다면 이 반제적 평행구들은, 율법에 의해 요구되는 반응이 행위(**ἔργα**)이고, 믿음에 의해 요구되는 반응이 들음(**ἀκοή**)이라는 의미로 해석될 수 있다. 이 경우에 소유격은 '믿음에서 나오는 들음으로'를 뜻하게 되는 주격소유격이 된다. 문맥을 살펴보면 후자의

---

291) Barclay, *Obeying the Truth*, 85.
292) 이 문구를 해석하는 네 가지 주된 방식들이 존재하는데 R.B. Hays, *The Faith of Jesus Christ. An Investigation of the Narrative Substructure of Galatians* 3:1-4: 11, SBLDS 56, Chico 1983, 143-9에서 상세하게 논의되었다.

해석이 더 타당하게 보이며 많은 학자들이 이 해석을 받아들인다. 1:23에 나타난 표현과는 대조적으로 본절의 '믿음'은 정관사가 없고, 3:6에 언급된 아브라함의 믿음과 어울리도록 의도된 것이기 때문에, 그것은 복음의 체계로서의 믿음보다는 신뢰의 행위로서의 믿음을 지칭한다.[293] '믿음'의 본질은 순종적 들음에 있다고 할 수 있다. 그렇다면 성령의 선물은 어떤 인간적인 성취나 특징들에 관련없이 순종하는 믿음을 가지고 복음을 들을 때 주어진다고 말할 수 있다. 성령을 받는 일은 바울에 있어서 믿음 '뒤에 따라오는'(consequent) 것이다. 믿음은 성령을 경험하게 하는 수단이다.[294]

3. 너희가 이같이 어리석으냐 성령으로 시작하였다가 이제는 육체로 마치겠느냐

바울은 다시 한번 어리석은 자들이라고 비평한다. 갈라디아인들이 어리석은 이유는 그들이 할례와 율법준수와 같은 '율법의 행위'에 의존하므로써 그들 자신의 성령경험과 모순되는 삶을 살기 때문이다. 바울은 그들의 이러한 모순된 삶을 "성령으로 시작하였다가 이제는 육체로 마치려" 하는 삶이라고 묘사한다. 그는 그가 제기한 질문에 대해서 어떤 답변을 듣고자 기대하고 있는가? 그 답변은 자명하다. 성령으로 시작했으면 마지막도 성령으로 마쳐야 한다. 그들이 성령 안에서 산다면 성령을 따라 계속 살아가야 한다(5:25). 이것은 처음부터 마지막까지 그리스도인의 신분과 행위를 지배하는 유일한 원리는 '성령'이라는 것을 시사한다. 바울은 이것을 갈라디아서 2:16,20절에서 믿음과 관련하여 달리 표현한다. 갈라디아인들은 믿음으로 의롭다 하심을

---

293) Barclay, *Obeying the Truth*, 85; Lightfoot, *Galatians*, 135.

294) 바울은 인간의 믿음 자체도 성령의 사역이라는 측면에 대해서는 직접적으로 잘 언급하지는 않고 그의 서신의 몇 구절들 가운데서 단지 암시할 뿐이다(고전 2:5). 이에 대한 논의로는 李漢洙, 「그리스도인과 성령」 (1991), 137ff; K. Stalder, *Das Werk des Geistes in der Heiligung bei Paulus*, Zürich 1962, 82ff를 참조하라.

얻어 하나님의 백성이 되었기 때문에(2:16), 이제 그들은 하나님의 아들 예수 그리스도를 믿는 믿음 안에서 계속 살아가야 한다(2:20). 이 두 진술들을 종합해 보면 기독교인들의 신분과 행위를 지배하는 원리는 '믿음'과 '성령'이라고 말할 수 있다. 이 두 가지는 두 종류의 다른 원리들이 아니다. 슈바이쳐(E. Schweizer)는 성령을 '믿음이 살아가는 규범'(the norm by which faith lives)이라고 정의하였다.[295] 따라서 성령 안에서의 신자들의 삶은 믿음에 의해서 특징화되고 규정된다고 할 수 있다. 이런 이유 때문에 바울서신에서 성령 안에서의 생활은 믿음 안에서의 생활과 거의 같은 맥락에서 묘사된다.[296]

여기서 주목하지 않으면 안될 한 가지 중요한 점이 있다. 갈라디아인들이 이제 마치려고 하는 '육신적인 삶'은 무엇을 가리키는가? '성령으로 시작하였다'는 표현은 그들이 바울이 전하는 복음을 받아들이므로써 성령을 경험하게 된 처음 회심 경험을 지칭하는 것이 분명하다(**ἐλάβετε**, 2절). 이와 상관하여 '육체로 마친다'는 표현은 구체적으로 무엇을 지칭하는 말인가? 그들은 사실 할례나 율법과 관계없이 오직 복음을 믿음으로 성령을 경험했었다. 그렇다면 '육체로 마친다'는 표현은 갈라디아인들이 할례를 받고 율법을 받아들이려는 그들의 현재적 행위와 관계된 것이다. 그렇다면 갈라디아인들이 의지하려고 하는 '율법의 행위'(**ἔργα νόμου**)는 '육'에 속한 것이다.

우리는 이미 바울이 사용한 '육'의 개념을 2장에서 안디옥 사건을 다룰 때 언급한 적이 있다. 그가 '영육 이원론'을 묵시적인 주제들과 관련하여 채용하는 것을 보면 그가 육의 개념을 '단지 인간적인 것'으로 이해한다는 사실을 엿볼 수가 있다. 이것은 안디옥 사건의 문맥에서 '인간'을 '모든 육체'와 동일시하는 데서뿐만 아니라(2:16) 다음 사실에서도 알 수 있다. 첫째로, 바울은 앞에서 이전의 유대교 생

---

295) E. Schweizer, *TDNT* 6, 427; cf. Bultmann, *Theology* I, 336; D. Hill, *Greek Words and Hebrew Meanings,* 271.
296) *Contra* Beker, *Paul the Apostle*, 285f.

활을 '조상들의 유전에 대한 열심'(1:14)에서 나온 것으로 묘사하면서 그것을 다메섹 회심시에 주어진 신적인 계시와 대조시킨다. 하나님의 초자연적인 계시에 비추어 볼 때 그의 이전 유대교의 생활은 단지 인간적인 전승에 불과한 것으로 보여졌을 것이다(cf. 1:10-12). 둘째로, 이스마엘의 탄생을 '육신을 따라' 난 것으로 묘사하고 이스마엘을 불신 유대인들과 관련시킨 것은 유대교를 단지 인간적인 출생과 혈통에 근거한 종교로 비평하는 것임을 시사한다. 셋째로, 갈라디아서 전체에 걸친 주된 유대교 비평 중의 하나는 유대교가 이방인들을 제외시키려는 선민적 배타주의에 빠졌다는 것이다. 갈라디아인들이 유대교에 빠짐으로 교회 내에 분열과 분쟁을 일으킨 것을 바울은 육의 징후들로 간주한다(5:20). 따라서 그는 유대교를 '단지 인간적인 것'의 범주에다 귀속시킨다. 그렇다면 새 시대에 하나님의 영광스러운 행위를 강조하는 바울의 묵시적 전망에서 볼 때 모든 인간적인 성취들과 전승들은 빛을 바랠 수밖에 없다. 바울이 유대교를 육의 범주에 넣은 것은 새 시대가 그리스도 안에서, 그리고 성령을 통해서 도래하였다는 확신 때문에 가능해진 것이다. 유대교의 할례와 율법 준수가 육인 것은 유대인들이 그것들을 선행으로 생각하여 구원을 확보하려고 하기 때문이 아니라, 유대인의 혈통, 조상들의 유전, 인종적인 배타주의 같은 인간적인 사회적 실재들에 근거한 단지 인간적인 삶의 유형이기 때문이다.

영과 육의 이원론은 교리적 부분에서뿐만 아니라(3:3; 4:29) 윤리적 권면 부분에서도 나온다(5:16-24; 6:8). 그것은 갈라디아 서신의 다양한 부분들을 묶어주는 핵심적 사상이다. 이것은 갈라디아서가 구조적으로뿐만 아니라 신학적으로도 통일된 저술이라는 것을 보여준다. 특별히 갈라디아서에서 영육 이원론은 다른 바울서신들의 용법과는 대조적으로 윤리적인 문맥에서 많이 등장한다.[297] 육과 영은 두 종류의

297) 영육 이원론은 다른 바울서신에서 윤리적 맥락에서 거의 나타나지 않는다(고전 5:5; 고후 7:1; 골 2:5; cf. 롬 1:3-4; 딤전 3:16; 롬 2:28-29; 빌 3:3-4). 다른 바울서신에 그것이 윤리적

삶의 선택사항을 나타내며 독특한 윤리적 생활들을 암시한다. 여기에는 아이러니가 존재한다. 바울은 할례와 율법준수와 같은 율법의 행위를 '육'에 속한 것으로 설명할 뿐만 아니라, 윤리적인 문맥 속에서 자유방임적인 행위와 사회적인 악행들도 '육'에 속한 것으로 설명한다. 이처럼 그가 율법준수를 악목(惡目)들(5:19-21)과 같은 범주에 집어넣는 데는 의도적인 아이러니가 있다. 겉으로 보기에 악을 행하는 것과 율법을 준수하는 것은 아주 다른 별개의 행위 형태 같은데, 영과 육의 이원론에서 바울은 그것들을 모두 육의 범주에 넣고 있다. 바울은 율법이 사람들을 육의 문제들로부터 해방시키기는커녕 도리어 육의 영역에 더 빠지게 하는 것으로 생각하는 것 같다.[298]

4. 너희가 이같이 많은 괴로움을 헛되이 받았느냐 과연 헛되냐

이 구절은 번역하기가 어렵고 또한 논쟁의 대상이 되어 왔다. 문제의 핵심은 헬라어 동사 ***πάσχω***를 어떻게 번역하는가에 달려 있다. 구체적인 수식어 없이 쓰일 때 이 동사는 일반적으로 '경험하다'는 의미를 가지고 있고, 보다 특정한 의미로 쓰일 때는 '고난을 당하다'는 의미를 갖는다. 전자의 의미를 채택할 경우에, 본절은 다음과 같은 뜻이 된다: '너희가 이같이 큰 경험들을 헛되이 하였는가?'.[299] 그러나 후자의 의미를 채택할 경우에, 본절은 다음과 같은 뜻을 가지게 된다: '너희가 이같이 많은 괴로움을 헛되이 받았느냐?'.[300] 대다수의 많은 주석가들은 전후의 문맥을 고려하여 전자의 해석을 많이 채택한다. 첫째로, 바울은 이미 2-3절에서 갈라디아인들의 성령경험을 논의의 출발

맥락에서 나오는 곳은 로마서 8:4-14(cf. 7:5-6)뿐이지만 세부적인 설명이 없다.

298) G. Howard, *Paul: Crisis in Galatia. A Study in Early Christian Theology* (SNTSMS 35, Cambridge 1979), 12-14; D.J. Lull, *The Spirit in Galatia. Paul's Interpretation of 'Pneuma' as Divine Power* (SBLDS 49, Chico 1980), 114-116.

299) Betz, *Galatians*, 134; Bligh, *Galatians*, 128; Mussner, *Galater*, 209 등.

300) W. Michaelis, *TDNT* 5, 905; 한역성경 등.

점으로 삼았다. 그들의 영적인 경험들은 사람이 의롭다 하심을 받는 것이 예수 그리스도를 믿는 믿음으로 되어진다는 것을 가르쳐 준다. 이 경우에 바울이 지칭하는 경험들은 성령과 연관되는 것들임이 분명하다.[301] 둘째로, 때문에 다음 절에서(5절) 바울은 갈라디아인들이 성령을 경험했을 때 동반되었던 '능력경험'(*δυνάμεις*)을 언급한다. 그들이 경험했던 성령경험은 어떤 추상적인 지식이 아니고 굉장한 열정과 기적이 동반되는 구체적이고 실제적인 경험이었다. 이러한 경험은 사실 갈라디아인들에게 참으로 큰(*τοσαῦτα*) 경험이었다.[302] 이와 같은 문맥적인 요소들을 고려할 때 바울이 여기서 고난과 같은 어떤 경험들보다는 성령경험을 지칭한다고 보는 것이 더 옳다.

바울은 4절 끝 머리에 '과연 헛되냐?'라는 말을 덧붙이는데, 이 말은 (*εἴ γε καὶ εἰκῇ*)은 그들의 경험이 헛될 수 없다는 격려 내지 소망을 담은 표현으로 해석될 수도 있고,[303] 또는 그들이 율법의 행위를 의존하는 한 그들의 경험이 헛될 수도 있다는 위협적인 표현으로 해석될 수도 있다.[304] 갈라디아인들이 성령을 경험하고 난 뒤에 다시 육의 생활로 돌아갈 위험에 빠져 있기 때문에, 헬라어의 이 표현은 경고와 위협의 진술로 채택하는 것이 더 적절하다. 바울은 사실 갈라디아인들이 굴복해 온 육체의 일들에 대해서 경고하면서 그러한 경고들이 편

301) *Contra* J.B. Lightfoot, Galatians, 135. 라이트푸트는 여기서 바울이 갈라디아인들의 핍박경험들을 지칭한다고 생각한다. 그러나 바울은 갈라디아 서신 어디서도 그들이 핍박을 당했다고 말하지 않는다 (cf. 6:12).

302) *τοσαῦτα*라는 단어는 '이같이 많은'(so many)이라는 뜻을 지닐 수 있지만 (한역성경이 채택한대로) 그러나 문맥은 '이같이 큰'(so great)이라는 뜻을 지닌다고 보는 것이 문맥에 더 잘 어울린다 (Burton, *Galatians*, 150).

303) 이 해석은 Chrysostom, Luther, Calvin 등에 의해서 채택되었다. 현대학자들로는 Bruce, *Galatians*, 150을 참조하라.

304) 많은 주석가들이 이 해석을 취한다(Oepke, 101; Burton, 151; Schlier, 124f; Mussner, 210 등). *εἴ γε*가 쓰인 용례들이 바울서신에서 네다섯 군데 나온다(고후 5:2-3; 골 1:22-23; 엡 3:2; 4:20-21; 롬 5:5-6).

지를 쓸 당시만이 아니라 전에도 여러 차례 있었다는 것을 언급하기도 한다(갈 5:21).

5. 너희에게 성령을 주시고 너희 가운데서 능력을 행하시는 이의 일이 율법의 행위에서냐 듣고 믿음에서냐

바울이 질문 형식을 계속 사용하는 것은 그들의 실제적이고 구체적인 경험에 호소함으로써 그들이 바울의 질문에 대해 긍정적으로 답변하기를 유도하기 위한 것이다. 그는 갈라디아인들에게 자신의 논지를 변호하기 위한 주된 주장을 제시한다. 본절은 2절의 질문을 단순히 반복하기보다 3절의 요점을 포함시키고 그들이 경험한 성령경험의 내용을 보다 더 구체적으로 명기한다. 여기서 두 가지 사실이 강조된다. 첫째로, 그들에게 성령을 주신 분은 물론 다른 분이 아니라 하나님이시다. 본문은 분사구절로 되어 있어서 하나님이 직접 명기되어 있지 않지만 6절에 하나님이 분명하게 언급되어 있다. 따라서 성령은 하나님이 주시는 선물이다(빌 1:19 참조). 또한 이 성령은 갈라디아인들이 처음 복음을 받아들이던 회심경험에 국한된 것이 아니라, 신자들로서 그들의 현재적인 삶에도 계속 역사하고 있다. 현재분사 '에피코레곤'(**ἐπιχορηγῶν**, '주다 또는 공급하다')은 처음에 순간적으로 쏟아부어 주는 행위를 지칭하기 보다는 계속적인 공급을 시사할 수 있다(고후 9:10; 골 2:19; 엡 4:16 참조). 둘째로, 바울이 성령의 선물을 '능력을 행함'(**ἐνεργῶν δυνάμεις**)과 밀접하게 연관시킨 것은 갈라디아인들의 성령경험이 단지 지적인 것이 아니고 성령의 능력에 대한 실제적 체험들에 근거하고 있음을 분명히 해준다.[305] 그렇다면 바울은 회심을 단지 복음에 대한 지적인 승낙 정도로 생각하지 않고 성령의 능력들을 동반하는 풍부한 체험으로 생각하였음을 보여준다.

---

305) F.F. Bruce, *Galatians*, 148f; "The Spirit in the Letter to the Galatians," *Essays on Apostolic Themes*, FS for H.M. Ervin, ed. P. Elbert, 1985, 37f.

성령경험에 동반되는 표징들을 바울은 '능력들'(δυνάμεις)이라고 묘사한다. 그것들은 성령의 계속적인 현현들이다(현재분사 ἐνεργῶν 참조). 여기에 사용된 '능력'이란 단어는 신약의 저자들에 의해서 다양하게 사용된다(고후 12:12; 행 2:22; 히 2: 4; 갈 3:5 등). 이 단어는 때로 '기사와 표적'(σημεία καὶ τέρατα)이란 문구와도 밀접하게 관련되어 사용되기 때문에 '능력'과 '기사와 표적'은 그렇게 날카롭게 구분되지 않는다. 이 경우에 능력은 기적 사건들을 지칭하는 것으로서 새 시대가 도래했음을 보여주는 표적(σημεῖον)의 한 형태라고 할 수 있다. 공관복음서와 사도행전의 용법은 이와 같은 용법을 반영하여 예수의 능하신 일들이 되풀이해서 '능력들'(δυνάμεις)로 불리운다. 갈라디아서신에서 바울이 어떤 종류의 '능력'을 염두에 두고 있는지는 분명치가 않다. 어떤 학자는 그것이 귀신축출의 기적을 지칭한다고 생각하기도 하고,[306] 어떤 학자는 환상적인 현상들을 지칭한다고 보기도 한다.[307] 다른 한편 어떤 학자들은 능력이 여기서 은사들을 지칭한다고 생각한다.[308] 사실 고린도전서 12장에서 '능력'은 성령의 은사들 가운데 하나인 기적을 베푸는 은사와 동일시된다(10, 28f). 특히 능력이 '행하다'(ἐνεργῶν)는 동사와 더불어 함께 사용되기 때문에 그것이 기적을 일으키는 은사를 지칭할 가능성이 있다(막 6:14; 마 14:2; 엡 2:2; 고전 12:10; 고후 12:12; 살후 2:9).[309] 그러나 갈라디아인들이 회심하여 성령을 경험할 때 모든 기적 행하는 은사를 체험했다고 보기는 어렵다. 때문에 우리의 본문에서 능력을 행하는 것은 성령의 능력의 외적인 현현 현상들에 대해 포괄적으로 지칭한다고 보는 것이 타당할 것 같다. 바울은 2:8절에서 자신이나 베드로가 그들의 사도직을 수행할 수 있도록 하나님께서 역사하신 행위들에 대해 '에네르게인'

---

306) Schlier, *Galater*, 126.
307) W. Schmithals, *Paul and the Gnostics*, 47.
308) Mussner, *Galater*, 211.
309) W. Grundmann, *TDNT* 2, 304 17: Betz, *Galatians*, 135 n. 78; Bligh, 130을 참조하라. 그러나 Bruce, "The Spirit in the Letter to the Galatians," 38을 보라. 여기서 Bruce는 '능력'이 성령의 가시적인 현현 사건들에 대해서 포괄적으로 사용된다고 주장한다.

(ἐνεργεῖν) 동사를 사용하였다. 이 경우에 하나님의 역사하신 행위들은 기사나 표적 이외에 성령의 다른 능력의 역사들을 포괄할 수가 있다 (롬 15:18 참조).

셋째로, 갈라디아의 신자들이 경험한 성령은 "율법의 행위가 아니라 믿음의 들음에" 근거한 은총의 선물이었다. 하나님께서 그들 가운데 성령을 주시고 능력 행함을 경험하게 하신 것은 할례나 율법준수와 같은 율법의 행위들에 근거한 것이 아니고 오직 복음을 믿고 받아들이는 행위에 기초한 것이다. 능력으로 역사하는 성령의 존재는 이미 새 시대가 동이 텄다는 분명한 표징이다. 랍비 문헌에서 성령의 선물의 소유는 율법을 준수하는 유대인들에게 국한된 축복이었지만, 이미 갈라디아인들과 같은 이방인들이 율법의 행위와 관계없이 예수를 메시야로 믿을 때 성령을 경험했다는 것은 그들에게 새 시대, 종말론적인 메시야 시대가 도래했다는 분명한 증거였다. 그들은 십자가에 못박힌 그리스도를 전하는 바울의 복음을 믿고 받아들임으로 이미 새로운 메시야 시대를 경험하였다. 이것은 새 시대의 경험이 율법의 행위와 아무 관련이 없으며 바울의 십자가 복음에 대한 믿음만이 하나님의 은총을 경험하는 필요충분한 조건이라는 것을 보여준다.

2) 성경을 통한 논증 (3:6-14)

본 부분은(6-9절) 구약에서 나온 성경 구절들을 통해서 한 가지 근본적인 사실을 증명하고자 한다. 그것은 '아브라함의 자손'의 범위와 그 참된 성격을 규정하는 것이다. 그렇게 하므로써 바울은 아브라함과 '믿음의 사람들'을 연결짓고 아브라함의 자손을 혈통적으로 또는 율법과 관련하여 정의하려는 유대주의자들의 입장을 무너뜨리고자 한다.

6. 아브라함이 하나님을 믿으매 이것을 그에게 의로 정하셨다 함과 같으니라

바울은 그의 두 번째 논의를 시작하면서 유대교와 기독교의 성경 해석에 있어서 유명한 구절인 창세기 15:6을 인용한다. 이 인용문은 문장 처음에 '아브라함'이 덧붙여진 것 외에는 칠십인경의 문구를 그대로 따른다. 본절 앞에 '이와 같이'(*καθώς*)라는 도입구가 첨가된 것은 바울이 갈라디아인들의 경험에 호소하여 주장한 이전의 논의를 구약에 담겨 있는 아브라함 전승을 통해 더 분명하게 논증하기 위한 것이다. 아브라함과 그의 자손의 성격에 관한 논의는 갈라디아서 3:6-18의 논의를 주도하며 3장의 끝머리에 다시 나타나고(29절) 4장의 알레고리에서(21-31절) 다시 길게 논의된다. 이로써 분명한 것은 바울의 반대자들이 갈라디아인들을 설득하려고 할 때 '아브라함' 이야기에 호소하였다는 사실이다. 때문에 그는 그들에 의해 흔히 사용되었던 아브라함 전승들을 다시 활용하되 그것들을 그리스도의 빛 아래서 재해석하여 선동자들의 주장을 무너뜨리지 않을 수 없었다.[310]

바울이 6절에서 갑작스럽게 창세기 15:6을 인용함으로써 아브라함의 주제를 부각시키는데, 그가 이 본문을 선택한 것은 그것이 아브라함의 '믿음'(*πίστις*)과 그것과 연관된 '의'(*δικαιοσύνη*)에 대한 강조 때문일 것이다(참조 갈 2:15-17). 그러나 여러 유대적 해석들과는 대조적으로 바울은 이 구절을 아브라함의 공적, 그의 율법준수, 또는 시험받을 때 그가 보였던 순종 행위와 연관시키기를 거절한다(참조 1 Macc 2.52; Mekilta Beshallah 7,139ff).[311] 하나님께 보인 아브라함의 유일한 반응은 그의 믿음뿐이었다. 이를 통해 바울은 아브라함의 자손이 할례가 아니라 믿음에 의해서 특징지워진다는 것을 논증할 수가 있었다(*γινώσκετε ἄρα*, 3:7). 사실 그는 아브라함이 할례를 받은 사실

310) D. Foerster, "Abfassungszeit und Ziel des Galaterbriefes," Apophoreta (FS f r E. Haenchen, 1964), 139; J. L. Martyn, "A Law-Observant Mission to Gentiles: The Background of Galatians," *MQR* 22 (1983), 317-328.

311) Cf. F. Mussner, *Galater*, 218; S. Sandmel, *Philo's Place in Judaism. A Study of Conceptions of Abraham in Jewish Literature*, 81-2; Strack-Billerbeck 3, 200-201 등을 참조하라.

을 조심스럽게 생략한다.[312] 할례를 아무리 영적으로 해석한다 하더라도 그것을 본문의 문맥 속에서 언급하는 것은 독자들에게 오해를 유발시킬지도 모른다. 그래서 아브라함의 이야기에 호소할 때 바울은 믿음이라는 유일한 표준을 부각시키기 위해서 할례에 관한 창세기 17장의 논의를 완전히 건너뛰었다.[313]

아브라함이 할례가 아니라 오직 믿음으로 의롭다 함을 받았다고 말할 때, 바울이 염두에 두고 있는 '의'(義)의 개념은 정확하게 무엇을 말하는가? 하나님께서 아브라함의 믿음을 보시고 그것을 그의 의로 여기셨다는 말은 무엇을 뜻하는가? 구약에서, 특히 시편과 이사야에서 '하나님의 의'는 그의 언약적 성실성, 언약 백성인 이스라엘을 구원하시는 하나님의 능력과 사랑을 지칭한다.[314] 이 경우에 하나님이 의롭다고 여기시는 것은 이스라엘과 맺은 언약에 근거해서 그들에게 호의로운 판결을 내리고 그들을 자기 백성으로 인정하는 것을 의미한다. 여기서 '의' 또는 '의롭다고 하다'라는 말들은 관계 개념이고 또한 법정적인 배경을 지니고 있다. 하나님께서 아브라함의 믿음을 보시고 그것을 그의 의로 여기셨다고(**λογίζεσθαι εἰς**) 할 때, 그것은 하나님께서 아브라함이 하나님과 바른 관계에 있다고 '선언'하거나 '판단'하는 것을 말한다.[315] 창세기 15:6에 근거해서 볼 때 이렇게 하나님께서 최고

---

312) 이것은 로마서 4장과 대조된다. 로마서에서 바울은 믿음과 할례를 동시에 논의하기는 하지만, 그는 믿음이 할례보다 앞선 것이며 아브라함이 의롭다 하심을 얻는 결정적이고 유일한 특징은 믿음뿐이라는 것을 논의한다.

313) 유대주의적 선동자들이나 그들의 선동을 받은 갈라디아 사람들은 그들이 단순히 아브라함의 본보기를 따라 할례에 믿음을 덧붙인 것으로 보인다. Cf. Burton, 155-9; Bruce, 154-5; A.T. Hanson, *Studies in Paul's Technique and Theology*, London 1974, 69를 보라.

314) Cf. E. Käsemann, " 'The Righteousness of God' in Paul," *New Testament Questions of Today*(London: SCM,1969); S.K. Williams, "The 'Righteousness of God' in Romans," *JBL* 99 (1980), 260ff; Dunn, *Romans*, 40-2; Mussner, *Galater*, 168ff, 특히 여기에 사해사본의 관련구절들을 참조하라.

315) Mussner, *Galater*, 215; cf. Burton, *Galatians*, 154f.

의 재판자로서 아브라함을 의롭다고 선언하신 것은 그가 계명을 준수했기 때문도 아니고(겔 18:5ff에서처럼) 그가 하나님을 신뢰하고 믿었기 때문이었다.

아마도 갈라디아의 유대주의적 선동자들은 아브라함과 맺은 언약에 기초해서(할례와 언약을 연결짓는 창 17장) 누구든지 할례를 받지 않으면 하나님의 호의로운 판결을 받아 그의 백성으로 인정될 수 없다고 주장한 것이 분명하다. 그래서 그들은 갈라디아인들이 아브라함의 언약과 그의 축복에 동참하려면 할례를 받아야 하고 또 그것이 하나님의 명령이라고 논증했을 것이다. 아브라함은 특히 유대교의 시작이고 기초이며 첫 번째 개종자이다(창 17:4-5 참조). 따라서 할례를 받아야만 그의 참 자손이 된다는 것이다(cf. Josephus, *Ant* 20:17-96, 47-48, 75-76, 81 등).[316] 그러나 바울은 아브라함에게 있어서 그가 하나님께 의롭다고 여김을 받게 된 시점은 할례를 받을 때가 아니라(창 17:14) 하나님을 '믿을' 때였다고(15:6) 지적한다. 선동자들은 창세기 17장의 본문에 따라서 할례와 언약의 필연적 연관성을 주장했겠지만, 바울은 창세기 15장의 본문에 따라서 할례와 언약의 필연적인 관계의 정당성을 무너뜨리고 오히려 '언약과 믿음'이라는 도식을 정립한 것이다.[317] 이로써 바울은 선동자들이 호소한 아브라함 전승을 정확하고도 급진적으로 재해석한다. 성경 본문에 대한 바른 재해석은 선동자들의 공격에 대한 바울의 변호전략의 필수적 부분이다.

---

316) 이것은 성경이 어떻게 유대교에 동정적인 이방인들을 할례받도록 설득하는 데 사용될 수 있었는지를 분명히 밝혀준다. 요세푸스의 글을 인용하면 이 점을 이해할 수가 있다: "너는 율법을 읽어야 할 뿐만 아니라 더욱이 그 안에 명령된 것을 행해야 한다. 언제까지 너는 할례를 안 받겠는가? 네가 이 문제에 관하여 율법을 읽지 않았다면 지금 읽어라. 그러면 너는 네가 어떤 불경한 일을 저지르고 있는지 알게 될 것이다"(*Ant* 20:44-45).

317) 유대주의적 선동자들의 창세기 17장의 사용에 대해서는 Burton, 153-9; Duncan, 87- 8; Mussner, 216-7 등을 참조하라.

7. 그런즉 믿음으로 말미암은 자들은 아브라함의 아들인 줄 알지어다

본절은 6절에서 인용된 창세기 15:6의 논리적 결론을 나타낸다. 헬라어 본문 맨 앞 부분에 나오는 '기노스케테'(γινώσκετε)는 직설법으로 취해질 수도 있고(너희가 알고 있다), 또는 명령법으로 취해질 수도 있다(알지어다). 우리 한역성경은 후자의 명령법적 의미를 선택했는데 바른 번역이라고 생각된다. 갈라디아인들이 무엇을 알아야 하는지는 분명하게 토론되고 있지는 않다. 6절과 7절에 나타난 바울의 논지는 아마도 다음과 같을 것이다. 1) 아브라함이 의롭다 하심을 받을 때 보였던 유일한 반응은 할례가 아니라 믿음이었다; 2) 따라서 아브라함의 자손이 되는 것은 결국 그의 믿음의 발자취를 따를 때뿐이다. 바울의 이러한 논지는 로마서 4장에서 충분하게 개진되지만, 갈라디아서의 본문에서는 그것이 토론되지 않고 단지 전제될 뿐이다. 오히려 바울은 이러한 전제 위에서 아브라함의 자손과 그들의 신앙에 초점을 맞춘다.

본문에서 아브라함의 믿음과 '믿음으로 말미암는 자들'의 믿음은 대립적인 관계에 있지 않고 오히려 약속과 성취라는 구속사적 관계 속에 있다. '믿음으로 말미암는 자들'은 구약의 신자들을 지칭할 수도 있지만, 사실 일차적으로 예수를 메시야로 신앙하는 기독교인들을 지칭한다고 할 수 있다.[318] 아브라함은 하나님을 믿었고 기독교인들은 예수 그리스도를 믿었다. 이들 사이에 어떤 구속사적 연계성이 존재하는가? 우리는 이미 방금 전에 이들의 믿음이 약속과 성취라는 구속사적 관계 속에 있다고 지적한 바가 있다. 비록 믿음의 대상은 달라졌지만, 아브라함의 믿음 속에서 기독교인들의 이 믿음이 비로소 처음으로 예시된 것이다.[319] 이들 사이의 구속사적 연계성은 두가지 관점에서 접근할 수 있다. 첫째로, 아브라함에게 나타나셨던 하나님은 이제 예수 그리스도 안에서 계시된 하나님이시다. 바울에게 있어서 하나님은 예수

318) Burton, *Galatians*, 155: Schlier, *Galater*, 128.
319) A. Oepke, *Galater*, 120: "Im Glauben Abrahams ist dieser Glaube nur erst vorgebildet."

그리스도 밖에서는 자신을 계시하시지 않으며, 예수께서는 자신의 인격 속에서 하나님을 계시하는 그의 아들이시다(참조 1:16). 그러므로 하나님에 대한 믿음은 그의 아들 예수 그리스도에 대한 믿음과 다른 어떤 것이 아니다.

둘째로, 예수 그리스도는 아브라함의 합법적인 '씨'(**σπέρμα**)이다(3:16). 16절의 이 구절에서 바울은 아브라함과 그의 '씨'에게 주어진 언약의 축복들을 미드라쉬적으로 해석한다. 바울의 논의는 여기서 세 차원에서 고려되어야 한다.[320] 1) 그리스도는 아브라함의 대표적인 씨이기 때문에, 아브라함에게 주어진 모든 축복의 약속들은 합법적으로 그리스도에게 속한다. 그리스도는 아브라함의 자손이며 참 이스라엘이다. 2) 이들에게 공통적인 것은 하나님께 대한 성실과 믿음의 태도이다. 아브라함이 하나님을 믿고 그에 대한 자신의 성실을 지킨 것처럼, 그의 씨인 그리스도도 하나님을 믿고 신뢰하였다. 결국 아브라함의 믿음은 '그리스도의 믿음'(**ἡ πίστις τοῦ Χριστοῦ**, 갈 2:16; 롬 3:22; 빌 3:9)[321]을 통해 실현되었다. 3) 그리스도를 신뢰하고 그의 믿음의 발자취를 따라가는 사람들은 모두 아브라함에게 주어진 축복의 약속들을 이어받는 그의 자손들이며 참 이스라엘이다(참조 롬 4:11-12). 예수 그리스도는 아브라함에게 본래 주어진 축복의 약속들을 그를 믿는 모든 사람들에게 중개하는 유일한 상속자이다. 이러한 관점에서 볼 때 예수를 하나님의 아들과 메시야로 믿는 기독교인들의 믿음과 구약 시대의 아브라함의 믿음은 다른 어떤 것이 아니다.

결국 갈라디아인들이 알아야 하는 것은 아브라함의 자손은 할례나 혈통 같은 것들보다는 오직 믿음에 의해서만 특징화된다는 사실이다.

---

320) 이한수, "바울의 교회론", 神學指南 1992년 봄호(231호), 49-50 참조.

321) 이 소유격 표현에 대한 많은 논쟁이 있어 왔다. 자세한 논의를 참조하려면 M.D. Hooker, "**ΠΙΣΤΙΣ ΧΡΙΣΤΟΥ**", *NTS* 35(1989)를 보라.

'믿음으로 말미암는 자들'(*οἱ ἐκ πίστεως*)은 하나님 앞에 서 있는 자신의 실존을 오직 믿음에만 근거시키는 자들을 가리킨다. 이 헬라어 표현은 '율법의 행위에 속한 자들'(*οἱ ἐξ ἔργων νόμου*, 3:10)이나 '할례자들'(*οἱ ἐκ περιτομῆς*, 2:12; 롬 4:12)과 같은 표현에 반대되는 표현이다. 갈라디아의 유대주의적 선동자들은 분명히 아브라함의 자손을 할례와 같은 '율법의 행위'를 통해서 특징화시키려고 했을 것이다. 이미 살핀 대로, 이들이 할례를 아브라함의 자손, 즉 하나님의 언약백성이 되는 가장 결정적인 표준으로 삼게 된 것은 창세기 17:14과 같은 구약 구절에 기초한다. 창세기의 구절에 의하면 할례를 받지 않으면 누구든지 하나님의 언약백성 중에서 끊겨질 것이다. 하지만 바울은 아브라함이 할례를 받기 이전에 오직 믿음에 근거해서 의롭다 하심을 받았기 때문에, 아브라함의 자손이 되는 필요충족 조건은 그와 마찬가지의 믿음의 반응을 보일 때뿐이다. 오직 믿음의 사람들만이 아브라함의 자손으로 동일시될 수 있다.[322] 유대인들은 아브라함의 자손을 할례나 혈통 같은 것들을 통해 개념규정하려고 했기 때문에, 분명히 이런 식의 동일시는 전통적인 유대적 사고방식을 완전히 거꾸로 뒤집는 것이다. 다음 구절에서(8-13절) 바울은 그의 이러한 논제를 확증하기 위해 성경에서 나온 다섯 가지 증거들을 제시한다.

8. 또 하나님이 이방을 믿음으로 말미암아 의로 정하실 것을 성경이 미리 알고 먼저 아브라함에게 복음을 전하되 모든 이방이 너를 인하여 복을 받으리라 하였으니

첫 번째 증거는 '아브라함의 축복'에 대한 해석이다. 창세기에서 인용된 본절의 후반부는 창세기 12:3과 18:8에 제시된 약속들을 결합시킨 형태를 띠고 있다.[323] 유대 신학에서 주된 관심은 '너로 말미암아'

---

322) '아브라함의 자손'이란 개념은 또한 갈라디아서 4:22-31의 마지막 논의의 일부를 형성한다. 그러니 그 이전에 바울은 '아브라함의 자손'을 '하나님의 자녀'로 동일시한다(3:26; 4:6,7).

323) 창세기 12:3(LXX)에 있는 *πᾶσαι αἱ φυλαὶ τῆς γῆς*란 표현은 창

(**ἐν σοί**)라는 문구 해석에 쏠려 있는데, 흔히 그것은 아브라함의 공적이나 율법순종을 의미하는 것으로 해석되었다(cf. 1 Macc 2:52; Mekilta Beshallah 7.139). 그러나 바울의 주된 관심은 '모든 이방'(**πάντα τὰ ἔθνη**)이란 문구에 쏠려 있다. 갈라디아서 3장 8절에 나타난 바울의 논지는 두 가지 방면에서 고려되어야 한다. 첫째로, 이미 주지한 대로 바울은 창세기 12:3과 18:18에서 아브라함에게 주시겠다고 약속된 축복을 하나님이 아브라함을 의롭다고 여기신 창세기 15:6의 이야기와 연계시킨다. 결국 하나님이 아브라함에게 주시겠다고 약속한 축복은 믿음으로 의롭다 여기시는 하나님의 호의와 깊은 연관이 있다. 둘째로, 아브라함에게 주어졌던 이 축복의 약속은 결코 혈통과 관계된 것이 아니고 믿음을 가지고 있는 '모든 열방', 즉 바울의 복음을 받아들인 모든 이방 기독교인들과 관계된 것이다. 바울은 이미 아브라함처럼 믿음의 발자취를 따르는 모든 '믿음으로 말미암는 자들'이 아브라함의 자손이라고 주장하였었다(7절). 뿐만 아니라 창세기 12:3과 18:18에 약속된 아브라함의 축복 속에 '모든 이방'이 이미 포함되어 있었기 때문에 창세기의 본문은 결코 혈통적으로 좁게 해석될 수가 없다. 하나님께서 아브라함과 언약을 맺으시고 그와 그의 자손에게 축복을 약속하실 때, 하나님은 처음부터 이방인들을 염두에 두고 계셨다(참조 롬 4:13-17).[324]

이방인들의 구원은 유대인들을 위한 하나님의 구원 계획이 실패하니까 후에 차후 조치로 새로 수립된 어떤 것이 아니라 이미 아브라함의 언약 속에 포함되었던 것이다. 이 사실은 8절에서 두 가지로 표현된다. 첫째로, 아브라함을 통해서 '모든 이방'을 축복하겠다는 약속은 '예언'으로 간주된다: "성경이 미리 알고"(**προϊδοῦσα δὲ ἡ γραφή**). 여기

세기 18:18에 있는 **πάντα τὰ ἔθνη**에 의해서 대체되었다.

324) J.D.G. Dunn, " 'Righteousness from the Law' and 'Righteousness from Faith': Paul's Interpretation of Scripture in Romans 10.1-10," in *Tradition and Interpretation in the New Testament*, Essays in Honor of E. Earle Ellis for His 60th Birthday, Grand Rapids, Michigan 1987, 223.

서 성경은 마치 인격체인 것처럼 묘사된다. 성경이 '미리 안다'라는 개념은 랍비적 사상이다. 랍비문헌은 성경이 마치 몸과 영혼이 있는 인격적 존재인 것처럼 묘사한다(cf. Philo, *Legum allegoriarum Libri* 3.118; *Cont.* 78).[325] 아마도 성경이 미리 알았다는 말은 실제로 '하나님'께서 미리 아셨다는 말로 바꾸어 설명될 수 있는 표현일 것이다(참조 롬 9:17). 하나님께서 미리 아시고 예언하신 내용은 그가 '이방을 믿음으로 말미암아 의로 정하실(**δικαιοῖ**) 것이라'는 사실이다. 그러므로 바울의 이방 선교는 다메섹 도상의 사건과 같이 최근의 어떤 사건에서 비롯된 것이 아니고, 아브라함 때부터 이미 하나님께서 약속하시고 예언하셨던 것이다. 여기에 바울 선교의 정당성이 놓여 있다.

둘째로, 바울은 유대인이나 이방인이나 모두 '믿음으로 말미암아 의롭다 하심을 얻는다'는 이신칭의 교리를 '복음'(**εὐαγγέλιον**)이라고 부르면서 하나님께서 아브라함에게 '먼저 복음을 전파하셨다'(**προευηγγε-λίσατο**)고 말한다. 아브라함에게 전파된 이 복음은 사실 바울이 지금 이방인들 가운데 전파하는 복음을 예견한 것이다. 바울 사도가 본문에서 말하고자 하는 것은 이방인들이 유대교로 개종할 때 아브라함의 축복을 받는다는 것이 아니고, 이방인들이 비록 할례를 받아 유대교로 개종하지 않는다고 할지라도 '믿기만 하면' 하나님께서 그들을 의롭다고 하신다는 것이다.[326] 이 점에 비추어 볼 때 아브라함에게 주어진 약속들은 이미 이방인들에게 율법과 할례 없는 복음을 전하는 바울의 이방선교를 합법화시킨 것이라 할 수 있다. 이미 지적한 대로, 모든 사람이 믿음으로 의롭다 하심을 얻는다는 이신칭의 사상은 바울이 이

---

325) Strack-Billerbeck III, 538; W. Michaelis, *TDNT* 5, 381-82; G. Schrenk, *TDNT* 1, 754-55.

326) 2:14-15에서 할례를 안 받은 이방인은 유대인들에게 '죄인' 취급을 당했다는 것을 보여준다. 바울이 칠십인경 창세기 12:3의 본문을 변경하여 '이방인'이란 말을 포함시킨 것은 할례를 안 받은 이방 죄인이라 할지라도 믿음만 가지면 아브라함의 축복의 대상이 된다는 사실을 부각시키기 위한 것이다. Cf. Barclay, *Obeying the Truth*, 88 n.33.

방 가운데 전파하는 복음의 핵심을 구성한다. 그가 이신칭의 복음의 진리를 깨닫게 된 것은 1장 16절의 주석에서 살핀 대로 그의 다메섹 회심사건과 관련이 있다.[327] 그러나 이신칭의 복음은 다메섹 그리스도 현현사건 때에 비로소 생겨난 것이 아니다. 다메섹 사건의 의의는 이신칭의 원리가 전체 구속사를 관통하는 구원론적 원리였다는 것을 바울이 그때에야 비로소 처음으로 깨닫게 된 시점이라는 데 있다. 바울은 아마도 다메섹 사건을 전환점으로 그의 핵심적인 이신칭의의 원리를 구약의 아브라함의 전승과 예수 전승에 기초하여 확증하고 또 발전시켰을 것이다. 믿음으로 의롭다 하심을 얻는다는 원리는 신구약 구속사 전체에 걸쳐 변함없이 적용된 근본원리이며 바울이 이것을 결정적으로 발견한 것이 그의 다메섹 도상의 경험이었다.

이신칭의 교리는 술어적으로 예수 자신에 의해 언급되지는 않지만 그의 근본적인 정신과 일치하는 원리이다. 바울은 예수께서 '세리와 죄인들'과 식탁 교제를 나누시며 자신의 죄를 회개하고 그에게 나아오는 자들을 용서하고 하나님의 백성으로 영접한 사실을 잘 알고 있었을 것이다(막 2:12-17; 마 11:19; 눅 5:27-29). 이것은 이방 죄인들을 믿음이라는 조건 하에서 하나님의 백성으로 끌어들인 바울의 복음정신과 근본적으로 동일한 것이다. 이렇게 바울은 다메섹 그리스도 계시사건을 계기로 구약의 아브라함 전승과 예수 전승을 새롭게 이해하게 되었고 이를 발판으로 이방인들을 위한 선교를 신학적으로 정당화시킨 것으로 여겨진다.

9. 그러므로 믿음으로 말미암는 자는 믿음이 있는 아브라함과 함께 복을 받느니라

327) S. Kim, *The Origin of Paul's Gospel*, 271ff. *Contra* G. Strecker, "Befreiung und Rechtfertingung. Zur Stellung der Rechtfertigungslehre in der Theologie des Paulus," in *Rechtfertigung*, E. Käsemann FS(1976), 479ff. 여기서 스트레커는 바울의 이신칭의 복음이 갈라디아의 유대주의자들과 싸우는 과정에서 후기에야 비로소 생겨난 것이라는 주장을 하였다.

이 구절은 바울이 제시한 첫 번째 증거(3:8-9)를 결론짓는 진술이다 (ὥστε). 8절의 해석이 맞는다면 다음과 같은 결과가 뒤따른다: "그러므로 믿음의 사람은 신자인 아브라함과 함께 축복을 받는다". 아브라함이 본래 받았던 축복은 8절의 내용으로 미루어 볼 때 '의롭다 함을 받는 것'을 지칭한다. 그가 의롭다 함을 받는 축복을 받았던 것은 그가 하나님을 '믿었기' 때문이었다. 마찬가지 방식으로 '믿음으로 말미암는 자들'도 아브라함처럼 믿을 때 그가 받았던 동일한 축복을 받을 수가 있다. 이 헬라어 표현은 문맥을 통해서 볼 때 일차적으로 예수 그리스도를 믿는 이방 기독교인들을 가리킨다. 그들이 아브라함과 '함께' (σύν) 복을 받는다는 말은 어떤 것을 의미하는가? 아브라함의 복을 언급하는 창세기 12:3과 18:8의 칠십인경 본문을 살펴보면 '함께'라는 전치사보다는 '안에'라는 전치사가 사용된다. 바울은 '안에'라는 전치사를 '함께'라는 전치사로 바꾸어 놓았는데, 그는 전자가 그리스도와 신자의 관계에 더 적합한 것으로 여기는 것 같다. 환언하면, 바울은 그리스도 안에서 축복을 받는 것과 아브라함과 더불어 축복을 받는 것을 구분하고 싶어했다는 말이다. 그렇다면 바울과 같이 본절을 다음과 같이 해석하는 것이 더 나은 것 같다: 후대의 세대는 그들이 믿을 때 아브라함과 '더불어' 또는 그와 '마찬가지 방식으로' 축복을 받는다.[328)]

10. 무릇 율법의 행위에 속한 자들은 저주 아래 있나니 기록된 바 누구든지 율법책에 기록된 대로 온갖 일을 항상 행하지 아니하는 자는 저주 아래 있는 자라 하였음이라

바울은 10-12절에서 아브라함의 자손을 율법의 행위를 통해서 정의하려는 유대주의자들의 입장을 거부하면서 율법 아래 있을 때 아브라

---

328) Bligh, 132; Mussner, 222f; *contra* Bruce, 157. 본절에 πίστος라는 형용사는 한역성경처럼 '믿음이 있는'으로 번역하는 것이 더 낫다. 바울이 말하고자 하는 것은 아브라함이 충성스럽다는가 또는 신뢰할 만하다는 것이 아니라 그가 하나님을 믿었다는 사실이었다.

함의 언약 속에 포함된 축복을 받기는커녕 어떻게 율법의 저주 아래 있게 되는지를 설명한다. 우선 10절에서 그는 자신의 두 번째 증거를 성경에서 끌어온다. 그는 또다시 그의 결론을 처음부터 진술한다: "율법의 행위에 속한 자들은 저주 아래 있다". 바울은 부정적인 추론을 통해서 이러한 결론에 도달한다. 만일 '믿음으로 말미암는 자들'이 아브라함과 함께 축복을 받는다면, '믿음으로 말미암는 자들'이 아닌 사람들은 '율법의 행위에 속한 자들'이며 또한 그들은 '저주 아래' 있음이 분명하다. 바울은 여기서 두 가지 종류의 사람들을 언급하는데, 하나는 '믿음의 사람들'이고 다른 하나는 '율법의 사람들'이다. 전자는 아브라함과 함께 축복을 받는 사람들이지만 후자는 율법을 따라서 저주 아래 있는 사람들이다.

앞의 구절(1-9절)에서 바울은 믿음의 사람들이 지니는 '보편적인' 성격을 지적하였었다. 그는 아브라함의 자손을, 할례나 율법준수 또는 혈통을 통해서 성격규정하기를 거절한다. 할례와 율법은 유대인들의 민족적 정체성과 신분에 밀접하게 관련된 사회적인 기능을 지니고 있다. 적어도 할례를 받고 율법을 준수하는 사람은 유대인된 신분을 나타내 주는 표지들이다. 그래서 유대인들은 흔히 '율법에 속한 자들'(***οἱ ἐκ νόμου***, 롬 4:14) 또는 '율법 안에 있는 자들'(***οἱ ἐν νόμῳ***, 롬 2:12)로 불리운다. 율법은 이 점에서 유대인의 삶과 신분을 규정하는 사회적 기능이 있음을 보여준다.[329] 이렇게 할례나 율법은 유대인을 유대인으로 규정하는 사회적 표지들이기 때문에 자연히 그것들은 선민적 배타주의의 상징들이 되었다. 그것들은 유대인과 비유대인을 구분하는 배타주의적 상징들이며 이 점은 안디옥 사건에서 분명하게 부각된다. 할례를 안받고 율법을 모르는 이방 기독교인들과 식탁 교제를 나누는 것은 유대인된 정체성을 위태롭게 만드는 것이었다. 그래서 안디옥에 있는 유대 기독교인들은 야고보에게서 온 사람들의 압력을 받아 이방 기독교인들과의 식탁 교제를 기피하였다(2:11-14). 할례와 율

329) Dunn, *Jesus, Paul, and the Law*, 216ff 참조.

법준수는 이렇게 협소한 배타주의적 표지들인 반면에, 아브라함의 '믿음'은 보편적이고 그에게 주어진 약속은 처음부터 '이방인들'을 포함하고 있었다. '믿음의 사람들'은 할례와 율법 준수로 특징화된 혈통적 유대인들이 아니라, 아브라함의 믿음의 발자취를 따르는 유대인과 이방인 기독교인들을—범세계적인 믿음의 공동체—가리킨다. 그들만이 아브라함에게 주어진 약속의 축복들을 공유할 수가 있다.

아브라함과 같이 축복을 누리는 믿음의 사람들과는 달리 '율법의 행위에 속한 자들'(**οἱ ἐξ ἔργων νόμου**)은 '저주 아래'(**ὑπὸ κατάραν**) 있다. 여기서 문제가 되는 것은 '율법의 행위'란 무엇을 뜻하며, 또한 '율법의 행위에 속한 자들'은 누구를 가리키는가에 있다. 첫 번째 질문에 대해서 먼저 생각해 보자. 우리는 이미 '율법의 행위'(**τὰ ἔργα νόμου**)가 자신의 힘으로 구원을 확보하려는 공적 행위들을 지칭하는 것이 아니라 할례, 음식법, 율법준수와 같은 유대인 된 신분을 나타내 주는 신분 표시의 행위들을 가리킨다고 주장하였다(2:16 주석 참조). 이 표현은 안디옥 사건의 문맥에서 처음으로 사용되었는데, 거기서 율법의 행위는 '유대인처럼 사는 것'(**Ἰουδαϊκῶς ζῆν**)과 대등한 표현으로 사용된다(2:14). 그렇다면 율법의 행위는 율법에 의해 요구되는 종교적인 행위들을 가리키는데, 이런 행위들은 개인이 자신의 구원을 확보해 보려는 공적 행위들이라기보다는 율법의 백성에 속해 있음을 논증해 주는 종교적인 존재양식을 가리킨다.[330] 샌더스(E.P. Sanders)의 표현을 빌린다면 율법의 행위란 '언약적 신율주의'(covenantal nomism)를 말하는 또 다른 방식이다. 이 경우에 율법의 행위는 어떤 사람이 언약 '안에 있음'을 특징지워 주는 종교적 행위들을 가리킨다.[331]

그렇다면 '율법의 행위에 속한 자들'은 일차적으로 유대인들을 가리

---

330) E. Lohmeyer, *Probleme paulinischer Theologie* (Stuttgart: Kohlhammer, n.d.) 33-74; J.B. Tyson, " 'Works of Law' in Galatians," *JBL* 92 (1973), 423-31.
331) E.P. Sanders, *Paul, the Law, the Jewish people*, 33, 155-7.

킨다. 그들은 할례와 안식일 그리고 율법을 준수함으로써 스스로 언약의 울타리 안에 있다고 생각하며 자신을 다른 '이방 죄인들'(*ἐξ ἐθνῶν ἁμαρτωλοί*)과 구분지으려고 하는 사람들이다(2:15). 그들은 이방 죄인들과 다를 뿐만 아니라 그들보다 우월하다고 생각하는 선민적 배타주의를 가지고 있으며, 할례나 율법준수와 같은 율법의 행위들은 그러한 선민적 배타주의의 표지 역할을 한다. 바울 사도가 아브라함의 믿음의 발자취를 따르는 '믿음에 속한 자들'(3:6)과, 할례와 율법준수와 같은 율법의 행위들을 의존하는 '율법의 행위에 속한 자들'(3:10)을 대조시키는 이유가 여기에 있다. 아브라함에게 주어진 약속과 그의 믿음은 유대인과 이방인을 포괄하는 범세계적인 믿음의 공동체를 지향한다는 점에서 '보편주의적' 성격을 띠지만, 할례와 율법준수와 같은 율법의 행위들은 유대인들의 민족적 독특성을 나타내 주는 협소한 '특수주의적'(particularistic) 성격을 띤다. 율법의 행위를 인간 스스로 구원을 확보하려는 '공적 행위' 또는 '행위의'(行爲義)로 보려는 전통적인 견해는 바로 바울의 이러한 의도적 반립구조를 제대로 살피지 못한다.[332] 갈라디아서 3장의 문맥은 이방 기독교인들이 어떻게 합법적인 아브라함의 자손이 될 수 있는가를 밝히는 목적이 있다. 이러한 문맥 속에서 '율법의 행위'에 대한 바울의 논의를 살펴야 하지, 그것을 단지 스스로 구원을 확보하려는 행위의를 지칭한다고 보는 전통적인 견해는 10절이 놓여 있는 문맥을 놓치고 만다.[333]

우리는 앞에서 '율법의 행위에 속한 자들'이 일차적으로 유대인들을 지칭한다고 주장하였었다. 그러나 여기서 '율법의 행위에 속한 자들'이란 표현은 논쟁적인 문맥 속에 있기 때문에, 그것이 단순히 유대인들만을 지칭하는 배타적인 표현은 아니고 유대주의자들의 선동에 영

---

332) *Contra* Betz, 144; Bruce, 157f; Cranfield, *Romans* II, 848, 그리고 내나우의 내륙의 학사들의 견해들.
333) 유대교가 행위로 구원을 얻으려고 하는 율법주의적 종교이기 때문에, 바울이 여기서 그것을 비평하고 있다는 견해는 갈라디아서 3장의 문맥을 고려하지 않는 견해이다.

향을 받아 지금 할례와 율법준수와 같은 율법의 행위들을 준수하려고 하는 갈라디아의 이방 기독교인들도 지칭할 수도 있다. 바울은 5장에서 이방 기독교인들이 일단 할례를 받으면 전체 율법을 지킬 의무가 있다고 주장하면서 할례를 받아들이려는 자마다 '그리스도에게서 끊어지고 은혜에서 떨어진' 자라고 경고한다(5:3-4). 그들이야말로 '율법 아래 있고자 하는 자들'(**οἱ ὑπὸ νόμον θέλοντες εἶναι**, 4:21)이다. 이방 기독교인들은 본래 율법 아래 있는 자들이 아니지만, 지금 유대주의자들의 선동을 받아 율법 아래 있기를 '원하는' 위기에 직면한 것이다. 갈라디아 교회의 위기는 바로 여기에 있다. 바울의 주된 관심은 유대인과 이방인의 일반적인 관계에 대한 추상적인 논의를 하려는 것이 아니고 이 특수한 위기를 신학적으로 돌파하려는 데 있다.[334] 그러므로 '율법의 행위에 속한 자들'은 유대인들 뿐만 아니라, 유대주의자들의 선동을 받아 할례를 받고 율법을 준수하려고 하는 이방 기독교인들도 지칭할 수 있다.

바울에 의하면 율법의 행위에 속한 자들은 '저주 아래'(**ὑπὸ κατάραν**) 있다. 그들이 저주 아래 있는 이유는(**γάρ** 참조) 신명기 27:26을 인용하고 있는 10절 하반절에서 발견된다: "누구든지 율법책에 기록된 대로 온갖 일을 항상 행하지 아니하는 자는 저주 아래 있는 자라". 신명기의 이 본문은 마소라(MT) 본문이나 칠십인경(LXX) 본문과 완전히 일치하지는 않는다.[335] 바울은 칠십인경에 있는 '이 율법의 모든 말씀들에'(**πᾶσιν τοῖς λόγοις τοῦ νόμου τούτου**)라는 문구를 '율법책에 기

---

334) 많은 주석가들은 바로 이 점을 충분히 고려하지 않는 것 같으며, 갈라디아서 3장에 나타난 바울의 논의를 유대인과 이방인의 일반적 관계에 관한 일반적 논의로 만드는 경향이 있다.

335) 마소라 사본의 본문을 번역하면 다음과 같다: "Cursed is he who does not keep the words of this law to do them". 반면에 칠십인경 본문을 번역하면 다음과 같다: "Cursed be every man who will not abide by all the words of this law in order to do them." 문제는 바울이 우리에게 알려져 있지 않은 칠십인경 본문을 인용했는지, 아니면 그가 의도적으로 그 본문을 변경시켰는가에 있다. 차이점들은 바울에게만 국한된 것이 아니고 다른

록된 모든 말씀들에'(πᾶσιν τοῖς γεγραμμένοις ἐν τῷ βιβλίῳ τοῦ νόμου)라는 문구로 대치시키면서도 칠십인경에 덧붙여진 '모든'(πᾶσιν)이란 강조적 문구를 넘겨 받았다. 본래 신명기의 문맥에서 27:15-26은 '세겜의 십이계명'(the Dodecalogue of Schechem)이라 불리우는, 일련의 열두 저자들과 관련이 있다. 일반적으로 알려져 있기로는 전체의 저주들은 비밀리에 범해진 범죄들을 다룬다.[336] 십이계명의 처음 일곱 개의 저주들은 종교적이거나 사회적인 특정한 비행에 대한 제재를 불러일으키지만, 바울이 갈라디아서 3:10에서 인용하는 신명기 27:26의 마지막 저주는 어떤 특정한 범죄를 언급함이 없이 앞에 언급된 저주들을 일반화시키는 요약적인 진술이다. 그러나 칠십인경의 '이 율법'이란 말을 일반화시켜 단순히 '율법책'이란 말을 사용하였다. 바울이 염두에 두고 있는 것은 신명기의 문맥에서 지칭되는 십이계명(dodecalogue)이 아니라 기록된 토라이다(cf. 신 31:26; 수 1:8). 그러므로 바울에게 있어서 단지 십계명이 아니라 기록된 율법을 순종하지 않으면 저주를 유발하게 된다.

시내언약의 갱신의식에서 사용되었을 십이계명은 본래 이미 하나님의 백성이 된 이스라엘 백성에게 제시된 것이었다(신 27:9 참조). 기억해야 할 사실은 율법준수가 하나님이 이스라엘과 언약을 맺기 위해 필요했던 전제조건이 아니라 이미 맺어진 언약적 관계의 결과로 요구된 것이라는 점이다. 하나님께서 먼저 이스라엘을 선택하시고 출애굽 사건에 나타난 하나님의 구원 행위를 통해서 자신을 그들의 하나님으로 확증하셨으며, 그후에야 비로소 하나님은 그들이 거룩한 백성으로서 살아갈 수 있도록 시내산에서 이스라엘 백성에게 율법을 주셨다. 그러므로 율법은 신명기적인 맥락에서 볼 때 언약을 세우는 일과는

사본 전승들 속에서도 발견되기 때문에, 바울의 본문은 그가 인용한 것을 담고 있었을지도 모르고, 아니면 그가 기억하고 있는 것을 인용했을지도 모른다.

336) A. Alt, "The Origins of Israelite Law," ET in *Essays on OT History and Religion* (Oxford, 1966), 115.

무관하다: 율법에 순종하는 것은 언약 속에 들어가는 수단이 아니라 도리어 선행하는 하나님의 은혜에 대한 타당한 반응에 불과하다. 율법을 준수하고 그것에 순종하는 것은 이스라엘 백성이 언약 속에 머물고 있다는 증거이다. 그렇다면 바울이 인용하고 있는 신명기 27:26은 이러한 언약적 관계 속에서 이해되어져야 한다. 하나님의 백성은 언약 속에 머물기 위해서 율법책에 기록된 모든 말씀들을 '행하므로' 그 안에 머물지 않으면 안된다. 여기서 언약 속에 머무는 원칙은 율법의 말씀을 '행하는'(***τοῦ ποιῆσαι αὐτά***) 데 있다: 행하지 않고 율법의 말씀을 어길 때 저주의 원리가 적용된다.

율법의 행위에 속한 자들이 '저주 아래' 있는 이유에 대해서는 다양한 해석들이 존재해 왔다. 요즈음 신약학계에서 비중을 더해 가고 있는 견해들 중의 하나는 제임스 던(J.D.G. Dunn)의 것이다. 우리는 이미 율법에 사회적인 기능이 있다고 주장한 던의 입장에 동의한 적이 있다. 그에 의하면 할례와 율법준수는 유대인과 비유대인을 사회적으로 구분짓는 유대인들의 독특한 종교적 존재양식의 역할을 담당한다. 때문에 '율법의 행위'는 유대인의 정체성을 표시해 주는 신분표시의 행위들을 가리킨다. 그것은 "전형적인 유대인이 신뢰하는 것, 자신이 언약백성의 구성원임을 증거해 주는 율법준수, 언약에 충성스러운 구성원으로서 그의 의를 지칭하는" 축약된 표현이다.[337] 던은 이러한 발견을 갈라디아서 3장의 본문 해석에도 적용한다. 그에 의하면 '율법의 행위에 속한 자들'에 관하여 바울의 두 가지 전망을 관찰할 수 있다: 1) '율법에 속한다'(***ἐξ ἔργων νόμου***)는 것은 율법 안에 머무는 것과 같은 것이 아니다. 2) '율법에 속한다'는 것은 율법에 기록된 모든 것에 머물지 못하는 어떤 것을 말한다. 그러면 율법 안에 '머무는' 행위는 어떤 것을 말하는가? 바울은 이미 이웃을 자기 몸처럼 사랑할 때 온 율법을 '성취'할 수 있다고 말한 적이 있다(갈 5:14 참조). 그렇다면 할례, 안식일, 음식법, 율법준수와 같이 유대인의 독특한 민족적 정체

337) Dunn, ***Jesus, Paul, and the Law***, 216-225, 특히 221.

성을 표시하는 '율법의 행위들'은 율법이 요구하는 참된 본질을 성취할 수 있는 방식이 아니다. 율법의 행위에 매달리려고 하는 것은 "율법을 약화시키고 언약을 왜곡시키며 그 약속을 효과적으로 파괴하는 것이다. 따라서 기껏해야 이차적인 중요성밖에 없는 문제들에다 우선성을 부여하므로써 율법을 오해하는 것은 율법이 요구하는 것에서 멀어진 것이며 결과적으로 율법 자체의 저주 아래 떨어지는 것이다(신 27:26)."[338] 이것은 율법의 행위가 율법의 참된 요구에서 동떨어진 '율법에 대한 오해', 즉 율법에 대한 유대인들의 그릇된 특정한 태도를 지칭한다고 말할 수 있다. 던에 의하면, 바울이 비판하는 것은 유대인들에 의해 오해된 율법관에 대한 것이지 율법 자체에 대한 것은 아니다. 그에 의하면 율법은 여전히 신적의 의지의 계시로서 여러 곳에서 긍정적으로 묘사된다는 것이다(롬 8:4; 갈 5:14; 6:2 등 참조). 믿음과 율법을 대조할 때도 바울은 그것들이 서로 배타적인 관계에 있다는 것으로 이해하기를 원하지 않는다. 더욱이 그는 '율법을 행한다'는 개념 자체를 비평하기를 원하지 않는다고 한다(cf. 롬 2:13과 2:26-7을 갈 5:14과 6:2과 비교하라).[339]

던의 이러한 견해는 신빙성이 없는 것으로 보인다. 첫째로, 바울은 율법 자체와 유대인들의 오해된 율법을 어디서도 구분하지 않는다.[340] 그의 비평은 율법에 대한 '유대인들의 특정한 태도', 즉 그들에 의해 인종적 특권의 표지로 협소하게 오해된 율법에 대한 것이 아니다. 던 자신이 부정함에도 불구하고, 바울은 사실 율법 자체가 지니고 있는 국가적 한계를 비평하고 있다. 율법은 처음부터 아브라함의 언약이 약

---

338) Dunn, "Works of the Law and the Curse of the Law(Gal 3.10-14)," *Jesus, Paul, and the Law*, 227.
339) *Jesus, Paul, and the Law*, 228.
340) 이에 대한 던 자신의 변호에 대해서는 Dunn, "The New Perpective on Paul", in Jesus, Paul, and the Law, 209 n.4를 보라. 이 주는 원래 H. Räisänen, "Galatians 2. 16 and Paul's Break with Judaism," *NTS* 31(1985) 543-53에 실린 던의 비평에 대한 변호이다.

속한 축복에서 이방인을 배제시키는 유대인들의 선민적 배타주의의 방패막이 구실을 하였다. 율법의 울타리 때문에 이방인은 유대인과 하나가 될 수 없었다. 율법 때문에 이방인은 유대인들로부터 '이방 죄인들'(2:15)로 취급당하였다. 안디옥 사건은 이 역사적 사실을 웅변적으로 보여준다. 바울이 여기서 비판하는 것은 율법에 대해 유대인들이 오해한 특정한 태도가 아니라 아브라함의 보편적인 축복이 이방인에게 미치지 못하도록 선민적 배타주의의 방패막이 구실을 하는 율법 자체이다.[341] 바울의 비평이 율법 자체를 염두에 두고 있다는 것은 위에 언급한 것 이외에 다른 사실들을 통해서도 관찰될 수 있다. 우리가 이미 지적한 대로 '율법의 행위에 속한 자들'은 '율법 아래'(**ὑπὸ νόμον**) 있는 자들이다(3:10과 4:21을 비교하라). 누구든지 할례를 받고 율법을 준수하는 사람들은(5:3) '율법 아래' 있는 자들이며, 율법을 범하는 모든 사람들은 그 저주 아래 있는 사람들이다. 더욱이 율법은 본래 생명의 길로서 주어진 것이 아니다(3:21). 생명의 길은 아브라함처럼 믿음을 따라 사는 믿음의 사람들에게만 주어진 것이기 때문에, 믿음과 율법은 생명을 줄 수 있는 두 경쟁적 구원론의 원리가 아니다.[342]

---

341) 율법이 본래 이러한 부정적 기능을 가지고 있었는지, 아니면 후대에 그러한 부정적 기능이 율법에 부가된 것인지에 대해 논쟁이 있을 수 있지만, 필자의 생각으로는 율법이 본래부터 그러한 협소한 전통을 지니고 있었다고 본다. 시내산에서 주어진 율법은 혼합 민족이 살고 있던 가나안에 들어가기 전에 주어진 것으로서, 그것은 이교도들 가운데 하나님의 택한 백성으로서 정체성을 유지하기 위해 주어진 것이다(신 4:1-6,13-24 참조). 따라서 율법은 자연히 이방인들로부터 유대인을 구분짓고 유대인들을 유대인답게 규정하는 사회적 기능을 지니게 된다. 바울이 율법 자체를 비평하였는가 아니면 율법에 대한 유대인들의 특수한(또는 오해된) 태도를 비평하였는가에 대해서는, J.D.G. Dunn, *Jesus, Paul, and the Law*, 211-213; T. R. Schreiner, "The Abolition and Fulfilment of the Law in Paul," *JSNT* 35(1989), 47-54; F.F. Bruce, "Paul and the Law in the Recent Research," *Law and Religion* (1988), 124-25; R.B. Sloan "Paul and the Law: Why The Law Cannot Save," *NovT* 33,1(1991), 43-45 등을 참조하라.

342) 유대인들이 오해한 것은 율법이 믿음을 대체할 만한 경쟁적인 구원론의 원리인 것처럼 생각한 데 있다. Cf. J.P. Braswell,

둘째로, 만일 바울의 비평이 유대인들에 의해 오해된 율법과 관련이 있다면, 그리스도께서 우리를 율법의 저주에서 구속하신 것은 그가 "언약과 율법에 대한 오해", 이방인이 하나님의 은총과 긍휼을 경험하지 못하도록 하는 유대인들의 잘못된 태도에서 구속하셨다는 뜻이 된다. 이 견해에 따르면 그리스도의 구속은 기껏해 봐야 사소한 의미밖에는 지니지 못한다.[343] 왜냐하면 예수의 구속적인 죽음은 유대인들의 편협하고 배타주의적인 특권과 우월의식의 기반으로서 잘못 오해된 율법을 분쇄하기 위한 죽음이라는 뜻밖에는 없기 때문이다.[344] 셋째로, 율법의 행위를 유대인된 신분표지의 행위들로만 보려고 하는 던의 견해는 율법의 저주가 10절에서 '행함'의 원리와 밀접하게 관련되어 있다는 사실을 소홀히 하고 있다(*ἐμμένει…τοῦ ποιῆσαι αὐτά*). 율법 아래 있는 사람들에게 율법의 저주가 임하는 가장 근본적인 원인은 율법책에 기록된 모든 말씀들을 '행하지' 않고 그것들을 어기기 때문이다.[345] 따라서 율법의 저주가 임하는 것은 던이 생각하는 것처럼 율법을 잘못 오해한 데서 기인된 행위들(율법의 행위)을 실천하기 때문이 아니다.

그렇다면 바울이 10절에서 인용한 신명기 27:26은 어떻게 해석되어야 하는가? 신명기의 본문에 대한 전통적인 해석은 아무도 율법을 완전하게 준수할 수가 없기 때문에 율법의 행위에 의존하는 모든 사람들은 저주 아래 있다고 보는 것이다.[346] 최근의 글에서 샌더스

" 'The Blessing of Abraham' Versus 'The Curse of the Law': Another Look at Gal 3:10-13," *WTJ* 53(1991), 80.

343) R.B. Sloan, "Paul and the Law," 44f.

344) 이에 대한 던의 변호는 신빙성이 없다. Dunn, *Jesus, Paul, and the Law*, 229- 230을 참조하라.

345) J. P. Braswell, " 'The Blessing of Abraham' Versus 'The Curse of the Law', *WTJ* 53(1991), 77ff; 특히 F. Mussner, *Galater*, 224-26.

346) H.J. Schoeps, *Paul*, 175-77; T. R. Schreiner, "Is Perfect Obedience to the Law Possible? A Re-examination of Galatians 3:10," *JETS* 27/2(1984), 151-160; F.F. Bruce, *Galatians*, 159; 이 외에도 R. Bultmann, H. Hübner, C.E.B. Cranfield, C.K. Barrett, D.J. Moo, P. Stuhlmacher 등의 많은 학자들이 이 견해

(Sanders)는 신명기의 구절을 인용한 10절이 율법성취의 불가능성이란 견해를 포함하고 있다는 전통적인 견해를 비평하였다. 그의 기본적인 입장은 10절이 율법을 완전하게 성취할 수 없다는 사상을 다루고 있지 않다는 것이다.[347] 여기서 우리는 그가 제시한 논의들을 자세히 비판할 수는 없고 간단한 비평과 필자의 견해만을 제시하고자 한다.

를 추종한다.

347) 샌더스는 10절이 율법준수의 불가능성 개념을 다루지 않는다는 점을 세 가지로 주장한다(*Paul, the Law, and the Jewish People* (Philadelphia: Fortress Press, 1983)). 첫째로, 3장에서 바울의 논의는 핵심적인 술어에 집중되어 있다. 바울이 아브라함을 끄집어낸 것은 이방인들이 믿음으로 의롭다 함을 받았음을 주장하기 위한 것이다. 아브라함 이야기는 세 가지 중요한 술어들을 포함하고 있다('이방인', '의로운', '믿음'). 갈라디아서 3:6에서는(창 15:6) 믿음과 의를 연결짓고 3:8은(창 18:8) '이방인'이란 술어를 제시한다. 샌더스는 신명기 27:26에 대한 바울의 인용에도 동일한 술어적 논의가 적용된다고 본다. 바울이 신명기의 구절을 인용한 것은 율법은 저주를 가져다 주지만 아브라함의 약속은 축복을 가져다 준다는 것을 보여주려 했다는 것이다. 왜냐하면 이 구절은 구약에서 율법과 저주를 직접 연결시킨 유일한 구절이기 때문이다. 갈라디아서 3:10의 요지는 '율법'과 '저주'의 관계를 부각시키려는 것이지 우연하게 끼어든 '모든'이란 말을 부각시키려는 것이 아니다(21). 둘째로, 바울은 갈라디아서 3:10-12의 구약 인용문과 그의 진술들 사이의 관계에 주목한다. 바울 자신의 진술들의 의미가 구약 인용문들이 말하는 바에 의존한다는 평상적인 견해에 반대하여, 샌더스는 바울 자신의 진술들은 구약 인용문들의 의미를 이해하게 해주는 실마리를 제공해 준다고 주장한다. 따라서 10절에서 바울이 주장하는 것은 단순히 율법을 받아들이는 자들이 저주 아래 있다는 것이다. 이것은 '모든'이란 말이 아무런 중요한 역할을 담당하지 못한다는 것을 시사한다(21-22). 셋째로, 샌더스는 갈라디아서 3:8-14에서 3:10-13의 기능에 관심을 기울인다. 3:8-14의 주요 논지는 3:8에서 발견된다. 창세기 18:18의 인용구가 증명하듯이 이방인들은 믿음으로 의롭다 하심을 얻는다. 갈라디아서 3:10-13 자체는 어떤 본질적인 논의를 진척시키지 않고 단지 이미 밝힌 논지만 뒷받침할 뿐이다. 3:10은 8절에 언급된 축복의 반대 상황, 즉 율법의 저주에 대해 말한다. 3:11-12은 율법이 믿음에서 나온 것이 아니기 때문에 아무도 율법으로 의롭다 함을 받지 못한다고 되풀이한다. 그리고 13-14절에서는 하나님께서 예수 그리스도의 십자가 사건을 통해 어떻게 율법의 저주를 제거시켰는지 보여준다. 3:10-13이 3:8에 의존하고 있다는 사실은 3:10에 완전한 율법준수의 불가능성과 같은 어떤 새로운 논의가 전개되지 않고 있음을 시사해 준다(22).

샌더스는 본문에서 몇 차례 강조되는 '모든'(πᾶς, πᾶσιν)이나 '누구든지'(ὅσοι)와 같은 단어들 뿐만 아니라 단순히 '이 율법'이란 표현이 '이 율법책'이란 표현으로 대체된 사실을 소홀히 하고 있는데, 이러한 점들은 그리스도께서 율법의 저주에서 구속하기 위한 전제로서 보편적인 인류의 죄악된 상황을 시사하는 데 매우 중요한 역할을 담당한다. 그렇다면 신명기 27:26은 율법의 행위에 의존하는 모든 사람들이 왜 저주 아래 있는지를 밝혀주는 구실을 한다: 율법의 '모든'(πᾶντες) 계명들을 준수하지 않는 자는 '누구든지'(ὅσοι) 저주를 받는다. 여기에는 율법을 완전하게 지키는 것이 불가능하다는 전제가 분명하게 암시되어 있다.[348] 어떤 학자들은 만일 10절에서 율법이 성취불가능하다는 사상이 함축되어 있다면, 그것은 12절에 나타난 사상과 정면으로 배치가 된다고 주장하는 학자들도 있다[349]: 율법을 "행하는 자는 그 가운데서 살리라"(레 18:5). 그래서 10절에서 율법의 성취불가능성이 언급되었다고 전제하는 학자들은 12절의 인용구가 10절의 내용을 뒤집는 것으로 본다.[350] 하지만 12절에서 율법을 행하는 자가 '살리라'는 말은 후에 주석에서 밝히겠지만 3:21의 내용에 비추어 볼 때 '영생'을 지칭하는 말이 아니고 하나님과의 언약적 관계 속에서 머무는 삶, 즉 언약 안에서의 생활을 지칭한다.[351] 비록 이렇게 우리가 신명기에

---

348) Drane, *Paul: Libertine or Legalist?* 28; I. Hong, *The Law in Galatians*, 135; D.J. Moo, "'Law', 'Works of the Law', and Legalism in Paul," *WTJ* 45(1983), 97-98; T. R. Schreiner, "Is Perfect Obedience to the Law Possible? A Re-examination of Gal 3:10," *JETS* 2, 151-160, etc.

349) Cf. J.M.G. Barclay, *Obeying the Truth*, 67.

350) 때문에 12절에서 율법을 행함으로써 사는 사람은 인간들 중에는 없고 오직 율법을 완전하게 실천한 예수 자신밖에 없다는 해석을 취한다. Cf. F. F. Bruce, 163; 여기서 그는 K. Barth, *Church Dogmatics* II/2, Edinburgh 1957, 245; C.E.B. Cranfield, *Romans*, 521f에 호소한다.

351) 12절에 대한 주석을 참조하라. Cf. also Ladd, "Paul and the Law", in J.M. Richards(ed), *Soli Deo Gloria: New Testament Studies in Honor of William Childs Robinson* (Richmond VA: John Knox), 142 n.3; Dunn, *Romans* 1-8, 601; I. Hong, *The Law in Galatians* (1993), 140; W.C. Kaiser, "Leviticus 18:5 and

대한 바울의 인용구의 함축된 의미 속에서 율법준수의 불가능성 개념을 발견한다 하더라도, 전통적인 견해에 대해서 조심해야 할 부분이 하나 있다. 그것은 율법을 완전히 준수하기만 하면 영생의 길이 열릴 수도 있다는 함축된 전제의 문제성이다. 바울에게 있어서 '행위'(doing)의 원칙을 따르는 "율법은 믿음에서 난 것이 아닐"(3:12 상) 뿐만 아니라, 그것은 사람들에게 생명과 의를 주기 위해서 주어진 것이 아니다(3:21). 따라서 율법은 하나님께서 계획하였다가 인간의 실패로 포기하신 구원의 길이 아니다. 그것은 처음부터 의와 영생의 길로 의도된 적이 없었다. 구속사 중에서 구원의 길로 처음부터 제시된 것은 오직 믿음뿐이었다(3:8 참조). 그렇다면 10절에 인용된 신명기의 본문은 율법은 믿음에 기초한 것이 아니라 '행함의 원리'에 기초하고 있으며, '저주'는 율법을 어기는 자들에게 임한다는 사실을 확증해 주는 것으로 생각된다.

그러나 풀어야 할 한 가지 문제가 남아 있다. 만일 '율법의 행위'가 유대인된 신분표시의 행위들을 가리킨다면 그것이 어떻게 율법은 행함의 원리에 기초하고 있으며 율법의 저주는 그것을 어기는 자들에게 임한다는 사상과 조화를 이룰 수 있는가? 언약적 신율주의(covenantal nomism)에 있어서 율법은 유대인들이 거룩한 백성으로서 성실하게 머물러야 할 '울타리'(fence) 또는 '경계선'(boundary)으로 생각된다. 우리가 이미 지적한 대로, 율법은 외적으로 유대인들에게 울타리와 경계선 역할을 하기 때문에 그것은 유대인과 비유대인을 구분짓는 사회적 기능을 가지게 된다. 그래서 율법을 가지고 있거나 율법 안에 있는 자들은 유대인들을 지칭하고, 율법을 소유하지 못하거나 율법 밖에 있는 자들은 비유대인들이다(롬 2:12-14 참조). 그러나 바울은 유대인 자신에게 있어서 이 울타리는 실제로 감옥의 벽과 같아서 그 안에서는 율법을 지키지 못하는 자들에게 저주 위협이 작용한다고 한다.

Paul: Do This and You Shall Live (Eternally?)", *JETS* 14 (1971), 19-28, etc.

유대인들이 주장하는 언약적 신율주의 사상에 반대해서, 바울은 율법의 영역에 머무는 것은 의와 생명의 축복을 가져다 주기보다는 오히려 저주의 위험을 제공해 줄 뿐이라고 주장한다. 율법을 행한다는 것은 행함의 원리를 본질로 삼는 율법의 영역 안에서 사는 것을 말하며(레 18:5) 따라서 율법의 저주가 작용하는 영역 안에 갇혀 있음을 말한다.[352] 그렇다면 율법에 의해 요청되는 언약적 신율주의는 자연히 '배타성과 분리'를 요구하게 되는 한편, 율법은 그 울타리 안에 사는 자들이 축복의 길로 가지 못하도록 막는 '저주의 장애물'을 쌓게 된다. 율법의 행위에 의존하는 유대인은 율법을 행해도 정죄를 받게 된다. 왜냐하면 율법은 믿음에 기초하지 않기 때문이다(3:12). 또한 그들은 율법을 행하지 못해도 정죄를 받는다. 왜냐하면 인간이 처한 딜레마 속에서 불순종은 불가피하게 보이기 때문이다. 율법은 단지 인간들이 범법함을 인하여 중간에 덧붙여진 것일 뿐 인간의 근본적인 운명을 바꾸어 놓지는 못한다(3:19-22).

11. 또 하나님 앞에서 아무나 율법으로 말미암아 의롭게 되지 못할 것이 분명하니 이는 의인이 믿음으로 살리라 하였음이니라

세 번째 성경적 증거가 10절에 이어 본절에서도 계속되는데, 11절상의 결론은 독립적인 위치에 있다: "하나님 앞에서 아무나 율법으로 말미암아 의롭게 되지 못할 것이 분명하다". 접속사 *δέ*는 11절이 10절의 논의에 첨가된 어떤 내용을 소개하기 때문에 '더구나'란 말로 번역하는 것이 좋고, 따라서 11절은 단순히 10절의 내용 이상의 다른 내용을 담고 있다. 바울이 분명하다고 결론지은 것은 아무도 하나님 앞에서 '율법으로 말미암아'(*ἐν νόμῳ*) 의롭다 함을 받지 못한다는 원칙이다. 앞절에서 바울은 '율법의 행위에 속한 자들'(*οἱ ἐξ ἔργων νόμου*)이

352) J.P. Braswell, " 'The Blessing of Abraham' Versus 'The Curse of the Law'", *WTJ* 53(1991), 77ff; 그는 여기서 D.L. Lull, " 'The Law Was Our Pedagogue': A Study in Galatians 3:19-25", *JBL* 105(1986), 481-98을 인용한다.

저주 아래 있다는 사실을 천명하였는데, 본절에서 그는 아무도 '율법으로 말미암아' 의롭다 함을 받지 못한다고 천명한다. 여기서 두 가지 사실을 관찰할 수가 있다. 첫째로, '율법의 행위에 속한'(ἐξ ἔργων νόμου)이란 문구는 '율법으로 말미암는'(ἐν νόμῳ)이란 문구와 상응한다. 이것은 '율법의 행위'와 '율법'이 상호교환 가능한 표현들로 사용되고 있다는 사실을 보여주는 분명한 증거이다.[353] 율법의 행위에 속한 사람들은 사실 율법 '안에' 있는 사람들이요 율법 '아래' 있는 사람들이다(4:21; 참조 빌 3:6). 율법의 행위에 속한 자들은 저주 아래 있기 때문에, 사실 율법으로 말미암아 의롭다 하심을 받을 사람은 아무도 없다. 둘째로, 본절에서 말하는 율법은 유대인들의 토라를 지칭하는 말이다.[354] 그것은 이미 10절 하반절에서 '율법책'으로 일반화되어 불리우기 때문에 기록된 토라를 지칭한다고 보는 것이 옳다. 결론적으로 율법의 사람들이 만일 저주 아래 있다면, 아무도 하나님 앞에서 율법으로 말미암아 의롭다 하심을 얻지 못할 것이 분명하다. 이미 앞 구절에서 언급된 아브라함의 이야기에서 분명해졌듯이, 오직 믿음만이 의와 생명을 얻는 유일한 길이기 때문에 율법은 믿음을 대신할 만한 구원의 경쟁적 원리가 되지 못한다.

이 사실을 논증하기 위해서 바울은 구약의 하박국 2:4을 인용한다: "의인은 믿음으로 말미암아 살리라". 바울은 이 구절을 로마서 1:17과 같은 형태로 인용한다. 그의 인용문은 칠십인경이나 마소라 사본의 본문형태와 약간 다르다. 칠십인경은 "그러나 의인은 나의(하나님의) 성실성으로 말미암아 살리라"로 되어 있고, 마소라 사본은 "의인은 그의 성실성 때문에 살리라"로 되어 있다. 바울은 '나의'(μου)란 소유격 대명사를 생략하고 '믿음'(πίστις)을 구약에서처럼 하나님 자신의 성실성을 가리키는 말로서가 아니라 그리스도인들의 '신뢰' 행위로서 해석

353) Bruce, *Galatians*, 161; Betz, *Galatians*, 146 등.
354) *Contra* F. Mussner, 228. 그는 ἐν νόμῳ를 유대인들의 도라를 지칭하는 말로 보지 않는다: "어떤 의미에서 토라는 보편적인 법이 되었다". 바울은 사실 이런 식의 구분을 지은 적이 없다.

한다.[355] 따라서 사람이 '의롭다'고 불리우는 것은 그의 '믿음' 때문이며, 믿음의 사람은 자신의 믿음으로 말미암아 현재와 미래의 세계 속에서 생명을 얻게 될 것이다(2:20; 6:8 참조). 생명이 믿음을 통해서 의롭다 하심을 얻는 자들에게 보장된다면, 율법을 행하므로 의롭다 하심을 얻으려는 자들은 그들이 율법을 준수하든 못하든 간에 생명이 아닌 저주를 받게 된다(10절). 그들은 결국 멸망을 받게 되고(6:8; cf. 5:8) 영원한 구원에서 배제를 당하게 된다.

12. 율법은 믿음에서 난 것이 아니라 이를 행하는 자는 그 가운데서 살리라 하였느니라

바울은 또 다른 주석학적 결론을 설명한다: "또한 율법은 믿음에서 난 것이 아니다".[356] 앞절의(11절 상) 결론에서 바울은 하박국 2:4의 말씀에 근거해서 율법으로 말미암아 하나님 앞에서 의롭다 하심을 얻을 사람이 아무도 없다는 진술을 하였다. 이제, 그는 레위기 18:5에 근거해서 믿음으로 말미암는 삶이 율법으로 말미암는 삶을 내포할 수 없다는 것을 추론한다. 율법과 믿음은 아무 관련이 없다. 복음은 믿음을 요청하지만, 율법은 행위를 요청하기 때문에 이 둘은 다른 원리에 기초하여 있다. 사람이 아브라함에게 주어진 약속에 참여하는 자가 되게 만드는 것은 율법을 '행할' 때가 아니라 아브라함처럼 '믿을' 때이다.

믿음과 율법이 다른 원리에 기초한다는 사실은 바울이 인용하는 레위기 18:5을 통해서 설명되어진다: "이를 행하는 자는 그 가운데서

355) *Contra* H. Schlier, 133. 그는 *ἐκ πίστεως*를 구약적인 의미에 따라서 '하나님의 말씀에 대한 성실성'으로 해석한다(비슷하게 O. Kuss, *Romerbrief*, 25; K. Kertelge, *Rechtfertigung*, 90). 아마도 하박국 2:4은 그리스도의 오심의 확실성에 대한 증거로서 원시교회 시대에 널리 유포된 것으로 보이는데, 이 구절은 바울에게만 사용된 것이 아니라 히브리서 10:37f에서도 사용된다(C.H. Dodd, *According to the Scriptures*, 52f).

356) *δέ*는 11절상의 *ἔτι δέ*와 병행적인 위치에 있기 때문에 '또한'(also)의 의미를 갖는다고 보는 것이 좋다.

살리라".[357] 하박국의 구절이 인용된 것은 앞서 언급된 믿음으로 말미암는 아브라함의 칭의 경험을 강화하기 위한 것인데, 바울은 이제 레 18:5을 하박국의 인용문과 의도적으로 대조시킨다. 이 두 구약 인용문의 대조는 바울이 하나님 앞에서 두 가지 다른 종류의 삶의 영역들이 존재한다는 사실을 선명하게 부각시키려는 의도를 지닌다.[358] 율법이 믿음에서 난 것이 아닌 이유는 율법을 행하는 것은 율법의 영역 안에서 사는 것이기 때문이다. 레위기 18:5의 사상은 언약적 신율주의(covenantal nomism)의 원리를 잘 요약하여 준다. '행하면 산다'는 레위기의 사상은 언약 백성이 행하고 그들이 언약의 구성원으로서 살아가는 방식을 지칭한다. 그것은 하나님 앞에서 짊어진 책임들에 대한 이스라엘 백성의 이해를 전형적으로 표현해 주며, 언약 밑에서 그들이 소유하고 있는 의무들과 약속들을 특징적으로 진술해 준다(신 4:1; 5:32-33; 8:1; 30:15-20; 느 9:29; 겔 18:9,21; 20:11; 33:19 참조). 그렇다면 율법을 준수하는 자들에게 약속된 삶은 오는 세상에서 주어질 삶을 지칭하기 보다는 언약 안에 머무는 삶을 지칭하는 것이다(cf. Philo, *Cong* 86-87).[359] 바울은 3장 21절에서 율법이 의와 생명의 길로서 주어진다는 것을 부정했기 때문에, 본절에서 율법을 행하는 자들에게 약속된 생명은 오는 세상에서 주어질 생명일 수가 없다. '율법으로'(ἐν νόμῳ) 살아가는 자는 실제로 그것을 행하는 자, 즉 율법의 행위를 행하는 자이다. 이런 식의 삶은 '행함'의 원리를 따르는 것이지 믿음의 원리를 따르는 것이 아니다.

---

357) 이 인용문의 온전한 의미는 칠십인경의 본래 본문에 나타나 있다: "너희는 나의 모든 계명들과 율례들을 준수하고 그것들을 행할지니라; 그것들을 행하는 사람은 그로 말미암아 살리라. 나는 주 너희 하나님이니라".

358) Braswell, " 'The Blessing of Abraham' Versus 'The Curse of the Law'", 77.

359) Dunn, *Romans* 9-16 (WBC; Dallas: Word Books, 1988), 601; 또한 " 'Righteousness from the Law' and 'Righteousness from Faith': Paul's Interpretation of Scripture in Romans 10:1-10," *Tradition and Interpretation in the NT*, Essays in Honor of E.E. Ellis (Eerdmans: Michigan, 1987), 219; Braswell, " 'The Blessing of Abraham' Versus 'The Curse of the Law,'" 77f.

13. 그리스도께서 우리를 위하여 저주를 받은 바 되사 율법의 저주에서 우리를 속량하셨으니 기록된 바 나무에 달린 자마다 저주 아래 있는 자라 하였음이라

13-14절은 바울의 전체 논의 중 결론 부분에 해당된다. 여기서 바울은 어떻게 아브라함의 복이 율법 안에 있는 유대인 자신들뿐만 아니라 율법 밖에 있는 이방인들에게 미치지 못하였는지를 설명한다. 그리고 그는 그리스도의 죽음이 어떻게 이러한 절망적 상태를 뒤바꿔 놓게 되었는지를 밝힌다. 13절에서 바울은 이제 가장 중요한 다섯 번째 성경적 증거를 제시하는데, 여러 면에서 이해하기가 어려운 구절이다. 본절에 이르기까지 진행되어 온 그의 논지는 추적하기가 쉽지 않다. 바울은 3장 초두에서 그리스도의 십자가 사건을 언급하면서 자신의 복잡한 논의를 시작한다. 그러나 12절에 이르기까지 그는 그리스도의 십자가 사건에 대한 논의는 뒤로 제쳐 두고 이방 기독교인들과 아브라함의 언약의 관계 문제에 관심을 집중한다. 여기서(6-12절) 바울의 논의 중에 가장 기본적인 것은 아브라함이 믿음으로 의롭다 함을 얻는 축복을 받은 것처럼, 믿음의 사람들도 아브라함처럼 믿음으로 동일한 축복을 받을 수 있다는 것이다. 때문에 "믿음으로 말미암는 자들은 다 아브라함의 아들이다"(7절). 여기서 '믿음으로 말미암는 자들'(**οἱ ἐκ πίστεως**)은 예수 그리스도를 믿는 유대인들뿐만 아니라 바울의 복음을 받아들인 이방 기독교인들도 포함한다. 이방인이 아브라함에게 주어진 언약의 축복에 동참할 수 있는 신학적인 근거는 아브라함의 언약이 혈통적으로 제한된 것이 아니라 이미 그 속에 이방인의 구원을 포함하고 있었다는 사실이다(3:8; 창 12:3; 18:8). 이렇게 해서 할례받지 않은 이방 기독교인들을 아브라함의 자손 또는 '씨'(**σπέρμα**)에 포함시키는 일을 확립할 수가 있었다(6-9절). 그러나 이방인이 아브라함의 자손 속에 포함되는 과정 속에서 예수 그리스도의 십자가 사건은 어떤 역할을 하는가? 비록 십자가 사건이 3장 초두에 언급되고는 있지만 그것은 12절에 이르기까지 아무런 역할을 담당하고 있지 않다. 그래서 바울은 13-14절에서 이 문제를 심층적으로 다루게 되었다. 여

기서 그는 율법의 저주, '우리'(ἡμεῖς)라고 지칭되는 사람들, 그리고 예수 그리스도의 십자가 사건의 삼각관계를 다룬다.

우리는 먼저 여기서 13-14절에 언급되고 있는 '우리'(ἡμεῖς)가 정확하게 누구를 지칭하는지 검토해 보아야만 한다: "그리스도께서 우리를 위하여 저주를 받은 바 되사 율법의 저주에서 우리를 속량하셨으니." 이제까지 두 가지 학설이 제시되어 왔다. 첫 번째의 견해는 '우리'를 포괄적인 의미로 해석하여 유대인과 이방인 신자들을 모두 포함하는 것으로 보는 것이다.[360] 이 해석을 취하게 되면 예수의 십자가 사건은 유대인과 이방 기독교인들 모두를 율법의 저주에서 구속한 사건이 된다. 두 번째 견해는 '우리'를 배타적인 의미로 해석하여 오직 유대 기독교인들만 지칭하는 것으로 보는 것이다.[361] 이 경우에 예수의 십자가 사건은 유대 기독교인들을 율법의 저주에서 구속한 사건이 된다.

우리는 이미 앞에서 '율법의 행위에 속한 자들'(10절)이 일차적으로 유대인들을 지칭하지만, 유대주의자들의 선동을 받아 기꺼이 율법 아래 있고자 원하는(4:21) 이방 기독교인들도 포함한다는 점을 지적한 적이 있다. 갈라디아의 위기에 대한 바울의 논의는 유대인과 이방인의 관계에 관한 일반적이고 추상적인 논의가 아니라, 이방 기독교인들이 지금 할례와 율법을 받아들이려고 하는 특정한 상황에 대한 논의이다. 특히 갈라디아 교회는 소수의 유대인과 다수의 이방인들로 구성된 혼합된 교회이기 때문에 바울의 논의는 바로 이러한 교회 상황과 관련되어 있다. 13-14절에 사용되는 인칭대명사 '우리'는, 그렇기 때문에 고립된 현상이 아니라 혼합된 갈라디아 교회의 상황과 연관된

360) Bruce, *Galatians*, 166f; S. Kim, *The Origin of Paul's Gospel*, 309; Schlier, *Galater*, 136f 등.

361) Betz, *Galatians*, 148; T.L. Donaldson, "The 'Curse of the Law' and the Inclusion of the Gentiles: Galatians 3.13-14," *NTS* 32 (1986), 95ff; J. P. Braswell, *op.cit.*, 74f 등.

문제의 일부라고 할 수 있다. 바울은 3:13에서부터 4:10까지 두 인칭 대명사인 '우리'와 '너희'를 혼용한다. 특히 주목할 만한 사실은 바울이 3:23에서 율법 아래 갇힌 사람들을 '우리'라고 부르면서도 3:28에서 유대인과 이방인 모두를 '너희'라고 부른다는 점이다. 죄 아래 가두어진 '모든 것' (**τὰ πάντα**, 3:22)은 모든 사람들을 지칭하는데, 3:23절에서 '우리'로 불리워지는 그들은 율법 아래 갇힌 것으로 묘사된다. 4:3절에서 초등학문에 종노릇하는 '우리'는 5절에서 '율법 아래 있는 자들'로 지칭되는데, 그리스도의 구속으로 아들의 명분을 얻은 동일한 '우리'는 6절에서 '너희'라고 불리워지고 있다. 그리고 이들 '너희'는 8절에서 하나님을 알지 못하였을 때 하나님이 아닌 자들에게 종노릇하고 있었다고 묘사된다. 이들이 만일 율법을 받아들이고 특별한 절기들을 지킨다면 (4:10; cf. 5:1-4) 세상의 초등학문(**τὰ στοιχεῖα τοῦ κόσμου**)의 종노릇하는 일에 다시 돌아가는 것이다(4:9). 이러한 바울의 논의들은 '우리'와 '너희' 사이를 조직적으로 구분하여 율법에 관한 그의 진술을 오직 유대인들에게만 적용할 때 전혀 의미가 통하지 않는다. '우리'는 유대인들을 지칭하고 '너희'는 이방인들을 지칭한다고 보는 해석은 따라서 많은 이방 기독교인들이 율법을 받아들이려고 하는 혼합된 교회의 위기 상황을 제대로 반영하지 못한 것이다. 오히려 율법의 저주 아래 있는 자들을 그리스도께서 속량하셨다는 바울의 논의는 본래 율법 아래 있었던 유대인들과 현재 율법 아래 있고자 원하는 이방인들의 구속과 관련된다.

더욱이 주목해야 할 사실이 또 하나 있다. 바울 사도는 유대인과 이방인의 표준적 구분방식을 잘 알고 있다. '율법 안에' (**ἐν νόμῳ**) 있거나 '율법을 가진' (**οἱ νόμον ἔχοντες**) 사람들은 유대인들이며, '율법이 없거나' (**οἱ ἄνομοι**) '율법을 가지지 않은' (**οἱ μὴ νόμον ἔχοντες**) 사람들은 이방인들이다(롬 2:12-14; 고전 9:20-21 참조).[362] 어떤 면에서 그

362) 이러한 구분방식을 바울서신 전체에 적용하려고 하는 학자는 D.J. Moo, "Israel and Paul in Romans 7.7-12", *NTS* 32(1986), 122-35; M. Barth, "Die Stellung des Paulus zu Gesetz und

가 율법 안에 있는 사람들이 이방인들이 아니라 유대인들이라는 사실을 잘 알고 있었음은 의심할 여지가 없다. 그러나 로마서 6:1-7:6과 갈라디아서 3:19-4:10과 같은 구절들은 율법의 관점에서 인간의 죄악된 상황을 '보편화시켜' 보려는 분명한 경향이 있음을 보여준다.[363] 이것은 율법의 요구의 보편적 타당성이라는 사상을 가지고 있었던 유대인들의 전형적인 시각과 관련하여 이해되어야 한다. 그들의 이러한 시각은 갈라디아 교회들의 위기에서 잘 나타난다. 갈라디아 교회들이 당면한 위기는 유대주의적 선동자들이 율법 아래 있는 것이야말로 하나님의 백성된 신분과 존재를 확증해 주는 유일한 표준으로 간주하는 데 있었다. 이방인도 예외일 수는 없었다. 그들이 하나님의 언약 백성이 되기 위해서는 할례를 받고 율법을 받아들여야 했다. 이것은 이방인들이 유대교로 개종하여 율법 아래 있어야 한다는 것을 시사한다. 율법은 유대인들만이 소유하고 있는 독특한 소유이면서도 그것의 요구는 보편성이 있기 때문에, 그것의 절대적 규범은 이방인들이 하나님의 언약 백성이 되기 위해서 반드시 그들에게도 적용되어야만 하였다. 이런 의미에서 율법의 요구가 지니는 보편성은 '배타적'(exclusive) 성격을 지니는 보편성이다. 왜냐하면 율법의 규범이 이방인에게도 적용되어야만 한다는 의미의 보편성을 말하면서도 유대 민족이라는 인종적 울타리를 허물어버린 보편성이 아니라 그 울타리의 필연적 정당성을 말하는 보편성이기 때문이다. 언약적 신율주의(covenantal nomism)에 있어서 이방인이 율법의 울타리 밖에서 하나님 백성의 구성원이 되는 길은 없다. 다시 말해서, 이방인도 율법의 울타리 안에 들어와서 유대인이 되고 그들의 삶의 유형들을 따라 살지 않으면 아브라함의 자손으로 인정될 수가 없다. 그러므로 율법이 유대인들의 독특한 소유이며 율법준수가 그들의 독특한 종교적 존재양식이면서도,

---

Ordnung," *EvTh* 33(1973), 특별히 508과 511; cf. F. Hahn, "Das Gesetzverständnis im Römer und Galaterbrief," *ZNW* 67 (1976/77), 26-63. 여기서 한(Hahn)은 갈라디아서를 배타적으로 유대교 문제만을 다룬 서신으로 간주한다.

363) E.P. Sanders, *Paul, the Law, and the Jewish People*, 72; Barclay, *Obeying the Truth*, 248.

율법의 요구는 유대인들에게만 해당되는 것은 아니고 이방인들에게도 보편적으로 적용되는 것이다.[364]

더욱이 바울은 이보다 한 발자욱 더 나아간다. 그는 유대인과 이방인이 혼합된 교회에 편지할 때 일반적으로 유대적 전제들에 기초하여 편지를 쓴다. 율법 안에 있는 자들은 실제적으로 유대인들이지만, 율법이 요구는 보편성을 지니고 있어서 율법이 없는 이방인들도 "본성으로 율법의 일을 행하며" 범죄할 때 "그 마음에 새긴 율법의 행위"에 따라서 심판을 받게 된다(롬 2:14-15). 율법 아래 있는 인간의 보편적인 타락상황에 대한 묘사는 로마서 3:19에서도 나타난다: "무릇 율법이 말하는 바는 율법 아래 있는 자들에게 말하는 것이니, 이는 모든 입을 막고 온 세상으로(**πᾶς ὁ κόσμος**) 하나님의 심판 아래 있게 하려 함이라". 바울은 어떻게 '온 세상'이 율법 아래 있는지에 대해서 구체적인 설명을 하지 않지만, 그의 이러한 논의가 이미 위에서 지적한 로마서 2:12-16의 사상에 기초한 것으로 보인다. 율법의 보편적 요구가 두드러지게 나타나는 곳은 또한 로마서 7장이다. 율법의 의로운 요구에 직면하여 자신의 곤고함을 부르짖는 로마서 7장의 '나'(**ἐγώ**)는 단지 율법의 백성인 유대인들만을 지칭하지 않는다.[365] 바울 사도의 의도는 첫 사람 아담 안에 있는 모든 인류가 율법의 의로운 요구에 직면하여 절망적인 상태에 있음을 기독교적인 관점에서 보여주려는 것이다.[366] 따라서 바울은 유대인과 이방인의 표준적인 구분방식을 알고 있으면서도 율법의 관점에서 인류의 죄악된 상황을 보편화시켜 바라보려고 했던 것이 분명하다.

---

364) Cf. E.P. Sanders, *Paul and Palestinian Judaism*, 206f.

365) *Contra* D.J. Moo, "Israel and Paul in Romans 7.7-12," *NTS* 32(1986), 122-35; 또한 Moo의 논의에 대한 자세한 비평으로는, H. Lee, "Excursus: The Law and the 'I' in Romans 7.7-25," in *Divine Grace and the Christian Life* (Aberdeen Ph.D Thesis, 1990), 209-214를 참조하라.

366) Cf. E. Käsemann, *Romans*, 196ff; G. W. Kümmel, *Römer* 7, 118; H. Lee, *Divine Grace and the Christian Life*, 202-235 등.

그렇다면 13절의 '우리'를 배타적으로 유대인들만 지칭하는 것으로 보려는 견해는 십자가 상에서 이루어진 그리스도의 구속 행위를 유대인을 위한 구속행위로 제한시키는 견해이다. 그리스도의 구속 사역은 죄 아래 갇혀 있는 인류 전체를 포괄하는 보편성이 있어야 하는데, 이 견해는 그리스도의 구속 사역을 유대인들에게만 제한시키려고 한다.[367) 물론 이러한 약점을 피해보려는 시도들이 없었던 것은 아니다. 도날드슨은 율법 아래 있는 것이 세상의 초등학문(**τὰ στοιχεῖα τοῦ κόσμου**)에 속해 있는 한 형태이며 유대인은 이방인을 대표하기 때문에, 유대인이 율법에서 구속을 받는 것은 세상의 초등학문에 종노릇하는 이방인들의 구속에도 영향을 미친다고 주장한다.[368) 4:3에서 '초등학문'에 종노릇하는 것이 율법 아래 있는 상황을 지칭하기 때문에 바울이 율법을 초등학문의 한 형태로 간주하는 것은 사실이다.[369) 그러나 비록 율법 아래 있는 유대인의 상황이 죄와 세상의 초등학문 아래 있는 보편적 상황의 한 형태라고 할지라도 여기서 유대인이 이방인의 대표이며 따라서 유대인의 특수한 구속이 인류 전체의 보편적 구속을 가져온다는 사상이 직접적으로 유추되어 나오지는 않는다.

어떤 학자는 유대인들이 모든 열방의 대표이기 때문에 유대인의 구속은 이방인들의 구속이 된다고 주장하면서도 그리스도께서 유대인들을 위해 죽으신 것처럼 이방인들을 위해서도 죽었다고 말한다. 후에 그는 다시 그리스도께서 온 인류의 대표가 되신다고 주장한다.[370) 만일

367) 이 견해에 대해서는 T.L. Donaldson, "The 'Curse of the Law' and the Inclusion of the Gentiles: Galatians 3.13-14," *NTS* 32 (1986), 95-99; cf. also In-Gyu Hong, "The Perspective of Paul in Galatians," *Scriptura* 36(1991), 7-8. 이 견해에 대한 비평으로는 Schlier, Galater, 137을 참조하라.

368) T.L. Donaldson, "The 'Curse of the Law' and the Inclusion of the Gentiles : Galatians 3.13-14," *NTS* 32 (1986), 96f.

369) Cf. T. L. Donaldson, *op.cit.*, 105; Bo Reicke, "The Law and This World according to Paul," *JBL* 70 (1951), 259-76; A. Oepke, *Galater*, 129ff.

370) Cf. I. Hong, "The Perspective of Paul in Galatians," 10.

유대인의 구속만으로 이방인의 구속이 가능해졌다면, 이방인을 위한 그리스도의 죽음이라든가 그리스도는 이방인들의 대표라는 사상은 유대인이 이방인의 대표이며 유대인의 구속이 이방인의 구속을 가져왔다는 사상과 모순되거나 조화를 이루지 못한다. 그리스도의 십자가의 죽음은 율법의 저주 아래 있는 유대인의 구속과 직접적 관련을 맺고, 세상의 초등학문 아래 있는 이방인의 구속과는 단지 '간접적이고 이차적인' 관련만을 맺고 있는 것이 아니다. 그리스도의 죽음은 유대인의 구속을 통한 이방인의 간접적인 구속을 가져온 사건이 아니라 죄의 권세 아래 종노릇하고 있는 그들 모두의 구속을 가져온 구속사적 사건이었다(롬 11:32; 갈 3:22 참조). 로마서 9-11장에서 바울은 위에서 의문시한 견해와 비슷한 사상을 전개하지만 뉘앙스가 틀리다. 로마서에서는 유대인들이 불신앙에 빠져 복음을 거부했기 때문에 그것이 이방인에게로 넘어갔다는 역사적인 인식을 담고 있는데 반해서, 우리가 지금 문제시하는 견해는 십자가 사건을 통해서 이루어진 믿는 유대인들의 구속이 또한 이방 신자들의 구속의 합법적인 근거가 된다고 보는 데 차이점이 있다. 전자의 경우는 복음이 이스라엘의 '불신앙' 때문에 이방인에게로 건너갔다는 점을 말하는 반면, 후자의 경우는 아브라함의 축복이 이스라엘의 '구속' 때문에 이방인에게 미치게 되었다고 말한다. 그러므로 유대인들을 율법의 저주에서 구속한 그리스도의 특정한 구원 행위가 이방인들의 구속이라는 보편적인 결과를 가능하게 했다는 사상은 바울에게 낯선 것이다.

더욱이 유대인이 이방인들의 대표라는 사상이 바울서신 어디에서 나오는가? 어떤 학자는 3:8에 사용된 '너로 말미암아'(ἐν σοί)라는 전치사 구의 표현이 그러한 대표원리의 사상을 함축하고 있는 것으로 주장한다. 본절은 그러나 유대인이 이방인의 대표라는 사상을 담고 있지 않다. 더욱이 이 본문은 아브라함이 온 인류의 대표라는 사상도 담고 있지 않다. 바울은 '말미암아'(ἐν)라는 전치사를 후에 '함께'(σύν)라는 뜻을 지닌 전치사를 가지고 해석하였다: 믿음의 사람들은 아브라함과 더불어 또는 그와 마찬가지 방식으로 복을 받는다(9절).

그렇다면 바울은 율법에 대한 논의에서 두 가지 수준을 구분하는 것으로 보인다. 유대인의 신분은 율법의 소유와 준수에 의해서 특징화 된다. 한 측면에서 보면 유대인은 율법의 백성이며, 율법의 소유와 준수는 사람이 율법의 울타리 안에 있는 언약 백성의 구성원임을 가시화해 주는 사회적 기능을 지닌다. 하지만 바울은 한 걸음 더 나아가 율법의 본질적 요구는 보편성을 지니고 있기 때문에 유대인만이 아니라 이방인도 모두 율법의 보편적 요구 아래 있으며 그것을 어길 때 율법의 정죄 아래 있게 된다고 말한다(롬 2:12-16). 그래서 온 세상이 하나님의 심판 아래 있는 이유는 인류 전체가 율법의 정죄 아래 있기 때문이라고 선언한다(롬 3:19).

우리의 결론은 그렇다면 다음과 같다. 그리스도께서 우리를 율법의 저주에서 속량하셨다는 13절은 어떤 의미를 갖는가? '언약적 신율주의'(covenantal nomism)에서 율법은 하나님의 택한 백성으로서 유대인들의 독특성과 우월성을 특징지워 주는 역할을 담당하기 때문에 이방인과 유대인을 구분짓는 사회적 기능을 지니고 있다. 그래서 율법의 백성인 유대인은 이방 죄인과 다르며 그들보다 우월하다는 자의식을 지녔으며(2:15), 따라서 그들은 율법을 의지하고 자랑하였다(롬 2:17-20). 선민적 배타주의의 상징인 율법은 자연히 이방인들을 '죄인' 취급하게 만들고 안디옥 사건이 보여주듯이 그들과의 교제를 불가능하게 만들었다(2:11-14). 율법의 소유와 준수는 유대인의 종교적인 존재와 삶의 양식이기 때문에, 율법은 밖으로는 유대인을 이방인과 혼합되지 않도록 막아주고 안으로는 유대인을 유대인으로서 살아가게 해주는 울타리 기능을 지닌다. 그러나 유대인들이 의지하고 자랑하는 율법은 '행함의 원리'에 의해 지배되는 영역이기 때문에(3:10,12; 롬 10:5), 율법은 그 안에 사는 유대인들에게 축복은커녕 저주를 가져다 주었다. 이러한 상황은 율법의 보편적 요구 아래 살아가는 이방인들에게도 마찬가지다. 바울 사도는 율법의 지배 영역을 보편화시켜 보려는 경향이 있으며, 혼합된 교회에 편지를 쓸 때 이러한 보편적 전제 위에서 글을 쓰는 것이 분명하다.[371] 때문에 이방인은 율법이 없는 자들이지만 그들의 양심은 그들에게 율법이(*νόμος ἑαυτοῖς*) 있다는 것을 보여준다(롬 2:14-15). 그러므로 율법을 소유하면서도 범죄한 유대인은 율법으로 말미암아 심판을 받지만, 율법을 가지고 있지 않으면서 범죄한 이방인들은 '그들의 마음에 새긴 율법의 행위'(*τὸ ἔργον τοῦ νόμου γραπτὸν ἐν ταῖς καρδίαις αὐτῶν*, 롬 2:15)에 따라서 멸망을 받는다. 물론 이러한 사상은 갈라디아서에 분명하게 나타나지 않지만 3:13-4:10에 함축되어 있는 것으로 보인다. 믿음의 원리가 지배하는 영역 밖에 사는 사람들은 모두 율법의 보편적 요구 아래 있는 자들이며 따라서 그 정죄 아래 살아가는 자들이다. 그리스도께서 이들을 율법의 저주에서 속량하셨다.[372] 그리스도의 십자가는 율법의 보편적 정죄 아래 있는 이방신자들도 그 저주에서 속량한 구속사적 사건이다.

---

371) E.P. Sanders, *Paul, the Law, and the Jewish People*, 82: "He kept the Jewish perspective and made the Gentile problem fit it, with virtually no explanation of how former idolators were 'under the law'."

372) Cf. J.D.G. Dunn, "'A Light to the Gentiles', or 'The End of the Law'? The Significance of the Damascus Road Christophany for Paul," in *Jesus, Paul and the Law*, 89-101, 특히 89f. 여기서 던은 독특한 견해를 밝힌다. 그에 의하면 십자가 사건은 유대인들이 보기에 하나님이 예수를 버리고 '이방죄인' 취급하셨으며 그를 율법의 저주를 받은 자로 보셨다는 것을 의미한다. 다메섹의 그리스도 현현은 이런 식의 논리를 거꾸로 뒤집어 놓았다. 왜냐하면 그것은 하나님께서 십자가에 못박힌 예수를 받아들이셨으며 신원하셨다는 것을 뜻하기 때문이다. 그러므로 여기서 "그러므로 하나님께서 저주받은 자, 언약 밖에 있는 죄인, 이방인에게 은혜를 베푸셨다"(100)는 것이 직접적으로 추론된다는 것이다. 그러나 던의 견해는 두 가지 점에서 의심스럽다. 첫째로, 저주 아래 있는 그리스도의 죽음은 "언약적 축복 밖에 있는" 죽음을 의미하고 따라서 "이방인의 입장에 있는" 죽음이다. 그러나 하나님께서 십자가에 못박힌 그리스도를 변호하셨기 때문에 하나님은 이방인을 위하신다는 것이다. 하지만 그리스도께서 율법에 대한 유대인들의 오해 때문에 죽으셨다면 어떻게 그러한 죽음이 이방인의 신분을 사회학적으로 바꾸어 놓았는지 불분명하다. 둘째로, 그리스도의 죽음이 '율법의 저주로서' 율법 아래 있는 유대인들을 속량하기 위한 죽음이라면 그것이 어떻게 이방인의 죽음으로 해석될 수가 있는지 불분명하다.Cf. R.B. Sloan, "Paul and the Law: Why The Law Cannot Save," *NovT* XXXIII,1(1991), 45.

유대인과 이방인 신자들을 율법의 저주에서 속량하게 된 것은 그리스도께서 그들을 위하여 저주를 받으셨기 때문이다. '속량한다'(ἐξαγοράζω)는 동사는 '어떤 사람을 해방시키다 또는 자유케 하다'는 뜻을 가지고 있고,[373] 따라서 종노릇하는 데서 놓아주는 것을 의미한다. 그렇다면 율법의 저주에서 속량한다는 것은 율법 아래에서 종노릇하는 것으로부터 해방되는 것은 지칭한다. 4:5에서도 동일한 헬라어 동사가 사용되는데, 그것 역시 '율법 아래'에서 종노릇하는 것으로부터 해방되는 것을 묘사한다. 그렇다면 '율법 아래'(ὑπὸ νόμον)라는 말은 "율법의 규정들을 준수해야 할 의무 아래 있다"는[374] 것을 뜻하기 보다는 종노릇하게 만드는 율법의 세력 아래 있다는 것을 의미한다. 흔히 바울에게 있어서 율법은 의인화되어 마치 사람들 위에서 군림하는 '주인'으로 묘사되기도 한다: 그래서 율법은 사람들을 주관하고(κυριεύσει, 롬 7:1) 그들 위에 왕노릇한다(δουλεύειν, 롬 7:7).[375] 따라서 율법의 종노릇하는 데서 구속하는 것은 율법의 노예로부터(4:3,9) 하나님의 아들로(4:5-7) 변경되어지는 신자의 신분의 변화만 가져온 것이 아니라, '주권의 변경'(change of lordship) 또는 '힘의 영역의 변화'(change of power realm)를 가져온다.[376] 예수 그리스도의 죽음은 신자들을 율법과 죄가 주인 노릇을 하던 영역에서 해방시켜 이제 은총과 성령이 새로운 주인 노릇을 하는 영역으로 옮겨 놓았다(갈 5:18; 롬 6:14). 율법은 과거에 그 아래 살던 사람들을 마치 포로들처럼 잡아 '가두어 두었으나'(συγκλειόμενει, 3:23) 이제 그들은 그리스도 안에서 해방되어 새로운 힘의 영역 속에서 그리고 새로운 주인 아래서 살 수 있게 되었다. 율법이 사람들을 종노릇하게 만드는 능력이 된 이유에

---

373) J.P. Louw, E.A. Nida, R.B. Smith & K.A. Munson(eds), *Greek-English Lexicon of the New Testament based on semantic domains* I, New York: United Bible Societies, 1988, 131.
374) J.P. Louw and E.A. Nida, *Greek-English Lexicon*, 37.7.
375) 바울은 동일한 이들 동사들을 '죄'에 대해서도 사용한다(롬 5:21).
376) Cf. E. Käsemann, " 'The Righteousness of God' in Paul," in *New Testament Questions of Today*, 175-78를 참조하라. 케제만은 여기서 이 점을 잘 지적해 주고 있다.

대해서는 3:19에서 진술되고 있다: "율법은 범법함을 인하여(또는 범법함을 위하여) 더한 것이라"(**τῶν παραβάσεων χάριν προσετέθη**). 많은 주석가들은 '카린'(**χάριν**)이 목적을 의미하는 전치사로 해석한다.[377] 그렇다면 바울이 로마서에서 말한 대로 율법은 범법함을 더하고 죄를 더욱 죄되게 하기 위하여 더해진 것이라고 할 수 있다(롬 5:20). 유대인은 하나님이 율법을 사람들의 죄 문제에 대한 치유책으로 주셨다고 생각했지만, 율법은 그들의 죄 문제를 해결하기는커녕 도리어 그 계명들을 어기도록 충동질하고 그들을 그 저주 아래 가두고 말았다(cf. 롬 7:5,8,11,13).[378] 율법이 지니는 이 이상한 기능은 바울에 의하면 그 본래 기능에 덧붙여진 것이었다.

그리스도께서 율법 아래 있는 자들을 그 저주에서 구속하신 것은 그가 '우리를 위하여' 저주받은 바가 되었기 때문이다(**γενόμενος ὑπὲρ ἡμῶν κατάρα**). 여기에 쓰인 분사(**γενόμενος**)는 수단을 의미한다. 그리스도께서는 "우리를 위해 저주가 되심으로써" 구속을 성취하셨다. 이 진술은 구약의 희생제사의 배경에서 나온 것이다. 그렇다면 본절은 그리스도께서 우리의 위치에서 우리의 유익을 위하여 저주의 대상이 되셨다는 뜻이 된다. '위하여'(**ὑπέρ**)라는 전치사의 의미 속에는 대속(代贖)의 사상이 들어 있다: 저주가 우리 위에 임하지 않게 하기 위해 그리스도께서 스스로 우리를 대신하여 저주의 대상이 된 것이다.[379] 그 결과로 우리는 율법의 저주에서 그리고 심지어 율법 자체로부터 놓임을 받게 되었다. 그래서 바울은 '그리스도께서 율법의 마침이 되신다'고 선언할 수 있었다(롬 10:4; 갈 2:19-20). 예수 그리스도는 신자들

---

377) Cf. Ridderbos, *Galatians*, 137f; Betz, *Galatians*, 165; Schlier, *Galater*, 152; Donaldson, *op.cit.*, 104; Mussner, *Galater*, 245f.

378) 물론 유대 랍비들도 사람이 율법에 더욱 헌신하면 할수록 악한 충동의 공격을 받기 쉽다는 것을 의식하고 있었다(Suk. 52a; Ab.Zar. 17a; Kid. 40a).

379) 헬라어 전치사 **ὑπέρ**가 '대신한다'는 의미를 지니고 있는 대표적인 실례는 빌레몬서 13절이다: "네 대신 나를 섬기게 하고자 하나"(**ἵνα ὑπὲρ σοῦ μοι διακονῇ**).

위에 임할 율법의 저주를 자신의 죽음으로 대신 담당하므로써 그들을 율법의 저주가 작용하는 영역에서 영원히 해방시켰다.

던(J.D.G. Dunn)은 십자가의 의미에 관하여 독특한 견해를 밝힌다. 그에 의하면 십자가 사건은 유대인들이 보기에 하나님께서 예수를 버리시고 '이방죄인' 취급하셨으며 그를 율법의 저주를 받은 자로 보셨다는 것을 의미한다. 다메섹의 그리스도 현현은 이런 식의 논리를 거꾸로 뒤집어 놓았다. 왜냐하면 하나님께서 십자가에 못박힌 예수를 받아들이셨으며 신원하셨기 때문이다. 그러므로 여기서 "그러므로 하나님께서 저주받은 자, 언약 밖에 있는 죄인, 이방인에게 은혜를 베푸셨다"는 것이 직접적으로 추론된다는 것이다.[380] 그러나 던의 견해에는 몇 가지 의심스러운 점들이 있다. 첫째로, 그리스도의 죽음이 '율법의 저주로서' 율법 아래 있는 유대인들을 속량하기 위한 죽음이라면, 그것이 어떻게 이방인들의 죄를 위한 대속적 죽음으로 해석될 수가 있는지 불분명하다. 던의 해석에 따르면, 예수께서는 단지 자신을 이방인과 동일시하셨을 뿐이다.[381] 둘째로, 던에 의하면 율법의 저주 아래 있는 그리스도의 죽음은 '언약적 축복 밖에 있는' 죽음을 의미하고 따라서 "이방인의 입장에 있는" 죽음이다. 여기서 추론되어 나오는 결론은 하나님께서 십자가에 못박힌 그리스도를 변호하셨기 때문에, 하나님은 이방인들을 위하신다는 것이다. 하지만 그리스도께서 율법에 대한 유대인들의 오해 때문에 죽으셨다면, 어떻게 그러한 죽음이 이방인

380) Cf. J.D.G. Dunn, " 'A Light to the Gentiles', or 'The End of the Law'? The Significance of the Damascus Road Christophany for Paul," in *Jesus, Paul and the Law*, 100.

381) 이러한 딜렘마는 도날드슨의 견해에도 나타난다. 이방인의 구속이 율법의 저주 아래 있는 유대인의 구속에 기초하며 또 그것을 통해 비로소 가능해졌기 때문에 이 이론에 따르면 그리스도께서 이방인들의 죄를 위해 죽으셨다는 말을 하기가 어렵다. Cf. T.L. Donaldson, "The 'Curse of the Law' and the Inclusion of the Gentiles," 96f; 비슷하게 J.P. Braswell, " 'The Blessing of Abraham' Versus 'The Curse of the Law' : Another Look At Gal 3:10-13," *WTJ* 53(1991), 79f.

의 신분을 사회학적으로 바꾸어 놓았는지 불분명하다. 오히려 이렇게 결론짓는 것이 더 나을 것 같다. 그리스도가 십자가에서 죽으실 때[382] 유대인만이 아니라 이방인을 위해 율법의 저주를 담당하시므로 그들을 그 종노릇하는 데서 구속하셨다.

이러한 그의 기독론을 지지하기 위해서 바울은 또다시 구약성경에서 나온 한 구절을 인용한다. 이 인용구는 신명기 21:23에서 나온 것인데, 칠십인경의 본문과 온전히 일치하지는 않는다.[383] 본래의 신명기 본문은 저주 선언문이 아니고, 가나안 땅은 하나님의 거룩한 땅이기 때문에 나무에 달린 사람을 해지기 전에 끌어내려야 한다는 점을 설명하는 구절이다. 바울이 인용한 본문과 칠십인경 사이의 차이점은 몇 가지 방식으로 설명되어질 수 있다. 바울이 본래 다른 기존 본문을 사용하였을 수도 있고,[384] 또는 그가 스스로 칠십인경 본문을 변경시켰을 수도 있다.[385] 아마도 바울은 신명기 27:26과 21:23 사이의 관련성을 강조하려는 목적으로 신명기 21:23(LXX)을 3:10에 인용된 저주 형식문에 일치시켰을 가능성이 많다. 위의 본문의 기원이 어떤 것이든 간에, 그것은 그리스도의 죽음이 성경을 성취시켰다는 점을 증명해 준다.

어떤 학자는 바울이 인용한 신명기의 본문이 기독교의 케류그마를

382) 어떤 학자들은 그리스도께서 우리를 위해 저주를 받으신 때는 십자가의 죽음에서뿐만 아니라 그의 성육신의 시점과도 관련이 있다고 주장한다. Cf. M.D. Hooker, "Interchange in Christ", *JTS* 22, 1971, 349-61, 특히 351. 그러나 '속량하다'라는 말이 희생제사의 배경에서 나왔다는 사실과 근접 문맥이 신명기 21:23을 인용한다는 점을 고려할 때 일차적으로 십자가 사건을 염두에 둔 것이라고 볼 수 있다.

383) "나무에 달린 자마다 저주를 받은 자이다"(**ἐπικατάρατος πᾶς ὁ κρεμάμενος ἐπὶ ξύλου**). 그러나 LXX는 이렇게 되어 있다: **ὅτι κεκατηραμένος ὑπὸ θεοῦ πᾶς κρεμάμενος ἐπὶ ξύλου**(21:23).

384) B. Lindars, *New Testament Apologetic*, 1961, 232-33; O. Michel, *Paulus und seine Bibel*, 1972, 54,75.

385) Cf. Schlier, *Galater*, 138; Bligh, *Galatians*, 138.

386) B. Lindars, *New Testament Apologetic*, London, 1961, 232-33.

대적하는 반대자들에 의해 널리 사용되고 있었다고 주장한다.[386] 사실 초대교회의 케류그마 속에서 신명기 21:23이 자주 인용되는 것은(행 5:30; 10:39; 13:29; 갈 3:13; 벧전 2:24) 유대인들이 처음부터 이 구약 본문에 기초하여 십자가에 못박힌 예수를 메시야로 선포하는 기독교의 메시지를 반대하고 기독교인들을 핍박하였다는 것을 시사해 준다.[387] 기독교의 이전 시기에 이미 십자가에 달린 사람이 하나님의 저주를 받은 자로 간주되었음을 보여주는 얼마간의 중간사 시대의 문헌적 증거가 존재하기 때문에[388], 유대인들이 십자가에 못박힌 예수를 하나님께 저주받은 인물로 생각하였음이 분명하다. 그러므로 그들에게 있어서 십자가에 못박힌 예수를 메시야로 선포하는 기독교인들의 메시지 자체가 모순된 주장이었고, 바로 이 점 때문에 그들은 기독교를 핍박하지 않을 수 없었을 것이다. 그렇다면 기독교인들이 신명기 구절을 처음부터 예수에게 주도적으로 적용한 것 같지는 않다. 오히려 유대인들이 기독교 메시지를 공격하는 데 사용한 신명기의 본문을 기독교인들이 후에 자신들의 케류그마 변호에 역으로 사용한 것일 가능성이 많다. 바울에 의해 인용된 신명기 21:23도 이러한 배경에서 이해되어야 할 것이다.

14. 이는 또 그리스도 예수 안에서 아브라함의 복이 이방인에게 미치게 하고 또 우리로 하여금 믿음으로 말미암아 성령의 약속을 받게 하려 함이니라

여기서 린다스는 물론 갈라디아서 3:13에 인용된 신명기의 본문이 LXX와 다른 것은 그것이 이미 초대교회의 대적자들에 의해 쓰이고 있던 본문에서 인용된 것이기 때문이라고 주장한다.

387) S. Kim, *The Origin of Paul's Gospel*, 46.

388) 4QpNah 3-4,I.7f 그리고 쿰란의 성전 두루마리 64.6-13을 보면 기독교 이전 유대교에서 신명기 21:23의 저주가 십자가 처형에 적용되었고 십자가에 못박힌 자는 하나님으로부터 저주를 받은 자라는 사상을 보여준다. J. Jeremias, *Der Lehrer der Gerechtigkeit* (1963), 133ff; M. Wilcox, "'Upon the Tree'-Deut 21:22-23," *JBL* 96(1977), 85ff; M. Hengel, "Mors turpissima crusis," *Rechtfertigung*, E. Käsemann FS(1976), 176ff.

본절은 그리스도께서 신자들을 율법의 저주에서 속량하신 목적을 진술하는데, 두 목적절이 모두 '히나(*ἵνα*, 하기 위하여)'로 시작한다. 본절은 6-14절을 결론짓고 그 결과들을 진술하는 부분이다. 첫 번째 목적절은 그리스도의 구속이 가져온 일반적인 결과를 진술한다: "그리스도 예수 안에서 아브라함의 복이 이방인에게 미치게 하기 위하여"(***ἵνα εἰς τὰ ἔθνη ἡ εὐλογία τοῦ Ἀβραὰμ γένηται ἐν Χριστῷ Ἰησοῦ***). 예수 그리스도께서 친히 십자가에 달려 저주를 받으시므로 율법의 저주 아래 있는 '우리'를 속량하신 것은 아브라함의 복이 이방인들에게 미치게 만든 구속사적인 사건이었다. 이것은 아브라함의 복이 이방인들에게 미치지 못하도록 이제까지 중간에서 방해한 대상이 '율법'(the Torah)이었다는 것을 함축한다.

'아브라함의 복'은 이미 8절에서 그가 믿음으로 의롭다 하심을 얻은 사실을 지칭하는데, 6-9절에서 바울은 '아브라함의 복'과 관련하여 이제까지 네 가지 사실을 논증하여 왔다: 첫째로, 아브라함은 하나님을 믿음으로 의롭다 하심을 얻었다(6절). 둘째로, 누구든지 '믿음의 사람들'은 아브라함의 자손이다(7절). 셋째로, 아브라함의 언약 속에는 처음부터 이방인이 포함되어 있었다(8절). 넷째로, 그러므로 유대인이나 이방인을 막론하고 누구든지 믿는 사람이라면 아브라함과 더불어 복을 받을 수 있다(9절). 바울의 이러한 논증을 통해 분명해지는 것은 하나님께서 처음부터 아브라함을 통해 전세계적인 믿음의 공동체를 세우려는 목적을 가지고 계셨다는 사실이다. 아브라함의 자손은 혈통적인 이스라엘 백성에게 국한된 것이 아니었으며 그에게 주어지는 복도 혈통적으로 유대인들에게만 제한된 복이 아니었다. 그러나 430년 후에 주어진 율법은 아브라함의 복을 유대인들의 배타적인 축복인 것처럼 제한시키고 그것이 이방인에게 미치지 못하도록 방해하는 방패막이 구실을 하였다. 언약적인 신율주의(covenantal nomism)에서 율법은 유대인들의 국가적인 의를 나타내는 상징 역할을 하였으며, 하나님의 선택적 사랑이 율법의 백성인 혈통적 유대인들에게 배타적으로 제한된다는 것을 확실하게 해주는 근거였다. 유대인들은 자신들을 율법의 백성 또는 하나님의 언약 백성으로서 간주하였고, 따라서 그들은 자신들이 이방인들과 본질적으로 다르며 그들보다 우월하다고 생각하게 만들었다. 더구나 유대인들은 자신들이 이방인들보다 우월하다고 생각할 뿐만 아니라 율법을 소유하고 있지 않으며 율법을 준수하지도 않는 이방인들을 '죄인들' 취급을 하였다(2:15). 안디옥 사건은 선민적 우월의식 또는 배타적 선민주의에 빠져 있던 유대인들이 유대 음식법을 지키지 않는 이방인들과는 식사까지 안할 정도로 그들을 죄인 취급을 하였다는 사실을 분명하게 보여준다.

율법의 관점에서 볼 때 이방인들은 '부정한' 사람들이며 '죄인들'이었다. 언약적 신율주의의 체계에 따르면 그들은 할례를 받고 율법을 준수하므로써 유대교의 울타리 안으로 들어오지 않는 한 죄인들로 취급을 받을 수밖에 없었으며, 따라서 아브라함의 축복에 동참할 수가 없었다. 아브라함의 복은 율법의 백성인 혈통적 이스라엘 백성에게 국한 된 것이었다. 결과적으로 이방인들이 유대교의 울타리 밖에 있는 한 아브라함의 축복에 동참하고 그의 후손이 되는 길은 차단되어 있는 셈이다. 오히려 이방인들은 율법의 울타리 밖에 있다는 이유로 인해서 그 율법에 의해 부정한 죄인들로 규정될 수밖에 없는 사람들이었다. 이런 의미에서 율법은 유대인과 이방인 사이에 존재하는 '적대의 담' 역할을 할 수밖에 없었다(엡 2:14). 그리스도의 십자가의 죽음은 이 적대의 담을 허물어 그들을 그리스도 안에서 '한 새 사람'으로 만든 화해의 사건이었다. 뿐만 아니라 그것은 아브라함의 축복이 이방인들에게 미치지 못하도록 방해하던 '적대의 담'(율법)을 허물어 버리고 이제 아브라함의 축복이 이방인들에게 비로소 미치도록 만들었던 구속사적 사건이었다.[389]

율법은 유대인들이 거룩한 백성으로서 성실하게 머물러야 할 울타리 역할을 하였다. 그것을 소유하고 준수하는 것은 유대인의 종교적

---

389) H. Schlier, *Galater*, 137.

존재와 삶의 양식이기 때문에 율법은 밖으로는 유대인을 이방인과 혼합되지 않도록 막아주고 안으로 유대인을 유대인으로서 살아가게 해주는 울타리 기능을 가진다. 그러나 그들이 의지하고 자랑하는 율법은 '행함의 원리'에 의해 지배되는 영역이기 때문에, 그것은 그 안에 사는 유대인과 유대교 개종자들에게 축복은커녕 저주를 가져다 주었다. 더욱이 바울에 의하면 율법의 울타리 밖에 있는 이방인들도 '율법의 보편적 요구' 아래 있기 때문에 그들도 이방인들을 죄인 취급하는 율법의 정죄에서 벗어날 수 없다(참조 3:23; 롬 8:23f). 율법은 그것을 어긴 유대인들만 죄인들로 규정하는 것이 아니라 그것을 알지도 못하고 준수하지도 않는 이방인들도 죄인들로 규정한다(2:15). 만일 율법의 정죄 아래 있는 자들이 유대인만이 아니라 이방인들도 포함한다면, 율법의 저주는 그 울타리 안에 사는 유대인들이나 그 밖에 사는 이방인들에게도 보편적으로 적용된다. 뿐만 아니라 율법은 육(*σάρξ*)의 세력을 돌파하기에는 너무도 '약하여'(롬 8:4) 죄의 권세 아래 놓인 인류의 절망적 상황을 해결할 수가 없었다. 그러므로 바울은 그것이 애초부터 인류를 죄에서 구원할 수 있는 길로 의도된 적이 없다고 주장한다. 율법은 오히려 유대인 자신뿐만 아니라 누구에게도 구원을 가져다 주지 못했을 뿐만 아니라, 아브라함의 축복이 이방인에게 넘어가는 것도 방해한 유대인들의 선민적 배타주의의 방패막이 구실도 하였다. 그러므로 그리스도의 죽음은 유대인과 이방인들을 율법의 저주에서 속량한 해방과 구속의 사건일 뿐만 아니라, 그들 사이에 존재하는 '적대의 담'을 허물어 그들 모두를 그리스도 안에서 한 새 사람으로 만들고(엡 2:14f) 이방인들도 아브라함의 복에 참여케 만든(갈 3:13) 용납과 화해의 사건이기도 하다.

두 번째 결론은 첫 번째 결론을 전제하지만 단순히 그것과 평행을 이루는 것은 아니다: "우리로 하여금 믿음으로 말미암아 성령의 약속을 받게 하려 함이니라"(*ἵνα τὴν ἐπαγγελίαν τοῦ πνεύματος λάβωμεν διὰ τῆς πίστεως*). 교리적인 논의를 결론지은 후에 바울은 처음에 호소했던 성령 경험의 문제로 이제 다시 되돌아 간다(3:2,5). 본절 후반절에 언급된 '우리'는 믿음을 지닌 유대인과 이방인 기독교인들을 모두 포함하기 때문에 단순히 14절 상에 언급된 '이방인들'(τὰ ἔθνη)과 내용상으로 동일대상은 아니다.[390] 오히려 믿음으로 성령을 경험하는 '우리'는 7절에서 '믿음으로 말미암는 자들'과 동일한 사람들이다. 이들은 혈통적으로 제한된 사람들이 아니라 아브라함처럼 믿음의 발자취를 따르는 유대인과 이방인 모두를 지칭한다. 14절 하에 새로운 요소가 있다면 하나님께서 아브라함에 하신 약속이 '성령의 약속'으로 불리워 진다는 사실이다. 그가 이 결론에 도달하게 된 것은 두 가지 이유가 있다: 이방 기독교인들은 이미 성령을 받았고(3:2,5), 그들은 성령을 '믿음을 통해서' 받았다(3:2). 여기서 신자들이 받은 '성령의 약속'은 장차 하나님께서 성령을 주실 것이라는 약속을 받았다는 말이 아니라 '약속되어진 성령'을 받았다는 말이다.[391] 만일 이것이 아브라함에게 주어진 약속의 내용이라면, 약속의 내용이 되는 '축복'은 성령의 선물임이 분명하다. 그러므로 아브라함의 언약과 관련된 축복의 하나는 '믿음으로 의롭다 하심을 얻는 것'이고(3:8) 또 다른 하나는 '믿음으로 약속된 성령의 선물을 받는 것'이다(3:14). 이 두 축복들은 본래 혈통적으로 제한된 것이 아니고 믿음의 사람들에게 약속된 것들이다. 따라서 갈라디아인들이 성령을 받았을 때, 그것은 합법성이 없거나 결함이 있는 사건이 아니었다. 그들은 하나님께서 아브라함과 맺은 약속의 성취를 경험한 것이다.

물론 우리가 성령의 선물을 받을 수 있는 근거는 목적절이 말해주

390) 어떤 학자들이 14절 하의 '우리'가 14절 상의 '이방인'과 대조적인 위치에 있다고 생각하면서 우리가 여기서 이방인과 대조되는 '유대인들'을 지칭한다고 주장한다(cf. T. L. Donaldson, "The 'Curse of the Law' and the Inclusion of the Gentiles," 95f; I. Hong, "Does Paul Misrepresent the Jewish Law? The Law and Covenant in Gal 3:1-14," *NovT* (1993), 13; J. P. Braswell, "'The Blessing of Abraham' Versus 'The Curse of the Law,'" 74f.

391) '약속'이란 말은 다음 부분에서 중심적 관심거리가 된다(3:16, 17,18,19,21,22,29; 4:23,28).

듯이 그리스도께서 우리를 위하여 율법의 저주를 담당하셨기 때문이다. 그리스도께서 우리를 대신하여 율법의 저주를 짊어지시므로써 우리를 율법의 요구가 작용하는 영역 밖으로 옮겨놓으셨다. 이제 그리스도인들은 더 이상 율법 아래 있지 않으며 그 저주가 작용하는 영역 안에 있지 않다. 그러므로 아브라함의 언약에 본래 속해 있던 모든 축복들이 '믿음의 사람들'에게 합법적으로 주어질 수 있게 된 것이다. 더욱이 그리스도는 아브라함의 참 자손이기 때문에 믿음으로 그에게 속해 있는 사람들은 하나님께서 아브라함에게 주셨던 축복들을 합법적으로 받을 수 있다. 아브라함이 믿음으로 의롭다 하심과 축복의 약속을 받은 것처럼, 그리스도 안에 있는 아브라함의 자손들도 마찬가지로 의롭다 하심과 약속된 축복을 받는다.[392]

이제 우리는 '성경을 통한 논증'(3:6-14)에서 제시된 바울의 모든 논의들을 결론지을 때가 되었다. 바울은 '아브라함의 자손'의 성격을 정의하는 과정에서 율법의 저주와 그리스도의 죽음의 관계 문제를 다루었다. 아브라함의 자손을 혈통적인 유대인에게 제한시켜서 정의하려는 유대주의자들에 반대하여 바울은 아브라함의 믿음의 발자취를 따르는 사람들이면 누구나(유대인이나 이방인 모두) 그의 자손들이라고 주장하였다. 이것은 할례나 율법과 관련하여 아브라함의 자손의 성격을 규정하려고 했던 유대주의적 입장을 거꾸로 뒤집는 혁명적인 신학적 입장이었다. 바울은 자신의 입장을 구약에 대한 재해석의 과정을 통해서 논증하려고 했다. 아브라함이 믿음으로 의롭다 하심을 얻은 것은 그가 할례나 율법을 전수받기 전에 이루어진 일들이기 때문에 믿음만이 칭의 경험의 유일한 조건이 되며, 또한 하나님께서 아브라함과 맺은 언약 속에는 이미 이방인들이 포함되어 있었다. 따라서 유대인이든 이방인이든 관계없이 사람은 누구나 믿을 때 아브라함에게 약속된 축복들을 합법적으로 받을 수 있다.

392) M.D. Hooker, "Interchange and Atonement," *BJRL* 60 (1977/78), 470f; 또한 그녀의 또 다른 글 "Interchange in Christ," *JTS* n.s.22 (1971), 356f.

만일 유대주의적 전제를 따라 아브라함의 자손을 정의할 때, 유대인만이 율법의 백성이며 율법 아래 있는 자들이다. 언약적 신율주의에서 유대인은 율법의 소유와 준수에 의해 특징화되는 사람들이며 역으로 율법의 준수는 유대인의 종교적 존재 양식을 나타내 준다. 따라서 '율법의 행위'는 유대인된 신분을 표시해 주는 행위들을 가리킨다. 그들은 율법에 의해 요구되는 행위들을 실천하므로써 자신들이 언약백성 안에 속해 있다고 간주하였고, 또한 그런 행위들은 자신이 율법의 백성에 속한 구성원임을 표시해 주는 행위들이기 때문에 자랑의 대상이 되었다. 자연히 율법은 외적으로 유대인에게 울타리와 경계선 역할을 하기 때문에 그것은 유대인과 이방인을 구분짓는 사회적 기능을 가지게 된다. 유대인은 율법의 백성 곧 언약 백성이기 때문에 이방인과 본질적으로 다르며 그들보다 우월하다는 자의식을 지녔으며, 따라서 그들은 율법에 근거해서 이방인을 '죄인'으로 규정하였다. 그러나 유대인이 자랑하고 의지하였던 율법은 '행함의 원리'에 의해 지배되는 영역이기 때문에 그들에게 축복은커녕 저주를 가져다 주었다. 율법을 행한다는 것은 행함의 원리를 본질로 삼는 율법의 영역 안에 사는 것을 말하며(레 18:5) 따라서 율법의 저주가 작용하는 영역 안에 갇혀 있음을 말한다.

이러한 상황은 형식적으로 율법 밖에 있는 이방인들에게도 마찬가지다. 이방인들은 할례를 받고 율법의 멍에를 받아들여 유대교의 울타리 안에 들어간다 할지라도 유대인 모두가 직면할 수밖에 없는 율법의 저주를 피할 수 없다. 더욱이 유대교의 울타리 안에 들어가지 않는다 할지라도, 그들은 여전히 율법에 의해 '죄인들'로 규정될 뿐만 아니라(2:15) 그들도 '율법의 보편적 요구' 아래 있기 때문에 그 정죄에서 벗어날 수 없다(3:22-23). 그러므로 율법은 처음부터 구원의 길로 의도된 적이 없기 때문에, 이방인들로 하여금 율법의 울타리 안에 들어 오도록 충동질하는 유대주의자들의 선동은 공허한 속임수에 불과하다. 이러한 우리의 견해는 율법의 사회적 기능만을 강조하는 던(J.D.G. Dunn)의 해석과 율법을 행함의 원리로 이해하는 전통적인

해석이 본질적인 면에서 조화될 수 있다는 측면이 있음을 보여준다.[393]

그리스도의 십자가 상의 죽음은 믿는 모든 유대인과 이방인을 율법의 보편적 정죄로부터 속량한 구속사적 사건이었다. 그리스도께서는 그들이 당연히 받아야 할 율법의 저주를 그들의 위치에 서서 친히 담당하심으로써 그들을 율법의 저주가 작용하지 않는 은총의 새로운 영역으로 옮겨 놓으셨다(참조 5:18; 롬 6:14). 더욱이 그리스도의 죽음이 지니는 또 다른 의미는 그가 유대인과 이방인 사이를 가로막았던 '적대의 담'인 율법을 자신의 죽음을 통해 허물어버리므로써 시내 언약 아래 존재했던 그들 사이의 옛 구분을 무너뜨리고 그들을 '하나의 새 인류'로 화해시켰다는 사실이다(3:26-29; cf. 엡 2:14-16). 이방인을 '죄인'으로 규정하던 율법이 그리스도 안에서 폐지됨으로써 본래 아브라함의 언약 속에 약속된 이방인의 축복이 그들에게 주어지게 되었다(3:14). 아브라함의 복 가운데 하나는 의롭다 하심을 얻는 것이요(3:8) 다른 하나는 약속된 성령의 선물을 받는 것이다(3:14하). 이 두 가지 축복은 모두 혈통적으로 유대인에게만 제한된 것이 아니라 아브라함처럼 믿음의 발자취를 따르는 모든 유대인과 이방인에게 주어지는 것이다. 갈라디아인들은 할례와 율법을 받지 않았을 때 이미 이러한 축복을 경험하였다(3:2,5). 그들은 이미 종말론적인 새 시대의 도래를 경험한 것이며 하나님의 합법적인 백성이 되었다. 그리스도의 십자가 사건이 이방인이 아브라함의 축복에 참여할 수 있는 길을 열어 놓은 것이다.

3) 인간의 공통된 관습에 근거한 논증 (3:15-18)

본 부분(3:15-18)은 바울의 세 번째 논의를 담고 있는데 사람들 사이에 통용되고 있는 일반적인 법률 관습에서 끌어온 것이다. 여기서

---

393) G.G. Hamerton-Kelly, "Sacred Violence and the Curse of the Law(Galatians 3.13): The Death of Christ as a Sacrificial Travesty," *NTS* 36(1990), 111.

바울은 일단 맺어진 언약은 변경 불가능하다는 사실에 호소하면서 아브라함과 맺은 하나님의 언약은 후에 주어진 율법으로 인해서 폐지되거나 수정될 수 없다는 것을 주장한다. 이러한 바울의 논의는 아브라함의 언약이 모세의 율법보다 우선할 뿐만 아니라 영구성을 지닌다는 것을 보여주려는 의도를 지닌다.

15. 형제들아 사람의 예대로 말하노니 사람의 언약이라도 정한 후에는 아무나 폐하거나 더하거나 하지 못하느니라

바울이 갈라디아 독자들에게 제시한 실례는 사람들 사이에서 일상적으로 통용되는 법률적 관습에서 나온 것이다. '사람의 예대로 말한다'(*κατὰ ἄνθρωπον λέγω*)는 표현은 따라서 '사람들의 일상적 관습에서 실례를 들어 말한다'는 의미를 갖는다.[394] 사람들의 일상적인 관습의 내용은 일단 언약(*διαθήκη*)이 쌍방간에 맺어지면 어느 편에서도 일방적으로 그것을 폐하거나 덧붙일 수 없다는 것이다. 본절 가운데 사용된 '호모스'(*ὅμως*)라는 헬라어 단어는 의미가 분명치 않다. 그것은 '그럼에도 불구하고'를 뜻할 수도 있고 '마찬가지로'를 뜻할 수도 있다. 여기서는 바울이 아브라함과 맺은 언약의 불변성을 예증하기 위해서 인간의 유언적인 풍습에 호소하기 때문에 원리적으로 둘 사이를 대조시키는 전자의 해석보다는 그것들을 일치시키려는 후자의 해석이 더 합당하게 여겨진다.[395]

본절에 언급된 '언약'이란 말은 바울이 일상적인 관습에 호소하는

---

394) Burton, *Galatians*, 178. Zahn은 이 표현이 하나님 또는 신적인 계시에 대조되는 방식으로 사용되었다고 주장하지만 바울이 그러한 대조를 염두에 두고 있었던 것 같지는 않다(cf. Zahn, *Galater*, 161).

395) Betz, *Galatians*, 155; Mussner, *Galater*, 236. 우리의 한역 성경은 그러나 전자의 해석을 받아들인다. 그러나 진자의 해석올 취할 경우 *ὅμως*가 도치된 이상한 위치에 서게 되는데, 이러한 도치는 분사들의 경우가 아닌 한 잘 나타나지 않는다(cf. Lightfoot, *Galatians*, 141).

문맥에서 나오기 때문에 성경적 의미를 지닌 '언약'(covenant)을 지칭하기보다는 세속적인 의미를 지닌 '유언'(will)을 지칭할 가능성이 많다. 언약이라는 의미는 고전 헬라어의 용법에서나 비문들 가운데서 발견되지 않고 대신 칠십인경에서 확고하게 정착된 것이다. 바울은 본절에서 하나님과 인간 사이에 맺어진 성경적 언약 개념을 염두에 두고 있는 것이 아니라 사람들 간에(**ἀνθρώπου κεκυρωμένην διαθήκην**) 통용되는 법률적인 관습을 염두에 두고 있고 또한 유언은 디아데케라는 헬라어 단어가 지닌 보다 일상적인 의미이기 때문에 후자의 의미가 더 개연성이 있어 보인다.[396] 그러나 또한 분명한 것은 바울이 특정한 이 말을 선택한 것은 바로 뒤에 언급되는 아브라함의 언약과의 연계성 때문이다(17절). 본절에서 바울의 요점은 인간들 사이에 맺어진 유언이 변경될 수 없는 성격을 지닌다면, 마찬가지로 아브라함과 맺은 하나님의 언약도 후에 모세 율법이 주어졌다고 해서 폐지되거나 변경될 수 없다는 것이다.[397]

본절 가운데서 쓰이고 있는 '정하다'(**κεκυρωμένην**), '폐하다'(**ἀθετεῖ**), '더하다'(**ἐπιδιατάσσεται**)라는 단어들은 모두 법률적인 절차를 묘사하는 말들이다. 첫 번째 단어는 보통 '확정하다, 인준하다, 실행하다'는 뜻을 지니고 있고, 두 번째 단어는 첫 번째 단어와 정반대되는 것으로서 보통 '무효라고 선언하다, 폐지하다'를 뜻한다(갈 2:21; 막 7:9; 눅 7:30; 히 10:28; 딤전 5:12). 일단 언약이 확정되어지고 재산이 법

---

396) 대다수의 주석가들이 이 견해를 취한다. 하지만 Burton, *Galatians*, 178f, 496-505; Guthrie, *Galatians*, 101를 보라. 여기서 이들은 **διαθήκη**가 성경적인 언약의 개념을 지닌다고 생각한다.

397) 어떤 학자들은 헬라의 법률이나 로마의 법률에서 유언은 언제든지 변경될 수 있기 때문에 바울이 여기서 변경될 수 없는 성질을 지닌 '마태나트 바리'라고 불리우는 유대 유언법을 지칭하고 있다고 생각하기도 한다(F. Bammel, "Gottes **ΔΙΑΘΗΚΗ** (Gal.Ⅲ 15-17) und das jüdische Rechtsdenken," *NTS* 6(1959/ 60), 313 19). H.D. Betz는 밤멜의 견해를 받아들이면서 이 유대적 용례가 유대사회에 국한되지 않고 보다 광범위하게 유포되어 있었다고 주장한다(*Galatians*, 155).

률적으로 양도되면 심지어 본래의 소유자도 그것을 변경하거나 폐지하지 못한다. 헬라와 로마의 유언법에 의하면 유언자가 자신의 생전에 언제든지 유언서를 취소하거나 수정할 수 있도록 허용되었지만, 일단 그가 죽으면 그것은 확정되고 더 이상 그것은 변경되거나 취소될 수 없었다. 바울은 이 사실을 히브리서 기자처럼 분명하게 진술하지는 않지만(히 9:16-17) 보편적으로 알려져 있는 원리로 추정한다. 합성동사인 '더하다'(*ἐπιδιατάσσεται*)는 기독교 문헌들 중에서 발견될 뿐, 신약에서는 오직 여기서만 사용되는 법률적인 용어이다. 그것은 '유언서에 덧붙여 쓰다'는 뜻을 가지고 있다. 위에서 이미 언급한 바대로 헬라와 로마의 법에 따르면 유언자는 자신의 생전에 본래의 유언서를 수정하거나 덧붙이는 일이 언제나 가능하였다. 그러나 그가 죽은 이후에는 아무도 그렇게 할 수가 없었다. 아마도 어떤 사람들이 율법을 아브라함의 언약을 취소하거나 변경시키는 유언서의 일종으로 생각했을지도 모른다. 그러나 하나님께서는 이처럼 스스로 모순되는 일을 행하실 수가 없다. 후에 논의하겠지만 아브라함의 언약은 후에 생긴 모세 율법보다 우선하는 것이며 그것으로 인해 변경될 수 없는 영구성을 지니고 있다.

16. 이 약속들은 아브라함과 그 자손에게 말씀하신 것인데 여럿을 가리켜 그 자손들이라 하지 아니하시고 오직 하나를 가리켜 네 자손이라 하셨으니 곧 그리스도라

본절은 방금 전에 15절에서 암시되었던 언약이 구체적으로 무엇을 지칭하는지 확인해 준다. 바울은 하나님께서 아브라함과 언약을 맺으실 때 그와 그의 자손에게 주신 약속들을 생각하고 있다. '약속'(*ἐπαγγελία*)이란 술어는 이미 3장 14절에서 성령의 선물과 관련하여 언급되었는데 그것은 이제 아브라함의 언약에 대한 바울의 해석에서 다시 등장한다. 창세기에서는 약속이란 말이 등장하지 않는다. 하지만 바울이 여기서 그 말을 끌어들인 것은 언약에 함축된 약속들을 부각시키기 위해서다. 아브라함의 언약은 창세기에서 자손들의 번창, 땅의 선물, 후손에 포함되는 일 등과 같은 약속들을 포함한다(창 17:1-11, LXX). 이러한 약속들은 또한 대체로 '유업'(**κληρονομία**)과 관련이 있다:[398] 즉 유업은 약속을 받은 자들에게 주어지는 것이다(3:29). 창세기에서 이렇게 명기된 약속들의 내용은 바울이 갈라디아서에서 명기한 약속들의 내용과 약간 다르다. 갈라디아서에서 바울은 이들 약속들의 내용에 주목을 기울이지는 않지만 그 약속들은 믿음으로 의롭다 하심을 얻는 것(3:8-9), 성령의 선물(3:14), 하나님 나라를 소유하는 것(5:21), 아브라함의 자손이 되는 일(3:29) 등을 포함한다.[399]

바울은 본절에서 복수 명사인 '약속들'(**ἐπαγγελίαι**)을 사용하지만 다른 곳에서는 보통 단수 명사를 선호한다(3:17,18,22,29; 참조 롬 4:13,14,16,20). 두 형태의 이들 명사들은 특별한 사상적 차이점이 없이 혼용되고 있기 때문에 본절에서 쓰인 복수 명사를 특별하게 취급할 필요는 없다. 이들 약속들은 아브라함과 그의 자손에게 주어진 것이다. '자손에게'(**καὶ τῷ σπέρματι**)라는 말은 본래 칠십인경에서 온 인용구이다. 칠십인경에서 '너의 자손에게'(**καὶ τῷ σπέρματί σου**)라는 표현은 땅을 주시겠다는 약속과 관련해서만 발견된다(창 13:15; 17:8; 24:7).[400] 칠십인경에서 '씨'(**σπέρμα**)라는 단수명사가 사용된 것은 깊은 영적 의미가 있기 때문에 바울에 의해 중요하게 부각된다. 칠십인경에 단수 명사가 쓰인다는 사실에 기초해서 그는 먼저 전통적인 해석을 거부한다: '여럿을 가리켜 그 자손들(**καὶ τοῖς σπέρμασιν**)이라 하지 아니하시고'. 유대교 해석에서 단수 형태인 '씨'(제라)는

---

398) 창세기에서는 '유업을 잇다'는 동사가 15:3,4,7,8에서 사용되고 갈라디아서에서도 3:18,29; 4:30; 5:21 등에서 사용된다.

399) 이들 약속 중에 특이한 것은 약속의 종말론적 성격이다. 땅을 소유하는 것은 하나님 나라를 소유하는 것으로 발전되고 아브라함의 자손에는 믿음을 지닌 이방인들이 포함된다. 특별히 성령을 소유하는 일을 약속에 포함시킨 것은 종말의 시대에 성령이 주어진다는 랍비신학을 반영한 것이다. 사도 바울에게 있어서 아브라함에게 주어진 약속들은 3:6-14에서 논의된 아브라함의 축복과 동일하다(Betz, *Galatians*, 156).

400) D. Daube, *New Testament and Rabbinic Judaism*, 438.

집합명사로 취급되어 보통 많은 후손들을 의미한다는 점이 인정되어 왔다. 그래서 탈굼에서는 '너의 씨'(자레카)란 히브리어 표현이 '너희 자녀들'(베나이크)이란 말로 번역되었다. 그러나 성경의 본래 문맥은 한 개인을 지시한다는 점을 시사하는 구절들도 있다(창 21:12,13; 참조 삼하 7:12-15). 더욱이 후기 본문으로 갈수록 메시야 전승이 발전되어 아브라함의 약속들이 그의 '한' 탁월한 자손을 통해 성취될 것을 시사하는 경향이 존재한다(삼하 7:14/히 1:5 하; 4QFlor. 1:10f; Jub. 16:17f; Ps.-Philo, *LAB* 8:3).[401] 본절에서 채택되고 있는 바울의 해석은 유대교의 이러한 메시야적 해석적 전통을 반영한다고 보아야 한다.

바울은 유대교의 이러한 메시야적 해석의 전통을 기독론적으로 발전시켜 아브라함의 약속들이 주어진 '씨'(**σπέρμα**)는 곧 그리스도를 가리킨다고 해석한다. 그의 논의는 두 수준에서 이해되어야 한다. 첫째로, 바울은 특수주의적인(*particularistic*) 아브라함 전승을 보편주의적으로(*universalistic*) 해석한다: 하나님께서는 아브라함과 맺은 언약을 통해 범세계적인 믿음의 공동체를 세우고자 하셨다. 아브라함의 축복속에는 이방인들도 포함되어 있었다(3:8-9). 유대인이든 이방인이든 '믿음의 사람들'이라면 누구든지 아브라함과 함께 복을 받을 수 있다. 둘째로, 바울은 아브라함 전승을 기독론적으로 해석하므로써 그리스도를 믿는 신자들을 아브라함의 자손들로 동일시하려고 한다. 그리스도는 아브라함의 씨이기 때문에 그는 아브라함의 언약적 축복들을 이어받을 합법적인 상속자이다. 그렇다면 그리스도에게 속한 신자들도 역시 아브라함 언약에 포함된 모든 약속과 축복을 이어받을 수 있는 상속자들이다. 주지하듯이 그리스도에게 속한 자들이 아브라함의 자손이 될 수 있는 근거는 그들의 혈통이 아니라 '믿음'이다. 아브라함

401) M. Wilcox, "The Promise of the 'Seed' in the NT and the Targbumim," *JSNT*, Issue 5 (1979), 2-20; cf. D. Daube, "The Interpretation of a Generic Singular," *The NT and Rabbinic Judaism* (London, 1956), 438-444.

이 믿음으로 의롭다 하심을 얻은 것처럼 그리스도에게 속한 자들도 믿음으로 의롭다 하심을 얻는다. 그리스도를 신앙하는 신자들의 믿음은 아브라함의 믿음 가운데서 처음으로 미리 현시된 것이다.[402] 이렇게 하여 바울은 아브라함 언약이 그리스도 안에서 성취되었다는 것을 지적하려고 한다.

17. 내가 이것을 말하노니 하나님의 미리 정하신 언약을 사백삼십 년 후에 생긴 율법이 없이하지 못하여 그 약속을 헛되게 하지 못하리라

바울은 이제 15절에서 시작된 논의를 한층 더 발전시킨다. '내가 이것을 말하노니' (*τοῦτο δὲ λέγω*)라는 말은 독자들에게 다음에 따라오는 논의에 주의를 기울이도록 만들어 준다. 바울이 말하고자 했던 것은 이렇다. '하나님의 미리 정하신 언약'이 후에 시내산에서 주어진 모세 율법으로 인해서 폐지되거나 무효화될 수 없다는 것이다. 그는 여기서 아브라함과 맺었던 하나님의 언약을 염두에 두고 있다. 이 언약은 하나님께서 '미리 정하신' (*προκεκυρωμένην*) 것이다.[403] 그것은 수립되었을 때부터 효력을 발휘하기 시작했으며, 율법은 기껏해야 언약이 수립된 지 430년이 지난 뒤에 가서야 주어진 것이다.[404] 그러므로 후에 주어진 어떤 것도 아브라함 때 하나님 자신에 의해서 확정된 언약을 폐지하거나 무효화시킬 수가 없다. 바울이 율법이 아브라함보다 430년이나 후에 주어졌음을 언급한 것은 구속사적인 측면에서 모세 율법에 대한

402) A. Oepke, *Galater*, 426; 이한수, 「바울신학연구」, 426.
403) 바울은 15절에서 사용한 법률적인 언어를 그가 논의하고자 했던 문제에 적용하고 있다. 이 헬라어가 법률적인 의미를 지닌다는 것은 다음 용례들을 통해서 분명하다(*Suppl. Epigr.Graec.*3.674A, lines 29,31; Eusebius, *Praep.ev.*10.4 등).
404) 430년의 해수가 본래 애굽에 거주할 때를 지칭하는지, 아니면 본절에서처럼 족장들과 율법이 주어진 때를 구분하는 기간을 지칭하는지에 대해 의견이 갈리고 있다. 히브리 본문에서 출애굽기 12:40은 전자를 지지하고 있지만, 칠십인경의 어구에서는 후자를 지지한다. 창세기 15:13과 사도행전 7:6은 어림잡아 400년이라는 햇수를 언급한다. 이 기간에 대한 해석에 있어서 혼란이 있었던 것으로 보인다.

아브라함 언약의 우선성과 영구성을 주목하게 하려는 목적을 지닌다.

17절에 있는 '헛되게 만들다'(ἀκυροῖ)라는 동사는 15절의 '폐하다'(ἀθετεῖ)는 동사와 의미상 일치한다. 그러나 15절에 이미 사용된 '더하다'(ἐπιδιατάσσεται)는 동사가 17절에서 사용되지 않았다. 이 동사가 생략된 것은 유대주의자들의 주장을 염두에 두었기 때문일지도 모른다. 그들은 율법이 언약을 무효화시킨다고 주장하지는 않았겠지만 적어도 그것이 언약에 덧붙여진 것이라고 말했을지도 모른다. 다시 말해서 율법은 윤리적 요구에 대한 해설을 담아 아브라함의 언약을 개정한 것으로 여겨졌을 것이다(Bligh, 145). 유대 전승에 따르면, 율법이 비록 후에 주어진 것일지라도 아브라함은 율법을 알고 있었고(*Gen.Rab*. 61(38b); Philo, *Jub*. 21.10; Strack-Billerbeck 3.205) 또한 율법을 준수한 것으로 되어 있다.[405] 그러나 바울은 율법을 아브라함의 언약에 덧붙여진 것으로 보거나 그것을 개정한 것으로 보려는 어떠한 시도도 다음 절에서 거부한다. 율법은 아브라함의 언약 속에 내포된 것이거나 덧붙여진 어떤 것이 아니다.

18. 만일 그 유업이 율법에서 난 것이면 약속에서 난 것이 아니리라 그러나 하나님이 약속으로 말미암아 아브라함에게 은혜로 주신 것이라

바울은 이 구절에서 이전에 논의되어진 것을(15-17절) 요약한다. 유업이 모세의 율법에서(ἐκ νόμου) 나온 것인가 아니면 아브라함에게 준 약속에서(ἐξ ἐπαγγελίας) 나온 것인가? 만일 유업이 모세의 율법에서 나온 것이라면 그것은 아브라함에게 준 약속과는 관계가 없을 것이고, 만일 유업이 아브라함에게 준 약속에서 나온 것이라면 그것은 모세의 율법과는 관계가 없을 것이다. 환언하면, 만일 아브라함과 그의 후손

---

405) 이와 같은 전승과 관련하여 유대 자료를 모아 놓은 것으로는 Strack-Billerbeck 3.204-06을 참조하라.

에게 약속된 유업이 모세의 율법에 기초한 것이라면 그것은 율법의 백성에게 속한 것이라고 말할 수 있다. 그러나 만일 그것이 아브라함에게 준 약속에 기초한다면 율법은 약속에 어떤 모양으로든지 영향을 줄 수 없다. 바울은 여기서 율법과 약속을 함께 연결지으려고 하지 않고 양자택일의 선택사항으로 제시하고 있다. 본절에서와 같이 바울은 로마서 4:13 이하에서도 비슷하게 율법과 약속이 어떤 방식으로든지 함께 연결된 것으로 보려는 타협안을 거절한다.

우리는 이미 위에서 '유업'이란 말을 몇 번 언급하였지만, 이 단어 자체는 본절에서 처음으로 소개되며 이후로 주된 역할을 담당하게 된다(cf. 3:29; 4:1,7,30). 바울은 본절에서 유업이 구체적으로 무엇을 말하는지 설명하지 않지만, 갈라디아서에서 그것은 하나님의 구원사역에서 베풀어지는 모든 유익들과 축복들을 포함하며 이에 대해서 우리는 이미 위에서 언급한 적이 있다(16절의 주석을 참조하라). 이러한 유업은 누구에게 주어지는가? 이 질문에 대한 바울의 결론은 본절 후반절에 명기되어 있다: 유업은 '하나님이 약속으로 말미암아 아브라함에게 은혜로 주신(***κεχάρισται***) 것이다'. 여기서 두 가지 사실을 확인할 수 있다. 첫째로, 유업이 아브라함에게 주어지게 된 것은 하나님의 '약속'에 기초한 것이지 모세의 율법에 기초한 것은 아니다. 모세의 율법은 아브라함에게 약속이 주어진 지 430년이 지난 후에야 생겨난 것이다. 따라서 약속의 원리는 구속사적으로 시내산 율법이 주어지기 전부터 이미 효력을 발생하기 시작하였기 때문에 후자에 의해서 영향을 받을 수 없다(17절). 둘째로, 율법과 약속은 전혀 다른 원리에 기초하고 있다. 시내산 율법은 '행함의 원리'에 기초한 반면(10,12절 참조) 아브라함에게 주어진 약속은 '은혜의 원리'에 기초한다(18절, ***κεχάρισται***). 바울의 구원론에 있어서 '은혜의 원리'는 흔히 '믿음의 원리'와 상관되어 나타난다(cf. 3:20-21; 롬 3:22-24; 5:1-2).[406] 그렇다면 아브라함에게 약속된 유업은 바울이 이미 앞설에서 밝힌 내로 헐

---

406) Cf. K.M. Campbell, "Covenant or Testament?" ***EQ*** 44 (1972),

통적으로 제한된 것도 아니고 유대인이든 이방인이든 관계없이 '믿음의 사람들'(7절)에게 속한 것이다. 그들이 아브라함에게 약속된 유업을 이을 참 자손들이다. 완료시제인 '케카리스타이'는 하나님께서 과거에 아브라함에게 유업을 주셨을 뿐만 아니라 지금도 계속해서 그의 후손들에게 주시고 계신다는 것을 함축한다. 더욱이, 그것은 아브라함에게 주신 약속을 그리스도 안에 나타난 하나님의 현재적인 구원사역과 상관시키고, 이를 통해서 또한 그것을 갈라디아인들의 구원과도 상관시킨다(롬 11:6 참조). 구속사적으로 행함의 원리에 기초하는 율법은 하나님의 백성을 구원하는 길로 의도된 적이 없다. 하나님의 은혜에 기초한 믿음의 원리만이 범죄한 인류를 위한 유일한 구원의 길로 시종일관 작용하여 왔다(cf. 3:12).

4) 율법의 기능과 목적 (3:19-25)

앞에서 바울은 아브라함의 축복과 그에게 주어진 약속이 유대인과 이방인을 포함한 '믿음의 사람들'에게 주어진다는 사실과, '약속'이나 '유업' 중 어떤 것도 모세 율법에 기초해서 주어지는 것이 아니라는 사실을 분명하게 밝혔다. 이러한 바울의 주장은 율법이 유대교에서 통상적으로 지니던 전통적인 역할을 거부하는 것이나 다를 바가 없다. 율법에 관한 유대교의 견해는 다음과 같은 랍비 문헌 가운데서 잘 나타나 있다: "세상은 세 가지에 기초하여 있다: 토라, (성전) 예배, 그리고 사랑의 친절행위들이 그것이다"(Aboth 1.2; cf. 3:21; 6:1-9; Aboth R.Nat.B, 18).[407] 아브라함 전승을 급진적으로 재해석함으로써 바울은 이렇게 하나님 백성의 참된 성격을 토라와 관련하여 혈통적으로나 특수주의적으로 정의내리려는 유대주의자들의 시도를 거부하고

107-111. 아브라함에게 주어진 약속은 전적으로 은총의 언약이다.

407) Cf. Charles Taylor, *Sayings of the Jewish Fathers*, New York, KTAV, 1969, 12; G. F. Moore, *Judaism in the First Three Centuries of the Christian Era* I(3 vols, 1927-30), Cambridge, 251-80 등을 참조하라.

아브라함의 언약과 모세의 율법을 분리시켜 놓았다. 여기서 자연히 제기되는 것은 '그러면 율법은 무엇인가?' 라는 질문이다. 율법이 약속과 관련된 것이 아니라면 그것의 기능과 목적은 무엇인가? 바울은 과연 율법을 전적으로 부정적으로만 평가하는 '말씨온적' 견해에 기울어지는가? 본 부분(3:19-25)에서 우리는 이러한 문제들을 본문주석을 통해서 답변하고자 한다.

19. 그런즉 율법은 무엇이냐 범법함을 인하여 더한 것이라 천사들로 말미암아 중보의 손을 빌어 베푸신 것인데 약속하신 자손이 오시기까지 있을 것이라

'그런즉 율법은 무엇이냐' 라는[408] 질문은 바울의 논의가 새로운 국면에 접어들었음을 보여준다. 바울은 이 질문에 대해 답변하면서 율법의 기원과 목적을 묘사하는 네 가지 정의들을 제시한다: 1) '범법함을 인하여 더한 것이라' (***τῶν παραβάσεων χάριν προσετέθη***); 2) '약속하신 자손이 오시기까지' (***ἄχρις οὗ ἔλθῃ τὸ σπέρμα ᾧ ἐπήγγελται***); 3) '천사들로 말미암아…베푸신' (***διαταγεὶς δι' ἀγγέλων***); 4) '중보의 손을 빌어' (***ἐν χειρὶ μεσίτου***). 이들 진술들은 각각 율법에 관련된 독특한 교리들을 담고 있기 때문에 우리는 이제부터 하나씩 개별적으로 논의하려고 한다.

1) 첫 번째 진술은 율법이 '범법함을 인하여 덧붙여진' 것이라고 말한다. 이 진술에서 문제되는 첫 번째 점은 전치사 '카린' (***χάριν***)을 어떤 의미로 해석하는가에 달려 있다. 이 전치사는 본래 이유 또는 원인을 말하는 '때문에' (*on account of*)를 의미하는데(한역성경에서처럼), 신약에서도 이러한 용례가 발견된다(cf. 눅 7:47; 엡 3:14; Ps

---

408) 네슬-알란트판에 있는 ***Τί οὖν ὁ νόμος***가 정확한 본문이다. 다른 사본에는 ***Τί οὖν ὁ νόμος πράξεων***(그런즉 행위의 율법은 무엇이냐?)로 되어있다(P[46] G Irenaeus). 이 본문과 다른 변이본문들은 바울의 논의의 거친 면들을 제거하려고 노력하고 있다.

Clem. hom. 11:16). 그러나 그것은 보다 일상적으로 '위하여'(*for the sake of*)라는 뜻을 가지고 있고(cf. 딤전 5:14; 딛 1:11; 유 16) 대다수의 많은 주석가들이 이러한 해석을 선호하고 있다.[409] 더욱이 3:22은 이 두 번째의 의미를 더 신빙성이 있게 만들어 준다. 그렇다면 율법은 범법함을 더하고 죄를 더욱 죄되게 하기 위하여 덧붙여진 것이라 할 수 있다. 갈라디아서에서는 이러한 사상이 분명하게 해설되고 있지는 않지만 본절의 표현과 특히 3:22에 함축되어 있는 것으로 보인다.

만일 본절의 표현을 두 번째 의미로 해석하는 것이 타당하다면 본절의 율법사상은 로마서의 것과 여러 면에서 비교할 만하다: "율법이 가입한 것은 범죄를 더하게 하려 함이라"(롬 5:20 상). '가입했다'(**παρεισῆλθεν**)거나 또는 '더해졌다'(**προσετέθη**)는 표현들은 율법이 죄를 더욱 죄되게 만들고(롬 7:13) 범죄를 더하게 하기 위해 후에 부가적인 요소로 역사 속에 끼어들어 왔다는 것을 의미한다. '더해졌다'는 말은 율법이 언약과 약속을 보충하는 어떤 것으로 덧붙여졌다는 말이 아니다. 그것은 인류의 범죄적 상황을 폭로하고 죄를 더하게 하려는 부정적 목적을 이루기 위해 구속사 중간에 끼어든 낯선 침입자와 같은 어떤 것이다.[410] 율법은 죄 문제를 해결하고 사람들에게 생명과 의를 '제공해 주는 길이 되기는커녕(3:21) 도리어 계명들을 어기도록 부추기고 그들을 그 저주 아래 가두고 말았다(cf. 롬 7:5,8,11,13).[411] 물론, 율법을 하나님께서 죄 문제에 대한 치유책으로 주셨다고 생각했던 유대인들에게 율법이 죄를 더욱 짓도록 부추긴다는 (특히 로마서 7장에

---

409) Schlier, *Galater*, 152; Bligh, *Galatians*, 146; Bruce, *Galatians*, 175; Oepke, *Galater*, 115; Betz, *Galatians*, 165 등을 참조하라.

410) 율법을 구속사의 낯선 침입자로 암시하는 표현은 '가입했다'(**παρεισῆλθεν**)는 동사의 사용에서 발견된다. F.F. Bruce는 이 단어를 came in by a side road라는 의미로 해석한다(*Galatians*, 176). 이 단어는 이미 2:4에서 이방 기독교인들의 자유를 엿보려고 '가만히 들어온 거짓 형제들', 즉 유대주의자들의 기만적 유입 행위를 묘사하기 위해서 사용된 바가 있다.

411) C.E.B. Cranfield, "St Paul and the Law," 46f; S. Kim, *The Origin of Paul's Gospel*, 53 참조.

나타난) 바울의 사상은 충격적이고 낯선 것이었을 것이다.[412] 이 점에서 바울의 율법관은 율법의 기능과 목적에 대해서 비유대교적인 입장을 채택하고 있는 것으로 보인다.

율법은 왜 이러한 부정적 기능과 목적을 가지게 되었는가? 그러한 부정적 이미지 자체는 율법 자체에 내포되어 있는 것인가 아니면 바울이 신학적인 목적에서 임의적으로 율법에 부과한 것인가? 바울은 갈라디아서 5장에 가서 율법의 본질을 '사랑'이라는 말로 요약하면서 (5:14) 사랑으로 서로 종노릇하는 기독교인들은 이미 율법을 '성취하는'(**πληρόω**) 것이나 마찬가지라고 주장한다(cf. 6:2). 사실 바울은 성령으로 행하는 신자들은 율법을 적극적으로 성취하는 사람들이라고 보는 것이 분명하다. 율법이 육신의 세력을 극복하고 돌파하기에는 전에 너무 연약하여 할 수 없었던 것을 이제 성령은 새로운 종말론적인 능력으로서 신자들로 하여금 육의 세력을 돌파할 수 있도록 만들어 주고 있으며(롬 8:3), 또한 적극적으로 율법의 의로운 요구들을 '성취하도록'(**πληρώθη**) 가능하게 만들어 주고 계신다(롬 8:4). 이러한 표현들을 통해서 관찰할 때 바울은 여전히 율법의 요구를 '의롭다'고 생각하고 있으며 신자들은 성령에 순종함으로써 율법을 성취하는 사람들로 간주하고 있다. 그렇다면 바울은 율법을 오로지 부정적으로만 평가하는 것은 아니라는 사실을 발견할 수 있다. 물론 그의 율법관은 로마서보다는 갈라디아서에서 좀더 부정적인 시각에 노출되어 있는 것은 사실이지만,[413] 그렇다고 바울의 율법관이 근본적으로 노선을 달리한다거나 모순되게 발전한 것이라고 말할 수는 없다[414]

---

412) 물론 랍비들도 사람이 율법에 헌신하면 할수록 악한 충동의 공격을 받기 쉽다는 것을 의식하고는 있었지만(Suk. 52a; Ab. Zar. 17a; Kid. 40a), 율법 자체가 죄를 짓도록 부추기고 충동질한다는 것은 유대교에서 낯선 사상이다(cf. C. G. Montefiore & H. Loewe (ed), *A Rabbinic Anthology* (1938), 302).

413) Cf. H. Hübncr, *Law in Paul's Thought*, 54. 그는 여기서 갈라디아서에 표현된 거치고 부정적인 율법관이 로마서에서 보다 원숙하고 긍정적으로 평가되고 있다고 생각한다.

414) Barclay, "Paul and the Law", *Themelios* 12 (1985), 5-15 참조.

율법이 비록 다양한 기능을 지닌다 하더라도 바울이 갈라디아서 3:15-4:11에서 염두에 두고 있는 것은 시내산에서 주어진 모세의 율법임이 분명하다. 그것은 아브라함보다 430년 이후 모세 시대에 생긴 것이며 (3:17), 또한 3:21에 쓰인 '주셨다'(ἐδόθη)는 부정과거 동사는 신적인 수동태(*divine passive*)로서 하나님이 율법을 주신 주체로 암시되고 있는 것이 분명하다.[415] 율법은 또한 여전히 기독교인들이 사랑의 종노릇을 통해 성취해야 할 대상이기도 하다(5:13-14). 바울은 로마서에서 율법은 하나님에 의해 주어진 것이기 때문에 거룩하고 의롭고 선하며 신령하다고 주장한다(롬 7:12-14). 그렇다면 어떻게 의롭고 선한 율법이 죄인들을 노예처럼 '가두고'(3:22) 죄를 폭로하고 범죄를 더하게 할 수 있는가? 이것은 율법이 지니는 두 가지 상반되는 기능에 기인하기 때문인 것으로 보인다. 율법은 하나님의 계시의 빛으로서 그것을 통해 하나님의 거룩한 뜻과 의지가 계시되는 한편, 또한 그의 거룩하고 의로운 의지와 뜻이 계시됨으로 모든 악들이 적나라하게 드러나고 폭로되기도 한다. 그래서 율법은 죄를 날카롭게 의식하게 만들며(롬 3:20; 7:7), 심지어 죄가 죄로 드러나거나 활동하지 않는 곳에서 죄를 '살아나게 만드는'(ἀνέζησεν) 역할을 담당한다(롬 7:9). 특히 롬 3:20에 쓰인 '깨달음'(ἐπίγνωσις)과 7:7에 쓰인 '안다'(ἔγνων)는 말들은 단순히 죄를 '인식한다'는 의미를 나타내기보다는 죄의 세력을 '체험하다'는 의미로 해석되어야 한다.[416] 그렇다면 율법을 통해 사람들이 죄의 세력을 극복하여야 함에도 불구하고, 율법이 죄와 육의 세력을 극복하기에는 너무 연약하기 때문에 죄와 육의 세력이 도리어 '계명을 통해 기회를 타서' 사람들 속에 각종 탐심을 이루게 되었다. 따라서 율법은 인류의 죄악된 상황을 치유하기는커녕 도리어 죄를 드러내고 폭로하는 그 자체의 기능으로 말미암아 사람들을 더욱 정죄하고 죄와 육의 세력을 더욱 첨예하게 체험하도록 만들고 말았다. 율법

415) Cf. R. B. Sloan, "Paul and the Law," *NovT* 33(1991), 47; Betz, *Galatians*, 174 n.102.

416) Cf. J.D.G. Dunn, *Romans*, 378; E. Käsemann, *Romans*, 89, 193. 그러나 *Contra* Cranfield, *Romans*, 199,341,348f(7:7관한 주석).

은 하나님께서 주신 것이기 때문에 거룩하고 선한 것임에도 불구하고 죄의 세력이 활동하는 영역에서 작용함으로써 죄와 육(σάρξ)에 협력하는 부정적인 기능을 가지게 되었다. 이로써 율법은 의롭고 거룩함에도 불구하고 죄와 육의 대리인이 된 것이다. '율법 아래' 있는 것이 사실상 '죄 아래' 있거나 또는 '육신 안에' 있는 것과 마찬가지의 의미를 지니게 된 것이 바로 이런 이유 때문이다.[417] 바울이 이렇게 율법을 급진적으로 재해석하게 된 것은 율법 아래 있는 상황에 대한 객관적인 관찰에서 나왔다기보다는 그리스도 사건의 빛 아래서 율법 아래 있는 절망적인 상황을 전격적으로 새롭게 이해하게 되었기 때문일 것이다.[418]

2) 두 번째 진술은 율법의 타당성을 '약속하신 자손이 오시기까지'의 기간에 제한시킨다. 유대교에서 율법이 영원한 효력을 지니는가 아니면 메시야 시대가 도래하면 종말을 맺을 것인가에 대해서 랍비들의 견해가 갈려 왔다. 유대교의 일부에서는 율법은 영원하며(cf. Sir. 24: ; Wis. 18:4; 2 Esdr. 9:37; 1 Enoch 99:2; As.Mos. 1:11ff; Josephus, C.Apion 2:38 등) 심지어 선재적이라고까지 생각하기도 한다.[419] 이와는 반대로 유대교의 다른 일부에서는 메시야 시대가 일단 시작되면 율법의 시대는 끝나게 될 것으로 내다보기도 한다. 그래서 율법이 여전히 타당성을 유지한다면 그것은 아직도 메시야가 도래하지 않았다는 것을 시사할 뿐이다.[420] 이러한 견해에 따르면 세계 역사는 삼단계로 구분되는데—혼돈의 시대, 율법의 시대 그리고 메시야 시

417) R.B. Sloan, "Paul and the Law," 48-49; Betz, *Galatians*, 165. 베츠는 여기서 바울이 왜 이러한 부정적인 율법관에 이르게 되었는가를 논의하면서 Philo와 같은 헬레니즘적인 유대교 사상을 언급하지만 신빙성이 없다.

418) 아마도 이러한 전격적인 새로운 이해의 전환은 다메섹 도상의 바울의 회심경험에서 이루어진 것으로 보아야 할 것이다.

419) Cf. Strack-Billerbeck, II, 353-57에 언급된 랍비문헌의 구절들.

420) 이 문제에 대한 포괄적인 논의로는 W. D. Davies, *Torah in the Messianic Age and/or the Age to Come*, Philadelphia, 1952; L. Baeck, "The Faith of Paul," *JJS* 3(1952), 106 등을 참조하라.

대—각 시대는 이천 년 간 지속되고 그 후에는 영원한 안식이 있을 것이다 (b. Sanh. 97a; m. Tamid 7:4). 이러한 시대 구분의 특징은 율법 시대와 메시야 시대를 구분하는 방식에 있다.

바울은 유대교의 이들 두 전승들 중에서 후자의 견해에 가깝다. 율법의 타당성을 그리스도의 오실 때까지 한정시킨 그의 입장이 유대교적 전승의 영향에 기인한 것인지는 결정하기가 어렵다. 한 가지 분명한 점은 그리스도 사건에 대한 그의 새로운 이해가 바울로 하여금 율법이 그리스도의 도래와 더불어 그 타당성을 상실하게 되었다는 확신을 가지게 만들었다는 것이다. 여기서 바울은 약속과 '씨'를 연관지음으로써 약속이 지향하는 지점은 아브라함의 후손으로서 그의 유업을 합법적으로 이어받을 '그리스도'라는 것을 시사한다(3:16 참조). '약속하신'(ἐπήγγελται)이라는 동사는 완료수동태인데 그것은 18절의 '은혜로 주셨다'(κεχάρισται)는 완료동사와 마찬가지로 약속의 영구적인 타당성을 강조해 준다.[421] 이와는 반대로 율법은 그리스도가 오시기까지만 잠정적으로 타당성을 지닐 뿐이며, 또한 그것도 메시야가 오실 때까지 범죄를 더하게 하려고 구속사 중간에 끼어든 침입자와 같은 어떤 것이다. 이렇게 함으로써 바울은 다시 한번 약속의 영구성과 율법의 잠정적인 제한성을 대조시킨다.

그러면 왜 바울은 율법이 메시야 시대에서 타당성과 효력을 상실한다고 생각하게 되었는가? 이미 앞에서 우리는 그리스도 사건이 바울로 하여금 율법에 대해 새롭게 평가하도록 만든 계기가 되었다고 지적한 적이 있다. 이 진술에 대해서 좀더 구체적으로 설명해 보자. 율법은 왜 메시야 시대에 그 타당성을 상실하게 되었는가?[422] 갈라디아서 1-2장에 묘사된 바울의 자서전적 부분에 관한 주석에서 우리는 율법에 대한 열심이 바울로 하여금 메시야를 발견하게 하기는커녕 하나

---

421) Cf. Schlier, *Galater*, 154; Bruce, *Galatians*, 176.
422) 이 질문에 대한 여러 견해들로는 R.B. Sloan, "Paul and the Law," 42-46을 참조하라.

님과 메시야를 향하여 죄를 짓도록 만들고 말았다는 사실을 지적한 적이 있다. '조상들의 유전'에 대한 열심 때문에 그는 하나님의 교회를 크게 핍박하고 잔해하려고 하였다(1:13-14). 그러나 다메섹 도상에서 부활하신 그리스도께서 바울에게 하나님의 아들로 나타나셨기 때문에, 바울은 이를 계기로 그리스도의 십자가 사건을 새롭게 이해하게 되었을 뿐만 아니라 자신이 그렇게도 열심을 내었던 율법에 대해서도 재해석하지 않을 수 없었을 것이다.[423] 그래서 스툴마허(P. Stuhlmacher) 같은 학자는 그리스도께서 율법의 판결 밑에서 부당하게 고난을 받아 죽임을 받았지만, 부활사건은 그에게 내려진 율법의 판결을 거꾸로 뒤집어 놓았고 따라서 율법의 판결을 폐지시켜 버렸다고 주장한다.[424] 그리스도를 잘못 저주한 율법은 더 이상 하나님의 참된 의지를 반영한다고 할 수 없다. 결국 그리스도는 하나님의 계시로 간주되던 율법을 대체시켜 버렸기 때문에 '율법의 마침'(***ὁ τέλος τοῦ νόμου***)이 되셨다(롬 10:4).

우리는 비록 다메섹 도상의 사건이 바울에게 인식의 전환을 가져온 계기가 되었다는 점을 인정한다 하더라도 스툴마허의 견해는 몇 가지 비평을 받을 필요가 있다. 첫째로, 율법은 과연 그리스도의 오심으로 대체되었는가? '대체되었다'는 표현은 율법이 그리스도의 오시기 전에는 '유일하고도 합법적인' 신의지의 계시로서 작용하다가 이제 그리스도의 오심으로 어떤 다른 것이 그 자리를 대신 차지하게 되었다는 의미를 내포하고 있다. 그러나 바울에게 있어서 이신칭의의 원리에 기초하는 아브라함 언약은 신구약 시대를 걸쳐 구속사의 시종일관한 원칙으로 적용되어 온 반면에(3:8) 행함의 원리에 기초하는 모세 율법은 결코 인류를 죄 가운데서 구원할 수 있는 구원사의 원리로 적용된 적이 없었다(3:12). 율법은 기껏해야 범죄를 더하게 하려고 중간에

423) S. Kim, *The Origin of Paul's Gospel*, 265ff.
424) P. Stuhlmacher, *Reconciliation, Law,* and Righteousness, Philadelphia, Fortress Press 1986, 134-54; 또한 S. Kim, *The Origin of Paul's Gospel,* 264ff.

끼어든 것에 불과하다. 따라서 구약시대에서는 율법이 적용되다가 신약시대에서 그리스도에 의해 대체되었다는 진술은 잘못된 것이다. 믿음의 원리는 신구약 시대를 걸쳐 변함없이 적용되어 왔다. 둘째로, 그리스도를 잘못 정죄한 율법은 더 이상 하나님의 참 의지를 반영하지 못한다는 스툴마허의 주장은 지나친 감이 있다. 바울에게 있어서 율법은 여전히 하나님에 의해 주어진 것이기 때문에 여전히 의롭고 선하며 거룩하고 신령하다(롬 7:2-13). 비록 율법이 죄의 세력과 결탁되어 있기는 하지만 그렇다고 하나님의 계시이기를 중지하는 것은 아니다. 그것은 거룩하고 의로운 선한 선의지의 계시로서 그리스도 '밖에서' 사람들의 죄를 폭로하고 드러내는 기능을 계속하고 있다.

하지만 율법이 그리스도 안에서 '폐지되었다'는 스툴마허의 주장은 정당한가? 그는 자신의 주장을 뒷받침하기 위해 로마서 10:4의 '율법의 마침'(**ὁ τέλος τοῦ νόμου**)이란 표현을 그 성경적인 근거로 삼는다. 헬라어의 '텔로스'(**τέλος**)가 '마침/종료'를 의미하는지 아니면 '목표/완성'을 뜻하는지에 대해서는 학자들 간에 여전히 논쟁의 대상이 되고 있다.[425] 이 단어만을 가지고 율법의 폐지 여부를 결정하는 일은 그렇게 쉬운 일이 아니다. 그러나 바울은 갈라디아서에서 그리스도 안에서 율법의 폐지를 암시하는 표현을 사용한다: "만일 내가 헐었던(**κατέλυσα**) 것을 다시 세우면 내가 나를 범법한 자로 만드는 것이라"(2:18). 이 동사는 흔히 '없애버리다, 폐지하다, 무효화시키다'는 뜻을

425) Cf. R. Badenas, *Christ the End of the Law*, Sheffield, JSOT Press, 1985. 이 책은 로마서 10:4의 해석사를 담고 있는 가장 인상적인 저술 중의 하나이며 신약과 당시대의 헬라 문헌에서 **τέλος**가 어떻게 쓰이고 있는지를 철저하게 탐구한 책인데, 바데나스는 이 책에서 언어적이고 주석학적인 증거들을 끌어대면서 **τέλος**가 시간적이고 종지부적인 의미보다는(그리스도는 율법의 '끝' 또는 '폐지'이다) 목적론적인 의미로(그리스도는 율법의 '완성' 또는 '목표'이다) 해석해야 한다고 주장하였다. 이에 대한 반대견해로는 J. D. G. Dunn, "'Righteousness from the Law' and 'Righteousness from Faith': Paul's Interpretation of Scripture in Romans 10:1-10," in *Tradition and Interpretation in the NT*, ed. G.F. Hawthorne with O. Betz, Eerdmans 1987, 222.

지닌다.[426] 그리스도 안에서 율법에 대해 죽은 그리스도인에게는 율법이 이제 더 이상 계속적인 타당성과 효력을 지닐 수 없다. 바울의 이러한 표현은 '그리스도 안에서' 율법의 요구는 무효화되었다는 것을 암시한다.[427]

한 가지 점은 여전히 더 다루어져야만 한다. 율법의 요구가 그리스도 안에서 무효화되기 이전의 구약 시기에 율법은 계속 죄인들에 대해서 정죄의 기능을 담당했을 것이다. 이 시기에 구약 백성들은 어떻게 율법의 정죄에서 벗어날 수가 있었는가? 샌더스(E.P. Sanders)는 바울 당대의 유대인들은 희생제사와 회개와 같은 율법 자체에 의해 제시된 속죄의 수단들이 그들의 범죄를 속죄하기에 충분한 것으로 믿었다고 주장하였다.[428] 사실 구약 이스라엘 백성의 경우에 율법 자체에 의해 제시된 수단들인 희생제사와 회개를 통해서 속죄가 이루어졌다는 것은 분명하다. 하지만 바울은 구약 후기 예언서들 속에서 이스라엘의 심판과 파멸은 속죄의 수단들이 제시되어 있었음에도 불구하고 그들의 범죄 때문에 피할 수 없다는 예언자들의 메시지를 잘 알고 있었다(사 1:10-17; 58:1-7 참조).[429] 더욱이 그는 이러한 속죄의 수단들

426) Arndt-Gingrich, *A Greek-English Lexicon*, 414; Büchsel, *TDNT* IV, 335f, 338.

427) '헌다'(**κατέλυσα**)는 동사는 바울서신 이외에 마태복음 5:17에서도 사용되는데, 예수께서는 율법을 폐지하러 오신 분이 아니라 완성하러 오신 분으로 묘사된다. 비슷한 동사가 로마서 3:31에서 사용되는데, 여기서 바울이 율법을 '폐지하는'(**καταργοῦμεν**) 사람이라는 유대인들의 비난을 반영하는 것 같다(cf. 행 18:13; 21:28): "그런즉 우리가 믿음으로 말미암아 율법을 폐하느뇨 그럴 수 없느니라 도리어 율법을 굳게 세우느니라"(롬 3:31, **ἱστάνομεν**). 분명히 바울은 여기서 율법을 폐지한다는 비난에 대해서 자신을 변호하고 있다.

428) E.P. Sanders, *Paul and Palestinian Judaism*, 422. 회개나 특히 의인들의 순교가 이스라엘 백성의 죄를 속한다는 사상에 대해서는, 이한수, "신약에 있어서 구속 개념의 배경과 발전," 신학지남 겨울호 1989, 171을 참조하라.

429) Cf. In-Gyu Hong, "Does Paul Misrepresent the Jewish Law?" *NovT*(1993), 13, forthcoming article.

이 그리스도를 통해 나타난 하나님의 새로운 구원 행위에 비추어 볼 때 부적합하다는 사실을 깨닫게 되었다. 이미 앞에서 지적한 대로 구속사 전체에 걸쳐서 믿음으로 말미암는 칭의의 원리가 적용되어 왔다면, 희생제사와 같은 속죄의 수단들도 오직 믿음이라는 원리 안에서 유효한 것이었으며 그것이 전제되지 않을 때 율법의 정죄는 피할 수 없었다. 그러나 이제 율법의 정죄는 예수 그리스도 안에서 그의 속죄 사역을 믿음으로 받아들이는 자들에게 무효화되었다(롬 8:1-2 참조).

3) 세 번째 진술은 율법이 '천사들로 말미암아 베풀어진' 것이라고 묘사한다. 율법이 천사들을 통해서 주어졌다는 사상은 유대교 사상에 뿌리를 두고 있다. 시내산 율법에 대한 구약의 이야기에서는 천사들의 존재가 언급되어 있지는 않지만(출 19:9,16ff; 24:15ff; 신 4:1ff; 5:22ff), 계시를 동반하는 우주적 현상들은 후기에 가서 천사들 때문에 생긴 것으로 해석되었다(LXX 시 102:20; 103:4; 1 *Enoch* 60:1ff; *Jub* 2:2ff). 칠십인경에 나타난 시내산 율법의 이야기에는 천사들의 존재가 가정되고 있다(LXX 신 33:2).[430] 가장 중요한 것은 아마도 요세푸스의 진술일 것이다: 그는 거룩한 율법을 하나님이 보내신 천사들을 통해서 배웠다는 헤롯의 진술을 보도하고 있다(*Ant* 15.136). 이러한 사상은 유대 기독교와 초기 기독교 영지주의 사상에서 확장되어 발전되며(행 7:38,53; 히 2:2; Hermas, *Sim* 8.3.3) 심지어 영지주의 기독교 사상에서는 시내산 율법을 수여한 천사들은 세상을 창조한 악한 영들과 동일시된다(Epiphanius, *Pan* 28.1.3; Tertullian, *Adv.omn.haer.* 3; cf. Harnack, *Marcion*, 97ff).

물론 바울은 영지주의 신학에서처럼 율법을 수여한 천사들이 악한 영들이라고 생각하지 않음이 분명하다. 이것은 바울 사상의 출처와 무

---

430) 신명기의 본문은 다음과 같다: ***Κύριος ἐκ Σινα ἥκει…ἐκ δεξιῶν αὐτοῦ ἄγγελοι μετ' αὐτοῦ***. 후기의 랍비 전승들은 이들 천사들의 목적이 어떤 것인지에 대해서 다양한 방식으로 설명하고 있다(Strack-Billerbeck III, 554-56).

관하지 않은 구약의 전승이나 초기 유대 기독교의 전승들을 통해서도 뒷받침이 되고 있다. 그러면 율법이 천사들을 통해 베풀어졌다는 말은 무슨 뜻인가? '베풀다'(**διατάσσω**)는 말은 '제정하다, 명하다'는 뜻을 지닌다. 그렇다면 율법을 제정한 주체는 하나님이 아니라 천사들이라는 말인가[431] 아니면 천사들이 율법을 제정하는 데 있어서 하나님을 대신하여 베풀었다는 말인가?[432] 전후의 문맥을 보면 하나님 자신에 의해 약속되어진 아브라함 언약의 우월성과(cf. 3:8) 천사들에 의해 제정된 율법의 열등성을 대조시키려는 바울의 의도가 분명히 나타난다. 갈라디아서 3장에서 바울은 율법의 제한적 성격을 여러 각도에서 설명하려고 시도한다. 율법은 연대기적으로도 약속보다 후에 주어진 것이며(15-17절), 약속하신 자손이 오시기까지만 효력을 가지고 있으며(19절), 생명을 나누어 줄 수가 없으며(21절), 범죄를 더하게 하기 위해서 주어진 것이고(19절), 더욱이 중보의 손을 빌어 천사들을 통해 제정된 것이다(19절). 바울의 이러한 진술들은 결국 율법의 출처가 하나님이 아니라 천사들이라는 것을 의미하는가? 그렇지 않다. 이미 위에서 지적한 대로, 3:21의 '주셨다'(**ἐδόθη**)는 동사와 약속이 주어지는 일과 관련하여 사용된 22절의 '주신다'(**δοθῇ**)는 동사는 모두 신적인 수동태(*divine passive*)로서 하나님이 이 동사의 주어라는 것을 함축하고 있다.[433] 율법은 신자들이 성취해야 할 하나님의 거룩한 뜻을 담고 있다(5:14). 율법을 범하는 것은 죄이며 신의 저주를 불러들인다(3:10; cf. 2:17-18). 율법이 신의 의지를 담고 있고 신의 저주를 불러들이며 부정적이기는 하지만 신적인 목적들에 봉사하도록 의도되었다는 사상이 천사들의 독립적인(심지어 적대적인) 활동에 그 뿌리를 두고 있다는 것은 바울에게 있어서 분명히 낯선 사상이다.[434]

---

431) Bligh, *Galatians*, 147; Burton, *Galatians*, 189.
432) S. Westerholm, *Israel's Law and the Church's Faith*, 179; Guthrie, *Galatians*, 104.
433) Cf. R. B. Sloan, "Paul and the Law," *NovT* 33(1991), 47; Betz, *Galatians,* 174 n. 102.
434) S. Westerholm, *Israel's Law and The Church's Faith*, 178; cf. P. Bläser, *Das Gesetz bei Paulus* (Münster: Aschendorff, 1941), 51-53.

약속도 하나님께서 주신 것이며 율법도 궁극적으로는 하나님께서 주신 것이다. 하지만 하나님이 직접 주신 약속과는 달리 율법은 하나님께서 천사들을 '통해서'(*διά*) 주신 것이다. 이 전치사는 하나님이 아니라 천사들이 율법의 출처라는 뜻도 될 수 있고 또는 하나님이 율법의 궁극적인 출처이지만 천사들을 통해서 제정되었다는 뜻도 될 수 있다. 우리는 이미 위에서 후자의 견해를 채택하였기 때문에 바울은 여기서 신적인 기원을 지닌 율법이 천사들에 의해 전달되었다는 것을 말하려는 것이 분명하다. 하나님께서 율법을 제정하셨다. 하지만 율법은 생명을 줄 수 없다. 그것은 단지 범죄를 더하게 하려는 목적으로 하나님께서 구원사의 후기에 가서야 천사들을 통해 제정한 것에 불과하다.

4) 마지막 진술은 율법이 '중보의 손을 빌어' 주어진 것으로 묘사한다. 이 표현 역시 유대적 전승에서 끌어 온 것이다. 여기서 바울이 염두에 두고 있는 '중보자'는 모세라는 것과 그가 중개한 것은 시내산에서 계시된 율법을 지칭한다는 것이 분명하다.[435] 레위기 26:46(LXX)은 율법이 모세의 중보를 통해(*ἐν χειρὶ Μωυσῆ*) 주어진 사실을 언급하는데, '엔 케이리'(*ἐν χειρί*)라는 헬라어 표현은 히브리어로 '통하여' 또는 누구의 '손을 통해서'라는 뜻을 담고 있다.[436] 그것은 칠십인경에서 거의 고정화된 문구로 사용되고 있으며(신 4:37,41; 9:23; 수 21:2; 사 3:4; 대상 16:40; 시 76:21 등) '중보자를 통하여'라는 문구를 담고 있는 곳은 빌러백(Billerbeck)에 따르면 랍비문헌에서 오직 한 군데서만 발견된다(*p. Meg.* 4.7d.9). 이러한 구절들은 모두 바울의 진술이 모세를 하나님과 그의 백성 사이에서 율법

---

435) Sieffert 같은 학자들은 흔히 그리스도가 중보자라고 해석하기도 하지만, 현대의 학자들 대다수는 중보자를 모세로 보는 데 있어서 만장일치의 견해를 보이고 있다(Betz, *Galatians*, 170; Jeremias, *TDNT* 4, 869-70; Oepke, *TDNT* 4, 598-624, 618f 등등).

436) Betz, *Galatians*, 170; Burton, *Galatians*, 189; Schlier, *Galater*, 155,158-61; E. Lohse, '*χείρ*', *TDNT* 9, 430f.

을 중개한 자로 묘사하는 유대 전승에서 나온 것임을 시사하여 준다.[437] 그러나 유대전승에서 율법을 중개한 모세가 부정적으로 평가된다는 시사는 발견되지 않는다. 오히려 율법을 제정한 천사들을 중보자 모세와 연관시킨 갈라디아 서신의 문맥 속에서 모세가 중개한 율법이 하나님에 의해 직접 주어진 것이 아니고 천사들을 통해 주어졌다는 부정적인 뉘앙스를 지니게 되었다.[438]

20. 중보는 한편만 위한 자가 아니나 오직 하나님은 하나이시니라

바울은 앞 절에서 언급된 '중보자' 개념에 대한 일반적인 정의를 제시한다. 그의 이 정의는 사실 그가 율법을 열등한 것으로 생각하는 이유를 설명해 준다(3:19). 본절은 두 부분으로 되어 있는데, 전반절은 부정적인 진술이고 후반절은 긍정적인 진술이다: 1) '중보는 한편만 위한 자가 아니다' ; 2) '그러나 하나님은 하나이시니라'. 이 두 진술은 그 자체만으로 볼 때는 의미가 자명하다. 중보자는 중보하려는 대상으로서 적어도 두 상대방을 필요로 한다. 왜냐하면 그는 한 편만을 위해 중보할 수 없기 때문이다. 또한 하나님이 한 분뿐이시라는 것은 유대교와 기독교의 근본적인 신학적 기초이다(롬 3:30; 고전 8:6).

해석학적인 문제는 사실 이 두 자명한 진술들을 함께 연결시켜 이해할 때 발생한다. 20절 하반절 초두에 발견되는 '데'(δέ)는 반의접속사로서 상반절과 하반절을 의미적으로 대조시키는 역할을 한다. 그렇다면 하나님께서 한 분이라는 사상이 어떻게 중보자는 한편 이상의 상대

---

437) 헬레니즘 유대교에서는 심지어 율법을 중개하는 모세의 이 역할 때문에 그를 신인(神人), 또는 천사와 같은 존재로 이해하기도 했다(Betz, *Galatians*, 170에서는 이와 관련된 여러 논의들을 소개한다).

438) Cf. Schlier, *Galater*, 161. 그는 여기서 모세가 천사들과 유사하다는 숨은 개념이 들어 있다고 지적하면서 이 때문에 모세가 부정적으로 평가된다고 주장한다.

들을 중개한다는 사상과 대조를 이루는가? 이 문제에 대해서 과거에 제시된 제안들은 너무도 많기 때문에 그것들을 여기서 다 언급하는 것은 필요치 않다.[439] 하지만 바울이 3장의 문맥에서 대조를 염두에 두고 있는 것은 분명한 것 같다. 아브라함에게 약속을 하실 때 하나님께서는 자신의 주권적인 은총에 근거하여 독자적으로(εἷς) 행동하셨다. 아브라함의 약속의 경우에 천사들이 개입하지도 않았고 인간들이 중보자로 나서지도 않았다. 하지만 모세에게 율법을 주실 때는 천사들을 통해 중보자의 손을 빌려 주셨다. 바울에게 있어서 쌍방이나 다수의 상대들 사이를 중개하는 중보자는 홀로 독자적으로 행동하는 사람보다 열등하다. 그렇다면 한 분 하나님과 대조되는 어떤 것도 열등한 것이다. 중보자의 개념은 본래 쌍방 또는 다수의 상대들을 전제하고 있기 때문에 모세의 중보를 통해 주어진 율법은 한 분 하나님의 독자적인 주권에 근거하여 주어진 아브라함의 약속보다 열등한 것이다.[440]

흔히 중보자는 중보해야 할 대상으로서 적어도 두 상대방을 필요로 한다. 성경의 예를 살펴보면 중보자는 보통 두 개인들의 문제에 개입하기도 하고(LXX 욥 9:33), 한 개인과 복수 상대방 사이의 문제에 개입하기도 하며(cf. 딤전 2:5) 또는 두 복수 상대방 사이의 문제에 개입하기도 한다. 그렇다면 20절의 중보자는 누구이고 또한 이 중보자가 중개하려고 하는 두 상대방은 누구인가? 이 질문에 대해서 많은 다양한 제안들이 제시되었다.[441] 이 모든 견해들을 다 비교 검토하는

---

439) 이들 제안들에 대해서는 Betz, *Galatians*, 171 n. 78을 참조하라.

440) 바울의 이러한 진술은 중보자의 불필요성에 대해 종말론적인 문맥에서 말하는 유대적 전승과 일치한다(1QH 6.13f; Isa 63.9; Pesiq. R. 21.5). 이에 대해서는 M. Mansoor, *The Thanksgiving Hymns* (Leiden: Brill, 1961), 143f; H.-W. Kuhn, *Enderwartung und gegenwärtiges Heil*(Göttingen: Vandenhoeck & Ruprecht, 1966), 146f을 보라.

441) H. Lietzmann, *Galater*, 21f. 여기서 그는 중보자가 한편만을 위한 중보자가 아니라 많은 편을 위한 중보자이기 때문에 그는 한 분 하나님의 대표가 아니라 많은 천사들의 대표라고 주장한다. G. Klein, 'Individualgeschichte und Weltgeschichte bei Paulus,'

것은 불필요하고, 여기서는 우리의 결론만을 제시하려고 한다. 19절의 주석에서 우리는 이미 '중보자'가 모세를 지칭한다고 주장한 적이 있다. 20절은 19절에 대한 설명이기 때문에 20절의 중보자를 모세가 아닌 다른 어떤 중보자로 상정하기가 어렵다[442] 더욱이 본절은 중보자를 필요로 하는 모세 율법의 열등성과 중보자를 필요로 하지 않는 약속의 우월성을 대조하는 설명이기 때문에 본절이 중보자 모세를 지칭하고 있는 것이 분명하다. 만일 우리의 견해가 맞는다면 모세가 중보하려는 대상들은 누구인가? 그는 이스라엘 백성과 하나님 사이를 중보하는 자인가, 아니면 이스라엘 백성과 천사들 사이를 중보하는 자인가? 모세가 하나님과 이스라엘 백성 사이를 중보한다는 전자의 견해는 중보자의 존재를 필요로 하지 않는 한 분 하나님이라는 사상에 의해서 배제가 된다. 따라서 모세는 천사들과 이스라엘 백성 사이를 중보한다는 후자의 견해가 타당하다. 19절은 '중보자'(μεσίτης)를 '천사들'과 아주 밀접하게 연관짓고 있어서 모세를 천사들과 이스라엘 사이를 중보하는 자로 보는 일이 가능하다.[443] 물론 이들 천사들을 하나님을 대적하는 악한 영들로 동일시하고 모세가 그들을 대표한다고 보는 클라인의 견해는 신빙성이 없다.[444] 율법이 하나님이 주신 계시가

Rekonstruktion und Interpretation (Munich, 1969), 210. 그는 리츠만의 견해에 동의하면서도 모세를 중보자로 보는 것을 거부하고 모세는 하나님을 대적하는 천사들의 '하수인'이라고 결론을 짓는다. 이와 대조적으로 A. Vanhoye, 'Un mediateur des anges en Ga 3,19-20,' *Biblica* 59(1978), 403-411를 보라. 여기서 중보자의 존재를 둘로 제시하면서 천사들의 중보자인 한 천사와 이스라엘 백성의 중보자인 모세를 그들로 제시한다(Bruce, *Galatians*, 179 참조).

442) *Contra* Bligh, *Galatians*, 148; Bruce, *Galatians*, 179. 물론 20절이 원리적 진술이라고 할지라도 19절과의 관계성 속에서 이해되어야 한다.

443) Cf. Mussner, *Galater*, 249; Burton, *Galatians*, 191; J. A. Ziesler, *The Meaning of Righteousness in Paul* (1972), 여기서 H. Hübner, *Law in Paul's Thought*, 27은 지슬러가 이 견해를 지지하는 것으로 인용한다.

444) *Contra* G. Klein, 'Individualgeschichte und Weltgeschichte bei Paulus,' *Rekonstruktion und Interpretation*, 210.

아니라는 그의 견해는 이미 위에서 거부된 적이 있다.

본절에서 바울의 의도는 율법의 신적 계시의 성격을 부정하는 것이 아니라, 율법이 모세의 중보를 통해 천사들을 통해 주어진 이차적인 계시라는 데 있다. 일차적 계시와 이차적 계시 사이에 무슨 실질적인 차이점이 있는가라는 문제가 제기될 수 있지만, 바울에게 있어서 그것은 실질적인 중요성을 지니는 차이점이었던 것이 분명하다. 특히 율법이 하나님에 의해 간접적으로 주어진 계시라는 관점은(3:19-20) 하나님 자신이 아브라함에게 직접적으로 주신 약속과(3:18) 대조시키려는 의도가 엿보인다. 더욱이 계시의 직접적인 성격이라는 관점에서 볼 때 하나님께서 아브라함에게 주신 '약속'은 다메섹 도상에서 부활하신 그리스도께서 바울에게 계시하신 '복음'과(1:12) 구원사적으로 상관되어 있다. 다메섹 도상의 그리스도 현현사건을 통해서 바울은 하나님의 직접적인 간섭으로 주어진 계시의 우월한 가치를 깨닫게 되었고, 이것은 율법을 전적으로 새롭게 이해하게 된 계기가 되었다. 모세의 중보를 거쳐 천사들을 통해 간접적으로 주어진 모세의 율법은 다메섹 도상에서 부활하신 그리스도의 초자연적이고 직접적인 간섭을 통해 주어진 바울의 복음보다 열등하다.

21. 그러면 율법이 하나님의 약속들을 거스리느냐 결코 그럴 수 없느니라 만일 능히 살게 하는 율법을 주셨더면 의가 반드시 율법으로 말미암았으리라

바울은 앞에서 모세 율법과 아브라함의 약속이 분리되었다는 사실과(15-18), 또한 하나님의 직접적인 구속 행위에 비해서 모세 율법이 열등하다는 사실을(19-20) 주장하였다. 만일 바울이 내린 율법의 정의가 받아들여진다면, 모세 율법이 결국 아브라함에게 주어진 약속들과 모순되는가 하는 질문이 제기될 수밖에 없다: '그러면 율법이 하나님의 약속들을 거스리느냐'? 본절은 19절의 질문에 보충적인 성격을 지니지만 매우 중요한 질문이다. 그는 여기서 모세 율법과 아브라함 언약이 모순된 것으로 간주하는 말씨온적 사고방식을 거부하고, 하나님이 주신 모세의 율법과 하나님이 주신 아브라함의 언약 사이의 관계를 분명히 밝히고자 한다.[445)]

율법과 약속이 원리상으로 모순된다는 주장에 대해서 바울은 단호하게 '결코 그럴 수 없다'고 잘라 말한다. 비록 율법은 천사들을 통해 중보의 손을 빌려 간접적으로 주어졌다고 할지라도 율법과 약속들은 모두 다 하나님에 의해서 주어진 것이 사실이다. 그렇다면 어떻게 율법과 약속이 내면적으로 모순되지 않을 수 있는가? 모두 하나님에 의해서 주어진 것이지만 그것들은 서로 모순적인 기능과 목적을 지니고 있지 않는가? 바울은 본절에서 이 질문에 대해 이렇게 답변한다: '만일 살게 하는 율법을 주셨더면 의가 반드시 율법으로 말미암았으리라'. '왜냐하면'의 뜻을 지니는 접속사 '가르'(**γάρ**)는 20절 하반절이 율법과 약속이 왜 서로 모순될 수 없는가를 설명해 주는 문장이라는 것을 시사해 준다. 바울의 설명 중에 첫 번째 조건절 문장은(조건절에 '에이'(**εἰ**)와 과거시제; 주절에 '안'(**ἄν**)과 과거시제) 조건이 사실이 아니라는 것을 가정하는 문장이다(cf. 1:10하; 고전 2:8; 요일 2:19). 그렇다면 율법이 생명을 줄 수 있다는 생각은 바울에게 있어서 사실과 반대될 뿐만 아니라 거짓된 생각이라고 할 수 있다. 그렇다면 하나님께서 왜 율법을 주셨는가(**ἐδόθη**)?[446)] 이미 위의 주석에서 살펴본 대로 율법은 생명을 주기는커녕 그 안에 사는 사람들에게(3:12) 저주들을 가져다 주고 말았다(3:10). 율법은 그것을 어긴 사람들에게 '사망'을 선고하며, 또한 죄의 세력을 날카롭게 인식하고 체험하게 만들며(롬 7:7f) 범죄를 더하게 만든다(갈 3:19). 율법은 따라서 죽었다고 선고한 사람에게 생명을 줄 수 없다. 생명을 주는 것은 율법의 본질과

---

445) 언약 뒤에 붙여진 **τοῦ θεοῦ**는 논쟁의 대상이 될 수 있다. 사본상의 증거를 보면 이 소유격적 표현을 제거한 본문이 더 강하다.

446) 부정과거 수동태 동사 **ἐδόθη**('주어졌다')는 신적인 수동태로서 하나님이 율법의 수여자라는 것을 암시한다(Betz, *Galatians*, 174 n.102; R. B. Sloan, 'Paul and the Law,' 47).

반대되는 것이다. 따라서 본절의 조건절에 시사된 바울의 목적은 약속이 율법보다 우월한 이유가 율법이 본래 하도록 의도된 것을 성취하는 데 실패했기 때문이 아니라는 것을 보여주는 것이다. 율법은 본래부터 생명을 주는 목적으로 의도된 것이 아니기 때문에, 생명과 의를 수여하는 데 있어서 아브라함의 약속과 경쟁하는 또 다른 구원사의 원리가 아니다. 그러므로 율법을 온전히 지키기만 한다면 생명이 주어질 수도 있지만, 인류는 본성상 그것을 온전히 성취하는 데 무능력하다는 전통적인 견해는 잘못된 것이다(*Contra* R. Bultmann, H. Hubner, C. K. Barrett, C.E.B. Cranfield, D. J. Moo, P. Stuhlmacher 등).

주절의 문장은 조건절의 가설적인 성격을 완성하지만 그 결론은 내면적으로 거짓된 것이다: '의가 반드시 율법으로 말미암았으리라.' 여기서 '의'(**δικαιοσύνη**)는 조건절에서 언급된 '생명'과 상관된 개념이라는 것이 분명하다. 의와 생명이 이렇게 개념적으로 결합된 것은 11절에서 이미 소개된 하박국 인용문에서 나타난다: '의인은 믿음으로 살리라'. 이것은 의롭다 함을 얻는 것은 결국 생명을 얻는 것이나 마찬가지라는 것을 시사한다: 그래서 '의'는 흔히 생명으로 인도하기 때문에 생명과 대등한 의미를 지니게 된다.[447] 바울이 11절과 본절에서 언급하는 생명은 영적인 생명을 의미하며(cf. 롬 8:11; 고전 15:22; 고후 3:6; 또한 6:63), 갈라디아서에서 그것은 또한 '영생'으로 불리워진다 (6:8, **ζωὴ αἰώνιος**). 죽을 몸을 살리는 부활의 생명은 바울에게 있어서 이미 믿음으로 의롭다 하심을 받은 신자들의 삶 속에서 시작되었기 때문에(롬 8:10-11) 종말론적인 생명이다. 이 종말론적인 부활의 생명은 신자들에게 신의 은총의 선물로 주어진 의(義)에 근거한 것이며, 바울에게 있어서 그것은 종말론적인 생명의 영인 성령을 통해서 주어진다.[448] 이러한 사실에 근거하여 볼 때 바울은 의와 생명이 배

---

447) E.P. Sanders, *Paul and Palestinian Judaism*, 503; Bruce, *Galatians*, 180.

448) Cf. 고린도후서 3:6: **τὸ δὲ πνεῦμα ζωποιεῖ** ('그러나 영은 살리나니'). 로마서 8:2에 나오는 '생명의 성령의 법'이란 표현도 이와

타적으로 '믿음'과 '성령'에 기초한 것으로 간주한다. 그것들은 결코 율법에 기초한 것이 아니다. 율법은 생명과 의를 제공할 수가 없다. 주절에 언급된 '율법으로 말미암아'(**ἐκ νόμου**)라는 표현은 출처를 시사해 주며(cf. 2:16; 3:2,5) 따라서 바울은 율법을 의와 생명의 출처로 보려는 시도를 분명하게 거부한다. 결과적으로 율법과 약속이 내면적으로 모순되지 않는 것은 그것들은 모두 하나님에 의해 주어진 것이기는 하지만 구원사적으로 전혀 다른 기능과 목적을 지니고 있기 때문이다. 그것들은 구원사적으로 다른 수준에서 또는 '다른 영역들 속에서 작용한다'.[449]

아마도 본절 배후에는 하나님께서 영생을 얻는 길을 제공하려는 목적으로 이스라엘 백성에게 율법을 주셨다는 유대교적 사상이 전제되어 있는 것으로 보인다. 갈라디아 교회에 침투한 바울의 논적자들은 이러한 유대교의 신학적 입장에 동의하였을 것이다. 그들은 모세의 율법과 아브라함의 약속을 이원론적으로 구분한 바울의 입장을 거부하고 전자가 후자에 덧붙여지거나 그것을 보충하는 것으로(3:15, **ἐπιδιατάσσεται**) 여겼을 것이다. 사실 유대교에서는 율법이 이스라엘에게 영생을 제공하는 길로 생각되었음을 시사하는 분명한 경향들이 존재한다(cf. *Aboth* 2.8; 6.1ff; *Sir.* 17.11; *Bar.* 3.9; 4.1).[450] 그러나 바울은 유대교에서 율법에 주어진 이러한 역할을 부정한다. 만일 의와 생명이 율법을 통해서 왔더라면 그리스도도 헛되이 죽으신 것이요(2:21) 아브라함의 언약도 헛되고 말았을 것이다(3:17). 만일 의와 생명이 율법에 기초하여 주어졌다면 하나님은 결국 생명을 얻는 두 가지 경쟁적 방편을 주셨다는 말인가? 이것은 분명히 바울의 사상을 오해한 것이다. 저주와 사망을 가져다 준 율법의 현실에서 하나님이 율법을 통해

관련하여 많은 논쟁의 대상이 되어 왔다.

449) Cf. Burton, *Galatians*, 193; Longenecker, *Galatians*, 145.

450) 율법과 생명을 연관짓는 본문들에 대해서는 Bultmann, *TDNT* 2, 855-72; Strack-Billerbeck, 3,129-31,498ff를 참조하라. 신약에서도 그러한 본문들이 눈에 띄는데, 특별히 마가복음 10:17-20; 마태복음 5:17-20; 7:13f를 보라(Betz, *Galatians*, 174 n.101).

서 의와 생명을 약속하는 자기 모순에 빠졌다는 것은 바울에게 있을 수 없는 생각이다.

겉보기에 로마서에서 바울 사도는 갈라디아서와 다른 입장을 취하는 것처럼 보인다: '생명에 이르게 할(**ἡ ἐντολὴ ἡ εἰς ζωήν**) 그 계명이 내게 대하여 도리어 사망에 이르게 하는 것이 되었도다(**εὑρέθη εἰς θάνατον**)(7:10).' 앞의 헬라어 표현에서 '에이스(**εἰς**)'는 의미를 규정하기가 어렵다. 바울은 계명이 (아직 소유하지 못한) 생명을 얻게 하기 위해 의도된 것으로 생각하였는가, 아니면 (이미 소유한) 생명을 통제하고 증진하기 위해 의도된 것으로 생각하는가? 평행적인 표현인 '사망에 이르게 하는'(**εἰς θάνατον**)이란 표현은 분명히 전자의 해석을 선호하게 만든다. 그렇다면 율법은 '본래' 생명을 주기 위해 의도된 것인가? 바울은 갈라디아서 3:21에서 이미 그 가능성을 부정한 바 있다. 가장 개연성이 있는 해석은 로마서 7장의 논의에 담긴 아담 암시 구절들을 조심스럽게 고려하는 것이다. 만일 아담이 계명에 따라서 살았더라면(창 2:16-17) 생명나무에 자유롭게 접근할 수가 있었을 것이다(창 3:22 참조). 죄가 없었더라면 계명은 어쨌든 하나님과의 관계 속에서 생명에 이르게 만들었을 것이다. 하지만 죄의 세력이 개입되면서 율법은 실제로 범죄한 인류에게 저주와 사망을 가져다 주었고 하나님의 생명에서 소외되도록 만들고 말았다. 결국 율법은 인류에게 의와 생명을 줄 수 없는 것으로 판명되고 말았다(**εὑρέθη**).[451] 여기서 다시 한번 우리는 율법이 생명을 제공하고 증진한다는 전통적인 유대교적 가정이(레 18:5; 신 6:24; 잠 6:23; *Sir* 17.11; 45.5; *Bar* 3. 9; *Pss.Sol.* 14.2; 4 *Ezra* 14.30; *m.Abot* 2.7; *Exod.Rab.* 5⟨17a⟩) 날카롭게 뒤바뀌고 거부된다는 사실을 확인할 수 있다.[452]

---

451) **εὑρέθη** 동사는 '발견되다, 판명되다'(BDB; BGD)는 뜻을 갖는다. 로마서의 논의에서 아담의 타락 이전에 존재했던 '계명'이 후에 모세에게 주어진 '율법'과 연계되어 있다는 것이 눈에 띈다. 이 점에서 아담은 율법의 *'prototypical recipient'* 라고 볼 수 있다(Dunn, *Romans* 1, 384; Käsemann, *Romans*, 196).

452) Dunn, *Romans* 1, 384; Betz, *Galatians*, 174f.

22. 그러나 성경이 모든 것을 죄 아래 가두었으니 이는 예수 그리스도를 믿음으로 말미암은 약속을 믿는 자들에게 주려 함이니라

본절은 강한 반의접속사 '그러나'(ἀλλά)와 더불어 시작되는데, 이 접속사는 21절의 비현실적인 가설과 본절에 진술된 실재적인 상황을 대조시키는 역할을 한다. 율법은 사람들에게 의와 생명의 길을 열어주기는커녕(21절) 도리어 그들을 죄 아래 가두고 말았다(22절). 그러나 문제는 본절에서 바울은 '율법'이 사람들을 죄 아래 가두었다고 말하기 보다는 '성경'이 그들을 죄 아래 가두었다고 말한다는 데 있다. 율법이 언급되어야 할 곳에서 성경이 언급된 것 때문에, 바울이 정확하게 무엇을 염두에 두고 있는지에 대해 많은 질문들이 제기되어 왔다. 어떤 학자들은 성경이 율법과 동일시되어야 한다고 생각하기도 하고,[453] 또 다른 학자들은 성경이 율법과 다른 것이라고 주장하기도 한다.[454] 더욱이 성경은 성경 일반을 가리키는가,[455] 하나님을 환유적으로 지칭하는 말인가,[456] 아니면 일찍이 인용된 어떤 특정한 성경구절을 지칭하는가?[457] 이렇게 다양하게 제시된 견해들 가운데 하나를 결정하는 일은 쉬운 일이 아니지만, 다음과 같은 점들을 고려할 때 바울이 여기서 이미 앞서 인용한 어떤 특정한 구절을 염두에 두고 있는 것이 분명하다. 첫째로, 정관사와 함께 쓰인 단수명사 '성경'(ἡ γραφή)은 3장 8절에서도 창세기 12:3과 같은 특정한 구약구절을 지칭하기 위해 사용된 적이 있기 때문에, 본절에서도 이미 앞서 인용한 특정한 구절을 염두에 두고 있는 것이 분명하다. 둘째로, 바울이 염두에 두고 있는 구절은 3:10에 인용된 신명기 27:26일 가능성이 많다. 왜냐하면 율법을 범한 자들이 저주 아래(ὑπὸ κατάραν) 있다는 신명기 27:26의 사상

453) Oepke, *Galater*, 119; Bruce, *Galatians*, 180 등.
454) Schlier, *Galater*, 164f; Betz, *Galatians*, 106 등.
455) Duncan, *Galatians*, 118; R.A. Cole, *Galatians*, 106.
456) B. B. Warfield, *The Inspiration and Athority of the Bible*, 299-348.
457) Burton, *Galatians*, 195-96; Lightfoot, *Galatians*, 147f.

은 모든 것을 죄 아래(ὑπὸ ἁμαρτίαν) 가두었다는 본절의 사상과 평행을 이루기 때문이다.[458]

'가두다'(συγκλείω) 동사는 여기서 '제한시키다', '가두다', '감옥에 넣다'는 뜻을 지닌다. 중성 복수명사 '모든 것들'(τὰ πάντα)이 사람에 대해서 쓰일 때 모든 인류를 아무런 구별없이 하나의 실체로 지칭하는 의미를 지닌다.[459]

본절과 사실상 평행구절에 해당하는 로마서 11:32에서 바울은 중성 복수명사 대신에 남성 복수명사인 '모든 사람들'(τοὺς πάντας)을 언급함으로써 포로들처럼 죄 아래 갇히는 대상이 모든 인류라는 것을 보다 분명히 밝힌다.

우리는 이미 '죄 아래'라는 말이 '율법 아래'라는 말에 해당하는 평행적 표현이라는 사실을 지적한 적이 있다. 그렇다면 모세 율법의 일차적인 기능은 모든 인류를 마치 포로들처럼 율법의 저주 아래 가두는 것이라고 말할 수 있다. 율법의 저주 아래 있는 자들은 단지 율법을 소유하고 있는 유대인들만을 지칭하는 것은 아니다(3:13f 참조).[460]

안디옥 사건에 관한 주석에서 살핀 바대로 율법은 그것을 범하는 유대인들뿐만 아니라 그것을 소유하고 있지 않는 이방인들까지도 '죄인들'로 정죄한다(2:15): 이방인들은 율법에 의해서 부정한 죄인들로 규정된 사람들이다.

특별히 바울이 '죄 아래' 있다는 일반적인 표현을 선정한 것은 모든 인류가 '죄의 보편적인 통치 아래' 있는 상황을 부각시키려는 의

458) Cf. R.N. Longenecker, *Galatians*, 144: Burton, *Galatians*, 195.
459) Longenecker, *Galatians*, 144: Betz, *Galatians*, 175 n.116: Bruce, *Galatians*, 180.
460) 율법 아래 있는 자들을 유대인들로 국한시키려는 견해는 3:23의 보편적인 전망을 제대로 설명하지 못한다. *Contra* T. L. Donaldson, "The 'Curse of the Law' and the Inclusion of the Gentiles," *NTS* 32 (1986), 95ff: J.P. Braswell, "'The Blessing of Abraham' Versus 'The Curse of the Law'," *WTJ* 53 (1991), 74f.

도를 엿보인다. 이 점에서 바울은 유대 전승의 일부 흐름에서, 특별히 묵시주의자들 가운데서 발견되는 극단적인 비관주의를 공유하고 있다 (cf. 2 Esd 7.46).[461]

그러면 율법이 어떻게 모든 인류를 죄 아래 가두었는가? 율법이 '범죄로 인하여' 더하여졌다는 19절의 진술과 모든 인류를 죄 아래 가두었다는 21절의 진술을 결합시킬 때 우리는 율법이 하나님의 약속과 달리 부정적인 방식으로 기능한다는 사실을 관찰할 수 있다. 율법은 죄를 깨닫고 그 세력을 체험하게 만들며(롬 7:7ff), 실제로 죄를 더하게 함으로써 죄의 세력에 대한 우리의 체험을 한층 더 심화시키며 (롬 7:13f), 결국 모든 인류를 그 저주 아래 가둠으로써 그들을 정죄하고 말았다. 모든 인류를 죄 아래 가두는 일은 율법이 수행하는 사역이지만, 사실 그것은 율법 자체를 제정하신 하나님 자신의 목적 속에 포함된 것이다.[462] 율법은 하나님의 약속들을 거스르지 않는다. 왜냐하면 그것은 하나님의 약속과 다른 차원에서 하나님의 경륜을 이루기 때문이다. 율법이 구원사 속에서 담당한 기능은 의와 생명으로 인도하는 것이 아니라 인류의 보편적인 죄악상을 드러내는 것이다.

죄의 보편적인 통치를 드러냄으로써 율법은 어떤 하나님의 경륜을 이루는가? 이 질문에 대한 대답은 22절 하의 목적절에 나타나 있다: "이는 예수 그리스도를 믿음으로 말미암은 약속을 믿는 자들에게 주려 함이니라". 바울은 이제까지 구원사를 통해서 흘러오는 두 가지 큰 사상들을 지적하였다. 1) 하나님께서 주신 율법은 인류의 죄악상을 부각시킴으로써 그들을 율법의 저주 아래 가두려고 의도된 것인 반면,

---

461) 2 Esd 7.46: "산 자들 가운데 죄를 짓지 않은 자가 어디 있으며, 인생들 중에서 언약을 어기지 않은 자가 어디 있는가?"(*The Apocrypha*(Oxford: Oxford University, 1965), 38; Strack-Billerbeck, III, 155-57; Braun, *Qumran* 1.177f, 2.166-72를 참고하라).

462) 루터파 신학자들은 흔히 율법의 이러한 기능을 '하나님의 이상한 사역'으로 묘사하곤 한다.

2) 그가 주신 약속들은 처음부터 항상 믿음을 요청하였고 이제 예수 그리스도의 신실성 또는 순종에 초점을 맞추고 있다. 율법은 생명은 주지 못할지라도, 그것은 구원사의 과정 속에서 한 가지 긍정적인 역할을 담당한다. 그것은 예수 그리스도의 오실 때까지 범죄를 더하게 함으로써 하나님의 약속들이 아브라함의 후손인 그리스도의 신실성(ἡ πίστις τοῦ Ἰησοῦ Χριστοῦ)에 기초하여 그를 믿는 자들에게 주어지게 하려는 것이다.[463] 궁극적으로 율법과 약속은 하나의 공통적인 전체적 목적 가운데서 통합되어진다. 그것들은 서로 다른 영역 또는 차원 속에서 하나님의 경륜을 이룬다. 율법은 죄 아래 가두어진 인류의 절망적 상황을 폭로함으로써 약속이 왜 그리스도의 성실한 구속사역에 기초하여 그를 믿는 자들에게 주어질 수밖에 없는지를 드러내 주는 긍정적인 역할을 담당한다. 따라서 말씨온주의자들이 주장한 대로 율법과 약속은 서로 모순된 것도 아니요, 알렉산드리아 교부들이 주장한 대로 그것들이 기본적으로 동일하거나 보충적인 어떤 것도 아니다. 그것들은 하나님의 구원의 경륜을 이룸에 있어서 그에 의해 제정된 서로 다른 기능들을 담당할 뿐이다.

23. 믿음이 오기 전에 우리가 율법 아래 매인 바 되고 계시될 믿음의 때까지 갇혔느니라

앞 절에서 바울은 '죄 아래' 갇힌 인류의 상황을 언급하였는데, 이제

463) 본절에 언급된 '그리스도의 믿음'(ἡ πίστις τοῦ Ἰησοῦ Χριστοῦ)은 주격적 소유격과 ('예수 그리스도 자신의 믿음') 목적격 소유격으로('예수 그리스도에 대한 믿음') 모두 취해질 수 있지만, 본절 후반절에 이미 신자들의 주관적인 믿음이 언급되고 있기 때문에 목적격적 소유격으로 취하게 되면 같은 말을 두 번 쓸데없이 반복하는 셈이 된다. 그러므로 위의 헬라어 소유격 표현은 주격 소유격으로 해석하는 것이 더 낫게 보인다. 바울은 이미 앞 부분에서 아브라함의 믿음과 그의 후손인 그리스도의 믿음을 암시적으로 연결짓고 있다(3:6-9). Cf. G. Howard, *Paul: Crisis in Galatia*, 58,65; Longenecker, *Galatians*, 145. 이에 대한 반대 견해로는 F.F. Bruce, *Galatians*, 181; D. Guthrie, *Galatians*, 108 등을 참조하라.

그는 그것을 율법과 기독교 믿음에다 적용한다. 22절과 23절은 여러 면에서 평행되는 점들이 많다. 두 구절에서 모두 '가두다'(συγκλείω)는 동사가 사용되고 기독교의 복음이 율법의 목적이 성취되는 정점으로 묘사된다. 하지만 본절은 앞 절에서 다루지 않은 주제를 발전시킨다. 본절의 간단한 진술은 여러 면에서 모호한 점들이 있기는 하지만 구원사의 시기를 둘로 구분한다: '믿음이 오기 전에'라는 표현과 '계시될 믿음의 때까지'라는 표현은 역사의 시기가 '율법의 시기'와 '믿음의 시기'로 구분됨을 암시한다. 여기서 정관사와 더불어 쓰인 '믿음'은 개인의 주관적인 믿음을 가리키지 않고 어떤 역사적인 현상을 가리킨다(1:23; 3:25). 그것은 22절에서 언급된 '예수 그리스도의 믿음'과 관련이 있으며 따라서 그리스도의 오심과 연계된 역사적 현상을 가리킨다고 할 수 있다. 학자들은 그래서 믿음이 결국 기독교를 지칭한다고 해석한다.[464] 결과적으로 '믿음이 오기 전에'라는 말은 그리스도께서 오시기 전 구약시대에 믿음이 존재하지 않았다는 것을 의미하지 않는다. 그것은 단지 구원사의 시기를 그리스도의 오심이라는 관점에서 묘사하는 말일 뿐이다.[465] 특히 믿음이 '계시'의 주체로 언급된 것은 기독교 믿음을 그리스도 사건에 초점을 맞추어 종말론적으로 해석하고 있음을 보여준다. 믿음이 계시된다는 것은 구약에서 약속 가운데서 예시된 믿음이 이제 기독교의 믿음 안에서 종말론적으로 성취되었다는 시사한다.

율법의 시기 동안에 '우리'(ἡμεῖς)는 율법 아래 갇혀 있었다. 여기서 우리는 누구를 지칭하는가? 많은 학자들은 22절과 23절 사이에 다

---

464) W. Mundle, *Der Glaubensbegriff bei Paulus*, 93; Stuhlmacher, *Gerechtigkeit Gottes*, 81; Luz, *Geschichtsverständnis*, 153 n.73.

465) *Contra* Betz, *Galatians*, 176. 여기서 그는 그리스도가 오시기 전에 믿음은 오직 아브라함에게 예외적으로 존재했으나 하나님께서 그의 아들을 보내심으로 이제 보편적인 가능성이 되었다는 신빙성이 없는 주장을 한다. 이에 반해서 Schlier, *Galater*, 166을 보라. 그는 그리스도가 오시기 전에도 믿음을 가지고 있었던 참된 유대인들의 존재를 말한다.

루어지는 주제의 변동을 관찰하면서 23절의 '우리'는 유대인들을 지칭한다고 주장한다.[466] 이러한 관찰의 근거는 용어상의 변화에서 찾는다. 22절에서는 모든 인류가(**τὰ πάντα**) 예외 없이 '죄 아래' 있다고 말하는 반면, 23절에서는 '우리'가 '율법 아래' 있다고 말한다. 따라서 죄 아래 갇힌 것은 인류의 보편적인 상황에 적절하고 율법 아래 갇힌 것은 유대인들의 특수한 상황에 적절하다는 것이다.

그러나 몇 가지 근거에서 우리는 이러한 견해를 거절할 수밖에 없다. 첫째로, 우리는 앞에서 22절에 언급된 '성경'이 10절에서 인용된 신명기 27:26을 지칭할 가능성이 많으며, 따라서 '죄 아래'라는 말은 '율법의 저주 아래'라는 말과 평행되는 표현이라는 것을 지적한 적이 있다. 바울에 있어서 율법은 하나님에 의해서 주어진 것이기는 하여도 그것이 죄의 세력이 활동하는 영역에서 작용함으로써 죄와 육에 협력하는 부정적 기능을 가지게 되었기 때문에 '율법 아래' 있는 것은 결과적으로 '죄 아래' 있는 것이 되어버리고 말았다.[467] 둘째로, 22절은 율법의 기능과 목적에 대해 말하는 문맥(19-22절) 속에 놓여 있기 때문에 그것을 23-25절과 분리시켜 독립적으로 다루기가 어렵다. 더욱이 '갇히고' '매인' 상황이 22절과 23절에서 모두 동일하게 언급된다는 것은 오히려 23절이 22절의 사상을 넘겨 받아 부연설명한다는 것을 시사해 준다.[468] 만일 이들 두 구절이 상호 보완설명하는 구절이라면, 22절에서 언급되는 죄 아래 갇힌 범죄한 인류의 보편적인 상황은 23절의 율법 아래 갇힌 '우리'의 상황과 다른 어떤 것이라고 말할 수 없다. 그렇다면 여기서 '우리'는 유대인들만을 지칭하는 것이 아니고 유대인과 이방인들 모두를 지칭한다.[469] 셋째로, 본절의 '우리'는 26절

---

466) Betz, *Galatians*, 176; Longenecker, *Galatians*, 145; Guthrie, *Galatians*, 108.
467) R.B. Sloan, "Paul and the Law," 48-49; Betz, *Galatians*, 165 참조.
468) *Contra* Longenecker, *Galatians*, 145. 여기서 그는 22절과 23절을 구분하는데 신빙성이 없다.
469) Bruce, *Galatians*, 182.

에서 다시 '너희'로 변동되는데, 28절에서 '너희'는 유대인과 헬라인, 종과 자유인, 남자와 여자를 포함한 포괄적인 다수이다. '우리'와 '너희' 사이의 변환은 4장에서도 유대인과 이방인 기독교인의 구분없이 적용된다(4:5-6, 특히 8절 참조). 이러한 점들을 관찰할 때, 바울은 유대인과 이방인 모두가 그리스도가 오시기 전에 율법 아래 갇힌 상태에 있었다고 생각했음이 분명하다.

로마서에서는 인류가 죄 아래 갇힌 보편적인 상황이 보다 분명하게 설명되어진다(롬 1:18-3:20, 특히 11:32). 심지어 모세의 율법이 주어지기 이전 시기에도 인류 위에 죄와 사망이 왕노릇하였다(5:14). 율법 이전에 죄와 사망의 보편적인 통치가 실현된 것은 아담이 하나님의 분명한 계명을 어긴 사건과 관련하지 않고는 설명될 수 없다(창 2:17). 그 범죄는 인류의 어떤 개인에게 귀속될 수 없는 범죄이다. 그렇다면 모세 율법이 주어지기 이전 시기에 죄와 사망이 보편적으로 왕노릇하게 된 것은 인류의 대표인 아담의 범죄와 '모든 사람들'이 그의 범죄에 집합적으로 참여하였다고 보는 것이다(고전 15:22).[470] 이 경우에 하나님의 계명을 지킬 의무가 있었던 아담은(cf. 롬 7:9-11) 모세 율법 이전에 율법 아래 있었던 인류의 '전형'(*archtype*)이라고 할 수 있다. 그러므로 죄와 사망의 보편적인 통치는 율법의 도래로 확증되었을 뿐 사실 아담의 범죄 이래로 이미 인류의 전체 역사 속에 작용하여 온 것이다.

24. 이같이 율법이 우리를 그리스도에게로 인도하는 몽학선생이 되어 우리로 하여금 믿음으로 말미암아 의롭다 함을 얻게 하려 함이니라

바울은 24-25절에서 19절 이후로 말하여 온 논의를 결론짓는다. 이 결론은 율법이 무엇인가라고 물었던 19절 질문에 대한 최종적인 답변

470) J. Murray, *Romans* I, 191 n.23; cf. Sanday and Headlam, *Romans*, 134f; C.E.B. Cranfield, *Romans* I, 283; U. Wilckens, *Römer* I, 317f.

이기도 하다(ὥστε 참조).[471] 완료동사인 '게고넨'(γέγονεν)은 모세와 그리스도 사이의 기간 동안에 율법이 '몽학선생'의 역할을 담당하여 왔다는 것을 시사해 준다. 그러면 몽학선생이란 무엇을 뜻하는 말인가? 이제까지의 연구결과에 따르면 고대세계에서 몽학선생(παιδαγωγός)은 '선생'(διδάσκαλος)과 구별되는 사람으로서 보통 노예의 신분을 가지고 있었고 주인의 어린아이들을 교육하는 일을 맡기보다는 보호하고 훈계하고 통제하는 일을 맡았다고 한다. 예를 들면 학교를 다니는 소년을 데려다 주거나 데려오는 일 또는 그를 사고나 불량배로부터 보호하는 등의 일이 몽학선생이 하는 일이었다.[472]

몽학선생이란 말은 랍비문헌에서 자주 발견되는데, 미드라쉼의 몇 군데에서는 모세가 이스라엘의 몽학선생으로 묘사되거나(예, *Exod.Rab.* 21.8; 42.9) 또는 모세, 아론, 미리암(*Num.Rab.* 1.2) 혹은 모세, 다윗, 예레미아가(*Deut.Rab.* 2.11) 몽학선생으로 제시된다. 그러나 기존 유대 문헌 중에서 모세 율법 자체가 몽학선생으로 묘사되는 구절은 존재하지 않는다.[473] 그렇다면 몽학선생이란 말을 사용하는 바울의 용법은 창조적으로 적용된 면은 있지만 헬레니즘 세계에서 통용되는 용례를 따라간다고 말할 수 있다. 얼마간의 경우에 몽학선생을 존경과 애정을 받던, 신임받는 인물로 묘사하는 긍정적인 구절들이 있기는 하지만(cf. Plutarch, *Aratus* 48.3 참조) 베츠(H.D. Betz)에 따르면 몽학선생이 무례하고 거칠고 쓸모없는 존재라는 대중적인 이미지를 갖게 되었다고 말한다.[474] 최근의 연구결과는 베츠의 견해를 지원해

---

471) ὥστε가 독립된 절과 함께 쓰일 때는 보통 앞에서 말해 온 것의 결과 또는 결론을 나타낸다. 따라서 '그러므로'의 뜻을 갖는다.

472) Cf. G. Bertram, *TDNT* 5, 596-625; M. Hengel, *Judaism and Hellenism* 1.65ff; H. Schlier, *Galater*, 168f; A. Oepke, *Galater*, 120-22.

473) Cf. Longenecker, *Galatians*, 148. 율법을 παιδεία로(4 Macc 1:17) 말하거나 또는 παιδευτής로(4 Macc 5:34) 언급하기는 하지만 그것을 παιδαγωγός로 말하는 부분은 없다.

474) Betz, *Galatians*, 177.

주고 있는데 바울 당시의 몽학선생은 대부분 주인의 아들을 위협하고 때리거나 그의 자유를 제한하는 자라는 부정적인 이미지를 가지고 있었다고 한다.[475] 이러한 연구 결과에 비추어 볼 때 24-25절에서 바울이 율법에 예비적이거나 준비적인 긍정적인 역할을 부여하고 있다고 보기가 어렵다: 그의 요점은 모세 율법이 그리스도를 적극적으로 준비하는 역할을 한다는 것이 아니다. 바울이 지적하려고 하는 것은 감독하고 통제하며 자유를 제한하는 율법의 기능, 율법의 그러한 감독과 통제를 받는 자의 열등한 신분, 그리고 궁극적으로 노예화시키는 율법의 통제와 감시를 받는 범죄한 인류의 부정적인 상태를 부각시키려는 것이다.

그렇다면 '그리스도에게로'(εἰς Χριστόν)라는 헬라어 표현을 어떻게 해석해야 하는가? 여기에는 몇가지 해석 가능성이 있다. (1) 우리 한역성경은 그것을 '그리스도에게로 인도하는'의 뜻으로 해석하였다(KJV, NIV 등). '에이스'(εἰς) 전치사는 목적론적인 의미로 해석하는 일이 가능하다. 이 경우에 모세 율법의 감독 아래 있는 목적은 우리를 그리스도에게로 인도하는 것이다. 어린아이를 그의 선생에게로 데려다 주는 일을 하는 몽학선생이란 이미지가 이 해석을 지지할 수도 있다. 그러나 율법이 기독교의 복음을 받아들이도록 적극적인 준비 역할을 한다는 이 견해는 이미 앞에서 거부한 바 있다. 갈라디아서는 오히려 그 역을 증언해 준다. 율법에 열심이 있던 바울이나 그의 동족들은 하나님의 교회를 핍박하고 메시야 예수를 십자가에 못박고 말았다(1:13; 참조 고후 3:14-15). (2) '에이스' 전치사는 시간적인 의미로 해석될 수 있다. 이 경우에 하나님의 백성을 감독하는 율법의 기능은 그리스도가 오실 때까지 지속된다(RSV, NEB 등).[476] 인접문맥은 시간적인 용법을 지지한다. 바울은 구원사의 시기를 율법의 시기와 믿음의

475) D.J. Lull, "'The Law was our Pedagogue': A Study in Galatians 3:19-25," *JBL* 105 (1986), 481-98; N.H. Young, "Paidagogos: The Social Setting of a Pauline Metaphor," *NovT* 29 (1987), 150-76.

476) Betz, *Galatians*, 178; Longenecker, *Galatians*, 148f; Bruce, *Galatians*, 183 등을 참조하라.

시기로 구분하면서 율법의 시기는 '믿음이 오기 전까지', 다시 말해서 그리스도께서 오실 때까지 제한된다고 말한다. 특별히 23절에서 '에이스'(εἰς) 전치사는 시간적인 의미로 이미 사용된 바가 있다: '계시될 믿음의 때까지'(εἰς τὴν μέλλουσαν πίστιν ἀποκαλυφθῆναι). 더욱이 '그러므로'를 뜻하는 '호스테'(ὥστε) 접속사는 24절을 직접적으로 23절과 연결시키고 있기 때문에 '에이스 크리스톤'(εἰς Χριστόν)을 시간적 의미로 해석하여 '그리스도 때까지'라는 말로 번역하는 것이 타당하다.

율법이 그리스도가 오실 때까지 몽학선생과 같이 감독자의 역할을 담당하는 것은 '우리가 믿음으로 의롭다 하심을 얻게 하려는' 목적을 지닌다. 우리는 이미 앞서 죄를 깨닫게 하고 죄를 더하며 죄를 정죄하는 율법의 다른 기능들을 설명한 적이 있다. 본절의 내용은 그리스도가 오실 때까지 사람들을 감독하고 통제하는 율법의 후견인적 기능을 염두에 두고 있다. 율법의 이들 기능들을 결합시켜 볼 때, 율법은 사람들의 절망적인 상황을 드러내줌으로써 죄의 세력으로부터의 자유를 갈망하게 하고 믿음으로 말미암는 칭의를 얻도록 인도하는 몽학선생의 역할을 담당한다.[477)]

25. 믿음이 온 후로는 우리가 몽학선생 아래 있지 아니하도다

여기서 바울은 이방 기독교인들로 하여금 모세 율법이 규정한 삶의 유형을 따라 살 것을 요구하던 유대주의자들의 주장에 최후의 일격을 가한다. 기독교의 복음이 도래함으로써 율법은 더 이상 '몽학선생'으로서의 타당성을 상실하고 말았다. 그것은 이제 더 이상 그리스도인들의 믿음의 삶을 규정하는 원리일 수가 없다. 그리스도는 믿는 자들에게 의를 이루기 위하여 율법의 마침이 되셨기 때문에(롬 10:4) 율법 아래 있지 아니한 상황은 무엇보다도 먼저 유대인들에게 해당된다. 그

---

477) Ridderbos, *Galatians*, 146; Duncan, *Galatians*, 122.

리스도를 믿는 유대인들은 '율법으로 말미암아 율법을 대하여 죽었다'(2:16-17,19). 더욱이, 율법 아래 있지 않은 상황은 갈라디아인들과 같은 이방 기독교인들에게도 해당된다. 그들 중에 어떤 사람들은 현재 '율법 아래 있고자 원하여'(4:21) 율법이 규정한 유대인들의 전형적인 삶의 방식들을 채용하려고 하고 있지만(2:11ff), 이것은 율법의 시대에 종지부를 찍은 새로운 메시야 시대, 믿음의 원리가 지배하는 종말론적인 시대의 도래를 깨닫지 못한 오류일 뿐이다. 새 시대에는 하나님의 백성의 신분과 삶을 지배하는 새로운 원리가 존재한다. 그것은 믿음과 성령을 따라 사는 것이다(2:19-20; 3:2-5). 믿음과 성령을 따라 살아가는 새 시대의 사람들은 몽학선생과 같은 감독자의 감시와 통제 아래 '종처럼 갇혀'(4:1) 살던 옛 시대의 사람들보다 우월하며 보다 성숙한 사람들이다.

주어진 본문에 대한 주석에서 이제 우리는 이제까지 논의해온 바에 대해 결론을 맺을 때가 되었다. 바울은 3:15-25에서 율법과 약속의(또는 율법과 복음의) 관계에 관한 바울의 입장을 밝히려고 한다. 율법과 복음의 관계에 대한 논쟁은 종교개혁자들의 중요한 논쟁거리였을 뿐만 아니라 최근의 신약학계 내에서조차 여전히 논쟁의 핵심을 차지하고 있다. 주지하다시피 율법과 복음에 대한 가장 전통적인 해석들 중의 하나는 루터의 견해이다. 루터신학을 따르는 최근의 신약학자들은[478] 그리스도께서 율법의 마침(τέλος)이 되셨기 때문에(롬 10:4) 율법이 그리스도 안에서 폐지되었다고 단정한다. 그리스도께서 율법에 종지부를 찍었기 때문에 사람이 하나님께 접근하는 데 있어서 율법이 차

478) 루터파 전통에 서 있는 신약학자로는 F.F. Bruce, "Paul and the Law of Moses," *BJRL* 57(1975), 259-279; R. Bultmann, *Theology of the New Testament* I, 340-345; H. Hübner, *Law in Paul's Thought* (1984); D.J. Moo, "The Law of Christ As the Fulfillment of the Law of Moses: A Modified Lutheran View," *The Law, the Gospel and the Modern Christian* (1993), 319-376 등을 참조하라. 루터파의 사상에 관한 서론으로는 G. Ebeling, *Luther* (London: Collins, 1970)을 참조하라.

지하는 자리는 이제 더 이상 존재하지 않는다. 성령과 자유의 시대는 율법의 시대를 대체시켰기 때문에(롬 6:14; 고후 3:6; 갈 5:1) 그리스도인은 삶의 법칙으로서 율법 아래 있지 않다. 이에 반해서 개혁파적 전통에 서 있는 신약학자들은 이러한 루터신학적 입장이 자유방임주의에 위험하게 접근하는 것으로 생각하기도 한다.[479] 이들은 모세 율법이 하나님의 법으로서 선하고 거룩하고 신령하다는 점을 강조하면서 로마서 10:4을 율법의 '목표/완성'(τέλος)이라는 뜻으로 해석한다. 그리스도 자신이 율법을 성취하셨으며 성령을 주신 것은 율법을 굳게 세우기 위한 것이다(롬 3:31; 8:2,4). 율법을 굳게 세운다는 것은 하나님께서 그의 거룩한 뜻을 율법 속에서 은혜스럽게 계시하여 주셨다는 것을 뜻하며 따라서 그리스도인들은 그것을 기쁘게 받아들여 자신의 삶의 지침서로 삼아야 한다. 성경의 말씀은 본질적으로 하나이기 때문에 복음과 율법도 하나이며 결과적으로 율법은 그리스도 안에서 폐지되지 않았다.[480] 우리는 복음과 율법의 관계에 관하여 루터주의자들과 개혁주의자들 사이의 이러한 논쟁의 기초가 되었던 본 부분을(3:15-25) 주석함으로써 부분적이긴 하지만 바울이 과연 이 문제에 대해 어떤 입장을 취하는지 살필 수가 있었다. 우리는 요약적으로 이를 다음 몇 가지 사항으로 나누어 진술할 수 있다.

첫째로, 구원사 속에서 인류구원을 위해 시종일관하게 적용되어 온

479) 개혁파적 전통을 따르는 학자들로는 K. Barth, "Gospel and Law", *God, Grace and the Gospel* (Edinburgh: Oliver & Boyd, 1959); "Die Stellung des Paulus zu Gesetz und Ordnung," *EvTh* 33(1973), 496-526; C. E.B. Cranfield, "St Paul and the Law," *SJT* 17(1964), 43-68; *International Critical Commentary on the Epistle to the Romans*, ICC, (Edinburgh: T & T Clark, 1979), vol II; D. P. Fuller, *Gospel and Law: Contrast or Continuum?* (Grand Rapids: Erdmans, 1980); R. Bring, *Christus und das Gesetz* (Leiden: Brill, 1969)를 참조하라.

480) C.E.B. Cranfield, "St Paul and the Law," reprint, 167,169; "Essay II. Concluding Remarks on Some Aspects of the Theology of Romans," *Romans* II의 마지막 부분에 실린 논문을 참조하라.

원리는 믿음의 원리이며, 이 원리는 아브라함의 약속 가운데서 처음에 예시되었고 이제는 그리스도의 복음 속에서 성취된 것이다. 그러므로 구원사는 율법을 통한 구원의 원리가 적용되어 오다가 이제 믿음을 통한 구원의 원리로 대체된 것이 아니다. 율법은 본래 생명과 의를 제공하는 구원사의 원리로 의도된 적이 없고, 하나님은 아브라함의 약속이 내포하고 있는 믿음만이 의와 생명을 제공하는 구원사의 유일한 원리로 계획하셨다. 약속은 그것이 수립되었을 때부터 효력을 발휘하기 시작하였으며, 율법은 기껏해야 언약이 수립된 지 430년이 지난 뒤에야 '천사들로 말미암아 중보의 손을 빌어서' 주어진 것이다. 그러므로 하나님의 직접적인 간섭을 통해 주어진 약속은 천사들을 통해 간접적으로 주어진 율법보다 우선하며 우월하다. 바울은 이 점에서 율법을 의와 생명의 길로서 간주했던 유대교와 전적으로 다른 신학적 입장을 취하고 있다.

둘째로, 만일 율법이 인류를 구원하기 위한 구원사의 원리가 아니었다면, 율법은 과연 무엇인가? 율법은 약속에 덧붙여진 것이거나 그것을 보충하는 어떤 것이 아니다. 더욱이 율법은 말씨온주의자들이 주장하듯이 약속과 모순된 것도 아니다. 그것은 비록 천사들을 통해 모세의 중보를 빌어 간접적인 계시일지라도 하나님의 거룩한 계시로서 죄를 깨닫고 체험하게 하며 죄를 더하게 하고 죄를 정죄하는 역할을 담당한다. 율법은 모든 사람들을 율법의 저주 아래, 즉 죄 아래 가두어 둠으로써 하나님의 은혜 속에서 주어지는 자유를 갈망하게 하고 믿음으로 의롭다 하시는 구속의 은총의 필요성을 부각시키는 역할을 담당한다. 그러나 율법과 약속은 상호 모순된 구원사의 두 경쟁적인 원리가 아니다. 그것들은 통일된 하나님의 구원의지 속에서 서로 다른 차원 또는 영역에서 작용할 뿐이다.

셋째로, 죄를 깨닫고 체험하게 만들며 죄를 정죄하는 율법의 기능은 그리스도 안에서 폐지되었다. 믿음의 시기를 살아가는 그리스도인들에게 율법은 더 이상 타당성을 상실하고 말았다. 갈라디아서에서 바울은 율법을 '헐었다'(κατέλυσα)는 표현을 사용함으로써 그리스도인들에 대한 율법의 요구가 무효화되었음을 직접적으로 진술한다(2:18). 그러나 로마서에서 바울은 이신칭의 원리를 좇다가 율법을 폐지하였다는 비난에 대해서 자신을 변호한다: "그런즉 우리가 믿음으로 말미암아 율법을 폐하느뇨 그럴 수 없느니라 도리어 율법을 굳게 세우느니라"(롬 3:31). 바울 사도는 이 구절에서 율법을 '폐한다'(καταργέω)는 말보다는 '굳게 세우다'(ἱστάνω)는 말로 자신의 입장을 정리한다.[481] 겉보기에 바울은 갈라디아서에서 취한 부정적인 율법관을 유대주의자들의 비난에 직면하여 로마서에서 수정하고 있는 것처럼 보인다.[482] 하지만 갈라디아서에서 바울이 율법에 대해 사용한 '헐었다'는 말은(2:18) 다음 절인 19절과 관련하여 해석되어야 한다: '내가 율법으로 말미암아 율법을 향하여 죽었다'(2:19). '율법에 대해 죽었다'는 표현은 20절에서 '내가 그리스도와 함께 십자가에 못박혔다'는 말로 부연설명되어진다. 이미 안디옥 사건의 주석에서 설명한 바와 같이, '율법을 헐었다'는 말은 율법을 범한 자를 죄인으로 정죄하는 율법의 기능이 믿음으로 그리스도와 함께 못박혀 죽은 그리스도인들에게는 이제 무효화되고 제거되었다는 뜻을 담고 있다.[483] 율법은 하나님의 거룩한 신의지로서 죄를 깨닫고 체험하게 만들며 죄를 정죄하는 기능을 가지고 있는데, 그리스도의 십자가 사건은 율법의 이러한 정죄 기능을 '헐어버린' 것이다. 그렇다면 그리스도인들이 '율법 아래' 있지 않다는 말은 그들이 이제 율법의 이러한 정죄의 기능 아래 더 이상 있지 않고 은총의 통치 아래 있다는 것을 뜻한다(5:18).

그럼에도 불구하고 율법은 그리스도 안에 있는 자들에게라고 해서 하나님의 거룩하고 선하고 의로운 신의지로서 중지되는 것은 아니다. 바

481) 바울은 이 단어를 로마서에서 6번 사용하고 그의 서신에 총 16번 사용한다.

482) 이런 입장을 취하는 학자로는 H. Hübner, *Law in Paul's Thought*, 135-38을 참조하라.

483) 이한수, "안디옥 사건과 바울의 이신칭의 복음", 「바울신학연구」, 총신대출판부 (1993), 134-35.

울은 그리스도인들이 율법을 '행하고'(**ποιέω**) '지키고'(**τηρέω, φυλάσσω**) 율법에 '머문다'(**ἐμμένω**)는 등의 전통적인 표현들을 사용하지 않는다. 이들 동사들은 유대교 문헌에서 율법에 대해 흔히 쓰이던 동사들인데, 바울이 이들 동사들을 사용하지 않은 것은 이들 동사들이 율법은 정확하게 또는 엄밀하게 준수되고 실천되어야 한다는 계율주의적인 암시를 내포하고 있기 때문일 것이다. 유대교 문헌에서 흔히 사용되는 이런 동사들을 사용하는 대신 바울은 오히려 그리스도인과 율법과의 관계를 표시할 때 '이루다, 성취하다'(**πληρόω**) 동사를 의도적으로 사용한다. 최근의 연구결과에 따르면 헬레니즘 유대교 문헌에서 이 동사는 율법과 함께 결코 쓰인 적이 없는 기독교에서만 독특하게 사용되는 술어이다(마 5:17; 갈 5:14; 6:2; 롬 8:4).[484] 바울이 이 술어를 사용한 것은 율법의 의로운 요구가 새로운 메시야 시대에 성령을 통해 온전히 성취될 종말론적 완성의 때와(**τὸ πλήρωμα τοῦ χρόνου**, 4:4) 관련이 있는 것이 분명하고,[485] 더욱이 어느정도 모호한 이런 술어를 사용함으로써 한편으로는 율법의 개별 요구들이 행해지지 않았다는 유대주의자들의 비난을 무마하면서 다른 편에서는 율법의 도덕적 표준들이 성령을 따르는 그리스도인들의 삶 속에서 충분히 실현된다는 점을 보여주려고 한 것 같다.[486] 결론적으로 바울은 갈라디아서에서 취한 부정적인 율법관이 로마서에서 긍정적인 율법관으로 수정되거나 진화

---

484) Barclay, *Obeying the Truth*, 138f; S. Westerholm, "On Fulfilling the Whole Law(Gal 5.14)," *SEA* 51-2(1986-7), 235. 특히 바울의 용법이 예수 자신에게서 온 것인가에 대해 관심을 갖는 학자들도 있다. Cf. R. Banks, *Jesus and the Law*, 208-213; J.P. Meier, *Law and History in Matthew's Gospel: A Redactional Study of Mt 5:17-48*, Rome 1976, 73-81; U. Luz, "Die Erfüllung des Gesetzes bei Matthäus(Mt 5.17-20)," *ZTK* 75(1978), 398-435. 필자가 판단하기로 바울의 율법관은 마태가 묘사한 예수의 율법관과 본질적으로 다르지 않다고 여겨진다. 이와 같은 결론에 도달하기 위해서는 또 다른 논문이 쓰여져야 할 것이다.

485) J.C. Fenton, "Paul and Mark," in *Studies in the Gospels* (1955), 89-112.

486) S. Westerholm, "On Fulfilling the Whole Law," 235; cf. Barclay, *Obeying the Truth*, 141.

된 것이 아니고(*contra* H. Hübner), 성령의 인도와 능력 속에서 '이루어지는' 사랑은 사실 율법의 본질을 적극적으로 성취하는 것이기 때문에 거룩하고 선하고 의로운 신의지의 계시로서의 율법은 새로운 메시야 시대에서 '믿음과 성령을 좇아' 행하는 그리스도인들에게 여전히 타당성을 지니고 있다(갈 5:14; 롬 8:4). 바울이 로마서 3:31에서 사용한 '율법을 굳게 세운다'(ἱστάνομεν)는 표현은 바로 이런 의미에서 사용한 것이 분명하다.[487] 그렇다면 갈라디아서와 로마서는 수신자의 상황에 기인한 강조점의 차이점 때문에 달라 보일 뿐 실상 내면적으로는 동일한 메시지를 담고 있다고 말할 수가 있다.

결과적으로 루터주의와 개혁주의는 바울의 율법관의 전체적 측면을 밝혀내지 못하고 특정한 한 측면을 부각시킨 것으로 보인다. 바울에 있어서 기독교의 복음 속에서 성취된 '약속'은 구원사의 시종일관한 원리로 적용되어 왔고, 모세의 율법은 하나님이 주신 신의지이기는 하지만 천사들을 통해 모세의 중보를 빌려 주신 간접적인 계시이기 때문에 여러 면에서 약속 또는 복음보다 열등한 것이 사실이다. 이미 우리가 살펴본 대로 율법은 하나님의 의롭고 거룩한 의지로서 구원사의 중간에 끼어들어 와 죄를 깨닫고 체험하게 하며 범죄를 더하고 죄를 정죄하는 부정적인 역할을 담당하게 되었다. 바로 이러한 정죄기능은 이제 그리스도 안에서 무효화되고 폐지되었다. 바울은 그리스도인이 '율법 아래' 있지 않다거나 '율법에 대해서 죽었다'는 식으로 그것을 표현한다. 이 점에서 바울은 루터신학적 입장에 접근하고 있다. 하지만 율법은 새로운 메시야 시대에 믿음과 성령의 원리를 좇아 행하는

487) L. Morris, *Romans,* 189; Barclay, *Obeying the Truth*, 144; cf. also E. Käsemann, *Romans*, 105; C.E.B. Cranfield, *Romans* I, 224. 케제만과 크랜필드에 의하면 율법의 참된 본질은 이신칭의에 비추어 볼 때 드러난다. 다시 말해서 율법은 행위의 관점에서 접근하면 그것은 정죄의 주체가 되지만 믿음의 관점에서 접근하면 거룩하고 선하고 의로운 신의지의 계시로서의 율법이 드러나고 따라서 믿음으로 그러한 신의지를 성취할 수 있다는 것이다(cf. S. Westerholm, *Israel's Law and the Church's Faith*, 122 n.47).

신자들에게 적극적으로 '성취된다'(**πληρόω**)는 표현을 사용함으로써 거룩하고 선하고 의로운 신의지의 계시로서 여전히 그들에게 타당성을 가지고 있다. 율법의 참된 본질은 복음 안에서 승화되어 계승되어지고 점진적으로 성취된다는 의미에서 율법과 복음을 대립적인 관계에서만 바라 볼 수는 없다. 율법의 시대가 믿음의 시대로 대체되었다고 할지라도 바울에 있어서 율법의 본질은 복음의 정신과 모순된 관계에 있는 것은 아니다. 이 점에서 바울은 개혁신학적 입장에 접근하고 있다. 그렇다면 신약시대에 율법의 폐지를 단도직입적으로 주장하면서 율법을 그리스도인의 삶과 날카롭게 분리시키려고 하는 입장이나, 또는 율법과 복음을 하나의 신의지로 파악하면서 율법과 복음을 구분하지 않으려고 하는 입장은 바울의 율법관의 한 쪽 측면만을 지나치게 부각시킨 것으로 보인다.

바울이 이렇게 한편에서는 그리스도인이 율법에 대해 죽었다고 말하고 다른 편에서는 율법이 여전히 그의 삶에 타당성이 있다고 말하는 것은 그가 모순된 율법관을 가지고 있었기 때문이 아니다. 어떤 학자들이 주장하듯이 갈라디아서에 나타난 바울의 부정적인 율법관이 로마서에서 수정되거나 긍정적인 율법관으로 변경된 것을 의미하는 것도 아니다. 이런 현상은 두 가지 모순된 율법관의 충돌에서 빚어진 것이 아니고 하나의 율법이 지니는 '이중적인'(*twofold*) 기능에 기인한 것이다. 율법은 하나님의 거룩하고 선하고 의로운 의지의 계시를 담고 있다. 그것을 통해서 하나님의 백성은 그들에게 요구되어지는 그의 거룩한 뜻을 알 수 있다. 그러나 다른 한편으로 하나님의 거룩하고 의로운 뜻이 계시됨으로 인간들의 모든 죄와 악들이 적나라하게 드러나고 폭로되기도 한다. 그래서 율법은 죄를 날카롭게 인식하고 체험하게 만들며 그들이 범한 죄와 악들을 정죄한다. 바울은 그의 서신에서 어떻게 율법이 거룩하고 의로운 하나님의 의지의 계시임에도 불구하고 죄를 드러내고 정죄하는 그 자체의 기능으로 말미암아 죄의 세력이 활동하는 영역에서 작용함으로써 죄와 육에 협력하는 부정적인 기능을 갖게 되었는지 잘 밝혀주고 있다. 결과적으로 그리스도의 십자가 사건은 율법의 이러한 정죄 기능을 그리스도 안에서 무효화시키고 폐지시켰지만, 그렇다고 율법 자체가 지니는 거룩하고 의로운 신의지의 계시로서의 본질적 내용이 무효화되거나 폐지된 것은 아니다. 오히려 율법의 의로운 요구가 성령을 좇아 행하는 신자들에 의해 성취되는 종말론적인 '성취'의 시대가 도래하였기 때문에(4:4) 율법의 참된 본질은 신자들의 삶 속에서 승화되어 계승되고 점진적으로 성취될 수 있다. 이런 의미에서 율법의 참된 본질은—예를 들면 '사랑'(5:14)—신약시대의 그리스도인들에게도 여전히 타당성을 지니고 있다. 그러므로 율법의 참된 본질은 복음의 정신 속에서 계승된 것이라고 말할 수 있다.

5) 그리스도 안에서 주어진 새로운 신분(3:26-29)

본 섹션의 구조는 세 부분으로 되어 있다. 첫째는 예수를 믿는 사람들은 모두 하나님의 아들이라는 그들의 신분에 관한 말씀이고(26절), 둘째는 이 말씀을 뒷받침하고 그리스도 안에서 존재하는 새로운 신분을 부각시키는 고백문적 말씀이며(27-28절), 셋째는 이 모든 진술이 유대주의자들의 주장과 관련하여 어떤 의미가 있는지를 밝히는 결론적인 진술이다(29절). 학자들 사이에서는 26절의 '말씀'과 27-28절의 고백문적 진술을 초대교회에서 기원된 바울의 인용문으로 보려는 경향이 있다. 29절의 진술은 이들 초대 기독교적 고백들을 갈라디아 교회의 현안 문제에 적용하는 바울 자신의 표현일 것이다.[488] 바울은 본 섹션에서 3장에서 논의한 대로 하나님 앞에서 유대와 이방 기독교인들의 신분을 정의한다.

26. 너희가 다 믿음으로 말미암아 그리스도 예수 안에서 하나님의 아들이 되었으니

---

488) Cf. R.N. Longenecker, *Galatians*, 151. 여기서 그는 본 섹션에서 사용되는 세 접속사들(***γάρ···γάρ···ἄρα***)의 존재가 그것을 말해준다고 주장한다.

후치사인 '가르'(**γάρ**)는 앞의 논의들을 계속해서 설명하는 기능을 가지고 있기 때문에 그것은 "앞에서 말한 모든 것이 너희 모두에게 적용된다"라는 뜻을 지닐 수 있다. 그렇다면 앞절에서 사용되어 온 일인칭 복수대명사 '우리'가 본절에서 2인칭 복수대명사인 '너희'로 바뀐 것에 큰 의미를 부여할 필요가 없다. 몇몇 학자들은 1인칭 복수대명사를 사용하는 앞절의 논의가 유대인들의 신분에 관한 논의이지만 2인칭 복수대명사를 사용하는 26절 이하의 논의는 하나님 앞에서 이방 기독교인들의 신분을 정의하는 것으로 주장하고 있다.[489] 26절의 '너희'는 인종과 신분과 성의 차이를 포괄하는 28절의 '너희'와 같은 대상이며, 우리가 앞의 주석에서 주장한 대로, 23-25절의 포괄적인 '우리'와 동일한 대상이다. 뿐만 아니라 26절 문장의 강조점은 '모두/다'(**πάντες**)라는 말에 놓여 있고, 그것은 '죄 아래 가두어진' 인류의 보편적 상황을 묘사하는 22절에서도 쓰이고 있다.[490] 인칭대명사 '우리'와 '너희' 사이에 차이점이 있다면 일반적인 대상을 지칭하는 전자와는 달리 후자는 갈라디아 교회 내에 있는 유대와 이방 기독교인들을 특수하게 지칭한다는 것일 것이다. 바울이 여기서 말하고자 하는 것은 율법 아래 있는 자들이나(유대인들) 율법이 없는 자들이나(이방인들) 관계없이 예수 그리스도 안에 있기만 하면 그들 모두가 '하나님의 자녀들'이라는 것이다.

'하나님의 자녀'(**υἱοὶ θεοῦ**)란 말은 갈라디아서 가운데 여기서만 사용된다. 물론 아들이란 용어는 아브라함과 관련하여 사용되고(3:7) 4장에서는 하나님의 자녀가 된다는 의미로 보다 자주 사용된다(4:5-7). 예수를 믿는 자들이 그리스도 안에서 하나님의 아들들이 될 수 있는 것은 그리스도께서 친히 하나님의 아들이 되시기 때문이다. 예수께서 하나님의 아들이 되신다는 신분이 바로 양자의 영이신 성령을 통해서

---

489) 본 섹션이 관심을 두는 것은 몇몇 학자들이 주장하는 것과는 달리 이방 기독교인들의 신분 문제에만 국한된 것은 아니다(*contra* Betz, 181; Longenecker, 151; Burton, 202).
490) Cf. Bruce, *Galatians*, 181; Lightfoot, *Galatians*, 149.

신자들을 아들들로 입적되도록 가능하게 만들어 놓았다. 여기서 하나님의 아들이 되는 것과 '믿음'이 연결된 것은 2-3장에서 바울이 논의해 온 유대주의자들의 신학적 입장의 비판을 반영한다. 유대교 신학에서 하나님의 아들이라는 명예로운 칭호는 흔히 정상적으로 유대인들에게만 주어지는 것이었다. 더욱이 하나님의 자녀라는 유대인들의 신분은 보통 혈통이나 할례 또는 율법준수와 같은 유대인들의 정체성을 표현해 주는 종교적 신분표지들과 깊은 연관을 맺고 있으며, 이에 대해서는 우리가 이미 안디옥 사건에 대한 설명에서 충분히 밝힌 바가 있다. 따라서 바울이 이 명예로운 칭호를 유대 기독교인들뿐만 아니라 이방 기독교인들에조차 적용한 것은 극히 예외적이고도 충격적인 일이었을 것이다.[491] 바울은 이미 아브라함 전승을 전격적으로 재해석함으로써 아브라함의 약속과 축복은 혈통이나 할례 또는 율법준수와 같은 유대인의 신분표지의 행위들을 통해서 주어지는 것이 아니고 창세기 12:3이나 15:6에 따라서 혈통을 초월한 모든 믿음의 사람들에게 주어진다는 것을 밝혔다.

갈라디아인들이 '하나님의 자녀'가 된 것은 '그리스도 예수 안에서 믿음으로 말이암아' 된 것이다 (***διὰ τῆς πίστεως ἐν Χριστῷ Ἰησοῦ***). 이 헬라어 표현은 두 가지로 해석될 수가 있다: 하나는 '그리스도 예수를 믿는 믿음으로 말미암아'라는 해석이고(Bligh, 154), 다른 하나는 한역 성경을 포함해서 대부분의 주석가들이 선호하듯이 '믿음으로 말미암아 그리스도 예수 안에서'라는 해석이다.[492] 전후 문맥적으로 볼 때 많은 주석가들이 선호하는 후자의 해석이 더 타당한 것으로 보인다. 첫째로, 바울은 그의 서신에서 몇 경우들만을 제외하고(cf. 골 1:4; 엡 1:15) '믿음'(***πίστις***) 뒤에 전치사 '엔'(***ἐν***)을 잘 사용하지 않는다. 갈라디아서에서는 '예수 그리스도를 신앙하는 믿음'을 표현하려

491) Betz, *Galatians*, 186; Longenecker, *Galatians*, 152.
492) Cf. Lightfoot, *Galatians*, 149; Bruce, *Galatians*, 184; Burton, *Galatians*, 202; Oepke, *Galater*, 123.

고 할 때 오히려 소유격적 표현을 자주 사용한다(2:16,20; 3:22).[493] 둘째로, 27-28절은 갈라디아인들이 예수 그리스도 안에 있다는 사실을 부각시키고 부연설명한다. 28절에서 이미 "너희가 그리스도 예수 안에 있다"(*ἐστε ἐν Χριστῷ Ἰησοῦ*)라는 표현이 사용되고 있고, '그리스도 예수' 앞에 쓰인 전치사 '엔'의 의미가 이들 구절들 사이에서 변경되지 않았다면 26절의 '엔' 전치사는 '영역이나 공간'의 은유적 의미를 지니고 있다고 말할 수 있다. 그것은 그리스도를 신자들이 살고 있으며 그와 함께 교제를 나누고 있는 영역으로 나타내 준다.

'그리스도 안에'(*ἐν Χριστῷ*)라는 말은 신자와 그리스도 간의 인격적이고 영역적이며 역동적인 관계를 표현하기 위해 바울이 즐겨 사용하는 표현이다. 다이스만(A. Deissmann)에 의하면 목회서신을 제외한 바울서신에서 그것은 다양한 형태로 164여 회 정도 사용되고 있다.[494] 전통적으로 어떤 학자들은 바울의 이 문구가 그리스도와의 신비적 관계를 나타내는 것으로 간주해 왔지만, 최근의 연구 결과를 보면 그것이 항상 신비적 관계를 표현하는 말은 아니다.[495] 갈라디아서에서 '그리스도 안에'라는 주제는 8회 정도 나오는데, 그중의 한 구절은 부활하신 그리스도와의 관계 속에 있는 집합적인 신자들의 그룹을 지칭하고(1:22, "그리스도 안에 있는 유대 교회들"), 세 구절은 도구적인 의미로 사용되었으며(2:17; 3:14; 5:10, "그리스도[예수]/주로 말미암아

---

493) 필사자들이 바로 이점을 의식했기 때문에 P46과 같은 사본들은 *ἐν Χριστῷ* 대신에 소유격 표현인 *Χριστοῦ*를 대신 끌어들였다.

494) A. Deissmann, *Die neutestamentliche Formel "in Christo Jesu"*, 92-98. 그에 의하면 몇몇 논쟁이 될 수 있는 표현들을 덧붙이고 있고(롬 16:22, *ἐν κυρίῳ*) 목회서신에 포함된 표현들도 포함시키고 있다(딤전 1:14; 3:13; 딤후 1:1,9; 2:1,10; 3:12,15). Cf. R. N. Longenecker, *Galatians*, 152f.

495) F. Neugebauer, "Das Paulinische 'In Christo'", *NTS* 4(1957-58), 124-138; J. K. S. Reid, *Our Life in Christ*, 1963. Neugebauer에 따르면 '그리스도 안에 있는' 삶은 그리스도 사건에 의해 형성된 삶이며 십자가와 부활과 같은 구원사건이 결정적인 영향력을 발휘하는 삶이라고 제안하였다. 그것은 윤리적으로나 영적으로 주께서 확립해 놓은 표준들에 의해 통제되는 삶이다.

/통해서"), 나머지 네 구절은 영역적이고 공간적인 의미를 반영해 주고 있다(2:4; 3:26,28; 5:6). 바울서신에서 이 표현은 때로 '그리스도 안에 있고 그에게 속한 자들', 즉 단순히 그리스도인들을 지칭할 때도 있다. 만일 '신비적 관계'라는 말이 신자와 그리스도 간의 인격적 상호 정체성이 상실되고 신비적으로 합일된 관계를 말하지만 않는다면 바울의 사상 속에서 그러한 신비적 사상 양식을 기피할 이유는 없다. 바울의 표현은 융합의 신비주의를 말하지 않는다. 왜냐하면 신비적 연합의 관계 속에서 '나'와 '너'의 정체성이 유지되기 때문이다. 또한 여기서 법정적인 사상 양식과 신비적 사상 양식 사이의 구분을 말할 필요도 없다. 왜프케(A. Oepke)가 지적한 대로, "법정적인 칭의는 그리스도와의 영적인 연합으로 인도하기"[496] 때문이다. 바울에게 있어서 '그리스도 안에' 있다는 것은 신자나 그리스도의 독특한 인격적 정체성을 훼손함이 없이 가장 친밀한 관계 속에서 그리스도와 교통하는 것을 의미한다.[497] 바로 이러한 친밀한 인격적 교통은 바로 '믿음'을 통해서 이루어진다. 비록 유대주의적 선동자들이 분파적 행동을 함으로써 교회의 통일성을 깨트리려고 하지만, 믿음은 갈라디아 교회와 같이 인종적으로나 성별적으로나 사회적 신분상으로 다양한 차이점을 지닌 사람들을 그리스도와 친밀한 연합을 이룬 한 하나님의 자녀들로 만들어 놓았다.

27. 누구든지 그리스도와 합하여 세례를 받은 자는 그리스도로 옷입었느니라

본절에서도 앞절에서처럼 '가르'(*γάρ*) 접속사가 사용되고 있는데, 코이네 헬라어에서 이유를 말하는 접속사가 이처럼 반복하여 사용될 때는 보통 "같은 주장을 하기 위해서, 몇 가지 논의들을 소개하기 위

---

496) A. Oepke, "*βάπτω, βαπτίζω*", *TDNT* 1, 541; cf. Longenecker, *Galatians*, 154.
497) Longenecker, *Paul, Apostle of Liberty*, 160-70; 또한 *Galatians*, 154; Bruce, *Galatians*, 184; Mussner, *Galater*, 261.

해서"(고전 16:7; 고후 11:19-20; cf. Sir 37:13-14; 38:1-2; Wis 7:16; 요 8:42)이거나 또는 "한 절로 다른 절을 확증하게 하기 위해서"(롬 6:14; 8:2-3; 마 10:19-20; 눅 8:29; cf. Jdt 5:23; 7:27; 1 Macc 11:10)이다.[498] 본절에서는 아마도 전자의 경우가 적용되어지는 것으로 보인다. 3장의 전체적 논의가 아브라함의 가족을 재정의하는 것인데 26절은 그것을 결론짓는 주제적 진술이며, 27-28절은 26절의 주제적 진술을 다시 한번 확증하고 있다.

어떤 학자들은 27-28절이 초대교회의 세례의식에서 유래된 고백문적 부분이며 바울이 26절에 제시한 자신의 주제적 진술을 뒷받침하기 위해 그것을 사용하였다고 주장한다.[499] 구조적으로 볼 때 26절은 27-28절이 없어도 29절과 바로 연결될 수 있으며 28절 하반절은 분명히 26절과 평행을 이루고 있고 27절 초반부의 '호소이'(*ὅσοι*, 누구든지)는 26절 초반부의 '모두'(*πάντες*)와도 평행을 이룬다. 내용적인 면에서 보면 28절의 세 쌍의 표현 중에서 첫 번째 것인 "유대인이나 헬라인이나"란 표현만이 갈라디아서의 바울의 논의에 관련을 가지고 있다. 이런 요인들을 살펴볼 때 27-28절이 초대교회의 세례의식적 고백문에서 나왔을 가능성은 있는 것으로 보인다. 더욱이 바울서신 중에서 이렇게 쌍을 이루는 표현은 세례의식적 문맥 속에서 나오는 곳이 한 군데 있다: "우리가 유대인이나 헬라인이나 종이나 자유자나 다 한 성령으로 세례를 받아 한 몸이 되었고 또 다 한 성령을 마시게 하였느니라"(고전 12:13). 골로새서의 구절은 세례의식적 문맥이 좀 불분명하지만 비슷한 표현이 나온다: "거기는 헬라인이나 유대인이나 할례당이나 무할례당이나 야인이나 스구디아인이나 종이나 자유인이 분별이 있을 수 없나니 오직 그리스도는 만유시요 만유 안에 계시니라"(골 3:11).[500] 인종적, 사회적, 성적 차이를 말하는 이들 구절들의 표현

---

498) Longenecker, *Galatians*, 154.
499) Cf. Schlier, *Galater*, 174-75; Longenecker, *Galatians*, 154; Betz, *Galatians*, 181ff.
500) 골로새서의 이 구절도 세례의식적 고백문일 가능성이 있는 것은 그것이 고전 12:13과 평행을 이루기 때문이다.

들은 모두 직접, 간접적으로 세례의식과 관련을 짓고 있기 때문에 본래 초대교회의 세례식 예배에서 형성되었을 가능성이 높다. 베츠(H.D. Betz)가 말한 대로, 세례의식적 예배에서 27-28절의 말씀들은 "최후심판을 기다리는 신참 세례자들에게 하나님 앞에서 주어진 그들의 종말론적인 신분을 알려주며 또한 그들에게 이러한 종말론적 새로운 신분이 어떤 영향을 미치는지, 즉 그들의 현재 책임들뿐만 아니라 실제적으로 그들의 사회적, 문화적, 종교적 자기이해를 변경시킨다는 것을 알게 해준다".[501] 때문에 세례의식은 세례를 받아 기독교로 새로 입문하는 신자들에게 그들에게 일어난 영적인 변화의 실재에 대해서 설명해 주고 그리스도와 연합하여 그리스도의 사람들이 된 자들로서 이 세상에서 어떻게 윤리적으로 바른 삶을 살아야 하는가를 권면하는 장(場)을 제공해 준다고 할 수 있다(cf. 롬 6:1-14; 갈 3:26-29; 고전 12:12-13; 골 3:8-12).

남성 복수형인 '호소이'(**ὅσοι**, 누구든지)는 앞절의 '모두/다'(**πάντες**)와 동등한 표현이다. 누구든지 그리스도와 합하여 세례를 받은 사람은 모두 '하나님의 자녀'이며 예수로 옷 입은 사람이다. "그리스도와 합하여 세례를 받았다"(**εἰς Χριστὸν ἐβαπτίσθητε**)는 말은 기독교 세례를 지칭하는 표현인데, 학자들 사아에서는 그 의미 해석과 관련해서 견해를 달리해 왔다. 이 헬라어 표현은 문자적인 세례의식 자체를 지칭할 수도 있고, 또는 신자가 회심시에 그리스도와의 영적인 연합 관계에 들어감을 묘사하기 위해 세례의식에서 유래된 은유일 수도 있다. 그러나 세례의식 자체가 크리스천의 구원경험에 이르는 자동적인 입문일 수는 없다. 샌더스(E.P. Sanders)는 칭의에 나타난 하나님의 재창조 행위에 대해 말하면서 "칭의의 삶의 정황(*Sitz im Leben*)은 세례이며 성령의 선물은 그 수단이라"고 주장하고 "바울에 있어서 세례, 죄인의 칭의, (새) 창조는 불가분리의 관계에 있다"[502]고 하였다. 샌더스의 주

501) Betz, *Galatians*, 184; cf. Longenecker, *Galatians*, 155.
502) E.P. Sanders, *Paul and Palestinian Judaism*, 533n; cf. Bruce, 185.

장에는 일면 일리가 있기는 하지만 조심해야 할 점이 있다. 구약 시대의 할례 의식의 종교적 부적절성을 분명하게 잘 의식하고 있던 바울이 세례와 같은 외적인 어떤 의식에 구원론적인 자동적 효력을 귀속시켰을 리 없다. 이것은 바울이 선교사역 중에서 세례의식을 베푸는 일을 그렇게 의식적으로 크게 강조하지 않았다는 사실에서도 드러난다(고전 1:14-17). 그는 오히려 세례의식에 마술적 효과가 있는 것으로 간주하여 그것을 최종적 구원을 위한 자동적 안전 장치로 여기려는 고린도인들의 태도에 제동을 걸고자 한다(고전 10:1-13 참조). 바울은 '합하여 세례를 받다'(**βαπτίζω εἰς**)라는 표현을 시내 광야에서 모세와 더불어 40년 동안 여행을 하던 구약 이스라엘 백성들에게 사용한다. 그는 신약의 성례전적 술어들을 사용하면서 광야 이스라엘 백성들도 모두 구름과 바다에서 "모세에게 속하여 세례를 받았고"(**εἰς τὸν Μωϋσῆν ἐβαπτίσθησαν**, 고전 10:2) 모두 다 신령한 음료를 마시고 신령한 음식을 먹었다. 그럼에도 불구하고 그들이 하나님께 불순종하고 악을 즐겨했기 때문에 광야에서 모두 심판을 받아 멸망당하고 말았다(10:5). 히브리서 기자는 광야 이스라엘 백성들이 멸망당한 이유를 저희들의 '믿지 못함'(3:12,19) 또는 '불순종'(3:18)에 기인한 것으로 말한다(참조 롬 11:20,23,30). 그러므로 바울에 있어서 참된 믿음과 순종이 전제되지 않은 세례의식 자체가 사람을 그리스도와 연합하게 만들고 그에게 자동적으로 구원을 보장하게 만드는 것은 아니다.

27절의 '그리스도와 합하여 세례를 받다'라는 표현은 26절의 '믿음으로 말미암아'라는 표현과 깊은 연관이 있다. 바울에 있어서 세례는 보통 믿음과 밀접한 연관을 이루고 있다. 믿음과 세례는 이렇게 밀접하게 연관된 것이라 할지라도 그것들을 동일시할 수는 없다. 둘 다 기독교인이 되는 회심 사건에 있어서 특별한 기능을 가지고 있다. 하지만 믿음은 예수를 주로 시인하고 그의 뜻대로 살 것을 결심하는 전인적이며 전폭적인 헌신의 내면적 행위라고 한다면, 세례는 공중 앞에서 자신의 믿음을 논증하고 드러내는 것이며 따라서 예수 그리스도와의 사이에 새롭게 생겨진 관계를 외적으로 표시하는 것이다.[503] 세례는 그러므로 그 자체 의식적으로 구원을 보장하는 것이 아니고 '믿음으로' 그리스도와 연합하여 그와 새로운 관계에 들어서 있음을 나타내는 외적인 표시라고 할 수 있다.

이렇게 믿음으로 세례를 받아 그리스도와 연합하고 그와 새로운 관계를 맺은 사람은 "그리스도로 옷 입은"(***Χριστὸν ἐνεδύσασθε***) 사람이다. 바울은 흔히 영적이고 윤리적인 권면을 할 때 분명히 세례의식적인 배경에서 나온 '입는다'(put on) 또는 '벗는다'(put off)라는 표현들을 잘 사용한다(참조 롬 13:14; 엡 4:22-24; 골 3:9-10,12). 사람들이 세례받기 위해 물에 들어가기 전에 보통 자신이 입고 있던 옷을 벗게 되고 세례를 받은 후 물에서 나올 때는 새로운 옷을 입혀 주었을 것으로 보인다.[504] 그리고 옷을 벗거나 입을 때 세례자는 피세례자에게 세례의 의미를 가르치고 세례 이후에 신자로서 살아야 할 마땅한 삶을 권면하였을 것이다. 따라서 이들 용어들이 교리적이고 윤리적 권면 부분에서 자주 발견되는 것은 결코 이상한 일이 아니다. 바울이 사용하는 이 일상적인 술어를 이해하기 위해서 우리는 적어도 두 가지 점을 고려해야만 한다. 첫째로, '옷 입다'(***ἐνδύω***)는 동사는 고대 종교들 속에서 오랜 전승을 지니고 있는 술어이다. 이 은유는 구약 칠십인경에서 상대적으로 자주 사용되며(참조, 욥 8:22; 29:14; 39:19; 시 34:26; 131:9 등) 바울 이외의 다른 신약 저자들에게서도 이러한 구약적 전통을 넘겨 받아 자주 사용되어진다(참조 마 22:11; 벧전 5:5; 계 19:8; 22:14). 마태복음에서 왕의 아들의 혼인 잔치에서 예복을 입지 않은 사람이 쫓겨나는 이야기가 나오며 계시록에서 어린양의 혼인잔치에 참여할 자격

---

503) 세례에 대한 문헌으로는 O. Cullmann, *Baptism in the NT*, ET (London: 1950), 23ff; G.R. Beasley-Murray, *Baptism in the NT* (London: 1962), 127ff; R. Schnackenburg, *Baptism in the* Thought *of St Paul*, ET(Oxford: 1964); H. Ridderbos, *Paul: An Outline of His Theology*, ET(Grand Rapids: 1975), 396ff; J.D.G. Dunn, *Unity and Diversity in the NT* (London: 1977), 158ff, etc.

504) Cf. C.F.D. Moule, *Worship in the New Testament* (London: 1961), 52; F. F. Bruce, *Galatians*, 186; Lightfoot, *Galatians*, 149f.

을 지닌 사람은 '빛나고 깨끗한 세마포를 입은' 자로 묘사되고 있다. 마태복음이나 계시록의 저자는 모두 종말론적인 새 시대에 알맞는 옷을 입는 것은 그리스도 안에서 변화된 인격이나 그로 인하여 생긴 선한 삶과 행위를 지칭한다(계 19:8 참조). 따라서 '입는다'는 동사가 인격적인 대상을 목적어로 삼을 때는 보통 "지칭되는 사람의 특징들이나 덕목들 또는 의도들을 취하고 따라서 그 사람과 같이 되는 것"을 뜻한다.[505] 둘째로, 바울 사도는 교리적이며 윤리적인 권면 속에서 사용하는 '입는다'는 술어는 흔히 그의 '아담 기독론'(Adam Christology)과 밀접한 연관을 가지고 있다. 바울이 그것을 사용할 때는 보통 '그리스도'나(롬 13:14; 갈 3:27) '새 사람'(엡 4:24; 골 4:10) 또는 '긍휼과 자비와 겸손과 온유와 오래 참음'과 같은 윤리적 덕목들(골 3:12)을 목적어로 삼는다. 바울에 있어서 새 사람을 옷 입는 것이나 그리스도를 옷 입는 것은 동일한 표현이다: '새 사람'(*ὁ καινὸς ἄνθρωπος*)의 일차적인 지시 대상은 두 번째 아담으로서 하나님의 형상이신 그리스도 자신이다. 그러므로 새 사람인 그리스도를 옷 입는다는 것은 그리스도 안에서 그의 형상을 따라 새롭게 창조되어 새 피조물이 된다는 것을 의미한다(골 3:10; 참조 엡 4:24). 갈라디아인들은 바울이 전하는 복음을 듣고 그리스도의 이름으로 세례를 받았을 때 그리스도를 옷입고 하나님의 형상이신 그리스도를 닮은 새 피조물이 되었다. 그들이 세례시에 그리스도를 옷 입은 것은 그의 형상을 따라 내면적 변화를 받고 신적인 성품에 참여하는 것을 의미한다.[506]

28. 너희는 유대인이나 헬라인이나 종이나 자주자나 남자나 여자 없

505) Longenecker, *Galatians*, 156; cf. Burton, *Galatians*, 204.

506) 구약 이스라엘 종교를 포함하여 그리이스-로마 세계의 고대 종교의 입문 의식에서는 흔히 옷을 입는 것이 불멸성을 부여하거나 또는 심지어 신의 성품에 참여하는 것을 상징하는 것으로 나타나 있다(cf. J. Leipoldt, *Die urchristliche Taufe im Licht der Religionsgeschichte* (Leipzig 1928), 60; H.-J. Schoeps, *Paul*, 112f; F.F. Bruce, *Galatians*, 186). Cf. also Dunn, *Baptism in the Holy Spirit*, 110; Beasley-Murray, *Baptism in the New Testament*, 148.

이 다 그리스도 예수 안에서 하나이니라

본절은 바울 당대의 사람들 사이에 존재했던 인종적, 신분적, 성적인 차이들을 언급한다. 현재 시제의 동사와(ἔνι)와 더불어 쓰인 세 개의 평행적 진술들은 기독교인이 세례를 받아 그리스도와 연합할 때 생기는 종교적, 문화적, 사회적 결과들을 정의한다. 아마도 갈라디아인들은 그리스도의 이름으로 세례를 받기 전에 옛 신분 상의 그러한 차이들을 가지고 있었을 것으로 보이는데, 이러한 신분 상의 차이들은 새로운 종말론적 메시야 시대에서는 폐기되었다. 현재 시제 동사 '에니'(ἔνι)는 고전적 용법에서는 '에네스티'(ἔνεστι)의 변이형이었지만(고전 6:5), 부정어(οὐκ)에 의해 부정되는 이 동사는 사실 '에스틴'(ἐστίν)과 동등한 강조형이어서 '있을 수 없다'는 뜻을 지닌다.[507] 세례를 받아 그리스도와 연합한 사람은 다 동일한 하나님의 자녀들이기 때문에(26절) 그가 예수를 믿기 이전에 유대인이나 헬라인이나 종이나 자유인이나 남자나 여자나 하는 고대사회에 존재했던 신분 상의 차이들은 존재할 수가 없다.

우리는 이미 아브라함의 가족을 정의할 때 바울이 '이신칭의' 사상을 끌어들였다는 점을 3장 초반부에서 살핀 적이 있다. 이신칭의는 바울의 교회론을 이해하려 할 때 가장 중요한 교리 중의 하나이다. 아브라함은 시련을 받고 있었을 때 하나님을 믿어 하나님께서 그것을 그의 의로 여기셨다(창 15:6). 마찬가지로 아브라함과 같이 믿음의 발자취를 따라가는 사람들은 다 아브라함의 자손이다. 따라서 26절의 '믿음으로 말미암아'(διὰ τῆς πίστεως)라는 표현은 3장 초두에서 언급된 바울의 이신칭의 원리를 암시적으로 지시하는 문구인데, 아브라함 또는 하나님의 '아들'(υἱοί)이 되는 것은 사람이 하나님 또는 그리스도를 믿어 의롭다 함을 받을 때 이루어지기 때문이다(3:6-7). 바울이 이제까지 논증한 대로 신구약 구속사 전체에 걸쳐서 하나님의 백성을

---

507) Cf. Bruce, 187; Lightfoot, 150; Betz, 190 n.73.

성격 규정하는 원리는 혈통이 아니라 오직 믿음이기 때문이다. 그런데 바울은 27-28절에서 세례의식적 배경에서 나온 용어를 사용함으로써 세례를 경험한 사람들이 모두 다 '그리스도 안에서 하나'라고 선언한다. 바울신학에서 "믿음과 세례는 칭의나 구원과 관련하여 함께 속해 있어서 서로를 지칭해준다".[508] 그리스도를 신뢰하고 그에게 헌신하는 마음으로 세례에 임하는 사람은 모두 의롭다 함을 받은 하나님의 자녀이다. 그러므로 믿음으로 의롭다 함을 받아 하나님의 자녀가 되는 경험은 세례를 받아 그리스도와 연합하여 동일한 하나님의 백성의 구성원이 되는 경험과 결코 다른 것이 아니다. 믿음으로 받는 기독교 세례는 내면적으로는 의롭다 하심을 받은 하나님의 자녀가 되는 경험을 가능하게 하고 외면적으로는 세례자들을 그리스도 안에서 '한 몸'이 되게 하고(고전 12:13) 그에게 속한 동일한 구성원들이 되게 만든다. 그러므로 새로운 종말론적 메시야 시대에서는 세례자들이 과거에 어떤 사회적, 종교적, 문화적 차이점들을 지녔던지 간에 그들을 하나님 앞에서 모두 평등한 하나님의 자녀들로 변화시켜 놓는다.

믿음으로 세례를 받고 의롭다 하심을 받은 자들을 가리켜 바울 사도가 '너희가 다 그리스도 안에서 하나니라'(***πάντες γὰρ ὑμεῖς εἷς ἐστε ἐν Χριστῷ Ἰησοῦ***)고 말한 선언 속에는 새로운 종말론적인 메시야 시대 속에서 주어진 새로운 신분이 암시되어 있다. 바울은 그것이 정확하게 무엇을 말하는지 다른 설명은 덧붙이지 않지만 그가 이런 진술들을 유토피아적 이상으로나 윤리적 요구로서가 아니라 하나의 확정된 사실들로 규정한다는 사실은 의미가 있다. 여기에 언명된 '너희'(***ὑμεῖς***)는 내용상으로 볼 때 유대인들만 지칭하는 말이 아니라 인종적, 사회적, 성적 차이를 지닌 포괄적인 사람들을 지칭하기 때문에 본절의 전후 문맥에서 '너희'와 '우리'를 날카롭게 구분하는 것은

508) S. Kim, *The Origin of Paul's Gospel,* 304; cf. Schnackenburg, *Baptism*, 121-127; Beasley-Murray, *Baptism*, 266-275; E. Lohse, "Taufe und Rechtfertigung bei Paulus," *Die Einheit des NT*, 특별히 240-244; K. Kertelge, *Rechtfertigung*, 228-249.

의미 없는 시도일 뿐이다. 다만 '너희'라는 말을 바울이 사용할 때 그는 좀더 구체적으로 갈라디아의 회중을 염두에 두고 있다는 점만이 다를 뿐이다. 위의 헬라어 표현의 암시에 따르면 갈라디아 회중은 주로 이방 기독교인들로 구성되어 있지만 그중에 얼마간의 유대인들이 있었고, 사회적으로는 자유인들도 있었지만 억압받고 소외당하는 계층인 노예들도 있었던 것으로 보인다. 더욱이 남자들로 있었지만 상대적으로 그들보다 자유를 누리지 못하고 사회적으로 종교적으로 소외를 경험하던 여자들도 있었던 것이 분명하다. 유대인과 이방인, 자유자와 노예, 남자와 여자 사이에 존재했던 사회적, 문화적, 종교적 차별은 고대사회 속에서 넘어설 수 없는 장벽과 같은 것이었다. 율법 백성인 유대인들의 관점에서 볼 때 이방인들을 '개들'이며(마 15:26-27) 우상숭배자들이며 부정한 사람들이요 죄인들이었다(갈 2:15; ***Makkot*** 2.3; ***Oholot*** 18.7; 눅 6:33=마 5:47).[509] 때문에 그들 사이에 이웃이 되는 것이 불가능하였고 따라서 참다운 교제가 이루어질 수 없었다. 바울은 그들 사이에 존재하는 사회적 신분상의 차이를 '적대의 담'이라고 묘사하기까지 한다(엡 2:14). 고대사회에서는 또한 노예의 신분이라는 것은 마치 물건과도 같은 것에 불과하였다. 노예 자신의 권한은 전혀 있을 수가 없었고 그에 대한 전권은 그 주인이 가지고 있었다(참조 몬 13-16).[510] 특별히 바울 당대의 여자들은 일반적으로 남자들보다 천대를 받았고 공적인 생활에 참여하지 못했으며 사회적으로 유폐된 생활을 할 수밖에 없었다. 그들은 사회에서 존중을 받지 못했으며 남자의 소유물로서 그리고 부모의 노동력이나 소득의 원천으로밖에 여겨지지 않았다.[511] 유대교에서는 토라(The Torah)를 가르치는 것은 남자들, 특별히 전문적인 랍비교육을 받은 남자들의 전유물이었

---

509) Cf. Dunn, "The Incident at Antioch(Gal 2.11-18)," *Jesus, Paul, and the Law*, 150ff.

510) 로마시대에 노예들의 사회적으로 비천한 신분과 대우에 대해서는 W. Barclay, 「신약성서의 주요 메시지」, 신성종 옮김, 컨콜디아사, 1982, 121-124를 참조하라.

511) J. Jeremias, *Jerusalem in the Time of Jesus*, ET by M.E. Dahl (London: SCM, 1969), 363-364를 참조하라.

으며, 회당 예배에는 참석할 수는 있었으나 그들이 앉는 자리에는 격치장에 의해 구분되었다(참조 Berakhoth 7. 2). 랍비의 어떤 문헌에는 "여자에게 율법의 말씀들을 맡기기보다는 차라리 불태워버리는 것이 낫다"(Mishnah Sotah 3.4)는 말이 나오며 "남자들은 '나를 여자로 창조해 주지 않으신 하나님께 찬양을 돌릴지어다'라고 기도하라"(Tosephta Berakhoth 7.8)는 극단적인 표현까지 나온다. 이런 랍비문헌의 진술들은 남자들에 비해 여자들의 신분이 얼마나 비천했는가를 엿보게 해준다. 사실 여자들은 그들의 낮은 신분 때문에 자신들의 종교적 권리와 의무까지도 제약을 받았으며 제물을 바칠 때만 제외하고 성전 안에 들어갈 수가 없었고 보통 때는 이방의 뜰이나 여인의 뜰에만 들어갈 수 있었다(Josephus, *Ant.* 15,11,5). 그리고 결혼한 여자들은 종교적 측면에서 남편들에게 완전히 종속되어 있었다.

유대인과 헬라인, 종과 자주자, 남자와 여자 사이에 이러한 사회적, 종교적, 신분적 차이가 존재했던 시대에서 바울은 예수 그리스도를 통해 종말론적인 새 시대가 도래하면서 그들 사이에 존재했던 옛 사회적 구분 방식들이 그 타당성과 의미를 상실하고 그리스도 안에서 모든 사람이 '한 새 사람'이 되었다고 선포한다. 예수 그리스도께서 도래시킨 새로운 종말론적 질서는 사람들이 예전에 가지고 있었던 사회적, 문화적, 인종적, 종교적 차이점들을 모두 상대화시켜 버린다. 모든 사람이 오직 믿음이란 초문화적이며 초월적인 조건을 통해서 하나님의 백성과 자녀가 되는 것이 열렸기 때문에 그들이 노예인가 자유자인가 또는 이방인인가 유대인인가, 남자인가 여자인가 하는 차이점들은 그 궁극적인 의미를 상실하고 말았다.[512] 바울의 이러한 파격적인 종말론적 인식은 사실 예수 그리스도께로부터 넘겨 받은 것이다. 남자들뿐만 아니라 여자들도 하나님 나라를 경험하고 그리로 자유롭게 진입해 들어갈 수 있는 새 시대가 그리스도 안에서 열렸다(마 21:31-

512) 이한수, "바울의 여성 이해", 「바울신학연구」, 총신대학출판부, 1993, 372ff.

32). 예수께서는 심지어 사회적으로 죄인 취급을 당하고 소외당하던 많은 여자들을 용서하고 세리와 죄인들을 용납하시며 그들을 하나님의 백성으로 환영하셨다(마 26:6-13; 눅 7:36-50 등). 심지어 예수께서는 바리새인들과 같은 종교 지도자들보다 세리와 창기 같은 사람들이 먼저 하나님 나라에 들어갈 것이라고 말씀하셨다(마 21:31). 이들이 이렇게 천하게 대우를 받던 시대에 예수께서 바리새인들과 같은 종교 지도자들보다도 세리와 창기들이 먼저 하나님 나라에 들어간다고 선포하신 사실과, 예수께서 도래시킨 종말론적인 새 시대에 대한 인식은 자연히 사람들의 신분에 혁명적 변화를 가져다 주었을 것이다. 모든 사람이 그리스도 안에서 '하나'라는 바울의 선언은 이러한 예수의 종말론적인 인식을 계승한 것이라고 할 수 있다. 그러므로 예수 안에서 새로운 종말론적 시대를 살아가는 사람들이 여전히 옛 시대의 구분에 매달려 노예제도의 정당성을 주장하든지, 유대인과 이방인의 궁극적 차이점을 옹호한다든지 하는 것은 그리스도의 복음의 본질을 곡해하는 것이나 마찬가지이다. 오늘날 종과 자유인의 사회적 구분이 문제가 되지 않고 유대인과 이방인의 사회적 구분이 문제시되지 않는다면, 구속사적인 측면에서 남자와 여자의 사회적 구분도 문제시해서는 안 될 것이다.

갈라디아에 있는 유대주의자들은 이러한 옛 시대의 구분을 여전히 붙들고 있었기 때문에 그들은 분명히 그리스도 안에서 도래한 종말론적인 새 시대에 역행하고 복음의 범세계적 성격을 무너뜨리는 자들이다. 그러나 바울은 도리어 유대인들의 할례와 음식법, 율법준수 등을 유대인들의 문화적 삶의 유형으로 상대화시킴으로써 누구나 오직 믿음만으로 아브라함의 자손이 되고 하나님의 백성이 될 수 있다는 것을 천명하였다. 그는 유대인들의 전형적 우월의식, 선민적 배타주의를 거부함으로써 고대사회에서 넘어설 수 없었던 유대인과 이방인 간의 '적대의 담', 인간들이 만들어 놓은 인종적이고 문화적인 편견의 담을 허물어버렸다. 바울은 이신칭의 사상과 기독교 세례를 통해서 이방 기독교인들을 죄인시하고 부정하게 여겨 그들과 식사까지 안하려는, 그래서 "우리는 본래 유대인이요 이방 죄인이 아니라"(갈 2:15)는 종교, 문화, 사회적 장벽을 무너뜨림으로써 하나님 앞에서 이방인이나 유대인이나 다 믿음을 통해 모두 같은 형제 자매라는 사실을 확인하게 된 것이다. 그러므로 "그리스도 예수 안에서 너희가 모두 하나다"라는 바울의 선언은 이신칭의 교리를, 당대의 사회 현실에서 인간적 전통 가치와 사상을 뒤엎고 모든 사람을 하나님 앞에서 한 형제 자매로 결속시키는 사회변혁적 교리로 생각하였음을 시사한다.[513]

29. 너희가 그리스도께 속한 자면 곧 아브라함의 자손이요 약속대로 유업을 이을 자니라

본절은 넓은 문맥에서 보면 3:6에서 시작된 그의 논의에 대한 결론이지만, 좁은 문맥에서 보면 26-28절에 대한 결론이다. 이신칭의와 관련한 그의 논의에서 보든지 아니면 기독교 세례에 관한 그의 논의에서 보든지 어떤 사람이 그리스도에게 '속한다'는 것은 그리스도와 연합하여 '그리스도의 한 몸'이 된다는 것을 의미한다. 왜냐하면 세례를 언급하는 27절의 '하나'(**εἷς**)라는 말은 세례를 언급하는 바울의 다른 구절에서는 '한 몸'(**ἓν σῶμα**)으로 바뀌어 언급된다(고전 12:13). 본절은 '그리스도 안에'라는 표현 대신에 '그리스도에게 속한'(**Χριστοῦ**)이란 소유격 표현을 사용하고 있고 내용적으로 사실 26-28절을 요약한다. 이 두 표현들이 바뀌어 쓰인 것은 그것들이 의미상 서로 다르지 않은 표현이라는 것을 뜻한다.[514] 귀결문은 두 결론들로 구성되어 있는데(**ἄρα** 참조), 첫 번째 것은 26절에 제시된 논제를 확인해 주고 있고(**τοῦ Ἀβραάμ σπέρμα ἐστέ**, 3:6ff 참조) 두 번째 것은 갈라디아 기독교인들이 16-18절에 제시된 논제를 요약해 주고 있다(**κατ' ἐπαγγελίαν**

---

513) 이한수, "이신칭의 교리의 현대적 의의", 「바울신학연구」, 총신대 출판부 1993, 273; cf. Barclay, *Obeying the Truth, 235ff.*

514) **Χριστοῦ εἶναι**란 개념은 바울적인 개념이다(cf. 갈 5:24; 고전 1:12; 3:23; 15:23; 고후 10:7; 롬 8:9. H.D. Betz, 201 n.162; W. Grundmann, *TDNT* 9, 547-52; W. Schmithals, *Gnosticism*, 199ff를 보라.

κληρονόμοι). 첫 번째 결론은 그리스도께 속한 신자는 '아브라함의 자녀'라는 것인데, 여기서 바울이 '아들'(*υἱός*)이란 말을 사용하지 않고 대신 '씨'(*σπέρμα*)라는 말을 쓴 것이 주목을 끌 만하다. 그는 이미 16절에서 단수명사를 사용하여 그리스도를 아브라함의 '씨'라고 묘사한 적이 있다. 그리스도는 아브라함의 씨로서 하나님의 언약적 약속을 이을 합법적인 상속자인데, 바울은 이제 갈라디아 신자들에게까지 동일한 언약적 술어를 사용함으로써 그들이 아브라함의 합법적 자손으로서 그리스도에게 속한 모든 축복들에 동일하게 동참할 수 있는 자들임을 기독론적으로 확립하고자 한다. 그러므로 두 번째 결론의 내용대로 갈라디아 신자들은 "약속대로 유업을 이을 자들"이라는 사실이 확증된다. 여기서 29절 후반부의 동사는 복수 2인칭인데(*ἐστέ*) '씨'는 단수 명사로 되어 있다. 따라서 갈라디아인들이 아브라함의 씨인 것은 그리스도께서 아브라함의 씨인 사실에 기초한다. 그들은 믿는 신자들의 대표가 되시는 그리스도 속에 내포된 자들이라고 할 수 있다. 때문에 아브라함의 자손으로서 예수 그리스도에게 약속된 유업이 그를 신뢰하는 모든 자들에게 약속된 것이나 다름이 없다.

바울의 두 가지 이러한 결론들은 바울이 이방 회심자들에게 유대교의 삶의 관습들을 요구하려는 유대주의자들의 논지를 무너뜨리는 결과를 초래한다. 갈라디아 이방 기독교인들이 그리스도 안에서 아브라함의 자손이 되고 그에게 약속된 유업들을 이어받을 수 있게 된 것은 할례를 받고 율법을 준수함으로써 이루어진 것이 아니고 그들이 예수 그리스도를 믿을 때 이루어진 사실이다.[515] 율법은 아브라함과 그의 후손들에게 약속된 축복들이 믿는 모든 이방인들에게 주어지도록 도와주기는커녕 도리어 그 축복들이 그들에게 미치지 못하도록 방해하는 유대인들의 협소한 민족주의적 배타주의 울타리 역할을 하게 되었다(갈 3:14 참조). 그러므로 바울이 3장 초두에서 부각시켰듯이 그리스도의 십자가 사건은 율법이라는 유대인들의 민족주의적 울타리를 무

---

515) Burton, *Galatians*, 210; Longenecker, *Galatians*, 158f.

너뜨림으로써 그들을 같은 하나님의 자녀들로 만들어 놓았고 아브라함의 축복들을 그들에게 미치도록 만들어 놓았다.

그렇다면 우리는 2-3장 전체를 결론지으면서 다음과 같은 질문을 제기해야만 한다. 바울은 왜 율법을 준수하는 유대교를 거부하였는가? 전통적인 학자들이 주장하듯이 사람이 율법을 온전히 지키는 것이 불가능하기 때문에 바울은 율법을 의지하는 유대교를 거부하였는가? (Bultmann, Hübner, Stuhlmacher, Moo, Cranfield) 아니면 유대교의 언약적 신율주의에 내면적 결함이 없음에도 불구하고 바울은 독단적으로 구원이 오직 그리스도 안에만 주어진다고 보았기 때문에 유대교를 거부했는가?(Sanders). 아니면 유대교가 선민적 배타주의 또는 민족주의적 우월주의에 빠져서 하나님의 구원 행위를 인종적이며 문화적인 울타리 속에서 제한시켜 이해하려고 했기 때문인가?(Dunn, Barclay, Wright). 필자의 생각으로는 바울이 유대교를 거부한 것은 두 가지 점에서 접근할 수 있다고 생각할 수 있다. 첫째로, 할례와 율법은 처음부터 열방 속에서 이스라엘 민족의 정체성을 지켜주는 수단으로 주어진 것이기 때문에 그것들을 의지하는 유대교는 선민주의적 배타주의 내지 민족주의적 우월주의에 붙잡히지 않을 수 없었다. 시내산에서 주어진 율법은 혼합 민족이 살고 있던 가나안에 들어가지 전에 주어진 것으로서 그것은 이교도들 가운데 하나님의 택한 백성으로서 이스라엘 민족의 독특성을 유지하기 위해 주어진 것이다(신 4:1-4,13-24 참조). 따라서 할례나 율법을 의지하는 유대교는 아브라함에게 주어진 약속을 따라 범세계적인 믿음의 공동체를 세우려고 하는 하나님의 근본적인 구원사적 목적과 배치될 수밖에 없기 때문에(창 13:3; 15:6; 갈 3:6-8) 바울은 새로운 종말론적 메시야 시대에 그것을 거부할 수밖에 없었다.

둘째로, 보다 중요하게 율법은 처음부터 믿음과 더불어 구원사적인 두 경쟁적인 원리로 주어진 것이 아니었다. 그것의 목적은 죄를 깨닫고 체험하게 만들며 죄가 세력을 미치는 영역에서 작용함으로써 죄를 부추기고 죄를 더욱 짓도록 만드는 것이었다. 율법은 또한 은총과 믿음의 원리에 근거한 약속과는 달리 '행위의 원리'에 근거한 것이다(신 27:26; 레 18:5; 갈 3:10,12). 누구든지 그것을 온전히 지키는 데 실패한 자에게는 율법이 명한 대로 저주를 선언하게 되어 있다. 그러므로 바울에게 있어서 율법 아래 있는 자들은 저주 아래 있는 자들이다. 왜냐하면 인간이 처한 딜레마 속에서 율법의 계명에 대한 불순종은 불가피하기 때문이다. 하지만 이제 그리스도께서 범법함을 인하여 모든 인류에게 임한 율법의 저주를 자신의 십자가 죽음으로 옮겨 놓으셨기 때문에 그리스도는 아브라함에게 주신 범세계적 구원의 약속을 성취하셨고(갈 3:8; 창 13:3) 그리스도 안에서 모든 인류와 새 언약을 수립하여 놓으셨다. 유대주의자들은 어리석게도 그들 마음에 혼미의 영이 수건처럼 가리워져서(고후 3:14-18) 아직도 이러한 십자가의 의미를 깨닫지 못하고 율법을 온전히 지키지 못하는 자들에게 저주를 가져다 줄 수밖에 없는 율법을 의지하려고 하고 있다. 바울이 율법을 의지하는 유대교를 거부한 것은 이제 옛 언약이 율법을 지키는데 실패한 이스라엘 백성 자신들에 의해 깨어졌으므로 더 이상 타당성을 상실했기 때문이다(렘 31:31-32 참조).[516]

6) 종에서 아들로의 신분 변화(4:1-11)

바울은 4:1-7에서 3:26-29에서 제시된 교훈을 좀 다른 각도에서 논의한다. 1-2절에서는 우선 당대의 법률적 관습으로부터 예증을 끌어내고 3-7절에서 그것을 갈라디아인들의 현 상황에 비교방식에 의해 적용시킨다. 적용을 하는 과정에서 기독론적이고 구원론적인 '형식문들'이 소개되고 있다(4-6절). 7절의 결론구는 본 섹션을 3:29과 연결짓고 좀더 넓게는 누가 아브라함의 가족인가를 다루는 3장 전체의 주제와 연결짓는다. 바울은 3장과 4장 초반부에서 자신의 신학적 논거들을 확

516) Cf. I. Hong, *The Law in Galatians*, 193.

립한 후에 4:8-11에서 유대주의적 선동자들에 이끌려 요동하려는 갈라디아 독자들의 태도를 비평한다. 이 부분에서 바울이 목표로 삼는 것은 흔들리는 갈라디아 독자들의 마음을 변경시키고 그들의 시도들을 뒤바꿔 놓는 것이다. 이 부분에서 그는 여러 다양한 웅변적이고 논증적인 전략들을 사용하여 결코 뒤로 돌아서는 일을 해서는 안됨을 역설한다. 특별히 우리의 주목을 끄는 것은 4장 3,5,7절에서 갈라디아서신의 나머지 부분에서 크게 부각되는 '자유'의 주제가 소개된다는 점이다(cf. 4:22-31; 5:1,13). 선동자들의 주장처럼 할례와 율법을 받아들여 율법 백성이 되는 것은 '종노릇'을 하는 것에 불과하고 참 자유는 율법의 저주에서 갈라디아인들을 구속하신 하나님의 아들 예수 그리스도를 신뢰하고 믿을 때 이루어지는 것이다. 성령은 하나님의 아들의 영으로서 예수 그리스도를 믿는 자들에게 양자가 되는 일을 가능하게 만들고, 아들이 된 자들은 마땅히 예수 그리스도께서 받을 유업을 함께 이을 수가 있다(5-7절).

1. 내가 또 말하노니 유업을 이을 자가 모든 것의 주인이나 어렸을 동안에는 종과 다름이 없어서

바울은 당대에 적용되던 후견인에 대한 법률적 관습과 비교하면서 하나님 앞에서 갈라디아의 이방 기독교인들의 상황에 대해서 논의하기를 시작한다. "내가 또 말하노니"라는 말은 여기서 '내가 앞에서 말한 것과 관련해서 너희에게 한 가지 예증을 말하겠다'는 뜻을 지닌다. 이 경우에 앞에서 말한 것은 근접문맥에서 3:26-29의 내용을 지칭한다. 바울의 예증은 그와 그의 독자들에게 알려진 법률적 관습에서 끌어온 것인데, 그는 아마도 후견인에 관한 로마법, 특별히 '언약으로 확정되는 후견인법' (*tutela testamentaria*)을 지칭할지도 모른다.[517] 최근의 학자들은 바울이 정확하게 고대의 어떤 법률을 염두에 두고 있

517) 이러한 법률적 관습에 대해서는 H.D. Betz, *Galatians*, 202 n.6과 거기에 인용된 문헌들을 참조하라. Cf. also Lightfoot, *Galatians*, 166; Longenecker, *Galatians*, 163.

는지 그 배경적 논의를 하고 있지만 뚜렷한 결론에 도달하고 있지 않다.[518] 왜냐하면 로마법이나 그리이스법 또는 근동 아시아의 법들이 세부사항에서 서로 다른 점들이 많고 또한 이들 법률들이 갈라디아서의 본문에 나타난 바울의 설명과 정확하게 일치하지 않는 면들이 있기 때문이다. 예를 들면 고대세계의 상속법들은 유언자가 죽은 후에 법적인 효력이 나타나는 것으로 가정하는 데 반해서, 바울은 신자들이 완전한 아들됨의 권한을 받기 전에 하나님의 죽음을 염두에 두었을 리가 없기 때문이다. 바울이 염두에 둔 고대의 상속법이 정확하게 어떤 배경에서 나왔는지 이처럼 결정하는 것이 어렵기는 하지만, 바울이 정확한 법률적 세부사항들보다는 적용에 더 많은 관심을 두고 있기 때문에 그의 진술이 당대의 법률 관습들과 정확하게 일치해야 한다고 기대할 필요가 없다. 사실 어떤 예증도 의미를 지니기 위해서 실제 상황의 모든 측면과 정확하게 일치하기보다는 자신의 구체적인 목적에 따라 어느 정도 적용상 변경시킬 수 있다고 보아야 하기 때문이다.

본절에 언급되는 '어린이'(**νήπιος**)는 부유한 집의 자재로서 법률적으로는 '유업을 이을 자'이며(**ὁ κληρονόμος**) 가족 재산을 상속할 어린 '주인'(**κύριος**)이지만 아직 어려서 '종'(**δοῦλος**)과 다름없이 규제와 통제를 받으며 사는 자를 가리킨다. 위에서 언급된 모든 헬라어 술어들은 모두 신약이나 바울의 다른 서신들 속에서 상대적으로 자주 나오기는 하지만 여기서는 법률적인 용어들로 쓰이고 있다. 바울의 진술은 부유한 가정의 어린이나 종이나 별 차이가 없다는 것인데, 물론 바울이 예증을 끌어대기 위해 과장법을 사용하고 있다. 그는 주인 집의 어린이나 종이나 모두 규율이나 통제 하에 산다는 점에서 동일하다는 점을 지적하고자 한다. 주인 집 어린이의 상황은 그 자체로는 나쁜 것은 아닐지라도 성년 어른과 비교할 때 열등한 관계 속에 놓여 있는 것이 분명하다. 어른이 된 관점에서 돌이켜볼 때 모든 어른은 어린 시

---

518) 이에 대한 최근의 논의로는 J.D. Hester, *Paul's Concept of Inheritance*, 18-19; F. Lyall, *JBL* 88 (1969), 465; W. Ramsay, *Galatians*, 391-93; Longenecker, *Galatians*, 163ff를 참조하라.

절의 신분이나 종의 신분이나 여러 점에서 공통점을 많이 가지고 있음을 인정한다. 모든 재산들을 상속할 어린 주인일지라도 그가 어린 기간 동안에는(**ἐφ' ὅσον χρόνον**)[519] 즉 성년의 나이에 이를 때까지는 규제와 통제를 받기 때문에 자신의 의사대로 결정하고 살아갈 자유가 없으며, 재산 상속권이 비록 그에게 있을지라도 그것을 임의로 처분할 권한이 그에게는 없다.

2. 그 아버지의 정한 때까지 후견인과 청지기 아래 있나니

주인 집 어린이는 "그 아버지가 정한 때(까지)"(**ἄχρι τῆς προθεσμίας τοῦ πατρός**)에 이르러서야 성년으로서 자신의 의사대로 자유를 행사할 수 있다. 로마법에서는 아들이 자기 의사대로 결정하고 행동할 수 있는 성년에 이를 나이는 법령에 (14살이 끝날 때로) 정해져 있다. 하지만 성년의 때를 결정하는 것은 또한 아버지의 의사와 분별에 달려 있는 수도 많다(cf. Justinian, *Inst.* 1.14.3).[520] 이러한 예를 잘 보여주는 이야기는 옥씨린쿠스의 유대몬(Eudaemon of Oxyrhynchus, AD 126)의 유언에서 그의 두 어린 아들과 관련하여 나온다: "만일 내가 지명한 호루스와 유대몬이 20살이 끝나기 전에 죽는다면, 그들의 형제 토니스와 토니스의 아들 호루스라고도 불리우는 그들 어머니의 할아버지는 두 아들이 20살이 끝날 때까지 그들 각자의 후견인(**ἐπίτροπος**)이 될 것이니라"(*P. Oxy.* 491.8-10). 여기서 20세의 생일을 축하할 때가

---

519) 시간을 나타내는 이 표현은(as long as) "어떤 시간적 관계에 의해 제한된 기간을 나타내기 위해 헬라 문헌에서 흔하게 사용된다"(cf. 롬 7:1; 고전 7:39; 또한 마 9:15//막 2:19; 벧후 1:13). Cf. Longenecker, *Galatians*, 162.

520) "의심할 여지도 없이 후견인은 고정된 때(*certum tempus*)나 또는 고정된 시간, 또는 조건적으로, 또는 상속자의 결정 전까지 임명될 수가 있다". 여기서 '고정된 때'(*certum tempus*)는 '아버지가 정한 때'를 지칭할 수 있다. A. Halmel, *Über römisches Recht im Galaterbrief*, summerized by D. Walker, "The Legal Terminology in the Epistle to the Galatians," 118-120; cf. also F.F. Bruce, *Galatians*, 192.

말하자면 바울이 본문에서 말한 대로 '아버지가 정한 때'라고 할 수 있다. 헬라어 '프로떼스미아'(**προθεσμία**)는 고전 헬라어 시대로부터 다양한 법률적 문맥에서 쓰이는 전문적 술어인데, 예를 들면 빌려준 돈을 다시 갚기 위한 '지정된 때'를 지칭한다(*P. Oxy.* 485.20,27).

주인 집 아들은 이렇게 아버지가 정한 때가 이를 때까지 보통 '후견인'(**ἐπιτρόπους**)과 '청지기'(**οἰκονόμους**)의 통제 아래 있게 된다. 로마법에 보면 상속자는 법에 명기된 14살에 이를 때까지 아버지의 유언서에 지명된 '튜터'(tutor)의 통제 하에 있게 되며, 그가 25살이 되었을 때 법정(praetor urbanus)이 지명한 '큐레이터'(curator) 하에 있게 된다(cf. Justinian, *Inst.* 1.22,23).[521] 로마제국의 어떤 지역들에서는 때로 아버지가 '튜터' 뿐만 아니라 '큐레이터'도 유언을 통해서 지명할 수 있었다. 하지만 바울이 말한 '후견인'(**ἐπιτρόπους**)과 '청지기'(**οἰκονόμους**)가 술어적으로 각각 정확하게 '튜터'(tutor)나 '큐레이터'(curator)에 상응하는 것으로 이해할 필요는 없다. 바울이 후견인과 청지기를 어떤 의미로 구분하고 있는지는 분명하지 않다. '에피트로포스'(**ἐπίτροπος**)는 헬라어에서 자주 나오는 단어로서 후견인을 뜻한다.[522] '오이코노모스'(**οἰκονόμος**)는 개인이나 집 주인의 어린 자녀의 재산을 담당한 사람으로서 고대 문헌에 사용된 실례가 없지만, 다른 사람을 위한 청지기나 또는 행정관으로서 활동하는 자를 지칭하는 히브리어의 차용어로 헬라어에서 자주 나타난다(Josephus, *Ant.* 8.164,308; 11.138,272; 12,199)[523] 일반적으로 '후견인'이 주인의 어린 자녀를 개인적으로 책임지는 사람이라면, '청지기'는 그를 위해 재산을 돌보아 주고 행정을 대행해 주는 사람으로 보인다. 어떤 학자는 후견인과는 달리 청지기는 주인의 노예들을 감독하는 자일 수 있다고 보

---

521) 술어적인 의미에서는 tutor나 curator는 모두 법률적으로 '후견인'을 의미한다.
522) Cf. Burton, *Galatians*, 212; Strack-Billerbeck, 3:564-69; Josephus, J.W. 1.49.
523) Cf. O. Michel, *TDNT* 5, 149-51; Longenecker, *Galatians*, 165.
524) Cf. Betz, 204; Longenecker, "The Pedagogical Nature of the

기도 하고,[524] 어떤 학자들은 또한 후견인이 자신의 책임들 중 얼마간을 청지기에게 넘겨주는 경우들도 있다고 주장하기도 한다.[525] 바울이 어떠한 관련 하에서 행정적인 술어인 '청지기'와 법률적인 술어인 '후견인'을 결합시켜 놓았는지 어려움을 던져준다. 이 두 단어가 동일한 전치사 '휘포'(ὑπό)와 접속사 '카이'(καί)에 의해 연결된 것은 집주인의 미성년자가 동시에 후견인과 청지기 하에 있음을 시사할 수 있다.[526] 이 경우에 집주인의 미성년자는 동시에 후견인과 청지기의 통제 하에 있다는 것을 뜻하게 된다. 두 단어의 의미와 배경이 어떤 것이든지 간에 바울은 미성년자 개인이나 그의 재산을 효과적으로 통제하는 자들을 지칭하는 것이 분명하다. 그가 후견인과 청지기의 통제 하에 있었다는 말은 넓은 문맥에서 보면 그것은 율법의 저주 아래 있는 자들이 스스로 결정하는 자유가 없고 몽학선생인 율법의 지배 아래 있다는 것을 뜻한다(3:24-25). 이것은 다음 절에서도 분명히 함축되어 있다.

3. 이와 같이 우리도 어렸을 때에 이 세상 초등 학문 아래 있어서 종노릇하였더니

부사 '이와 같이'(οὕτως)는 1-2절에서 이야기된 예증을 바울이 갈라디아인들의 현재 상황에 적용하고 있음을 보여준다. '우리도'(καὶ ἡμεῖς)라는 말은 강조적인 표현이다. 바울은 근접문맥에서 복수 1인칭대명사 '우리'와 복수 2인칭대명사 '너희'를 이제까지 혼용해왔는데, 우리가 이미 위에서 지적한 대로 이와 같은 인칭대명사의 혼용에 대해서 학자들 사이에서는 의견이 갈려왔다. 얼마간의 학자들은 본절의 '우리'가 일차적으로 유대 기독교인들을 지칭하는 것으로 본다.[527] 하

Law in Galatians 3:19-4:7", *JETS* 25(1982), 56.

525) Burton, 213-14; Michel, *TDNT* 5, 150; Longenecker, "The Pedagogical Nature of the Law," 56.

526) L.L. Belleville, " 'Under Law' : Structural Analysis and the Pauline Concept of Law in Galatians 3.21-4.11," *JSNT* 26(1986), 62.

527) Cf. Longenecker, *Galatians*, 164; I. Hong, *The Law in Galatians*, 162.

지만 거의 대부분의 학자들은 본절의 '우리'가 유대인이든 이방인이든 관계없이 모든 기독교인들을 지칭하는 것으로 본다.[528] 우리는 몇 가지 점에서 후자의 대다수의 견해를 선호하고자 한다. 첫째로, 내용적인 면에서 4:3-7은 3:26-29과 여러 가지 면에서 평행을 이루는데, 이들 두 구절은 모두 하나님의 자녀가 되는 자격과 특권에 대해서 언급하고 있다. 하지만 4:3에서 쓰인 일인칭 복수대명사 '우리'가 쓰인 반면, 3:26-29에서는 2인칭 복수대명사인 '너희'가 쓰이고 있다. 흔히 학자들은 갈라디아서의 문맥에서 전자는 유대 기독교인들을 지칭하고 후자는 이방 기독교인들을 지칭한다고 주장하는 분명한 경향이 있다. 이 견해를 받아들인다면 3:28의 '너희'는 "유대인이나 헬라인, 종이나 자주자, 남자와 여자"를 포함하는 포괄적인 대상이라는 사실을 이해할 수 없다. 둘째로, 4:1-7은 학자들에 의해서 '세상의 초등학문'(즉 '율법 아래 있는') 자들의 상태를 주제로 다루는 단일 부분이라는 것이 인정되고 있다.[529] 만일 복수 1인칭 대명사가 나타나는 4:1-7이 율법 아래 있는(4-5절) 유대 기독교인들을 주제로 다루고 있다면, 바로 이 구절 내에서조차 아무런 특별한 설명이나 제한도 없이 3-5절의 '우리'가 6-7절의 '너희'로 변동되는 것을 이해할 수 없게 된다.[530] 필자의 생각으로는 '우리'와 '너희'를 부득이 구분해야 한다면 후자는 주로 이방 기독교인과 얼마간의 유대 기독교인들로 구성된 갈라디아 회중들을 지칭하는 말이라고 한다면(3:28 참조) 전자는 논리적인 관점에서 유대인이든 이방인이든 모든 기독교인들을 일반적으로 지칭하는 말이라고 생각된다.

---

528) Lightfoot, *Galatians*, 166-67; Burton, *Galatians* 215; Mussner, *Galater*, 268; Betz, *Galatians*, 204 등.

529) Longenecker, *Galatians*, 161; I. Hong, *The Law in Galatians*, 47; Betz, *Galatians*, 202 등.

530) I. Hong, *The Law in Galatians*, 47에 의하면 4장 4절과 6절은 '===='로 표시된 평행절로 간주되고 있는데, 홍교수가 말하듯이 4절에서 율법 아래/초등학문 아래 있는 유대 기독교인들이 지칭되는 반면, 평행절인 6절에서 이방 기독교인들이 지칭된다고 보는 것은 불합리하게 보인다.

'우리가 어렸을 때'라는 표현은 그들의 기독교 이전 불신 상태를 지칭한다. 이방인이든 유대인이든 그들이 기독교 신앙을 가지기 전에는 실존적인 면에서나 구속사적인 면에서나 아직 어린이의 상태에 있었다(**ἦμεν**). 그들이 어린 상태에 있었다는 것은 본절에서 "이 세상 초등학문 아래 종노릇하고 있었다"(**ὑπὸ τὰ στοιχεῖα τοῦ κόσμου ἤμεθα δεδουλωμένοι**)는 말로 묘사되고 있다. 여기서 중요한 것은 '세상의 초등학문'이 무엇을 뜻하는 표현인가 하는 것이다. 흥미로운 사실은 3-5절에서는 '세상의 초등학문 아래' 있는 것이 '율법 아래' 있는 것과 평행을 이루고 있는 데 반해서, 8-9절에서는 '하나님이 아닌 자들에게 종노릇하는' 것이 '초등학문으로 돌아가는 것'으로 묘사된다는 사실이다. 왜프케(A. Oepke)는 일찍이 유대교 생활과 이교도 생활을 모두 '세상의 초등학문 아래 종노릇하는' 생활로 포괄시켜 놓은 것은 그의 신학적 논의에 있어서 '청사진적 의의'(programmatic significance)가 있음을 잘 지적하였다.[531] 이것은 물론 율법이 세상의 초등학문과 정확하게 동일시될 수 있다는 것을 의미하지 않는다. 하지만 문맥 상으로 볼 때 '율법 아래' 있는 것은 '세상의 초등학문 아래서 종노릇하는' 생활 중의 한 형태라는 것을 함축한다.

4:3의 '세상의 초등학문'이란 표현은 4:9에서 단순히 '초등학문'(**τὰ στοιχεῖα**)으로 바뀌어 사용되는데, 이것은 바울의 강조점이 '세상의'란 소유격에 있지 않고 '초등학문' 자체에 있다는 것을 보여준다.[532] '스토이케이아'(초등학문)라는 말은 본래 줄이나 일렬로 되어 있는 것의 구성요소라는 뜻을 가지고 있다. 헬레니즘 문헌이나 고전 문헌에서 이 말은 원칙적으로 두 가지 의미로 사용되었다. 그것은 지식의 요소들이나 근본적인 원리들을 가리킨다(cf. Plato, *Leg.* 7.790C;

---

531) A. Oepke, *Galater*, 129; cf. Betz, *Galatians*, 204.
532) Burton, *Galatians*, 516; I. Hong, *The Law in Galatians*, 162; cf. A.J. Bandstra, *The Law and the Elements of the World: An Exegetical Study in Aspects of Paul's Teaching* (Kampen: Kok, 1964), 541ff.

Xenophon, *Mem*. 48B; Plutarch, *Lib.Ed*. 16.2; Heb. 5:12). 그래서 그것은 교육의 기초단계 또는 초보(ABC)를 뜻할 수 있다. 그것은 또한 땅이나 물이나 공기나 불과 같은 우주의 물질 구성 요소들을 가리킬 수 있다(cf. Plato, *Tim*. 48B; *4 Macc*. 12.13; Philo, *Dec*. 31; Diogenes Laertius, 7.134-35). 하지만 주후 2세기의 문헌에서는 초등학문이란 천체들, 특히 자연의 계절에 영향을 주는 태양이나 달이나 다른 행성들을 지칭하기도 했고(*Dial*. 23.3; Theophilus of Antioch, *Autol*. 1.6, 2.35), 더욱이 귀신들이나 영들과 같은 영적인 존재들을 함축하는 말로도 사용되었는데(*T. Sol*. 8.1-2; 18. 1-2) 이러한 증거들은 주후 3,4세기 이전의 것은 아닌 것으로 보인다.[533]

갈라디아서 문맥에서 바울이 '세상의 초등학문'이란 말을 어떤 뜻으로 사용했는가에 대해서는 학자들의 견해가 매우 다양하다.[534] 이들

533) '초등학문'이란 말의 역사에 대해서는 Burton, 510ff; Delling, *TDNT* 7, 670-83을 참조하라.

534) 최근의 학자들의 견해에 대한 간략한 소개로는 I. Hong, *The Law in Galatians*, 163 -164를 참조하라. 그가 소개한 8가지 견해는 다음과 같다: (1) 세상의 초등학문이란 말은 사람들이 그리스도 이전에 따라서 살았던 기본적인 종교적 교훈들을 지칭한다(Lightfoot, 167; Burton, 510ff; Ridderbos, 154); (2) 그것은 이방인들이 신들로 섬겼던 우주의 구성요소들을 가리킨다(G. Howard, *Crisis in Galatia*, 66f; W. Wink, "The 'Elements of the Universe' in Biblical and Scientific Perspective," *Zygon* 13(1978), 225-48); (3) 그것은 갈라디아인들의 세상적인 실존을 계속해서 위협하는 '세력들'(*δυνάμεις*)을 가리킨다 (E. Schweizer, "Slaves of the Elements and Worshipers of Angels: Gal 4:3,9 and Col 2:8,18, 20", *JBL* 107(1988), 455-68); (4) 그것은 하나님을 반역하는 세상에서 작용하는 근본적인 세력들을 구성하는 율법과 육신을 가리킨다(A.J. Bandstra, *The Law and the Elements of the World: An Exegetical Study in Aspects of Paul's Teaching*, 1964, 57-68); (5) 그것은 영적인 존재들로 숭앙받고 있었던 별들을 지칭한다 (H. Schlier, 192); (6) 그것은 사람들을 통제한다고 생각되었던 물질적 요소들과 천체들을 가리킨다(H.D. Betz, 204-05); (7) 그것은 천사들을 지칭한다 (Bo Reicke, "The Law and This World According to Paul: Some Thoughts Concerning Gal 4:1-11," *JBL* 70(1951), 261ff); (8) 그것은 바울이 유대교와 이방종교를 모두 초등학문의 종노릇으로 본다는 점에서 좀 포괄적인

의 다양한 견해에 대해서 여기서 다 토론한다는 것은 어렵고 갈라디아서의 문맥에서 볼 때 가장 타당하다고 생각되는 견해를 제시하기 위해 몇 가지 관찰이 필요하다. 첫째로, '세상의 초등학문'이란 말과 '종노릇한다'(**δουλεύειν**)는 말이 상관되어 있기 때문에(4:3, 9) 전자는 사람들 위에 군림하고 지배하는 세력을 지칭하는 것이 분명하다. 특히 초등학문 뒤에 '세상의'라는 수식어가 붙은 것은 초등학문이 '현 악한 세대'(1:4; 6:14)를 지배하는 기본적인 세력들로서 이들 세력 밑에서 사는 자들을 지배하고 종노릇하게 만든다는 것을 암시한다. 둘째로, 세상의 초등학문 아래서 종노릇하는 것을 바울은 4:8-9에서 '본질상 하나님이 아닌 자들에게 종노릇하는 것'으로 바꾸어서 표현한다. 이 표현은 "이방 종교의 다신론을 비판할 때 나타나는 유대교의 전형적인 논쟁을 상기시켜 준다(사 37:19; 렘 2:11; 5:7; 16:20; Ep.Jer.14, 22,28,49,50,64,68,71)"[535] 그렇다면 세상의 초등학문이란 사람들이 신적인 존재들로 숭배하고 있지만 사실은 참된 신들이 아닌 것들을 지칭한다는 것을 알 수 있다. 바울은 이들 거짓된 신들을 '약하고 천한 초등학문'이라고 묘사한다(4:9). 셋째로, 4:3-5에서 '율법 아래 속박되어 있는' 것이 '세상의 초등학문 아래 종노릇하는 것'과 밀접하게 연결되어 있다. 물론 이것은 율법 아래 사는 생활을 세상의 초등학문 아래 종노릇하는 것과 정확하게 동일시될 수 있다는 것을 의미하지 않는다. 바울은 전략적인 관점에서 유대교의 생활과 이교도의 생활을 세상의 초등학문 아래 종노릇하는 생활로 함께 포괄시키고 있기 때문에, 율법 아래서의 생활은 문맥적으로 볼 때 세상의 초등학문 아래서 생활하는 '한 형태'라고 말할 수 있다. 또한 4:10에서 갈라디아인들은 초등학문 아래 생활하는 한 모습으로서 "날과 달과 절기와 해를 삼가 지켰었다". 바울의 유사한 다른 표현들과 비교할 때 그들이 지킨 축제일이

의미로 사람들이 유대교 율법을 포함하여 그들의 신들로 섬기고 있는 모든 것들을 가리킨다 (G. Delling, *TDNT* 7, 684-85; Bruce, *Galatians*, 204; R.Y.K. Fung, *Galatians*, 191).

535) I. Hong, *The Law in Galatians*, 164; G. Howard, *Paul: Crisis in Galatia*, 67, 98 n.224; Bruce, *Galatians*, 201; cf. Betz, *Galatians*, 214-15.

유대교의 월력에 기초한 것인지 이교도의 월력에 기초한 것인지 아주 모호한데(골 2:16 참조), 이것은 아마도 갈라디아 이방 기독교인들이 삼가 유대교 월력을 지키려고 하는 것은 이교도들이 축제일을 지키는 것과 다름이 없다는 것을 암시적으로 나타내는 것으로 보인다.[536] 이교 종교와 유대 종교는 모두 '신성한' 날들을 준수했는데 바울은 '날들', '달들', '절기'와 같은 일반적인 술어들을 채용하여 두 종교들 사이의 유사점들을 강조하고자 한다. 이방 종교에서는 보통 신성한 날들의 준수는 점성학(astrology) 대한 관심과 밀접한 관련을 가지고 있다. 그들은 흔히 별들과 천체를 인간의 운명에 깊은 영향을 미치는 신들로 여겨 숭배했다(예를 들면, Jub 1.14; 6.34-8; 1 Enoch 72-82).[537]

결론적으로 세상의 초등학문이란 이방 종교에서 신들로 숭배를 받고 있던 천체나 별들과 같은 우주적 세력들을 지칭한다고 보아야 한다. 많은 학자들은 세상의 초등학문이 그리스도의 구속사역에 대한 바울의 종말론적 이해의 관점에서 볼 때 '이 악한 현 세대'를 장악하고 있는 '귀신적인 세력들'을 나타낸다고 생각한다(cf. 갈 1:4; 6:14).[538] 이들 귀신적인 세력들은 그리스도 이전뿐만 아니라 그리스도 밖에 있는 이방인들과 유대인들을 종노릇하게 만들었었다. 특히 바울은 율법 아래서의 생활을 세상의 초등학문 아래서 생활하는 한 형태로 묘사한다. 왜냐하면 초등학문이나 율법이나 모두 이 악한 현 세대를 지배하고 억압하는 세력들이요 종노릇하게 하는 세력들이기 때문이다. 이들 세력들 아래서 생활한다는 것은 결국 자유가 없고 종노릇 속에 굴복하는 것을 뜻한다. 율법은 현 악한 세대를 지배하고 있는 이들 기본적인 세력들 가운데 하나이다. 물론 여기서 조심해야 할 것은 바울이 율법 자체를 '귀신적인 세력'의 하나로 보지 않는다는 점이다. 율법의

536) J.M.G. Barclay, *Obeying the Truth*, 61ff; cf. Schier, *Galater*, 203-7.
537) Cf. Barclay, *Obeying the Truth*, 61; Schlier, *Galater*, 192,203-7.
538) Betz, 204; I. Hong, *The Law in Galatians*, 165. 특히 Betz, 204 n.30에 언급되고 있는 인용 문헌들을 참조하라.

귀신적인 기원 또는 악한 천사들에 의한 기원 가설은 이미 위의 주석에서 거부된 바 있다(3:19 참조). 그렇다면 바울은 왜 율법을 이 악한 세대를 지배하는 종노릇하게 하는 세력으로 묘사하고 있는가? 바울에 있어서 율법 자체는 선하고 신령하며 의롭고 거룩하지만 그것은 죄와 육신의 세력이 활동하는 영역에서 작용함으로써 죄를 드러내고 인식하고 체험하게 만들 뿐만 아니라 죄를 더하게 하고 죄를 짓도록 충동질하는 죄의 대리인이 되고 말았다. 따라서 율법 아래 있다는 것은 곧 죄의 지배 아래 있다는 것을 뜻하게 되었다. 그렇다면 바울은 율법이 죄가 현 악한 세대를 지배하도록 도와주는 협력자가 되었다고 생각하는 것이 분명하고, 바로 이런 의미에서 그는 율법 아래서 종노릇하는 것을 세상의 초등학문 아래서 종노릇하는 것의 한 형태로 여기게 되었다.

4. 때가 차매 하나님이 그 아들을 보내사 여자에게서 나게 하시고 율법 아래 나게 하신 것은

'때가 차매'라는 표현은 그리스도의 오심이 하나님의 목적 속에서 확정되었다는 것을 함축하는 실현된 종말론의 대표적 표현이다. 그것은 2절에서 아버지가 자기 아들을 위해 '정한 때'(***προθεσμία***)와도 상관되어 있다. 신자들이 양자됨을 얻을 수 있도록 하늘의 아버지께서 그들을 위해 정하신 때는 율법 아래 있는 인류의 구속을 위해 자기 아들을 '보내는' 때라고 할 수 있다. '때가 차매'라는 표현 속에 담긴 사상은 초기 유대 기독교에서 흔하게 나타난다. 그것은 예수의 의식 속에서 반영되고 있고(cf. 막 1:15; 눅 1:21) 초대교회의 설교 속에서도 나타난다(cf. 행 2:16ff; 3:18). 그것이 특별히 두드러진 곳은 마태복음과(***πληρόω***, 1:22; 2:15,17,23; 3:15; 4:14; 5:17; 8:17; 12:17; 13:35; 21:4; 27:9) 요한복음이다(2:17; 12:15,38,40; 19:24,36,37). 바울 역시 예수의 오심을 성취의 때로 이해하는 초대교회의 이러한 이해를 공유하고 있다(롬 3:26; 5:6; 엡 1:10).

본절은 흔히 그리스도 안에서 이루어진 구속을 말하면서 초대 교회의 기독론적 형식문들을 사용하고 있는 것으로 여겨지고 있다. 이 견해에 따르면 4-5절은 형식문적 성격을 지니고 있고 '하나님이 그의 아들을 보낸다'는 표현은(Sendungsformel) 바울서신의 다른 곳에서나(롬 8:3-4,14-17; 갈 2:20; 3:13 참조) 요한의 저술들에서도 나타난다는 것이다(요 3:16f; 요일 4:9; cf. 4:10,14).[539] 이와는 반대로 바울이 지혜의 특징들을 올리우심을 받은 예수께 적용함으로써 하나님이 선재하는 그의 아들을 세상에 보내셨고 하나님의 아들이 창조시에 중개자의 역할을 담당했다는 사상들을 초대교회에 처음으로 끌어들였다고 하는 주장도 있다.[540] 이들 두 견해 중에 어느 것이 더 신빙성이 있는가? 갈라디아서 문맥에서 '하나님의 아들'이란 기독론적 칭호는 바울의 다메섹 회심 사건과 연관되어 나타나기는 하지만(1:16), 바울이 회심할 때 초대교회의 '아들' 기독론은 로마서 1:3f에 인용된 고백문의 수준에 머물렀을 가능성이 많다. 아마도 바울은 다메섹 회심 때에 나타난 그리스도 현현 사건에 비추어서 초기 기독 교회의 초보적 아들 기독론에 보다 발전된 기독론적 내용을 덧붙여 놓았을 가능성이 많다. 몇 가지 점이 이 가능성을 뒷받침한다고 생각된다. 첫째로, 몇몇 학자들은 '하나님의 아들을 보내었다'(**ἐξαπέστειλεν ὁ θεὸς τὸν υἱὸν αὐτοῦ**)는 표현 중에 하나님의 아들의 선재(先在) 사상이 내포되어 있음을 부정하기도 한다.[541] 하지만 성령이 보냄을 받기 전에도 성령이었다면, 하나님의 아들도 역시 보냄을 받기 전에도 하나님의 아들이었을

539) W. Kramer, *Christ, Lord, Son of God*, 111ff; E. Schweizer, "Zum religionsgeschichtlichen Hintergrund der 'Sendungsformel' Gal 4:4f; Röm 8:3f; John 3:16f; 1 John 4:9," *ZNW* 57(1966), 199-210; Blank, *Paulus und Jesus*, 260ff; Longenecker, *Galatians*, 166; Bruce, *Galatians*, 195, etc.

540) M. Hengel, "Christologie und neutestamentliche Chronologie," *Geschichte*, 62f, 66. 헹겔은 후에 자신의 이전 입장을 포기하고 선재하는 하나님의 아들을 세상에 보내어 그 아들을 죽음에 내어주었다는 두 형식문들을 초대교회로부터 넘겨받았다는 입장으로 선회하였다(*Der Sohn Gottes*, Tübingen, 1975, 23ff, 104ff).

541) Dunn, *Christology in the Making*, 40; Betz, *Galatians*, 206f.

것이다. 그의 서신 다른 곳에서 바울은 하나님의 아들 예수 그리스도의 선재 사상을 아주 분명하게 옹호한다(고전 8:6; 10:4, *ἡ πέτρα δε ἦν ὁ Χριστός*; 골 1:15-17). 둘째로, 더욱이 여러 학자들은 바울이 그리스도의 선재 사상을 구약 지혜 문헌에서 창조사역의 대리인으로 나타나는 '하나님의 지혜' (the Wisdom of God) 사상에 근거시키고 있음을 인정한다 (고전 1:24,30; 8:6; 골 1:15-17).

슈바이쳐(E. Schweizer)는 초대기독교의 '보냄 형식' (Sendungsformel)이 알렉산드리아의 유대교의 '토라-지혜-로고스' 사변들로부터 생겨난 것이며 헬레니즘적 기독교인들이 하나님의 아들되신 그리스도에게 적용할 때 넘겨 받은 것으로 주장하였다.[542] 특별히 그는 Wis 9:10-17과 갈 4:4-7이 평행을 이룬다는 점을 강조한다(Wis 9:10; 갈 4:4, *ἐξαποστέλλειν*; 참조 Philo, *Agric* 51; *Confus* 145-48). 갈라디아서 4:4-5에 대한 최근의 연구들은 슈바이쳐의 이러한 이론에 많은 영향을 받아 온 것이 사실이다. 우리는 폭 넓은 사상적 문맥에서 볼 때 유대교의 지혜 사변들이 바울이나 요한에게 영향을 미쳤다는 점을 부정할 필요는 없다(cf. Wis 9:10-17; Sir 24). 하지만 Wis 9:10-17이 정확하게 본절과 평행을 이루는가 하는 점도 의심스러울 뿐만 아니라 '하나님이 그의 아들을 보낸다'는 형식문이 바울 이전의 사상이라는 것도 분명치 않다.[543] 물론 그것은 구약과 신약적 배경에서도 이해될 수 있다. 이미 구약에서는 하나님께서 그의 선지자들, 말씀, 영, 또는 천사를 보낸다는 사상을 알고 있었고 시빌리안 오러클(the Sibylline Oracles)은 하나님께서 메시야 왕을 보내실 것이라고 말한다 (Sib.III.286, 652; V.108,256,414f). 이러한 사상들은 신약에서도 나온다 (선지자의 보냄에 대해서: 마 23:34; 눅 11:49; 13:34; 천사의 보냄에 대해서: 마 11:10; 막 1:2; 눅 1:19,26; 7:27; 행 22:6). 그러나 선지자

542) E. Schweizer, "Zum religionsgeschichtlichen Hintergrund der 'Sendungsformel' Gal 4.4f, Röm 8.3f, Jn 3.16f, 1 Jn 4.9", *ZNW* 57 (1966), 199-210; *TDNT* 8, 354-57.
543) Cf. S. Kim, *The Origin of Paul's Gospel*, 118f.

들, 엘리야 또는 메시야 왕의 보냄을 말하는 이들 구절에서는 그들의 선재 사상이 결핍되어 있고 따라서 '보냄'은 단지 '파송'의 개념 밖에는 담고 있지 않음이 분명하다. 하나님에게서 보냄을 받았다는 예수의 의식은 공관복음서에서 매우 자주 나타나며(마 15:24; 눅 4:18,43; 막 9:37) 요한복음에서도 나온다(cf. 요 3:17,34). 하나님께서 그의 종들, 선지자들, 그리고 그의 아들되신 예수 자신도 보내셨음을 말하는 가장 현저한 본보기는 악한 농부의 비유이다(막 12:1-11; 마 21:33-44; 눅 20: 9-18). 하지만 '아들' 칭호가 나타나는 공관복음서의 구절들에서는 아들의 선재 사상이 결여되어 있는데, 아마도 여기서 아들의 보냄 사상은 종들이나 선지자들을 보낸다는 구약이나 신약적 사상과 유사하기 때문일 것이다. 비록 본절의 '보냄' 형식문은 Wis 9:10-17과 정확하게 평행을 이루지는 않지만 폭 넓은 사상적 맥락에서 볼 때 지혜-로고스 개념들을 반영하는 것은 부인할 수 없다. 그렇다면 선재하는 하나님의 아들을 보낸다는 갈라디아서 4:4-5의 '보냄'형식문은 슈바이쳐의 주장대로 알렉산드리아의 헬레니즘적 유대교에서 생겨난 것이 아니고 바울이 유대교의 지혜 사변들을 사용하되 자신의 다메섹 경험에 비추어 스스로 작성한 것으로 보인다. 다메섹 도상의 그리스도 현현에서 나사렛 예수는 올리우심을 받고 보좌에 오르신 하나님의 아들로 계시되었다. 전에 유대인들이 토라와 지혜를 동일시했었지만, 바울은 다메섹 도상의 그리스도 현현 사건을 통해서 "지혜, 하나님의 계시가 유대인들이 생각한 것처럼 토라에서 발견되는 것이 아니라 그에게서[그리스도에게서] 발견된다"[544]는 것을 깨닫게 되었다. 따라서 바울은 신적 지혜가 지니는 모든 속성들과 기능들을—예를 들면 선재성, 창조시의 중개적 역할, 그리고 계시와 구원—하나님의 아들 그리스도 예수에게 귀속시키기 시작하였을 것이다. 바울은 인류를 죄에서 구속하기 위해 하나님께서 그의 선재하는 아들을 세상에 보내신다는 본절의 형식문을 통해서 이러한 속성들과 기능들을 함축적으로 분명하게

544) S. Kim, *The Origin of Paul's Gospel*, 126*ff*.

표현해주고 있다.[545)]

율법 아래 있는 자들을 구속하고 그들에게 아들의 명분을 얻게 하기 위해서 하나님은 그의 선재하는 아들을 세상에 보내어 '여자에게 나게 하시고'(*γενόμενον ἐκ γυναικός*) '율법 아래 나게 하셨다'(*γεγόμενον ὑπὸ νόμον*). 위의 두 헬라어 표현은 평행적인 표현들이다. 여인에게 태어나는 것은 따라서 율법 아래서 태어나는 것을 의미한다. 그리고 이들 표현은 하나님께서 자기 아들을 세상에 '보내신'(*ἐξαπέστειλεν*) 사실의 결과들을 묘사한다. 하나님의 아들이 세상에 보냄을 받은 결과로서 그가 여인에게 태어나고 율법 아래 태어난 것이다. '여인에게 태어났다'는 말은 히브리어의 '열루드 이샤'를 반영한다(cf. Jub. 14:1; 15:14; 25:4; 1QH 13:14; 1QS 11:21; 마 11:11=눅 7:28). 바울이 사용한 표현은 여자에게서 난 어떤 사람에게도 적용 가능한 표현이기 때문에 그것을 통해서 그가 예수의 처녀탄생 사실을 알고 있었다고 단정하기는 어렵다.[546)] '여자에게서 나셨다'는 표현에 상응하는 바울의 다른 유사한 표현은 빌립보서 2:7의 '사람의 모양으로 나타나셨다'(*ἐν ὁμοιώματι ἀνθρώπων γενόμενος*)는 표현이다. 한글성경에서 '나타나셨다'는 말로 번역된 헬라어 술어는(*γενόμενος*) 사실 갈라디아서의 본절의 '나셨다'(*γενόμενον*)는 말과 같은 동사에서 파생된 것이다(*γεννάω*). 그렇다면 여자에게서 났다는 것은 '사람의 모양으로' 나셔서 사람처럼 되신 성육신 사건을 지칭한다. 예수께서 이렇게 성육신하신 것은 율법 아래서 난 자들을 구속하시기 위한 것이다. 여기서 '율법 아래서 난' 자들은 율법을 소유하고 있는 유대인만을 가리키는 것이 아니라 '여인의 후손들', 즉 유대인과 이방인을 포괄하는 인류

545) 바울이 다메섹 회심 사건을 기초로 하여 지혜문헌에 나타난 지혜 사상들을 기독론적으로 발전시켰다는 이론에 대한 보다 상세한 설명으로는 S. Kim, *The Origin of Paul's Gospel*, 258ff를 참조하라.

546) J.G. Machen, *The Virgin Birth of Christ* (London, 1932), 259f; R.E. Brown, *The Birth of the Messiah* (Garden City: NY, 1977), 518f; Bruce, *Galatians*, 195.

전체를 가리킨다. 바울신학적 관점에서 보면 여인의 후손들은 죄인을 정죄하는 율법의 통치 아래 있는 인류를 가리킨다. 왜냐하면 바울이 유대인들만을 여자에게서 난 자들이라고 표현했을 리 없기 때문이다. 예수께서 율법의 통치 아래 있는 여인의 모든 후손들을 구속하고 그들을 얽매고 있는 율법의 통치 체제를 깨트려 부수기 위해서는 그 스스로 여인의 후손이 되어 율법 아래서 나실 필요가 있었다. 여기에 나타나는 바울의 논리는 신구약 사상에 전형적으로 나타나는 대표원리이다. 예수는 인류의 대표자로서 율법의 통치 아래 있는 여인의 후손들을 구속하기 위해 스스로 마지막 아담이 되시고 여인의 후손이 되었다.

비슷한 사상이 로마서 8:1-3에서도 나온다. 율법이 연약하여 육신의 세력을 돌파할 수 없는 인류의 절망적 상황을 타파하기 위해서 하나님께서는 "자기 아들을 죄 있는 육신의 모양으로 보내어 육신에 죄를 정하셨다"(3절). 바울은 예수께서 우리와 같은 사람이 되어 죄 있는 분이 되셨다는 사상을 피하기 위해 하나님께서 그를 '죄 있는 육신의 모양으로 보내셨다'(***τὸν ἑαυτοῦ υἱὸν πέμψας ἐν ὁμοιώματι σαρκὸς ἁμαρτίας***)고 말한다. '모양'이란 말은 영지주의적 가현설에서 주장하듯이 예수께서 완전한 인간이 되신 것은 아니고 인간의 탈만을 쓰셨을 뿐이라는 의미로 이해되어서는 안된다. 그것은 예수께서 모든 면에서 우리와 똑같은 인성을 취하셔서 완전한 인간이시지만 죄는 없으시다는 히브리서 기자의 진술과 관련하여 이해되어야 한다(히 4:15). 예수께서 이렇게 죄 있는 육신의 모양을 입으시고 여인의 후손이 된 것은 그가 스스로 율법의 통치를 받는 사람들과 같이 되셔서 그들이 지금 지배를 받고 있는 '육의 체제'를 깨트려 부수기 위한 것이다.[547] 성령은 그리스도의 영으로서 그를 좇아 행하는 사람들 속에서 그들을 지배하는 육의 세력을 무너뜨리고 하나님의 형상을 재창조하는 사역을 담당한다. 성령의 이러한 재창조의 사역은 하나님께서 그의 아들을

547) Ho-Duck Kwon, *E. Böhls Aufnahme der reformatorischen Theologie, besonders der Calvins*, Ph.D Dissertation, Heidelberg 1991, 23ff.

죄 있는 육신의 모양으로 보내어 육신의 체제를 무너뜨린 그리스도의 구속사역에 기초하기 때문에 가능해졌다. 바울은 그리스도의 구속사역의 의미를 다음 절에서 함축적으로 분명하게 밝힌다.

5. 율법 아래 있는 자들을 속량하시고 우리로 아들의 명분을 얻게 하려 하심이라

본절은 두개의 '히나'(ἵνα) 목적절로 구성되어 있는데, 형식적으로는 3:14의 두 '히나' 목적절과 평행을 이룬다. 하지만 내용적으로 볼 때 3:14의 목적절은 본절의 목적절에 의존한다고 볼 수 있다. 아브라함의 축복이 이방인들에게도 미치고 그들이 성령의 약속을 받게 된 결과는 그들이 율법의 통치 아래 있는 실존으로부터 속량을 받아 아들의 명분을 얻게 된 사실에 의존한다. 본절의 두 목적절은 문장 구성상으로 하나님이 자신의 아들을 '보내셨다'(ἐξαπέστειλεν)는 행위를 수식한다. 하나님께서 그의 선재하는 아들을 세상에 보내신 목적은 율법 아래 있는 자들을 '속량하고' 우리로 양자됨을 '얻게 하려는' 것이다. 여기서 '율법 아래 있는 자들'(οἱ ὑπὸ νόμου)은 '우리'로 불리워지고 있는데, 이들은 다음 절에서 또한 '너희'로 바뀌어 불리운다. 8절에서는 '너희'가 이방인들을 포함하는 것이 분명하다. '우리'와 '너희'가 이렇게 아무런 보충 설명 없이 변동되고 있다는 사실은 바울의 표현과 논의의 내포적 강조점을 증언해 주고 있다(3:23-26 참조). 또한 '율법 아래 있는 자들'은 선행하는 4절에서 그리스도의 구속 행위가 함축적 대상으로 지시하고 있는 '여인의 후손들'을 가리키기도 한다. 그렇다면 그리스도의 구속 사역의 혜택을 누리는 자들은 율법의 보편적 통치 아래 있는 유대인과 이방인 모두를 가리킨다고 말할 수 있다.[548]

---

548) Cf. Bruce, *Galatians*, 196; Mussner, *Galater*, 270f. 하지만 Longenecker, *Galatians*, 172를 보라. 그는 4-5절이 본래 초기 유대 기독교의 신앙고백문에서 나온 것이기 때문에 '율법 아래 있는 자들' 또는 '우리'는 유대 기독교인들을 가리킨다고 주장한다. '율법 아래 있는 자들'이란 표현이 초기 유대 기독교회로부터 나왔다고 하는 증거도 없을 뿐만 아니라 오히려 그것은 바울

하나님께서 그의 아들을 보내신 것은 율법의 통치 아래 있는 유대인과 이방인을 '속량하시기'(ἐξαγοράσῃ) 위한 목적을 지닌다. '속량하다'(ἐξαγοράζω)는 동사는 본래 노예와 같은 사람들을 시장에서 값을 주고 사오는 행위를 지칭하는 동사였는데,[549] 바울은 일상적인 시장 용어를 그리스도의 구속사역을 묘사하기 위해 사용한다. 이미 이 동사는 3:13에서 사용되었기 때문에 우리는 본절의 의미를 3:13의 내용에서 추론할 수 있다. 다시 말해서 '율법 아래 있는 자들을 속량하다'라는 본절의 진술은 '율법의 저주에서 우리를 속량하셨다'(ἡμᾶς ἐξηγόρασεν ἐκ τῆς κατάρας τοῦ νόμου)는 뜻을 지닌다고 할 수 있다.[550] 물론 본절에서는 그리스도의 구속의 대상자들이 율법 '아래'(ὑπό) 있는 자들로 묘사된 데 반해서 3:13에서는 그들이 율법의 저주'에서'(ἐκ) 속량되었다고 말하는 차이점이 있다. 하지만 그리스도께서 사람들을 율법의 저주에서 속량하게 된 것은 3:10에서 주장하듯이 그들이 이미 율법의 '저주 아래'(ὑπὸ κατάραν) 있었기 때문이다. 따라서 '율법 아래 있는 자들'(οἱ ὑπὸ νόμου, 4:5)과 '율법의 행위에 속한 자들'(οἱ ἐξ ἔργων νόμου, 3:10)은 평행적 표현들이며, 또한 '율법 아래 있는 자들을 속량한다'(4:5)는 것과 '율법의 저주에서 우리를 속량한다'(3:10)는 것은 평행적 표현들이다.

이 만들어낸 신학적 표현일 가능성이 더 많다. 더욱이 비록 그것의 유대 기독교적 배경을 인정한다 하더라도 바울이 본문의 문맥에서 그 적용 범위를 바꾸었을 가능성을 선천적으로 배제할 수 없다.

549) ἐξαγοράζω 동사는 두 가지 의미가 있다: (1) (특별히 노예들을) '값을 주고 사오다': 이것은 이 동사가 가지고 있는 일반적인 의미이다; (2) '사버리다'(Polyb iii. 42,2): 이것은 좀 예외적인 의미이다. (1)의 의미가 3:13과 4:5에 적절하며, 후자의 의미는 에베소서 5:16, 골로새서 4:5에 적절하다. Cf. Lightfoot, *Galatians*, 139; Burton, *Galatians*, 168f.

550) 어떤 주석가들은 3:13의 '--로부터'(ἐκ)가 본절에 쓰인 '--아래'(ὑπό)와 다르기 때문에 바울이 본절의 '속량하다'란 술어를 3:13에서 가져온 것이 아니라고 주장하기도 한다(Betz, *Galatians*, 208 n.63; cf. Luz, *Geschichtsverständnis*, 283). 하지만 율법의 저주에서 속량하게 된 것은 율법의 통치 아래 있는 사람들의 실존을 전제하지 않고서는 불가능하다.

두 번째 목적절의 주어는 모든 그리스도인들을 함축하는 '우리'(ἡμεῖς)이다. 하나님께서 그의 아들을 보내신 것은 모든 그리스도인들이 양자됨(υἱοθεσίαν)을 받게 하려는 목적을 지닌다. 바울은 이미 전에 어떻게 신자들이 아브라함의 자손이 되고 특히 하나님의 자녀가 되는가를 설명한 적이 있다(3:6-29, 특히 26-29절). 3:10-14에서 바울이 또한 강조한 것은 아브라함의 자손된 신자들이 율법의 저주에서 구속되고 해방되었다는 내용인데, 그렇다면 율법에서의 구속과 하나님의 자녀됨을 말하는 본절은 3장의 기본적인 논의를 요약해 주는 것이라고 할 수 있다. '양자됨'(υἱοθεσίαν)이란 술어 자체는 본래 아들이 아닌 자들을 자녀로 받아들이는 일을 지칭하는 법률적인 술어이다.[551] 신약에서는 이 술어는 하나님에 의해 자녀로 받아들여진다는 종교적 의미를 가지고 사용된다.[552] 갈라디아서는 하나님의 자녀가 되는 일이 세례의식 문맥과 연결되어 나온다(3:26f). 하나님의 자녀가 되는 일은 신학적으로 아브라함의 자손이 되는 일과도 깊은 내면적 연관을 가지고 있는데, 아브라함 전승에 대한 바울의 재해석에서 나타나듯이 사람들이 아브라함의 자손 또는 하나님의 자녀가 되는 것은 예수 그리스도를 믿고 그의 이름으로 세례를 받을 때 일어나는 종교적인 경험이다(3:26-27 참조). 본절에서 바울은 '양자됨'을 언급했기 때문에 그가 3:15ff에서 논의한 '약속'과 '유업'에 대한 주장들과 양자됨을 연결지을 수 있게 되었다. 따라서 바울은 다음 절에서 3:14에서 언급한 '성령의 약속'과 3:18,29에서 언급한 '유업'을 하나님의 자녀로 받아들여진 신자들의 구원 경험과 상호 연관짓는다.

6. 너희가 아들인 고로 하나님이 그 아들의 영을 우리 마음 가운데 보내사 아바 아버지라 부르게 하셨느니라

551) 그리이스-로마의 법에 나타난 양자에 관한 논의로는 Betz, *Galatians*, 208 n.69; cf. Lightfoot, *Galatians*, 168을 보라.

552) 고대 종교들 가운데 특히 신비종교들 중에서 신의 자녀가 되는 일에 대해 흔히 언급하는 경우들이 있다(cf. Betz, *Galatians*, 209 n.71).

갈라디아 기독교인들이 그리스도 안에서 하나님의 아들들이 된 것은 그들이 믿을 때였다(3:26). 그들이 성령을 받은 것도 믿음을 통해서 이루어진 것이며(3:2,14) 또한 그들이 의롭다 하심을 받은 것도 믿음을 통해서였다(2:16; 3:6-9,11). 학자들 사이에서는 '아들되는 일'이 첫 번째 경험이고 성령 경험이 두 번째 경험인가, 아니면 성령을 경험하고 난 후에 비로소 아들되는 일이 가능한가에 대해서 토론을 벌여왔다. 가톨릭 학자인 슐리어(H. Schlier)는 하나님의 아들을 보내는 일이 첫 번째 사건이며 그것이 기독교인 경험의 객관적 기초를 형성한다고 본다(4:4-5). 그리고 나서 성령을 보내는 일이 뒤따르게 되는데 슐리어는 이것이 기독교인의 주관적 경험의 기초를 형성한다고 본다 (4:6).[553] 반대로 자유주의적 신교 학자인 리츠만(H. Lietzmann)은 본절의 언어적 어색함을 지적하면서 하나님의 아들들로 받아들여지는 일이 성령의 선물을 받을 때 일어난다는 의미로 본절을 해석하고자 하였다.[554] 위의 두 입장들은 우리가 하나님의 자녀이기 때문에 성령을 선물로 주신다는 이야기인가, 아니면 양자의 영인 성령을 받을 때 우리가 하나님의 자녀가 되는가 하는 질문들로 잘 대변된다. 학자들은 본절의 바울의 진술을 이해할 때 주석학적 근거 위에서 출발하기보다는 흔히 자신의 교의신학적 전제들로부터 출발하는 경우가 많다.

학자들 간의 견해의 갈등을 해소하는 것은 쉬운 일은 아니지만 우리는 적어도 다음과 같은 몇 가지 사실을 염두에 두어야만 한다. 첫째로, 갈라디아서의 문맥에서 바울은 갈라디아 신자들도 이미 성령을 경험했다는 사실 위에 자신의 논의를 기초시킨다. 다만 그들의 신분 상

---

553) Schlier, *Galater*, 197; quoting A. Bengel, *Gnomon of the New Testament*, 2 vols, ET by C. T. Lewis and M. R. Vincent, Philadelphia, Perkinpine & Higgins, 1864, on Gal 4:6; cf. Oepke, *Galater*, 133; Mussner, *Galater*, 274ff; J. Blank, *Jesus und Paulus*, 276.

554) H. Lietzmann, *ad loc*; cf. H. D. Betz, *Galatians*. 여기서 베츠는 Ambrosiaster, Pelagius, Zahn, Loisy, Lagrange 등이 같은 노선의 입장을 취하는 것으로 거명한다.

의심을 받고 있는 부분은 그들이 과연 시내산 언약에 속해 있지 않으면서도 이미 지금 '하나님의 아들들'이라고 말할 수 있는가 하는 것이었다. 이러한 상황에서 바울은 갈라디아 신자들이 종말론적 약속인 성령을 이미 받았기 때문에 이미 하나님의 아들들임이 분명하다는 논지를 전개한다(3:2,5). 둘째로, 평행 구절인 로마서 8:15-16은 성령의 선물이 주어지기 전에 하나님의 아들의 신분이 이미 주어져 있었다는 것을 전제하지 않는다. 하나님의 아들의 본질을 특징화하는 것은 그들의 성령 경험에 있기 때문에 양자의 영인 성령의 선물을 경험하지 못했음에도 불구하고 하나님의 아들이란 개념은 바울에게 낯선 것이다. 셋째로, 더욱이 바울의 논의에 있어서 갈라디아인들의 성령 경험은 이미 그들이 하나님의 아들들인 것을 증명하는 객관적 증거이기 때문에 슐리어의 구분처럼 기독교인 경험의 객관적 기초와 주관적 기초를 구분하는 것은 도리어 문제를 해결하기보다는 끌어들이는 결과를 초래한다. 넷째로, '호티'(ὅτι)는 이유를 말하는 절을 이끌며 문맥적으로 3:26을 소급하여 지칭한다. 따라서 하나님의 아들이 되는 것도 믿음을 통해서 이루어지고(3:26) 성령의 선물을 받는 것도 믿음을 통해서 이루어지기 때문에(3:2,5) 본절은 '아들됨'(sonship)을 성령의 선물을 받기 위한 필요조건적 원리로 삼는다고 말할 수 없다. 이러한 주석학적 관찰들에 비추어볼 때 갈라디아인들이 하나님의 아들들이 되는 것과 그들이 성령의 선물을 받는 것은 논리적으로는 구분할 수 있을지 몰라도 동시적으로 일어나는 경험으로 보인다.[555] 아들됨과 성령경험은 서로 밀접하게 관련을 맺고 있어서 바울은 청중의 성격이나 주어진 환경의 성격에 따라서 그것들의 순서를 임의로 바꾸어 표현하기도 하는데, 이것은 그 순서가 논리적으로만 구별될 뿐이지 실제 시간순서적

---

555) Bruce, *Galatians*, 198; cf. Lightfoot, *Galatians*, 169; Longenecker, *Galatians*, 173: 특히 롱게네커의 다음 진술은 중요하다: "For Paul, it seems, sonship and receiving the Spirit are so intimately related that one can speak of them in either order..., with only the circumstances of a particular audience, the issue being confronted, or the discussion that precedes determining the order to be used at any given moment or place" (173).

으로 정확하게 구분되지 못한다는 것을 말해줄 뿐이다. 왜냐하면 성령의 선물을 경험하지 못한 하나님의 아들이 있을 수 없고 하나님의 아들되는 경험을 하지 못한 채 성령의 선물만 경험한 사람이 있을 수 없기 때문이다.

갈라디아 신자들이 하나님의 아들들이기 때문에 하나님께서 '하나님의 아들의 영'을 그들에게(*ἡμῖν*) 보내셨다. 주목할 만한 것은 같은 절의 전반부에서는 '너희'라는 2인칭 복수 대명사를 사용한 반면에 후반부에서는 '우리'라는 1인칭 복수 대명사를 사용하였다는 점이다. 우리가 앞에서도 지적하였듯이 바울은 이들 두 인칭대명사들 사이를 날카롭게 구분하지 않는 경향이 있다. 그는 여기서도 그것들을 아무런 구분없이 혼용하고 있기 때문에 '우리'는 '너희'와 '우리'를 포괄하는 내포적인 의미를 지니고 있음이 분명하다. 구약에서처럼(잠 4:23 참조) '마음'(*καρδία*)은 지정의(智情意) 기능을 지닌 인격의 좌소이며 성령께서는 신자의 마음에 내주하신다. 이렇게 하나님께서 갈라디아 신자들의 마음속에 하나님의 아들의 영을 보내신 결과로 그들은 하나님을 가리켜 '아바, 아버지'라고 부르짖을 수 있게 되었다. 우리는 적어도 여기서 세 가지 점에 대해 주목해야만 한다.

첫째로, 하나님께서 그의 아들의 영을 신자들 마음 속에 '보내실'(*ἐξαπέστειλεν*) 수 있었던 것은(4:6) 하나님께서 먼저 그의 아들을 세상에 '보내셨기'(*ἐξαπέστειλεν*) 때문이다(4:4). 위의 두 구절에서 '보내셨다'는 동일한 동사가 성령과 아들에 대해서 모두 사용되고 있다. 하나님이 그의 아들을 보내시는 첫 번째 행위는 그가 성령을 신자들의 마음에 보내시는 두 번째 행위를 가능하게 만들어 놓았다. 하나님의 아들과 성령을 보내시는 주체는 모두 동일한 하나님이시다. 하나님께서는 인류를 죄 가운데서 구속하시기 위해 그의 아들을 보내셨고 신적인 구속을 신자들의 개인의 삶에 적용하시기 위해서 또한 성령을 보내셨다. 하나님이 자기 아들을 '세상'에 보내신 첫 번째 사건은 인류의 개인적 반응과 관계없이 그의 주권적 섭리와 계획대로 실행된 것이라면, 하나님께서 성령을 신자들의 마음에 보내신 두 번째 사건은 신자들의 실존적인 반응에 관계해서 개별적으로 적용된 것이라 할 수 있다. 물론 하나님께서 성령을 개인들의 마음 속에 보내시는 것은 그들이 예수를 하나님의 아들로 믿을 때에 이루어진다. 바울의 독자들이 믿음으로 '성령을 받았다'(τὸ πνεῦμα ἐλάβετε)고 말한 바울의 진술에 따를 때(3:2,5) 하나님께서 성령을 그들의 마음에 보내신 일도 역시 그들이 예수를 하나님의 아들로 믿을 때 이루어진 것이라고 할 수 있다. 다만 여기서 주목할 것은 하나님께서 성령을 그들의 '마음에'(εἰς τὰς καρδίας ἡμῶν) 보내셨다고 말함으로써 외적인 권위만을 가지고 있고 마음을 변화시킬 수 없는 율법과는 달리 '새 언약의 영'으로서의 성령은 사람들 마음속에 들어가 그들의 마음을 새롭게 하고 재창조하는 역할을 담당한다(cf. 3:21; 고후 3:6,17-18).[556]

둘째로, 신자들의 마음에 보내심을 받은 성령은 여기서 '하나님의 아들의 영'이라고 불리운다. 여기서 바울의 성령 이해가 철저하게 기독론적인 특징이 있다는 사실을 살필 수가 있다. 바울이 성령을 하나님의 아들의 영으로 묘사한 것은 성령께서 하나님의 아들 예수의 구속 사역을 적용하고 완성하는 영이라는 뜻도 있지만, 또한 성령은 신자들에게 하나님의 아들됨을 중개하는 예수 그리스도의 영이라는 사실을 나타내기 위한 것이다. 바울이 성령을 가리켜 하나님의 아들의 영이라는 독특한 표현을[557] 사용한 것은 본 섹션의 중심 주제가 신자

556) 이한수, "바울의 성령이해", 「신약의 성령론」, 총신대출판부, 1994, 34-40; 또한 "성령 이해에 있어서 바울의 공헌", 「바울신학연구」, 총신대출판부, 1993, 299ff.

557) '그의 아들의 영'이란 표현은 갈라디아서에서 오직 여기서만 나오는 독특한 표현이다. 이 서신의 다른 곳에서는 '영'(πνεῦμα)란 술어가 절대적으로 사용된다. 이런 이유 때문에 어떤 사본들 중에서는 τοῦ υἱοῦ가 생략되고 있다(P46, Marcion, Augustine). 이 표현은 바울서신 다른 곳에서도 나오지 않는다. 물론 '그리스도의 영'(롬 8:9), '주의 영'(고후 3:17), '양자의 영'(롬 8:15), '예수 그리스도의 영'(빌 1:19)과 같은 비슷한 표현들이 사용되고 있다.

들의 아들됨에 있기 때문이다. 만일 성령이 하나님의 아들의 영이라면 두 가지 점을 유의해야 한다. 먼저 예수 자신이 유일하고 독특한 하나님의 아들이시다. 공관복음서에서 예수께서는 하나님에 대해서 '아바'라고 부르시면서 하나님에 대해 자신의 부자 관계의 의식을 표현하셨다. 그렇다면 신자들이 하나님의 아들의 영을 받았다는 것은 예수께서 하나님의 아들로서 '아바'라고 부르시던 것처럼 이제 그의 영을 받은 신자들도 하나님의 아들이 되어 예수처럼 하나님을 향하여 '아바'라고 부를 수 있게 됨을 나타낸다(롬 8:14-16 참조). 이 점에서 성령은 본래 하나님의 자녀가 아닌 죄인들에게 아들됨을 중개하는 영이시기 때문에 그는 '양자의 영'(**πνεῦμα υἱοθεσίας**)으로 불리워진다(롬 8:15). 특히 로마서의 이 구절에서 부정과거 동사인 '받았다'(**ἐλάβετε**)가 두 번 사용되는데, 성령과 관련하여 이 부정과거 동사가 바울서신에서 사용될 때는 항상 예외없이 신자의 처음 중생/회심 경험을 지시한다.[558] 따라서 바울신학에서 성령을 받았다는 개념은 오순절주의자들이 주장하듯이 제2축복인 성령세례를 지칭하는 것이 아니고 신자가 예수 그리스도를 영접할 때 경험하는 처음 회심/중생 경험을 지칭한다. 따라서 바울은 오순절주의자들의 제2축복 이론을 옹호하지 않는다.

셋째로, 하나님의 아들의 영을 소유한 사람은 하나님을 향하여 '아바 아버지'(**αββα ὁ πατήρ**)라고 부르짖게 된다. 이 부르짖음은 신자가 하나님과 맺은 새로운 관계를 잘 요약해 주는 표현이다. 아람어의 음역어인 '아바'(**αββα**)와 헬라어의 '아버지'(**πατήρ**)가 여기서 함께 사용된 것은 두 언어를 함께 사용하던 초대교회의 성격을 반영해 준다. 분명히 '아바'라는 술어는 예수 자신의 말씀(*ipssisma vox Jesu*)이고 '아버지'란 술어는 예수 자신이 사용한 아람어 술어에서 파생되어 나온 이차적인 술어일 것이다. 그렇다면 초대교회에서 이런 표현들을 사용한 것은 분명히 공관복음서에서 예수께서 자신의 아들 의식을 표현

558) 이한수, "바울서신에서 성령, 믿음, 그리고 성령세례", 「그리스도인과 성령」, 총신대출판부, 134ff. 동일한 동사가 고린도전서 2:12, 갈라디아서 3:2,5에서도 사용된다.

하기 위해 사용한 술어를 반영해 준다.[559] 많은 학자들은 또한 '아바 아버지'란 부르짖음이 주기도문에서 '하늘에 계신 우리 아버지여'라는 기도문의 용법에서 파생되어 나온 것으로 추정한다.[560] 특별히 예레미아스에 의하면 예수에 의해서 사용된 '아바'라는 술어는 당대 유대인들이 기도문에서 하나님에 대해 사용해 본 전례가 없는 예수 자신만의 독특한 술어이다. 그것은 원래 어린아이들이 그들의 아버지에 대해서 '아빠'라고 부르던 애칭을 나타내는데, 예수께서 전례가 없는 이런 술어를 사용하심으로써 자신과 하나님 간의 친밀하고도 밀접한 부자 관계의 의식을 표현하셨고 또한 제자들에게도 이 술어를 사용하도록 권유하심으로써 그들이 하나님과 맺은 전적인 새로운 관계를 표현하도록 독려하셨다. 그리스도 안에서 하나님의 아들의 영을 받은 신자들은 이제 하나님 아버지와 보다 밀접하고 친밀한 부자 관계를 경험하게 되었고 성령의 감동을 받아 마음속에서 진심으로 하나님을 '아바 아버지'로 부를 수 있게 되었다.

7. 그러므로 네가 이후로는 종이 아니요 아들이니 아들이면 하나님으로 말미암아 유업을 이을 자니라

'그러므로'(**ὥστε**)로 시작하는 본절은 4:1-6에서 제시된 바울의 예증뿐만 아니라 3:26-29에 제시된 그리스도 안에 있는 새로운 관계들을 결론짓는 역할을 한다. 보다 넓은 문맥에서 보면 본절은 바울이 3:1 이후로 주장해온 모든 논의들을 총체적으로 결론짓는 역할도 담당한다. 다만 본절이 복수 인칭대명사인 '우리'와 '너희'를 사용하는 선행절들과 다른 점이 있다면 단수 2인칭 대명사인 '네가'(**εἶ**)를 사용한다는 점인데, 이것은 이제까지의 바울의 일반적 논의들을 갈라디아 개

559) Cf. J. Jeremias, *The Central Message of the New Testament*, 9-30; *idem*., *Abba: Studien zur neutestamentlichen Theologie und Zeitgeschichte*, 15-67.

560) Cf. O. Cullmann, *The Christology of the New Testament*, 208-9; G. Kittel, *TDNT* 1, 6; J. Jeremias, *New Testament Theology* I, 191-97.

별 독자에게 적용한다는 것을 시사해 준다.

만일 바울의 앞선 논의들이 사실이라면, 갈라디아 신자들 각자는 "더 이상 종이 아니요 아들이다". '종'(δοῦλος)의 개념은 이미 앞 절에서 언급된 바 있다. 종은 주인의 지배와 통제 아래 있기 때문에 자유가 없으며, 더욱이 주인의 어린아이라고 할지라도 청지기와 후견인의 통제와 지도 아래 있다면 자신의 권한과 자유를 마음대로 행사할 수 없기 때문에 사실 종과 다름이 없다(4:1f). 그러나 갈라디아인들이 그리스도 안에서 도래한 새로운 종말론적인 완성의 때에 복음을 받아들였을 때 그들은 이제 "성숙한 하나님의 자녀들(υἱοί)이 되었다. 그들에게는 자유가 주어졌고 또한 그것을 책임 있게 사용할 수 있는 권한이 주어졌다".[561] 한글 성경에 '이후로는'(οὐκέτι)으로 번역된 헬라어는 사실 '이후로'의 의미보다는 '더 이상…아니다'(no longer)의 뜻을 가지고 있다. 본절 이후로 이 단어는 바울의 논의에 큰 비중을 차지하게 되는데, 그것은 갈라디아인들이 그리스도 안에서 새로운 신분을 얻게 되었는데 다시 옛 시대의 생활 패턴으로 돌아가려는 것이 잘못된 태도라는 것을 강조하는 역할을 한다. 따라서 그리스도 안에서 도래한 종말론적 완성의 때에는 새로운 신분과 삶의 스타일이 요청되는데도 그들이 유대인들처럼 모세 율법이나(3:23-25), 또는 이방인들처럼 이교적 사상이나 생활 관습들로 되돌아가려는 것은 시대착오적 오류일 뿐이다.

갈라디아 독자들이 이제 종이 아니고 아들이라면 그들은 "하나님으로 말미암아 유업을 이을 자들이다". '유업'(κληρονομία)의 개념은 이미 선행하는 절들의 바울의 논의 중에서 중요한 역할을 담당한다. 창세기에서 유업은 본래 아브라함에게 주어진 것이었는데, 그것은 가나안 약속의 땅을 기업으로 얻는 것을 포함하고 있었다. 갈라디아서에서는 유업의 개념에 종말론적인 뉘앙스가 부여되어 그것은 '하나님 나

---

561) Bruce, *Galatians*, 200; Longenecker, *Galatians*, 175.

라'를 상속하는 일과 밀접한 관련을 짓고 있다(5:21; cf. 엡 5:5; 고전 5:10). 아브라함에게 약속된 유업을 얻는 것은 갈라디아서 문맥에서는 그와 같이 믿음의 사람이 될 때 가능하다. 유업은 본래 은혜로 주어진 것이기 때문에 그것은 오직 믿음으로 소유될 수 있는 것이다(갈 3:18). 하지만 바울서신의 많은 문맥 속에서 하나님 나라를 유업으로 얻는 것은 '성령의 열매'와 같은 윤리적 덕목들과 깊은 연관을 맺고 있다. 따라서 육체의 일들을 행하고 죄를 범하는 그리스도인들은 하나님 나라를 유업으로 얻지 못한다고 경고를 받게 된다(갈 5:21; 고전 5:10; 엡 5:5). 하나님 나라를 유업으로 얻는다는 개념과 관련하여 여기서 우리는 '믿음'과 '행위'가 동전 양면처럼 밀접하게 연결되어 있다는 것을 알 수 있다. 믿음으로 하나님의 자녀가 된 사람들은 하나님의 자녀답게 믿음으로 살아가야 한다. 하나님 나라의 유업은 이들에게 은혜로 주어지는 약속이다. 본절의 후반부에 유업을 이을 자와 관련하여 '하나님으로 말미암아'(**διὰ θεοῦ**)라는 전치사 구가 덧붙여진 것은 다음 두 가지 목적을 지닌다. 이 전치사 구는 바울의 독자들에게 그들의 신분이 오직 하나님의 은혜로 말미암아 주어진 것이라는 것을 상기시켜 주고, 그것은 또한 그들이 그러한 신분을 확실하게 소유하게 될 것임을 그들에게 확신시켜 주는 역할을 한다. 왜냐하면 그것은 그들을 대신한 하나님의 사역이지 그들 자신의 노력의 산물이 아니기 때문이다.[562)]

8. 그러나 너희가 그 때에는 하나님을 알지 못하여 본질상 하나님이 아닌 자들에게 종노릇하였더니

3장에서 4:7까지 논쟁적 기초들을 정초한 후에 바울은 이제 갈라디아인들의 그릇된 태도를 공격하기 시작한다. 물론 그렇게 하는 그의

562) Longenecker, *Galatians*, 175; Betz, *Galatians*, 212. 이 전치사 구는 여러 다양한 주요 사본들의 지지를 받고 있다. 얼마간의 후대 사본들은 그리스도를 중보자로 강조하기는 하지만 그것은 후대의 기독론적 발전을 반영한 것에 불과하다.

목적은 비난과 공격 자체에 있기보다는 갈라디아 독자들의 마음을 바꾸고 그들의 그릇된 시도들을 변경시키고자 하는 것이다. 이러한 목적을 달성하기 위해서 바울은 여러 다양한 웅변적이고 논쟁적인 전략들을 활용한다.

바울은 그의 독자들에게 그들이 '과거에'(**τότε**) 어떤 사람들이었는가를 상기시켜 준다. 반의접속사 '그러나'(**ἀλλά**)는 6-7절에 묘사된 그들의 하나님의 자녀된 신분과 8절에 묘사된 그들의 현재 태도나 상황 사이의 대조를 부각시킨다. 현재 그들은 그리스도 안에서 하나님 나라를 유업으로 받을 하나님의 자녀이지만, 그들은 과거에 '하나님을 알지 못하였었다'.[563] 이 표현은 분명히 야훼 하나님을 섬기던 유대인들에게 해당되지 않고 이방신들을 섬기던 이방인들을 지칭한다. 이교도들이 '하나님에 대해 무지하다'(살전 4:5; 고전 15:34; 롬 10:3; 고전 1:21; 롬 1:18-23; 엡 4:18; 살후 1:8; 딛 1:16; 행 17:23,30 등)고 말하고 회심자들이 '하나님을 안다'(고전 8:1-6; 롬 1:18-23)고 말하는 사상은 선교사들의 언어에서 나온 것이다. 그리고 그 뿌리는 구약과 헬레니즘 유대교에서 찾을 수 있다.[564]

갈라디아 신자들이 하나님을 알지 못하던 이방인으로 있었을 때 그들은 "본질상 하나님이 아닌 자들에게 종노릇하였었다". 이방인들은 자기들이 섬기는 존재들이 신들이라고 생각하기는 하였어도 사실 그들이 섬겼던 신들은 '본질상 하나님이 아닌 자들'(**οἱ φύσει μὴ οὖσιν θεοί**)이었다. 갈라디아인들이 과거에 섬겼던 종교가 정확하게 무엇이었는지는 바울이 본절에서 분명하게 밝히지는 않는다. 그가 유대교를 설명할 때와는 달리 그들의 이전 종교의 세부 사항들에 대해서 언급

563) '하나님을 알지 못하여'(**οὐκ εἰδότες θεόν**)라는 문구에서 부정과거 분사와 함께 쓰인 부정어 **οὐκ**는 고전 헬라어에서 드문 예이다. 헬레니즘적 헬라어에서는 **οὐ** 대신에 **μή**를 사용하는 분명한 경향이 존재한다(Bruce, 201; Longenecker, 179).

564) Betz, *Galatians*, 214 n.9에 언급된 다양한 참고문헌들을 보라.

하기를 기피한다. 바울은 갈라디아의 이방 신자들이 전에 섬겼던 종교들을 '세상의 초등 학문'(**τὰ στοιχεῖα τοῦ κόσμου**)이라는 표제 하에서 하나로 뭉뚱그려 표현할 뿐이다(4:9).

고린도전서 8:5에서 바울은 이교도들이 '소위 신이라 칭하는 자들'(**λεγόμενοι θεοί**)을 숭배한다고 말하는 반면, 고린도전서 10:20에서 그는 이교도들의 제사가 '귀신에게 하는 것이요 하나님께 하는 것이 아니라'(**δαιμονίοις καὶ οὐ θεῷ**)고 말한다. 어떤 주석가들은 바울이 이방 신들의 타당성을 단도직입적으로 거절하면서도 그들이 마치 실제적인 귀신적 존재들인 것처럼 말하는 것은 자기모순이라고 주장한다.[565] 이와는 반대로 롱게네커(R.N. Longenecker)와 같은 학자는 본절과 고린도전서 8:5의 바울의 표현에 비추어 볼 때 바울은 이교도들이 많은 '신들'과 많은 '주들'을 고안해 놓았을 뿐 그런 신들이 실재로 존재한 것은 아니라고 생각했다는 제안을 하였다. 하지만 베츠(H.D. Betz)의 제안이 더 타당성이 있는 것으로 보인다. 그는 바울이 이교도들의 신들의 존재를 단도직입적으로 거부하기보다는 그것들이 '단지 열등한 귀신적 실재들에 불과한'[566] 것으로 보았다고 생각한다. 베츠의 주장은 다음 두 가지 이유 때문에 더 신빙성이 있다. 첫째로, 바울은 그의 서신 다른 곳에서 이교도들의 종교 배후에서 역사하는 사탄이나 귀신들의 존재를 분명하게 인정한다(고전 10:20 참조). 둘째로, 고린도전서 12:2에서 바울은 고린도인들이 "이방인으로 있을 때에 말 못하는 우상에게로 끄는 그대로 끌려갔다"(**ὡς ἂν ἤγεσθε ἀπαγόμενοι**)고 말한다. 이방인들이 숭배하는 우상들은 사실 말 못하고 생명과 호흡이 없는 인간 수조물에 불과하지만 그들의 우상 숭배 배후에는 그들을 '끌어가는'(**ἀπαγόμενοι**) 귀신적 세력이 분명히 존재한다. 셋째로, 갈라디아인들은 하나님을 알지 못하던 과거에 본질상 하나님이 아닌 귀신들에게 '종노릇하였다'(**ἐδουλεύσατε**). '종노릇한다'는 동사는 이교도

---

565) J. Weiss, *The History of Primitive Christianity*, 1937, 1:326; W. L. Knox, *St. Paul and the Church of Jerusalem*, 113 n.13.
566) Betz, *Galatians*, 214-15.

들 위에 본질상 하나님이 아닌 귀신적 존재들이 주인처럼 압제하고 종처럼 부리고 세력을 미쳤다는 뜻을 지니고 있다. 그렇다면 바울은 이들 귀신적 존재들의 실재적 영향력을 인정한 것이 분명하다.

9. 이제는 너희가 하나님을 알 뿐더러 하나님의 아신 바가 되었거늘 어찌하여 다시 약하고 천한 초등 학문으로 돌아가서 다시 저희에게 종 노릇하려 하느냐

과거 이교도로 있을 때 하나님을 알지 못하던 것과는 달리 이제 갈라디아인들은 바울의 복음 선교 사역을 통해서 '하나님을 알고 있다' (*νῦν δὲ γνόντες θεόν*).[567] 한글성경에 '뿐더러'에 해당하는 헬라어 표현(*μᾶλλον δέ*)은 '오히려'의 뜻을 지니고 있다. 이것은 방금 전에 말해진 것을 보완하고 교정하는 진술을 소개해 주는 역할을 하는데(cf. 롬 8:34; 고전 14:1,5; 엡 4:28; 5:11; 2 Macc 6:23; Wis 8:20), 방금 전에 말한 것에서 강조점을 옮겨 지금 말하는 것의 보다 큰 중요성을 부각시켜 준다. 결과적으로 인간의 신지식과 하나님의 인간지식의 상호적 관계를 유지하면서도 후자에 보다 큰 중요성을 부여한다. 그렇다면 인간의 신지식은 하나님의 주도적인 인간지식에 대한 인간 편에서의 반응이라고 말할 수 있다. 하나님과의 관계는 인간이 갈구하거나 행하거나 아는 것에 기초하지 않고 하나님 자신으로부터 기원하며 항상 하나님의 은혜로 세워진다. 인간이 하나님을 안다고 하는 차원보다 더 중요한 것은 하나님께서 사람을 아시고 인정하는 차원이다. 후자는 오직 하나님 자신의 주도적인 은총의 계시를 통해서만 주어진다. 비슷한 수동태 표현이 고린도전서 8:3에서도 나온다: "만일 사람이 하나님을 사랑하면 그는 하나님에 의해 알려진 바가 되었다". 고린도전서 8:1에서 바울은 고린도인들 사이에 지식과 사랑 사이의 괴리 현상에 대해서 비평하였는데, 3절에서 그는 사랑과 지식 간의 괴리현상을 극

567) 앞절에서는 하나님을 '안다'고 말할 때 *οἶδα*를 사용하다가 본절에서는 *γινώσκω*를 사용한다. 여기서 이 두 동사의 어휘의미론적 가치가 동일하게 사용되고 있음을 알 수 있다.

복하고자 한다. 성경에서 말하는 지식은 단순히 객관적 탐구를 통해서 얻어지는 추상화된 개념적 지식이 아니다. 이 점에서 바울의 지식관은 헬레니즘 전통보다는 히브리 전통에 서 있다. 참된 지식은 사랑, 헌신, 순종, 교제를 포함하는 실존적이고 체험적인 지식이다. 그것은 사랑으로 존재하는 지식이며 사랑으로 나타나는 지식이다. 하나님과의 인격적 사랑과 순종의 관계가 전제되지 않을 때 사람의 신지식은 도리어 형제에게 상처를 주고 그를 멸망시킬 수가 있다.

'어찌하여 너희가 돌아갈 수 있는가?' 라는 질문은 갈라디아 그리스도인들을 딜레마 앞에 내세우는 웅변조의 질문이다. 그리스도 안에서 자녀된 자로서 하나님 아버지를 친밀하게 알고 교제하는 그들이 어떻게 세상의 초등학문에 종노릇하는 옛 관계로 되돌아갈 수 있는가? '돌아가다' (**ἐπιστρέφω**)는 동사는 어떤 종교로 회심하거나(cf. 살전 1:9; 눅 1:16; 행 3:19; 9:35; 11:21; 14:15; 15:19; 26:18,20 등) 또는 종교적인 배교를(cf. 벧후 2:21-22) 지칭하는 기술적인 술어이다.[568] 본절에서 현재 동사가 사용된 것은 갈라디아인들의 배교 행위가 지금 진행 중에 있다는 것을 시사한다(1:6; 5:2-4 참조). 그러면 그들이 바울의 복음을 버리고 되돌아가려는 대상은 무엇인가? 그것은 '초등학문' (**στοιχεῖα**)으로 지칭되고 있다. 갈라디아 기독교인들이 다시 초등학문에 종노릇하려 한다는 본절의 진술은 그들이 이방인으로 있을 때에 본질상 하나님이 아닌 귀신들에게 종노릇하려고 한다는 앞절의 진술과 평행을 이룬다. 때문에 어떤 학자는 갈라디아 그리스도인들이 되돌아가 종노릇하려고 하는 대상은 그들이 전에 섬겼던 이방신들이었다고 주장한다. 하지만 갈라디아서의 문맥에서 볼 때 그들이 처한 위기의 본질은 할례와 율법을 준수함으로써 유대교로 돌아가려는 시도였다(5:3-4; 6:11-14 참조).

---

568) Betz, *Galatians*, 216 n.31; G. Bertram, *TDNT* 7.722-29; Longenecker, *Galatians*, 180.

놀라운 사실은 바울이 이방 종교와 유대교를 모두 '세상의 초등학문'이라는 표제 하에 함께 묶어두고 있다는 사실이다. 이방인들이 본질상 하나님이 아닌 자들을 숭배하는 행위가 그들이 초등학문에 종노릇하는 것으로 동일시된다면, 갈라디아 기독교인들이 다시 할례와 율법을 준수하는 유대교로 되돌아가는 행위도 그들이 초등학문에 종노릇하는 것으로 동일시된다. 좀더 정확하게 말한다면 할례와 율법을 준수하는 유대교의 생활은 초등학문에 종노릇하는 생활의 한 형태라고 말할 수 있다.[569] 과거에 경건하고 열렬한 바리새인 시절을 보냈던 바울이 이러한 급진적인 표현을 사용한다는 것은 매우 놀라운 일이다. 바울은 무슨 이유로 그들이 받아들이려고 하는 유대교 생활을 이교도들이 귀신들을 섬기며 초등학문에 종노릇하는 생활과 다름없는 것으로 간주하고 있는가? 필자의 생각으로는 아마도 세상의 초등학문을 수식하는 두 형용사 '약한'(ἀσθενῆ)과 '천한'(πτωχά)의 의미를 이해할 때 위의 질문에 답할 수 있을 것으로 생각된다.

첫째로, 갈라디아 독자들이 할례와 율법을 준수하는 유대교로 다시 돌아가 율법 아래 있고자 하는 것은 '약한' 초등학문으로 돌아가서 거기에 종노릇하려는 것이나 마찬가지이다. 그들이 지금 의지하고 준수하려고 하는 율법은 죄와 사망의 절망적 상황에 빠져 있는 인류의 상황을 타개하는 데 철저하게 무능력하다. 비슷한 술어가 로마서 8:3f에서 율법과 관련하여 사용된다: "율법이 육신으로 말미암아 연약하여(ἠσθένει) 할 수 없는 그것을 하나님은 하시나니…육신을 좇지 않고 그 영을 좇아 행하는 우리에게 율법의 요구를 이루어지게 하려 함이니라". 율법은 죄와 육신의 세력이 주인처럼 폭군적 능력을 행사하는 인류의 상황을 치료하는 데 절대로 무능력하다(ἀδύνατον). 우리가 앞의 주석에서 살펴본 대로 율법은 오히려 죄와 육신의 세력이 작용하는 영역에서 활동함으로써 그것에 협력하는 대리자가 되고 말았다. 그

569) T.L. Donaldson, "The 'Curse of the Law' and the Inclusion of the Gentiles: Galatians 3.13-14", *NTS* 32 (1986), 96f.

래서 인간을 죄와 사망에서 해방시켜 참 자유를 주기는커녕 율법은 죄를 더욱 죄되게 만들고 사람들로 죄를 더욱 짓도록 충동질하며 그들을 마치 포로처럼 가두고 종노릇하게 만들었다(cf. 롬 7:13-14; 갈 3:22-23; 4:2). 비록 율법이 선하고 신령하며 의로운 것이라 할지라도 그것은 이렇게 죄에 빠진 인류의 치료책이 되지 못하고 도리어 그들을 통제하고 억누르며 종노릇하게 만들었다면, 율법 아래 있는 상황은 결코 하나님이 아닌 귀신들의 압제 속에서 종노릇하는 이방인들의 절망적 상황과 다를 바가 없다.

둘째로, 할례와 율법을 준수하는 유대교로 다시 돌아가려는 것은 '천한' (**πτωχά**) 초등학문에 종노릇하려는 것이나 다름없다. 한글성경에 '천한'의 뜻으로 번역된 본래의 헬라어 단어는 '가난한', '빈약한', '구걸하는'의 뜻을 지니고 있다 . 그것은 갈라디아인들이 섬기려고 하는 초등학문이(즉 율법을 준수하는 유대교가) 신령한 복들을 풍부하고 부요하게 제공해 줄 수 없다는 것을 뜻한다. 율법은 결코 참된 해방과 자유와 성숙함을 가져다 주지 못하고 도리어 노예와 같은 굴종과 종노릇밖에는 가져다 주지 못한다. 이러한 상태는 이방인들이 하나님이 아닌 자들에게 붙들려 종노릇하는 상태나 별반 다름이 없다. 때문에 바울은 아마도 율법 아래의 생활과 이교도들의 생활을 세상의 초등학문에 종노릇한다는 동일한 표제 하에 뭉뚱그려 표현하였을 것이다.[570)]

10-11. 너희가 날과 달과 절기와 해를 삼가 지키니 내가 너희를 위하여 수고한 것이 헛될까 두려워하노라

10절과 9절을 연결하는 특정한 접속사가 나타나지는 않지만, 갈라디

---

570) 왜 바울이 유대교와 이교종교를 초등학문으로 동일시했는가에 대한 다양한 설명으로는 다음을 참고하라. Bruce, *Galatians*, 203; G. Howard, *Paul: Crisis in Galatia*, 78; D.E.H. Whiteley, The *Theology of St Paul*, 25; A.J. Bandstra, *The Law and the Elements of the World*, Kampen, 1964.

아 이방 기독교인들이 삼가 지키던 '날과 달과 절기와 해'는 그들이 9절에 지칭된 '약하고 천한 초등학문'을 받아들이고 있다는 증거로 인용되고 있다. 여기에 열거된 네 항목들은 골로새서 2:16과 여러모로 비교될 수 있다: "그러므로 먹고 마시는 것과 절기나 월삭이나 안식일을 인하여 누구든지 너희를 폄론하지 못하게 하라". 많은 학자들은 갈라디아서 4:10에 언급된 네 항목들이 전형적인 유대인들의 월력을 지칭한다고 생각한다.[571] 예를 들면, '날'(ἡμέρας)은 유대인들이 준수하던 거룩한 날들, 특별히 안식일과 같은 성일을 가리키고(골 2:16), '달'(μῆνας)은 아마도 월삭(new moons)을 가리킬 것이고(민 28:11-15), '절기'(καιρούς)는 유월절이나 오순절과 같은 종교적 명절들을 가리키며(레 23:1ff), '해'(ἐνιαυτούς)는 안식년과 같은 특정한 해들을 가리킬 수 있다는 것이다.

하지만 본절에 열거된 항목들이 아주 일반적인 표현들이어서 배타적으로 유대교의 월력을 지칭한다고 보는 주장에 반대하는 견해들도 만만치 않다. 위에서 언급한 골로새서 2:16과 비교할 때 골로새서의 항목들은 의심할 여지도 없이 유대교의 월력을 시사하는데 반해서 갈라디아서의 항목들은 아주 일반적으로 표현되어서 유대교뿐만 아니라 일반 고대 종교들 가운데서 지켜지는 월력을 포함할 수도 있다.[572] 문맥상의 관점에서 살필 때 필자는 후자의 견해가 더 신빙성이 있는 것으로 판단하고 싶다. 4:8-9에서 바울은 이미 갈라디아 이방 기독교인들이 과거에 '본질상 하나님이 아닌 자들에게 종노릇하고 있었다'고

---

571) Bruce, *Galatians*, 206; Burton, *Galatians*, 233; Lightfoot, *Galatians*, 171 등.

572) Cf. Betz, *Galatians*, 217; Wegenast, *Das Verständnis der Tradition bei Paulus und in den Deuteropaulinen* (WMANT 8), Neukirchen-Vluyn 1962, 101; R. Jewett, "The Agitators and the Galatian Congregation," *NTS* 17(1970-71), 206-7; W. Schmithals, *Paul and the Gnostics*, 44. 특히 슈미탈스는 바울이 "정통 유대교에서 널리 유포되지 않았지만 무엇보다도 외경적이며 영지주의적 또는 영지주의적 경향성을 띤 문헌에서 자주 나타나는 당대의 혼하고 친숙한 목록을 채용하고 있다"고 주장한다.

피력한 적이 있다. 그가 할례와 율법을 준수하는 유대교를 받아들이려고 하는 그들의 현재 태도를 비평하는 과정에서 우상과 귀신들을 섬기던 그들의 과거 이교도 생활을 초등학문에 종노릇하는 생활로 평가한 것은 가히 의도적이고 전략적인 접근방식이다. 바울은 율법 아래 있는 유대교의 생활뿐만 아니라 귀신들을 섬기는 이교도의 생활을 모두 초등학문에 종노릇하는 삶의 형태들로 함께 묶어 표현하였다. 그렇다면 본절에서 갈라디아인들이 삼가 지키는 것으로 열거된 '날과 달과 절기와 해'는 유대교의 월력일 수도 있고 이교도의 월력일 수도 있다. 바울은 의도적으로 애매한 일반적 표현들을 사용함으로써 율법을 준수하는 유대교의 생활과 이교도의 종교생활 사이에 유사점을 강조하고자 한다. 따라서 바울은 그들이 받아들이려고 하는 새로운 유대교 행습과 삶의 유형들이 사실 그들의 이전 이교도 생활로의 퇴보나 마찬가지인 것으로 묘사하면서 유익한 논쟁점을 확보할 수가 있었다.[573)]

고대 종교에서는 거룩한 날과 달과 절기와 해를 지키는 월력 준수는 흔히 천체와 별들이 사람들의 운명에 지배권을 행사하던 신적 존재들이라고 믿던 점성학과 깊은 관련을 맺고 있었다(Jub 1.14; 6.34-8; 1 Enoch 72-82).[574)] 흥미로운 사실은 여기에 언급된 문헌들이 중간사시대의 유대교 문헌이라는 사실이다. 이미 이 시기의 유대교 내에서조차도 월력 준수가 점성학에 큰 영향을 받고 있었음을 시사해 준다고 볼 수 있다. 날과 달과 절기와 해를 지키는 것이 사람들에게 화나 축복을 가져다 줄 수 있기 때문에 그런 것들을 삼가 지키려고 하는 것은 유대교를 비롯하여 고대 여러 종교들 가운데서 흔히 발견되는 것이다. 거룩한 날과 달과 절기와 해를 '삼가 지키는'(**παρατηρεῖσθε**) 것은 갈라디아인들의 종교적인 철저함과 양심의 바름을 말해준다. 고대 로마의 문헌들을 보면 이러한 종교적인 철저함이 사실은 '신적 존재를 두려워하는 비겁함'(Theophrastus, *Character* 16.1) 또는 '미신적 행태'

573) Barclay, *Obeying the Truth*, 64.
574) Schlier, *Galater*, 192,203-7; Betz, *Galatians*, 204-5; Barclay, *Obeying the Truth*, 61.

(Plutarch, *De superstitione* 165 B/C)로 분석된다. 푸르타르크에 따르면 '이러한 두려움의 태도는 사람을 비하시키고 파괴하며 그의 마음과 정서를 부패시켜서 결국 그는 자신의 일상적인 필요와 문제들을 돌보는 데 실패하게 만든다. 그래서 이러한 미신적인 생활은 노예생활보다 더 악하다' (Plutarch, *ibid*, 166 D/E).

갈라디아 독자들이 이렇게 초등학문에 종노릇하려고 하기 때문에 바울은 이제까지 그들을 위하여 수고한 것이 수포로 돌아갈까 봐 두려워한다. 바울은 본절의 풍자적인 진술을 통해서 4:8-10의 비판적 논조를 결론짓는다. '수고하다' (***κοπιάω***)는 동사가 부사인 '헛되이' (***εἰκῇ***)와 함께 사용된 것은 바울의 두려움의 내용을 표현해 준다. 그가 두려워하는 이유는 사실 자신 때문이 아니고 현재 유대교의 삶의 관습들을 받아들이고자 하는 갈라디아인들의 시도 때문인데, 그들의 시도가 실행에 옮겨질 때 바울이 그들을 위해서 이제까지 '수고해온' 사역이 수포로 돌아갈 수도 있다. '코피아오' (수고하다) 동사는 선교사의 언어에서 취해진 것이다. 바울은 자신의 회심자들을 위해 수고한 복음 선교사역에 대해서 흔히 이 동사를 즐겨 사용한다(롬 16:6,12; 고전 4:12; 15:10; 16:16; 빌 2:16; 살전 5:12; 골 1:29; 엡 4:28 등).[575] 본래 이 동사는 수공업을 하는 사람이 땀을 흘리며 일하는 이미지를 표현해 주는데, 바울은 갈라디아인들의 구원을 위해서 지금까지 해 온 선교사역을 땀을 흘리며 일하는 노동자의 수고에 견주어 묘사를 한다. '두려워한다' (***φοβοῦμαι***)는 현재동사가 사용된 것은 바울의 복음으로부터 이탈하려는 갈라디아인들의 시도가 이미 시작되었지만 그 최종적 결과가 아직까지는 미결정 상태에 있다는 것을 시사하며, '수고해 왔다' (***κεκοπίακα***)는 완료동사는 갈라디아인들 중에 있었던 바울의 과거 선교사역과 그 계속되는 결과를 지칭하는데, 바울은 그가 힘써 온 선교사역이 아무런 지속적 효과나 결과를 남기지 못한 채 무위로 끝나지나 않을까 두려워하는 것이다.

---

575) 이 술어에 대해서는 F. Hauck, *TDNT* 3, 827-30을 참조하라.

7) 바울의 개인적 호소 (4:12-20)

여러 주석가들은 본 섹션에서 바울이 자신의 격한 감정을 표출하고 있기 때문에 그것을 합리적으로 분석하기가 어렵다고 생각해 왔다. 문체가 이례적이고 불규칙하며 바울은 어떤 사상적 일관성을 유지하지도 않은 채 한 문제로부터 다른 문제로 도약해 다니는 것으로 보인다. 갈라디아인들이 자신이 애써 전한 복음을 버리려고 하는 상황에서 그는 감정에 압도당하여 자신의 논의를 적절히 통제하지 못하고 그들이 자신에게 충실할 것을 열정적으로 호소한다는 것이다. 버튼(Burton)은 이제까지 시종일관 진행해 온 중심 논의를 제쳐놓고 갈라디아인들에게 구걸하는 식으로 자신에게 충실할 것을 호소한다고 주장하며,[576] 슐리어(Schlier)도 이 섹션을 '마음의 강한 격정'과 '불규칙한 사상의 흐름'을 반영하는 부분으로 부르고 있고,[577] 심리적인 해석을 취하는 왜프케(Oepke)는 심지어 이 섹션에는 전혀 합리적 주장이 결여되어 있다고 주장하기까지 한다.[578] 베츠(Betz)가 이러한 논의들이 기본적으로 틀린 것은 아니라고 하는 점을 인정하면서도 고대 대화체(diatribe) 문헌이나 서신 장르에서 흔히 발견되는 '우정'의 주제가 다루어진다는 것을 강조한다. 특히 헬레니즘 유대교에서는 이러한 주제를 흔히 다루고 있기 때문에(Sir 6:5-17),[579] 바울이 그것을 헬레니즘 유대교를 통해서 받았을 것이라고 주장한다.[580] 주지하다시피 4:12-20은 바울 자신의 감정이 노출된 부분이다. 하지만 이 구절들은 단순히 불규칙하고 불합리한 논의이탈로 간주되어서는 안된다. 여기서 바울은 갈라디아인들을 위한 권면을 시작하면서 일차적으로 그가 그들과 맺었던 과거의 관계를 상기시키고 바울에 대한 그들의 과거의 태도와 현재의 태도를 대조시킨다. 특히 본 섹션의 초두에 실려 있고 이 부분에서 바울

576) Burton, *Galatians*, 235.
577) Schlier, *Galater*, 208.
578) Oepke, *Galater*, 140ff.
579) Stählin, "*φίλος κτλ.*," *TDNT* 9, 156-59.
580) Betz, *Galatians*, 221.

이 말하고자 하는 모든 것을 잘 요약해 주는 한 문구가 나온다: "나와 같이 되라"(4:12). 갈라디아인들에게 처음 주어진 이 명령은 본 서신 전체가 지향하는 근본 서술 목적을 잘 표현해 주고 있다.[581] 선동자들의 주장에 휩쓸려 바울의 복음을 저버리고 그들을 따라가려는 상황에서 바울은 갈라디아인들과 맺은 과거를 상기시키고 자신과 같이 참 복음을 받아들이고 그들과 맺었던 본래의 관계를 회복하게 되기를 소망하는 것이 본 섹션의 목적이요 보다 넓게는 본 서신의 저술 목적이기도 하다.

12. 형제들아 내가 너희와 같이 되었은즉 너희도 나와 같이 되기를 구하노라 너희가 내게 해롭게 하지 아니하였느니라

본절의 전반부는 좀 역설적이고 수수께끼 같은 내용을 담고 있다. 바울이 갈라디아인들처럼 되었다는 말은 무슨 뜻인가(***γίνεσθε ὡς ἐγώ, ὅτι κἀγὼ ὡς ὑμεῖς***)? 이유를 말하는 '호티'(***ὅτι***) 절에 동사가 생략되었는데, 주절의 '기네스떼'(***γίνεσθε***)와 상응하여 아마도 완료시제인 '게곤나'(***γέγονα***)나 제2부정과거인 '에게노멘'(***ἐγενόμην***) 또는 심지어 현재시제인 '에이미'(***εἰμί***)가 삽입될 수도 있을 것이다. 바울이 복음을 처음 전하던 때에 이방인이었던 갈라디아인들처럼 되었다는 것은 할례와 율법을 받아들이려고 하는 갈라디아 교회의 위기 상황에 비추어서 이해되어야 한다. 비슷한 형태의 표현이 고린도전서 9:21에서도 사용된다: "율법 없는 자에게는 내가 하나님께는 율법 없는 자가 아니요 도리어 그리스도의 율법 아래 있는 자나 율법 없는 자와 같이 된(***ἐγενόμην***) 것은 율법 없는 자들을 얻고자 함이라". 여기서 율법 없는 자들은 할례를 받지 않고 율법을 준수하지 않는 이방인들, 좀더 특별하게는 고린도의 이방인들을 가리킨다. 바울은 고린도의 이방인들에게 복음을 전하기 위해서 율법 없는 이방인들처럼 되었다. 안디옥 사건에 비추어 볼 때 베드로는 나면서부터 유대인이었으면서

---

581) 이러한 견해로는 Longenecker, *Galatians*, 188f을 참조하라.

도 안디옥 교회의 이방 기독교인들과 같이 식탁 교제를 나눔으로써 '이방인처럼 살았다'(2:14, *ἐθνικῶς ζῇς*). 베드로의 입장에서 볼 때 '이방인처럼 산다'는 것은 유대인된 신분표지의 행위들인 '율법의 행위들'을 준수하지도 않고 할례도 안받고 율법도 준수하지 않는 이방 기독교인들과 함께 어울려 식탁 교제를 나누는 것을 가리킨다. 이 경우에 베드로는 이방인처럼 된 것이라고 말할 수 있다. 바울도 역시 갈라디아 지방에 이르러 복음을 전할 때 할례도 받지 않고 율법도 준수하지 않는 이방인들과 어울려 지내고 교제함으로써 그들과 같이 되었다. 따라서 브루스(F.F Bruce)가 말한대로 '내가 너희가 같이 되었다'는 말은 "내가 나 자신을 너희들 중의 한 사람처럼 간주하게 되었다"는 뜻을 내포한다.[582] 바울은 그들 중에 거하면서 유대인처럼 살거나 할례와 율법을 강조함으로써 그들로 유대인의 삶의 풍습들을 받아들이도록 설득하지 않고 도리어 그들과 자신을 동일시하고 그들과 같은 처지에서 이방인처럼 살았다. 왜냐하면 새로운 종말론적 메시야 시대에는 어느 특정한 문화나 종교적 삶의 패턴이 중요한 것이 아니라 하나님과 사람의 관계를 규정하는 유일한 요소는 오직 초문화적인 믿음뿐이라는 것을 인식했기 때문이다. 만일 과거에 바울이 갈라디아인들처럼 살고 자신을 그들 중의 한 사람처럼 간주하였다면, 이제 그들은 할례와 율법 준수를 받아들이려고 함으로써 유대인처럼 살려는 시도를 포기하고 바울과 같이 되어야 한다. 그들은 바울의 복음적 가치관과 삶의 패턴들을 받아들여야 한다. 그것이 진정한 의미에서 바울과 같이 되는 것이요 바울을 본받는 것이다. '나와 같이 되라'는 표현은 그렇다면 복음의 진리에 충성을 다한 것을 묘사하는 바울의 자서전적 설명들을(1:13-2:14) 되돌아보는 것이며 갈라디아 독자들에게 복음의 진리에 충성하도록 요청함으로써 유대 율법을 반대하고 복음의 진리

---

582) Bruce, *Galatians*, 208. 갈라디아 교회의 위기적 상황에 비추어 볼 때 '너희가 나처럼 되라'는 호소가 일반적인 의미에서 '바울을 본받으라'(imitatio Pauli)는 주제의 일환으로 생각될 수 없을 것으로 보인다(*contra* W.P. Boer, *The Imitation of Paul*, Kampen: 1962).

를 강하게 변호하는 바울의 논의들을(2:15-4:11) 되돌아 보는 것이라 할 수 있다.

그렇다면 바울의 탄원(δέομαι)의 내용은 자신의 복음을 버리고 다른 사람의 선동을 좇아가려고 하기 때문에 개인적으로 격분한 감정에서 나온 것이 아니다. 그는 갈라디아인들이 비록 그릇된 길을 가려고 하고 있지만 그들을 여전히 사랑하는 '형제들'(ἀδελφοί)로 부르고 있다. 그의 관심은 자신의 평판과 명예에 있지 않고 그의 독자들의 복지와 궁극적인 구원에 있다. 비록 그가 세운 어떤 교회들 중에서 개인적으로 공격을 받는 상황에서도 그는 비판하거나 불평을 늘어놓기보다는 그는 자신에게 상처를 준 사람들을 기꺼이 용서하고자 원한다(고후 2:10; cf. 7:12). 바울은 비록 갈라디아 독자들이 유대주의자들의 주장에 매력을 느껴 바울의 복음을 저버리려고 하는 위기에 빠져 있지만 전에 그가 그들을 향하여 가졌던 사랑과 우정에 호소함으로써 그들의 그릇된 시도를 돌이키고자 간절히 소원하고 있다. 왜냐하면 위기를 향하여 치닫는 그들의 그릇된 시도가 아직은 최종적인 것이 아니고 언젠가 자신이 전한 복음으로 돌아올 것을 어느 정도 확신하기 때문이다(5:10).

'너희가 내게 해롭게 하지 아니하였다'(οὐδέν με ἠδικήσατε)는 표현은 여러 가지로 해석되고 있다.[583] 버튼(Burton)은 본절 후반부의 이 표현을 사실상 13-14절에 연결시켜 해석하는데, 후자의 구절에서 바울은 자신이 갈라디아에 처음 도착하여 복음을 전할 때 그곳의 독자들이 그의 육체적 질병에도 불구하고 그를 하나님의 천사나 그리스도 예수와 같이 영접했음을 상기시켜 주고 있다.[584] 그렇다면 이 진술은 바울 자신에게서 나온 말이라기보다는 갈라디아인들이 어떤 계기에 했던 말일 가능성이 많다. 전에 그들이 말했듯이, 바울도 그들이 초기

583) 여러 해석들에 대해서는 Longenecker, *Galatians*, 190을 참조하라.
584) Burton, *Galatians*, 237; cf. Longenecker, *Galatians*, 190.

에 그에게 아무런 해를 끼치지 않고 도리어 그를 극진히 대접했음을 인정한다. 하지만 지금에 와서 할례와 율법을 준수하려 함으로써 유대인의 삶의 패턴들을 받아들이자 하는 갈라디아인들의 현재 태도는 바울의 명예를 실추시키고 있음에 틀림없다. 16절이 분명히 암시하고 있듯이 바울 사도는 그들이 이제와서 그를 원수처럼 여김으로써 그에게 해롭게 하고 있다는 시사를 해주고 있다.

13. 내가 처음에 육체의 약함을 인하여 너희에게 복음을 전한 것을 너희가 아는 바라

바울이 '처음에'(***πρότερον***) 갈라디아인들에게 복음을 전할 때 육체의 질병을 앓고 있었다는 것을 갈라디아 독자들도 잘 알고 있었다(***οἴδατε***). 한글성경에 '처음에'로 번역된 헬라어는 '전에'를 뜻할 수도 있고(요 6:62; 9:8; 딤전 1:13) 또는 '두 경우들 중 먼저 번에'를 뜻할 수도 있다.[585] 문맥적인 관점에서 볼 때 후자의 해석이 보다 가능성이 많기 때문에 ***τὸ πρότερον***은 본 서신이 쓰여지기 전 두 번의 갈라디아 방문이 있었음을 뒷받침해 주는 것으로 보인다. 북갈라디아설을 주장하는 학자들에 따르면 이들 두 방문은 사도행전 16:6의 방문과 사도행전 18:23의 방문을 각각 지시할 수 있다. 남갈라디아설을 주장하는 학자들에 따르면 또 다른 가능성이 존재하게 되는데 두 번에 걸친 바울의 갈라디아 방문은 비시디아 안디옥에서 더베로 가는 동쪽 여행과(행 13:14-14:20) 그 후에 동일한 루트를 따라 역행하여 가는 서쪽 여행을(행 14:21) 가리킬 수 있다. 그리고 문맥적으로 볼 때 ***τὸ πρότερον***은 16절의 '이제'(***νῦν***)와 대조를 이룰 수 있다. 다시 말해서 바울이 처음에 갈라디아인들에게 복음을 전했을 때 그들이 바울을

585) 고전 헬라어에서 형용사 '프로테로스'(***πρότερος***)는 '처음에'를 뜻하는 '프로토스'(***πρῶτος***)와는 달리 비교형용사로서 두 경우 중 '먼저 번에'를 뜻한다. 하지만 코이네 헬라어에서 ***πρότερος***는 흔히 ***πρῶτος***와 대등한 뜻으로 사용되기도 한다. Cf. Bruce, *Galatians*, 209; Longenecker, *Galatians*, 190.

영접했던 태도와 유대주의자들의 침입 이후로 지금 그들이 바울에게 대하는 태도 사이를 대조하는 것으로 이해할 수도 있다.

바울이 갈라디아에 가서 처음으로 복음 전도 사역을 하게 만든 계기는 그의 '병 때문이었다' (*δι' ἀσθένειαν τῆς σαρκός*). 여기에는 두 가지 가능성이 존재한다. 그가 여행중에 질병에 걸려서 갈라디아 지역으로 제일 먼저 가지 않으면 안 되었든지, 아니면 그가 본래 갈라디아 지역에 가서 복음을 전할 것을 계획했었지만 병 때문에 더 오랜 기간 동안 그곳에 머물면서 사역하게 되었을 것이다. 바울이 걸린 질병의 내용에 대해서 학자들 간에 의견이 갈려 왔다. 윌리암 렘지(W.M. Ramsay)는 '육체의 약함을 인하여'란 문구가 바울이 갈라디아에서 사역하게 된 계기를 제공해 주었다고 정당하게 해석하면서도 그가 밤빌리아로 여행하는 도중에 말라리아에 걸렸고 처음엔 원기를 회복하기 위해서 비시디아 평야 지역에 도착하게 된 것이라고 추측하였다.[586] 윌리암 브레데(W. Wrede)와 조셉 크라우스너(J. Klausner) 같은 학자들은 일차적으로 '너희가 침 뱉지 않았다' (*οὐδὲ ἐξεπτύσατε*)는 문구의 문자적 해석에 기초하여 바울이 걸린 질병을 간질로 보기도 하였다.[587] 다른 학자들은 "너희가 할 수만 있었다면 너희 눈이라도 빼어 나를 주었으리라"는 15절 하의 표현에 기초해서 바울이 고통을 당하던 병은 안질이었다고 추측하기도 하였다. 하지만 바울이 걸린 질병이 어떤 것이든 간에 그것은 고린도후서 11:23-25에 언급된 고난과 핍박의 결과일 수도 있다. 그는 자주 투옥되었고 심한 채찍질을 맞아 죽을 고비를 많이 넘겼고 회당 지도자들에게 다섯 차례나 채찍에 맞았고 로마 당국자들에게 세 차례나 매를 맞았다. 만일 이러한 고난과 핍박이 갈라디아 지역에 당도하기 전에 있었던 일들이었다면 그가 갈라디아에 도착하였을 때 육신

---

586) W.M. Ramsay, *St. Paul the Traveller*, 94-97.

587) W. Wrede, *Paul*, ET by W.F. Lummnis (London: Green, 1907), 22-23; J. Klausner, *From Jesus to Paul*, ET by W.F. Stinespring (New York: Macmillan, 1943), 325-30. 이들에 의하면 고대인들은 간질병의 경우와 같이 악한 눈을 피하거나 악한 영을 내쫓기 위해서 침을 뱉는 관습이 있었다는 것을 지적한다.

이 연약한 상태에 있었다는 것은 당연한 일이다. 또는 그의 육신적 질병이 아마도 고린도후서 12:7-10에 지칭된 '육체의 가시'와 같은 것일 수도 있지만, 바울이 구체적으로 그의 질병이 무엇이었는지를 우리에게 말해주지 않기 때문에 그것을 확인해 낼 길은 없다.

14. 너희를 시험하는 것이 내 육체에 있으되 이것을 너희가 업신여기지도 아니하며 버리지도 아니하고 오직 나를 하나님의 천사와 같이 또는 그리스도 예수와 같이 영접하였도다

바울이 처음 갈라디아인들을 찾아왔을 때 몹시 역겨운 모습을 하고 있었던 것으로 보인다. 바울이 앓고 있던 육체적 질병은 분명히 그들을 '시험하는 것'(***τὸν πειρασμὸν ὑμῶν***)이었다.[588] 이 헬라어 문구는 '너희가 경험했던 시험거리'를 뜻할 수도 있고 또는 한글성경의 번역처럼 '너희를 시험하는 것'을 뜻할 수도 있다. 분명히 바울의 육체적 질병은 갈라디아인들이 복음을 전하러 온 바울을 거절할 만한 충분한 이유가 되었을 것이다. 그의 질병이 구체적으로 어떤 것이었는지 잘 알 수는 없으나, 질병으로 인해 그의 외적 모습에서 풍기는 역겨운 느낌은 바울 자신뿐만 아니라 그의 복음 메시지까지도 수치스럽고 역겨운 것으로 치부하고 싶은 유혹을 받게 만들었을 것이다. 육체적 질병은 아마도 갈라디아인들과 같은 고대인들에게 귀신이 들려 생긴 질병으로 여겨졌을 가능성이 있다. 바울도 자신의 '육체의 가시'를 '사단의 사자'(***ἄγγελος Σατανᾶ***)라고 부른다(고후 12:7). 따라서 그들은 귀신으로 말미암아 생긴 그의 질병 때문에 바울과 그의 메시지를 모두 쉽게 거부할 수 있었을 것이다.[589] 비록 그들이 그렇게 생각하지 않았

588) 어떤 사본에는 본절에 발견되는 2인칭 복수 소유격 대명사 '너희의'보다는 1인칭 단수 소유격 대명사인 '나의'(***μου***)가 나타나는데, 이 경우에 '나의 시험거리'라는 말은 '내가 야기시킨 시험거리'란 뜻을 담고 있다(cf. Nestle-Aland, *Novum Testamentum Graece*, 499 난하주 14절을 보라).

589) Cf. Longenecker, *Galatians*, 191; W. Wrede, *Paul*, 22-23; J. Klausner, *From Jesus to Paul*, 325ff.

다 하더라도 고린도의 비평자들처럼 갈라디아의 어떤 사람들도 "그 몸으로 대할 때는 약하고 말이 시원치 않다"(고후 10:10)고 말했을지도 모른다. 그들은 아마도 신적인 메시지를 전한다는 사람이 어찌 제 몸 하나 가누지 못할 만큼 병약하게 다니느냐고 여겼을 것이다. 그들은 병약하고 역겨운 모습을 하고 있는 바울을 보고서 그가 전하는 메시지 자체도 잘못되거나 형편없는 인간적 메시지로 생각할 수도 있었을 것이다.

하지만 갈라디아 신자들은 바울의 육신적인 질병이 그들을 걸려넘어지게 하는 시험거리가 될 수 있었음에도 불구하고 그를 "업신여기지도 아니하고 버리지도 아니하였다"(**οὐκ ἐξουθενήσατε οὐδὲ ἐξεπτύσατε**). '업신여기다' (**ἐξουθενέω**)는 동사는 고린도후서 10:10에서 바울에게 사용되었는데, 여기에 사용된 '그의 말이 시원치 않다' (**ὁ λόγος ἐξουθενημένος**)는 표현은 '그의 말이 무시받을 만하다'로 번역되는 것이 더 낫다. 그렇다면 어떤 고린도인들은 바울을 사도로 여기기보다는 허풍꾼이나 사기꾼으로 생각하고 비난한 것으로 보인다(cf. 롬 14:3,10; 고전 1:28; 6:4; 16:11; 살전 5:20). '버리다' (**ἐκπτύω**)는 동사는 '침을 뱉다' 또는 '경멸하다'는 뜻을 지닌 동사인데 칠십인경에는 나오지 않고 호머(Homer) 이후로 헬라 문헌들 중에는 흔히 사용되지만 신약에서는 오직 여기서만 나온다. 본래 이 동사는 경멸의 몸짓으로나 또는 악한 눈이나 귀신들로부터 자신을 보호하기 위한 자위 수단으로 '침을 뱉는다'는 뜻을 가지고 있다.[590] 그것은 본래 원시 종교의 미신에서 유래한 것이기는 하지만 후에 다소 '무시하다', '경멸하다'는 뜻을 가지게 되었다.[591] 그래서 어떤 사본들 중에서는 위에 사용된 두 동사들이 거의 동의어적으로 사용되기 때문에 후자를 생략하는

590) Cf. Bruce, *Galatians*, 209; Betz, *Galatians*, 225; Schlier, *TDNT* 2, 448-49.

591) 그래서 이 단어는 실제로 **ἐξουθενέω**와 동의어적으로 사용되기 때문에 P46와 같은 사본에서는 '업신여기다'와 '버리다'는 두 동사가 필요없이 반복된 것으로 여겨 후자의 동사를 생략하기도 했다(Longenecker, *Galatians*, 192).

경우들도 있다(*Joseph and Asenath* 2.1). 따라서 바울이 거의 동의어적인 두 단어들을 사용한 것은 갈라디아인들이 바울의 복음을 처음 받아들일 당시에 그의 육신적 질병을 이유로 경멸하거나 무시하지 않았다는 점을 강조하기 위한 것으로 보인다.

갈라디아 독자들은 바울의 복음을 처음 들었을 당시에 그를 무시하고 경멸하기보다는 도리어 그를 '하나님의 천사처럼 또는 그리스도 예수처럼 영접하였다'. 후반절 중간에 쓰인 '그러나'(ἀλλά)는 갈라디아인들이 바울을 무시하고 경멸했을 수도 있었는데 실제 그를 극진히 대접하였다는 사실을 대조하고 강조하는 역할을 한다. 불변사 '처럼'(ὡς)은 두개의 과장된 비교 문구들을 소개하기 위해 두 번 나타난다. 그들은 바울을 '하나님의 천사처럼' 또는 '예수 그리스도처럼' 영접을 하였다. '천사'는 '사자'(messenger)라는 의미로 신약에서 자주 사용된다(cf. 마 11:10; 눅 7:24,27; 막 1:2; 약 2:25). 바울은 몇 차례에 걸쳐 메시지를 전하는 '사자'에 해당하는 말로 '사도'라는 말을 쓰기는 하지만, 갈라디아서와 바울의 다른 서신들 중에서 '천사'는 하나님을 호위하고 그를 섬기는 천상적이고 영적인 존재들을 가리킨다(cf. 1:8; 3:19; 고전 4:9; 13:1; 고후 12:7). 고대인들에게나 유대인들에게 있어서 천사들이 나타날 때는(흔히 사람의 모습으로 나타날 때도 있기는 하지만) 그들이 사람들에게 행운이나 축복을 가져다 준다고 여겨졌기 때문에 그들의 나타남을 환영하였다. 이것은 고대 종교문헌의 친숙하고 흔한 모티브였다(cf. 행 12:15; 14:11ff; 히 13:1f).[592] '처럼'(ὡς)는 물론 바울을 천사와는 구별하는 역할을 한다. 바울이 천사로 강림한 것은 아니지만 갈라디아인들이 바울을 그렇게 환영하였다는 것이다. 물론 그리스도의 사도로서 바울은 자신을 갈라디아인들의 구원을 위해 하나님께서 보낸 그의 사자로 생각하고 있다. 더욱이, 그들은 바울이 마치 예수 그리스도 자신인 것처럼 그를 영접하였다.

---

592) Strack-Billerbeck 3, 707f에 실린 랍비문헌들을 참조하고; 헬레니즘 문헌으로는 H. Conzelmann, *Apostelgeschichte*, on 14:11ff을 보라.

이것을 우리는 단순히 과장된 표현이라고만 보아서는 안된다. 바울은 그리스도를 본받은 자가 되었을 뿐만 아니라(고전 11:1; 살전 1:6) 그리스도의 사도로서 그리스도 자신을 반영하고 대변하는 자이다. 그러므로 바울을 환영하고 영접하는 것은 그를 하나님의 사도로 보내신 그리스도 자신을 영접하는 것이나 마찬가지이다(마 10:40; 눅 9:48 참조). 예수의 가르침을 따르는 행위나 삶 속에 예수를 대하는 마음이 반영되듯이, 예수를 믿는 제자들을 대하는 태도에 예수를 향한 마음이 그대로 반영된다. 특히 바울과 같이 예수 그리스도의 복음을 전하기 위해 질병과 핍박과 굶주림과 헐벗음 같은 온갖 고난을 당하는 복음 전도자들을 영접하고 돌보아 주는 것은 결국 예수 자신을 영접하고 돌보아 주는 것과 마찬가지이다. 따라서 그들을 멸시하고 경멸하는 것은 그들을 보내신 예수 자신을 멸시하고 경멸하는 것과 동일하다(마 25:40,45 참조). 어떤 의미에서 복음을 전하느라고 질병과 핍박과 굶주림을 당하는 사람들 중에서 예수 그리스도께서 '숨은 예수'로 찾아오신다고 말할 수도 있을 것이다. 갈라디아인들은 이와 같은 예수 그리스도의 가르침의 정신을 실천한 것이라고 말할 수 있다.[593]

15. 너희의 복이 지금 어디 있느냐 내가 너희에게 증거하노니 너희가 할 수만 있었더면 너희의 눈이라도 빼어 나를 주었으리라

'너희의 복이 어디 있느냐' (**ποῦ οὖν ὁ μακαρισμὸς ὑμῶν**)는 웅변조의 질문은 이전 상태가 이제 아무런 이유도 없이 끝이 났다는 것을 의미한다.[594] 복이라는 뜻으로 번역된 헬라어 명사 '마카리스모스'

---

593) Betz, *Galatians,* 226과 n.76; cf. Gerd Theissen, "Wanderradikalismus. Literatursoziologische Aspeckte der Überlieferung von Worte Jesu im Urchristentum," *ZTK* 70 (1973), 245-71.

594) 이 헬라어 문구는 사본상으로 문제가 있다. 어떤 사본에는 **οὖν** 뒤에 **ἦν**을 삽입하기도 하는데 권위도 없는 사본일 뿐만 아니라 잘못된 의미를 부여할 수 있기 때문에 그것을 생략하는 것이 더 낫다. 또한 어떤 사본은 **ποῦ** 대신에 **τίς**를 삽입하는데 보다 무게 있는 직접적인 사본상의 증거는 전자를 더 선호한다(Lightfoot, *Galatians*, 175).

(μακαρισμός)는 보통 '축복', '행복', '기쁨'을 의미한다. 이 명사를 뒤에서 수식하는 '너희의'(ὑμῶν)는 많은 주석가들에 의해서 주격 소유격으로 해석되고 있는데,[595] 이 경우에 '너희의 복'이라고 지칭된 문구는 바울이 갈라디아인들에게 복음을 전했을 때 그들 스스로가 가졌던 기쁨과 행복을 지칭하게 된다. 한 걸음 더 나아가 브루스(F.F. Bruce)는 '복'이란 명사가 본래 '축하하다'(μακαρίζω)는 동사에서 파생된 것이라는 점에 근거해서(cf. 행 26:2) 본절 초반부를 이렇게 해석한다: "갈라디아인들은 바울이 그들 중에 도착한 것을 보고 기뻐하였다. 그들은 하나님의 이 사자가 복음을 들고 찾아온 사실을 그들 스스로 축하하였다".[596] 그렇다면 바울은 이제 풍자적인 질문을 던진다: '너희들 스스로 축하하고 기뻐하던 것은 이제 어디로 사라졌는가?' 만일 '너희의'라는 말은 목적격적 소유격으로 취한다면, 기뻐하고 행복해 하던 주체는 갈라디아인들이 아니라 바울 자신이 될 것이다. 이 경우에 바울은 과거에 그들의 처음 열정적인 태도에 대하여(15절 하) 기뻐하고 행복해 했지만 지금은 더 이상 그렇게 할 수 없다는 뜻이 되게 된다. 하지만 14절과 15절하에 언급된 갈라디아인들의 열정적인 태도에 비추어 볼 때 주격 소유격으로 취하는 것이 더 전후 문맥에 어울리는 것으로 보인다. 현재 그들이 할례와 율법을 받아들이려고 하는 경향은 그들의 처음 열정과 기쁨을 비성숙하고 성급한 것으로 만들어 버렸다.

그들의 과거의 열정과 현재의 그릇된 태도 사이의 날카로운 대조는 본절 후반절에 분명하게 나타난다. 바울의 엄숙한 증언 형식은 (μαρτυρῶ γὰρ ὑμῖν) 갈라디아인에게 과거의 관계를 상기시켜 주는 역할을 한다(13절 참조). 그는 마치 법정에 서서 엄숙하게 맹세하듯이 그들을 대신하여[597] 과거에 있었던 사실을 사실 그대로 증언한다. 이런

---

595) Lightfoot, *Galatians*, 176; Betz, *Galatians*, 226.
596) Bruce, *Galatians*, 210.
597) '너희에게'(ὑμῖν)는 증거를 받는 사람들을 지시하는 간접적인 대상을 가리키는 의미에서 '너희에게'를 뜻할 수도 있고 '너희를 대신하여'를 뜻할 수도 있다.

증언 형식은 헬레니즘적 서신 형식에서 정규적으로 나타난다(롬 10:2; 골 4:13; cf. POxy 105:13; PLond 1164). 바울이 증언하고자 하는 내용은 사실과 반대되는 조건을 담고 있다(***εἰ δυνατὸν… ἐδώκατέ μοι***): '그들은 눈이라도 빼어낼 수만 있다면 빼어서 바울에게 주었을 것이다'. 바울의 육신적 질병을 언급하는 전후 문맥에 비추어서 어떤 학자들은 그가 모종의 안질을 겪고 있었다는 의미로 해석하기도 한다(13절 주석 참조). 하지만 위의 표현은 바울의 안질을 암시하는 표현이라기보다는 다른 필요를 채우기 위해 또 다른 극단으로 나아가는 것을 말해주는 숙어일 수도 있다. 고대 세계에서 '눈'은 인간의 신체 중에서 가장 소중한 부분으로 여겨지던 경향이 있다(신 32:10; 시 17:8; 슥 2:8). 때문에 자신의 눈을 빼어서 남에게 준다는 것은 다른 사람의 행복을 위해서 극단적인 희생도 감수하려는 희생적 사랑을 표현해주는 그림 언어이다. 이렇게 갈라디아의 독자들이 바울에게서 처음 복음을 들었을 때 극단적인 희생까지 감수하려는 희생적이고 열정적인 사랑의 태도를 가졌었는데, 이제 그들은 선동자들의 끈질긴 설득에 부화뇌동하여 바울이 전해준 복음에 대한 기쁨과 열정을 상실해 버리고 그에 대한 뜨거운 사랑도 어디론지 사라져 버릴 위기에 처한 것이다. 바울은 본절에서 그들의 과거를 생생하게 상기시켜 주면서 아무쪼록 그들이 바울과 그의 복음에 대한 처음 사랑을 회복하게 되기를 간절히 호소하고 있다.

16. 그런즉 내가 너희에게 참된 말을 하므로 원수가 되었느냐

본절은 바울이 이제까지 그의 독자들과 맺고 있었던 친밀한 관계가 위태롭게 되어지고 있음을 말해준다. 본 서신의 다른 곳에서 '그런즉'(***ὥστε***)은 이제까지 말해 온 것으로부터 추론을 끌어내기 위해 독립된 절들을 시작할 때 항상 사용되고 있다(cf. 3:9,24; 4:7 등). 많은 학자들

---

598) Cf. Lightfoot, *Galatians*, 176; Oepke, *Galater*, 144; Schlier, *Galater*, 212; Mussner, *Galater*, 309 등등.

이 본절을 응변조의 질문으로 취급하기는 하지만,[598] 문법적으로 볼 때 본절은 14 -15절에서 진술된 것에서 추론을 끌어내는 분개조의 탄성으로 이해되어야 한다. 사실 그들과의 친밀한 관계는 최근의 그들의 태도보다 더 오래된 것이며 더 끈끈한 사랑의 관계에 기초한 것이기 때문에 유대주의자들의 꾀임에 빠져 옛 친구를 배반하고 저버리고자 하는 그들의 현재 태도는 바울 편에서 분개를 자아낼 만한 일이었을 것이다.

'참된 말을 하다' (**ἀληθεύων**)는 말은 친한 친구 사이에 솔직하게 말하는 것을 암시한다(Betz, 228; Bruce, 211). 친구가 잘못되었을 때에 그에게 진실을 솔직하게 말하고 권면하는 것이 친구의 우정어린 책임이다. 참된 친구와 아첨꾼 사이에 차이점이 있다면 어떤 사람이 잘못을 범했을 때 솔직하게 진실을 말하는 데 있다. 진실을 말하는 사람에게 등을 돌리고 원수처럼 대하는 것은 고대사회나 오늘날이나 교양이 없는 대중들이 취하는 태도이다(cf. Lucian, *Abdic*. 7). 그러나 바울은 이렇게 참된 말을 하였지만 갈라디아인들과 사이에 '원수' 관계가 형성되고 말았다. '너희의 원수' (**ἐχθρὸς ὑμῶν**)라는 말은 아마도 유대주의자들이 바울을 지칭하며 불렀던 술어였을 것이다. 갈라디아 교회에 침투했던 유대주의적 선동자들이 바울을 가리켜 '너희의 원수'라고 불렀을 것이고, 그들의 선동을 받아들여 할례와 율법을 받아들이고 있는 갈라디아인들은 지금 그와의 사이에 원수 관계가 형성되었다.

문제는 '참된 말을 하다' (**ἀληθεύων**)는 현제시제 분사가 원수가 '되었다' (**γέγονα**)는 완료시제의 동사와 함께 사용되었다는 점이다. 이런 현상을 해석하는 데는 여러 제안들이 제시되어 왔다. (1) 바울은 갈라디아 독자들을 당황하게 했던 이전의 편지를 지칭하고 있다. 그가 전에 편지를 쓸 때 진실을 말함으로써 그들의 그릇된 태도를 우정어린 마음으로 비평하였는데, 그들이 바울의 진실된 지적을 이해하지 못하고 그때부터 지금까지 바울을 원수처럼 대하였나는 것이다.[599] 하지만

---

599) Ridderbos, *Galatians*, 168.

갈라디아서 내에서 바울이 이전에 또 다른 편지를 썼다는 암시가 발견되지 않는다. (2) 얼마간의 학자들은 '되었다'는 동사를 '서신적인 완료시제'(epistolary perfect)로 이해하여 그것은 본 서신이 쓰여지고 있을 때 갈라디아인들이 말하게 될 것을 지칭한다고 주장한다.[600] 그러나 편지로 인한 결과로 인해 갈라디아인들이 바울을 그들의 원수로 불렀을 개연성이 많지 않을 뿐더러 '서신적 완료시제'의 존재 자체가 의심스럽다.[601] (3) 바울이 갈라디아 교회를 두 번째 방문했을 때 유대주의자들의 선동에 꼬임을 받아 따르는 그의 독자들을 경고하였다. 이 견해가 위의 (1)번 견해와 다른 점이 있다면 경고 편지의 존재를 인정하지 않고 다만 두 번째 방문시에 구두로 갈라디아의 독자들에 참말을 함으로써 그들을 경고하고 비평했다고 보는 것이다.[602] 본 서신에서 그 암시를 찾는다면 아마도 두번째 방문의 경고는 1:9의 것이 될 것이다. 롱게네커(Longenecker)는 *ἀληθεύων*이 현재분사이기 때문에 바울이 한 참된 말은 "과거의 선포일 수는 없고 그가 지금 갈라디아인들에게 말하던 진리를 가리킨다"고[603] 주장한다. 그러나 문법적인 관점에서 볼 때 분사는 어떤 시제를 가지고 있든지 간에 주동사의 시제를 따라가는 경향이 있기 때문에 롱게네커의 주장은 신빙성이 없는 것으로 보인다. 우리는 또한 이미 13절의 주석에서 바울이 갈라디아 교회를 두 번에 걸쳐 방문한 사실을 주장한 바가 있기 때문에, 바로 그 때 그들을 경고하였을 것이고 유대주의자들의 선동 때문에 그들은 그 후로 바울을 원수처럼 대했을 가능성이 있다.

17. 저희가 너희를 대하여 열심 내는 것이 좋은 뜻이 아니요 오직 너

---

600) Zahn, *Galater*, ad hoc; cf. Longenecker, *Galatians*, 193.
601) Cf. Burton, *Galatians*, 245. 여기서 그는 Kühner-Gerth, 384, *Gild, Syntax*, 234에서 언급한 용례들이 서신적 완료시제의 존재를 밝혀주는 정확한 실례가 아니라고 주장하고 있고, 또한 만일 '서신적 부정과거'에서 유추해서 생각할 때조차도 그것은 보통 편지를 쓴다거나 보낸다는 동사들에 국한된다고 주장한다.
602) Lightfoot, *Galatians*, 176.
603) Longenecker, *Galatians*, 193.

희를 이간 붙여 너희로 저희를 대하여 열심 내게 하려 함이라

본절의 구조는 복잡해서 번역하는 일이 쉽지 않다. 여기서 바울은 갈라디아 독자들이 왜 바울을 예전과 같이 대하지 않고 원수처럼 대하게 되었는지 그 이유를 분석한다. 그들이 바울을 원수처럼 저버리게 된 배후에는 제3의 조종 그룹이 존재하였다. 그들이 복수로 지칭되는 것으로 볼 때 한 사람이 아니고 여러 사람으로 구성된 그룹이었음이 분명하다. 그들이 갈라디아인들을 향하여 열심을 내는(**ζηλοῦσιν**) 것은 좋은 뜻에서(**οὐ καλῶς**) 비롯된 것이 아니었다. 바울은 여기서 그들의 가르침에 대해서 말하지 않고 그들의 동기들에 대해서 말한다. '열심을 내다'(**ζηλόω**)는 동사는 일반적으로는 '애쓰다'(strive), '열망하다'(desire)는 뜻으로 사용되는데 좋은 뜻으로나 나쁜 뜻으로 사용될 수 있다. 이 동사는 '다른 사람의 호의를 얻거나 비위를 맞추려고 진지하게 애쓰는' 연인이나 친구들에 대한 언어로 사용된다(Plutarch, *De Virtute Morali* 448E).[604] 유대주의자들은 갈라디아 기독교인들의 비위를 맞추고 호의를 얻어내기 위해서 설득하고 꾀려고 진지하게 노력하였다(3:1; 5:7).

바울은 유대주의자들의 활동을 '좋지 못한'(**οὐ καλῶς**) 것으로 평가한다. 그들의 활동이 좋은 동기에서 나온 것이 아닌 이유는 그들이 갈라디아 기독교인들을 바울에게서 떼어내고 소외시키려 하기 때문이다(**ἐκκλεῖσαι ὑμᾶς θέλουσιν**).[605] 그들은 갈라디아인들을 고립시켜서 바울의 진실된 말을 듣지 못하도록 차단하고자 노력하였다. 이것은 결국 그들로 하여금 바울의 권면과 복음 메시지를 받지 못하게 만들고

604) Lightfoot, *Galatians*, 176-77; cf. Longenecker, *Galatians*, 194.

605) **ἐκκλείω** 동사는 '차단하다'는 뜻을 가지고 있다. 좀더 구체적으로 말해서 그것은 어떤 사람과의 교제를 금지하거나 그와의 교제를 기피한다는 의미를 갖는다. "너희를 배제하려고"라는 표현은 누구로부터 누구를 배제시키려고 하는지 애매모호하지만, 문맥적으로 볼 때 그들이 갈라디아인들을 소외시키려고 하는 대상은 바울의 지도와 그와의 교제라는 것은 분명하다.

오직 자신들의 가르침과 주장에만 복종하도록 하려는 이기적인 동기에서 나온 것이다. 일단 갈라디아인들이 바울에게서 떨어져 나가게 되면 그들은 선동자들을 의지하게 될 것이고 이들 선동자들을 그들의 영적 아버지와 감독자들로 삼아 살아가게 될 것이다. 바로 갈라디아인들이 선동자들에게 '열심을 내게 하는 것'(*ἵνα αὐτοὺς ζηλοῦτε*)이 그들이 노리던 목표였다. 지금은 그들이 갈라디아인들의 호의를 얻기 위해 열심히 꼬이고 아첨을 떨지만, 일단 그 목표가 달성되기만 하면 유대주의적 선동자들은 갈라디아인들 위에서 주인처럼 군림하게 될 것이다. 후에 6:12-13에서 바울은 그들의 동기들을 보다 구체적으로 언급하는데, 그는 그들의 동기들을 이방인 동정자들을 열심히 핍박하려는 유대 민족주의의 발흥과 연결시키고 있다. 유대인 중에서 할례도 안 받고 율법도 준수하지 않는 이방인들과 교제하려는 유대인들에게 테러를 행하고 핍박을 가하는 것은 하나님의 거룩한 언약 백성으로서 유대인들의 민족적 정체성을 지키려는 그들의 민족주의 운동과 밀접한 관련이 있는 것은 사실이며, 이 점에 대해서는 안디옥 사건을 주석할 때 자세히 살핀 바가 있다(2:11-15의 주석을 참조). 하지만 본절에서 유대주의자들의 활동에 대한 바울의 평가는 단지 갈라디아인들을 자기 편으로 끌어들이려고 하는 유대주의자들의 개인적 동기들에만 관련을 가지고 있다.

18. 좋은 일에 대하여 열심으로 사모함을 받음은 내가 너희를 대하였을 때뿐 아니라 언제든지 좋으니라

본절의 전반부는 바울 당대에 유행하던 경구인 것처럼 보이는데, 바울은 젤로오(**ζηλόω**)에 대해서 말하면서 그것을 단순히 자신의 목적을 위해서 인용하고 있다. 버튼(Burton)은 그것을 '일반적인 격언'으로 부르고 있고,[606] 베츠(Betz)는 그것을 참된 우정의 원리가 무엇인지를

606) Burton, *Galatians*, 247.
607) Betz, *Galatians*, 231.

밝혀주는 '일종의 정의'라고 부른다.[607] '열심으로 사모함을 받다'는 뜻으로 번역된 헬라어 동사는(**ζηλοῦσθαι**) 문맥에 나타난 이 동사의 다른 용례들이 모두 능동태로 되어 있기 때문에 중간태가 아니라 수동태로 이해되어야 한다. 따라서 본절의 전반부는 어떤 사람을 대상으로 다른 사람이 친구 관계를 맺으려고 그의 호의를 얻으려고 애쓰는 행위를 수동태 동사로 표현한 것이라고 할 수 있다. 이 경우에 친구의 우정을 얻으려고 애쓰는 것은 좋은 방식으로, 계속적으로 이루어져야 한다. 이 원리는 물론 앞 절에 나오는 '좋지 않는 뜻으로 열심을 내다'(**ζηλοῦσιν ὑμᾶς οὐ καλῶς**)는 문구와 정반대의 원리를 나타낸다. '항상' (**πάντοτε**)이란 말은 우정을 유지하기 위해서 시종일관한 확고함이 필요하다는 것을 말해준다(Cicero, *amic*. 65; Plutarch, *Amic.mult*. 95 A/B,97B). 참된 우정은 친구가 자신과 함께 있을 때나 함께 없을 때에도 변함이 없어야 한다. '내가 너희를 대하였을 때뿐만 아니라 언제든지'라는 표현은 바울 자신이 갈라디아인들과 함께 있을 때 그는 그들과 우정의 관계를 맺으려고 애쓰는 사람이었고, 그가 떠났을 때는 오히려 역으로 그들이 바울과 우정의 관계를 유지하려고 애쓰는 것이 자연스러운 이치라는 것을 말해준다.

우리 한글성경에 '좋은 일에 대하여'의 뜻으로 번역된 헬라어 문구는(**ἐν καλῷ**) 선한 친구가 그의 동료를 '선한 방식으로' 섬겨야 한다는 친구 관계의 방식을 지칭한다. 친구라고 하면서 그의 동료를 선한 동기가 아니라 나쁜 동기를 가지고 술수를 쓴다거나 그의 명예와 신뢰감을 무너뜨리는 행동을 한다는 것은 좋지 못한 태도이며 비판을 받아 마땅하다. 갈라디아인들은 이제까지 바울과 선한 우정을 나누면서 뜨겁고 순수한 사랑의 교제를 나누었는데 최근에 외부에서 들어온 선동자들의 꾀임에 빠져 옛 친구를 소외시키고 원수처럼 대하려고 하는 것은 고대세계에서 일반적으로 인정받고 있는 우정의 원리에도 어긋나는 것이다. 역으로 유대주의자들이 갈라디아인들의 호의를 얻으려고 애쓰는 것은 선한 방식으로 이루어지고 있지 않다. 그들은 갈라디아인들의 유익을 위해서 진지하고도 정직한 방법을 택하지 않고 있다.

19. 나의 자녀들아 너희 속에 그리스도의 형상이 이루기까지 다시 너희를 위하여 해산하는 수고를 하노니

앞의 두 절의 신랄한 논쟁과는 대조적으로 본절에서 본 섹션을 마감하면서 바울은 갑자기 논조를 바꾼다. 그는 갈라디아인들에게 자신의 '자녀들'로서 호소한다.[608] 문법이 난해하기 때문에 어떤 학자들은 본절이 파격문장이라고 추정하기도 하지만,[609] 바울의 호소를 담고 있는 본절은 서신형식에서 정당한 위치를 차지하고 있고 또한 바울의 가장 중요한 구원론적 교리들 중의 하나를 담고 있다. 바울은 그의 독자들 속에 "그리스도의 형상이 이루기까지"(**μέχρις οὗ μορφωθῇ Χριστὸς ἐν ὑμῖν**) 다시 해산하는 수고를 한다고 말한다. 여기에 채용된 이미지는 바울을 임신한 어머니로 보는 것이다. '오디노'(**ὠδίνω**) 동사는 '아이를 낳는 고통을 당하다'는 뜻을 가진다. 바울은 보통 자신을 가리켜 그의 회심자들을 낳는 임신한 어머니로 묘사하지 않는다. 데살로니가전서 2:11에서 그는 자신을 아들을 훈계하고 지도하는 아버지로 묘사하기도 하고 2:7에서는 자신을 젖먹이 자녀를 기르는 유순한 어머니로 묘사하기도 한다. 그의 서신의 다른 곳에서 보통 채용되는 이미지는 자녀를 낳는(**ἐγέννησα**) 아버지의 이미지이다(cf. 고전 4:15; 몬 10). 이런 점에서 볼 때 바울이 자신을 마치 아이를 낳을 임신한 어머니로 묘사한 것은 흔치 않은 일일 뿐만 아니라 좀 놀랍기도 하다. '다시'(**πάλιν**)란 말이 바울의 해산의 고통과 함께 쓰인 것은 그가 갈라디아 교회에게 복음을 전하고 그곳에 교회를 설립한 사실을 전제한다. 이제 그들이 바울의 복음을 버리고 유대주의자들의 주장을 추종하려는 배교의 위험에 놓여 있기 때문에, 바울이 그들을 믿는 신자들이 되게 하려고 밟아 온 과정을 완전히 다시 시작하지 않으면 안되게 되었다. 이것은 그가 참된 그

608) 바울이 그의 독자들을 '나의 자녀들'로 부르는 것은 독특한 현상은 아니다(고전 4:14,17; 고후 6:13; 몬 10; 갈 4:28). 그는 자신이 설립한 회중의 '아버지'로 자신을 간주하기도 한다(고전 4:15; 살전 2:11; 몬 10).

609) Cf. Mussner, *Galater*, 312.

리스도인들로서의 그들의 신분을 근본적으로 의심하게 되었다는 것을 시사한다. 만일 그들이 잘못된 교리를 계속 고집한다면 그들은 은혜에서 떨어지고 그리스도에게서 끊어질 것이 명약관화하다(갈 5:4).[610)]

'그리스도의 형상이 이루기까지'라는 문구와 사상적 배경은 학자들에 의해 이제까지 다양하게 이해되어 왔다. 리츠만(H. Lietzmann)은 그것을 '그리스도께서 너희 속에 성육신할 때까지'라는 의미로 해석하였다.[611)] 슐리어(H. Schlier)는 그것을 그리스도께서 각 신자 속에 형성되는 것을 말하기보다는 그리스도의 몸이 갈라디아 공동체 전체 속에 형성되는 것으로 해석하였다.[612)] 베츠(H.D. Betz)는 그것이 단순히 '중생'의 사건을 지칭하지만 바울은 그것을 표현하기 위해서 신비주의적이고 영지주의적인 배경에서 나온 복합적인 개념들을 활용하고 있다고 생각한다.[613)] 롱게네커는(R.N. Longenecker)는 버튼의 해석을 따라서 그것을 '그리스도와의 생명적인 관계에 들어서는 것'으로 해석하고자 한다.[614)] 하지만 위의 헬라어 문구는(***μέχρις οὗ μορφωθῇ Χριστὸς ἐν ὑμῖν***) 아마도 그들이 그리스도의 형상을 본받거나 또는 그의 형상을 지니는 데 실패한 것과 관련하여 이해되어야 할 것이다.[615)] '형성하다'(***μορφόω***)는 동사는 명사인 '형상'(***μορφή***)에서 파생되어 나온 것인데, 여러 학자들에 따르면 '모르페'는 바울신학에서 '에이콘'(***εἰκών***)와 대등한 뜻을 지니고 있다고 한다.[616)] 예를 들면 불

---

610) 갈라디아서 5:4의 은혜에서 '떨어지고'(***ἐξεπέσατε***) 그리스도에게서 '끊어진다'(***κατηργήθητε***)는 두 동사는 단순과거 동사로서 보통 '선취적 부정과거'(proleptic aorist)로 이해되고 있다. 이것은 만일 갈라디아인들이 계속 그릇된 교리를 추종한다면 은혜에서 떨어지고 그리스도에게서 끊어지는 일이 기정사실처럼 명약관화하다는 뜻을 갖는다.
611) Lietzmann, *Galater*, 28.
612) Schlier, *Galater*, 214 n.2.
613) Betz, *Galatians*, 234f.
614) Longenecker, *Galatians*, 195 ; Burton, *Galatians*, 249.
615) Cf. Jervell, *Imago Dei*, 246-48 ; Ridderbos, *Paul*, 74 and n.101 ; H. Lee, *Divine Grace and the Christian Life* (1988), 139.
616) R.P. Martin, *Carmen Christi: Phil.ii.5-11* (SNTSMS 4 : Cambridge,

트만(R. Bultmann)은 '모르페'(μορφή)가 사람이나 사물이 나타나는 형태, 형상을 가리키는데, 이 때 나타나는 형상, 형태는 물질과 형상을 이원론적으로 구분하는 헬라 사상과는 달리 그 사람이나 사물의 본질과 대립되지 않는다고 주장한다. 그렇다면 '모르페'라는 말은 비록 '형상'이란 말로 번역된다 할지라도 사람이나 사물의 본질적 표현 자체라고 할 수 있다. 따라서 헬레니즘적 용법에서 그것이 하나님과 관련하여 쓰일 때 '신적 본성'(divine nature)을 지칭하는 술어로 사용될 수 있다는 것은 놀라운 일이 아니다(Bultmann, *Theology* I, 192f). 불트만은 한 걸음 더 나아가 바울이 사용하는 '형상'(μορφή, 빌 2:6)이란 말과 그 파생어들인 '형상을 본받다'(συμμορφοῦσθαι, 롬 8:29), '본받다'(μεταμορφοῦσθαι, 롬 12:2; 고전 3:18) 등이 본질, 본성의 변화와 관련하여 이해되어야 한다고 주장한다. 특히 '형상'을 지칭하는 구약 술어인 '첼렘'(צלם)은 인간 창조와 관련하여 사용된 가장 중요한 술어 중 하나이다(창 1:26,27). 때문에 바울이 그리스도를 하나님의 형상이라고 말할 때 그리스도 자신은 영원부터 보이지 않는 하나님의 형상이시며 그의 영광(δόξα)을 입으신 분이시라는 것을 의미한다. 그가 두 번째 아담으로 오심으로써 범죄로 말미암아 결정적으로 손상된 첫 번째 아담의 하나님 형상을 회복하실 수 있는 하나님의 아들이시다(롬 8:29-30 참조). 바울이 갈라디아인들을 위해 '다시' 해산의 고통을 겪어야 한다고 말하였는데, 이 점에서 본절은 그들이 참 그리스도인인 것을 논증할 수 있는 규범으로서 그리스도의 형상을 지니는데 실패하였다는 것을 시사해 준다. 이제 바울은 그들이 하나님의 형상이신 그리스도를 닮은 모습을 지닌 참된 그리스도인들이 될 때까지 임신한 어머니가 자신의 자녀를 날 때 치르는 해산의 고통을 또다시 치루지 않으면 안된다.

20. 내가 이제라도 너희와 함께 있어 내 음성을 변하려 함은 너희를 대하여 의심이 있음이라

1967), 119; S. Kim, *The Origin of Paul's Gospel*, 194ff.

바울은 4:12-20에서 갈라디아인들에게 개인적인 호소를 해왔는데 이제 본절에서 자신의 감정을 노출시키는 결론을 짓는다. 한글 성경에 번역되지 않은 후치사 '데'(δέ)는 연결사로 보이지는 않고 바울의 결론을 표시하는 접속사인 것으로 보인다. '원하다'(θέλω) 동사의 미완료형이 쓰인 것에 대해서 주석가들 간에 여러 견해가 제기되어 왔다.[617] 바울이 현재시제를 사용하지 않은 것으로 보아 갈라디아인들과 함께 있고자 하는 그의 소원이 단지 마음속의 생각일 뿐인 것으로 보인다. 그렇다면 그것은 현재 자신의 소원을 표시하지만 실현될 수 없음을 표시하는 '잠재적 미완료'라고 보는 것이 타당하다.[618] 오늘날의 관습처럼 고대세계에서도 편지들은 어떤 사람이 현장에 직접 갈 수 없을 때 대체물로 흔히 사용되었다. 그러나 바울은 지금 어떤 이유에서 인지는 몰라도 당시에 갈라디아 독자들과 함께 있을 수가 없어서 대신 그의 갈라디아서 편지를 보냈다. 하지만 그가 편지를 보낼 때 "지금 너희와 함께 있어 나의 음성을 변하고자 한다"는 그의 소원을 덧붙였다. '너희와 함께 있다'는 표현은 18절의 끝머리에 있는 표현을 다시 원용한 것으로서 갈라디아 독자들과 개인적으로 함께 있고 싶어하는 바울의 소원을 강조해 준다. 그는 편지를 띄우는 식이나 자기 대신 어떤 사람을 보내는 방식으로 그들과 함께 있기는 원하지 않고 그 자신이 직접 갈라디아에 가서 지금(ἄρτι) 그들과 함께 있기를 원하였다.

그러나 바울이 그들과 함께 있고 싶어하는 이유는 18절에 언급된 대로 그들과 참된 우정과 교제를 나누기 위한 것이 아니었다. 그들 사이의 우정 관계가 좋은 동기에서 선한 방식으로 지속되어진다면 그것이야 언제나 환영할 만한 일이고 또한 자연스러운 일이다. 그러나 지금처럼 갈라디아 독자들이 바울과 그의 복음을 포기하고 그와 맺어진

617) 그것에 대해서는 J. Bligh, *Galatians*, 178을 참조하라.
618) J. Bligh, *Galatians*, 178; Longenecker, *Galatians*, 196; cf. A.T. Robertson, *A Grammar of the Greek New Testament in the Light of Historical Research* (1915), 886.

오랜 우정의 관계를 저버리려고 하는 위기의 상황에서 그가 그들에게 직접 가고 싶어한다면 그것은 '그의 음성을 변경시키려고' (ἀλλάξαι τὴν φωνήν μου) 하는 목적 때문이다. 이 헬라어 표현은 학자들 간에 여러 가지 뜻으로 해석되었다. 그것은 그의 권면의 논조를 변경하려는 바울의 소원을 나타내거나(RSV, NEB, NIV), 그의 권면의 내용을 바꾸고자 하는 바울의 소원을 나타낼 수도 있다(JB). 또는 그것은 천사의 방언으로 갈라디아인들에게 말할 수 있기를 원하는 바울의 소원을 표현해 주거나(Schlier, 152), 예를 들어 엄격한 논조에서 부드러운 논조로 바꾸는 식으로 단순히 바울의 말하는 논조 변경을 지시할 수도 있다 (고전 4:21 참조). 가장 가능성이 있는 해석은 아마도 바울이 이미 그의 편지를 통해서 그의 논조를 바꾸어 왔기 때문에 위의 헬라어 표현은 갈라디아인들의 실재 상황에다 자신의 논조를 <u>적응시킨다</u>(adapt)는 뜻을 가질 것이 분명하다.[619] 바울은 아마도 그의 갈라디아 친구들이 바울 자신의 타협불가능한 엄격한 언어에 정신이 팔려 그 저변에 흐르는 그의 깊은 관심과 애정을 소홀히 하지나 않을까 두려워할지도 모른다. 만일 그가 그들과 직접 대면한다면 그는 자신의 논조를 갈라디아 교회의 실재 상황에 따라 적응시킬 수 있을 것이다.

바울이 그의 갈라디아 독자들과 함께 있고자 원하는 이유는 그가 그들을 대하여 "의심이 있기 때문이다"(ἀποροῦμαι ἐν ὑμῖν). ἀπορέω의 중간태형인 '아포루마이'(ἀποροῦμαι) 동사는 '당황하다', '의심하다', '불확실하다'로 번역될 수 있는데, 많은 주석가들은 그것을 '당황하다'(perplexed)로 번역하고 있다.[620] '너희를 대하여'(ἐν ὑμῖν)란 표현은 바울이 당황해 하는 대상들을 확인해 주는 지시의 여격으로 이해하는 것이 좋다. 그렇다면 바울은 본 섹션에서 갈라디아의 유대주의자들의 위협을 경고하기 위해서 그의 독자들에게 개인적으로 호소하기 시작했는데, 정작 마치는 결론 부분은 그들에 대한 당황감으로 끝을 맺고 있다.

---

619) Bligh, *Galatians*, 179; Bruce, *Galatians*, 213.
620) Longenecker, *Galatians*, 196; Bligh, *Galatians*, 179; Betz, *Galatians*, 236 등.

'내가 너희를 대하여 당황하고 있다' 고 고백함으로써 바울은 어쩔 줄을 모르는 태도를 보인다. 이것을 보고 베츠(Betz)는 심지어 "강한 감정적 호소를 통해 소망이 없다는 고백과 논쟁에서 패배했다는 시인으로 끝을 맺는다"고 주장한다.[621] 하지만 그는 문제를 거기서 끝나게 하지 않고 하갈-사라의 알레고리를 설명하면서(4:21-31) 자신의 복음에서 발견되는 참된 자유를 꼭 붙들 것을 간절하게 권면한다(5:1-12).

8) 사라와 하갈의 비유를 통한 논증(4:21-31)

본 섹션은 참 하나님 백성의 성격을 규정하는 바울의 논증들의 결론 부분에 해당한다. 여기서 바울의 논의는 알레고리적인 성경 해석을 통해서 갈라디아인들과 같은 이방 기독교인들이 종인 하갈보다는 아브라함의 아내 사라의 후손이라는 것을 논증한다. 겉으로 보기에 본 섹션의 논의는 앞서 주장했던 것을 단순히 그대로 되풀이하는 것처럼 보이지만,[622] 이런 가정들은 본문을 좀더 깊게 연구해 보면 근거없는 것으로 드러날 것이다. 베츠가 지적했듯이 바울의 해석 방법은 24절의 '알레고리로 말하다' (*ἀλληγορούμενα*)는 단어에서 발견된다. 그가 여기서 사라와 하갈의 비유를 '알레고리' 라고 말하기는 했지만 그의 해석 방식은 '알레고리' 와 '모형론' 을 혼합한 것이다.[623] 주지하듯이 '모형론' (typology)은 성경의 개인이나 사건이나 제도를 현재 구속사 속에서 실현된 실재로 나타난 인물이나 사건이나 제도의 모형으로 간주하려는 해석 방식을 가리킨다. 이와는 대조적으로 '알레고리' (allegory)는 성경에 언급된 구체적 사물들 배후에 놓여 있는 보다 깊은 진리들을 끌어내고자 하는 해석 방식이다. 본문에 나타난대로 바울은 이 두 가지 해석 방식을 구분하지 않는다. 일반적으로 아브라함 전승과 하갈과 사라의 이야기에 대한 바울의 해석은 그러한 해석 전통의 일부에

621) Betz, *Galatians*, 236f.
622) Cf. Schlier, *Galater*, 216; Burton, *Galatians*, 251.
623) Betz, *Galatians*, 239; cf. James Barr, *Old and New in Interpretation* (London: SCM, 1966), 110ff.

속하는데, 그렇다고 그러한 전통적 해석을 그대로 넘겨 받기보다는 종말론적인 그리스도 사건에 비추어 독자적으로 해석한다. 그의 논의의 결론 부분에 아브라함 전승과 관련된 사라-하갈의 이야기를 삽입한 것은 유대주의적 선동자들이 그것을 자신들의 논의를 뒷받침하기 위해 사용했기 때문에 바울이 그것을 재해석함으로 그들의 논지를 무너뜨릴 필요가 있었기 때문이었을 것이다. 바울은 사라-하갈의 이야기에 대한 재해석을 갈라디아 독자들 앞에 제시함으로써 모세 율법으로 대표되는 옛 언약보다 그리스도의 복음으로 대표되는 새 언약의 우월성을 스스로 찾아내어 답변하도록 알레고리적 해석을 덧붙였을 것으로 보인다.

21. 내게 말하라 율법 아래 있고자 하는 자들아 율법을 듣지 못하였느냐

바울은 그의 사라-하갈 이야기를 서신형식에 쓰이는 '내게 말하라'(***λέγετέ μοι***)는 말로 시작한다. 문체적으로 볼 때 이런 종류의 표현은 헬레니즘 시대의 대화체(diatribe) 문헌의 관습들에 해당한다. 바울은 편지에서도 대화적 상황을 가정하는데, 그것은 편지를 대화의 한 부분으로 이해하는 고대인들의 관습에 비추어 볼 때 충분히 이해할 만하다. 그리고 '내게 말하라'는 표현은 본 서신의 권면 부분에서 소부분의 출발점을 표시해 주고 그것을 앞서 진행된 논의들과 연결시켜 주는 역할을 한다. 좀 풍자적인 논조로 바울은 갈라디아 기독교인들을 '율법에 복종하기를 원하는 자들'(***οἱ ὑπὸ νόμον θέλοντες εἶναι***)로 부른다. 어떤 학자들은 이 헬라어 표현이 갈라디아 기독교인들 중에서 유대주의자들의 주장을 추종하는 얼마간의 사람들을 지칭하는 것으로 보기도 하지만,[624] 이제까지 갈라디아인들을 '너희'라고 지칭하면서 권면한 사실과 3:1에서 그들을 '어리석은 갈라디아 사람들아'라고 부른 점을 살필 때 이들의 주장은 신빙성이 없는 것으로 보인다.

---

624) Schlier, *Galatians*, 216; Lütgert, *Gesetz und Geist*, 11,88.

갈라디아 기독교인들은 유대주의자들의 충동질에 영향을 받아 유대교의 월력을 따라 금식일과 명절들을 준수하기 시작하였고(4:10) 더욱이 할례를 받고 유대교의 율법을 준수하려고 했다(cf. 1:6; 4:11; 5:3; 6:12-13). 하지만 '원한다'(*θέλοντες*)는 말을 사용한 점으로 미루어 볼 때 그들은 아직 유대주의자들의 계율주의적 원리들과 관습들을 완전히 채용하지는 않은 것으로 보인다. '율법 아래'(*ὑπὸ νόμον*)라는 표현은 이미 위의 주석에서 여러 차례 그 의미를 주석한 바가 있다. 그것은 율법의 지배와 통치 아래 있는 상태를 가리키는데, 바울은 때로 그것을 '죄 아래'(3:22)라는 표현과 바꾸어 사용하기도 한다. 갈라디아서의 전체 맥락에서나 본절의 근접 문맥에서 볼 때 '율법 아래 있다'는 것은 다음과 같이 이해할 수 있다. 유대교의 관점에서 하나님의 언약 백성은 곧 율법 백성이기 때문에 율법 아래 있다는 것은 율법 백성으로서의 정체성을 유지하기 위해 할례, 안식일, 음식법, 율법 준수와 같은 유대인의 삶의 계율들과 관습들을 받아들임으로써 유대인처럼 살아가야 할 의무 아래 있다는 뜻일 수 있다(cf. 2:11-14; 3:25; 4:4; 5:3; 6:12f).

바울은 율법 아래 있고자 원하는 갈라디아 이방 기독교인들에게 '율법을 듣지 못하였느냐?'(*τὸν νόμον οὐκ ἀκούετε*)고 질문한다. 유대 사회에서는 매 안식일마다 회당에서 율법을 크게 낭독하였기 때문에 율법을 '듣는' 일은 유대인들에게 매우 중요한 역할을 한다(행 15:21 참조). 더욱이 유대교 사상에서 '듣는 일'은 단순히 육신적 활동이 아니라 하나님의 말씀을 경청하고 이해하고 회개하며 순종하는 내면의 인격적 활동을 지시한다(사 1:10; 6:9-10). 흔히 안식일에는 '쉐마'('들으라'는 뜻)로 시작하는 지정된 구약 본문을 낭독하게 되는데, 신명기 6:4과 같은 대표적인 구절은 유대교의 근본적인 신앙고백을 형성한다: "이스라엘아 들으라 우리 하나님 여호와는 오직 하나인 여호와시니 너는 마음을 다하고 성품을 다하고 힘을 다하여 네 하나님을 사랑하라". 랍비문헌에도 토라의 말씀을 '듣는다'는 것은 곧 그것을 '이해한다'는 뜻으로 간주되었다.[625] 따라서 바울이 갈라디아 기독교인들에게 율법을 듣지 못하였느냐고 도전하는 것은 그들이 정말 율법을 들었다면 그것을 충분히 이해하고 그에 따른 바른 반응을 보여야 한다는 것을 시사한다. 하지만 그들이 유대교의 계율들과 삶의 패턴들을 받아들이고자 한 것을 볼 때 바울이 앞에서 지적했던 대로 그들이 몽학선생에 불과한 율법의 기능을 제대로 이해하지 못한 것을 뜻할 뿐이다. 이 점을 그는 사라-하갈의 알레고리를 통해 설득시키고자 한다.

22. 기록된 바 아브라함이 두 아들이 있으니 하나는 계집종에게서, 하나는 자유하는 여자에게서 났다 하였으나

본절 서두에 나오는 '기록된 바'(**γέγραπται**)라는 문구는 보통 구약 구절의 인용을 소개할 때 사용하는 바울의 표준적인 형식이다.[626] 그러나 다음에 나오는 사라-하갈의 이야기는 구약의 직접적인 인용이 아니고 창세기에 나오는 아브라함에 관한 이야기들을 요약해 주는 진술이며(창 LXX 16:15; 21:2-3,9) 바울은 그 이야기들을 '율법'(**νόμος**)라고 부른다(21절). 많은 학자들은 그가 여기서 창세기의 전승을 단순하게 인용하기보다는[627] 유대주의적 그의 논적들의 성경 인용에 반대하여 그것을 자신의 신학적 전망에서 재해석하고 있다고 본다.[628] 왜냐하면 본문이 어떤 특정한 본문을 명기하지 않고 오히려 유대주의자들의 논의의 구약적 기초를 이루는 이야기를 일반적으로만 제시하기 때문이다. 특별히 창세기 이야기에 얽힌 주인공들이 이야기가 시작되면서 분명하게 이름이 거명되지 않고 일반적인 권면 형식으로(*ad hominem*) 적용되고 있다는 느낌을 던져준다. 하갈은 24-25절에 언급

---

625) Cf. D. Daube, *The New Testament and Rabbinic Judaism*, 55-62; G. Kittel, *TDNT* 1, 218; Longenecker, *Galatians*, 207.

626) Cf. E.E. Ellis, *Paul's Use of the Old Testament* (Edinburgh: Oliver & Boyd, 1957), 48-49,156-85.

627) *Contra* Betz, *Galatians*, 241.

628) C.K. Barrett, "The Allegory of Abraham, Sarah, and Hagar in the Arguments of Galatians," in *Rechtfertigung*, FS for E. Käsemann, ed. J. Friedrich, W. Pohlmann, and P. Stuhlmacher, Tübingen: Morh-Siebeck, 1976, 9; Longenecker, *Galatians*, 207.

되기는 하지만 어원적이며 지정학적인 지시 내용과 연결되어 언급될 뿐이며 이삭도 28절에 처음 언급되기는 하지만 분명한 사실을 상기시키는 역할밖에 하지 않는다. 그리고 사라와 이스마엘의 이름은 전혀 언급조차 되지 않는다. 본절의 논조를 조심스럽게 들여다보면 이미 사라-하갈의 이야기는 갈라디아인들 앞에 제시되어 그들이 그 이야기의 세세한 내용을 말해주지 않아도 다 잘 아는 것으로 판단된다. 그렇다면 갈라디아 교회에 침투한 유대주의자들이 사라-하갈의 이야기를 당시대적 상황에 적용시켜 그들의 논의에 원용한 것이 분명하다. 아마도 그들은 "약속은 아브라함과 사라의 아들 이삭에게 주어진 것이기 때문에 이방 기독교인은 이삭의 후손에게 주어진 모세 율법에 복종하고 할례를 받지 않으면 그 약속에 참여할 수 없다"고[629] 주장했을 것이다.

바울은 사라-하갈 이야기를 인용하면서 창세기 전승을 따라 아브라함이 계집종에게서 난 한 아들과 자유하는 여인에게서 난 또 다른 아들이 있었다고 말한다. 그는 사실 창세기 이야기들을 역사적으로 정확하게 설명하는 데 관심을 두고 있지 않다. 왜냐하면 아브라함은 두 아들보다 많은 여러 명의 자녀들을 가지고 있었기 때문이다(cf. 창 25:1-6). 그리고 그는 아브라함의 유일한 '씨'에 대해서 언급하는 3:6-14절과 본절을 조화시키려고도 하지 않는다. 바울이 여기서 관심을 두고 있는 것은 계집종인 하갈의 아들 이스마엘과 자유하는 여인인 사라의 아들 이삭 간의 이원론적인 대조에 있다. 이들은 단순히 개인적인 흥미로 인해 소개되지 않고 24절이 부각시키듯이 '두 언약' 간의 대조를 끌어내기 위해 소개되고 있다. 이스마엘의 어머니는 '계집 종'(**παιδίσκη**)이고 이삭의 어머니는 '자유하는 여인'(**ἐλευθέρα**)이다. 여성명사인 '파이디스케'(**παιδίσκη**)는 본래 나이를 가리키지 신분을 가리키는 말은 아니었기 때문에 단지 '젊은 여자'를 뜻할 뿐이었다. 하지만 그것은 후대의 헬라어에서 점차 '계집종'을 지칭하는 술어가 되었고 칠십인경에서도 이런 식으로 자주 사용된나(창 LXX 16:1

---

629) Longenecker, *Galatians*, 207; cf. Barrett, 'Allegory,' 9ff.

참조). 사라가 자유하는 여인이었다는 것은 칠십인경에는 언급되지 않으며, 필로의 글에서 그녀는 '주권자'(ἀρχή)로 언급된다(LCL Philo, 10.413-19). 아마도 바울은 하갈을 계집종으로 묘사한 것에 대조하여 사라를 자유하는 여인으로 불렀든지, 아니면 그러한 대조가 이미 나타나는 어떤 전승을 인용하고 있을지도 모른다. 바울이 이들 두 여인을 두 언약 간의 대조와 관련하여 끌어들인 것은 특별한 이유가 있다. 그는 이미 율법 아래 종노릇한다는 개념을 위에서 소개한 바가 있기 때문에, 사실 모세 율법을 순종하는 자들은 자유하는 여인인 사라의 후손들이 아니라 종노릇하는 계집종 하갈의 후손들이기 때문에 그들은 아브라함의 약속을 유업으로 받을 자격이 없다는 것을 주장하고자 한다.

23. 계집종에게서는 육체를 따라 났고 자유하는 여자에게서는 약속으로 말미암았느니라

한글성경에는 안 나타나 있지만 본절의 헬라어 문장 초두에 나오는 '그러나'(ἀλλά)는 22절에 이어 또 다른 반제를 제시한다. 이제 대조를 이루는 것은 계집종의 아들이냐 자유하는 여자의 아들이냐 하는 사회적 신분상의 대조가 아니라 두 여인의 아들이 태어나는 방식의 대조이다. 계집 종에게서 태어난 자녀는 '육체를 따라'(κατὰ σάρκα) 났다. 이 헬라어 표현은 일차적으로 자연적인 출생 과정을 통해서 낳았다는 뜻을 가질 수 있다. 하지만 유대주의자들과의 논쟁적 문맥에서 '육체'(σάρξ)는 인간적 관계나 또는 육신적 혈통에 기초한 단순히 '인간적인 어떤 것'을 뜻할 수 있다(4:23,29; cf. 고전 3:3-4).[630] 만일 바울이 '육체를 따라' 난 이스마엘을 현재 불신앙하는 유대 백성과 동일시하려고 한 것이 분명하다면(4:29), 이것은 유대교가 단순히 인간적 혈통에 근거한 종교에 불과하며 유대 민족은 하나님의 약속과 관계없이

630) J.D.G. Dunn, "Jesus - Flesh and Spirit: an Exposition of Romans 1.3-4," *JTS* 24(1973), 43-49; J. Barclay, *Obeying the Truth*, 178-215를 참조하라.

단순히 인간적 혈통에 의지하는 사람들에 불과하다고 간주하려는 바울의 비평적 의도를 엿보게 만들어 준다. 그들은 육신적 혈통, 또는 유대인이라는 민족적 정체성에만 의지하려는 사람들이다. 더욱이, 인간적인 관계와 육적인 의식들을 지나치게 강조하는 자들은 바울이 보기에 "육체의 모양을 내고…육체로 자랑하려는"(6:12-13) 사람들에 불과하다. 바울은 또한 갈라디아서의 다른 곳에서 유대교의 할례, 육신적 혈통, 음식법, 율법준수를 '육적인' 것으로 간주한 바 있는데 (3:3), 따라서 유대교와 그 관습들에 헌신하는 것은 단지 인간적인 종교에 헌신하는 것에 불과하다. 유대인들이 의지했던 인간적 혈통이나 전통 또는 삶의 유형들은 결코 사람이 의롭다 함을 얻는 근거가 될 수 없다(2:16). 이에 반해서 이삭은 자유하는 여인인 사라에게서 '약속으로 말미암아'(δι' ἐπαγγελίας) 태어났다. 갈라디아서의 신학적 맥락에서 볼 때 아브라함에게 주어진 약속은 바울의 '이신칭의 복음'(3:8)과 믿음의 백성에게 주어지는 '성령의 선물'(3:14)에 깊은 관련을 맺고 있다. 그렇다면 사람은 유대인 혈통을 지닌 부모에게서 태어날 때 유대인이 되지만, 사람은 믿을 때 경험하는 성령의 창조적 사역을 통해서만 약속의 자손 곧 그리스도인이 될 수 있다.[631] 따라서 참 하나님의 백성은 이스마엘처럼 육신적 혈통에만 의존하는 이스라엘 백성이 아니고 이삭처럼 하나님의 약속에만 의존하는 믿음의 백성이다. 특별히 이삭의 출생은 분명히 일상적인 자연스러운 경로를 통해 태어나지 않았다. 아브라함은 이미 백 세나 되어 자신의 몸은 생리적으로 죽은 것이나 다름이 없었고 그의 아내 사라의 태도 생산기능적으로 볼 때 죽은 것이나 다름이 없었다. 하지만 그는 "믿음이 없어서 하나님의 약속을(τὴν ἐπαγγελίαν τοῦ θεοῦ) 의심치 않고 믿음에 견고하여져서…약속하신 그것을(ὃ ἐπήγγελται) 또한 능히 이루실 줄을 확신하였다"(롬 4:20-21). 이런 의미에서 이삭의 탄생은 아스마엘의 탄생과는 달리 하나님이 하신 약속의 말씀을 굳게 믿은 아브라함의 믿음

631) 이한수, "안디옥 사건과 바울의 이신칭의 복음", 「바울신학연구」, 143.

과 깊은 관련이 있다. 따라서 누구든지 하나님의 약속을 굳게 신뢰하는 믿음을 가질 때만 이삭처럼 아브라함의 참 자녀로 태어날 수 있다. 약속의 자손은 혈통으로 특징화되는 사람이 아니라 믿음과 성령으로 특징화되는 사람이다.

24. 이것은 비유니 이 여자들은 두 언약이라 하나는 시내 산으로부터 종을 낳은 자니 곧 하가라

앞의 두 절에서 아브라함의 두 아들들에 관한 이야기를 설명한 후에 바울은 이제 알레고리적 해석을 덧붙여 그것이 지니고 있는 보다 깊은 영적 진리들을 끌어내고자 한다. 바울의 알레고리적 해석 방식은 본절 초반부의 '이것은 비유니' (***ἅτινα ἐστιν ἀλληγορούμενα***)라는 표현 속에 시사되어 있다. '이것은' (***ἅτινα***) 22-23절의 내용을 가리킨다. 한글 성경에 '비유로 말하다' 는 뜻으로 번역된 헬라어 단어는(***ἀλληγορέω***) 신약 저술에 오직 여기서 한 번만 나오는 단어이다.[632] 신약 저술들 중에서 알레고리가 가장 흔히 나타나는 저술은 아마도 공관복음서의 예수의 비유일 것이다. 최근의 양식비평가들은 비유 해석 속에 채용된 알레고리적 요소들은 모두 초대교회가 예수의 비유에 덧붙인 이차적 부가문이기 때문에 진정성이 없다고 보는 경향이 많다.[633] 이들의 이러한 주장들 배후에 깔려 있는 전제는 예수 당대의 랍비 문헌이나 구약의 저술들 속에 순수한 의미에 있어서 알레고리가 존재하지 않는다는 것이다. 하지만 예수 당대의 랍비문헌들뿐만 아니라 심지어 예수의 비유 교훈들 속에서, 그리고 바울 당대에도 알레고리적 해석 방식이 상당히 발전되어 있었다는 분명한 증거들이 나타나고 있다.[634] 그것은 본

632) 이 동사는 본래 ***ἄλλο***와 ***ἀγορεύω***가 합쳐서 만들어진 단어로서 '다른 어떤 것을 말하다' 는 뜻을 지니고 있다(cf. Betz, *Galatians*, 243 and n.49).

633) 이한수, 「비유와 해석학」, 한국로고스연구원, 1989, 32ff, 36, 41. 이런 식의 비평적 전제를 받아들이는 학자들로는 Jülicher, Bultmann, Perrin, Jeremias 등 다수의 비평적 학자들이다.

634) Paul Fiebig, *Altjüdische Gleichnisse und die Gleichnisreden Jesu* (Tübingen: 1904), 98f; I. Heinemann, *Altjüdische Allegoristik*

래 헬레니즘 문학형식에서 유래한 것이며,[635] 유대교도 바울이 알레고리적 해석방식을 유대적 전승에 적용하기 오래 전부터 채용하여 왔었다. 그 중에 알렉산드리아의 필로(Philo, c. 25BC- 40AD)가 대표적인 인물이다. 그는 이스라엘 신앙이 헬레니즘 철학과 모순된 것이 아니라는 것을 보여주기 위해서 구약을 알레고리적으로 해석하였다. 필로는 알레고리란 문자 속에 숨은 보다 깊은 영적인 뜻(ὑπόνοια)를 찾는 것이라고 말한 바 있는데, 현대적 정의에 따르면 "알레고리란 본래 이야기의 진의(眞意)가 그것이 나타내는 표현형식 속에 숨기워져 있으며 각 이미지와 세부 사항들이 이야기에 종속된 지엽적인 요소가 아니라 커다란 중요성을 가지기 때문에 특별하게 해석될 필요가 있는 이야기 형식을 말한다".[636] 바울은 아마도 알레고리적 해석을 유대교로부터 넘겨 받았을 가능성이 많다.

바울의 알레고리적 해석 자체는 24-26절에 담겨져 있는데, 그는 사라와 하갈을 정면으로 반대되는 두 언약을 나타내는 것으로 해석한다. 그는 창세기의 이야기에 나오는 역사적 인물들로서 두 여인에 관심을 갖기보다는 그들이 나타내는 두 언약 체계에 본질적인 관심을 둔다. 이들 두 언약은 사실 모세 율법으로 대변되는 옛 언약과 예수 그리스도의 복음으로 대변되는 새 언약이다. '언약'(διαθήκη)이란 단어는 이미 3:15,17에 나타난 바 있지만 거기서는 법률적인 유언 행습을 지칭하지만, 본절의 술어는 전형적으로 신학적인 의미로 쓰인 술어이다. 언약에 해당하는 구약의 술어 '베리트'(ברית)는 하나님께서 주권적으로 제정하신 세계 질서로서 "인간의 삶의 기초와 목적에 대한 하나님의 정의를 담고 있다".[637] 헬라어 표현에 나오는 '멘…데'(μέν…δέ)는

(Bleslau: 1936); Strack-Billerbeck, III, 388-399; 특별히 바울 사도 당대의 알레고리적 해석 방식의 발전에 대해서는 Betz, *Galatians*, 243 n.50을 보라.

635) R.H. Stein, *The Method and Message of Jesus' Teaching*, 45f.

636) 이한수, 「비유와 해석학」, 28; cf. Dan Otto Via, *The Parables: Their Literary and Existential Dimension*, 4ff.

637) Betz, *Galatians*, 244. Cf. J. Behm, *TDNT* 2, 106-34; G.E. Mendenhall,

23절에서처럼 두 다른 결론들을 끌어내려는 문장의 구조를 설명해 준다. 이로써 나타난 바울의 목적은 그리스도 안에서 구원의 시대가 열리기 전에 '옛 언약'을 율법 아래서 종노릇하는 기독교 이전의 상태로 비평적으로 묘사하려는 것이다. 옛 언약과 관련한 바울의 진술에서 우리는 적어도 두 가지 점을 확인할 수가 있다. 첫째로, 시내산 언약은 종의 자녀를 낳았다(***ἀπὸ ὄρους Σινᾶ, εἰς δουλείαν γεννῶσα***). '시내산으로부터 나온'(***ἀπὸ ὄρους Σινᾶ***) 언약은 시내산 언약을 가리킨다. 바울이 시내산의 이름을 언급한 것은 24,25절 두 곳 뿐이다(cf. 행 7:30,38; *Barn* 11.3; 14.2; 15.1). 시내산은 구약과 유대교에서 중요한 역할을 담당하는 것은 분명하지만 그 정확한 위치는 분명치 않다. 시내산 언약이 제정된 것은 하나님이 운행하시는 구원사 속에서 사람들을 '종으로 태어나게 하는'(***εἰς δουλείαν γεννῶσα***) 목적을 지닌다. 둘째로, 시내산 언약으로부터 종으로 태어난 자들은 하갈의 후손들이다(***ἥτις ἐστὶν Ἁγάρ***). 계집종인 하갈의 후손들은 종의 운명을 지니고 태어났다. 이로써 바울은 하갈과 언약과 노예상태 사이에 개념적 연관을 맺고자 하던 유대주의자들의 해석적 전통을 인정하기는 하지만, 그는 그것을 자신에게 유리하게 바꾸어 적용하고자 한다. 시내산 언약에 속한 자들은 계집종인 하갈의 후손들이며 '율법 아래서 종노릇하는 자들'이다(3:22-25; 4:1-10; 5:1 참조).

25. 이 하가는 아라비아에 있는 시내산으로 지금 있는 예루살렘과 같은 데니 저가 그 자녀들로 더불어 종 노릇하고

본절의 초두는 사본상으로 문제가 있다. 사본들이나 교부들은 '하가'를 삽입하느냐 생략하느냐에 대해 의견이 갈려 왔고 현대의 주석가들이나 번역들도 마찬가지로 의견이 갈려 있다. 만일 '하가'가 생략된다면 "시내산은 아라비아에 있는 산이다"라든지 "시내산은 아라비

'Covenants', *IDB* 1, 714-23; U. Luz, "Der alte und der neue Bund bei Paulus und im Hebräerbrief," *EvTh* 27(1967), 318-36.

아에 있다"는 뜻으로 번역될 수 있다. 하지만 문제는 바울이 누구나 다 잘 알고 있는 지리적 상식을 왜 이와 같은 매우 논쟁적인 구절에서 포함시켰는가 하는 것이다. '하가'라는 말의 생략을 전제할 때 이 질문에 대한 최선의 답변은 시내 산이 약속의 땅 밖에 있는 이교도의 지역에 있다고 보는 것이다.[638] 하지만 이런 식의 해석은 신약에 전례가 없을 뿐만 아니라, 사도행전 7:2-36에서 이방 지역들이 자주 언급되는 것은 약속의 거룩한 땅 밖에서도 하나님의 위대한 구속 행위들이 자주 일어났다는 사실을 보여주려는 분명한 의도를 보여준다. 따라서 많은 주석가들이 선호하듯이 '하가'를 생략할 때보다는 삽입할 때 서기관들이 수정을 가할 가능성이 더 많으며, 또한 하가와 사라의 대조를 알레고리적으로 해석하는 전후 문맥의 경향으로 볼 때 하가를 삽입하는 본문이 원문에 가깝다고 여겨진다.[639]

만일 '하가'를 삽입하는 본문이 정당하면 본절 초반부는 지리적 지식이 바울의 알레고리적 주장을 뒷받침하기 위해 의도된 것이라고 할 수 있다. 그러면 어떤 의미에서 하갈이 시내산과 동일시될 수 있는가? 여러 학자들은 히브리어로 하갈이 본래 '바위' 또는 '절벽'을 지칭하기 때문에 바울이 그것을 산들과 관련지었을 것으로 추측한다.[640] 그러나 아랍어의 첫 자음(ḥ)은 히브리어의 첫 자음(ה)과 발음상 대강 비슷할 뿐 그에 상응하지 않는다. 베츠는 가장 피상적으로 근소한 유사성도 끌어다대는 바울과 같은 알레고리적 해석자에게 그런 차이점은 그리 중요하지 않다는 지적을 하지만,[641] 그리 신빙성이 있는 주장은 되지 못한다. 오히려 맥나마라(M. Mcnamara)의 해석이 더 신빙성이

638) Schlier, *Galater*, 211.
639) Bruce, *Galatians*, 219; Betz, *Galatians*, 245; Longenecker, *Galatians*, 211 등.
640) Burton, *Galatians*, 260; J. Klausner, *From Jesus to Paul*, 456; J.W. Doeve, *Jewish Hermeneutics in the Synoptic Gospels and Acts* (1954), 202; A.T. Hanson, *Studies in Paul's Technique and Theology*, 95-96; Betz, *Galatians*, 245, 등.
641) Betz, *Galatians*, 245.

있어 보인다.[642] 그의 견해에 따르면 대부분의 광야 유랑 시절의 중요한 이야기들과 다른 여러 유대 전승들이 아라비아의 나바태(Nabatae) 수도인 '페트라'를 중심으로 하고 있고, 어떤 사람들은 시내산에서 율법을 주신 것도 이 지역에서 있었다고 믿고 있었다. 따라서 다메섹 회심 사건 직후에 삼 년 간 아라비아 지역에 머문 경험이 있었던 바울이(1:17) 하갈과 시내산을 연관짓는 생각을 가지게 되었을 것이라는 것이다. 아라비아의 지역명들을 지칭하는 유대 전승에 관한 그의 논의를 탈굼에 기초하면서 맥나마라는 하갈이 시내산을 지칭하는 가장 적절한 술어일 것이라고 결론짓는다. 더욱이 시내산이 탈굼에서 하갈의 거처로 연관되고 있는 페트라 근처에 위치해 있었다고 믿어졌다면(창 16:7, Tg.Onq) 이 결론은 더욱 가능성을 띠게 된다. 이 지역에는 '하그라' 또는 '하갈'로 이름 붙여진 지역이 있었는데, 실제로 하갈이란 이 지역이 어떤 유대 전승에서는 계시의 산으로 간주되었다.[643] 그렇다면 하갈은 페트라 근처에 있고 아라비아의 중심에 있는 시내산의 칭호일 수도 있다. 갈라디아인들은 본래 이러한 미묘한 유대 전승들을 알고 있지 못했을 것이지만, 하갈과 사라에 관한 창세기의 전승을 끌어내 자신들의 주장을 뒷받침하려고 했던 유대주의자들과의 논쟁의 맥락에서 볼 때 갈라디아인들은 그들을 통해서 하갈과 그녀와 연관된 개념들을 알고 있었을 것으로 보인다. 어떤 전승의 경로를 통해서 얻었든지 간에 바울이 하갈과 시내산을 동일시한 것은 그녀와 그녀의 후손들이 시내산에서 주어진 율법을 대변한다는 것을 의미할 뿐이다.

하갈과 시내산을 동일시한 후에 본절 후반절에서 두 번째의 동일시가 뒤따른다: "지금 있는 예루살렘과 같은 데니 저가 그 자녀들로 더불어 종 노릇하고(***συστοιχεῖ δὲ τῇ νῦν Ἰερουσαλήμ, δουλεύει***

642) M. McNamara, " 'to de(Hagar) Sina oros estin en te Arabia' (Gal 4:25a): Paul and Petra," *MS* 2(1978) 27-36; cf. Longenecker, *Galatians*, 212.

643) Cf. H. Gese, *Vom Sinai zum Zion* (München, 1974), 49-62; G.I. Davies, "Hagar, el-Hegra, and the Location of Mount Sinai," *VT* 22 (1972), 152-163.

γὰρ μετὰ τῶν τέκνων αὐτῆς). 본절의 이 후반절은 '데'(δὲ)라는 접속사를 통해서 전반절과 연결되고 있는데, 그것은 '또한'의 의미로 해석될 수 있다. 한글 성경에 '같은 데니'로 번역된 본래의 헬라어 단어(συστοιχέω)는 본래 '같은 선에 서 있다'를 뜻하거나, 또는 보다 일반적으로 '상응하다'를 뜻한다. 그렇다면 바울은 하갈을 아라비아의 시내산과 연결지을 뿐만 아니라 현재 예루살렘과도 일치시킨다. 이렇게 그가 하갈과 그녀의 후손들을 현재 예루살렘과 일치시킨 것은 예루살렘을 세계의 중심으로 여기는 유대교와 토라를 그 중심적 기반으로 삼고 있는 유대주의자들에 대한 바울 편의 비평을 나타내기 위한 의도를 지닌다. 만일 하갈과 그녀의 후손들이 율법이 주어졌던 시내산에 거처를 두고 살았던 사람들이라면, 지금 모세의 시내산 율법을 추종하는 예루살렘의 유대주의자들은 하갈의 후손들이며 따라서 종 노릇을 하는 사람들이다. 바울이 이러한 결론을 내리기까지는 적어도 몇 가지 단계의 사고 과정을 거친 것으로 보인다. 첫째로, 하갈은 자유하는 여인인 사라에게 종노릇을 하던 '계집종'이었다(παιδίσκη, 22-23절). 둘째로, 하갈은 아라비아의 중심에 있는 시내산의 칭호일 수 있을 뿐만 아니라, 실제로 아라비아의 페트라 근처에 있는 하갈 또는 하그라는 어떤 유대 전승에서는 계시의 산으로 간주되었다(25절 상). 셋째로, 하갈이 그녀의 자녀들과 종노릇을 하고 있었듯이 하갈 즉 시내산에서 주어진 모세의 율법도 그 지배 아래 있는 자들을 종노릇하게 만든다(25절 하). 그렇다면 현재 예루살렘 중심성을 주장하며 토라를 유대교의 근본적 기초를 삼고 있는 예루살렘의 유대주의자들은 하갈의 후손들처럼 종노릇하는 자들일 뿐이다. 후반절에 '지금 있는 예루살렘'(τῇ νῦν Ἰερουσαλήμ) 이란 표현은 이런 의미에서 예루살렘과 토라의 중심성을 주장하면서 갈라디아의 이방 기독교인들로 예루살렘 교회의 지도에 복종하도록 충동질하는 유대주의자들의 선동을 암시하는 것으로 보인다.

예루살렘을 이렇게 종노릇하는 하갈의 노선에 일치시킨 것은 '유대교'와 '기독교'의 이원론적 대립을 부각시키려는 바울의 의도를 엿보이게 만든다. 유대인들은 분명히 성경에 나타난 구속사적 노선이 아브라함, 사라, 이삭에서 시작하며 모세와 시내산에서 주어진 토라를 거쳐 율법, 약속의 땅, 성전에 관련하여 이스라엘의 소망을 축약적으로 표현해 주는 현 예루살렘 성에서 초점이 모아진다고 생각하였을 것이다. 하지만 바울은 유대인들의 이러한 전통적인 생각을 거꾸로 뒤집어서 시내산과 관련이 있는 하갈과 그녀의 아들 이스마엘이 현재 예루살렘 성과 관련을 맺고 있으며 그곳에서 율법에 종노릇하는 유대주의자들이 나왔다고 주장한다. 왜냐하면 예루살렘은 하갈과 마찬가지로 '그 자녀들로 더불어 종노릇하기' 때문이다.

26. 오직 위에 있는 예루살렘은 자유자니 곧 우리 어머니라

몇몇 학자들이 지적하듯이 22-26절은 두 번째 부분에 빠진 개념들이 있기는 하지만 두 개의 상반된 개념들로 구성된 교차대귀법적 구조를 나타내고 있다.

A (옛 언약 = 모세의 율법)
　B 하 갈
　　C 육체를 따라 난 아들 (이스마엘)
　　　D 시내산
　　　　E 종
　　　　　F 지금 있는 예루살렘
　　　　　F1 위에 있는 예루살렘
　　　　E1 자유
　　　D1 (시온산)
　　C1 약속으로 말미암아 난 아들 (이삭)
　B1 우리 어머니
A1 (새 언약 = 그리스도의 복음)

'위에 있는 예루살렘'이란 개념은 유대교의 정치적, 종교적 중심지인 '지금 있는 예루살렘'과 반대되는 개념이다. 그 개념은 신약의 다른 서신들 속에서도 상대적으로 자주 나오지만(히 12:22; 13:14; 계 3:12; 21:2,9-22; 또한 *Herm.Sim.* 1.1.2) 바울은 그것을 오직 갈라디아서의 여기서만 사용한다. 특별히 '위에 있는 예루살렘'이란 개념은 풍부한 유대 전승사적 배경을 지니고 있다.[644] '천상적인 예루살렘'을 지칭하는 구절들은 구약 성경구절에서 희미하게나마 발견되며(cf. 시 87:3; 사 54:11ff; 겔 40-48) 유대 지혜문헌에서도 발견되지만(cf. Sir 36:13ff; Tob 13) 유대 묵시문헌에서는 보다 발전된 형태로 자주 발견된다(cf. 1 *Enoch* 53.6; 90.28-29; 2 *Enoch* 55.2; *Pss.Sol.* 17.33; 4 Ezra 7:26; 8:52; 10:25- 28; 2 *Apoc.Bar.* 4.2-6; 32.2; 59.4; 또한 1QM 12.1-2; 4QShirShab). 현재의 예루살렘과 천상적인 예루살렘 사이의 대조는 랍비 문헌에서도 여러 차례 나타난다(cf. *b.Ta'an* 5a; *b.Hag* 12b; *Gen.Rab.* 55.7; 69.7; *Num.Rab.* 4.13; *Midr.Pss.* 30.1; 122.4; *Cant.Rab.* 3.10; 4.4; *Pesiq.R.* 40.6). 물론 이들 랍비문헌들은 바울처럼 유대교를 지상적 예루살렘으로 비교하면서 비평하고자 하는 경향을 나타내지 않는다. 유대교 문헌에서 지상적인 예루살렘과 대조를 이루는 '천상적인' 예루살렘은 종말론적인 개념이다. 유대 묵시문헌에서는 천상적인 예루살렘을 여러 형태들의 개념으로 구분한다. 보다 오래된 개념 형태는 역사적인 예루살렘 성이 종말론적인 시대에 다시 재건될 것이라고 내다보거나, 또는 지상적인 예루살렘이 하늘에서 내려오는 새 예루살렘으로 대치될 것으로 내다본다.[645] 이들 문헌 속에서 천상적인 예루살렘은 인간 역사 속에 나타난 하나님의 구속 목적들의 궁극적 성취, 하나님 통치의 완전한 실현과 관련을 맺고 있다. 바울의 천상적인 예루살렘 개념은 이들 유대 전승을 기본적으로 받아들인 것이지만 그것과 다른 측면도 보여준다. 지상적 예루살렘과

644) G. Fohrer and E. Lohse, '*Σιών κτλ.*', *TDNT* 7, 292-338; W.D. Davies, *The Gospel and the Land* (Berkeley: University of California, 1974), 138ff; A. Oepke, *Galater*, 150f; H. Schlier, *Galater*, 221-26; F. Mussner, *Galater*, 325f. 유대교의 문헌으로는 Strack-Billerbeck, III, 573; Bousset-Gressmann, *Religion*, 283ff; G.F. Moore, *Judaism*, II, 341f 등을 참조하라.

645) Betz, *Galatians*, 246 n. 82와 83에 언급된 문헌들을 참조하라.

천상적 예루살렘의 근본적인 대조의 관점에서 볼 때 바울은 후자가 선재(先在)하는 것으로 보고 있음이 분명하고, 천상적 예루살렘은 묵시문헌적 전승에서 말하듯이 파괴된 지상적 예루살렘을 단순히 재건하거나 대체하는 것이 아니며, 그곳에 거하기 위해서 신자들은 하늘로 승천하여 올라가야 한다(살전 4:17).

바울이 천상적인 예루살렘을 '자유자'(**ἐλευθέρα**)로 묘사한 것은 '우리 어머니'인 사라를 '자유하는 여자'(**ἐλευθέρα**)로 묘사한 22, 23절의 사상에 의존한다. 갈라디아 기독교인들을 위한 바울의 논의는 '자유하는 여자'로서 사라의 신분에 의존할 뿐만 아니라, 복음은 구속사적으로 아브라함의 약속을 승계한 것이기 때문에 복음을 믿는 갈라디아 신자들은 이삭처럼 자유하는 여자의 후손들이다. 비록 그녀의 이름은 명기되지 않았지만, 자유하는 여인인 사라는 갈라디아인들과 모든 그리스도인들의 영적 어머니이다. 더욱이 천상적인 예루살렘을 '우리 어머니'로 지칭한 바울의 진술도 역시 유대교의 풍부한 전승사적 배경을 지니고 있다. 시편 87편은 예루살렘을 하나님 백성을 낳은 어머니로 찬양하고 있고, 이사야 66:7-11도 예루살렘을 아들을 낳기 위해 해산의 수고를 하는 어머니로 묘사한다(사 50:1 참조). 더욱이 4 Ezra 10.7은 시온을 가리켜 "우리 모두의 어머니"로 부른다. 에스라의 환상에 따르면 예루살렘은 아기를 낳지 못하는 여인이었으나 천상적 예루살렘이 되어 결국 아들을 낳을 어머니로 묘사한다. 따라서 하갈-사라의 알레고리에서 바울은 두 가지 유대적 전승을 결합시키고 있다. 첫째로, 아브라함의 아내 사라는 처음엔 아들을 낳지 못한 자유하는 여인이었으나 나중에 열국의 어머니가 되었다. 둘째로, 거룩한 성 예루살렘은 상징적으로 하나님 백성의 어머니가 될 종말론적인 시온이 될 것이다.[646] 소유격 인칭대명사 '우리의'(**ἡμῶν**)은 단순히 갈라디아 이방 기독교인들 뿐만 아니라 그리스도를 믿는 모든 신자들을 가리킨다.

---

646) Longenecker, *Galatians*, 215.

위에서 이미 지적한 대로 25-26절의 교차대귀법적 구조의 두 번째 부분에서 빠진 개념은 시내산에 대응하는 '시온산' 개념이다. 이들 두 산의 대조가 분명하게 나타나는 곳은 히브리서 12:18-24인데, 특별히 22절은 "너희가 이른 곳은 시온산과 살아 계신 하나님의 도성인 하늘의 예루살렘"이란 말로 시작된다. 주목할 만한 점은 토라 계시의 산으로서 시내산과 종말론적 구속의 산으로서의 시온산의 대조는 특별히 두 번째 성전 유대교 시기에 점차 대두되는 현상이라는 사실이다.[647] 그러나 바울은 이들 두 산들을 단순하게 대조하기를 피한다. 왜냐하면 여러 유대교 전승들에서 시온산은 흔히 지상적 예루살렘과 밀접한 관련을 맺고 있거나 단순히 지상적 예루살렘의 종말론적 성취 정도로 이해되고 있으며, 특히 유대인들은 시내산과 시온산의 상징을 혼합하려는 경향을 보여왔기 때문이다. 따라서 바울은 시내산의 역사적 상징과 시온산의 초월적 상징을 분명하게 대조하려는 의도를 가지기 때문에 이들 두 산을 단순한 지평 속에서 비교하기를 거부한 것이라고 할 수 있다. 히브리서 12:22과 마태복음이 종말론적인 구속을 시온산 상징과 동일시한 것은 두 번째 성전 유대교 시절에 발전된 전승 위에 기초해서 이미 확립된 기독교 전승을 반영하는 것으로 보인다. 바울이 이미 확립된 이러한 기독교 전승을 받아들였다면 그는 초월적인 면에서 보다는 단순히 역사적인 면에서 시내산과 시온산을 동일시하려는 갈라디아 유대주의자들의 시도를 거부한 것이라고 할 수 있다.

27. 기록된 바 잉태치 못한 자여 즐거워하라 구로치 못한 자여 소리 질러 외치라 이는 홀로 사는 자의 자녀가 남편 있는 자의 자녀보다 많음이라 하였으니

바울은 그의 사라-하갈의 알레고리를 이사야 54:1(LXX)를 인용함으로써 결론짓는다. 이사야의 이 인용구는 유대인들의 종말론적인 기

647) T.L. Donaldson, *Jesus on the Mountain: A Study in Matthean Theology* (JSNTSup 8: Sheffield: JSOT Press, 1985), 30-85.

대에 매우 중요한 역할을 담당하고 있다.[648] 그가 이사야의 구절을 인용한 것은 그것이 전에 아이를 낳지 못하던 여인이 다른 여인보다 더 많은 아이를 낳을 것을 축하하기 때문만은 아니고 여기서 축하되고 있는 어머니가 시온/예루살렘이기 때문이다. 본래의 이사야서 53:1의 내용은 바벨론 포로로 인해서 자녀들을 빼앗긴 황폐해진 예루살렘 성이 본래 잃어버렸던 자들보다 더 많은 자녀들이 돌아옴으로써 축복을 받아 회복될 것을 예언한 것이었다. 이사야 선지자는 바울처럼 사라와 하갈과 같은 두 다른 여인들을 대조시키지 않는다. 그는 오히려 자녀를 빼앗겨서 과부처럼 되어버린 황폐한 예루살렘과 장차 미래에 본래 잃었던 자보다 더 많은 자녀들을 얻어 번성하게 될 예루살렘을 대조시키고 있다.

본절 초반부에 '왜냐하면'을 뜻하는 접속사 '가르'(**γάρ**)가 성경 인용을 소개하는 전형적 형식구(**γέγραπται**)와 함께 사용되었는데, 바울은 사라와 '위에 있는 예루살렘'을 동일시하는 일을 뒷받침하고 모든 기독교인들이 사라와 천상적인 예루살렘을 그들의 어머니로 모시고 있다는 주장을 지지하기 위해 그 접속사를 확정적인 방식으로 사용한다. 그렇다면 여기서 구약을 해석하는 바울의 해석 원칙들을 확인할 수 있다. 사라가 아이를 낳지 못하던 여인이었다는 사실에 근거해서 (cf. 창 11:30 LXX의 **στεῖρα**) 그는 '잉태치 못한 여인'을 동일하게 언급하는 이사야 54:1를 사라와 연관지을 수 있었다(cf. 사 54:1의 **στεῖρα**). '잉태치 못한 자'는 또한 주의 아내가 된 예루살렘 성이며 (54:5-8), 주께서 그것을 재건하시고(54:11-12; cf. Tob 13:16-18) 그 자녀들을 가르치실 것이기 때문에 크게 기뻐할 것이다. 본절 인용구에

648) Cf. *The Targum of Isaiah* (Oxford: Clarendon, 1949), 182. 여기서는 바벨론 포로로 황폐해진 예루살렘의 자녀들이 후에 로마에 거주하는 자녀들보다 더 많아질 것을 노래한다. *Pesiq.R.* 32.2은 종말론적인 예루살렘 재건축의 맥락에서 사라를 인용한다. 이 구절이 나타나는 구절들의 모음으로는 Strack-Billerbeck III, 574f를 참조하라. Philo, *Praem.* 158f는 이사야의 구절을 영혼에 적용시킨다.

관한 탈굼 이사야는 칠십인경의 본문의 내용에서 이탈하여 문제가 되는 도성을 분명하게 예루살렘으로 동일시하면서도 그것을 로마 도시와 대조시킨다: "찬양하라 오 예루살렘아 네가 전에 아이를 잉태치 못한 여인이었으나…황폐한 예루살렘의 자녀들이 로마에 거주한 자녀들보다 더 많을 것이니라"(*Targ.Is.* 54:1; cf. *Cant.Rab.* 1.5; 4.4). 하지만 랍비 문헌에 실린 한 유대 전승에서는 사라를 재건축될 예루살렘과 연관지음으로써 이사야 54:1을 지원해주고 있다(*Pesiq.R.* 32.2). 바울이 잉태치 못한 사라를 바벨론 포로로 인해 황폐해진 예루살렘과 동일시하는 전승을 유대교로부터 넘겨 받은 것은 의심할 여지가 없다. 바울 이후 시대에도 이사야의 이 인용구는 초기 기독교 문헌에서 아주 두드러지게 발견된다 (*Ep.Apost.* 33; 2 *Clem.* 2.1-3; Justin *Apol.* 53 등).[649]

바울은 사라-하갈의 알레고리 해석에서 사라를 '우리 어머니'라고 부름으로써 유대 기독교인들뿐만 아니라 갈라디아의 이방 기독교인들의 영적인 어머니로 묘사한다. 겉보기에 육체를 따라 난 하갈의 후손이 자녀를 잉태치 못하던 사라의 후손보다 더 많고 번성할 것으로 예상되었다. 하지만 이사야 54:1의 예언대로 약속을 따라 난 사라의 후손은 더 많아져서 믿는 유대인들과 믿는 이방 기독교인들을 모두 포함하게 될 것이다. 특별히 갈라디아의 이방 기독교인들은 아브라함에게 주신 하나님의 약속이 그리스도 안에서 성취됨으로써 이사야가 예언한 종말론적인 미래의 실재에 이미 참여하고 있다. 그들은 자유하는 여인의 후손이며 위에 있는 천상적인 예루살렘의 백성이 되었다. 새 예루살렘은 옛 예루살렘보다 더 많은 자녀를 가지게 될 것이다. 기독교는 유대교보다 더 번성할 것이며, 유대교는 기껏해야 종노릇하는 자녀들을 낳겠지만 기독교는 자유하는 더 많은 영적 자손들을 낳게 될 것이다.

---

649) Cf. Betz, *Galatians,* 249 n.103; K.P. Donfried, *The Setting of Second Clement in Early Christianity* (NovTSup 38; Leiden: Brill, 1974), 82f, 107f, 192-200.

28. 형제들아 너희는 이삭과 같이 약속의 자녀라

바울은 이제까지(4:22-27) 갈라디아 이방 기독교인들을 위해 성경으로 논증한 결과들을 부각시킨다. 후접사인 '데'(δέ)는 결론적 연결사의 기능을 가지기 때문에 '그래서'의 뜻을 가진다. 사라-하갈의 알레고리적 해석의 요지를 뒷받침하기 위해 성경을 통해 논증한 대로 바울은 할례와 율법을 준수하지 않는 갈라디아의 이방 기독교인들이 아브라함의 참 자손들이 아니라고 주장했던 유대주의자들의 선동을 무너뜨리고자 하였다. 그의 주장에 따르면 유대인들의 삶의 유형들을 받아들이지 않는 이방 신자들은 '그리스도 안에서' 아브라함에게 주신 하나님의 약속을 따라 자유하는 여인인 아브라함의 아내 사라를 통해 난 후손들이며 천상적인 예루살렘의 자녀들이 되었다. '이삭과 같이'(κατὰ Ἰσαάκ)란 표현에서 '…와 같이' 또는 '…와 같은 방식으로'를 뜻하는 전치사 '카타'(κατά)는 고전 저술가들과 신약 저술가들 중에서 자주 나타나는 편이다(특히 엡 4:24; 벧전 1:15; 4:6; 히 8:9).[650] 이삭이 자연적인 출생 경로를 통해 태어나지 않고 약속의 성취로 태어난 것처럼, 바울은 갈라디아인들에게 그들도 역시 약속의 자녀들이라는 것을 확신시킨다. 약속의 자녀들이 본문에서 누구를 특별히 가리키는지 분명하지 않지만 문맥은 그들이 아브라함의 자손들이라는 것을 함축한다. 아브라함의 자손은 하나님과의 관계를 이스마엘처럼 육신적 혈통에 의존하지 않고 이삭처럼 하나님의 약속에 의존하는 자들이다. 때문에 이삭은 모든 믿는 그리스도인들의 전형으로 제시된다. 그들의 대표는 이스마엘이 아니고 이삭이다.[651] 바울 사도는 이삭과 같은 약속의 자녀들은 '믿음의 사람들'이며(3:7,8,10) '성령을 따라 난 사람들'이다(4:29). 갈라디아인들은 이미 믿는 자들이 되었고 약속된 성령의 선물을 경험했기 때문에 아브라함의 자손들이며 따라

---

650) 전치사의 이 의미에 대해서는 Burton, *Galatians*, 265; Lightfoot, *Galatians*, 183; Betz, *Galatians*, 249; Mussner, *Galater*, 329를 보라.

651) Cf. Betz, *Galatians*, 249; Mussner, *Galater*, 329.

서 그들은 '형제들'이다(1:11; 3:15; 4:12; 4:31; 5:11,13; 6:1,18).

29. 그러나 그 때에 육체를 따라 난 자가 성령을 따라 난 자를 핍박한 것같이 이제도 그러하도다

앞 절에서 바울은 갈라디아인들이 이삭처럼 '약속으로 말미암아' 난 자들이라는 것을 결론내렸는데 그는 이제 그 결론을 그들 자신의 경험을 통해서 확증하려고 한다. 그들이 지금 유대주의자들로부터 당한 경험은 예전에 이스마엘이 이삭을 핍박한 사건의 전형이 된다. 본절 초두에 '그러나'(**ἀλλά**)는 28절의 진술과 대조되는 사실을 소개해 주지만, 논리적으로 볼 때 그것은 28절과의 대조보다는 29절의 진술로 넘어가는 이전표시 역할을 한다. 불변사들인 '같이'(**ὥσπερ**)와 '그러하도다'(**οὕτως**)는 문장의 조건문과 귀결문을 소개해 주며, 이들 두 문장은 또한 시간 부사들인 '그 때'(**τότε**)와 '이제'(**νῦν**)를 동반하고 있어서 종말론적 성취에 대한 바울의 이해를 반영해 주고 있다.

그렇다면 본절은 적어도 세 가지 대조 형태의 구조를 띠고 있다. 첫째 구조는 '육체를 따라'(***κατὰ σάρκα***) 난 자와 '성령을 따라'(***κατὰ πνεῦμα***) 난 자 사이의 대조이다. 헬라어 전치사 '카타'(***κατά***)는 '원인' 또는 '수단'을 뜻하는 전치사이다. 위의 두 헬라어 표현들은 따라서 태어난 자들의 사회적 신분을 가리키기보다는 그들이 태어난 방식을 말해준다. 전자는 육신적 혈통을 수단으로 또는 육신적 출생으로 인해서 태어난 자들이지만 후자는 성령의 사역을 수단으로 또는 성령의 사역으로 인해서 태어난 자들이다. 본절에 언급된 태어난 방식 간의 대조는 이미 23절에 언급된 대조를 넘겨 받은 것이지만 23절에 진술된 것과 약간 다르다. 첫 번째 차이점은 두 아들이 대표하는 두 종류의 백성에 강조점을 둔다는 사실이다. 하나는 육신적 혈통을 따라 태어나서 인간적 전승과 삶의 유형들에 의존하여 살아가는 사람들이고 다른 하나는 성령을 따라 태어나서 성령의 인도하심을 좇아 살아가는 자들이다. 두 번째 차이점은 23절에서는 '이삭과 같은' 자들이 '약속으로 말미암아' 났다고 진술한 것과는 달리 29절 본절에서는 '성령을 따라' 났다고 말한다는 점이다. 3장 전반부에서(3:1-14) 바울의 논의는 주로 '성령'을 중심으로 이루어지지만(cf. 3:2,3,5,14) 3장 후반부 이후로는 '약속'이란 단어가 그의 논의의 중심을 이루며(cf. 3:16,17,18,21,22,29; 4:28) 그렇게 함으로써 '유업'에 관한 논의의 기초를 닦아 놓는다(cf. 3:18; 4:1-7,21-31). 이러한 서신의 구조를 살필 때 바울의 사상에서 '성령을 따라'라는 말은 '약속으로 말미암아'라는 말과 거의 동의어적으로 사용된다는 것을 살필 수 있다. 물론 바울은 하나님께서 아브라함에게 주신 약속의 내용 중에서 성령의 선물을 주시겠다는 약속을 성경 본문을 통해서 논증하지는 못하지만 그가 판단하기에 아브라함의 약속에는 '성령의 약속'이 포함되어 있는 것으로 여기고 있다(3:14; 4:29).

둘째로, 바울이 '그 때'(**τότε**)와 '지금'(**νῦν**)을 대조한다는 것은 자신이 살고 있는 시대를 종말론적 완성의 때로 이해하고 있다는 그의 인식을 시사해 준다. 특별히 갈라디아 이방 기독교인들이 복음을 믿음으로써 성령을 경험했다는 사실의 관점에서 볼 때, 믿는 모든 자들에게 주어지는 성령의 보편적 경험은 아브라함의 약속이 성취되는 종말론적인 새 시대를 특징짓는 요소임에 분명하다. 따라서 성령을 받지 못한 사람이 아브라함의 약속에 따라 그의 자손이 된다는 것은 바울에게 있어서 있을 수 없는 일이다.

셋째로, 그러나 바울의 시대 변환에 대한 인식은 우리가 위에서 생각하는 것처럼 단순하지가 않다. 왜냐하면 모세 율법이 지배하던 낡은 옛 시대가 복음이 지배하는 종말론적 새 시대로 단순히 전환된 것이 아니라, 옛 시대 속에서도 새 시대의 요소들이 이미 존재하고 있었기 때문이다. 불변사들인 '같이'(**ὥσπερ**)와 '그러하도다'(**οὕτως**)가 조건문과 귀결문에서 사용된 점에서도 함축되어 있는 것처럼 '육체를 따라' 난 자들과 '성령을 따라' 난 자들 사이의 대립과 핍박의 관계는 이미 옛 시대부터 존재해 왔고, 그리스도 안에서 종말론적인 새 시대가 도래한 지금에 와서도 두 그룹의 백성들 사이의 대립과 핍박의 관계는 여전히 지속되고 있다. 따라서 본절에서 구속사적 시대인식을 나타내고 있다. 바울은 물론 옛 시대는 종말론적인 새 시대와 급격한 단절을 경험할 것임을 내다본다는 점에서 묵시적인 시대 인식을 동시에 가지고 있기는 하지만(예, 6:14-15) 본절에서 그는 옛 시대와 새 시대 간에 존재하는 유사성과 연속성을 인정하기 때문에 구속사적 시대인식을 나타내고 있다.

'영육 이원론'(Spirit-flesh dualism)은 갈라디아 서신의 전체 주제를 이해하는 데 아주 중요한 역할을 한다. 영육 이원론은 이미 3:3에서 유대주의자들의 꼬임에 빠져 할례와 율법을 준수하려는 갈라디아인들의 행태를 비평하기 위해 사용되었고, 그것은 4:29에서 두 종류의 백성을 대변하는 이스마엘과 이삭의 대조를 위해서도 사용되었다. 이들 두 구절에 나타난 영육 이원론의 특징은 일차적으로 도덕적 뉘앙스를 지니고 있지 않다. 오히려 그것은 하나님 앞에서 인간이 지니고 있는 '존재양식'을 나타낸다고 말할 수 있다.[652] '육'(**σάρξ**)은 4장 후반부의 알레고리에서 알 수 있듯이 인간적 관계나 육신적 혈통에 기초한 단순히 '인간적인 어떤 것'을 뜻할 수 있다. 유대주의자들과의 논쟁적 문맥에서 볼 때 육은 하나님과의 관계를 육신적 혈통이나 조상들의 유전 또는 선민적 배타주의 같은 인간적 삶의 유형들에 의존시키려는 인간적 존재 양식을 가리키며, '영'(**πνεῦμα**)은 이와는 반대로 하나님과의 관계를 믿음의 순종, 약속에 대한 신뢰, 성령의 사역 등에 의존시키려는 인간의 존재 양식을 가리킨다. 하지만 영육 이원론은 5-6장에서 존재 양식으로서가 아니라 인간의 윤리적 맥락 속에서 압도적으로 나타난다. 주목할 만한 현상은 할례나 율법준수와 같은 유대인들의 전형적인 삶의 유형들을 받아들이는 것도 '육을 따라' 사는 삶으로 묘사되기도 하지만(3:3; 4:29), 시기와 분쟁과 술수와 방탕과

---

652) Barclay, *Obeying the Truth*, 178-215; Dunn, "Jesus-Flesh and Spirit: an Exposition of Romans 1.3-4," *JTS* 24(1973), 43-49.

같은 도덕적인 죄악들도 '육을 따라 사는 삶'으로 묘사된다는 점이다(5:16ff; 6:8). 따라서 바울 사상 속에서 육은 포괄적인 술어(umbrella term)라고 할 수 있다.

이스마엘이 이삭을 '핍박했다'(ἐδίωκεν)는 전승은 구약에서는 발견되지 않는다. 하지만 우리는 그러한 전승의 흔적들을 탈굼과 랍비 문헌들에 담긴 다양한 유대 전승들 속에서 발견할 수 있다. 이들 문헌에서는 창세기 21:9의 '희롱하다'(מצחק)는 술어를 적대적인 방식으로 이해하거나(cf. *Targ.Ps.* 창 21:9-11; *Targ.Onq.* 창 21:9; *t.Sota* 6:6; *Pesiq.R.* 48:2; *Pirqe R.El.* 30; Josephus, *Ant.* 1.215), 또는 이스마엘과 이삭이 유업 문제에 관해서 그리고 누가 가장 의로운 가에 관해서 서로 논쟁한 것으로 묘사한다.[653] 이 중 가장 중요한 유대 전승의 하나는 아마도 *Targ.Ps.-J.* 창세기 22:1일 것이다.[654] 이 랍비 문헌은 유업 문제를 가지고 벌였던 이스마엘과 이삭 간의 논쟁을 이삭이 이스마엘에게 희롱당하게 된 계기로 확인시켜 주고 있다. 따라서 이스마엘은 육을 따라 난 자이고 핍박자라는 면에서 바울은 그를 현재 갈라디아인들을 선동하고 있는 유대주의자들과 동일시하고, 이삭은 성령을 따라 났고 핍박을 받았던 자이었기 때문에 바울은 그를 갈라디아의 이방 기독교인들과 동일시한다.[655] 사실 바울 자신도 유대교에 있었을 때 조상들의 유전을 지나치게 열심히 순종하여 하나님의 교회를 핍박한 경험이 있었으나(1:12-23) 지금은 오히려 복음 때문에 핍박을 받는 자가 되었다(5:11-12). 갈라디아인들은 바울의 과거 행적을 통해서도 진리를 확증하는 계기를 얻게 되었을 것이다.

---

653) Cf. R.N. Longenecker, "Excursus: The Hagar-Sarah Story in Jewish Writings and Paul," *Galatians*, 200-206.

654) *Targ.Ps.-J.* 창세기 22:1: "이삭과 이스마엘이 논쟁을 하게 된 것은 이 일 후로 생겼다. 이스마엘은 말했다: '내가 장자이기 때문에 내가 아버지의 유산을 상속하는 것은 옳다'. 이삭이 말했다: '내가 아브라함의 아내 사라의 아들이고 너는 내 어머니의 계집 종 하갈의 아들이기 때문에 내가 아버지의 유산을 상속하는 것이 옳다'".

655) Longenecker, *Galatians*, 217; Betz, *Galatians*, 249f.

30. 그러나 성경이 무엇을 말하느뇨 계집종과 그 아들을 내어 쫓으라 계집종의 아들이 자유하는 여자의 아들로 더불어 유업을 얻지 못하리라 하였느니라

바울의 사라-하갈의 알레고리의 절정은 30절의 권면에 실려 있다. 그는 성경을 통해서 또 다른 증거를 제시하는데, 그 증거는 질문 형태로 된 인용 형식문을 통해서 소개되고 있다: "성경이 무엇을 말하느뇨".[656] 바울은 여기서 증거본문으로 인용하는 창세기 21:10은 칠십인경의 본문과 약간 다르다.[657] '자유하는 여인의'라는 표현은 칠십인경에 나타나지 않고 바울 자신의 해석으로 간주되어야 한다. 이것은 창세기 21:10을 갈라디아서 4:22-29에 비추어 읽어야 한다는 것을 시사해 준다. 만일 하나님께서 유업을 믿는 모든 자들에게 주셨다면(3:14,29; 4:1,7) 그들이야말로 '하나님의 이스라엘'(6:16)이며, 따라서 믿지 않는 사람들, 특별히 갈라디아 이방 기독교인들을 핍박하는 유대주의자들은 아브라함의 유업을 이을 자들 중에서 배제되어야 한다. 이 점에서 유대교와 기독교 사이에는 전혀 타협점이 존재하지 않는다. 유대인들이 바울을 쫓아버리려고 원했듯이 바울도 그들을 쫓아버리기를 원했기 때문이다.

갈라디아서에 나타난 유대교-기독교 사이의 이러한 이원론적 대립에 비추어서 베츠(H.D. Betz)는 갈라디아서와 로마서 사이에 결정적인 차이점이 있다고 주장하기도 한다.[658] 그에 따르면 로마서 11:25-32에서처럼 갈라디아서에서는 유대인들이 종말론적인 구원을 받을 여지가 전혀 없다고 한다. 이것은 베츠가 주장한대로 바울이 갈라디아서의

---

656) 창세기의 본문에서 하갈과 그의 자녀를 내어쫓으라고 말한 자가 사라였지만 바울은 그것을 중요하게 생각하지 않는다. 그에게 있어서 사라의 이야기도 모두 '성경'(*ἡ γραφή*)의 진술이다.

657) *οὐ γὰρ μή*의 독본과 *ταύτης*의 생략은 칠십인경과 일치한다. 변이형인 *μου Ἰσαάκ*이 *τῆς ἐλευθέρας* 대신에 사용된 것은 칠십인경과 일치하기 위해 변경시켜 놓은 것이다(D* G it Ambrosiaster). 본문에 대해서는 Betz, *Galatians*, 250 n.120을 보라.

658) Betz, *Galatians*, 251.

극단적인 주장을 수정했다는 것을 시사하는가? 그러나 이것은 베츠가 갈라디아서에 나타난 바울의 기본적인 주장을 근본적으로 오해한 것일 뿐이다. 이제까지 논의에서 바울은 '우리'나 '너희'라는 인칭대명사들을 혼용하면서 유대인이든 이방인이든 복음을 믿기만 하면 하나님의 은혜로 의롭다 하심을 받을 수 있으며 아브라함의 언약적 축복에 참여할 수 있다는 것을 피력해 왔다(3:7-9,13-14,23-29; 4:3-11). 더욱이 "온 이스라엘이 구원을 얻으리라"(롬 11:26)는 로마서의 주장도 이스라엘 백성 개개인의 '믿음의 순종'과 관계없이 일어날 미래의 집단적인 구원 사건을 지시하지 않는다(롬 11:20-23,26,31-33).

그렇다면 30절의 권면은 일반적인 모든 유대인들 또는 유대교를 대항하라는 일제 공격 명령이 아니다.[659] 또한 그것은 이방 신자들이 분연히 일어나 그들의 유대 기독교 형제자매들을 축출하라는 슬로건도 아니다.[660] 바울의 관점은 유대인이나 이방인이나 누구든지 육신적 혈통 또는 인간적 전승이나 삶의 유형들에 의지하지 않고 아브라함처럼 하나님의 약속을 믿음으로 신뢰하면 아브라함의 자손이요 하나님의 백성이라는 것이다. 그들이야말로 이삭처럼 약속으로 말미암아 난 자들이며 성령을 따라 난 자들이다. 아마도 갈라디아의 유대주의자들은 창세기 21:10을 할례와 율법준수를 무시하는 바울과 그를 따르는 이방 기독교인들에게 사용했을 것으로 보인다. 하지만 바울이 사라-하갈의 알레고리 해석에서 주장한 대로 구원사의 노선은 하갈과 이스마엘의 계통을 따라 시내산 언약을 추종하는 예루살렘의 유대주의자들에게 있지 않기 때문에, 바울은 오히려 창세기 21:10을 모세 율법과 예루살렘의 중심성을 주장하는 갈라디아 이방 기독교인들을 선동하는 자들에게 사용하였을 것이 분명하다. 따라서 바울의 메시지의 요점은 좀더 구체적으로 갈라디아의 신자들이 유대주의자들과 그들의 영향력을 그들의 기독교 회중 가운데서 '추방해야만' 한다는 것이다.

---

659) *Contra* Burton, *Galatians*, 262,267-68; Betz, *Galatians*, 251.
660) *Contra* J. Bligh, *Galatians: A Discussion of St Paul's Epistle* (1969), 390-409.

31. 그런즉 형제들아 우리는 계집종의 자녀가 아니요 자유하는 여자의 자녀니라

이제까지(3:4-4:11) 바울이 논의하려는 주된 관심은 누가 아브라함의 가족이며 그의 유업을 이을 자인가를 논증하는 것이었는데, 마찬가지로 그는 사라-하갈의 알레고리에서도(4:21-31) 동일한 관심을 가지고 있다. 때문에 본절은 근접 문맥에서는 사라-하갈의 이야기에 관한 알레고리적 재해석의 결론이면서도 3-4장 전체의 논증을 마무리짓는 결론이라고 할 수 있다. 이런 의미에서 '그런즉'(*διό*)은 추론적 접속사로서 '결론적으로'라는 뜻을 갖는다. 보다 강한 추론적 표현들이 있음에도 불구하고(*ὥστε*, *ἄρα*, *ἄρα νῦν*) 어느 정도 약한 뜻을 지닌 추론적 접속사를 사용한 점으로 미루어 볼 때 바울은 아마도 본절의 결론이 약간 번거롭다고 느꼈던 것으로 보인다(3:9,14,24,29; 4:7,28절 참조). 하지만 그는 여기서 사라-하갈의 알레고리적 해석를 결론짓는 데서 끝나지 않고 5장 초반부에 있는 '자유'에 관한 권면들의 기초를 놓으려고 한다.

사라-하갈의 알레고리에서 '너희'라는 인칭대명사가 중심적으로 사용된 반면에(20,28절) 본절의 결론구에서 '우리'라는 인칭대명사를 사용함으로써 이제까지 자신이 제기해온 모든 논의들을 좀더 포괄적으로 일반화시킨다. 지금 그가 내린 결론은 '율법 아래 있고자 원하는' 갈라디아의 이방 기독교인들에게만 해당되는 진리가 아니라 자신을 포함하여 (유대인이든 이방인이든) 복음을 믿는 모든 사람들에게도 해당되는 진리이다. 바울이 전하는 복음은 구속사적으로 계집종인 하갈과 그의 아들 이스마엘, 그리고 시내산과 현재의 예루살렘을 거쳐 전수된 것이 아니라 자유하는 여인인 사라와 그의 아들 이삭, 그리고 시온산과 위에 있는 예루살렘을 거쳐 전수된 것이다. 전자의 노선에서 있는 사람들은 '율법의 행위'에 의존하지 않고 '예수 그리스도를 신뢰하는 믿음'에 의존함으로써 하나님 앞에서 의롭다 함을 얻으려고 하는 자들이다. 3-4장에서 논증한 대로 이들이 바로 하나님께서 아브라함에게 약속하신 유업을 이을 자들이다. 이들이 아브라함의 가족이며(갈 3:6-29) 자유하는 여인인 사라의 자녀들이다(4:21-31). 그들은 모두 그리스도 안에서 하나다(3:28). 특별히 사라를 계속해서 '자유하는 여인'(*ἡ ἐλευθέρα*)으로 언급함으로써 '자유'의 주제를 부각시킨 것은 5장 초반부의 권면의 핵심을 미리 지시하는 기능을 가진다.[661]

결론적으로 갈라디아의 유대주의자들의 주장은 분명한 것 같다. 그들에 따르면 아브라함의 참 자손들은 예루살렘에 거주하는 유대인들이다. 예루살렘은 새롭게 될 하나님 백성의 합법적인 중심이며 그들이 이제 교회로 부르심을 받았다. 이런 의미에서 할례와 율법준수는 예루살렘으로 대표되는 유대교의 중심성을 나타내는 표지들이기 때문에, 그런 것들을 준수함으로써 유대교의 울타리 안으로 들어오지 않는 자들은 내어쫓아야만 했다. 하나님의 참 백성은 시내산 언약에 기초한 율법 백성이기 때문에 율법 백성의 울타리 안에 들어오지 않는 자들은 아브라함과 그의 후손에게 주어진 약속들을 유업으로 상속할 수 없다.[662] 갈라디아의 유대주의자들은 아마도 사라-하갈의 이야기를 스스로 알레고리적으로 해석함으로써 자신들의 주장을 뒷받침하였던 것으로 보인다. 그들의 주장의 핵심은 (1) 이스마엘이 아브라함의 첫 번째 아들이었지만 유업은 유대인들의 조상인 이삭을 통해서만 오며, (2) 따라서 할례와 율법 준수의 정당성을 무너뜨림으로써 유대교의 중심적 정체성을 인정하지 않는 이방인들을 위한 바울의 복음은 '이스마엘 계통의 복음'에 불과하며, (3) 결과적으로 창세기 21:10의 명령대로 그러한 복음을 전하는 바울과 그를 추종하는 사람들을 내어쫓아야만 한다는 것이다. 이로써 그들은 바울을 계집종인 하갈과 이스마엘과 연계시킨 반면에, 사라, 이삭, 유대인들, 모세 율법, 시내산, 예루

661) 따라서 Schlier, *Galater*, 228; Mussner, *Galater*, 334; Betz, *Galatians*, 252; Burton, *Galatians*, 268 등은 31절을 새로운 권면적 섹션의 출발점으로 간주한다.

662) Barrett, "The Allegory of Abraham, Sarah, and Hagar in the Arguments of Galatians," 10; cf. R. N. Longenecker, *Galatians*, 218.

살렘, 예루살렘 모교회, 그리고 유대주의자들 자신을 아브라함의 약속을 유업으로 이어받을 구속사의 합법적인 본류에 연계시킨 것으로 보인다.

이와는 대조적으로 바울은 사라-하갈의 이야기를 자신의 신학적 전망에서 해석함으로써 구속사의 진전 과정을 재해석한다. (1) 사라는 아브라함의 아내이며 자유하는 여인이었으며, (2) 그녀의 아들 이삭은 단순한 육신적 혈통을 따라 나지 않고 하나님의 약속의 결과로 난 사람이며, (3) 위에 있는 예루살렘이야말로 약속을 믿음으로 의지하는 모든 신자들의 참된 어머니이며, (4) 바울 자신의 복음 선포는 유대주의자들처럼 육신적 혈통과 인간적 전승에 기초하지 않고 자유와 약속에 초점을 두고 있고, (5) 갈라디아의 이방 기독교인들은 약속의 자녀들이며 자유하는 여인의 후손들이기 때문에 아브라함의 참된 자손이라고 할 수 있다. 이러한 바울의 답변의 핵심에 놓여 있는 질문은 누가 아브라함의 참 자손들인가 이다. 이 질문은 3-4장에 걸쳐 시종일관 추구되어 왔지만 사라-하갈의 알레고리에서 좀더 구속사적 뉘앙스를 띠고 답변되고 있다. 기억해야 할 것은 바울이 그의 알레고리 해석에서 문제삼는 것이 유대교의 '율법주의' 내지 '행위구원론'이 아니라는 사실이다. 오히려 갈라디아 서신은 이방 신자들이 그리스도의 복음을 믿는 것만으로는 부족하고 모세 율법이 규정하는 삶의 유형들을 준수함으로써 유대교 중심적 정체성을 인정하는 율법 백성이 되어야 한다는 '언약적 신율주의'(covenantal nomism)에 관심을 두고 있다. 불행하게도 언약적 신율주의가 아무런 구체적 제한도 없이 '율법주의'(legalism)와 혼동을 일으키고 있다. 물론 신율주의는 유대인들이 시내산 모세의 율법을 하나님의 언약의 말씀으로 일일이 철저하게 준수함으로써 율법 백성의 정체성을 지켜야 한다는 의미에서 흔히 '계율주의' 또는 '율법주의'가 되는 수가 있다. 하지만, 할례와 음식법, 율법순수와 같은 율법의 행위들을 구원을 확보할 수 있는 행위의(行爲義)로 간주하는 식의 '계율주의' 또는 '율법주의'를 허용해서도 안되지만 그것과 혼동되어서도 안된다. 사라-하갈의 이야기에 대한 바울의 알레고리적 해석은 유대교의 율법을 기독교 신앙에 반드시 덧붙여져야 할 필수적 조건으로 삼음으로써 여전히 율법을 준수하는 유대교의 중심성을 붙들려고 하는 유대주의자들의 선동을 무너뜨리는 데 관심과 초점을 두고 있다.

3. 자유를 향한 하나님의 부르심(5:1-12)

바울의 마지막 신학적 논의를 구성하는 이 부분은 율법 중심적인 유대교 아래서의 생활이 그리스도인의 자유의 본질과 양립할 수 없다는 사실을 논증하는 데 집중한다. 이미 자유의 주제는 앞의 신학적 논의에서 부각되었고(2:4) 특별히 사라-하갈의 알레고리에서 중요하게 강조되었다(4:21-31). 이제 바울은 그리스도의 구속적 죽음의 목적이 그리스도인들에게 참 자유를 주는 데 있음을 강조하고 할례와 율법을 준수하려는 갈라디아인들의 태도가 자유를 체험한 그들의 삶에 어떤 심각한 결과를 가져오는지를 경고한다. 몇몇 학자들은 본 단락을 바울의 본격적인 윤리적 권면의 출발점으로 간주하며,[663] 심지어 디벨리우스(M. Dibelius) 같은 학자는 5장 이후의 윤리적 권면들이 앞선 신학적 논의들과 별 내면적 관계도 없이 덧붙여진 것으로 판단하기도 한다.[664] 하지만 필자는 본 단락의 논의가 실천적인 권면을 담고 있기는 하지만 앞선 신학적 논의들의 일반적 틀에 여전히 잘 들어맞는다고 생각한다. 어떤 의미에서 그것은 선행하는 논의들의 결론을 구성한다. 왜냐하면 이미 2:4에서 언급되어 있고 4:21ff에서 본격 논의된 자유의 주제를 본 단락이 넘겨 받으면서 율법 아래서 종노릇하는 생활과 그리스도 안에서 자유하는 생활을 대립적인 관계로 발전시키기 때문이

663) Cf. Betz, *Galatians,* 253; Longenecker, *Galatians*, 221.
664) M. Dibelius, *A Fresh Approach to the New Testament and Early Christian Literature* (London: Nicholson & Watson, 1936), 217-37; 또한 *A Commentary on the Epistle of James* (Philadelphia: Fortress, 1976), *passim.*

다.[665] 그러므로 앞선 논의들을 통해서 두 종류의 삶의 방식을 설정한 후에 이제 바울은 갈라디아인들에게 '이거냐 아니면 저거냐' (Entweder-Oder)는 식으로 둘 중의 한 방식을 결단할 것을 도전한다. 본 단락은 두 부분으로 구성되어 있는데, 전반부는 자유와 양립할 수 없는 율법 아래서의 생활을 다루고 있고(5:1-6) 후반부는 율법 중심적인 유대교 생활을 추종하려고 하는 갈라디아 독자들을 엄중하게 경고하고 있다(5:7-12).

1) 자유와 양립할 수 없는 율법 준수 (5:1-6)

1. 그리스도께서 우리로 자유케 하려고 자유를 주셨으니 그러므로 굳세게 서서 다시는 종의 멍에를 메지 말라

문장 초두에 아무런 연결사(*οὖν* 또는 *γάρ*)가 사용되지 않기 때문에 여기서부터 새로운 단락이 시작된다는 것을 알 수 있다. 본절은 자유를 중심 주제로 삼기 때문에 그것은 4:21-31의 사상을 발전시킬 뿐만 아니라 5장 이후의 권면을 소개한다고 볼 수도 있다. 문장은 좀 특이하다고 생각될 만큼 '자유를 위하여' (*τῇ ἐλευθερίᾳ*)란 여격 표현으로 시작된다. 바로 이런 이유 때문에 사본이나 역본에서 다양한 변이형들이 나타나게 되었다. 하지만 버튼(Burton)이 지적한 대로 외적 증거는 네슬-알란트 26번째 판의 본문을 지지해 주고 있고 또한 그러한 본문이 원문이라는 사실은 그것이 나머지 내용들을 잘 설명해 준다는 사실을 통해서 확인된다.[666] 어떤 학자들은 13절에 '자유를 위하여' (*ἐπ' ἐλευθερίᾳ*)란 표현이 이미 사용되었기 때문에 1절의 여격 표현은 필사자의 오류라고 생각하기도 한다.[667] 이와 같은 독본은 1절과 13절

665) Cf. Ridderbos, *Galatians*, 186; Schlier, *Galater*, 228f; I. Hong, *The Law in Galatians*, 56; Mussner, *Galater*, 342 등.
666) Burton, *Galatians*, 270f. 이 본문이 원문인 근거들에 내해서는 Burton의 자세한 논의들을 참조하라(270f).
667) Westcott and Hort, "List of Suspected Readings", *The New Testament in the Original Greek* (London: Macmillan, 1881), 5:1

을 조화시키는 장점은 있지만 1절의 문법을 보다 잘 이해할 때 불필요하게 보인다.

본절에서 바울은 기독교 복음의 근본적 사실을 강조하여 진술한다: "자유를 위하여 그리스도께서 우리를 자유케 하셨다"(*τῇ ἐλευθερίᾳ ἡμᾶς Χριστὸς ἠλευθέρωσεν*). 여기에 여격 표현은 13절에 쓰인 표현에 비추어 볼 때 '자유를 위하여'로 번역하는 것이 타당하다.[668] '자유'라는 말 앞에 정관사가 쓰인 것은 아마도 그리스도의 구속 사건이 가져다 준 특정한 자유를 가리키는 것으로 보인다. 이 자유는 구속사적으로 볼 때 이미 4:31에 언급된 사라의 신분과도 연계된 자유이다. 우리가 이미 살핀 대로 바울은 사라-하갈의 알레고리에서 그녀를 '자유하는 여인'(*τῆς ἐλευθέρας*)으로 묘사하였는데, 그렇다면 그리스도의 구속 사건이 갈라디아 이방 기독교인들에게 가져다 준 자유는 유대주의자들의 주장처럼 시내산 율법에서 온 것이 아니며 그것은 사라와 이삭이 본래 소유했던 자유를 그리스도의 구속적 죽음을 통해서 종말론적으로 성취한 자유인 것이다. 또한 주변의 논쟁적 문맥에서 볼 때 1절은 다음과 같은 질문으로 풀어서 이해할 수 있다: "그리스도께서 종이 되도록 우리를 자유케 하셨는가? 결코 그럴 수 없다. 그는 우리가 자유하도록 하기 위해서 자유케 하셨다".[669]

'자유케 하셨다'(*ἠλευθέρωσεν*)는 동사는 그리스도의 구속 사역의 목적을 표시해 준다. 따라서 선행하는 여격 표현이 말해주듯이 그리스도의 구속 사역은 신자들에게 자유를 주는 데 있다. 갈라디아서의 맥락 속에서 볼 때 그것은 1:4의 '건지셨다'(*ἐξέληται*)는 동사나 또는 3:13과 4:5의 '속량하셨다'(*ἐξηγόρασεν*)는 동사의 의미에 비추어 이해되어야 한다. 전자의 구절은 그리스도의 구속 사역이 우리를 '이 악한

---

668) 다른 해석을 하는 학자들도 있다. Bruce, *Galatians*, 226(an instrumental dative); Bligh, *Galatians*, 186(a dative of advantage or of the possessor), etc.
669) Lightfoot, *Galatians*, 185; Bligh, *Galatians*, 186.

세대'에서 구원하는 목적을 지니고 있음을 말한다. '구출한다'는 동사는 '이 악한 세대'란 묵시적 표현과 함께 쓰이기 때문에 종말론적인 뉘앙스를 얻게 되었는데, 그것은 단순히 무엇으로부터 옮겨 가는 것을 말하지 않고 어떤 힘의 영역에서 구출되는 것을 말한다.[670] 묵시문헌에서 악과 불의의 세력에 의해 지배되는 현 세대는 하나님과 그의 의가 지배하게 될 오는 세대와 날카롭게 이원론적으로 구분된다. 그리스도는 갈라디아 신자들을 악과 불의 세력이 지배하는 현 세대로부터 구출하여 하나님의 은총의 통치가 이루어지는 새로운 종말론적인 영역으로 이미 옮겨 갔다. 이것이 바로 그리스도의 구속 사역이 가져다 준 자유의 본질이다. 그런데 3:13과 4:4은 좀 다른 각도에서 현 세대를 지배하는 또 다른 세력을 구체화시켜 설명해 준다. 그것은 범죄한 인류를 정죄하고 죄의 세력 아래 포로처럼 가두는 '율법의 지배'이다. 그래서 그리스도께서 '율법의 저주에서 우리를' 또는 '율법 아래 있는 자들을' 속량하셨다. 우리가 이미 위에서 살핀 대로 율법은 하나님이 주신 신적 계시로서 선하고 의롭고 거룩하지만 그것은 죄와 육의 세력이 움직이는 영역에 작용함으로써 그것에 협조하는 대리자가 되고 말았다. 그래서 율법은 죄를 날카롭게 인식하고 체험하게 하며 그것을 짓도록 충동질하고 죄를 범한 자들을 정죄하고 마치 포로처럼 가두어 버린다. 따라서 율법은 그 선한 내적 본질에도 불구하고 현 악한 세대를 뒷받침하는 기본적인 세력이(***τὰ στοιχεῖα τοῦ κόσμου***) 되었다. 그러므로 그리스도의 구속 목적은 신자들을 악과 불의가 지배하는 현 악한 세대에서 구출하여 자유케 하는 일뿐만 아니라, 현 세대를 지탱하도록 돕는 율법의 지배로부터 그들을 속량하여 자유케 하는 목적을 지닌다. 여기에 사용된 '속량한다'(***ἐξαγοράζω***)는 동사는 그리스도께서 신자들을 율법의 저주로부터 '해방시키기' 위해 상당한 대가를 지불했다는 뜻을 내면적으로 함축하고 있다.[671] 이 경우에 그리스도께

---

670) Cf Burton, *Galatians*, 13; Bruce, *Galatians*, 75; Schlier, *Galater*, 34.

671) 이한수, "신약에 있어서 구속 개념과 발전," 神學指南 222(1989), 162-186을 참조하라.

서 신자들의 자유를 위해 지불한 대가는 자신의 죽음이다.

1절의 후반부는 '굳게 서라'(στήκετε)는 명령어로 시작한다. 이 동사는 고전 헬라어의 완료형인 ἕστηκα에서 형성된 현재형이며 신약성경 여러 곳에서 그것은 '서다'(ἵστημι)는 동사와 대등한 의미를 갖고 있다(막 3:31; 요 1:26; 롬 14:4; 계 12:4 등). 본절에 쓰인 동사는 바울서신의 다른 곳, 권면적 문맥에서 자주 나타나는데 그 뒤에는 흔히 다른 수식어들이 덧붙여진다: '믿음 안에서 서라'(고전 16:13); '일심으로 서라'(빌 1:27); '주 안에서 서라'(빌 4:1; cf. 살전 3:8). 바울서신에 흔히 나타나는 이러한 수식어들에 미루어 볼 때 '서라'는 명령어 앞에 '자유 안에서'라는 문구가 덧붙여지는 것이 좋을 것 같다. 만일 그리스도께서 자신의 생명의 고귀한 대가를 지불하고서 갈라디아 기독교인들에게 자유를 주셨다면, 그들은 마땅히 주께서 주신 자유 안에서 굳게 서야 한다. 따라서 '굳게 서라'는 말은 종노릇의 멍에를 짊어지려는 온갖 노력을 거부하면서 자유 안에서 결연하고도 굳건히 견인하라는 호소라고 할 수 있다. 자유 안에서 굳게 서기 위해서는 "다시는 종의 멍에를 메지 말아야 한다"(μὴ πάλιν ζυγῷ δουλείας ἐνέχεσθε). 여격과 함께 쓰인 수동태 명령어인 '에네케스떼'(ἐνέχεσθε)는 본래 고전 헬라어에서 '갇히다', '올무에 걸리다'는 뜻으로 자주 등장했는데, 코이네 헬라어에서 '굴복하다' 또는 '짊머지다'는 뜻으로 자주 사용되었다. '멍에'(ζυγός)란 말은 토라 연구뿐만 아니라 다양한 종류의 국가나 사회 또는 가정의 책임들을 지칭하여 영예롭게 사용되던 당대의 술어였다. 특히 랍비 문헌에서 율법의 멍에란 표현은 좋은 의미를 지니고 있었다: "율법의 멍에를 스스로 짊머지는 사람은 나라의 멍에와 세상 염려의 멍에가 그에게서 없어질 것이다. 하지만 율법의 멍에를 던져버리는 사람은 나라의 멍에와 세상 염려의 멍에를 짊어지게 될 것이다"(*m.'Abot* 3.5). 또한 '천국의 멍에'와 '계명들의 멍에'(*m.Ber.*2.2). '지혜의 멍에'(Sir 51.26) 등과 같은 표현들도 마찬가지로 영예로운 뜻으로 사용되었다. 예수께서 이러한 용례를 아셨음을 알게 해주는 좋은 실례는 "나의 멍에를 메고 내게 와서 배우라 이는 내 멍에는 쉽고 내 짐은 가벼움이라"(마 11:29-30)는 초청의 말씀을 통해서 분명하다. 그러나 '멍에'는 또는 고대 세계에서 노예처럼 할 수 없이 참아야 하는 기분 나쁜 짐을 지칭하는 회화적 의미로 사용되기도 했다(cf. Sophocles, *Ajax* 944; Herodotus 7.8.3; Plato, *Leg.* 6.770E; Gen 27:40 LXX; 딤전 6:1 등).[672)]

'종의 멍에'라는 표현은 이 점에서 위의 두 의미들 중에 부정적 의미를 지닌다. 바울은 '종' 또는 '종노릇'(**δουλεία**)이란 개념을 선행하는 장들 중에서 상대적으로 자주 사용한 바가 있다. 그것은 특별히 갈라디아 이방 기독교인들에게 율법 없는 바울의 복음을 거부하도록 선동하고 그들로 하여금 할례를 받고 율법을 준수하여 유대교 중심적 정체성을 얻도록 꼬이고 부추기는 유대주의자들의 시도에 비추어 설명되어야 한다. 따라서 바울이 본절에서 말하는 종의 멍에는 '율법의 멍에'를 가리킨다(2:4; 4:2,7,8,22-31). 그렇다면 '멍에'라는 말 역시 갈라디아의 유대주의자들이 먼저 사용하던 것을 바울이 넘겨 받아 비평적으로 사용한 술어일 가능성이 많다. 바울에 의하면 현 악한 세대를 지배하는 기본적인 요소들인 '세상의 초등학문'과 '율법'은 모두 사람들에게서 그들의 자유를 빼앗아 간다(**'ζυγός'**, *TDNT* 2.899). '다시'라는 말이 사용된 것은 현재 갈라디아 신자들이 바울의 복음을 버리고 할례와 율법을 준수하려는 그들의 위기를 시사해 준다. 하지만 그들은 참 자유가 그리스도의 복음 안에서만 보장되기 때문에 현 악한 세대를 지배하는 기본적인 세력들에 스스로 굴복하여 다시 종노릇하게 만드는 멍에를 짊어져서는 안된다.[673)]

---

672) Longenecker, *Galatians*, 225; cf. Bertram and Rengstorf, *TDNT* 2, 896-901; M. Maher, "Take my yoke upon you(Matt xi.29)," *NTS* 22(1975), 97-103.

673) Ridderbos, *Galatians*, 187: "Be not entangled is to be taken in a reflexive sense: let themselves be kept in the yoke".

2. 보라 나 바울은 너희에게 말하노니 너희가 만일 할례를 받으면 그리스도께서 너희에게 아무 유익이 없으리라

갈라디아 교회들이 당면한 위기의 본질을 규명할 때 학자들은 흔히 바울이 선동자들이 사용했음직한 특정한 단어나 어구에 근거해서 상상력을 동원하여 추정하는 방식을 택하곤 하였다. 이 경우에 나타나는 위험성은 특정한 단어나 구절에 너무 과중한 의미를 부과함으로써 본래의 위기의 본질을 왜곡할 수 있는 가능성이 많다는 사실이다. 갈라디아 교회의 위기의 본질을 재구성하는 가장 확실한 방식은 바울이 자주 되풀이하여 강조하는 개념들의 문제들을 분석하는 것이다. 그 가장 좋은 예가 본절에서 언급하는 '할례' 문제이다. 빈도수에 있어서나 논조의 강조에 있어서나 할례에 대한 경고는 본 서신에 자주 등장하기 때문에 단연 갈라디아 교회의 위기를 재구성할 때 염두에 두어야 할 근본적인 요소이다(2:3-4,12; 5:2-3; 6:12-13).

본절에서 유대주의자들의 위협에 관한 바울의 진술은 이제까지 표현된 어떤 것보다 더 준엄한 논조를 지니고 있다. 문장 초두에 나오는 표현은("나 바울은 너희에게 말하노니") 바울이 전하고자 하는 사상에 반드시 필요한 부분은 아니지만 다음에 언급되는 진술의 진지성과 중요성을 강조해주는 역할을 한다. 그것은 또한 다음 두 가지 점들 때문에 더욱 강조점을 얻게 된다.

첫째로, '보라' (ἴδε)는 말은 본래 εἶδον('보다')의 명령형이지만 '내 말을 주목해 보라'는 의미를 담은 판에 박은 서두의 불변사 역할을 한다(cf. 6:11의 ἴδετε). 바울은 그것을 사용함으로써 갈라디아인들이 자신의 말에 진지하게 주목할 것을 유도하고 있다. 둘째로, 헬라어 표현상 반드시 넣지 않아도 될 '내가' (ἐγώ)를 삽입함으로써 말하는 주체를 강조해 주고 있는데, 이런 형식의 강조형은 본 서신의 다른 곳에서도 상대적으로 흔히 나타난다(1:12; 2:19-20; 4:12; 5:10-11,16-17). 동사 자체 내에 주어가 함축되어 있음에도 불구하고 사용된 '나 바울은'(*ἐγὼ Παῦλος*)이란 표현은 "그가 말하는 것에 그의 개인적인 사도적 영향의 무게를 더하려는"[674] 목적을 지닌다. 따라서 위기의 상황을 맞은 갈라디아인들 앞에서 바울은 이렇게 강조적인 표현들을 사용함으로써 사도로서 자신의 전체적인 권위에 호소하려고 한다.

우리는 이미 위에서 갈라디아 교회들이 당면한 위기의 핵심적 요소들 중의 하나는 그들이 할례를 받고자 하는 상황에 있었다는 것을 살핀 적이 있다. '만일 할례를 받으면'(*ἐὰν περιτέμνησθε*)이라는 조건절은 아직 실현되지 않은 미래의 조건을 나타낸다.[675] 4:21에서도 바울은 갈라디아인들을 '율법 아래 있고자 원하는 자들'(*ὑπὸ νόμον θέλοντες εἶναι*)로 묘사한 바 있다. 그들은 유대주의적 선동자들의 꼬임을 받아 할례 받기를 긍정적으로 진지하게 고려하고 있는 것이 분명하다. 물론 그들은 단순히 육체적인 할례 의식만을 염두에 두고 있는 것은 아니다. 왜냐하면 할례란 유대교를 공식적으로 받아들인다는 것을 상징하는 외적인 의식이기 때문이다. 그것은 유대교로 개종한다는 공식적인 의식이다. 따라서 예루살렘과 유대교 중심성을 주장하는 자들에 따를 때 할례도 받지 않고 유대교의 온전한 개종자로 인정된다는 것은 있을 수 없는 일이다.[676] 디아스포라 유대인들은 선교적 측면에서 할례를 받지 않는 이방인들을 환영했을지는 모르나 본토 유대인들은 할례를 받지 않는 자들을 이방인 취급하였다.[677] 결국 할례는 유대인들과 유대교로 개종한 자들을 언약백성으로 구분짓는 중요하고도 결정적인 신분표지의 하나였음이 분명하다. 따라서 할례를 받아들인다는 것은 유대교의 중심성을 인정하는 것이다. 그것은 하나님의 백성이 되는 구원의 축복이 오직 유대교의 울타리 안에만 존재한다는 인식을 공식적으

---

674) Longenecker, *Galatians*, 225; cf. Betz, *Galatians*, 258.
675) 문법적으로 *ἐάν* + 가정법은 흔히 아직 실현되지 않은 미래의 조건을 나타낸다. Cf. 이순한 역편, 「신약성서 헬라어」, 백합출판사, 1975, 97.
676) J. Nolland, "Uncircumcized Proselytes?" *JSJ* 12(1981), 173-194; cf. Räisänen, *Paul and the Law*, 40-41.
677) Cf. Räisänen, *Paul and the Law*, 41.

로 표시하는 유대인들의 의식이다. 그러므로 유대주의적 기독교인들의 관점에서 보면 예수 그리스도를 믿기만 해서는 안되고 할례는 반드시 구원을 얻기 위해 필수불가결한 또 다른 조건 역할을 한다고 볼 수 있다.

그러면 왜 할례를 받게 되면 그리스도께서 갈라디아 신자들에게 아무런 유익이 없게 되는가(**Χριστὸς ὑμᾶς οὐδὲν ὠφελήσει**)?[678] 먼저 살펴야 할 것은 이 헬라어 문장의 주 동사가 미래시제로 되어 있는 이유이다. 우리는 그것을 두 가지로 해석할 수 있다. 미래시제를 사용함으로써 바울은 미래의 종말을 염두에 두면서 그리스도께서 마지막 심판 때에 그들을 도우러 오시지 않을 것임을 시사할 수 있다. 하지만 근접 문맥에 재림이나 최후심판을 지칭하거나 암시하는 요소가 없을 뿐만 아니라 4절에 사용된 두 동사들이 부정과거 동사들이기 때문에 바울은 갈라디아인들이 할례를 받으려고 진지하게 숙고하기 시작한 시점으로부터 미래를 상정한 것으로 보인다. 조건절 동사의 시제는 미래조건을 상정하는 현재 가정법이고 귀결절 동사의 시제는 미래이기 때문에, 바울은 그들이 만일 할례를 받게 된다면 그 시점부터 그리스도의 구속 사역이 그들에게 아무런 유익이 되지 못할 것을 경고한 것이라고 할 수 있다.

둘째로 우리는 갈라디아인들이 할례를 받으면 왜 그리스도께서 그들에게 아무런 유익을 주지 못하는지를 살펴보아야 한다. 여기에는 몇 가지 이유가 있는 것으로 보인다.

(1) 할례는 유대교의 중심성을 확증하는 중요한 의식이기 때문에 갈라디아인들은 할례를 받음으로 유대교로 개종하여 유대인으로서의 정체성을 확보하는 일이 그들의 구원에 반드시 필요한 조건으로 간주하는 것이 분명하다(cf. 행 15:1,5).[679] 하나님의 언약 백성은 오직 할례

---

678) '오펠레오'(**ὠφελέω**) 동사는 '도움을 주다', '유익이 되다', '소용이 되다'는 뜻을 가지고 있다.
679) Betz, *Galatians*, 259.

를 받은 자들(*οἱ ἐκ περιτομῆς*)로만 구성되기 때문에 유대인들은 '할례자들'로서 하나님의 백성이라는 자신들의 정체성을 자랑하였다. 그렇다면 그들이 바울의 복음을 들은 이방 기독교인들에게도 할례를 강요하여(6:12) 유대교 울타리 안으로 들어와 구원받은 하나님 백성된 표지를 나타내라고 선동했을 것이 분명하다. 하지만 할례는 유대인들의 민족적 정체성을 나타내는 표시가 되어버렸기 때문에 자연히 선민적 배타주의를 특징화하는 울타리가 되고 말았다. 요세푸스(Josephus)가 지적한 대로 할례는 아브라함의 백성을 다른 백성들과 혼합되지 않도록 방지시켜 주는 배타적 울타리 역할을 하였다(*Ant* 1. 192; cf. 20.41-42). 그러나 유대인들의 이러한 배타적이고 특수주의적인 신분표지들은 모든 열방을 오직 믿음이란 조건 하에서 통일된 범세계적 믿음의 공동체를 세우려고 하셨던 하나님의 구속사적 근본 목적에 분명히 위배되는 것이다(창 12:3; 15:6; 18:8; 갈 3:6-8 참조). 특별히 할례를 수치스러운 의식으로 여겼던 당대의 헬레니즘 세계 속에서(Philo, *Spc.Leg.* 1.1; Josephus, *Apion*, 2.137) 그것은 기독교의 복음을 이방 세계에 전하는 데 있어서 가장 넘기 어려운 장애물이었던 것이 분명하다. 왓슨(F. Watson)과 같은 학자들은 할례가 자신의 복음선교에 장애물이 될 것을 미리 알고 바울이 실천적인 전망에서 할례와 율법 없는 복음을 고안해냈기 때문에 바울 복음의 핵심은 선교사역 후기에 가서야 타협책으로 발전된 것이라고 생각한다.[680] 하지만 바울은 다메섹 도상에서 그리스도 계시 사건을 경험한 후로 이신칭의 복음을 창세기 아브라함 전승과(3:6-17; 4:21-31) 예수 전승을 통해서 재발견하게 되었을 것이다. 하나님은 처음부터 이방인들의 구원을 염두에 두고 있었고 그들이 아브라함과 더불어 복을 받을 것을 미리 작정하셨다. 그러므로 아브라함처럼 믿음의 발자취를 따르는 것만이 하나님과의 바른 관계를 맺는 유일하고 충분한 조건이 될 수 있다(2:16 참조). (2) 할례를 받는다는 것은 유대교의 사상적 기초와 핵심을 구성하는 율법을 준수할 의무를 동시에 떠맡는다는 것을 의미한

680) F. Watson, *Paul, Judaims and The Gentiles,* 177-181.

다(5:3). 그렇다면 할례를 받는 자들 역시 율법의 저주의 정죄에서 벗어날 수 없다. 1절에서 바울은 이미 "그리스도께서 우리를 자유케 하시려고 자유를 주셨다"고 선언했는데, 이 구절은 위에서 살핀 대로 1:4, 3:14, 4:5의 의미에 비추어 해석되어야 한다. 그리스도의 구속 사역은 사람들을 악과 죄악이 지배하는 현 세대에서 구출하는 것이며 율법의 저주에서 해방시키는 것이다. 바울에 따르면 율법은 현 악한 세대를 지탱하고 뒷받침하는 중요한 세력들 중에 하나이다. 그것은 사람들에게 죄에서의 해방을 가져다 주기는커녕 그들을 정죄하고 죄를 날카롭게 체험하게 만들고 더욱 죄를 짓도록 충동질하는 세력이다.[681] 만일 할례를 받는 자가 전체 율법을 지킬 의무 아래 있는 자라면 그는 또한 율법의 저주의 정죄에서 벗어날 수 없다. 그리스도의 성육신과 죽음과 부활은 율법의 종노릇하는 자들을 해방시키고 그들에게 그가 주시는 참 자유를 주시기 위한 것이다. 그렇다면 할례를 받고자 하는 자들은 자신을 현 악한 세대를 지탱하는 기본적인 세력으로서 율법의 지배 아래 스스로를 가두는 것이기 때문에 그리스도의 구속 사역은 그들에게 아무런 유익이 되지 못할 것이다.

3. 내가 할례를 받는 각 사람에게 다시 증거하노니 그는 율법 전체를 행할 의무를 가진 자라

전에 열렬한 바리새인 시절을 지냈던 바울이 이방 기독교인들에게 유대교의 할례 의식이 지닌 함축들을 알려준다는 것은 좀 아이러니칼하게 보인다. 문장 초두에 나오는 '맹세 형식'(*μαρτύρομαι δὲ πάλιν*)은 전에 자유케 하는 복음을 들었음에도 불구하고 할례를 받으려고 하는 갈라디아인들의 완고함 때문에 쓰여졌다. 바울은 이방인들인 그들이 알지 못하는 것을 유대인된 자신은 알고 있음을 증언하고자 한다. '다시'(*πάλιν*)는 그들이 지금 받으려고 하는 할례의 의미를 이해하는 데 계속 실패하고 있음을 시사해 준다. 바리새적 유대인의 전망에서 볼

681) I. Hong, *The Law in Galatians*, 165-169.

때 할례받는 의미는 자명하다. 외적인 할례 의식은 사람이 토라의 모든 계명들을 줄곧 신실하게 준수할 때만 의미를 지닐 수 있다. 구약의 교훈을 잘 아는 바울은 아마도 할례를 받았음에도 불구하고 하나님의 계명에 불순종함으로 하나님께 징계와 심판을 받은 여러 경우들을 알고 있었을 것이다(롬 2:25; 행 7:51; 빌 3:3; 골 2:11; cf. 신 10:16; 30:6; 렘 4:4). 물론 유대교에서 할례와 토라 사이의 관련에 대해서 획일적인 태도가 있었던 것은 아니다. 그러나 할례받은 자가 율법을 지킬 때 그 할례가 효력이 있다는 바울의 진술은 그가 유대교 중에서도 엄격주의자에 속해 있었다는 것을 시사해 준다(행 22:3 참조). 율법의 의미를 엄격하게 해석하는 바리새인으로서 바울은 할례를 받는 각 사람이 전체 율법을 지킬 의무 하에 있다는 것을 갈라디아인들에게 밝힌다.

여기에 쓰인 '할례를 받는'(**περιτεμνομένῳ**)이란 현재분사는 수동태로 해석할 수도 있고 중간태로 해석할 수도 있다. 수동태일 경우에 다른 사람의 설득에 의해 할례를 받는 사람이란 뜻이 될 수 있고, 중간태일 경우에는 자기 스스로 원해서 할례를 받는 사람이란 뜻일 수 있다. 이미 바울은 갈라디아인들이 자발적으로 율법 아래 있고자 한다고 말한 적이 있기 때문에(4:21) 후자의 중간태적인 의미를 선택하는 것이 타당할 것으로 보인다(6:12,13의 중간태 분사 참조).[682] 베츠(Betz)는 주장하기를 할례를 받는 자가 전체 율법을 지킬 의무가 있다는 사실은 엄격한 바리새인 시절을 지냈던 바울에게는 자명했을지 몰라도 그러한 함축이 할례를 받고자 하는 갈라디아 이방 기독교인들에게 처음부터 자명하지는 못했을 것이라고 생각한다.[683] 맹세형식을 띤 바울의 준엄한 경고에서 살필 때 갈라디아의 유대주의자들은 할례와 전체 율법을 지킬 의무 사이의 연결점을 단순히 부인했던지 아니면 교묘하

682) Bruce, *Galatians*, 229; Bligh, *Galatians*, 188; cf. O. Holzmann, "Zu Emanuel Hirsch, Zwei Fragen zu Galater 6," *ZNW* 30(1931), 76-77.

683) Betz, *Galatians*, 259; I. Hong, *The Law in Galatians*, 109.

게 평가절하시켰을 수도 있다. 하지만 바울은 아직 그들의 의식 속에 자명하게 드러나지 않은 한 요소, 즉 할례를 받는 행위가 지닐 심각한 함축들을 그들에게 상기시켜 주었을 가능성이 있다.[684] 우리가 주목해야 할 것은 본절 경고의 중심 강조점이 '전체 율법'(**ὅλον τὸν νόμον**)을 지킬 의무가 있다는 진술에 있다는 사실이다. 이 헬라어 문구에 대한 해석은 학자들 간에 갈려 왔다. 게오르기(Georgi) 같은 학자는 여기에 제시된 율법관이 정통 유대교의 것이 아니고 혼합주의 영향을 받은 유대-기독교의 율법관이라고 주장한다. 유대 기독교인들에게 있어서 율법은 그들의 것일 뿐만 아니라 일반 세계의 것이었다. 그들이 볼 때 그것은 창조와 운명을 결정하는 우주적 세력인 천사들에게서 유래했으며 갈라디아 이방 기독교인들은 그들의 이교도적 배경에서 이 모든 개념들을 알고 있었다는 것이다.[685] 하지만 갈라디아서 3:19과 4:3-10의 진술들이 혼합주의 영향을 받은 논적자들의 율법관이라는 것을 보여줄 만한 증거도 없을 뿐만 아니라 이미 우리는 그것들이 바울의 전형적 율법 이해를 보여준다는 것을 밝힌 적이 있다. 휘브너(H. Hübner)는 본절의 '전체 율법'(**ὅλον τὸν νόμον**)을 기본적으로 5:14의 '온 율법'(**ὁ πᾶς νόμος**)과 구분할 것을 역설하면서 전자는 율법을 구성하는 개별적 계명들을 이야기하고 후자는 사랑으로 완성될 수 있는 율법의 '전체성'(totality)을 가리킨다는 견해를 밝혔다.[686] 따라서 모세의 전체 율법은 '전체로서의' 율법과 단순히 동일한 것은 아니며 후자만이 기독교인들에게 좋은 것이라는 것이다. 하지만 문법적인 관점에서 두 헬라어 표현 사이에 본질적인 차이점이 존재하지 않는다. 오히려 두 표현들 모두 모세 율법을 단수명사인 '노모스'(**νόμος**)로 표

---

684) Cf. Kümmel, *Introduction to the NT*, 300; Betz, *Galatians*, 259-61; J. Barclay, "Mirror-reading a Polemical Letter: Galatians as a Test Case," *JSNT* 31(1987), 73-93; R.Y.K. Fung, *Galatians*, 222.

685) 이것은 J.G. Hawkins, *The Opponents of Paul in Galatia* (Ph.D dissertation, Yale University 1971), 53에서 인용된 Georgi의 글에서 참조한 것이다; cf. I. Hong, *The Law in Galatians*, 109.

686) H. Hübner, *Law in Paul's Thought*, 37f.

현하기 때문에 토라를 완전한 통일체로 간주하는 바울의 이해를 시사해 준다. 그는 토라의 제의의식적 측면들과 윤리적 측면들 사이를 구분하지 않는다.[687] 특별히 '행할 의무가 있다'(ὀφειλέτης…ποιῆσαι)는 표현에서 율법이 행함의 원리에 의해서 성격규정된다는 점이 두드러진다. 율법을 행함의 대상으로 이해한 것은 이미 3:10,12에서 분명하게 언급된 바가 있다. 율법은 행함의 원리에 의해 지배를 받기 때문에 율법책에 기록된 대로 항상 행하지 않는 사람은 그 저주 아래 있다(3:12). 결과적으로 할례를 받는 자가 온 율법을 행할 의무가 있다는 바울의 진술은 할례받는 논리적 결과로서 전체 율법을 완전하게 준수해야 한다는 것을 시사한다고 할 수 있다.[688] 따라서 바울은 갈라디아인들에게 율법을 온전히 지킨다는 것이 불가능하다는 것뿐만 아니라, 율법을 행할 '의무 아래 있다'는 것은 또한 율법 아래 매여 있어서 종노릇하는 것이나 다름없다는 것을 상기시켜 준다.

여러 학자들은 5:3에 제시된 율법관이 기본적으로 바울 당대의 바리새주의를 오해한 것이든지,[689] 또는 율법의 요구에 대한 유대교의 정의를 지나치게 과장한 것이라고 보는 경향이 있다.[690] 랍비들에 따르면 토라를 구성하는 계명들이 613개에 이른다고 여겨졌지만, 어떤 랍비들은 이들 계명들을 준수하는 일을 가능하게 만들기 위해서 그 숫자를 줄여보려는 경향들을 보이고 있다.[691] 율법 준수의 정도에 관한 한 유대 랍비들 가운데서도 종종 의견이 갈려 온 것도 사실이다. 랍비 문헌

687) Bultmann, *Theology of the New Testament* I, 260f; Longenecker, *Paul. Apostle of Liberty*, 119-20; J. A. Fitzmyer, "Paul and the Law," in *To Advance the Gospel: New Testament Studies* (New York: Crossroad, 1981), 187; D.J. Moo, "'Law', 'Works of the Law', and Legalism in Paul," *WTJ* 45(1983), 84-85.

688) Betz, *Galatians*, 260; I, Hong, *The Law in Galatians*, 109.

689) A.D. Nock, *St. Paul*, New York, Harper, 1938, 29.

690) G.F. Moore, *Judaism in the First Centuries of the Christian Era*, 3 vols [Cambridge, 1927-30], III, 150 n. 209; cf. W.H.P. Hatch, "The Pauline Idea of Forgiveness," *Studies in Early Christianity*, 1928, 347; Longenecker, *Galatians*, 227.

691) 이에 대한 자료는 Strack-Billerbeck, I, 357ff을 보라.

에 실린 한 유명한 이야기가 우리의 문제를 잘 예증해 준다: "어느 경우에 한 이교도가 샴마이 앞에 가서 물었다. '제가 한 발로 서 있는 동안에 제게 전체 율법을 가르쳐 주신다는 조건으로 저를 개종자로 만들어 주시오' 라고 말했다. 그러자 그는 자기 손에 들고 있던 건축자의 막대로 그를 쫓아버렸다. 그가 힐렐 앞에 갔을 때 힐렐은 말하기를 '네가 하기 싫어하는 것을 네 이웃에게 하지 마라: 이것이 온 율법이고 나머지는 그 주석에 불과하니라; 가서 그것을 배우라"(*sabb* 31a). 물론 쿰란 분파의 사람들은 바리새파보다 더 급진적으로 엄격하여 율법 준수는 그들에게 있어서 부가적인 요구 사항들에 불과하다. 전체 율법을 어느 정도로 지켜야 하는지에 대해서 이렇게 유대교 내에서 견해들이 다르기 때문에, 5:3의 진술은 당대의 유대교 견해라기보다는 바울 자신의 이해라고 주장할 수도 있다. 그럼에도 불구하고 다양한 랍비 문헌의 진술들로 볼 때(*m. 'Abot* 2.1; 4.2; *m. Mak*. 3.14; *b. Sanh.* 81a; b. *Sabb*. 70b 등) 온 율법을 행해야 한다는 교리가 초기의 유대교에서 전혀 결핍되어 있다고 말할 수는 없다. 더욱이 쿰란 문헌을 보면 모든 계명들을 행해야 할 것을 말하는 구절들이 많이 눈에 띈다(예를 들면, 1QS 1.14). 랍비들은 흔히 모든 계율들의 상호 의존성, 그것들의 근본적 동등성, 사소한 계명들이나 또는 겉으로 보기에 사소한 것처럼 보이는 계명들의 중요성을 주장하고 있으며 이러한 개념들은 탄나임 시대 사람들 가운데 공통적으로 발견된다.[692] 율법의 계명은 그것이 사소한 것이든지 큰 것이든지 그것을 어기는 것은 마찬가지로 죄악된 것이기 때문에 모든 율법을 진지하게 행하는 것이 유대인된 의무라고 할 수 있으며(4 Macc 5:20-21; cf. Sir 7:8) 바울은 바로 그러한 인식을 본절에서 표명한 것이라고 보아야 한다.

4. 율법 안에서 의롭다 함을 얻으려 하는 너희는 그리스도에게서 끊어지고 은혜에서 떨어진 자로다

692) D. Daube, *The New Testament and Rabbinic Judaism*, 251; cf. Longenecker, *Galatians*, 227.

앞 절에서 바울은 할례를 받는 자가 온 율법을 행할 의무가 있다는 유대교의 교리를 천명하였다. 이제 그는 갈라디아인들이 현재 취하려고 고려하는 행동이 그들의 기독교적 삶에 어떤 치명적 결과들을 초래케 하는지를 설명하고자 한다. 문장 초두에서 바울은 일반적인 관계대명사 복수형을(**οἵτινες**) 사용하여 갈라디아인들을 호칭하는데, 원리만을 진술하는 2-3절의 논조보다는 그들을 직접적으로 호칭하는 4절의 논조가 더 큰 효과를 지닌다. 그들이 지금 추구하는 노선은 '율법 안에서 의롭다 함을 얻으려고 하는'(**ἐν νόμῳ δικαιοῦσθε**) 것이다.[693] 율법으로 말미암는 칭의의 주제는 이미 앞서 언급된 바 있는데, 바울은 흔히 '율법의 행위로 말미암는 칭의'(**δικαιοῦται ἐξ ἔργων νόμου**, 2:16)와 '율법안에서의 칭의'(**ἐν νόμῳ δικαιοῦσθε**, 5:4)를 상호 교환 가능한 표현들로 사용한다.[694] 많은 학자들은 '율법 안에서의 칭의'가 선행을 구원을 확보할 수 있는 공적으로 여기는 행위 구원론에 기초한 유대주의자들의 칭의론을 가리킨다고 해석한다.[695] 우리는 2-3장의 주석에서 유대주의자들이 갈라디아 교회들 가운데 들어와 가르친 교리가 행위의(行爲義)에 의존하는 칭의론을 가리키지 않는다는 점을 지적한 바가 있다. 율법은 본래 유대인들 자신에게 있어서 시내 언약의 의무로 주어진 것이지 그것의 조건으로 주어진 것이 아니었다. 그들은 혈통적으로나 할례와 율법 준수의 관점에서 보나 스스로를 하나님의 언약 백성으로 여기는 자의식을 가진 자들이었다. 이 점에서 할례, 음식법, 안식일, 율법 등과 같은 '율법의 행위들'(**ἔργα νόμου**)은 자신의 구원을 확보하려는 공적 행위들이 아니고 자신들이 하나님의 언약 백성

---

693) **ἐν νόμῳ**란 문구는 장소적 의미이거나('율법 안에서') 또는 수단적 의미이다('율법에 의해서'). 어떤 의미를 갖든지 그것은 2:16의 '**ἐξ ἔργων νόμου**'와 동등한 뜻을 갖는다.

694) *Contra* Dunn, *Jesus, Paul and the Law*, 208ff. 갈라디아서 2:16, 21; 3:11; 5:4에서 율법과 율법의 행위가 상호 교환되면서 사용된다. Cf. S. Westerholm, *Israel's Law and the Church's Faith: Paul and his Recent Interpreters* (Grand Rapids: Eerdmans, 1988), 117-118.

695) Betz, *Galatians*, 260; Hübner, *Law in Paul's Thought*, 54; Westerholm, *Israel's Law and the Church's Faith*, 144ff.

임을 표시해주는 신분표지의 행위들이다. 특히 할례와 율법은 언약의 울타리 밖에 있는 자들과 그 안에 있는 자들을 구분해 주는 배타적인 민족적 표지 역할을 담당했기 때문에 유대인들은 흔히 '할례자들' 또는 '율법에 속한 자들'로 특징화되었다. 그러므로 샌더스(E.P. Sanders)가 주장한대로 '율법의 행위들'의 준수는 유대인들에게 있어서 시내산 언약에 '들어가는'(getting in) 조건들이라기보다는 그 안에 '머무는'(staying in) 조건이다.[696] 결과적으로 율법의 행위들은 유대인들이 그것들의 준수를 통해서 자신이 시내 언약의 울타리 안에 들어와 머물고 있음을 증명해 주는 그런 행위들이다.

그런데 문제는 할례와 율법을 준수하지 않는 갈라디아의 이방 기독교인들에게 있다. 갈라디아의 선동자들은 분명히 누가 아브라함의 참 자손들인가 하는 정체성의 문제를 물으면서 할례와 율법을 지키지 않는 갈라디아인들을 시내산 언약의 울타리 안에 들어온 아브라함의 참 자손들로 간주하기를 거절했을 것이다. 그들의 유대교 신학은 시내산 언약 = 아브라함의 자손 = 하나님의 언약 백성이라는 등식을 지니고 있었음이 틀림없다. 따라서 갈라디아의 이방 기독교인들을 언약 백성의 울타리 밖에 있는 외부자들로 간주하면서 그들은 바울의 회심자들이 아브라함의 참 자손에 온전히 접붙힘을 받아 그에게 주어진 약속들을 상속하기 위해 그리스도를 신뢰하는 믿음 이외에 할례와 율법을 받아들일 것을 요구하였다(cf. 2:16의 ἐὰν μή).[697] 물론 갈라디아의 선동자들도 소위 '형제들'로 불리우는 유대 기독교인들이었기 때문에 (cf. 2:4) 그리스도를 영접하는 신앙이 구원에 필요한 조건이라는 것을 부정하지 않았을 것이다. 하지만 그들은 이방 기독교인들의 경우에 언약 백성의 울타리 안에 들어오기 위한 부가적 조건으로서 할례와

696) E.P. Sanders, *Paul and Palestinian Judaism*, 75,422.
697) Cf. K.G. Kuhn, *TDNT* 6, 727-44; N.J. McEleney, "Conversion, Circumcision and the Law," *NTS* 20 (1974), 319-41; J. Nolland, "Uncircumcized Prosylytes?", *JSJ* 12 (1981), 173-94; I. Hong, *The Law in Galatians*, 125.

율법의 준수를 요구하였다. 할례와 율법 준수는 따라서 구원을 얻기 위한 부가적 필요 조건들이다. 그러나 이 경우에도 바울의 반대자들이 '할례'를 먼저 요구한 것은 의미 있는 일이다. 왜냐하면 그것은 구원을 얻기 위한 공적으로서의 선행(善行)이 아니고 유대교로 개종하기 위해 마땅히 밟아야 할 입문의식이기 때문이다. 율법 준수는 이러한 입문의식을 거친 자들에게 부과되는 추후 의무조항인 것이 분명하다(5:3). 할례와 같은 입문의식 절차를 밟았다고 해도 율법을 신실하게 지키지 않을 경우에 그것은 무의미한 일이기 때문에(cf. 롬 2:25ff) 이미 앞서 지적한 대로 할례와 율법은 필수불가결한 관계를 지닌다고 볼 수 있다. 그러나 바울이 보기에 이방 기독교인들을 보는 유대교의 이러한 신학적 입장은 매우 심각한 신학적 문제를 야기시킨다. 새로운 종말론적 시대에 오직 믿음만이 인류를 하나님 백성으로 받아들이는 필요충분 조건이다(2:16). 따라서 믿음 이외에 할례와 율법을 부가적으로 요구하는 것은 믿음 자체를 불충분하게 만들고 만다.[698] 그리스도에 대한 믿음은 논리적으로 그의 구속적 죽음과 부활의 효과에 대한 믿음이라고 할 수 있는데, 그리스도에 대한 믿음 이외에 이러한 부가적 조건들을 받아들인다는 것은 결국 그리스도의 구속적 사건의 효과를 불충분하게 보는 것이며 따라서 하나님의 은혜를 폐하는 것이다(cf. 갈 2:21; 5:4; 롬 4:14).

만일 갈라디아인들이 할례와 율법을 부가적 조건들로 받아들인다면 그리스도 자신의 속죄 효과를 무효화시키는 것이나 마찬가지이기 때문에, 그러한 행동의 결과는 '그리스도에게서 끊어지고 은혜에서 떨어지는' (***κατηργήθητε ἀπὸ Χριστοῦ…τῆς χάριτος ἐξεπέσατε***) 것이다. 본절의 강조점은 두 개의 부정과거 동사들에('끊어졌다', '떨어졌다') 놓여 있다. 이들 두 동사들을 문장의 초두와 말미에 위치시킨 것이 주목할 만하다. 이러한 위치는 헬라어 문장에서 흔히 강조할 항목들을 부각시킬 때 나타난다. 갈라디아인들의 행동을 묘사하는 동사는

698) I. Hong, *The Law in Galatians*, 125.

(δικαιοῦσθε) 현재 시제인데 반해, 두 개의 주동사들은 왜 부정과거 시제들인가? 이들 단순과거 동사들은 얼마간의 갈라디아 신자들이 이미 스스로 할례를 받고 이로써 그리스도의 은혜로부터 떨어져 나갔다는 사실을 뜻하지 않는다. 왜냐하면 그들은 지금 할례를 받고 율법 안에서 의롭다 함을 받으려고 진지하게 고려하고 있는 중에 있기 때문이다(5:2,3의 현재동사들 참조). 그렇다면 이들 동사들은 '극적인'(dramatic) 또는 '선취적인'(proleptic) 부정과거형들의 실례라고 할 수 있다. 바울은 이들 과거 동사들을 사용함으로써 갈라디아 기독교인들이 취하려고 하는 행동들이 이미 실현되어 모종의 어떤 결과에 이른 것처럼 생동감 있게 묘사하려고 한다.[699] 다시 말해서 만일 그들이 할례를 받고 율법을 준수하려고 한다면 그리스도에게서 끊어지고 그의 은혜에서 떨어져 나가는 결과가 불 보듯이 명확관화하다는 것이다. 물론 유대인들은 태어나면서부터 할례를 받고 율법을 준수하기 때문에 바울은 그들이 그러한 삶의 유형들을 준수한다는 것 자체를 부정하지는 않는다. 그도 유대인들에게 복음을 전할 때 '유대인처럼 되고' '율법 아래 있는 자처럼 되었다'고 말한다(고전 9:20). 할례와 율법 준수를 유대인들이 유대인처럼 살아가는 삶의 독특한 유형들로 볼 때에는 바울은 그런 삶의 패턴들을 반대하지 않는다. 하지만 그런 상대적 삶의 유형들을 언약 백성의 울타리 안에 들어오는 조건들로 내세울 때 바울은 그러한 시도가 그리스도의 구속적 은혜를 무효화시킬 뿐만 아니라 복음 안에서 이미 성령을 경험하고 하나님의 백성이 된 이방 기독교인들의 정체성을 위태롭게 만들기 때문에 한치도 타협하려고 들지 않는다.

5. 우리가 성령으로 믿음을 좇아 의의 소망을 기다리노니

바울은 2-4절에서 부정적으로 말해오다가 5-6절에서 일련의 긍정적인 진술들을 설명한다. 5-6절은 되풀이하여 나타나는 '가르'(γάρ)가 표시하듯이 앞서 말한 내용의 핵심 요지를 구성한다. 이들 두 구절은

699) Bligh, *Galatians*, 190; cf. Longenecker, *Galatians*, 228.

신학적 중요성을 지닌 일련의 축약된 진술들을 소개하는데, 이들 진술들은 갈라디아 독자들이 본 서신의 앞선 부분들을 읽을 때 금방 알 수 있는 내용들을 담고 있다. 문장이 특이한 형태를 띠게 된 것은 바울 사도가 앞서 진술된 일련의 교리적 진술들을 축약된 형태로 요약 설명하기 때문이다. 앞의 구절들에서 '너희'라는 복수 2인칭 대명사를 사용하다가 이제 '우리'라는 복수 1인칭 대명사를 사용한 것은 바울이 자신을 갈라디아인들과 동일시하려는 의도를 보여줄 뿐만 아니라 그의 진술을 보다 일반화시켜 적용하려는 의도를 또한 보여준다.

바울을 포함하여 갈라디아 기독교인들이 대망하고 기다리는 것은(ἀπεκδέχομεθα) '의의 소망'(ἐλπίδα δικαιοσύνης)이다. '아페크데케스다이'(ἀπεκδέχεσθαι) 동사는 '간절히 기다리다'는 뜻을 지니고 있으며 갈라디아서 중에도 여기서만 나타나는 종말론적 술어이다(cf. 롬 8:19,25; 고전 1:7; 빌 3:20; 히 9:29). '의의 소망'이란 문구는 기독교인의 구원이 지니는 종말론적인 성격을 부각시킨다. 믿음으로 말미암아 의롭다 하심을 얻는 것은 하나님 안에서 소망해야 할 문제이다. '의롭다 함을 받다'라는 동사는 5:3에서뿐만 아니라 이미 본 서신의 앞 부분에서 현재시제 형태로 나타난 바 있다(2:16; 3:8,11; cf. 롬 3:24,26,28; 4:5; 8:30,33). 이와는 대조적으로 본절에서는 하나님 앞에 의롭다 함을 얻게 되는 일은 미래의 소망으로 제시되고 있다. 전통적으로 이러한 현상 때문에 어떤 학자들은 바울이 현재 칭의와 미래 칭의로 구성된 '이중 칭의론'(doppelte Rechtfertigungslehre)을 옹호했다고 주장해 왔다. 예레미아스(J. Jeremias)가 이 견해를 대표하는 사람이다. 그는 행위와 관련 없이 믿음으로만 경험되는 현재의 칭의와 심판 날에 '사랑으로 역사하는 믿음'을 통해서 실현되어져야 할 미래의 칭의를 구분한다.[700] 하우페(C. Haufe) 역시 바울의 믿음으로 말미암

700) J. Jeremias, "Paul and James," *ExpT* 66(1954-55), 370; cf. *The Parables of Jesus*, 210 n.1; 또한 P. Stuhlmacher, *Gottes Gerechtigkeit*, 229 n.3, 여기서 스툴마허는 아무 비평도 없이 예레미아스의 견해를 받아들인다.

는 처음 단계의 칭의를 두 번째 종말론적인 칭의와 구분하자고 제안하였는데, 그는 후자를 '도덕적 칭의론'(sittliche Rechtfertigungslehre)와 관련하여 이해하려고 하였다.[701] 이것은 믿음으로 칭의의 선물을 경험한 사람이 그리스도 안에서 새 생활을 살아내야 할 도덕적 책임을 짊어지고 있음을 의미한다. 그들이 세례 시에 경험하는 칭의의 선물은 신자를 마지막 심판에서 면제시켜 주지 않을 뿐만 아니라 사랑으로 역사하는 믿음으로 사는 데 실패함으로써 파괴될 수도 있기 때문에 그들은 두려움 속에서 살아가야만 한다. 이 견해는 물론 믿음의 순종적 성격을 인정하고 칭의를 경험한 신자들의 도덕적 책임을 강조한다는 점에서 맞는 측면도 있지만 몇 가지 점에서 약점들을 가지고 있다. 첫째로, 미래 칭의를 윤리적 칭의로 묘사한 것은 결코 바울의 사상이 아니다. 왜냐하면 바울에 있어서 신자는 행위와 관련없이 현재나 미래에도 오직 믿음으로만 의롭다 함을 받게 될 것이기 때문이다. 본절에서도 의의 소망을 '믿음을 좇아'(ἐκ πίστεως) 기다린다고 말한 것은 미래의 칭의 역시 믿음에 의해 특징화되고 지배를 받는 은총의 선물이라는 사실을 분명히 밝힌 것이다. 둘째로, 이 견해에는 현재의 칭의와 미래의 구원을 두 개의 구분되거나 독립된 요소들로 구분하려는 분명한 경향이 존재하며 '이중 칭의론'이란 문제성 있는 술어 자체가 그것을 암시해 주고 있다. 그것은 인간의 믿음의 순종을 일방적으로 강조하다가 칭의 경험을 한 사람을 끊임없이 돌보시고 새로운 순종으로 불러들이시는 하나님의 신실성과 능력을 소홀히 한 약점을 지니고 있다. 지적해야 할 것은 최후 심판과 인간의 순종을 일방적으로 강조하고 칭의에서 약속된 하나님의 신실성에 기초한 확신의 요소를 소홀히 하거나, 또는 전자를 후자와 분리시키려는 시도가 모두 불가피하게 자기의(自己義)를 야기시키고 말 것이다. 왜냐하면 신자들은 어쨌건 최종적 구원을 자신의 노력으로 달성해야 하기 때문이다. 뿐만 아니라 그것은 모든 운명이 자신의 불확실한 노력에 달려 있는 것으로 보기 때문에 신자의 삶을

---

701) C. Haufe, *Die Sittliche Rechtfertigungslehre des Paulus* (Halle, 1957), 64ff.

불필요하게 긴장스럽고 위태롭게 만들게 될 것이다. 오히려 바울은 현재의 칭의를 미래의 구원과 직접적으로 연관시킨다. 이 점에서 현재의 칭의나 미래의 구원이나 모두 서로 독자적으로 작용하는 독립적인 요소들이 아니라 그리스도 안에 있는 동일한 구원사건의 두 시간적 측면들일 뿐이다.[702] 신자의 순종이 의미와 타당성을 지닐 수 있는 것은 바로 이 은총의 영역 속에서다. 이런 이유 때문에 바울은 미래의 구원을 흔히 고양된 낙관주의와 확신의 논조로 말하면서 신자가 마지막 구원의 소망을 확신을 가지고 기다리는 것으로 묘사한다(롬 5:1ff; 8:31ff; 살전 5:8; 딛 3:7).[703] 따라서 이중적 칭의니 또는 도덕적 칭의론이니 하는 것은 바울 사상에 전혀 부합되지 않는다.

그러나 미래칭의가 여전히 은총의 성격이 있다고 해서 바울이 현재 믿음의 삶을 소홀히 여기는 것은 아니다. 그도 역시 미래 심판이 행위를 기준으로 이루어질 것을 잘 알고 있다(고후 5:10; 롬 14:10-12; 갈 6:8). 이 경우에 행위는 구원을 확보하기 위한 선행이 아니고 구원얻은 믿음의 실재를 논증하고 증명하는 믿음의 행위들이라고 여겨져야 한다. 신자에게 있어서 선행의 삶과 행위는 그의 살아 있는 믿음을 외적으로 나타내는 표시들이다. 행위는 믿음으로 의롭다 하심을 얻는 실재를 증명해 주는 것이기 때문에 선한 행위로 나타나지 않는 칭의 경험이란 바울에게 있어서 의심스러운 것이다. 칼빈(J. Calvin)도 바로 이 점을 인식했기 때문에 인간의 선행이 칭의의 근거가 되지는 않지

---

702) K. Kertelge, *Rechtfertigung bei Paulus*, 257.

703) Bruce, *Galatians*, 231f; 또한 Oepke, *Galater*, 157; Kertelge, *Rechtfertigung*, 146f. 이 점에서 이중 칭의론에 대한 케제만의 비평이 적절하다: "우리의 주제를 추구함에 있어서 우리는 따라서 바울의 이중 종말론으로 흔히 그러나 그렇게 썩 좋지 않게 지칭되는 현상과 맞부딪히게 된다". 하지만 그는 의가 땅 위에서 오직 미리 보장된 선물로서만 소유될 뿐이며 실천으로 논증되는 약속과 기대의 문제라고 말한다. Cf. Käsemann, "'Righteousness of God' in Paul," *New Testament Questions for Today*, 170.

만 "선행이 없이 의롭다 함을 받는 것은 아니다"라고[704] 주장한다. 그는 또한 믿음은 순종의 성격이 있기 때문에 "믿음과 선행은 같이 붙어 다닌다"고 말하기도 한다. 그렇다면 칼빈도 바울의 이신칭의 교리가 기독교인의 윤리의 근거가 된다는 점을 인정한 것이기 때문에, 이신칭의 교리를 주장한다고 하면서 은총 아래서의 그리스도인의 윤리적 책임과 윤리적 삶의 당위성을 부정해서는 안 될 것이다. 만일 이렇게 신자들이 믿음의 선한 삶을 살아감으로써 의의 소망을 기다린다면, 그것은 신자 개인의 노력으로 이루어지는 것이 아니고 '성령의 능력으로서만' (**πνεύματι**) 가능해진다고 말할 수 있다. 바울에 있어서 믿음의 삶은 흔히 성령 안에서의 삶과 대등한 의미를 가지고 있다(2:21; cf. 5:16). 왜냐하면 슈바이쳐(E. Schweizer)가 지적한 대로 성령은 "믿음이 살아가는 규범"(the norm by which faith lives)이기 때문이다.[705] 따라서 신자가 영위하는 성령 안에서의 삶은 믿음에 의해서 특징화되고 규정된다.[706] 믿음으로 성령의 능력을 의지하면서 살아가는 사람은 현재의 무죄 선언이 최후심판에 가서도 그대로 적용되어질 것을 간절히 그러나 확신을 가지고 기다리는 사람이다. 이러한 삶은 유대주의자들의 삶과 대조를 이룬다. '성령으로' (**πνεύματι**)와 '믿음을 좇아' (**ἐκ πίστεως**)란 문구들은 4절에서 '율법 안에서' (**ἐν νόμῳ**)란 문구와 대칭을 이룬다. 유대주의자들의 삶은 율법 백성의 삶을 규정하고 지배하는 토라로 특징화되지만, 그리스도인의 삶은 종말론적인 새 언약의 백성으로서 믿음과 성령으로 특징화된다.

6. 그리스도 예수 안에서는 할례나 무할례가 효력이 없되 사랑으로써 역사하는 믿음뿐이니라

---

704) J. *Calvin, Institutes of Christian Religion* I, 798.

705) Schweizer, *TDNT* 6, 427; cf. Bultmann, *Theology of the New Testament* I, 336; D. Hill, *Greek Words and Hebrew Meanings*, 271.

706) 이한수와 막스 터너, 「그리스도인과 성령」, 총신대출판부, 1991, 136f.

연속으로 5,6절에서 '왜냐하면'을 뜻하는 접속사 '가르'(γάρ)가 사용된 것은 이들 두 구절이 앞서 말한 내용의 주된 요지라는 것을 시사해 준다. 그러나 이들 두 접속사는 이유와 추론의 관계를 말한다기보다는 '호티'(ὅτι)와 같은 방식으로 신학적으로 중요성을 지닌 일련의 진술들을 축약된 형태로 소개하는 기능을 가진다. '할례나 무할례나'(οὔτε περιτομή…οὔτε ἀκροβυστία)란 문구는 언어적인 측면에서 볼 때 3:28의 '유대인이나 헬라인이나'란 문구와 평행을 이룬다. 우리가 위에서 살핀 대로 유대교에서 할례라는 것은 시내산 언약에 속해 있는 자들과 그 언약 밖에 있는 자들을 구분하는 신분표지 역할을 한다. 그래서 바울은 흔히 유대인들을 '할례자들'(οἱ ἐκ περιτομῆς), 즉 할례로 특징화되는 자들로 묘사하는 반면(갈 2:12) 이방인들을 '무할례자들'(αἱ ἀκροβυστίαι)로 묘사한다(롬 2:27; 4:9). 그리스도인들에게 이런 유대적 신분표지들은 이미 그 의미를 상실하였다. 왜냐하면 바울은 그리스도인들의 구원이 그런 신분표지의 행위들에 기초하는 것이 아니고 그리스도를 믿는 자들에게 주어지는 하나님의 은총의 약속에 기초하기 때문이다(3:16-18). 바로 그 믿음이 구원을 제공하는 결정적 기초이기 때문에, 유대교의 제의적 상징들과 그 민족주의적 함축들은 새로운 종말론적 시대 속에서 타당성을 잃고 말았다. 할례를 받았느냐 아니면 못 받았느냐 하는 것은 이제 하나님의 백성의 본질을 규정하는 효력을 지니지 못한다(ἰσχύει τι). 그것은 구원도 하나님의 의도(2:16,21; 3:11,21; 5:4) 생명도 줄 수 있는 능력이 없다(3:21).

문장 전반부의 부정적인 판단은 이제 문장 후반부의 긍정적인 판단으로 대체된다. 예수 그리스도 안에 있는 자들에게 중요한 것은 오직 '사랑으로 역사하는 믿음뿐이다'(ἀλλὰ πίστις δι' ἀγάπης ἐνεργουμένη). 어떤 가톨릭 학자들은 '역사하는'(ἐνεργουμένη)이란 분사를 수동태로 봄으로써 마치 믿음이 사랑에 의해 효력을 지니게 되는 것처럼 이해한다. 이런 이유 때문에 그들은 칭의가 오직 사랑으로 온전해진 믿음을 통해서만 경험되는 것으로 생각하게 되었다.[707] 그러나 수동태 용법은 신약에서 증언된 바가 없다. 바울서신에서 이 분사가 항상 중간태로 채용되는 많은 경우들이 존재한다(롬 7:5; 고후 1:6; 4:12; 살전 2:13; 살후 2:7; 골 1:29; 엡 3:20; cf. 약 5:16).[708] 이것은 '사랑'을 칭의의 부가적 전제조건으로 보는 가톨릭 학자들의 견해가 잘못되었다는 것을 보여준다. 그래서 루터는 이 구절에 관하여 탁월한 주석을 하였다: "믿음에 기초한 행위들은 사랑을 통해서 이루어지지만 사람은 사랑에 의해서 의롭다 함을 받는 것이 아니다".[709] 다른 학자들은 '사랑'을 2:20에서처럼 하나님의 사랑을 지칭한다고 해석하면서 '신적인 사랑에 의해서 활동하는 믿음'으로 해석하자고 제안한다.[710] 하지만 '사랑'이 그리스도인의 사랑을 의미한다는 것은 후속되는 권면 부분이 이 윤리적 개념에 의해 주도된다는 점으로 미루어 볼 때 자명해진다(5:13-25). 인간의 믿음은 다른 사람들을 향한 사랑으로 나타난다. 그것은 일상적인 윤리적 생활로 실현되어져야 할 신자의 순종 행위이다. 더욱이, '일하다'(ἐνεργεῖν) 동사는 믿음이 여기서 사랑을 야기시키는 '능력'으로 이해된다는 것을 시사해 준다.[711] 이것은 사랑 속에서 일하는 믿음의 능동적 측면을 부각시킨다. 우리는 이미 바울이 믿음 안에서의 삶과 성령을 따라 사는 삶을 거의 같은 맥락에서 이해한다는 점을 지적한 적이 있다. 참된 믿음이 성령을 따라 사는 삶으로 나타난다면 그것은 반드시 성령의 중요한 열매인 사랑으로 표현될 수밖에 없다. 바울이 여기서 '사랑'이란 윤리적 개념을 끌어들임으로써 후에 논의될 그의 권면 부분을 위해 미리 기초 작업을 한 셈이다.

신자가 어떻게 사랑을 표현하는 사람이 되는가? 2:20의 기독론적인

---

707) 이 문제에 대한 최근의 상세한 논의로는 Bornkamm, *Paul,* 153; Oepke, *Galater*, 158f를 참조하라.
708) J.A. Robinson, *Ephesians*, 241-247; Bruce, *Galatians*, 232; Oepke, *Galater*, 158; Betz, *Galatians*, 263 n.97.
709) M. Luther, *In epistulam Pauli ad Galatas* (1535), WA 40/2, 35. 이것은 Bruce, *Galatians*, 233에서 인용된 것이다.
710) Duncan, *Galatians*, 157f.
711) Betz, *Galatians*, 263, 그러나 그는 골 1:29; 2:12; 엡 1:11,19,20; 3:7,20; 4:16을 인용함으로써 '능력'으로서의 이 믿음 개념이 후대의 바울주의자들에 의해 더 한층 발전된다고 생각하였다.

형식문은 그리스도의 죽음이 사랑의 행위였다는 것을 설명해 준다. 그렇다면 신자가 그리스도를 믿는 사람들이라면 그는 또한 그리스도께서 "나를 사랑하사 나를 위해 자신을 내어주기 위해" 십자가에 죽으셨다는 것도 믿는다. 더욱이 신자가 하나님의 아들의 영을 받을 때(4:6) 그는 또한 그리스도께서 하신 일을 자신의 일상 생활 속에서 실천할 수 있는 능력을 받은 것이라고 할 수 있다. 그리스도인의 삶에 있어서 믿음과 사랑을 분리하는 것은 불가능하다. 그리스도인의 존재는 믿음과 사랑을 통해서 나타나기 때문이다. 결과적으로 '사랑을 통해 일하는 믿음'은 인간 자신의 독립적인 활동이 아니고 은총의 행위에 대한 반응이다. 믿음이 사랑 속에서 일할 수 있는 것은 성령이 먼저 사랑을 믿음으로 의롭다 하심을 얻은 사람들의 마음 속에 부어졌으며(롬 5:1f) 그들이 사랑의 열매를 맺도록 계속해서 능력을 불어넣기 때문이다(갈 5:22f). 믿음은 사랑을 불러일으키는 능력으로 작용한다. 왜냐하면 그것은 궁극적으로 하나님의 활동과 능력에 의존하기 때문이다(고전 2:5; 골 2:12; 엡 1:19). 흥미 있는 것은 비록 믿음이 사랑을 통해서 일하지만 바울은 사랑을 믿음의 열매라고 말하지 않고 도리어 그것을 성령의 열매라고 간주한다는 사실이다(5:22). 신자의 믿음은 사랑을 통해서 일하고 활동하지만, 바울은 그것을 하나님의 행위의 관점에서 이해한다. 이러한 현상은 바울서신에서 매우 흔하게 발견된다. 하나의 현상을 '두 가지 관점'에서 묘사하는 것이 바울 사상에 특징적이다.[712]

2) 독자들에 대한 엄중한 경고 (5:7-12)

대화체로 되어있는 본 섹션은 매우 축약된 내용들을 담고 있는 앞의 섹션과 대조적으로 보다 자유롭고 요점을 지닌 진술, 웅변조의 질문, 잠언적 표현, 위협, 풍자 등을 이리저리 함께 수집해 놓은 것 같은 인상을 준다. 여기서 바울은 율법 중심적인 유대교 생활을 추종하려는

712) H. Lee, *Divine Grace and the Christian Life*, 163.

갈라디아 독자들을 엄중하게 경고한다.

7. 너희가 달음질을 잘하더니 누가 너희를 막아 진리를 순종치 않게 하더냐

본절은 헬레니즘 세계의 대화체 문헌에서 널리 알려진 '아곤 모티브'(*Agon* Motif)를 소개해 준다. 갈라디아인들은 이제까지 '달음질을 잘하고 있었다'(**ἐτρέχετε καλῶς**). 바울은 그들의 과거 행적을 경기장에서 달음질하는 경주자로 비교한다. 그는 이미 2:2에서 '달음질하다'는 동사를 사용한 바가 있는데, 여기서 '달음질'은 이제까지 최선을 다해 수행하여 온 바울의 선교 사역을 빗대어 사용되었다. 그는 흔히 그의 서신들 중에서 자신의 선교 사역을 '경주 모티브'에 속하는 '달리다'(**τρέχω**)와 같은 동사들을 사용하여 표현하기를 즐겨한다(롬 9:16; 고전 9:24,26; 빌 2:16; 살후 3:1; cf. 히 12:1).[713] 하지만 본절에서 경주 모티브는 바울과 같은 복음전도자들의 선교사역보다는 바울이 전해준 복음 안에서 살아온 갈라디아인들의 과거 신앙 생활을 묘사하기 위해 사용되었다. 그들이 이제까지 믿음 생활의 경주를 잘 달려왔는데 중간에 예기치 않은 불상사가 생기게 되었다: '어떤 사람들이 너희를 막아 진리를 순종치 않게 하더냐?'(**τίς ὑμᾶς ἐνέκοψεν τῇ ἀληθείᾳ μὴ πείθεσθαι;**) 이 헬라어 질문은 경기장 내의 예기치 않는 상황을 묘사해 준다. 어떤 사람들이 경기장에 들어와 갈라디아인들의 믿음 생활의 경주를 하지 못하도록 '막고 있었다'. '막았다'(**ἐνέκοψεν**)는 부정과거 동사는 '방해하다', '길을 가로막다'(**ἀνακόπτω**)는 뜻을 가지고 있는데, 베츠는 본절 후반부를 "진리를 순종하려는 너희들의 진로를 누가 끼어들어와 가로 막더냐?"는 뜻으로 번역하였다.[714] 따라서 이 동사는 유대주의자들이 이미 갈라디아 신자들의 진로에 끼어들어와 방해하고 있었다는 것을 시사해 준다. 주목해야 할 것은 바울이

---

713) Cf. O. Bauernfeind, *TDNT* 8, 226-35; V.C. Pfitzner, *Paul and the Agon Motif*.

714) Betz, *Galatians*, 264; cf. G. Stählin, *TDNT* 3, 855-60.

다른 서신에서 이 술어를 사용할 때 흔히 그것을 '사탄'의 활동과 연계시킨다는 점이다(살전 2:18; 롬 15:22; 고전 9:12). 아마도 그는 갈라디아 교회에 들어와 그들의 신앙 생활을 가로막는 유대주의자들의 선동 배후에 사탄의 활동이 놓여 있는 것으로 생각하는 것으로 보인다.

'순종하다'(**πεἰθεσθαι**)는 뜻의 부정사는 현재시제로 되어 있어서 바울이 전한 복음의 진리를 순종하고 있는 그들의 현재 진로를 시사해 준다. 그러나 부정어인 '메'(**μή**)와 함께 사용되었기 때문에 그것은 '순종하지 못하도록 막다'는 뜻을 지니게 된다. 유대주의자들이 갈라디아인들이 순종하지 못하도록 막는 대상은 '진리'였다. 몇몇 사본들에는 진리 앞에 정관사가 생략되어 있지만, 그것이 생략되든지 아니면 삽입되든지 관계없이 갈라디아서의 문맥에서 그것은 '복음의 진리'를 가리킨다(2:5,14 참조). 이 복음의 진리는 바울이 다메섹 도상에서 계시로 받은 것이요(1:11-12) 이제까지 이방인들 중에서 전파해 왔고 예루살렘의 사도들에게 제출했던 복음이며(2:2) 지금 유대주의자들이 공격하고 있는 것이다(2:5; 5:7). 갈라디아서의 맥락에서 볼 때 그것은 유대인이나 이방인이나 오직 믿음으로만 의롭다 하심을 얻을 수 있다는 이신칭의 복음을 지칭한다. 유대주의자들이 이 복음의 진리를 순종치 못하도록 가로막는 것은 결국 그것의 궁극적 출처이신 하나님 자신을 거역하는 것이나 마찬가지다(cf. 4:13-14; 고후 13:8).

8. 그 권면이 너희를 부르신 이에게서 난 것이 아니라

유대주의자들은 분명히 그들의 메시지를 구약 성경에 담긴 하나님의 메시지로 제시했을 것이다. 바울은 그러나 그들의 선동적인 활동과 설득이 하나님의 뒷받침을 받은 것이 아니고 순전히 인간적인 출처에서 나온 것이라고 강조한다. 문장 초두의 '권면'(**πεισμονή**)이란 단어는 신약에서 오직 여기서만 나오며(*hapax legomena*) 다른 헬레니즘 세계의 저술들 중에서도 잘 나오지 않는다. '설득', '확신' 또는 '순종'

을 뜻하는데, 전후의 문맥으로 볼 때 그것은 유대주의자들이 바울이 전한 복음의 진리를 거부하고 그들의 메시지를 받아들이도록 설득하는 활동을 지칭하는 것이 분명하다.[715] 앞절과 관계해서 이해할 때 바울이 말하려고 하는 요점은 다음과 같다: '복음의 진리를 순종하지 못하도록 설득하려고 하는 자는 누구든지 순종하지 말라. 왜냐하면 그러한 설득은 너희를 부르신 이에게서 나온 것이 아니기 때문이다'. 후대의 문헌들을 보면 사람들을 설득하려는 활동을 부정적으로 평가하여 '공허한 웅변'(*Adv.Haer*. 30.21.2)이나 '하나님의 능력과 대조되는 아첨'(Chrysostom, *Hom*. 1.2)으로 평가하는 경향이 있다. 문장 구조면에서 볼 때도 유대주의자들의 '설득'은 인간들이 고안해 낸 권면으로서 하나님의 구속적 의지와 목적을 담고 있는 '복음의 진리'와 대조를 이룬다. 권면 앞에 정관사(**ἡ**)를 붙인 것은 방금 전 7절에서 말한 바 있는 인간들이 고안해 낸 설득을 지시하기 위한 것이다. 복음의 진리를 순종치 않게 하려는 유대주의자들의 이러한 설득은 '너희를 부르신 이에게서 난 것이 아니다'(**οὐκ ἐκ τοῦ καλοῦντος ὑμᾶς**). 갈라디아인들에겐 부르신 이가 정확하게 누구인지 분명치 않으나 1:6에서는 분명하게 '하나님'으로 암시되어 있다. 그렇다면 유대주의자들을 대하는 바울의 부정적인 태도를 드러내 주는 이 문장은 그들의 활동과 영향력이 하나님의 의지와 아무런 관련이 없다는 것을 풍자적으로 묘사한다.

9. 적은 누룩이 온 덩이에 퍼지느니라

서신들이나 대화체 문헌에서 흔히 나타나듯이 바울은 본절에서 잠언적인 진술을 제시한다. 이 잠언은 바울서신에서만 나온다(갈 5:9; 고전 5:6). 고린도전서의 구절에서는 특별히 인용 형식문을 소개할 때 사용되는 '호티'(**ὅτι**)가 나타나는데, 이로 볼 때 본절의 잠언이 대중적 지혜나 시에서 끌어온 것일 가능성이 있다.[716] 누룩에 대한 상징적

715) Cf. Betz, *Galatians*, 265; Bligh, *Galatians,* 194.
716) Conzelmann, *1 Corinthians*, 98f; H. Windisch, *TDNT* 2, 902-06.

인 해석은 공관복음 전승이나(눅 13:21//마 13:33; cf. 막 8:15//눅 12:1//마 16:6) 필로에서(Philo, *Spec.* 1.293; 2.184f; *QE* 1.15) 또는 로마의 시들 중에서(Plautus, *Cas.* 2.5.326; *Mercat.* 5.3.959) 이미 발견되었다. 특별히 공관복음서의 전승에서 누룩은 침투하여 부패시키는 악의 영향력을 나타내는 부정적인 상징으로 나타나기 때문에(막 8:15//눅 12:1; 마 16:6; *1 Clem.* 5.6; cf. Ignatius, *Mag.* 10.2; Justin, *Dial.* 14.2.3), 바울이 그것을 공관복음 전승에서 끌어왔을 가능성도 많다. 고린도전서 5:6의 잠언에서 바울은 근친상간을 하는 자의 행위가 전체 고린도 교회를 부패시킬 가능성이 있음을 비판하는 데 반해서, 본절에서 그는 갈라디아 교회들을 그릇 인도하는 유대주의자들의 설득과 영향력을 비평한다.

10. 나는 너희가 아무 다른 마음도 품지 아니할 줄을 주 안에서 확신하노라 그러나 너희를 요동케 하는 자는 누구든지 심판을 받으리라

사도 바울은 여러 차례에 걸쳐 그의 독자들의 최근 상황이 얼마나 심각한지를 시사해 왔으나(4절 참조) 그는 이제 그들이 자신의 편지 내용을 들은 후에 그의 권면을 따르게 될 것을 확신한다. '확신한다'(**πέποιθα**)는 완료형 동사는 그의 회심자들을 향한 바울의 과거 태도를 반영하기도 하지만 그들을 향한 그의 현재 확신도 표시해 준다. 강세형 주어인 '내가'(**ἐγώ**)는 그의 확신의 개인적이고 주관적인 성격을 말해 주기 때문에 '다른 사람들은 문제를 어떻게 평가할지 몰라도 나는 적어도 그들이 다른 마음을 품지 않을 것을 확신한다'는 뜻을 담고 있다. '주 안에서'는 바울의 확신의 기초를 표시해 준다. 이 문구는 '그리스도 안에서'나(갈 1:22; 2:17) 또는 '그리스도 예수 안에서'라는(갈 2:4; 3:14,26,28; 5:6) 문구들과 대등한 표현들인데, 이들 문구들은 바울서신에서 아주 흔하게 나타난다. 주 안에서만 참된 확신이 있을 수 있다는 것은 육체를 신뢰할 수 없나는 바울의 일반적인 신앙에 의해서 정당화된다(cf. 빌 3:3f; 고후 10:2; 롬 2:19; 고후 3:4; 갈 1:10). 바울은 인간적인 것들에 신뢰를 두기보다는 예수 그리스도 안에 뿌리를 둔 하나님의 섭리의 손길에 신뢰를 두고자 한다. 하나님께서만 그들을 온전히 변화시킬 수 있기 때문이다. 본절의 확신의 논조에서 미루어 볼 때 4절에서 바울은 완성된 사실들에 대해서 말하고 있지 않은 것이 분명하다. 그가 마치 갈라디아인들의 배교가 완성된 사실처럼 말한 것은 그러한 결과들을 두려워하기 때문이었다. 그러나 이제 바울이 예수 그리스도를 의지하여 확신하는 것은 '너희가 아무 다른 마음을 품지 않을 것이라' (***ὅτι οὐδὲν ἄλλο φρονήσετε***)는 것이다. 이 헬라어 표현은 분명히 8-9절의 진술을 돌이켜보는 내용을 담고 있다. 다시 말해서 유대주의자들이 고안해 낸 설득력은 하나님에게서 온 것이 아니며, 진정한 위험은 그들의 메시지가 갈라디아 교회들을 부패시키는 일이 될 것이다. 하지만 그들이 복음의 논리가 어떻게 움직이는지를 알고 바울의 복음을 참으로 깨달았다면 그들은 틀림없이 같은 논리를 받아들일 것이고 다른 견해를 용인하지 않을 것이다.

바울은 그러나 유대주의적 이단자들에 대해서는 결코 용서하는 마음을 갖지 않는다. 갈라디아인들을 '요동케 하는 자는 누구든지 심판을 받게 될 것이다' (***ὁ δὲ ταράσσων ὑμᾶς βαστάσει τὸ κρίμα, ὅστις ἐὰν ᾖ***). 바울은 갈라디아 교회에서 선동적인 활동을 하는 자들을 '요동케 하는 자' (***ὁ ταράσσων***)로 묘사한다. 여기서 현재 주격 분사는 단수형으로 되어 있다. 문법적으로 보면 바울이 갈라디아의 유대주의자들을 단수형으로 말하기 때문에 바울이 알고 있거나 알지 못하는 어떤 특정한 개인을 지칭할 수 있지만, 의심할 여지도 없이 그는 여기서 그들을 가능한 한 일반적인 방식으로 지칭하고 있다. 이미 1:7에서 '요란케 하는 자들' (***οἱ ταράσσοντες***) 또는 5:12에서 '어지럽게 하는 자들' (***οἱ ἀναστατοῦντες***)과 같은 현재분사 주격 복수형들이 사용되기 때문에 갈라디아 교회들에 침투한 선동자들은 한 개인이 아니고 여러 사람들인 것을 알 수 있다. 바울은 여기서 정치적 배경을 지닌 언어를 사용함으로써(행 15:24 참조) 혼란과 소용돌이를 일으키는 유대주의적 선동자들의 파괴적 활동을 부각시킨다.[717] 이제까지의 주석을 통해서 알 수 있듯이 이들은 그럴듯하고 기묘한 성경 주석을 통해서 갈라디아 이방 신자들을 요동케 만들기도 하고(1:7; 5:10,12) 그들을 꾀기도 하며 (3:1) 설득하기도 하고(5:7-8) 때로는 할례를 강요하기도 하였다 (6:12; cf. 2:3). 유대주의자들의 이러한 집요한 선동 행위 때문에 지금 갈라디아인들이 구원의 도와 관련하여 상당한 영적 '혼란'과 '불안'을 겪고 있는 것이 분명하다. 이것은 그리스도와 율법의 행위를 결합시키려는 그들의 선동 행위의 결과였다. 하지만 그들은 어떤 신분의 귀천이나 고하를 막론하고('누구든지') 반드시 하나님의 심판을 받게 될 것이다.[718] 미래 직설법 동사인 '바스타세이'(**βαστάσει**)는 '짊어질 것이다', '견딜 것이다', '겪을 것이다'는 뜻을 가지고 있는데 본절에서는 '겪는다' 또는 '경험한다'(suffer)는 의미로 해석하는 것이 적절하다. 본문은 심판의 주체가 언급이 되어 있지 않지만 그들이 당할 심판은 분명히 하나님의 심판임이 분명하다. 유대주의자들이 언제 심판을 겪게 될 것인지에 대해서 명확한 시사를 해주지 않고 있다. 정관사와 함께 쓰인 '심판'(**τὸ κρίμα**)이란 술어는 흔히 하나님의 종말론적인 심판을 지칭하기 때문에, 여기서 바울은 유대주의자들이 단순히 교회적 치리보다는 마지막 때에 하나님의 법적인 정죄를 받게 될 것을 염두에 두고 있을 가능성이 많다.[719]

11. 형제들아 내가 지금까지 할례를 전하면 어찌하여 지금까지 핍박을 받으리요 그리하였으면 십자가의 거치는 것이 그쳤으리니

갑작스럽게 바울은 갈라디아 독자들에게 자신의 상황에 대한 웅변

---

717) 이들의 정체와 기원이 누구인가에 대한 논의는 1:7에 관한 주석을 참조하라.

718) 학자들 중에는 갈라디아인들을 요동케 하는 자가 단수로 되어 있기 때문에 어떤 특정한 지도자를 지칭한다고 보고 그가 베드로를 지칭한다거나(H. Lietzmann) 야고보를 지칭한다고(A. Oepke) 생각하기도 한다. 하지만 이런 이론은 본 서신의 어떤 내용으로도 증명될 수가 없을 뿐만 아니라 초대교회의 인간관계들에 관해 우리가 알고 있는 어떤 내용으로도 논증될 수가 없다(Ridderbos, *Galatians*, 193 n.22).

719) Cf. Longenecker, *Galatians*, 232; Ridderbos, *Galatians*, 193.

조의 질문과 진술을 제시한다. 그가 정확하게 무슨 생각으로 이 진술을 했는지 알기가 어렵다. 아마도 바울은 자신뿐만 아니라 그의 독자들은 알지만 우리는 알지 못하는 어떤 문제들을 지시하는 것으로 보인다. 당혹스러운 것은 바울이 문제를 갑자기 끄집어 내었다가 그것을 아무런 구체적 설명도 없이 즉각 제쳐버린다는 점이다. 아마도 유대주의자들의 위협에 관한 그의 논의를 끝내면서 그는 자신의 입장을 덧붙일 필요가 있다고 느낀 것으로 보인다. 문제는 11절 전반부의 의미에 대해서 학자들은 상당한 의견 차이를 나타낸다는 점이다: '내가 지금까지 할례를 전하면' (*εἰ περιτομὴν ἔτι κηρύσσω*).

어떤 학자들은 바울이 여기서 자신에게 가해진 유대주의자들의 어떤 비난을 반영한다고 생각한다. 즉 그들은 바울 자신도 어떤 경우들에 할례를 옹호했고 또는 심지어 그것을 추천했다고 비난했다는 것이다(행 16:3). 만일 이 견해가 맞는다면 바울이 지금에 와서 다른 사람들에게 할례를 받지 말라고 권면하는 것은 어불성설이 될 것이다.[720] 비록 갈라디아서가 논쟁적 서신이기는 하지만 우리는 바울의 모든 진술이 그의 논적자들이 제기한 반대 입장에 대한 거부를 반영하는 것으로 추정할 수 없다. 학자들 간에는 바울이 무엇을 부정하거나 명령하는 진술이 나올 때마다 그 배후에 논쟁자들이나 갈라디아인들 자신의 어떤 행동이 반영되어 있다고 추측하는 경향이 있지만 이런 식의 추정은 정당한 근거 위에서 논증되지 않는 단순한 추정일 때 갈라디아 교회의 실제 상황을 왜곡시킬 수도 있다.[721]

위의 견해와 비슷하게 또 어떤 학자들은 심지어 이 질문이 자신들을 바울의 동맹자들로 간주했던 갈라디아의 유대주의자들의 주장에 대한 그의 답변이라고 주장하기도 한다.[722] 보르겐에 따르면 바울은 갈

---

720) Lightfoot, *Galatians*, 206; Burton, *Galatians*, 280; Longenecker, *Galatians*, 232.

721) J. Barclay, *Obeying the Truth*, 40; Betz, *Galatians*, 6.

722) P. Borgen, "Observations on the Theme 'Paul and Philo'," in

라디아인들에게 육체의 소욕을 제거하라고 교훈했기 때문에 이미 그들에게 할례를 전한 것이다. 왜냐하면 당대의 어떤 유대인들이 생각하듯이 바로 이것이 할례의 진정한 의의였기 때문이다. 이들 유대인들은 따라서 육체의 할례가 윤리적 할례에 관한 바울의 설교와 자연스럽게 대조된다고 생각할 수 있었다는 것이다.[723] 그러나 증거가 빈약해서 이 가설의 무게를 지탱할 수 없다. 더욱이 우리는 갈라디아 교회에서 했던 바울의 본래 설교 내용이 육체의 소욕의 제거를 할례의 진정한 의미로서 강조했는지도 확신할 수 없다. 그는 갈라디아서 5:21에다 호소하지만, 이것은 단지 바울이 전에 이 악들에 대해서 경고했다는 것만을 말해줄 뿐이다. 더욱이 '마음의 할례'가 다양한 유대교 전승에서 자주 나오는 주제이기는 하지만, 할례를 과도한 정욕을 잘라버리는 행위로 간주하는 특정한 견해는 바울의 것이라기보다는 필로(Philo)의 사상이다(*Spec Leg* 1.1-11; *Quaest Gen* 3.46-52). 필로의 알레고리적 해석들을 갈라디아 선동자들의 신학의 본질적 요소였다고 가정하는 것은 위험스러운 일이다.[724]

보다 가능성이 있는 해석은 바울이 여기서 자신과 그의 반대자들 사이를 단순히 대조하고 있다고 보는 것이다. 그들은 '할례를 전파하고 있다'; 하지만 그는 예전에 할례를 전파한 적이 있지만 지금은 더 이상 그렇게 하지 않는다. '할례를 전파하다'(***κηρύσσειν περιτομήν***)는 표현은 바울의 흔한 표현인 '그리스도를 전파하다'(***κηρύσσειν Χριστόν***)는 표현에 대응해서 사용된 바울의 언어임이 분명하다.[725] 분명히 바울은 과거나 지금이나 할례를 전파한 적도 없고 전파하고 있지도 않지

Die paulinische Literatur und Theologie (1980), 85-102; Howard, *Crisis*, 7-11.

723) 또한 P. Borgen, "Paul Preaches Circumcision and Pleases Men," in *Paul and Paulinism*, ed. M.D. Hooker and S.G. Wilson, London, 1982, 37-46; "The Early Church and the Hellenistic Synagogue," *STh* 37(1983), 55-78.

724) J. Barclay, *Obeying the Truth*, 50.

725) Betz, *Galatians*, 269; Mussner, *Galater*, 359 n. 114,116; Barclay, *Obeying the Truth*, 40 n.8.

만, '지금까지'(*ἔτι*)라는 부사는 바울이 한때 할례를 옹호한 적이 있었다는 것을 시사하기 때문에 위의 진술은 바울이 과거에 오해로 자신에게 퍼부어졌던 모종의 비난을 자기 자신의 말로 '재진술한' 것일 수 있다. 바울은 할례에 대해 유대인들을 대할 때와 이방인들을 대할 때 다르게 다룬 적이 있다. 그는 유대인으로 태어난 사람들이 할례를 구원의 조건으로 삼지는 않고 단지 유대인으로서 살아가는 삶의 한 형태로 간주할 때 그들의 할례 준수를 반대하지 않았는데, 그 대표적인 실례가 유대인들의 압력으로 인해서 디모데에게 할례를 베푼 일이다(행 16:3). 아마도 갈라디아의 유대주의자들은 그의 입장을 실수 때문이거나 의도적으로 오해했을 수 있다. 하지만 디모데에게 할례를 베푼 것은 바울이 당시에 할례를 전파했기 때문에 기인한 것이 아니고, 디모데가 출생적으로 유대인으로 간주될 수 있었기 때문에 유대인으로서 살아가는 그의 전통적인 삶의 방식을 인정했기 때문이었다. 하지만 디도와 같은 전형적인 이방인에게 할례를 구원의 필수조건으로 요구하려는 유대주의자들의 선동에 대해서 바울은 한번도 할례 준수를 용인한 적도 없으며 그것을 전파한 적도 없다(갈 2:3-4 참조).

바울이 할례를 전파한 적이 없다는 것은 할례 없는 복음 때문에 '지금까지 핍박을 받고 있다'(*ἔτι διώκομαι*)는 사실에서 증명된다. 만일 바울이 지금까지 할례를 전파하고 있다면 틀림없이 십자가의 거침돌로 인해 생기는 핍박을 면할 수 있었을 것이다. 하지만 그가 이렇게 유대주의자들에게 핍박을 받고 있는 이유는 '십자가의 거치는 것'(*τὸ σκάνδαλον τοῦ σταυροῦ*) 때문이다. '스칸달론'(*σκάνδαλον*)이란 술어는 '거침돌'(stumbling block)을 의미하는데, 본래 이 말은 함정이나 올무에 걸리게 하는 어떤 것을 의미했지만(cf. 수 23:13 LXX; 시 69:22 LXX; 사 8:14 Symm.& Theod.; 1 Macc 5:4; 롬 11:9), 후에 거치게 하는 것, 격정을 일으키게 하는 것, 또는 반대를 불러일으키는 것을 뜻하게 되었다(cf. Sir 7:6; Jdt 5:20). '십자가의 거치는 것'이란 문구는 아마도 바울이 바리새인 시절에 기독교를 핍박했던 경험에 비추어 스스로 만들어낸 표현일 것이다(고전 1:23 참조). 그것은 바울의 십자가 신학의 몇 가지 본질적인 특징들을 담고 있다.

유대인들은 본래 메시야 시대에 나타나게 될 가시적 표적들을 기대하고 있었고 장차 오실 메시야는 자신의 메시야직의 신적 성격을 시위하기 위해 초자연적이고 가시적인 기사와 표적들을 행할 것으로 바라고 있었다(고전 1:22). 하지만 메시야로 오신 예수는 십자가에 죽고 말았다. 유대인들에게 있어서 십자가는 패배와 수치의 상징이었기 때문에 메시야가 오셔서 패배와 수치의 죽음을 죽었다는 것은 그들이 기독교 메시지를 받아들이지 못하게 만드는 거침돌이었을 것이고, 또한 그러한 메시야적 죽음을 주장하는 기독교인들이 유대교의 존엄과 기본적 입장을 본질적으로 무너뜨리는 것으로 생각했을 것이 분명하다. 이미 1:13-14절의 주석에서 지적한 대로 유대인들은 십자가에 못박힌 예수를 메시야로 전파하는 기독교인들의 메시지가 하나님과 유대교를 모독하는 것으로 생각하였다. 기독교 이전 시기에 이미 십자가에 못박힌 자가 하나님께 저주를 받은 자로 간주되었음을 보여주는 얼마간의 중간사 시대의 문헌적 증거가 존재하기 때문에(4QpNah 3-4,I.7f) 유대인들이 십자가에 못박힌 예수를 하나님께 저주를 받은 사람으로 생각하였음이 분명하다.[726] 그러므로 이들에게 있어서 십자가에 못박힌 예수를 메시야로 선포하는 기독교 메시지 자체가 모순된 주장이었고 하나님을 모독하는 죄를 범하는 것으로 생각하였다. 기독교 케류그마 속에서 자주 신명기 21:23이 암시되는 것은(행 5:30; 10:39; 갈 3:13; 벧전 2:24) 유대인들이 처음부터 신명기의 구절에 근거하여 예수를 메시야로 선포하는 기독교의 메시지를 반대하여 기독교인들을 핍박하였다는 것을 시사한다. 이것은 바리새인 시절에 기독교회를 핍박했던 바울의 활동 속에서 적나라하게 예증된다. 바울은 특별히 다메섹 회심 경험을 통해서 율법이 메시야를 발견하게 하기는커녕 그를 도리어 핍박하도록 만들었기 때문에 그의 다메섹 계시 경험에 비추어

726) J. Jeremias, *Der Lehrer der Gerechtigkeit* (1963), 133f; M. Wilcox, "'Upon the Tree' -Deut 21:22-23," *JBL* 96 (1977), 85ff; S. Kim, *The Origin of Paul's Gospel*, 46을 참조하라.

서 유대교의 버팀목 역할을 하던 율법의 역할을 급진적으로 재해석하도록 만들었을 것이다. 그리고 다메섹 그리스도 현현 사건을 계기로 구약의 아브라함 전승을 재해석함으로써 바울은 할례와 율법을 준수하는 유대교의 본질을 급진적으로 재평가하게 되었을 것이다. 결국 바울은 자신의 다메섹 경험으로 비추어 보나 구약에 대한 재해석의 결과로 보나 할례와 율법을 준수하는 유대교는 십자가에 못박힌 그리스도를 전하는 기독교와 양립할 수 없다는 결론에 도달하게 된 것이다.[727] 따라서 바울의 결론은 만일 할례와 율법 준수에 복종하게 되면 '십자가의 거치는 것'이 제거된다는 것이다. 이들 두 종교를 대립적인 관계로 보는 것은 바울의 여러 진술들을 통해서 확인된다. 만일 의롭게 되는 일이 율법으로 말미암으면 '그리스도께서 헛되게 죽으신 것이며'(2:21) 그리스도에게서 끊어지고 은혜에서 떨어지는 것이며(5:4) 복음의 진리를 허위로 만드는 것이다(2:5 하,14). 하지만 할례와 율법 없는 복음을 전하고 십자가에 못박힌 메시야 예수를 전하는 한 그러한 복음은 유대인들에게 거침돌이 되기 때문에 그들의 핍박을 면할 수 없다. 바울은 이미 4:29에서 하갈의 아들 이스마엘이 자유하는 여인인 사라의 아들 이삭을 핍박한 것같이 '이제도 그러하다'고 말한 적이 있다. 유대인들에게 당하는 바울의 핍박은 바로 이러한 사실을 구속사적으로 예증해 주는 한 가지 실례이다. 두 언약에 속한 백성들 사이의 대립과 갈등은 예나 지금이나 변한 것이 없으며, 갈라디아 교인들을 어지럽게 하는 유대주의자들의 선동도 이러한 구속사적 사실을 예증해 주는 본보기가 된다. 그리고 바울이 지금 유대인들에게 핍박을 당함으로써 자신이 할례와 율법 준수와 같은 인간적인 전승에 의지하는 하갈과 이스마엘의 노선에 서 있지 않고 오직 하나님의 은혜의 약속에만 의지하는 사라와 이삭의 노선에 서 있음을 논증해 준다.

---

727) 이 점에서 '그리하였으면'의 뜻으로 번역된 접속사 '아라'(**ἄρα**)는 근접문맥에서 보면 11절 후반절이 단순히 11절 전발절에 대한 이유를 제시하지만 넓은 문맥에서 보면 5:2-11에 대한 결론적 진술로 이해될 수도 있다(Betz, *Galatians*, 269).

12. 너희를 어지럽게 하는 자들이 스스로 베어버리기를 원하노라

유대주의의 위협에 관한 결론을 매듭진 후에(11절의 *ἄρα* 참조) 바울은 그의 반대자들의 명예를 실추시키는 또 다른 풍자적인 주석을 덧붙인다. 그가 비평적인 풍자의 대상으로 삼는 사람들은 '너희를 어지럽게 하는 자들'(*οἱ ἀναστατοῦντες ὑμᾶς*)이다. 이들은 1:7에 언급된 '너희를 요란케 하는 자들' 또는 5:10에 언급된 '너희를 요동케 하는 자'와 동일한 사람들이다. '오펠론'(*ὄφελον*) 동사는 본래 '빚지다', '은혜를 입다'는 뜻을 지닌 '오페일로'(*ὀφείλω*)의 제2부정과거 단수 1인칭에서 생겨난 것인데 나중에 '소원'을 표시하는 고정화된 술어로 취급받게 되었다. 그것은 미완료나 부정과거 직설법 동사와 함께 쓰일 때 흔히 달성할 수 없는 소원을 나타내지만, 본절에서처럼 미래 직설법 동사와 함께 쓰일 때는 달성할 수 있는 소원을 나타내는 것으로 보인다.[728)]

본절의 해석에서 가장 핵심이 되는 단어는 '베어버리다'는 뜻으로 번역된 '아포콥손타이'(*ἀποκόψονται*)이다. 헬라의 주석가들뿐만 아니라,[729)] 대부분의 현대 번역들은(RSV, NEB, JB, NIV) '스스로 잘라버리다'(mutilate themselves)는 뜻으로 번역함으로써 바울이 여기서 유대교의 할례 의식을 풍자하는 특정한 의미를 나타낸 것으로 간주한다.[730)] 베츠(Betz)도 역시 같은 노선을 택하여 본절을 "선동자들에 관하여는 그들이 스스로를 고자 만드는 일에 시종일관하는 것이 더 낫다"는 뜻으로 번역하였다(NEB).[731)] 라틴 주석가들은 위의 표현을 좀 애매모호하게 '베어지다'(cut off)란 뜻으로 번역하였다(cf. *Vulgate*, 5:12).[732)] 그래서 많은 현대 주석가들은 '베어지다'(cut off)는 술어가 '거세'와

---

728) Longenecker, *Galatians*, 234; Betz, *Galatians*, 270.
729) Cf. Chrysostom, *Commentary on the Epistle to the Galatians*, 5:12의 주석.
730) 또한 Bruce, *Galatians*, 238; Betz, *Galatians*, 270을 보라.
731) Betz, *Galatians*, 270.
732) KJV는 Vulgate의 번역을 좇아서 "I would they were even cut off which trouble you"로 번역한다.

관련된 것으로 보기보다는 오히려 교회를 떠나거나 스스로 출교하는 일에 관련된 것으로 본다. 이러한 해석 노선을 택하는 학자들에 따르면 본절은 유대주의적 선동자들이 스스로 갈라디아인들을 떠나 그들을 가만 내버려 둘 것을 바라는 바울의 소망을 나타낸다는 것이다. 렘지(W.M. Ramsay)는 '베어버리다'는 헬라어 동사가 할례를 나타내는 상징이라고 생각하는 견해를 신랄하게 공격하면서 바울이 거세나 절단과 같은 조야한 언어를 사용했다면 "비꼬는 식의 그러한 언어는 역겨울 뿐만 아니라 이치에도 맞지 않는 순전한 모욕이 될 것이라"고[733] 주장한다. 위의 두 해석들 중에 어떤 것이 타당한 것일까? 겉으로 보기에 모욕적인 표현이기는 하지만, 대부분의 현대 주석가들의 해석처럼 바울의 진술은 유대주의자들과 그들을 향한 그의 태도를 특징화하는 신랄한 풍자로 이해되어야 한다(Lightfoot, Burton, Mussner, Betz, Bruce). 왜냐하면 근접문맥은 바울의 풍자적인 농담 배후에 유대주의자들의 할례 요구가 놓여 있음을 시사해 주기 때문이다(5:2,3,6; cf. 6:12-13). 본절의 진술은 바울의 모든 기존 진술들 중에서 가장 조야하고 모욕적이며 바울의 편지를 받아쓰던 대필가가 그것을 누그러뜨리려고 시도하지 않았다. 하지만 바울의 모욕적인 풍자 배경에는 할례를 아무런 종교적 의의도 지니지 못한 순전히 육체적 절단 행위로 본 바울의 이해가 놓여 있다. 할례를 행할 때 그것은 자신이 율법 백성에 속해 있다는 사회적 의의를 제공해 줄지는 몰라도 하나님 앞에서 볼 때는 단지 육체의 일부분을 절단하는 행위에 불과하다(빌 3:2 참조).

이제 본 섹션을 결론지을 때가 되었다. 갈라디아 서신을 주도하는 유대주의의 위협을 끝맺으면서 바울은 복음의 진리 안에서 주어지는 기독교인의 참된 자유를 선언하고(1절 상), 유대주의자들의 메시지를 받아들이는 갈라디아인들의 시도를 강하게 권면하고 경고하며(1절 하-4절), 현재 문제되고 있는 이슈들에 관하여 일련의 상호 관련성 없는 진술들을 제시하며(7-11절 상), '십자가의 거치는 것'에 초점을 맞

733) W.M. Ramsay, *Galatians*, 438-40.

춘 전체 논의를 결론지으며(11절 하), 마지막으로 유대주의자들을 보는 바울의 관점을 그들이 행하는 할례 관습에 빗대어 풍자적으로 나타낸다(12절). 그렇다면 갈라디아 신자들이 그리스도 안에서 누리는 기독교의 자유를 위협하는 위험이 본 섹션에서 언급된다. 그것은 이방 기독교인들에게 할례나 율법 준수와 같은 유대교의 신율주의적(nomistic) 삶의 유형들을 받아들이도록 설득하려는 유대주의자들의 선동이다. 흔히 갈라디아서는 이신칭의 교리를 해설하는 위대한 서신으로 간주되고 있다. 그러나 기독교인들이 깨닫지 못하는 것은 사실 그것이 그리스도 중심적인 삶의 유형을 해설하는 서신이라는 점이다. 이제까지 우리의 주석이 밝힌 대로 바울이 천명하는 그리스도 중심적인 삶의 유형은 할례와 율법 준수로 특징화되는 유대교의 신율주의적 삶의 유형과 반대가 된다. 불행하게도 이들 두 종교는 서로 대립적인 관계에 있음을 깨닫지 못하고 갈라디아인들은 그리스도 안에서 누리는 그들의 자유를 포기하고 유대교의 신율주의를 받아들이려고 한 것이다. 그리스도인들이 영위하는 자유의 삶은 할례나 율법 준수와 같은 인간적인 종교적 행위 유형들에 의해 특징화되는 것이 아니라 '믿음'과 '성령'의 신적인 행위 유형들에 의해 특징화된다. 믿음을 좇아 성령에 순종하는 삶이 참된 자유로 나아가는 삶인 것이다. 따라서 갈라디아 서신은 갈라디아의 논쟁적 상황을 직접적으로 다루기는 하지만 오늘날 우리의 상황에도 적용될 수 있다.

제2부:바울의 윤리적 권면(5:13-6:10)

Ⅳ.선동자들의 도전과 바울의 응답(Ⅱ) (5:13-6:10)

학자들 간에는 갈라디아서의 신학적 변증 부분과(1:6-5:12) 윤리적 권면 부분(5:13-6:10) 사이의 구조적 연관성 문제에 대해서 상당한 의견 차이를 보여 왔다. 이미 서론에서 밝힌 대로 구조 분석에 대해서는 크게 두 종류의 견해들이 제시된다. 하나는 윤리적 권면 부분이 신학적 변증 부분과 대체로 아무런 관련이 없다고 보는 것이고, 다른 하나는 윤리적 권면 부분이 전체 서신에 필수적으로 통합된 부분이라고 보는 것이다.

필자는 갈라디아 서신의 신학적 변증 부분과 윤리적 권면 부분이 내면적으로 통합된 통일체로 간주되어야 한다고 생각한다. 바울은 몇몇 학자들이 주장하듯이 두 논적들과 동시에 싸우고 있는 것도 아니고 전반부의 신학적 변증과 아무 관련이 없는 일련의 윤리적 권면들을 덧붙여 놓은 것도 아니다. 그는 처음부터 시종일관하게 유대주의자들의 공격에 답변하고 있다. 그들은 갈라디아 이방 교회에 침입하여 할례와 율법 준수와 같은 유대교의 신율주의적 행습들을 받아들일 것을 요구하였을 것이다. 그들의 요구의 핵심은 본질적으로 신분 문제와 관련이 있다. 시내 언약에 속한 율법 백성의 성제성을 얻기 위해서는 마땅히 이방 기독교인들도 할례와 율법을 준수하지 않으면 안된다는 것이 그들의 요구였다. 이것을 논증하기 위해 바울의 반대자들은 3-4

장에 나타난 기묘하고 상세한 성경적 논증과 아브라함 전승에 대한 전통적 해석에 호소했던 것으로 보인다. 하지만 바울은 다메섹 계시 사건에 비추어 그의 반대자들이 의지했던 아브라함 전승과 전통적인 성경 주석을 급진적으로 재해석한다. 그가 논증한 대로 아브라함의 참 가족을 특징짓는 요소는 할례와 율법과 같은 유대 민족적 정체성을 나타내 주는 인간적 표지들이 아니고 오직 '믿음'과 '성령'과 같은 초월적이고 초문화적인 표지들이다. 하나님은 이러한 표지들을 통해 범세계적인 믿음의 공동체를 세우고자 하셨다. 만일 믿음과 성령만이 아브라함 가족의 '신분'(status)을 특징화하는 요소들이라면 그것들은 아브라함 가족의 '행위'(behaviour)를 특징짓는 요소들이어야 한다. 그렇다면 신분과 행위는 두 개의 분리된 다른 원리가 아니다. 사람의 신분이 어떤가가 결정되면 그의 행위가 어떠해야 하는가가 결정된다. 만일 갈라디아 이방 기독교인들이 유대교의 신분표지인 할례와 율법을 받아들인다면(getting in), 그들은 자연히 할례와 율법을 좇아 살아가야 한다(staying in).[734] 그러므로 바울이 신학적 변증 부분에서 할례와 율법이 아니라 오직 믿음과 성령만이 아브라함 가족의 본질을 규정하는 결정적 요소들인 것을 논증한 후에, 윤리적 권면 부분에서 아브라함의 가족이면 믿음과 성령을 따라 행하라고 교훈하는 것은 매우 자연스러운 일이다. 이것은 신학적 논증 부분과 윤리적 권면 부분이 내면적으로 통합된 부분들이라는 것을 시사해 준다. 아마도 바울이 갈라디아인들에게 윤리적 권면을 덧붙이게 된 것은 그들의 내면적 분쟁 상황에서(5:15) 침투한 유대주의자들의 선동 때문이었을 것이다. 바울이 있지 않은 상황에서 교회의 내부적 갈등의 문제는 그들이 어떻게 행동해야 할지 모르는 혼란을 가져왔을 것이고 율법이 구체적인 삶의 지침들을 제공한다는 유대주의자들의 선동은 그러한 혼란을 더욱 부

734) E.P. Sanders, *Paul and Palestinian Judaism*, 543. 그는 getting in과 staying in을 두 다른 구원론적 원리로 날카롭게 구분해 놓았는데, 이 두 원리는 동전의 양면과 같은 통일체라고 할 수 있다. 이에 대한 적절한 비평으로 R.H. Gundry, "Grace, Works and Staying Saved in Paul," *Bib* 66(1985), 8-9를 보라.

채질하였을 것이다.

1. 참 자유의 길: 성령을 좇아 살라 (5:13-24)

신학적 변증 부분에서 보여준 대로 아브라함에게 주어진 약속들 중에 '성령의 약속'이 포함되어 있으며(3:14), 아브라함의 유업을 이을 갈라디아 기독교인들은 이삭처럼 '성령을 따라 난 자'들이다(4:29). 만일 갈라디아인들이 할례나 율법 준수와 같은 율법의 행위들과 관계없이 이미 예수 그리스도를 믿음으로 성령을 경험했다면 그들은 처음부터 시종일관 성령을 좇아 진행하고 마쳐야 한다(3:3). 성령에 관한 언급이 이렇게 신학적 변증 부분에서 중요한 역할을 한다면, 바울이 본 섹션에서 갈라디아 기독교인들에게 성령을 좇아 살아가라고 권면하는 것은 자연스러운 일이다. 바울은 이미 자유하는 여인인 사라에게서 난 이삭이 '성령을 따라 난 자'로 동일시하면서 자유와 성령의 개념을 내면적으로 연결시킨 적이 있다(4:22-31). 따라서 본 섹션은 갈라디아 신자들이 성령을 따라 난 자들이기 때문에 그들이 성령을 따라 행할 때만 참된 자유를 향유할 수 있다는 것을 논증하는 데 관심을 기울인다.

1) 사랑은 율법의 완성(5:13-15)

13. 형제들아 너희가 자유를 위하여 부르심을 입었으나 그러나 그 자유로 육체의 기회를 삼지 말고 오직 사랑으로 서로 종노릇하라

많은 주석가들은 '가르'(*γάρ*)가 12절과 13절을 연결시키려는 의도에서 사용되었다고 본다. 하지만 13절은 12절의 이유를 제시하지 않기 때문에 그것이 논의의 또 다른 단계를 소개해 주는 역할을 한다고 보는 것이 타당하다. 13절은 1절에서 천명된 중심 사랑을 재진술하면서도 그것을 사랑의 윤리에다 적용한다. 본절은 그리스도께서 자유를 주신 사실을 선언하는 1절과는 달리 수동태 동사를 사용하여 갈라디아 신자들이 '자유를 위해 부르심을 받았다'(ἐπ' ἐλευθερίᾳ ἐκλήθητε)는 사실을 진술한다. 1절을 그리스도의 사역을 부각시키는데 반해 13절은 '부르다'(κληρόω) 동사가 사용되는 다른 곳에서처럼 하나님의 부르심이 함축되어 있다(1:6; 5:8). 이 점만을 제외하면 두 구절 사이에 의미 상의 큰 변동은 없다. 그리스도의 해방이나 하나님의 부르심은 모두 동일한 구원 과정의 일부분이다. 그리스도 안에서 하나님은 갈라디아인들에게 자유를 주시려고[735] 그들을 부르셨다. 사실 자유는 그분의 부르심의 목적이었다. 부정과거 수동태가 사용된 것은 그들의 처음 회심 때 경험한 부르심의 경험을 시사한다. '부르다'는 동사는 여기서 그들을 하나님의 백성이 되도록 부르시는 하나님의 주도적인 행위를 말하기 때문에 갈라디아인들의 믿음의 반응보다 선행한다.

13절 전반부의 '직설법'과 13절 후반부의 '명령법' 사이에 갈라디아인들이 당면한 모종의 문제를 시사해 주는 한 진술을 삽입한다: '그 자유로 육체의 기회를 삼지 말고'(μόνον μὴ τὴν ἐλευθερίαν εἰς ἀφορμὴν τῇ σαρκί). '오직'(μόνον)이란 부사는 주동사가 지시하는 행위나 상태에 제한을 가하는 역할을 한다(1:23; 2:10; 3:2; 4:18; 빌 1:27). 이 부사 뒤에는 흔히 문장의 동사가 생략되는데, '간주하지 말라'(ἔχετε), '만들지 말라'(ποεῖτε) 또는 '바꾸지 말라'(τρέπετε) 같은 동사들이 삽입되어야 한다. '기회'로 번역된 헬라어 명사 '아포르메'(ἀφορμή)는 본래 탐험을 위한 출발점 또는 작전기지를 의미했는데, 후에 그것은 어떤 일을 수행할 때 필요한 '자원'을 뜻하게 되었다. 코이네 헬라어에서는 그러나 그것이 보통 '경우' 또는 '기회'라는 의미로 사용되었다(cf. 롬 7:8; 고후 5:12; 11:12; 딤전 5:14). '육체의'(τῇ σαρκί)로 번역된 표현은 '기회'라는 명사를 제한하는 유익의 여격이다. 결국 갈라디아인들은 그리스도 안에서 하나님이 주신 자유를 '육

735) ἐπί는 여기서 방향이나 목적을 나타내 준다(cf. 엡 2:10; 살전 4:7; 빌 4:10).

체를 위한 기회'로 간주하거나 그러한 기회로 삼지 말아야 한다.

슈미탈스(W. Schmithals) 같은 학자들은 바울이 여기서 영지주의적인 자유방임주의자들을 공격하고 있다고 생각한다.[736] 영지주의의 침투를 보여주는 증거는 그리스도께서 주신 자유를 '육체의 기회로 삼지 말라'는 바울의 진술에 암시되어 있다. 하지만 모든 자유방임주의자들이 영지주의자들은 아닐 뿐더러 모든 영지주의자들이라고 해서 자유방임주의자들도 아니다. 근접 문맥에서는 영지주의자들의 침투를 함축해 주는 암시들이 전혀 존재하지 않는다. 우리는 이미 윤리적 권면 부분에 대한 서론에서 바울이 유대주의자들과 자유방임주의자들을 동시에 공격한다는 '두 전선 이론'을 거부한 바 있다. 윤리적 권면 부분을 주도하는 영육 이원론의 주제나 자유와 종노릇의 반제는 이미 신학적 변증 부분에서도 주도적 개념이었다(2:3-4; 3:2-5; 4:21-31; 5:1ff). 이것은 갈라디아 서신이 유대주의자들의 공격에 직면하여 통일된 시각에서 답변하고 있다는 것을 보여준다. 학자들은 바울이 윤리적 권면을 시작하면서 '육체'(σάρξ)란 특정한 단어를 사용한 점에 대해 의아하게 생각하면서 바울이 여기서 자유방임주의나 또는 자유방임적인 방종을 지칭하는 것으로 보았다.[737] 하지만 본절에 이르기까지 나타난 '육체'란 술어는 그런 의미를 지탱할 수가 없으며, 심지어 5:19-21에 언급된 육체의 일들도 '자유방임주의'라는 범주에 반드시 들어맞는다고 말할 수 없다. 우리가 이미 위에서 밝힌 대로 신학적 논증 부분에서 그는 몇 차례 할례와 율법 준수와 같은 율법의 행위들을 '육체'에 속한 것으로 묘사한 적이 있으며(3:2-5; 4:23,29) 이제 윤리적 문맥에서도 '육'을 언급한다(cf. 5:16ff; 6:8). 만일 할례나 율법 준수와 같은 전형적인 유대인의 신분표지의 행위들도 육에 속한 것이라고 할 때, 본절에서 육체의 기회가 자유방임적인 방종을 반드시 지칭

736) W. Schmithals, *Paul and the Gnostics*, 51-53.
737) Cf. Bruce, *Galatians*, 240; Schlier, *Galater*, 242-3; Mussner, *Galater*, 358.

한다고 말할 수 없다.[738)]

바울이 여기서 몇 가지 이유 때문에 '육'이란 특징적인 술어를 사용한 것으로 보인다. 첫째로, 안디옥 사건에 대한 그의 답변에서 '죄'에 대한 율법의 정의를 상대화시키려는 시도를 한 적이 있다(2:15-21). 이방인들과 함께 식탁교제를 나누는 일이 율법의 관점에서 보면 '죄'이지만 그러한 표준들은 '율법에 대해서 죽은' 자들에게는 적용되지 않는다. 만일 율법이 아직도 타당성을 지닌다면 그리스도께서 '죄를 짓게 한다'는 비난은 정당할 것이다. 그러나 그리스도께서 자신의 죽음으로 율법의 효력과 타당성을 '허물어버렸기'(**κατέλυσα**) 때문에 더 이상 율법을 범한 자들을 죄인으로 정죄하는 모세의 토라의 기능은 그리스도 안에 있는 자들에게는 중지되어버렸다. 이러한 전반적인 논의 때문에 바울은 '죄'라는 개념을 계속 사용할 수 없었을 것이다. 안디옥에 있는 유대 기독교인들처럼 갈라디아의 청중들도 죄를 '율법에 대한 불순종'으로 간주했을 것이다. 이러한 상황을 잘 아는 바울이 계속 죄라는 개념을 사용했더라면 갈라디아의 독자들에게 개념적 혼란을 일으켰을 것이다. 이런 이유 때문에 그의 윤리적 교훈들은 '의'와 '죄' 사이의 대조에 기초하지 않고 '성령'과 '육체' 사이의 대조에 기초하게 되었다.[739)] 둘째로, 갈라디아 서신이 유대주의자들의 공격에 직면하여 통일된 신학적 전망에서 쓰여진 것이라면 육의 개념은 자유방임적 방종과만 배타적으로 관련을 맺을 수 없는 보다 '포괄적인 개념'(umbrella term)임이 분명하다. 율법의 행위들이나 윤리적 범죄들도 모두 동시에 육이란 범주 하에서 포괄시켰다면, 바울은 율법과 윤리적 범죄를 내면적으로 밀접하게 연관시킨 것이 분명하다. 율법은 본래 신령하고 의롭고 선한 신적 계시이지만 육체의 세력이 작용하는 영역에서 활동함으로써 그것을 억제하기보다는 오히려 그것을 고무하고 충동질하는 육의 대리인이 되었다(3:19). 그것은 범

---

738) Barclay, *Obeying the Truth*, 110.
739) Barclay, *Obeying the Truth*, 109f.

죄한 사람들을 종노릇하게 만들고 그들 위에 지배하는 세력이며(4:2-4) 그들을 마치 포로처럼 가두어 놓고 말았다(3:22,23). 유대주의자들이 갈라디아 교회 내에 침투하여 그들 사이에 분쟁을 일으킨 것은 이 점에서 육의 징후들 가운데 하나이다(5:15; cf. 19-21).

5장 1절과 13절 사이에 본질적인 의미 변동은 없지만, 이들 두 구절 사이에 역설적인 대조가 눈에 띈다. 1절은 그리스도인의 자유를 '종의 멍에'(ζυγὸν δουλείας)를 거부하는 것으로 해석한 반면에, 13절은 사랑을 통해 '서로 종노릇함으로써'(δουλεύετε ἀλλήλοις) 자유를 사용해야 할 책임을 말한다. 바울이 의식적으로 그러한 역설적 대조를 구조화시켜 놓은 것은 의심할 여지가 없다. 왜냐하면 그는 사랑의 종노릇(δουλεία)을 자유의 반제(反題)로 제시하지 않고 그 필연적 작용으로 제시하기 때문이다(cf. 롬 6:18-23).[740] 종노릇이란 것은 계급주의적인 사회 구조이지 상호간의 자기희생의 관계를 나타내지 않기 때문에 '서로 종노릇하다'라는 표현이 여기에 쓰인 것은 가히 역설적이라고 할 수 있다. 그러나 그러한 문구들은 바울의 역설적 사랑만을 나타내는 것은 아니다. 그것들은 바울이 옹호하고 있는 자유가 그 안에 엄격한 도덕적 의무들을 지니고 있다는 것을 분명히 해준다. 기독교인의 참된 자유는 제멋대로 행동하는 방종적 자유가 아니라 특정한 의무 하에 있는 자유이다. 그 의무는 율법의 의무들이 아니고 사랑의 의무들이다.

본절의 사상과 비슷하게 평행을 이루는 구절은 로마서 7:6이다. 그는 거기서 기독교인과 유대인의 삶을 모두 '종노릇하는' 삶의 형태들로 제시한다. 옛 시대에는 사람들이 '의문의 묵은 것으로 섬겼으나'(δουλεύειν παλαιότητι γράμματος) 이제 새로운 종말론적 시대를 맞이하여 그들은 '영의 새로운 것으로 섬겨야 한다'(δουλεύειν ἐν καινότητι πνεύματος). 여기서 '호스테 둘류에인'(ὥστε δουλεύειν)은 구

---

740) Oepke, *Galater*, 169; Schlier, *Galater*, 243-4.

원사건의 직설법의 목적과 결과를 모두 뜻할 수 있다. 그리스도인들이 율법의 얽어매는 데서 해방된 직설법적 사건은 그들에게 새로운 '종노릇'의 삶의 유형을 가능하게 만들기 위한 것이며 또한 그러한 삶의 유형을 가능하게 만들어 놓았다.[741] 피스터(W. Pfister)가 잘 지적하였듯이 로마서 7:6 후반절에서 바울의 실제 강조점은 율법 아래서의 '종노릇'과 성령 안에서의 '종노릇' 사이를 대조하는 데 있다.[742] 불행하게도 많은 학자들이 바울의 윤리신학을 이 점에서 오해하고 있다. 기독교인이 비록 율법의 종노릇에서 해방되었다고 해서 더 이상 윤리적 책임이나 의무들도 필요치 않은 완전한 자유가 주어진 것은 아니다. 율법의 얽매인 데서 해방된 구원 사건은 재림 때까지 성령의 능력으로 하나님께 '종노릇할'(*δουλεύειν*) 수 있는 새로운 상황이 열렸음을 의미한다. 그리스도의 구속 사역은 그리스도인들을 아무런 윤리적 의무들도 필요치 않은 죄 없는 완전 상태로 끌어올린 것이 아니고 율법 아래서의 종노릇에서 성령 안에서의 종노릇으로 종노릇의 양태를 바꾸어 놓았을 뿐이다.[743] 성령 안에서 종노릇하는 기독교인들의 삶은 '사랑'으로 특징화된다. 여기에 언급된 사랑은 몇 구절 일찍이 '사랑으로 역사하는 믿음'(5:6)에 관한 진술을 반영하도록 의도된 것으로 보인다. 아브라함의 믿음에 대한 기독교적 이해는 할례와 연관되지는 않아도 그것은 사랑과 관련된다. 서로 종노릇하는 데서 표현되는 사랑은 자유의 본질적이며 실천적인 결과이다. 따라서 믿음과 자유는 결코 자유방임적인 방종을 허용하는 도덕적 파산 상태에 있지 않다. 그것들은 사랑으로 종노릇해야 할 의무 하에 있다. 바울은 본절에서 어떻게 기독교의 믿음과 자유가 광범위한 윤리적 함축들을 소유하고 있는지를 보여주고 싶어한 것으로 보인다.

---

741) Cf. Jeremias, *The Parables of Jesus* (1963), 17; W. Bauer, *Wörterbuch zum Neuen Testament* (1958), 747.

742) W. Pfister, *Leben im Geist nach Paulus*, 33; cf. S. Westerholm, "Letter and Spirit: The Foundation of Pauline Ethics," *NTS* 30, 293f.

743) Westerholm, "Letter and Spirit," 240.

14. 온 율법은 네 이웃 사랑하기를 네 몸같이 하라 하신 한 말씀에 이루었나니

갑자기 바울은 율법의 주제를 다루기 시작한다(cf. 3:19-25). 이미 3-4장에서 충분히 답변했음에도 불구하고 이렇게 율법 문제를 다시 다루게 된 이유는 무엇인가? 신학적 변증 부분에서 율법 문제에 관한 바울의 답변은 주로 부정적인 것이 많았다. 윤리적 권면 부분이 시작되면서 이제부터 율법에 관한 논의는 긍정적인 논조를 띠게 된다. 그렇다면 바울은 모세 율법에 대한 두 가지 다른 개념들을 가지고 있는가?[744] 또는 최근의 몇몇 학자들이 주장하듯이 율법을 말할 때마다 다르게 진술함으로써 그 스스로 모순에 빠졌음을 말하는가?[745] 율법에 관한 바울의 다양한 진술들은 언제나 혼란과 논쟁의 원인이 되어 온 것이 사실이다. 바울의 서신들이 정경으로 받아들여진 후에도 그의 진술들은 때로 복음의 진수라고 환영받기도 했고 때로 모순되고 괴팍한 것으로 거부되기도 했으며 자주 오해를 받기도 하였다.[746]

접속사 '가르'(**γάρ**)는 14절을 13절의 마지막 진술과 연결시키는 역할을 하는데, 그렇게 함으로써 왜 그리스도인들이 사랑을 통해서 다른 사람들에게 종노릇해야 하는가의 이유를 제시한다: 사랑의 종노릇은 모든 율법의 계명들이 지향하는 핵심이다. 14절에서 바울은 칠십인경에서 나온 한 특정한 구절을 인용한다: '네 이웃 사랑하기를 네 몸같이 하라'(레 19:18). '온 율법'(**ὁ πᾶς νόμος**)은 이웃 사랑에 관한 이 한 계명에서 '성취된다'(**πεπλήρωται**). 5:14의 '온 율법'(**ὁ πᾶς νόμος**)이란 표현은 이미 5:3에서 약간 다른 형태로(**ὅλος ὁ νόμος**) 나타난 바

744) H. Hübner, *The Law in Paul's Thought*, 54ff. 그는 5:14과 6:2과 같은 갈라디아서의 구절들이 기독교인과 율법 간의 보다 긍정적인 관계를 묘사하는 것처럼 보이지만 이 구절들이 모세 율법과 아무 관계가 없다고 주장한다.
745) H. Räisänen, *Paul and the Law*, 11,82,107, 특히 264-265.
746) 이에 대한 토론으로는 J. Barclay, "Paul and the Law: Observations on Some Recent Debates," *Themelios* 12(1985), 5-15를 보라.

있다. 휘브너는 이들 두 헬라어 표현들을 언어적으로 구분한다. 5:3의 표현은 양적인 수치에 강조점을 둔 모세 율법을 가리키고, 5:14의 표현은 흔치 않은 한정사 '파스'(πᾶς)를 지니고 있어서 총체성을 강조할 뿐 모세 오경을 지시하지는 않는다고 주장한다. 따라서 개별적 계명들의 총합으로서 모세 율법의 개념은 전체로서의 율법 개념과는 동일한 것이 아니며 후자만이 기독교인 생활에 유익을 준다는 것이다.[747] 하지만 바울은 이제까지 줄곧 '율법'(νόμος)을 모세 율법을 지칭하는 말로 사용해 왔고 5:18에 이르기까지도 계속 동일한 대상을 지시하고 있다. 5:14 자체도 모세 율법에서 인용된 구절을 담고 있다. 더욱이 로마서 13:8-10의 평행구는 의심할 여지도 없이 모세의 율법을 지칭하고 있다. 따라서 위의 두 헬라어 표현들 사이에 본질적인 의미상의 차이를 찾기 힘들기 때문에, 율법의 전체성을 강조하는 5:14의 '온 율법'은 모세 율법을 가리키지 않는다는 휘브너의 견해는 지탱될 수 없다.[748]

그러면 레위기 19:18과 같은 특정한 계명이 온 율법의 핵심을 반영한다는 바울의 사상은 어디에서 온 것인가? 랍비문헌 어디에서도 레위기 19:18이 전체 율법의 핵심을 반영한다는 분명한 말은 나오지 않지만, 여러 랍비들은 '네 이웃을 네 몸같이 사랑하라'는 계명이 다른 계명들과 견줄 수 없는 큰 비중을 지니고 있다고 주장한 것으로 나타나 있다(cf. *Gen. Rab.* 24.7; *Sipra, Qedosim* 4.12; *'Abot de R. Nat.* 16.4,25a). 랍비 힐렐은 레위기 19:18의 계명을 부정적인 내용으로 바꾸어 설명하면서 그것이 토라의 핵심이라고 말하였다: "네가 하기 싫

---

747) *Contra* Hübner, *The Law in Paul's Thought*, 37f; "Das ganze und das eine Gesetz," *KD* 21(1975), 239-56.

748) 유대교의 맥락에서 볼 때 전체 율법을 담고 있고 요약해 주는 기본적인 계명들을 지칭하거나('켈라림, כללים) 또는 율법의 개별적 진술들의 전체 총합을('파라샤', פרשה) 지칭할 수 있다. 유대교의 민담을 보면 모세는 전자의 계명들은 시내산에서 알았지만, 후자는 성막에서 배웠다고 한다(Longenecker, *Galatians*, 243).

어하는 것을 네 이웃에게 하지 말라: 이것이 온 율법이고 나머지는 그 주석에 불과하니라; 가서 그것을 배우라"(*b.Sabb* 31a). 물론 힐렐의 부정적인 황금률이 직접적으로 레위기 19:18에 관계되지는 않지만, 레위기 19:18에 관한 탈굼의 한 주석에서 이 부정적인 황금률이 '네 이웃을 네 몸같이 사랑하라'는 계명에 첨가된 사실은 주목을 끌만 하다(*Targ. Ps.-J.* on Lev 19: 18). 이것은 힐렐이 부정적 황금률을 말할 때 레위기 19:18을 염두에 두고 있었다는 것을 시사해 준다.[749] 비슷한 평행구절이 좀 후대 사람인 랍비 아키바(Rabbi Akiba)의 진술에서 발견되는데, 그는 '네 이웃을 네 몸같이 사랑하라'는 계명을 율법의 '위대한 원리'로 인용한다(*Gen.Rabba* 24.7).[750] 그렇다면 바울이 온 율법이 레위기 19:18의 계명에서 이루었다고 말할 때 그는 다른 유대적 전승들과 비슷한 방식으로 사고하고 있는 것으로 보인다.

하지만 랍비들이 5:14의 바울의 진술에 담긴 모든 내용들에 대해 동의할지 몰라도 그들은 바울이 그것을 인용하는 전후 문맥에 대해서는 강한 반발을 보일 것이다. 왜냐하면 이웃 사랑의 계명이 온 율법의 성취라고 주장하면서도 바울은 갈라디아인들에게 율법의 멍에를 메거나(5:1) 율법 아래서 살거나(5:18) 결코 할례를 받아서는(5:3-4) 안된다고 교훈하기 때문이다. 그는 심지어 할례를 받아 온 율법을 행할 의무를 짊어질 때 생길 재앙에 대해서도 경고한다. 랍비 전승과의 유사점이 깨어지는 지점이 바로 여기에 있다. 바울은 레위기 19:18을 율법의 나머지 모든 계명들을 포함하는 요약으로 사용하고 있지 않다. 그는 힐렐처럼 율법에 있는 그 밖의 모든 것이 이웃 사랑의 계명에 대한 주석이기 때문에 가서 배우라고도 말하지 않는다. 이것은 '온 율법이 한 말씀에 이루었다'는 진술에서 바울이 모세 율법을 전혀 지칭하고 있지 않든지, 아니면 랍비 본문들과는 달리

---

749) Betz, *Galatians*, 276; Davies, *Sermon on the Mount*, 401 n.2; Neusner, *Rabbinic Traditions* 1, 322f.

750) 레위기 19:18의 계명을 사용하는 다른 랍비 본문들에 대해서는 Strack-Billerbeck I, 363-4를 보라.

'이루다'는 독특한 동사를 사용함으로써 그리스도인과 모세 율법과의 관계를 재해석하고 있음을 시사할 수 있다. 우리는 이미 위에서 5:14의 '온 율법'이 전혀 모세 율법을 지칭하지 않는다는 휘브너의 주장을 거부한 바 있다. 그렇다면 우리에게 후자의 가능성만 남아 있다.

여러 해 전에 버튼(Burton)은 5:14의 정확한 의미는 '이루었다'(πεπλήρωται)는 동사를 어떻게 해석하느냐에 달려 있다고 말하면서도 그것은 이제까지 다양한 해석들을 야기시켰다고 덧붙였다.[751] 얼마간의 오래된 주석들과 최근의 몇몇 번역들은 '플래로오'(πληρόω) 동사를 '요약하다'(sum up)는 의미로 해석하였지만,[752] 이런 의미를 지닌 어떤 평행구들도 예증된 바가 없다. 오히려 바울서신의 다른 곳에서 쓰인 이 동사는 '성취하다' 또는 '온전히 이루다'는 뜻으로 번역되어야 마땅하다(롬 8:4; 13:8-10). 그렇다면 5:14의 진술의 핵심은 '이 한 계명을 실천할 때 성취된다'는 의미를 함축한다.[753] 여기서 몇 가지 두드러진 현상들을 관찰할 필요가 있다. 칠십인경에서 '플래로오'(πληρόω) 동사가 율법과 관련하여 결코 쓰여진 적이 없다. 다른 헬레니즘적 유대 문헌에서도 그것이 율법과 더불어 사용되지 않는다. 대신 바울이 유대인들의 율법 준수를 가리킬 때 다양한 술어들을 사용한다는 점을 주목할 만하다. 유대인들은 흔히 율법을 '행하다'(φυλάσσω, 갈 6:13; 롬 2:26; ποιέω, 갈 3:10,12; 5:3; cf. 롬 2:13,14), '머물다'(ἐμμένω, 갈 3:10), '실행하다'(πράσσω, 롬 2:25), '준수하다'(τελέω, 롬 2:27), '순종하다'(ὑποτάσσομαι, 롬 8:7) 등과 같은 다양한 동사들을 사용하는데 반해서 율법을 '이룬다'(πληρόω)는 표현은 결코 사용하지 않는다. 바울서신에는 율법과 관련하여 '이루다'(πληρόω, ἀναπληρόω) 동사를 사용

---

751) Burton, *Galatians*, 137.

752) Burton은 이 해석을 추종하는 사람들로 Weizsäcker와 Stapfer 등을 인용하고 있고, 그것은 또한 Moffatt, NEB, NIV, JB, GNB 등의 번역들과 Mussner, *Galater*, 370에 의해서 채용되고 있다.

753) Burton, *Galatians*, 295; Lightfoot, *Galatians*, 205.

하는 네 구절들이 있는데(롬 8:4; 13:8; 갈 5:14; 6:2; cf. 롬 13:10), 이들 구절들은 한결같이 기독교인과 율법과의 관계를 묘사할 때 나타난다. 동일한 동사가 마태복음 5:17-18에서도 기독교인의 삶과 관련하여 쓰이는데, 마태복음과 바울서신에 나타나는 이런 현상들은 '이룬다'는 동사가 그리스도인과 율법과의 관계를 표시하는 전형적인 기독교적 용법이라는 것을 말해 준다.[754] 따라서 5:14의 의미를 푸는 열쇠는 이 술어의 독특한 용법에 놓여 있다. 결론적으로 5:15이 5:3과 대조되는 것은 율법에 대한 묘사 자체에 있다기보다는 이들 구절들이 두 다른 동사들을 사용하고 있다는 사실에서 발견된다.

바울이 이 특별한 동사를 선택한 이유들은 몇 가지로 추적할 수 있다. 첫째로, '이루다'는 동사 자체가 '채우다' 또는 '완성하다'는 의미론적 함축을 지니고 있기 때문에 그것은 율법의 요구의 총체적인 실현과 성취라는 의미를 내포하고 있고 이미 갈라디아 서신의 앞 부분에서 하나님의 목적과 약속들이 성취되는 '충만의 때'(***ὅτε δὲ ἦλθεν τὸ πλήρωμα τοῦ χρόνου***, 4:4)가 그리스도 안에서 도달하였다는 바울의 선행하는 논의들과도 잘 들어맞는다. 신약 전체에서 성취 언어가 빈번하게 나타난다는 점으로 볼 때 신약의 저자들은 모두 하나님의 뜻과 목적이 그리스도 안에서 최종적 완성에 도달하였다는 확신을 공유하고 있다는 것을 보여준다.[755] 결국 바울은 '이루다'는 독특한 동사를 사용할 때 그리스도의 오심으로 종말론적인 완성의 때가 도달함으로써 율법에 나타난 하나님의 뜻도 이제 그리스도 안에서 온전히 성취될 수 있게 되었다는 것을 나타내려고 한다.[756] 둘째로, 바울은 아마도 '이루다'는 동사가 지니고 있는 '애매성'(ambiguity) 때문에 그것을 특별히 선정한 것으로 보인다. '온 율법이 한 계명에 이루어진다'

---

754) Barclay, *Obeying the Truth*, 139ff.
755) C.F.D. Moule, "Fulfilment-Words in the New Testament: Use and Abuse," *NTS* 14(1967-8), 293-320.
756) Barclay, *Obeying the Truth*, 140; cf. J.C. Fenton, "Paul and Mark," in *Studies in the Gospels*, ed. D.E. Nineham, Oxford 1955, 98-112.

고 말함으로 나머지 계명들의 위치가 불분명해진다. 바클레이(J. Barclay)가 지적한대로, "성취라는 말은 율법을 행한다 또는 지킨다는 술어들에 함축되어 있는 엄밀함의 의미를 전해주지 않으면서도 율법의 요구들을 만족시킨다는 강한 인상을 전달해 준다".[757] 웨스터홀름(S. Westerholm)도 비슷한 결론에 도달한다: "바울에 있어서 그리스도인들이 율법을 '성취한다'고 말하고 그들의 행위가 율법 전체의 '실제' 의도를 온전히 만족시킨다고 주장하는 것은 중요하다. 반면에 그것은 술어의 애매성을 허용함으로써 어떤 개별 요구들이 '행해지지' 않았다는 반대자들의 주장을 누그러뜨리는 역할을 한다".[758]

결과적으로 5:14의 진술은 바울의 논의에서 어떤 기능을 가지고 있는가? 여기서 바울은 그리스도인들이 '율법에 대해서 죽었다'고 말했음에도 불구하고 율법의 도덕적 표준들이 성령을 좇는 삶에서 온전히 실현되고 계승된다는 점을 보여주는 데 관심을 가졌음을 시사해 준다. 믿음과 성령을 따르는 그리스도인의 삶은 율법을 일일이 계율적이고 율법적으로 지키지는 않아도 결코 율법의 본질적 내용과 대립되지 않고 도리어 그것을 계승하고 성취하는 삶이다. 바울이 이처럼 애매한 언어를 선택한 것은 율법의 시대가 지나갔다고 선언하면서도 동시에 그 본질적 정신이 복음의 정신에서 승화되어 계승되었다고 말할 수 있도록 허용해 주는 유일한 해결책이었던 것으로 보인다. 따라서 율법과 관련해서조차도 옛 시대와 새 시대 사이에는 날카로운 불연속성이 존재할 뿐만 아니라 '연속성'도 존재한다.

15. 만일 서로 물고 먹으면 피차 멸망할까 조심하라

대화체 형식을 따라 바울은 갈라디아인들에게 풍자적인 경고를 덧붙인다. 서로 '물고 먹는' 동물 같은 행위는 방금 14절에 언급된 상호

---

757) Barclay, *Obeying the Truth*, 140.
758) Westerholm, "On Fulfilling the Whole Law(Gal 5.14)," ***SEA*** 51-2(1986-7), 235.

간의 사랑과 대조를 이룬다(δέ 참조). 갈라디아인들의 악행을 야생 짐승들의 행위에 비교한 것은 헬레니즘 시대의 대화체 문헌에서 흔하게 나오며 신약에서도 그러한 실례들을 찾을 수 있다(빌 3:2; 마 7:15; 눅 13:32; 벧후 2:22). 바울은 의도적으로 과장된 표현들을 사용한다. '물어뜯다'(δάκνω), '먹어치우다'(κατεσθίω) 같은 동사들은 야생 짐승들의 싸움에서 흔히 사용된다. 짐승처럼 이렇게 물고 뜯어 먹으면 피차 '멸망한다'(ἀναλωθῆτε). 마지막 이 헬라어 동사는 '소멸하다', '파괴하다'(ἀναλίσκω)는 동사에서 나온 '결과적 부정과거'(resultant aorist)이다. 조건절은 직설법 동사와 '에이'(εἰ)로 구성되어 있기 때문에 사실적 조건을 뜻한다고 볼 수 있다. 그렇다면 바울은 갈라디아인들 중에 자행되는 어떤 구체적인 갈등과 분쟁을 염두에 두고 있는 것으로 보인다.[759] 5:19f의 악목들 중에서 분쟁 상황에서 야기되는 죄들이 많이 거론되고 있고, 특히 5:15과 5:26에 언급된 적대 행위와 시기심에 대한 직접적인 경고들을 위의 사실을 함께 놓고 이해하면 갈라디아 교회 내에서 발생한 분쟁의 상황을 가리키는 것이 분명하다. 하지만 유대주의자들의 선동적 행위 때문에 이런 분쟁이 생겼는지 아니면 그들이 갈라디아인들의 분쟁을 이용하여 선동적 행위를 했는지는 분명치 않다. 갈라디아서의 전체 맥락에서 볼 때는 후자가 타당한 것으로 보인다. 갈라디아인들은 분쟁으로 인해 누가 옳고 그른지 판단할 수 없는 도덕적 혼란에 빠졌고, 유대주의자들은 이런 틈을 타고 들어와서 그들의 도덕적 혼란을 치유할 수 있는 유일한 해결책은 율법의 지도를 받는 것이라고 주장했을 수도 있다.[760] 분열된 교회는 새로운 신분과 새로운 행위 지침을 제시하는 선동자들의 주장에 빠져들 가능성이 더 많은 것이 사실이다.[761]

---

759) *Contra* Betz, *Galatians*, 277. 갈라디아 교회 내에 분쟁의 상황을 인정하는 학자들은 많다: Furnish, *Theology and Ethics*, 84-6; Oepke, *Galater*, 171; Mussner, *Galater*, 373f; Bruce, *Galatians*, 250, etc.

760) Longenecker, *Galatians*, 244.

761) Barclay, *Obeying the Truth*, 153f. 그는 교회의 분쟁과 개종자를 만들려는 선동자들의 노력 사이의 관계가 복잡할 수도 있다고

2) 성령은 육체를 극복함(5:16-24)

16. 내가 이르노니 너희는 성령을 좇아 행하라 그리하면 육체의 소욕을 이루지 아니하리라

바울의 윤리적 권면은 이제 갈라디아인들이 진지하게 생각해야 할 중심적인 이슈에 도달한다. 문장 초두의 '내가 이르노니'(*λέγω δέ*)란 소개 문구는 그가 이제 막 중요한 진술을 하려고 한다는 사실을 표시해 준다. 문장은 두 부분으로 되어 있다. 첫 번째의 것은 '성령을 좇아 행하라'는 권면이고 두 번째의 것은 '그리하면 육체의 소욕을 이루지 아니하리라'는 약속이다. 본절의 내용은 5:17-24에서 자세히 부연설명되고 5:25에서 다시 권면되며 5:26-6:10에서 갈라디아 교회의 상황에 직접 적용된다.

먼저 우리가 살필 것은 '성령을 좇아 행하라'(*πνεύματι περιπατεῖτε*)는 명령이다. 이 명령은 윤리적 권면 부분의 핵심적인 내용을 반영하며, 따라서 그리스도인의 생활에 대한 바울의 이해를 정의해 주고 있다. 그는 '성령으로 시작하였다가 이제는 육체로 마치려는'(3:3) 갈라디아인들의 어리석음을 앞서 비판한 적이 있다. 그들이 처음에 성령을 받음으로 하나님의 자녀가 되었다면 끝까지 성령으로 살아가야 마땅하다. 갈라디아인들은 복음을 믿음으로 성령을 경험하였고 아브라함의 가족이 되었다(3:2,5,6-7). 그들은 할례와 음식법 율법 준수와 같은 율법의 행위들을 지키지 않았어도 단지 믿음으로만 성령을 경험했고 아브라함의 자손이 되었다. 그렇다면 그들의 경험 자체도 아브라함의 자손의 성격을 규정하는 요소가 율법의 행위가 아니라는 믿음과 성령이라는 것을 분명히 해준다. 바울의 사상에서 믿음과 성령이 서로 상관된 개념들이라는 것을 고려할 때 아브라함의 자손은 결국 성령의

주장한다. 어떤 것이 먼저 진행되었는지 알 수 없을 만큼 분쟁을 일으키려는 마음과 선동자들의 노력이 원인과 결과를 구분할 수 없을 정도로 얽혀 있을 수 있다는 것이다.

사역에 자신의 존재와 삶을 근거시키는 사람들이다. 따라서 갈라디아인들이 성령을 받음으로 하나님의 백성이 되었다면 이제 마땅히 '성령을 좇아 행하여야' 한다.

'행하다'로 번역된 헬라어 동사(***περιπατέω***)는 '걸어가다'는 뜻을 담고 있고, 바울서신이나 요한서신에서 '살다', '처신하다'는 회화적 의미로 자주 나타난다.[762] 이런 식의 용법은 사실 구약에서 '걷다', '살아가다'는 뜻의 술어로 되풀이하여 사용되는 히브리어 단어 '할라크'(הלך)에서 파생되어 나온 것이다. 칠십인경에서 그것은 보통 '걷다'는 뜻의 두 동사로(***περιπατέω, πορεύομαι***) 번역된다. 흥미로운 것은 랍비들의 윤리적이며 사회적인 모든 법률을 일반적으로 지칭하는 '할라카'란 술어도 여기서 파생되어 나왔다는 사실이다. 바울은 전통적인 이 술어를 사용하여 그리스도인의 삶을 묘사한다. 그리스도인의 행위와 삶을 특징화하는 결정적인 요소는 '성령을 좇아' 행하는 것이다. '성령을 좇아'(***πνεύματι***)로 번역된 명사는 기원과 도구적 여격 표현이다. 그렇다면 그리스도인은 성령에 의해서 살아가는 사람이다(5:16,18). 현재 명령형은 어떤 행위를 지속할 것을 권면하는 뜻이 있기 때문에 그것은 갈라디아인들이 이미 하고 있던 것을 계속 행해야 한다는 것을 시사한다. 그들은 회심 때에 성령의 새로운 실재를 경험했기 때문에 이제 그 실재 속에서 그들의 삶을 계속 살아가야만 한다.

그렇게 할 때 그들은 '육체의 소욕을 이루지 아니할 것이다'(***καὶ ἐπιθυμίαν σαρκὸς οὐ μὴ τελέσητε***). 권면에 붙여진 이 약속의 구조는 부정과거 가정법과 이중 부정어(***οὐ μὴ***)로 되어 있기 때문에 미래에 대한 확실한 부정을 함축한다.[763] 갈라디아인들이 성령의 인도하심과

---

762) Cf. 롬 6:4; 8:4; 13:13; 14:15; 고전 3:3; 7:17; 고후 4:2; 5:7; 10:2,3; 12:18; 엡 2:2,10; 4:17; 5:2,15; 빌 3:17,18; 골 2:6; 3:7; 4:5; 살전 1:12; 4:1,12; 요일 2:6; 요이 4,6; 요삼 3 4. 바울서신에 이렇게 광범위하게 나오는 이 단어는 그러나 5:16에서밖에 나오지 않는다.

763) *BDF*, section 365; cf. Burton, *Syntax of the Moods and Tenses*

능력에 순종하기만 한다면 그들은 육체의 소욕을 확실하게 이루지 않게 될 것이다. 바울은 그가 제안하는 도덕적 지침에 대해서 이보다 단순 명확하게 자신의 확신을 표현할 수 없었을 것이다. 귓전을 울리는 이 확신은 특별히 율법 중심적인 생활을 받아들일 것을 요구하는 선동자들의 활동의 맥락에서 볼 때 아주 두드러진다. 이미 위에서 살핀 대로 유대주의적 선동자들은 분쟁 상황에 빠진 갈라디아 교회에 들어와서 그들이 직면하고 있는 도덕적 혼란을 치유할 수 있는 효과적 방책이 토라의 교훈들을 받아들이는 길이라고 설득했을 것이다(5:14). 사실 갈라디아 신자들 간의 내분과 이전투구의 싸움은 그들 속에 침투한 유대주의자들의 선동적 활동으로 인해 악화된 것이다. 바울은 따라서 유대주의자들의 율법 중심적인 선동 활동들뿐만 아니라 그로 인해 악화 일로에 있는 갈라디아인들의 내분과 싸움을 '육의 징후들'로 간주하고 있음이 분명하다.[764] 왜냐하면 앞 절의 '서로 물고 먹는' 이전투구의 싸움이 바로 '육체의 소욕들' 중의 하나이기 때문이다. 만일 율법 아래 살고자 하는 삶이 갈라디아인들에게 육신적인 분쟁과 싸움만을 조장했다면, 선동자들의 주장처럼 율법 아래 있는 삶은 육체의 소욕들을 치유할 수 있는 효과적인 처방이 될 수 없다. 도리어 본절에서 말하는 대로 성령을 좇아 행하는 삶만이 육체의 소욕을 치유할 수 있는 가장 확실한 방책이 될 것이다. 바울의 이 확신은 다음 17절의 의미를 해석해 주는 데 결정적인 역할을 한다.

17. 육체의 소욕은 성령을 거스리고 성령의 소욕은 육체를 거스리나니 이 둘이 서로 대적함으로 너희의 원하는 것을 하지 못하게 함이니라

여기서 성령과 육체는 서로 정면으로 대립되는 이원론적인 원리인 것처럼 보인다. 영육 이원론은 이미 신학적 변증 부분에서 주도적인

in New Testament, Edinburgh 1894, section 172.

764) Barclay, *Obeying the Truth*, 153f,208.

개념이었다. 갈라디아인들은 처음 회심 때에 복음을 믿고 '성령으로 시작하였는데' 이제 그들은 율법의 행위들을 받아들이려고 함으로써 '육체로 마치려고' 하는 어리석음을 범하고 있다(3:3). 사라의 아들 이삭은 '성령을 따라 난' 자인 반면 하갈의 아들 이스마엘은 '육체를 따라 난' 자이다(4:29). 이러한 구절들은 바울의 영육 이원론이 단순히 인간론적인 구조가 아니라 구원사의 두 흐름을 설명해 주는 신학적인 구조라는 것을 시사해 준다. 구원사는 이스마엘과 같이 육체를 따라 났으며 시내산의 모세 언약에 의존하는 사람들과, 이삭과 같이 약속과 성령을 따라 났으며 그리스도의 복음에 의존하는 사람들로 구성된 두 줄기의 흐름을 보여준다. 전자는 유대인의 혈통, 조상들의 유전, 인종적 배타주의 같은 인간적인 삶의 유형들에 의존하는 사람들이지만, 후자는 하나님의 약속, 성령의 사역, 은총과 믿음에 의존하는 사람들이다. 따라서 신학적 변증 부분에 나타난 영육 이원론은 이렇게 구원사적 구조 속에서 이해되고 있기 때문에 그것을 단순히 인간론적 구조로만 이해해서는 안된다.[765]

바울의 영육 이원론을 인간론적인 구조에서 배타적으로 살핀 사람은 불트만이었고 그의 사상은 후대의 많은 학자들에게 큰 영향을 미쳤다. 불트만(R. Bultmann)은 '육'의 개념을 다루는 글에서 '싸륵스'(σάρξ)란 창조주 하나님과 관계없이 살아가려고 하는 인간의 타락한 죄성을 가리킨다고 보았다. 그래서 "궁극적인 죄(원죄)란 삶을 창조주의 선물로 보지 않고 그것을 자신의 능력으로 확보하려는, 하나님을 의지하기보다는 자신을 주장하는 거짓된 가정으로 나타난다".[766] 그러면 바울이 왜 갈라디아서에서 유대인들의 종교적인 엄격한 삶이나 이방인들의 무법한 방종을 모두 육신에 속한 행위들로 묘사하였는가? 갈라디아서 5장의 '정욕들'과 '소욕들'이 육체적인 이유는 그것들이

765) 영육 이원론에 대한 현대적 분석에 대해서는 Barclay, *Obeying the Truth*, 191-209를 보라. 이후의 분석은 주로 그의 입장을 따른 것이다.
766) Bultmann, *Theology of the New Testament* I, 232.

자기를 추구하는 육체적 감성(Selbsucht)을 반영하고 자신의 힘으로 자신의 목적을 추구하려는 삶을 나타내기 때문이라는 것이다. 마찬가지로 율법을 열정적으로 추구하는 것도 하나님의 은총을 의지하기보다는 자신의 힘으로 하나님 앞에서 의를 확보해 내려는 자기주장적 행위이기 때문에 육신에 속한 행위들이다. 불트만은 자신의 이러한 이해를 뒷받침하기 위해 육체를 신뢰하고(빌 3:3-7) 율법을 통해 자신의 의를 세우려는(빌 3:9; 롬 10:3) 유대인들의 자랑에 호소한다.[767] 그러나 유대 종교를 자신의 성취로 의를 세우려고 하는 종교로 이해하려는 불트만의 입장은 최근에 강한 비판을 받고 있고, 우리는 안디옥 사건에 대한 설명에서(2:11-21) 율법의 행위에 대한 바울의 비평이 자신의 공적으로 구원을 확보하려는 시도에 대한 것이 아니고, 구원은 유대민족의 특권이기 때문에 이방 기독교인들이 유대교의 개종자가 되어야 한다는 선민적 배타주의에 대한 것이라는 점을 살핀 적이 있다.[768] 더욱이 불트만의 분석은 실존주의 철학에 깊이 물들어 있어서 바울의 메시지를 결정적으로 왜곡시키는 경우가 많다. 그 가장 결정적인 결과는 너무 '개인'에게만 일차적인 관심을 기울인다는 사실이다. '육'과 '영'은 개인의 자기이해와 관련해서만 정의되기 때문에 그것들은 자신에 대한 왜곡된 또는 참되지 못한 관계와 그리고 자신에게 개방되었거나 개방되지 못한 가능성들을 지칭하는 실존주의적 술어들이 되어버렸다. 심지어 성령의 선물도 '미래의 능력', '자신의 옛 자기이해를 포기한 자에게 열려진 참된 인간적 삶의 새로운 가능성'이 되어버렸다.[769]

물론 바울의 인간론의 개인적 함축을 부인할 수는 없지만 우리는 바울의 영육 이원론의 지평이 이런 식으로 실존주의적으로 좁게 이해

767) Bultmann, *Theology of the New Testament* I, 239-243.

768) N.T. Wright, "The Paul of History and the Apostle of Faith," *TynB* 29(1978), 61-88; *The Messiah and the People of God,* unpublished Oxford D. Phil. thesis 1980; E.P. Sanders, *Paul, the Law and the Jewish People.*

769) R. Bultmann, *Theology of the New Testament* I, 335,336.

되는 것에 의문을 품지 않을 수 없다. 불트만의 이러한 약점을 타개하고 영육 이원론을 우주론이고 종말론적인 폭넓은 문맥에서 이해하려고 시도했던 사람은 그의 제자 케제만이었다. 그는 불트만이 개인의 실존을 강조하는 19세기 이상주의적 철학의 희생자가 되었다고 비평하면서 바울은 개인을 결코 고립된 단위로 보지 않는다고 주장한다. 인간 실존은 그가 속해 있는 우주 질서의 관점에서만 근본적으로 파악될 수 있다. 이것은 인류가 항상 묵시적이며 우주적인 세력들의 갈등과 싸움에 붙잡혀 있다는 것을 의미한다.[770] 케제만은 영육 이원론도 이러한 맥락에서 접근한다. '영'과 '육'이란 술어들은 개별 인간의 실존 현상을 나타내기보다는 그를 밖에서 규정하고 그를 소유하며 이원론인 세력들이 갈등하는 두개의 영역들 중에서 한 영역에 귀속될 수밖에 없는 존재 양식을 가리킨다. 따라서 '육'은 세상에 의해서 규정된 인간의 세상성을 가리킨다. 인간 존재가 육일 수밖에 없는 것은 그가 육의 세계에 넘겨져서 그 세상을 섬길 수밖에 없기 때문이다. 그러나 세상은 본질적으로 창조주 하나님과 유리되어 악의 세력들이 활동하는 영역이기 때문에 '육'은 귀신적인 성격을 띨 수밖에 없다. 케제만의 이러한 견해들은 큰 논쟁을 불러일으키기는 했지만, 그가 묵시적인 전망을 강조하고 육과 영을, 인간 실존을 '밖에서' 규정하는 묵시적이고 우주론적인 세력들로 이해한 것은 최근의 학자들 간에 큰 반향을 불러일으켰다. 그러나 그는 여전히 몇 가지 중요한 점에서 그의 스승 불트만의 실존주의적 전망을 넘겨 받고 있기 때문에 한계를 면치 못하고 있음도 사실이다.

갈라디아서의 신학 사상적 구조를 주도하는 것은 역시 우리가 위에서 살핀 대로 영육 이원론이다. 이러한 이원론은 때로 구약에서나(창 6:2-3; 사 31:3), 후대의 유대교 문헌에서(Sap Sol 7:1-7; 4 Macc 7:13-14; Philo와 Qumran의 문헌), 그리고 바울 이전 기독교에서(롬

770) E. Käsemann, "On the Subject of Primitive Christian Apocalyptic," *New Testament Questions of Today* (1969), 131-137.

1:3-4; 딤전 3:16; cf. 막 14:38) 나온다.[771] 그러나 갈라디아서의 영육 이원론과 이 구절들 사이에 존재하는 중요한 차이점은 그가 그것을 묵시적인 전망의 틀 속에서 사용하고 있다는 점이다. 여기서 케제만의 통찰력은 근본적으로 중요하다. '영'(πνεῦμα)은 단순히 인간론적 실재나 영적인 영역을 지시하는 술어가 아니고, 그것은 새 시대를 나타내는 종말론적인 징표이며 새로운 창조 질서 속에서 그리스도의 주권을 세우는 능력이다. 이와는 반대로 '육'(σάρξ)은 새 창조와 대립되는 '세상'과 '이 악한 세대'에 관련을 맺고 있다. 따라서 육이 부정적 뉴앙스를 띠게 된 것은 바로 이 묵시적 이원론 때문이다. 현 세대가 악한 세대인 것처럼(1:4), 육도 역시 기껏해야 부적절한 것이든지 철저하게 죄로 물들어 있다. 현 세대를 지배하는 육의 세력에 종지부를 찍고 새로운 종말론적인 시대를 도래시킨 사건은 바로 십자가 사건이었다(5:24).

이와 관련하여 바클레이(J. Barclay)의 적절한 관찰은 주목받을 만하다: "바울이 영육 이원론을 묵시적 주제들과 관련하여 채용하는 방식을 살필 때 십자가 상에서와 성령의 선물에서 현현된 신적인 활동과 대조적으로 σάρξ는 '단순히 인간적인 것'을 나타낼 뿐이다".[772] 이것은 바울의 다른 서신들 중에서도 확증된다. 고린도인들이 시기와 분쟁을 일삼아 육신에 속한 사람이 된 것은 그들이 '사람을 따라 행하는' 삶을 살기 때문이다(고전 4:23). 이스마엘이 육체를 따라 난 것은 그가 인간적인 혈통을 따라 났다는 것을 의미한다(4:29). 바울이 바리새인 시절에 '조상들의 유전'에 열심을 내어 하나님의 교회를 핍박하였으나 다메섹 도상의 신적인 계시에 비교할 때 그것은 인간적인 전승에 불과하다. 육체를 따라 난 이스마엘이 현재 불신앙하는 이스라엘 백성과 유대교를 지칭한다면, 유대교는 인간적인 혈통에 근거한 종교

771) 이들 구절에 대해서는 E. Schweizer, "Röm 1.3f und die Gegensatz von Fleisch und Geist vor und bei Paulus," *EvTh* 15(1955), 563-571를 보라.
772) Barclay, *Obeying the Truth*, 206.

일 뿐이며 유대인들은 인간적 혈통에 의지하는 사람들일 뿐이다. 그리고 4:21-31에서 채용된 알레고리는 약속과 성령이라는 신적인 활동에 의존하는 기독교는 단순히 육신적 혈통과 인간적 전승에 붙잡혀 있는 유대교보다 훨씬 우월하다는 것을 보여준다. 결론적으로 이방인들이 행하는 육체의 일들은 하나님과 관계없이 행해지는 단지 인간적인 행위 유형들이며, 유대인들의 율법준수는 육신적 혈통, 조상들의 유전, 선민적 배타주의 같은 인간적인 사회적 실재들에 기초한 단순히 인간적인 삶의 방식에 불과하다. 바울이 이러한 결론에 도달하게 된 것은 그리스도 안에서 새로운 종말론적인 신적 질서가 도래했다는 인식 때문에 가능했다.

영과 육이라는 묵시적인 세력들은 인간 개인의 실제적 삶에도 깊은 영향력을 발휘한다. 하지만 이들 세력들은 서로를 좌절시키고 패배시키는 이원론적인 세력들인가? 본절을 얼핏 보면 영과 육의 갈등과 싸움은 이원론적인 세력 간의 갈등인 것처럼 보인다. 왜냐하면 이들 세력은 인간의 마음을 전쟁터처럼 삼아서 서로 대적함으로(ἀντίκειται) 신자들이 '원하는 것을'(ἃ ἐὰν θέλητε) 행하지 못하게 하기 때문이다. 현재 시제인 '대적하다'는 동사는 두 실재들 사이의 계속되는 싸움을 묘사해 준다. 그러면 '너희가 원하는 것'(ἃ θέλητε)이란 표현은 정확하게 무엇을 가리키는가? 문법적으로 볼 때 그것은 육체의 소욕을 가리킬 수도 있고 성령의 소욕을 가리킬 수도 있다. 하지만 바울은 신자의 마음을 전쟁터로 보기 때문에 그것은 두 가지 가능성을 동시에 가리킨다.[773] 갈라디아 신자들은 육체의 소욕을 원하기 때문에 성령의 소욕을 대적할 수도 있고 이와는 반대로 성령의 소욕을 따르기를 원하기 때문에 육체의 소욕을 대적할 수도 있다. 인간은 이 두 가지 존재방식들 중간에 중립적으로 서 있을 수 없다. 하지만 이들 두 세력들이 서로 대적하게 되면 어떤 결과를 초래하는가? 육체의 소욕이 이기는가, 아니면 성령의 소욕이 승리하는가? 또는 이들 두 세력들은 서로

773) Bruce, *Galatians*, 244f.

패배시키고 좌절시키는 이원론적인 세력들인가? 이에 대한 해석은 목적절을 어떻게 해석하며 그 해석 결과를 5:16의 진술과 어떻게 조화시킬 수 있는가에 달려 있다. 난해한 이 목적절에 대한 해석은 전통적으로 세가지로 구별된다.

첫째로, 17절은 육체가 성령의 소욕을 따르려는 신자의 소원을 좌절시키는 육과 영의 갈등을 표현해 준다.[774] 이 견해를 뒷받침하는 가장 강한 주장은 본절의 갈등이 로마서 7:14-25의 것과 평행을 이룬다는 것이다. 하지만 본절은 로마서 7:14-25과 아주 다르며,[775] 이 해석은 갈라디아서 5:16에 표현된 강한 확신의 논조를 제대로 설명해 주지 못한다. 만일 바울이 성령 안에서의 삶을 육와 영 사이의 엎치락 뒤치락하는 갈등과 좌절의 삶으로 묘사했다면, 그의 제안은 결코 토라에 대한 순종만이 육신의 세력을 극복할 수 있는 유일한 해결책으로 간주했던 유대주의자들의 선동을 무너뜨리기에 너무 빈약한 제안이었을 것이고, 그러한 제안은 오히려 유대주의자들의 반박을 야기시키고 말았을 것이다. 그리고 만일 바울이 육체가 계속해서 성령의 소욕들을 좌절시키고 있음을 인정했다면, 성령 안에서 행하라는 그의 윤리적 대안을 제시할 필요가 도대체 어디에 있는가! 그것은 바울 자신이 스스로의 논거를 무너뜨리는 것이다.

둘째로, 17절은 서로를 좌절시키거나 또는 그렇게 하려고 시도하는 두 이원론적인 세력들로서 영과 육의 갈등을 표현해 준다.[776] 목적절의

---

774) R.A. Cole, *Galatians*, 158; Lightfoot, *Galatians*, 207; Ridderbos, *Galatians*, 203-4; Borse, *Galater*, 195-6; P. Althaus, "'Das ihr nicht tut, was ihr wollt'. Zur Auslegung von Gal 5,17", *TLZ* 76(1951), 15-18; Dunn, "Rom 7,14-25 in the Theology of Paul," *ThZ* 31(1975), 257-273.

775) 로마서의 이 구절에 대한 해석으로는 이한수, 「그리스도인과 성령」, 총신대출판부 1991, 183ff를 참조하라.

776) C.J. Ellicott, *Galatians* (1985), 115; Burton, *Galatians*, 300-302; Oepke, *Galater*, 174-5; Schlier, *Galater*, 249-50; Mussner, *Galater*, 377-8; Betz, *Galatians*, 279-281.

'히나'를 결과적인 의미로 해석하게 되면 육과 영이 서로 대적한 결과로 갈라디아인들이 원하는 것을 행할 수 없게 되었다는 식의 의미가 되고, 그것을 목적적인 의미로 해석하면 영과 육이 서로 대적하는 것은 그들이 원하는 것을 행하지 못하게 하려는 것이라는 식의 의미를 갖게 된다. 이 해석은 '너희가 어떤 것을 원하든지'(ἃ ἐὰν θέλητε)란 문구를 잘 설명해 주고 서로 대적한다는 진술을 강조해 주는 장점이 있다. 하지만 이 견해도 앞서 지적했던 동일한 문제점에 빠지게 된다. 왜냐하면 이런 식의 이원론적인 대립과 갈등은 5:16의 확신의 논조 뿐만 아니라 유대주의자들의 도전에 직면하여 성령의 충족성을 논증하려는 바울의 의도와도 전혀 어울리지 않기 때문이다.[777] 이 견해를 추종하는 대부분의 학자들은 따라서 본절이 비성숙한 그리스도인의 삶을 묘사한다는 이상한 결론에 빠졌다.

셋째로, 17절은 육체의 소욕을 좌절시키려는 목적을 지니거나 또는 그러한 결과로 나타나게 되는 육과 영의 갈등을 표현해 준다.[778] 이 견해는 확신의 논조를 말하는 전후 문맥과 잘 어울리는 장점을 지니고 있다. 하지만 그것은 '너희가 원하는 것'을 '육체가 원하는 것'으로 제한시키는 단점이 있다. 왜냐하면 위에서 지적한 대로 이 문구는 육체의 소욕과 성령의 소욕을 동시에 표현해 주는 문구이기 때문이다.

필자는 이들 해석들 중의 어떤 특정한 것을 따르지 않지만 그 장점들을 취사 선택하고자 한다. 던(J.D.G. Dunn)은 정상적인 기독교인의 삶을 계속되는 실패와 좌절의 삶으로 그리려는 그의 시도에 맞추어서 17절 하의 '히나'(ἵνα)를 목적적 의미로 해석하지 않고 결과적 의미로

777) Mussner, *Galater*, 377-8은 엎치락 뒤치락 하는 이 싸움을 긍정적인 의미로 해석한다. 결국 두 세력들이 서로 비슷비슷한 세력들이라면 인간은 어느 쪽도 선택할 수 있는 진정한 자유를 지닌다는 것이다. 하지만 이런 결론은 바울의 결론적 문구와 정반대되는 것을 말할 뿐이다!

778) E. Schweizer, *TDNT* 6, 429; D. Wenham, "The Christian Life: A Life of Tension?" *Pauline Studies*, 80-94.

해석하였다. 육과 영이 서로 대적함으로써 그 결과로 인간의 의지는 그 의도들을 실행함에 있어서 계속적인 좌절을 경험한다. 던의 해석은 따라서 위의 첫 번째 견해에 가깝다. 하지만 상당수의 학자들의 견해를 따라서 17절 하를 좀 약한 의미로 해석하는 것이 더 낫다고 생각된다. 왜냐하면 5:16,18이 표현하는 확신의 논조에 비추어 볼 때 17절 하의 목적절은 풀리지 않는 긴장된 '실제 상황'을 나타내기보다는 그리스도인의 삶에 존재하는 영육 간의 '갈등 경향'을 나타낼 뿐이기 때문이다.[779] 근접문맥은 성령께서 충분한 도덕적 방향과 육체를 극복하는 힘을 제공해 준다는 것을 분명히 밝혀주고 있다(5:16,18). 육체는 기독교인의 자유를 위협할 수는 있지만(5:13) 신자들이 성령에 순종하기만 하면 육체의 세력들을 충분히 극복할 수 있다. 성령 안에서 승리의 생활이 가능한 것은 그리스도께서 십자가 위에서 단번에 육체의 세력을 처리하였고(5:24) 그들이 그리스도 안에서 육신의 세력보다 더 강력한 성령의 지배 아래 살아가기 때문이다(5:18). 이러한 확신의 논조는 바울의 다른 서신들 속에서도 발견된다(롬 6:14; 7:6; 8:2-4,31-39).[780] 갈라디아인들은 바울이 기독교인의 자유를 말하고 성령을 좇아 행하라고 말할 때 두려워해서는 안된다. 왜냐하면 자유를 말하고 성령 안에서의 생활을 말한다고 해서 그들이 아무런 도덕적 방향이나 도움도 없이 내버려진 것이 아니기 때문이다. 성령을 의지하는 그리스도인의 삶은 불가피하게 이 악한 세대 속에서 육체와의 전쟁에 참여하지 않으면 안되지만, 그는 지금 종말론적인 새 시대의 징표인 성령의 인도를 받고 있다. 만일 성령이 육체의 세력을 극복하지 못한 지루한 싸움만을 하게 한다면 그것은 결코 바울이 기대하던 종말론적인

---

779) R. Jewett, *Paul's Anthropological Terms* (1971), 106; D. Wenham, "The Christian Life: A Life of Tension?", 83. 전쟁 이미지가 사용된 것은 두 세력들이 서로 대등하게 균형을 이루고 있음을 보여주려는 것이 아니고 그들이 이미 육체를 대적하는 모종의 행위 형태(즉 성령)에 관여하고 있음을 보여주려는 것이다(*pace* Burton, *Galatians*, 302; Mussner, *Galater*, 377-8).

780) 이한수, "성령 안에서의 생활: 승리의 삶인가, 실패의 삶인가(롬 7:14-25)?" 「그리스도인과 성령」, 총신대출판부 1991, 208-227.

새 시대의 본질이 아니다. 따라서 우리는 17절이 육과 영 사이에 벌어지는 단순한 싸움의 경향을 묘사할 뿐이며, 그 실질적인 내용은 16,18,24절에 담긴 확신의 논조에 따라 해석되어야 한다고 본다.

18. 너희가 만일 성령의 인도하시는 바가 되면 율법 아래 있지 아니하리라

후접사 '데'(*δέ*)는 대조의 의미는 없고 13-18절의 주제 진술들에 한 가지 사상을 덧붙이는 단순한 연결사 역할을 한다. 앞절에서는 주로 성령이 육체의 세력을 타개할 수 있는 '능력'(power)이 되신다는 관점에서 말해왔다면, 본절에서는 이제 성령이 구체적인 상황에서 특정한 행동을 하도록 지시하고 안내하는 규범적 기능을 가지고 있다는 것을 밝히고자 한다. 조건절의 구조는(*εἰ*와 직설법) 기본적으로 사실적 조건을 제시한다. 갈라디아인들은 이미 복음을 듣고 믿음으로써 성령을 경험했고(3:2-5) 하나님의 자녀가 되었다(3:26-4:7). 따라서 그들이 성령의 인도하심을 받는 것은 아직 실현되지 않은 미래의 조건이 지금 실현된 현실적 조건이다. 바울은 로마서에서 성령의 인도함을 받는 자마다 다 하나님의 자녀라고 말하였다(롬 8:13-14). 하나님의 자녀의 주된 특징은 '성령의 인도함을 받는'(*πνεύματι ἄγεσθε*) 것이다. 16절에서는 성령을 좇아 '행하라'는 현재 능동태 명령형 동사가 사용되었는데 18절에서는 성령의 '인도함을 받는다'는 현재 수동태 동사가 사용된 것이 주목을 끈다. 이것은 신자의 책임 있는 삶이 성령의 주도적 행위에 대한 반응이라는 것을 말해준다. 그가 일상적인 구체적 상황에서 무엇이 옳고 그른지 결정하고 그것을 행위로 옮기기 위해서는 성령의 인도하심이라는 인식론적인 과정이 선행되어야 한다. 신자는 이제 성령의 감동을 받는 그의 도덕적 의식에 따라서 하나님의 뜻을 인식할 수 있나. 신 의지에 대한 이 지식은 순전히 사변적인 것이 아니고 '아게스떼'(*ἄγεσθε*) 동사가 시사해 주듯이(살 5:18; 롬 8:14) 성령의 내적인 충동을 동반한다. 이러한 내적 충동은 윤리적 방향성을 결여한 맹목적인 세력이 아니고 구체적인 상황에서 하나님의 뜻을 인지하게 하고 안내해 주는 인격적 세력이다. 따라서 성령의 기능은 그리스도인들을 구체적 상황에서 특정한 행동을 하도록 인도하는 규범적 역할을 지닌다.

옛 시대에서 유대인들은 율법의 교훈을 받고 필요할 때마다 관계 있는 조항을 참조함으로써 그들은 그들의 일상적 사건들을 검토하고 무엇이 옳은지 '시험해 볼'(**δοκιμάζεις**) 수 있었다(롬 2:18f). 이 헬라어 동사는 윤리적 판단을 지칭하는 의미로 바울서신에서 상대적으로 자주 나타난다(롬 2:18f; 12:2; 14:22; 엡 5:10; 빌 1:10; 살전 5:21f). 바레트(C.K. Barrett)는 그것을 '시험해 보고 그것이 보장하면 인정한다'는 뜻으로 번역한다.[781] 그렇다면 로마서 2:18은 옛 시대에 유대인들이 모세의 토라를 일상적인 윤리적 판단의 기초로 삼았다는 것을 분명히 말해 준다. 하지만 그리스도인에게 있어서 하나님의 뜻을 판단하는 능력은 율법이나 외적인 계율들에 기초한 것이 아니고 성령의 인도하심에 있다. 행위의 안내자로서의 율법의 이전 기능들은 이제 성령으로 대체되었다. 성령은 신자의 마음을 새롭게 하여 그를 새로운 존재로 변화시키며 그가 일상적인 상황 속에서 바른 윤리적 판단을 내릴 수 있도록 지도하시는 분이시다(롬 12:2). 그래서 바울은 본절 후반부에 신자가 성령의 인도하심을 받고 있다면 그는 '율법 아래 있지 않다'(**οὐκ ἐστὲ ὑπὸ νόμον**)고 말한다. 이 표현은 본절의 문맥에서 판단할 때 신자들은 종말론적인 새 시대에 성령의 구체적인 지시와 안내를 받기 때문에 옛 시대를 지배하던 율법의 지시와 지도 아래 있지 않다는 뜻을 갖는다. 물론 율법 아래 있는 삶이란 갈라디아서의 보다 폭 넓은 문맥에서 볼 때 유대주의자들에 의해 옹호되던 언약적 신율주의의 삶을 지칭한다. 그들은 도덕적 혼란에 빠져 있는 갈라디아 교회에 침투하여 토라의 구체적인 교훈들만이 갈라디아 교회가 당면한 혼란을 타개할 수 있다고 선동하면서 토라의 교훈들을 받아들이라고 요구했을 것이다.

---

781) Barrett, *Romans*(BNTC), 104; cf. Dunn, *Jesus and the Spirit*, 223; Longenecker, *Paul, Apostle of Liberty*, 195.

아마도 유대주의적 선동자들은 단지 '성령을 좇아 행하라'는 바울의 윤리적 교훈이 갈라디아인들의 도덕적 혼란을 가중시켰다고 주장했을 지도 모른다.[782] 그들의 눈에 '성령을 좇아 행하라'는 바울의 윤리는 기껏해야 주관주의적이고 자유방임적인 위험한 윤리로 비춰졌을 것이 분명하다. 하지만 바울은 갈라디아서에서 옛 시대의 율법은 더 이상 신자들의 윤리적 판단을 지배할 수 없고 오직 성령만이 그들을 구체적으로 인도하게 될 것을 밝히고자 한다. 성령을 갈라디아 신자들의 신분을 규정하는 원리일 뿐만 아니라 그들의 윤리적 행위와 삶도 규정하는 규범적 원리라는 것이다. 그러면 어떻게 성령을 좇아 행하는 바울의 윤리가 아무 규범성도 없는 주관적인 위험한 윤리일 수 없는가? 이 질문은 후에 바울이 계속해서 논증해야 할 중요한 주제이다.

19. 육체의 일은 현저하니 곧 음행과 더러운 것과 호색과

바울은 앞 부분에서 이미 전개된 영육 간의 상호 대립을(13-18절) 이제 보다 부연 설명하면서 육체를 따라 행할 때 나타나는 행위들의 목록을 제시한다(19-21절). 후접사 '데'(δέ)는 반의접속사가 아니고 논의를 재개하는 기능을 지닌다. 따라서 '이제'라는 뜻을 갖는다. '파네로스'(φανερός)라는 형용사는 '분명한', '공개적으로 관찰할 수 있는'을 뜻하기 때문에 공통적인 지식을 시사한다. 19-21절에 제시된 악목들은 그것들이 무엇인지 공적으로 다 알려져 있는 것들이기 때문에 이방인들조차도 그것이 나쁘다는 내적 인식을 지니고 있다(롬 1:18-21,32; 2:14-16). 18절의 진술을 고려할 때 19절에서 바울이 '육체의 일들'을 율법을 범한 결과로 묘사하지 않는 것이 주목할 만하다. 바울이 율법 아래서의 삶과 성령 안에서의 삶을 줄곧 대조시켜 온 것을 고려할 때 그는 율법 아래서의 삶이 19-21절에 열거된 '육체의 일들'을 처리할 능력이 없다는 것을 말하고자 하는 것으로 보인다. 율법은 육신의 세력을 극복하기에는 너무 '연약하나'(롬 8:3). 율법은 선하고

782) Barclay, *Obeying the Truth*, 106-145.

의로운 것임에도 불구하고 그것은 도리어 죄와 육신의 세력이 작용하는 영역에 활동함으로써 그러한 악의 세력들에 협조하는 대리자가 되고 말았다(롬 7:9-20). 우리는 이미 15절의 주석에서 유대주의자들의 선동에 의해 악화된 '물고 먹는' 갈라디아 교회의 분쟁 상황이 '육의 징후들' 중의 하나라고 주장한 적이 있다. 그렇다면 유대주의자들이 옹호하는 율법 아래서의 삶은 갈라디아인들에게 육신의 문제를 처리해 주기는커녕 그것을 악화시켰다고 할 수 있다.

19-23절에 열거된 악목들과 덕목들은 바울 당대의 유대교 문헌과 헬레니즘 문헌에서 잘 증언되고 있다. 그러한 실례들은 신약 밖에서도 자주 나오며(1QS 4.2-14; Did 1:1-6:3; Barn 18:1-21:9), 특히 19-21절에 열거된 악목들은 바울서신 다른 곳에서도 상대적으로 흔히 나타난다(살전 4:3-6; 고전 5:9-13; 6:9-11; 고후 12:20f; 골 3:5-8; 엡 4:17-19; 5:3 5). 비록 우리는 이들 악목들의 전승사를 자세하게 토론할 수는 없지만 그것들이 바울 당대에 흔히 쓰이던 술어들을 순서 없이 되는 대로 수집해 놓은 것이라는 인상을 지울 수 없다. 이들 악목들은 이미 지적한 대로 유대교와 이교도의 문헌에서 잘 증언되고 있기 때문에 바울은 "그것들을 기본적으로 넘겨 받되 선택하고 재형성하여 받아들였다"는 것을 살필 수 있다.[783)]

주목할 점은 바울이 19-23절에서 성령의 열매와 육체의 일들을 날카롭게 대조시킨다는 사실이다. 어떤 학자들은 이것을 절대적인 대조로 해석한다. 이 경우에 신자는 실제로 성령 안에서만 행하기 때문에 늘 성령의 열매만을 맺고, 반면에 불신자는 완전히 육체를 따라서만 행하기 때문에 항상 육체의 일만을 행한다는 뜻이 된다. 이런 가정 하에서 레이제넨과 같은 학자는 바울이 기독 교회의 경험적 사실들을

---

783) E. Schweizer, "Traditional ethical patterns in the Pauline and post-Pauline letters and their development," in *Text and Interpretation. Studies in the NT presented to Matthew Black* (1979), 207; cf. W. Barclay, *Flesh and Spirit* (1962), 23-62.

소홀히 했다고 비난한다. 갈라디아의 유대주의자들과의 논쟁에서 기독교인은 항상 성령의 열매만을 맺고 율법 하에 있는 유대인들은 육체의 일만을 행한다는 식의 논리를 전개함으로써 바울은 돌이킬 수 없는 오류에 빠졌다는 것이다. 레이제넨에 의하면 바울은 고린도 교회와 같은 기독 공동체들의 죄악된 상황들에 대해 눈을 감아버림으로써만 그리스도 안에서의 삶이 유대교의 삶보다 우월하다고 주장할 수 있었다.[784] 과연 바울은 고린도 교회와 같은 현실 교회의 철저한 실패 경험을 눈감아 버리고 그리스도인의 삶을 너무 이상주의적으로 그렸을까? 그렇지 않다. 레이제넨은 본절의 기본적 의도를 곡해하고 있다. 슈바이쳐가 잘 지적한 대로 이들 악목들은 일차적으로 불신자의 삶의 행태들을 묘사하지만 "형제들간에 저질러지는 공동체 내의 범죄들"과도 관련될 수 있다(5:14 참조). 이들 악목들의 기능은 "세상 사람들의 역겨운 부도덕성과 높은 도덕적 수준을 지닌 탁월한 신자들 그룹을 구분하려는 것"이 아니고 "얼마나 이 세상이 여전히 공동체 내에서 활동하고 있는가를 보여주려는" 것이다.[785]

'음행' (**πορνεία**)은 일차적으로 창녀들과의 성관계를 뜻하지만 그것은 또한 금지된 성관계를 지칭하는 일반적인 술어가 되었다(마 5:32; 19:9; 행 15:20,29; 21:25; 고전 5:1). 보다 폭 넓은 이 의미가 본절에 사용된 것으로 보인다. 다른 서신에서 바울은 그의 회심자들에게 음행의 죄를 짓지 않도록 경고한다(살전 4:3; 고전 6:18). 고대세계에서는 지나친 방종의 경우가 아니고서는 음행을 비난하지 않는 느슨한 사회 풍토가 만연하였다. 바울의 독자들 중에는 과거 이방인 시절에 습관화되었던 음행의 행습을 과감히 끊어버리지 못하고 그들의 현재 기독교인 생활에 끌어들이는 경우들이 있었다(고전 6:9-11). 하지만 갈라디아 교회가 음행하는 형제들로 문제가 생겼었는지는 분명치 않다.

---

784) H. Räisänen, *Paul and the Law* (WUNT 29; Tübingen, 1983), 117, citing Loisy, *Galater*, 190 and Jülicher, *Römer*, 274.
785) E. Schweizer, "Traditional ethical patterns," 209.

'더러운 것'(ἀκαθαρσία)은 '음행'보다는 더 폭 넓은 의미를 지닌다. 그것은 성생활을 잘못 행하는 것을 포함해서 다양한 형태의 도덕적인 악에도 적용 가능하다. 그래서 베츠(Betz)는 그것을 '도덕적 불순'으로 번역한다.[786] 유대교의 맥락에서 그것은 보통 육체적이며 의식적인 부정(不淨)에 대해서 쓰이지만, 본절의 의미는 윤리적 불결 상태를 가리킨다.

'호색'(ἀσέλγεια)은 베츠에 의해서 '방종'으로 번역되었다. 이것은 모든 도덕적 교훈을 내던져버리고 두려움이나 부끄러움 없이 죄를 짓는 방종 생활을 가리키며, 따라서 방종 생활을 하는 사람은 자기 존중심이나, 다른 사람의 권리나 느낌, 또는 공중적 예절도 아랑곳하지 않고 무례하고 뻔뻔스럽게 태도를 나타내게 된다. 한글성경에 '호색'이란 말은 적당치 않은 번역이다.[787]

20. 우상숭배와 술수와 원수를 맺는 것과 분쟁과 시기와 분냄과 당짓는 것과 분리함과 이단과

'우상숭배'(εἰδωλολατρία)는 새긴 형상들이나 참 하나님을 대체할 목적으로 만든 모든 우상들을 예배하고 섬기는 행위를 가리킨다. 골로새서 3:5에서는 탐욕이 우상숭배의 본질로 묘사된다. 우상들의 숭배는 신의 뜻을 추종하려는 데서 나온 것이 아니고 귀신들을 이용하여 인간 자신의 탐욕이나 이익을 섬기게 하려는 숨은 동기에서 유발된 것이다. 그래서 우상숭배는 가장 인본주의적 동기에서 나온 것이다.

'술수'(φαρμακεία)는 본래 다른 사람을 해치려고 악마의 힘을 빌리는

---

786) Betz, *Galatians*, 283; Bruce, *Galatians*, 247. 이 술어는 롬 1:24; 고후 12:21; 엡 5:3; 골 3:5; 살전 2:3; 4:7에 나온다.

787) 이 술어는 마 7:22; 롬 13:13; 고후 12:21; 엡 4:19; 벧후 4:3; 유 4에도 나오는데 한글 성경은 그것을 시종일관하게 번역하지 못하고 다양한 술어로 번역한다.

마술에서 유래되었다. 그것은 두 가지 나쁜 뜻을 지니는데, 하나는 사람들을 중독시키려고 약물을 사용하는 것이고 다른 하나는 마술로 약물을 사용하는 것이다. 베츠(Betz)는 그것을 '술수, 마술'로 번역하였다. 본절 이외에 '술수'라는 말이 신약에서 유일하게 사용되는 곳은 요한계시록 9:21, 18:23인데 여기서 그것은 '복술(卜術)'로 번역되었다.

'원수를 맺는 것'(ἔχθραι)은 정치적, 인종적 또는 종교적인 이유 때문에 개인간에나 단체간에 적대 행위를 하는 것을 가리킨다. 하지만 그것은 적대 행위들뿐만 아니라 배후에 숨어 있는 적대 감정이나 의도들도 내포한다. 특별히 원수를 맺는 일은 '물고 먹는' 갈라디아 교회의 분쟁 상황을 표시하는 적절한 술어이다.

'분쟁'(ἔρις)은 바울서신에서 자주 나오는 악목들 중의 하나로서(롬 1:29; 13:13; 고전 3:3; 고후 12:20; 빌 1:15; 딤전 6:4; 딛 3:9) 이것 역시 갈라디아 교회의 분쟁 상황을 표시하는 술어로 보인다. 바울은 그의 교회들이 분쟁을 하지 못하도록 특별한 관심을 기울였는데 그것은 성령의 열매인 화평과 반대되는 개념이다(22절).

'시기'(ζῆλος)는 반드시 악목을 가리키지는 않는다. 그것은 구약에서 명예로운 유산을 지닌 단어였다. 비느하스(민 25:11), 엘리야(왕상 19:10,14), 마타디아스(1 Macc 2:24-26)는 모두 배교의 시대에 하나님께 열심을 보였던 사람들이었다. 한글성경에서 '시기'로 번역된 헬라어 단어는 칠십인경에서 '열심'이란 말과 구분되지 않는다. 바울은 교회를 핍박하던 때 보였던 자신의 열심을 말할 뿐만 아니라(빌 3:6), 고린도 교회를 위해 '하나님의 열심'(θεοῦ ζῆλος)으로 열심을 낸다고도 말한다(고후 11:2). 롬 10:2에서 바울은 하나님을 위해 열심을 내는 그의 유대 형제들을 높이 평가하지만 그들의 열심이 지식을 따르는 것이 아니라고 비평한다. 따라서 '젤로스'(ζῆλος)가 좋은 의미로 쓰이는지 나쁜 의미로 쓰이는지는 전혀 문맥을 통해서만 판단할 수 있다. 악목 중의 하나인 그것은 본절에서 '이기적인 시기심'과 관련이 있고

(cf. 롬 13:13; 고전 3:3; 고후 12:20) 대부분의 경우 그것은 '분쟁'과 깊은 연관이 있다.

'분냄'(*θυμοί*)은 '뚜모스'(*θυμός*)의 복수형으로서 '분노의 폭발'을 뜻한다. '젤로스'와 같이 '뚜모스' 역시 고상한 의미로나 나쁜 의미로 사용될 수 있다. 플라톤은 그것을 이성의 지도를 받을 필요가 있는 인간 영혼의 '열정적' 요소로 묘사하기도 했지만(Plato, *Rep.* 4.440D) 아리스토텔레스는 통제되지 못한 열정의 위험을 말하기도 한다(Aristoteles, *Eth.Nic.* 7.1149a3). 바울은 로마서 2:8에서 불의를 좇는 사람들을 향한 심판자 하나님의 '분노'를 말한다. 하지만 다른 곳에서(고후 12:20; 엡 4:31; 골 3:8) 그는 그것을 나쁜 의미로 사용하여 그리스도인들이 마땅히 버려야 할 어떤 것으로 표현한다. '뚜모스'는 '오르게'(*ὀργή*)와 거의 같은 뜻을 갖는다.

'당짓는 것'(*ἐριθεία*)은 신약에서 항상 피해야 할 악으로 제시된다. 그것은 본래 고전 헬라 저술들 중에서 '직업을 구하는 행위'나 또는 '돈을 받고 일하는 행위'를 가리켰지만 후에 '자기 유익만을 추구하는 행위' 또는 '이기적인 야망'이라는 뜻을 얻게 되었고 이런 의미는 신약에서도 자주 나타난다(cf. 롬 2:8; 고후 12:20; 갈 5:20; 빌 1:17; 2:3; 약 3:14,16). 베츠는 그것을 '이기심의 분출'로 번역하였다.

'분리함'(*διχοστασίαι*)은 고전 헬라 저술가들 중에서 '불화' 또는 '선동'을 뜻하는 단어로 나오는데 흔히 정치적인 맥락에서 사용되었다. 마카비일서에서 그것은 셀루씨드의 칙령으로 유대인들 사이에서 생긴 불화를 지칭한다(1 Macc 3:29). 본절 이외에 신약에서 나오는 유일한 곳은 로마서 16:7이며, 여기서 바울은 그의 독자들에게 성도들 중에 불화를 일으키는 자들을 조심하라고 권면한다.

'이단'(*αἱρέσεις*)은 '선택하다'는 뜻의 헬라어 동사(*αἱρέω*)에서 파생된 명사이기 때문에 기본적으로 '선택'을 뜻한다. 그러나 후대 헬라어에서 그것은 '철학적 경향', '철학 학파', '철학 분파'를 뜻하게 되었다. 요세푸스는 당대 유대교 내에 존재했던 바리새파, 사두개파, 에센파 등과 같은 세 철학 학파들을 지칭할 때 이 술어를 사용하였다. 흔히 그것은 어떤 종교의 본류에서 떨어져 나간 분파를 비난조로 표현하는 술어이기 때문에 '이단'이란 뜻도 가지게 되었는데, 그것은 사도행전 24:14에서 기독교인들을 가리키며 고린도전서 11:19에서는 고린도인들 중에 존재하는 분파들을 가리키며 베드로후서 2:1에서는 신자들 중에서 분파와 이단을 끌어들이는 거짓 교사들의 행위를 묘사한다.

21. 투기와 술 취함과 방탕함과 또 그와 같은 것들이라 전에 너희에게 경계한 것같이 경계하노니 이런 일을 하는 자들은 하나님의 나라를 유업으로 받지 못할 것이요

바울은 세 가지 악행을 더 소개한다. '투기'(*φθόνοι*)는 고전 저술가들 중에서 '질투심'을 뜻하는 말로 자주 사용되었다. 이것이 신약의 용법을 주도하는 의미이다(cf. 마 27:18; 막 15:10; 롬 1:29; 갈 5:21; 빌 1:15; 딤전 6:4; 벧전 2:10). 야고보서 4:5은 신자들을 배타적으로 소유하기를 '사모하는' 하나님의 영의 성품을 묘사하기 때문에 예외적이다. '투기'는 20절에 언급된 바 있는 '시기'(*ζῆλος*)와 거의 평행을 이루는 단어이다.

'술 취함'(*μέθαι*)은 고전 헬라 저술가들이나 칠십인경에서 '독한 술'과 '술취함'이라는 두 관련된 의미로 나타난다. 이 단어는 외경이나 요세푸스의 글에서도 자주 나오며 특히 신약에서도 상대적으로 자주 나타난다(눅 21:34; 고전 5:11; 6:10; 갈 5:21; 엡 5:18; 살전 5:7). 이들 신약의 구절에서는 '술취함'이란 뜻으로만 사용된다.

'방탕함'(*κῶμοι*)은 고전 헬라 저술들 중에서 술을 진탕 마시고 떠드는 행위를 지칭하는 술어로 나타난다. 칠십인경(Wis 14:23; 2 Macc 6:4), 요세푸스(*J.W.* 1.570; 2.29; *Ant* 1.177,301; 6.301; 7.134; *Ag.Ap.*

2.195,204), 신약에서(롬 13:13; 갈 5:21; 벧전 4:3) 그것은 고전 헬라 저술가들이 사용했던 것과 동일한 의미로 사용되었다. 로마서 13:13과 베드로전서 4:3에서 방탕함은 술취함의 개념과 연관되어 나온다. 술취함에서 파생되는 방탕한 생활은 자신의 말과 행동을 도덕적이고 합리적으로 통제하는 사람의 기능을 약화시키기 때문에 위험한 악이라고 할 수 있다. 술취하게 되면 사람은 자주 욕을 하고 사나와지며 탐욕을 부리게 된다(고전 5:11; 6:10). 따라서 위기의 때에 안전을 도모하기 위해서는 '깨어 있는' 마음이 필요한데 술취하게 되면 그러한 마음 상태를 약화시킨다(살전 5:7; 엡 5:18).

악목들을 제시한 후에 바울은 이제 이런 행위들이 신자의 구원에 어떤 치명적인 결과를 초래하게 되는지를 설명한다. 21절 후반절의 진술은 좀 혼란스럽다. 중성복수 관계대명사 '하'(**ἅ**)는 선행사인 '그와 같은 것들'(**τὰ ὅμοια τούτοις**, 21절 상)을 지시할 수도 있지만 '호티'(**ὅτι**) 절의 '이런 일들'(**τὰ τοιαῦτα**)을 미리 지시할 수도 있다.[788] 동사 '프로레고'(**προλέγω**)는 '예고하다'를 뜻하거나 또는 '공개적으로 말하다'를 뜻할 수 있지만, 다른 바울서신의 구절에서 그것은 예고적 경고 행위를 나타내기 때문에 본절에서도 '예고하다' 또는 '경고하다'는 의미로 이해되어야 한다(cf. 고전 13:2; 살전 3:4). '전에도 내가 말한 것처럼'(**καθὼς προεῖπον**)이란 문구는 바울이 전에 그의 회심자들에게 말했던 것을 되돌아보는 표현이기 때문에 바울은 여기서 갈라디아서의 앞 부분의 논의를 지시하든지(1:9) 아니면 앞서 그들과 함께 있었던 방문을 지시할 수 있다(5:3; 고후 13:2; 살전 4:6). 본절에서는 후자의 의미가 타당한 것으로 보인다. 왜냐하면 갈라디아서 앞 부분의 논의에서 악행들을 경고한 구체적인 내용을 찾기 어렵기 때문이다. 갈라디아 서신이 쓰여지기 전에 바울이 이전 방문에서 도덕적 악행들에 관한 교훈들을 그의 회심자들에게 제시했을 것이다.

---

788) *Contra* Longenecker, *Galatians*, 258.

여러 학자들은 '호티'(ὅτι) 절의 기본 내용이 초대 기독교의 교리 교육과 관련된 자료에서 인용된 것으로 본다.[789] 바울이 인용한 내용은 종말론적인 성격을 띤 예고적 경고의 진술이라는 것이다. 같은 노선에 서 있는 보스(J.S. Vos)는 19-24절의 악목과 덕목들이 하나님 나라에 들어갈 수 있는 조건들을 설명하는 세례의식 전승(baptismal tradition)에서 온 것이라고 주장한다. 그에 의하면 초대교회에서는 세례를 베풀 때 어떤 사람이 하나님 나라에 들어갈 자격이 있는지를 설명하기 위해 악목과 덕목들 같은 부정적이며 긍정적인 조건들을 피세례자들에게 제시했다는 것이다. 더욱이 보스는 이러한 세례의식적 전승이 19-24절 배후에 놓여 있기 때문에 이 구절들은 직접적으로 바울의 신학 사상을 대변하지 못한다고 주장한다.[790] 하지만 바울서신 밖에서는 악목과 덕목의 목록이 본절에서처럼 성령과 직접적으로 결코 연결되지 않으며, 악목과 덕목은 공관복음서 본문들 중에서 하나님 나라와 연결되지 않고 연결되는 곳은 오직 바울서신뿐이다(갈 5:21; 고전 6:9,10; 15:50; 엡 5:5). 더욱이 이들 본문들이 바울 이전의 세례의식에서 사용되던 형식문에서 나왔다고 볼 만한 신빙성이 있는 증거를 대기가 어렵다. 따라서 바울이 이 점에서 전통적인 자료의 영향을 받았을 가능성은 그리 높지 않다.[791] 하지만 롱게네커는 여전히 반론을 제기한다. 그에 따르면 '하나님의 나라'란 개념이 바울서신에서 드물고(cf. 롬 14:17; 고전 4:20; 6:9-10; 15:50; 엡 5:5; 또한 고전 15:24; 살전 2:12) 도리어 그것은 공관복음서의 중심 사상이기 때문에 본절 후반부의 경고 내용은 바울의 사상이 아니라고 한다. 하지만 그의 추정은 단순히 한 어구나 표현에 너무 제한되어 있는 관찰일 뿐이고 최근의 연구는 바울의 사상이 예수의 하나님 나라 사상에 깊이 뿌리를

789) Betz, *Galatians*, 284; Longenecker, *Galatians*, 258.
790) J.S. Vos, *Traditionsgeschichtliche Untersuchungen zur Paulinischen Pneumatologie* (1973), 32. 보스는 갈라디아서 5:19-24절뿐만 아니라 고린도전서 6:9-11, 15:44-50 등도 승거본문으로 제시한다.
791) R.P. Menzies, *The Development of Early Christian Pneumatology* (1989), 288-290.

박고 있음을 분명히 밝히고 있다.[792] 따라서 바울은 예수의 하나님 나라의 사상을 넘겨 받으면서도 그것을 그의 윤리적 교훈의 맥락에다 독자적으로 적용한 것으로 보인다.

바울의 독자적인 적용은 다음 두 가지 점에서 나타난다. 첫째로, 공관복음서에서는 '하나님 나라에 들어가다'(cf. 막 10:15; 마 7:21; 18:8-9; 19:17 등)는 표현이 쓰인 반면 바울서신에서는 '하나님 나라를 유업으로 얻다'는 표현이 쓰인다(5:21; 고전 6:10;엡 5:5). 특별히 '유업으로 얻다'(**κληρονομέω**)는 동사는 아브라함의 약속과 유업에 관한 본서의 이전 논의들을 반영한다(cf. 3:18,29; 4:1,7,30). 창세기에서 아브라함에게 주어질 유업 중에는 약속의 땅을 소유하는 일이 포함되었지만, 바울은 하나님 나라를 유업으로 얻는다는 종말론적인 개념을 발전시켰다. 둘째로, 공관복음서는 악목과 덕목을 하나님 나라의 사상과 직접 연결시키지 않는 반면에, 바울은 하나님 나라 사상을 그것들에 직접 연결시킨다. 이것은 윤리적 권면을 구원론적 교훈의 바탕에 기초시키려는 바울의 관심을 보여준다. 이제까지 그는 유대주의자들의 도전에 직면하여 믿음으로 말미암는 칭의 복음을 전개시켜 왔는데, 그의 이신칭의 복음은 단순히 행위를 거부하고 오직 믿음만 치켜세우는 윤리 부재의 복음이 아니다. 악행과 선행은 사람이 하나님 나라를 유업으로 얻는 일과 필연적으로 내면적 관련성을 지닌다. 사람이 선행을 해야만 하나님 나라에 들어간다는 행위 구원론적 의미를 갖기 때문이 아니다. 도리어 참된 믿음은 아브라함의 경우처럼 헌신적인 믿음의 삶으로 나타나고 논증될 수밖에 없기 때문에(롬 4:18-21) 그런 믿음이야말로 하나님 나라를 유업으로 얻는 필수적인 조건이라는 말이다. 따라서 바울은 공관복음서의 하나님 나라 사상을 넘겨 받으면서도 그것을 그의 윤리적이며 구원론적인 논의의 맥락에서 독자적으로 적용시키고 발전시켰다고 할 수 있다.

---

792) G.V. Shogren, *The Pauline Proclamation of the Kingdom of God and the Kingdom of Christ within Its New Testament Setting*, Ph.D dissertation, Aberdeen, 1986.

22. 오직 성령의 열매는 사랑과 희락과 화평과 오래 참음과 자비와 양선과 충성과

22-23절의 덕목들이 이제 19-21절의 악목들과 대조를 이룬다(반의 접속사 *δέ* 참조). 바울서신에서 '열매'(*καρπός*)는 문자적인 의미로 쓰이기도 하고(고전 9:7; 딤후 2:6) 회화적인 의미로 쓰이기도 한다. 그것이 회화적인 의미로 쓰일 때는 다양한 대상을 지시한다: (1) 그것은 전도를 통해 얻은 회심자들(cf. 롬 1:13; 골 1:6), (2) 경건한 삶(cf.롬 6:22; 7:4; 엡 5:9; 빌 1:11; 4:17; 골 1:10), (3) 불경건한 삶(cf.롬 6:21; 7:5; 엡 5:11), 그리고 (4) 바울이 이방 기독교인들에게 걷어서 예루살렘으로 가져가는 구제 헌금을(롬 15 :28) 지시할 수 있다.

바울 사도는 '성령의 열매'(*ὁ καρπὸς τοῦ πνεύματος*)란 표현을 여기서 '육체의 일들'(*τὰ ἔργα τῆς σαρκός*)이란 표현과 의도적으로 대립시킨다. 그는 '열매'라는 단수 명사를 선택하고 그것을 '일들'이란 복수 명사와 대조시켜 놓았다. 이같은 대조는 아마도 다음과 같은 점들을 시사할 것이다. 첫째로, 바울은 신자의 윤리적 성품들이 본질적으로 하나님의 은총의 선물임을 나타내려고 '열매'라는 그림언어를 선택했을지 모른다. 성령의 열매는 인간 능력의 표현들도 아니고 그의 성취의 결과들도 아니다. 오히려 그것은 신자가 하나님의 능력과 은혜를 자신의 삶과 행위 속에서 표현한 것이다.[793] 이것은 신자의 생활과 행위를 하나님 자신의 관점에서 묘사하는 바울의 일반적인 습관과도 일치한다(롬 15:10; 빌 1:6; 살후 1:11). 반면에 '일들' 또는 '행위들'(*ἔργα*)은 사람이 하나님을 떠나서 그와 관계없이 살아가려는 자기주장적 노력 또는 행위들을 지칭한다. 육체의 일들은 처음 아담에 속해 있는 옛 사람의 죄악된 본성의 표현들이다(롬 8:13; 골 3:5,9).

---

793) Cf. Mussner, *Galater*, 384f; G.T. Montague, *The Holy Spirit. Growth of a Biblical Tradition* (1979), 200; L. Morris, *Spirit of the Living God* (1960), 87.

둘째로, 이 그림언어는 그리스도인들이 덕을 세우려고 투쟁하지 않고 조용하고도 평화스럽게 자신을 하나님을 향해 개방하여 그의 영의 인도를 받는다는 사상을 표현하기 위해 선택되었을지도 모른다. 콩가르(Y.M.G. Congar)가 열매라는 말 속에서 이런 의미를 찾으려고 하는데, 그는 이렇게 자신을 하나님께 평화스럽게 내어주는 것과 '폭력, 공격적인 자기주장'의 표현들로서 일들과 대립시켜 놓는다.[794] 이 견해는 바울이 22절에서 '희락'이나 '화평'과 같은 술어들을 사용한다는 점으로 미루어 볼 때 맞는 면도 있고 아마도 우리가 앞에서 '열매'를 은총의 선물로 묘사한 점과도 조화가 되는 것 같다. 하지만 이 견해는 성령의 열매를 맺어야 할 신자의 책임을 약화시키거나 제거하는 식으로 이해되어서는 안된다. 왜냐하면 문맥은 분명히 성령과 육체 사이의 싸움과 갈등을 보여주기 때문이다.

셋째로, 열매라는 그림언어는 '자라나는' 유기체의 개념을 나타내는 반면, 그러한 유기체 사상은 셀 수 있고 쌓을 수 있는 어떤 것으로서 '일들'의 개념에는 존재하지 않는다.[795] 이것은 그가 단수형인 '열매'와 복수형인 '일들'을 대조시킨 사실에서 시사되는 것으로 보인다. 그의 서신 다른 곳에서 바울은 가끔 그리스도인의 도덕적이고 영적인 진보를 나타내기 위해 '성장'이란 은유적 표현을 사용하곤 한다(골 1:6,10; 살후 1:3; cf. 벧후 3:18). 기독교적 덕들은 그리스도인이 하나씩 하나씩 소유할 수 있고 가꿀 수 있는 분리된 윤리적 성품들을 나타내지 않고 성령의 자라나게 하는 사역을 통해서 완전히 성장하도록 유기체적인 전체를 향해 자라가는 어떤 것을 지칭한다. 아홉 가지 덕들을 한 송이의 열매로 묘사함으로써 바울은 아마도 신자들이 이 모

---

794) Y.M.J. Congar, *I Believe in the Holy Spirit* (1983), 138; H.B. Swete, *The Holy Spirit in the NT*, 209; J.W. Drane, *Paul: Libertine or Legalist?* 54; T.W. Manson, "Jesus, Paul and the Law," *Judaism and Christianity* III, 139.

795) Cf. E. Schweizer, *The Holy Spirit* (1978), 85; D. Guthrie, *New Testament Theology*, 561; Betz, *Galatians*, 286; Oepke, *Galater*, 180.

든 것을 경험하게 되기를 기대하는 것 같다.[796] 이것은 '사랑'이 이미 그 자체 속에 나머지 덕들을 내포한다는 사실을 통해서도(고전 13장 참조) 증명된다. 이 점에서 '성장'의 은유는 신자로 하여금 그의 노력들을 그리스도인 생활의 중심적 요인으로 간주하지 못하게 해준다.

마지막으로, '열매'라는 말은 행위가 성취하려는 '대상'이라기보다는 행위에서 귀결되어 나오는 '결과'를 지칭한다(cf. 시 58:11; 잠 11:30). 따라서 그러한 덕들은 마치 신자가 복종하고 실현시켜야 할 어떤 법 조항처럼 여겨져서는 안된다. 맨슨(T.W. Manson)은 "그것들이 외적인 법전에 순응하려는 수고스러운 노력이라기보다는 변화된 본성에서 자연스럽게 나타나는 결과"[797]라고 지적한 적이 있다. 바울의 의도는 여기서 그리스도인을 속박하는 새로운 율법을 선포하는 것이 아니라 성령께서 그의 삶 속에서 움직이고 활동하시는 패턴이 어떤 것인지를 가르치려는 것이다. 아마도 바울은 아홉 가지 덕들을 그의 독자들이 생활 속에서 수용하고 개발하여야 할 윤리적 성품들로 제시할지도 모르지만, 이것은 분명히 이차적인 목적일 것이다. 오히려 '열매'라는 그림언어는 바울이 아홉 가지 덕목들을, 성령의 움직임을 분별할 수 있는 구체적인 규범(規範)으로 제시하고 있음을 말해준다.[798] 다시 말해서 아홉 가지 덕목들을 잣대로 삼아 성령의 활동하시는 방식을 분별해내라는 것이다.

그러면 이제 성령의 열매가 바울신학의 전체 맥락에서 볼 때 어떤 의미가 있는지를 살펴보아야 한다. 성령의 열매 속에 포괄된 아홉 가지 덕목은 분명히 완전한 것은 아니다. 우리는 그 외에도 로마서

---

796) L. Morris, *Spirit of the Living God*, 86; M. Ledrus, "Fruits du Saint-Esprit," *La Vie Sprituelle* (1949), 719-723; cf. H.B. Swete, *The Holy Spirit in the NT*, 209; G. T. Montague, *The Holy Spirit*, 200; Burton, *Galatians*, 313k; Mussner, *Galater*, 385.
797) T.W. Manson, "Jesus, Paul and the Law," 139.
798) G.T. Montague, *The Holy Spirit*, 202; cf. J.W. Drane, *Paul: Libertine or Legalist?* 54.

14:17, 15:13, 고린도전서 13:4-7, 고린도후서 6:6f, 에베소서 5:9, 골로새서 3:12, 디모데전서 6:11에서 다른 덕목들을 발견하게 된다. 사실 바울이 이들 구절에서 나열하는 모든 덕목들이 오직 기독교 세계에서만 발견되는 독특한 윤리들은 아니다. 예를 들면 충성, 온유, 절제 같은 술어들은 헬레니즘 윤리에서 유명한 덕목들이며[799] 심지어 동양의 윤리 사상 속에서도 발견된다. 바울이 열거한 아홉 가지 덕목들이 헬레니즘 세계에서도 발견되는 통속적인 윤리라면 그것을 세상 윤리와 구별된 기독교적인 윤리로 만드는 결정적인 요소는 무엇인가? 이들 덕목들은 바울신학적 전망에서 볼 때 성령께서 하나님의 형상을 따라 그리스도인 속에 재창조한 새 사람의 실재를 윤리적으로 표현한 것이라고 할 수 있다. 던(Dunn)은 성령을 통해 신자들 속에 형성된 이 윤리적인 성품들을 '그리스도 자신의 성품 묘사' (character sketches of Christ)라고 부른다.[800] 라르슨(E. Larsson)은 보다 구체적으로 바울이 다른 서신에서 그리스도의 형상이란 주제를 기독교 덕목들과 밀접하게 연결시키고 있음을 논증하였다. 그래서 골로새 교인들에게 '긍휼과 자비와 겸손과 온유와 오래참음을 옷입으라' (골 3:12)고 훈계한 바울의 진술은 그들이 그리스도의 형상을 따라 재창조된 새 사람을 계속 덧입으라는 권면이다.[801] 바울의 이러한 신학적 전망이 성령의 열매로 대변되는 덕목들을 '기독교적인' 덕목으로 만드는 결정적인 요소가 된다. 베츠(Betz)가 지적한 대로 바울은 21-22절의 아홉 가지 개념들을 그의 신학적 전망에 일치하도록 기독교화시킨 것으로 보인다. 그것들은 사람이 개인적 행위의 성질들을 수용하거나 가꿀 수 있다는 의미에서 '헬레니즘적 덕들' 도 아니고 율법의 규정들에 일치하도록 순

---

799) Bultmann, *TDNT* 6, 204,206-7; S. Schulz, *TDNT* 6, 645-51; Schlier, *Galater*, 260 n.3; W. Grundmann, *TDNT* 2, 339-42.

800) Dunn, *Jesus and the Spirit*, 321. Cf. also G.W.H. Lampe, *God as Spirit*, 79; H.D. Betz, "Geist, Freiheit und Gesetz," *ZTK* 71(1974), 91; M. Green, *I Believe in the Holy Spirit*, 88.

801) E. Larsson, *Christus als Vorbild. Eine Untersuchung zu den Paulinischen Tauf-und Eikontexten* (C.W.K. Gleerup Lund: Uppsala, 1962), 210-223.

종해야 한다는 의미에서 '유대적인 선행들'도 아니다.[802] 그것들은 본질적으로 성령의 열매라고 불리워지는 은총의 선물들이다.

'사랑'(ἀγάπη)은 고전 헬라 저술들 중에는 발견되지 않고 대신 동사 형태만이 몇 차례 나타날 뿐이다. 비슷한 현상이 요세푸스의 글에도 나타나는데, 동사는 수십 차례 사용되면서도 명사는 전혀 사용되지 않는다. 헬라 저술가들은 '아가페'란 말은 사용하지 않는 대신 사랑을 지칭하는 다른 세 단어들을 사용한다. '필리아'(φιλία)는 어떤 환경에서도 끈끈하고 친밀하게 유지되는 친구들 간의 우정을 지칭하고, '에로스'(ἔρος)는 일차적으로 이성간의 육체적인 사랑을 지칭하고, '스톨게'(στοργή)는 가족 상호간에 이루어지는 사랑을 지칭한다. 하지만 칠십인경에서는 아가페와 에로스가 서로 교환가능한 술어들로 사용되기 때문에 이들 두 술어간의 대조가 나타나지 않기도 한다(삼하 13:15). 이와는 대조적으로 신약에서는 인류를 향한 하나님의 사랑이라는 구속적인 메시지에 배타적인 관심을 보인다. 하나님과 인류 사이의 관계든지 사람들 간의 관계든지 '아가페' 사랑이 인간 관계에 대한 모든 논의들을 주도하고 '에로스'나 '스톨게' 사랑은 전혀 나타나지 않는다. 특별히 갈라디아서 5장의 윤리적 권면에서 '아가페' 사랑이 전면에 부각된다. 하나님 앞에서 진정한 가치가 있는 것은 '사랑으로 역사하는 믿음'뿐이며(5:6) 온 율법이 이웃 사랑의 한 계명 속에서 성취된다(5:14). 바울은 사랑을 필두로 덕목들을 열거하는데, 고린도전서 13장의 내용에 비추어 볼 때 성령의 열매 중 나머지 여덟 가지 덕목들은 모두 사랑에 내포되어 있고 사랑 안에서 성취된다고도 말할 수 있다.

'희락'(χαρά)은 헬레니즘 세계에서 흔히 사용되면서도 매우 존중되던 명사였다. 그리스-로마 시대에 기쁨은 보통 행복과 연관되는데, 그

---

802) Betz, *Galatians*, 288; *contra* B.S. Easton, "New Testament Ethical Lists," *JBL* 51(1932), 9-12. Easton은 여기서 신약저자들이 헬라 세계의 윤리사상을 채용한 것이 예수의 교훈의 중심에서 이탈해 나갈 위험이 있다는 결론에 도달했는데 타당성이 없다.

것은 특별히 기뻐할 만한 주변 환경에 크게 의존하였다. 하지만 기독교인들이 그리스도와 성령 안에서 누리는 기쁨은 단지 외적인 환경 조건에 의지하는 것이 아니다. 왜냐하면 그들은 환난과 핍박을 포함하여 어떤 환경에서도 항상 기뻐할 것을 권면받기 때문이다. 기독교인들의 기쁨은 하나님의 영광을 바라는 소망 중에서 누리는, 종말론적 확신에 기초한 기쁨이며 환난과 어려운 문제 속에서도 하나님의 선하신 주권적 섭리의 승리를 내다보는 기쁨이다(롬 5:2). 기쁨은 하나님 나라의 임재를 특징짓는 중요한 요소이기도 하다(롬 14:17).

'화평' (**εἰρήνη**)은 사람들마다 정의하는 방식이 다르기는 해도 인류의 보편적인 기대이기도 하다. 헬라인들 중에는 삶의 목적을 '아타락시아' (**ἀταραξία**), 즉 '고요함', '평안함'으로 생각하는 자들이 있었다. 그러한 마음의 평정의 상태는 삶에 문제를 일으키는 모든 것에서 독립한 '자족하는 마음'에서 생긴다고 보았다. 그러므로 평화는 대체로 육체의 고통이나 마음이 동요가 없는 상태라는 식으로 부정적으로 묘사되기 일쑤였다. 그러나 유대인들의 평화란 어떤 환경에서든지 완전한 관계를 수립하는 것을 나타내기 때문에 아주 긍정적으로 묘사된다. 평화는 사람에게 최고의 선을 제공해 주며 최상의 완전한 관계를 증진시켜 주는 모든 것을 의미한다. 따라서 '샬롬'이란 유대인들의 인사는 일차적으로 싸움, 어려움, 고통 등이 없는 상태를 가리키지 않고 인격적인 온전함과 유익한 관계들을 가리킨다. 바울을 비롯한 신약의 저자들은 이러한 히브리적 전통을 넘겨 받았다. 그리스도 안에서 하나님과의 바른 관계를 가질 때만 그들의 삶에 참된 평화가 있고, 이 평화가 그들의 마음과 생각들을 지키게 된다(빌 4:7). 따라서 인격적인 온전함과 유익한 관계라는 의미를 지닌 평화는 가정에서나(고전 7:15) 교회에서나(고전 14:33; 엡 4:3) 세상에서나(롬 12:18) 신자의 삶의 지표가 되어야 한다. 예수께서도 화평케 하는 자들에게 축복을 빌면서 그들이 바로 하나님의 자녀로 불리울 것이라고 말씀하셨다(마 5:9).

'오래 참음' (**μακροθυμία**)은 고대 헬라 저술들 중에서는 드물게 나온다. 그것은 칠십인경에서 7번(잠 25:15; 사 57:15; Sir 5:11; 1 Macc 8:4), 요세푸스의 글에서 한 번(*J.W.* 6.37), 그리고 열두 족장의 유언에서 세 번(*T.Dan* 2.1; *T.Jos* 2.7; 17.2) 나온다. 이들 문헌에서는 항상 핍박과 반대에 직면하여 '견실함', '인내', '오래 견딤'을 나타낸다는 의미로만 나온다. 칠십인경에서 그것은 하나님의 속성으로 나타나며(출 34:6; 시 103:8) 신약에서도 그것은 사람들을 향한 하나님과 그리스도의 태도를 묘사할 때 쓰인다(롬 2:4; 9:22; 딤전 1:16; 벧전 3:20; 벧후 3:15). 신약에서 '오래 참음'은 보통 분노를 표시하거나 보복을 가하지 않고 잘못을 참을성 있게 견디는 의미로 사용된다(고후 6:6; 엡 4:2; 골 1:11; 3:12; 딤후 3:10; 4:2; 히 6:12; 약 5:10). 따라서 바울 사도는 그의 독자들에게 모든 사람을 향하여 오래 참음으로 신앙 생활을 하라고 권면한다(엡 4:2; 골 1:11; 3:12).

'자비'(χρηστότης)는 고전 헬라 저술들 중에서 물건을 지칭할 때는 '탁월함'을, 사람을 지칭할 때는 '정직' 또는 '친절'을 뜻하는 말로 자주 사용되었다. 칠십인경에서 그것은 '선량함'(시 14:1,3) 또는 '번영'(시 106:5)을 의미할 수 있지만 대체로 '친절'을 뜻한다(사 21:3; 68:10). '친절'은 하나님의 속성을 나타내거나(롬 2:4; 11:22; 딛 3:4) 하나님 백성의 덕목을 가리킬 때(고후 6:6; 갈 5:22) 신약의 용례를 주도하는 의미이다.

'양선'(ἀγαθωσύνη)은 고전 헬라 저술들이나 요세푸스 또는 솔로몬의 시편과 같은 유대 분파적 저술에서 발견되지 않는 술어이다. 그것은 칠십인경에서 '친절'(χρηστότης)의 동의어로 나타난다. 신약에서 그것은 오직 바울서신에서만 나타나며(갈 5:22; 롬 15:14; 엡 5:9; 살후 1:11), '크레스토테스'와 거의 동의어적으로 쓰이면서도 어근(ἀγαθός)의 의미를 따라서 '선함' 또는 '착함'(goodness)에 강조점을 둔다.

'충성'(πίστις)은 갈라디아서에서 이신칭의 복음과 관련하여 하나님을 향한 신자의 '신뢰'의 의미로 자주 나타나지만, 본절의 명사는 갈은 단어이지만 '충성'의 의미로 번역되어야 마땅하다. 그것은 바울서신에서 하나님의 '신실성'과 같은 신적 속성을 가리킨다(cf. 고전 1:9; 10:13; 고후 1:18; 살전 5:24; 살후 3:3). 그러나 본절의 주제는 하나님의 속성이 아니라 신자가 마땅히 보여야 할 '신실성' 또는 '충성'의 덕목이다.

23. 온유와 절제니 이 같은 것을 금지할 법이 없느니라

본절은 두 개의 덕목을 더 참가한다. '온유'(**πραΰτης**)는 고대 헬라 저술가들 중에서 '부드러움' 또는 '온화함'(gentleness)을 뜻하는 술어로 사용되었다. 아리스토텔레스는 특별히 그것을 '과도한 분노'(**ὀργιλότης**)와 '화를 못냄'(**ἀοργησία**)이라는 두 극단 사이의 중도로 정의를 내렸다(cf. *Nicomachean Ethics* 2.1108A). 마찬가지로 칠십인경도 그것은 '부드러움' 또는 '온화함'의 의미로 사용하였다(시 45:4; 132:1). 신약에서는 의미가 발전되어 하나님의 뜻에 복종하는 마음 상태를 나타내기도 하지만(약 1:21) 그 주된 의미는 고대 헬라 저술가들의 용법과 마찬가지다.

'절제'(**ἐγκράτεια**)는 '자기 통제'란 뜻을 내포하고 있으며 헬라 저술가들 중에서는 긴 역사를 지니고 있는 술어이다. 플라톤은 그것을 음식과 성생활에 과도하게 탐닉하는 태도에 반대되는 개념으로 사용하였다(*Republic* 390B,430E). 아리스토텔레스도 역시 그것을 그의 윤리학 저술에서 길게 다루면서 절제할 줄 아는 사람은 강한 정욕을 가졌으면서도 그것을 통제할 수 있다고 말했다(*Nic.Eth.* 7.4.1145Bff). 사실 바울 당대에는 이미 절제가 헬레니즘 윤리의 중심 개념이 되었다. 그것은 칠십인경에는 나오지 않지만 두 번째 성전 유대교 시대의 외경과 위경들 그리고 요세푸스의 글들 중에서 성적인 문제에 대한 '자기 통제', 자신의 탐욕에 대한 '금욕'의 의미로 되풀이하여 발견된다. 신약에서 절제는 네 번에 걸쳐 사용되는데(갈 5:23; 행 24:25; 벧후 1:6; 딛 1:8) 주로 감각적 정욕들을 억제하고 통제하는 의미로 많이 사용된다.

바울은 이제 아홉 가지 덕목들을 율법과 관련해서 설명하려고 한다: '이같은 것을 금지할 법이 없느니라'(**κατὰ τῶν τοιούτων οὐκ ἔστιν νόμος**). 주석하기 어려운 이 구절은 이제까지 몇 가지로 해석되어 왔다. 첫째로, 바울은 여기서 '이와 같은 것들을(즉 성령의 열매) 반대하는 율법은 없다'는 주장을 하고 있다. 이 해석을 취하게 되면 아홉 개의 덕목으로 제시된 성령의 열매는 율법의 요구들을 충분히 채워준다는 식의 의미가 된다(cf. 14절).[803] 하지만 몇몇 학자들은 만일 위의 문구를 이런 식으로 해석하게 되면 너무 자명한 이야기를 반복하는 것이 되기 때문에 바울의 진술은 피상적이 될 뿐이라고 반박한다. 바울은 왜 사랑, 희락, 화평 등과 같은 것을 반대할 율법이 없다는 것을 지적할 필요가 있었는가? 둘째로, 그래서 다른 학자들은 '이같은 것들'(**τῶν τοιούτων**)을 중성보다는 남성 명사로 취하면서 본 문구는 '이와 같은 사람들을 반대할 율법이 없다'는 뜻을 갖는다고 해석한다.[804] 이 같은 해석은 성령의 인도함을 받는 자들이 율법 아래 있지 않다는 5:18의 진술에 의해서 지지를 받는 것처럼 보인다. 왜냐하면 어떤 율법도 이와 같은 성품들을 나타내는 사람들을 정죄할 수 없기 때문이다(cf. 롬 8:1). 하지만 '이같은 것들'(**τῶν τοιούτων**)은 5:21의 경고에서 나오는 '이런 일들'(**τὰ τοιαῦτα**)과 평행을 이루기 때문에 문맥은 중성 명사로 보는 해석이 더 타당하다는 것을 보여준다. 비록 남성 명사를 선호한다 할지라도 우리는 바울이 왜 그런 진술을 할 필요를 느꼈는지 여전히 설명할 필요가 있다. 셋째로, 몇몇 학자들은 위의 문구를 '이와 같은 것들을 다루는(dealing with) 율법이 없다'는 뜻으로 해석하려고 한다.[805] 이 견해는 '카타'(**κατά**) 전치사를 '--에 관련하

803) Burton, *Galatians*, 318; R. Bring, *Galatians*, 267-8; Mussner, *Galater*, 389.
804) Duncan, *Galatians*, 175; Cole, *Galatians*, 169; Ridderbos, *Galatians*, 208; Oepke, *Galater*, 183.
805) Cf. G.M. Styler, "The Basis of Obligation in Paul's Christology and Ethics," in *Christ and Spirit in the New Testament* (1973),

여' (concerning)로 해석하는 데 기초한다. 이 경우에 바울은 이 같은 도덕적 성품들은 율법과 전혀 다른 영역, 즉 계율들과 규정들이 적용되지 않는 영역에 존재한다는 것을 주장한 셈이 된다. 이 해석은 불가능한 것은 아니지만 '카타' 전치사를 신약에 흔치 않은 의미로 해석할 것을 요구하는 약점이 있으며,[806] 더욱이 온 율법이 이웃 사랑의 계명에서 성취된다는 5:14의 진술과 정면으로 모순된다. 방금 전에 이웃 사랑의 계명을 율법에서 인용해 놓고서는 바울이 어떻게 금방 사랑 등을 다루는 율법이 없다는 식으로 말할 수 있겠는가?

따라서 좀 피상적으로 보일지는 몰라도 첫 번째 견해가 문맥에 가장 잘 어울린다. 유대주의자들의 선동 때문에 갈라디아인들은 아마도 성령을 좇아 행하라는 바울의 윤리가 결국 죄와 방종에 빠지게 될지도 모른다고 염려했을 것이다. 이런 상황에서 바울은 성령을 좇아 행할 때 나타나는 사랑, 양선, 온유, 충성, 절제 같은 윤리적 성품들이 율법의 정신과 배타되고 모순된 것이 아니라 그것의 요구를 충분히 실현한 것이라고 강조했을 것이다. 성령을 따르는 기독교의 윤리는 아무 규범이나 지침도 없는 방종적 윤리도 아니고 율법의 근본적 정신과 모순된 윤리도 아니다. 오히려 그것은 율법을 성취하는 윤리이며 율법의 정신과 충분히 조화를 이루는 윤리이다. 이 점에서 우리는 바울의 진술을 헬레니즘 유대교의 덕목들 사용과 흥미 있는 비교 작업을 해볼 수 있다. 그가 아홉 가지 덕목들을 인용한 이유들 중의 하나는 율법의 요구가 헬레니즘 세계에서 높이 샀던 덕목들과 정확하게 조화를 이룬다는 것을 보여주려는 변증적 목적에 있다. 헬레니즘 유대교에서는 율법의 본질을 좀 추상화시켜 얼마간의 윤리적 개념들로 요약하려는 분명한 경향을 보인다(Sap Sol 8.7; 4 Macc 1.19; Philo, *Ebr*. 23; Josephus, *Apion* 2.170-171 참조).[807] 이런 의미에서 헬레니즘 유대교

175-185.

806) 이 의미로 나타날 가능성이 있는 곳으로는 신약에서 요한복음 19:11, 사도행전 25:3, 고린도전서 15:15 등이 될 것이다(cf. Barclay, *Obeying the Truth*, 123 and n.54).

807) 다른 덕목들로는 Josephus, *Apion* 2.145-6,211-4,283, 291-5; Philo,

의 덕목들은 토라의 특정한 유대적 특징들을 재해석하거나 약화시켜서 헬레니즘 세계와 유대교 사이에 '다리를 이으려는'(bridge-building) 시도들이라고 할 수 있다. 마찬가지로 바울도 그의 덕목들을 '다리'(bridge)로 활용하고 있다. 디아스포라 유대인들이 덕목들을 활용하여 율법을 세상의 고상한 도덕 생활과 조화를 시키려고 했던 것처럼, 바울도 그러한 덕목들을 활용하여 성령 안에서의 삶이 율법의 근본적 정신과 일치한다는 것을 말하려고 한다. 바울과 유대교의 차이점은 그러나 음식법이나 할례 또는 유대 명절들과 같은 율법의 구체적인 계명들을 지켜야 한다고 주장하는 유대주의자들과는 달리 유대인들의 그러한 배타적 신분표지의 행위들을 지키지 않아도 성령을 좇아 살아가기만 하면 율법의 근본적 정신을 성취할 수 있다고 보는 데 있다.[808] 여기서 우리는 바울의 윤리 사상에 담긴 보편주의 정신을 살필 수 있다.

24. 그리스도 예수의 사람들은 육체와 함께 그 정과 욕심을 십자가에 못박았느니라

이 결론적 진술의 목적은 기독론에 기초한 구원론과 영육 이원론 사이의 연관성을 부각시키는 데 있다. 악목들과 덕목들에 관한 논의들은 (19-21,22-23절) 사실 13-18절의 주제적 진술들을 부연설명한 것인데, 바울은 그러한 논의들을 통해서 육체를 따라 살 때 어떤 심각한 결과들이 뒤따르는지를 보여주는 데 관심을 기울였다. 하지만 선행하는 이들 논의들과 주제적 진술들은 본 섹션을 마무리짓는 두 결론들을 위한 기초를 놓으려는 것에 불과하다. 두 결론들은 24절과 25절에 나타난다. 첫 번째 결론은 '그리스도 예수에게 속한 사람들은 육체와 함께 그 정과 욕심을 십자가에 못박았기' 때문에 자유방임적 방종 생활을 할 수 없다는 것을 말하고(24절), 두 번째 결론은 '만일 그들이 성령으로 살

Op Mundi 73; Virt 181-2; Sacr 27을 보라; cf. Barclay, *Obeying the Truth*, 124f.

808) Barclay, *Obeying the Truth*, 122-25.

면 성령의 지도와 능력을 좇아 행해야' 한다는 것을 말한다.

문장 초두에서 그리스도인들은 '그리스도에게 속한 자들'(*οἱ δὲ τοῦ Χριστοῦ*)로 정의된다. 이 표현의 의미는 선행하는 구절들 중에서 충분히 드러났다. 그리스도는 그들을 구속한 '주'가 되시며(cf. 3:29) 그들은 '그리스도 안에' 있다 (2:16f; 3:26-28; 5:6). 그들은 '그리스도를 옷입었으며'(3:27) 그리스도의 영을 받았다(4:6). 그리스도에게 속한 자라면 그들은 이미 아브라함의 자손이 되었으며 그에게 주어진 약속을 따라 유업을 이을 자들이다(3:29). 그들은 '육체와 함께 그 정과 욕심을 십자가에 못박았다'(*τὴν σάρκα ἐσταύρωσαν σὺν τοῖς παθήμασιν καὶ ταῖς ἐπιθυμίαις*).

이 진술의 주목할 만한 특징은 그리스도인들이 십자가 형의 대상들이 아니라 그 주체들(agents)로 묘사된다는 점이다. 바울이 흔히 그리스도인들이 '그리스도와 함께 못박혔다'(*συνεσταύρωμαι*, 2:20)라든지 '그리스도께서 십자가에 못박히셨다'(*ἐσταυρωμένος*, 3:1)는 수동태적 진술들을 사용한다. 이와는 대조적으로 본절에서 그리스도인들은 자신의 육체를 '못박은'(*ἐσταύρωσαν*) 주체로 언급된다. 이 동사는 분명히 그리스도의 십자가 사건과의 연계성 때문에 선택되었지만, 능동태 동사를 선택한 것은 그리스도인들의 자발적 행동과 책임에 강조점을 둔다. 물론 육과 정욕을 십자가에 못박는 신자들의 행위는 그리스도의 십자가 사건을 자신의 실존적 사건으로 받아들이는 믿음 속에서 이루어진다. 학자들은 바울이 여기서 세례를 염두에 두고 있다고 주장하지만 분명치 않다.[809] 중요한 것은 바울이 십자가 사건을 그리스도에게 속한 자들의 성취로 묘사한다는 점이다. 따라서 육체로 돌아가는 일은 그들 스스로 행했던 것을 거부하는 것을 뜻하게 된다. 이 구절에서 주목을 끌 만한 또 다른 점은 육체의 죽음을 의무나 희망사항이 아니라

---

809) 이 문제는 주석들 중에서 많이 토론되었다. Cf. H. Schlier, *Galater*, 263-4; H. Weder, *Das Kreuz Jesu bei Paulus* (Göttingen, 1981), 198-210.

과거의 사건으로 선포한다는 사실이다. 죽음의 언어는 자연히 생명에 관한 진술을 담고 있는 다음 절과(25절) 대조를 이룬다. 그것은 과거의 죽음과 십자가 사건을 지칭한 후에 즉시 현재적 생명과 새 창조를 언급하는 2:19-20, 6:14-15과 평행을 이룬다. 차이점이 있다면 5:24-25에서 '육체'(σάρξ)의 죽음은 '성령'(πνεύμα)이 주는 생명으로 자리를 내준다는 사실이다. 여기서 인류의 타락되고 부패한 죄성을 가리키는 '육'은 5:13부터 줄곧 사용되어 온 중요한 개념이다. 육의 죽음과 함께 처리된 '정욕과 욕심'은 그리스도인들이 경험한 십자가 사건의 완전성을 강조해 준다. 십자가 사건은 육만 아니라 거기서 파생된 정욕과 욕심들도 모두 파괴하였다.

본절과 관련하여 위에서 언급한 두 가지 점들은 바울의 이전 진술을 (5:16-18) 뒷받침하고 확고하게 하는 역할을 한다. 그리스도 안에서의 삶은 '육'의 세력을 방어하는 충분한 보호막이 될 수 있는가? 바울은 단호하게 '그렇다'라고 대답한다. 왜냐하면 그리스도께 속한다는 것은 육의 체제를 파괴하는 것을 뜻하기 때문이다. 그리스도는 결코 '죄를 짓게 하는 자가 아니다'(2:16). 그에게 속한 자들은 육의 세력을 따라가지 않고 도리어 죽인다. 더욱이 성령은 영적 전투에서 반대 세력인 육을 극복할 수 있는 충분한 능력과 지침을 제공해 준다. 성령은 육체가 죽은 뒤에 신자들이 따라야 할 새로운 규범이요 의지해야 할 새로운 종말론적인 능력이다. 우리는 이들 진술들이 바울의 논의에서 차지하는 기능을 주목해야 한다. 5:24-25에서 바울은 그리스도께 속함으로써 '죽음'에서 '생명'으로 존재 방식이 결정적으로 바뀌었으며 따라서 '육'과 날카로운 단절을 만들어냈다고 주장한다. 그리스도인들의 삶은 육체의 소욕을 극복하고 이제 그들의 행위를 결정하는 성령에 의해 통제를 받기 때문에, 그들은 '성령을 좇아 행하라'는 바울의 제안에 궁극적인 확신을 가질 수 있다. 따라서 갈라디아인들은 율법을 다시 의지하지 않고도 그들의 도덕적 결단을 지도할 성령을 따라갈 수 있게 되었다.

그러나 한 가지 중요한 질문이 제기될 수밖에 없다. 만일 육체의 세력이 이미 십자가에 못박혀 처리되었다면, 왜 그것이 신자들의 삶을 여전히 위협하는 세력이 되는가? 만일 육이 그 정과 욕심과 함께 죽었다면, 왜 그 소욕이 그리스도인들을 여전히 유혹하고 성령과 싸움을 벌이는가? 이러한 현상은 기본적으로 바울신학에 내재하는 직설법과 명령법 간의 긴장적 구조 때문에 생긴다.[810] 우리는 이 문제를 여기서 다룰 수 없지만 문제 해결을 위한 몇 가지 관찰을 제시하고자 한다. 바울이 여기서 각 개인의 '육신적' 부분에 관심을 기울이기보다는 '이 악한 세대'와 그 인간적 전통들의 영향에 관심을 기울인다. 영육 간의 전투는 따라서 묵시적 전망 속에서 이해되어야 한다. 바울은 신자들이 육을 십자가에 못박았다고 말함으로써 새 창조를 경험한 그들이 이 세대를 지배하는 죄와 육의 세력들의 영향을 단호하게 끊어버렸다는 것을 시사한다. 죄와 육의 세력이 지배하는 옛 세상은 궁극적으로 그리스도의 십자가 사건 속에서 처리되었지만, 옛 세대는 그들이 일상적 삶을 살아가야 할 영역으로 아직도 지속되고 있다. 그리스도인들은 이처럼 옛 세대와 새 시대가 겹치는 중간시기를 살아간다. 따라서 그리스도인들이 새 창조를 경험했다 하더라도 현 사회와 인간적 전통들을 지배하고 있는 악의 세력의 영향에 유혹을 받을 위험은 항상 존재한다. 바울이 육을 따라 살지 말라고 계속 호소할 필요가 있었던 것은 바로 그러한 종말론적 긴장 때문이었다.

25. 만일 우리가 성령으로 살면 또한 성령으로 행할지니

앞의 논의들을 마무리짓는 바울의 두 번째 결론은 그의 윤리 사상의 핵심을 담고 있다. 본절은 성령의 중심성을 강조하기 위해 교차대귀법적 순서로 직설법과 명령법을 균형 있게 구조화시켜 놓았다. 그리스도 안에서 갈라디아인들의 생활의 원천이 되는 성령은 또한 그들의

810) 이 문제에 대해서는 이한수, 「그리스도인과 성령」, 총신대출판부, 1991, 161-182를 보라.

순종의 표준이 되어야 한다. 바울은 이미 3:3에서 '성령으로 시작하였다가 육체로 마치는가?' 라는 풍자적인 질문을 갈라디아인들에게 던진 적이 있다. 이 풍자적 질문의 요점은 그리스도인의 존재와 삶을 규정하는 시종일관한 원리는 성령이라는 것이다. 5:5,16,18의 간략한 교리적 진술들도 역시 그리스도인 생활의 기원이 성령이라는 것을 확인해준다. 신자들은 처음부터 성령으로 하나님의 백성된 신분을 얻게 되었고 이제 성령을 따라 삶으로써 하나님 백성된 신분을 나타내야 한다. 성령을 좇아 산다는 조건절의 표현은 이미 실현된 조건을 시사한다. 갈라디아 신자들은 이미 성령의 능력과 인도하심을 경험하고 있다. 만일 그렇다면 그들은 성령을 좇아 걸어가야 한다.[811]

바울이 여기서 '걷는다' 는 뜻으로 흔히 사용되는 '페리파테인' (**περιπατεῖν**) 동사를 사용하지 않고 도리어 흔치 않은 '스토이케인' (**στοιχεῖν**) 동사를 사용한 것을 주목을 끌만 하다. '줄을 서서 걷다' (walk in line)는 뜻을 지닌 이 동사는 성령께서 그리스도인들이 따라가야 할 질서요 규율이 된다는 것을 시사하는 것 같다.[812] 따라서 본절은 성령께서 구체적인 윤리적 행위들을 지도하는 안내자가 되신다는 점을 암시한 셈이다. 이로써 바울은 다음 섹션에(5:26-6:10) 제시된 보다 구체적인 윤리적 교훈들을 준비한다. 베츠가 주목한 대로, 본 섹션에 나오는 바울의 직설법과 명령법적 진술들은(5:1,13,25) 새로운 교훈 단계를 열기 위해 전략적으로 위치해 있다고 할 수 있다.[813]

이제 우리의 주석을 결론지을 때가 되었다. 갈라디아 교회들이 내적 갈등과 싸움을 경험하는 동안 유대주의자들이 침입을 하여 오직 율법의 구체적 교훈들만이 그들이 겪고 있는 도덕적 혼란을 극복할 수 있

---

811) '성령으로 산다' (**ζῶμεν πνεύματι**)는 표현은 갈라디아서 이전 부분에서 사용된 바가 없지만, 내용적인 면에서 볼 때 16절의 '성령을 좇아 행하다' (**πνεύματι περιπατεῖτε**), 18절의 '성령의 인도함을 받다' (**πνεύματι ἄγεσθε**)는 표현들과 동의어적인 표현이다.

812) Oepke, *Galater*, 186; Barclay, *Obeying the Truth*, 155.

813) Betz, *Galatians*, 254-5,294; Longenecker, *Galatians*, 265.

는 치료책이 될 수 있다고 선동했던 것으로 보인다. 전통적으로 율법은 유대인들에게 '울타리' 역할을 해왔다. 디아스포라 유대교와 랍비 유대교에서는 율법이 '악한 충동'(예쩌 하라)을 제어하고 하나님의 백성이 범죄하지 않도록 막아주는 '울타리' 역할을 해주는 것을 자랑스럽게 생각하였다(cf. *Ant* 4.210-11; 16.43; *Apion* 2.174; Ep Arist 139,142; b Berakoth 5a; b Kiddushin 30b). 율법에 관한 그의 논의에서 바울은 율법의 이러한 울타리 역할을 '몽학선생'의 역할로 묘사하면서 율법의 억제적 효과는 메시야가 오시기까지 잠정적으로만 지속될 것을 주장한다. 왜냐하면 몽학선생이란 어린이가 성년이 될 때까지만 그를 억제하고 훈련하는 존재이기 때문이다. 율법이란 후견인이 종말을 고했다는 바울의 주장은 따라서 선동자들에게 위험스럽고도 무책임하게 여겨졌을 것이 분명하다.

전통적으로 율법의 울타리 역할에는 두 가지 기능들이 내포되어 있었다. 하나는 구체적인 상황에서 도덕적 지침들을 제공해 주는 것이며, 둘째는 악한 충동을 제어할 수 있는 능력을 제공해 주는 것이다. 유대인들은 율법이 이 두 가지 기능을 담당함으로써 하나님 백성이 범죄하지 않도록 지켜주는 울타리 역할을 한다고 생각하였다. 그렇다면 그리스도 안에서 새로운 종말론적 시대의 도래를 선포하면서 '성령을 좇아 행하라'고 권면하던 바울의 윤리가 충분한 도덕적 안전책들을 제공할 수 있음을 그의 독자들에게 어떻게 확신시킬 수 있었을까? 그것은 그들의 실제적인 문제들을 해결해 줄 수 있었을까? 바울은 기독교인의 자유를 재확인하지만 그것을 사랑의 종노릇과 관련하여 재정의한다. 영육간의 갈등에 비추어 볼 때 그것은 절대적인 자유일 수가 없다(5:13). 그리스도인의 자유는 사랑의 의무와 책임 하에 있는 자유이다. 더욱이 바울은 십자가 사건을 통해서 육의 세력이 처리가 되었으며(5:24) 그 이후로 그리스도인은 계속해서 성령의 능력을 힘입을 수 있다는 것을 밝힌다(5:16-17). 이것은 성령께서 율법을 불필요하게 만드는 윤리적 안전책들과 윤리적 지침들을 제공한다는 것을 시사한다. 따라서 우리는 율법의 울타리 역할에 대응되는 성령의 두 가지 기능들에 주목할 필요가 있다. 첫째로, 성령께서는 육의 세력을 충분히 돌파할 수 있다. 율법은 죄와 육의 세력을 돌파하기에는 너무 약하였으며(롬 8:3-4) 율법 아래 있는 인간의 절망적인 상황은 로마서 7장에서 적나라하게 드러났다(롬 7:14-25). 그러나 그리스도 안에서 도래한 새로운 종말론적 시대에서 바울은 성령께서 육체의 세력을 충분히 극복하고 돌파할 수 있다는 확신을 피력한다. 둘째로, 성령께서는 일상 생활 속에서 구체적인 윤리적 방향과 지침들을 제공할 수 있다. 성령의 규범성이 잘 드러나는 곳은 성령의 아홉 가지 열매들이다(5:22-23). 이러한 덕목들은 헬레니즘 유대교에서 율법의 본질적 정신을 잘 요약한 것들이다. 온 율법이 이웃 사랑의 계명 속에서 이루어지는 것처럼, 성령을 좇아 행하는 그리스도인도 역시 사랑과 같은 성령의 열매를 맺음으로써 율법을 적극적으로 성취하는 자이다. 따라서 성령을 좇아 행하는 윤리는 유대주의 선동자들이 주장하듯이 아무 규범이나 표준들도 없는 주관적인 윤리가 아니고 율법의 근본적인 정신과 조화를 이루며 그것을 적극적으로 실현시키는 윤리이다. 여기서 우리는 그리스도인과 율법간의 긍정적인 관계를 주목할 수 있다. 바울은 율법을 '행하다', '지키다' 등과 같은 전통적인 술어들을 사용하지 않고 '성취하다'와 같은 좀 애매모호한 술어를 사용하는데, 이것은 한편으로는 할례나 음식법과 같은 구체적인 율법의 계명들을 지키지 않았다는 반대자들의 비난을 무마하면서도 다른 한편으로는 율법의 근본적 정신을 적극적으로 성취할 수 있다는 확신을 피력하는 최상의 방법이다. 따라서 바울은 유대교의 계율주의적 삶의 패턴을 거부하면서도 율법의 본질에 조화를 이루는 기독교인의 삶의 방식을 설정할 수 있었다.

2. 성령의 실천적 가치(5:25-6:10)

이제까지 바울은 성령께서 도덕적 방향과 지침들을 제공해 주며, 육이라는 도덕적 위협을 극복하게 해주고, 전체 율법의 요구를 성취하는 행위를 가능하게 해준다는 점들을 보여주려고 해왔다(5:13-25). 만일 그가 율법의 '멍에'에 복종하지 않으면서도 '하나님을 향하여 살 수 있음'을 갈라디아인들에게 확신시켜 주려고 한다면 이와 같은 논의들은 전적으로 필요한 것이다. 하지만 5:13-25의 논의는 갈라디아인들이 처한 상황에서 그들이 어떻게 살아가는 것이 과연 성령을 좇아 행하는 것인지를 구체적으로 예증해 준 것은 아니었다. 그래서 바울은 본 섹션에서(5:25-6:10) 갈라디아인들에게 성령을 좇아 행하는 것이 과연 어떤 삶인지를 보다 분명하고도 구체적으로 설명하려고 한다.

본 섹션의 내적 구조에 대해서는 학자들마다 견해를 달리해 왔다. 많은 학자들은 여기서 바울이 서로 관련도 없는 도덕적 교훈들을 이리 저리 수집해 놓았다고 생각한다. 오닐(J.C. O'Neill)은 본 섹션을 후대의 어떤 필사자가 삽입해 넣은 부분으로 간주하면서 그 증거로서 각 윤리적 권면 간에 아무런 내적 관련이 없고 단지 가끔 주제나 표제의 유사성만이 나타날 뿐이라는 점을 주목한다.[814] 디벨리우스(M. Dibelius) 역시 '권면'(paraenesis)이란 본래 내용상으로 다양하고 어떤 특정한 순서도 없는 말씀들을 담고 있을 뿐이라는 자신의 분석에 근거해서 오닐의 것과 비슷한 결론에 도달한다.[815] 사실 그는 갈라디아서 6:1-10이 피상적인 표제어들을 사용하여 함께 묶어 놓은 권면의 실례에 불과하다고 간주한다. 그의 견해에 따르면 한 말씀을 다른 말씀에 붙여 놓은 것은 단지 같은 어근에서 나온 어떤 단어나 그 파생어가 두 말씀들에 모두 나오기 때문이라고 한다.[816]

다른 주석가들은 6:1-10을 두 부분으로 나누어서 5절과 6절 사이에서 단락을 나누든지,[817] 아니면 6절과 7절 사이에서 단락을 나누려고

---

814) J.C. O'Neill, *The Recovery of Paul's Letter to the Galatians*, 67.
815) M. Dibelius, *A Commentary on the Epistle of James*, 3-6.
816) H. Schlier, *Galater*, 269. 그도 역시 디벨리우스와 마찬가지로 본 섹션이 느슨하게 함께 묶여진 윤리적 교훈들의 집합이라고 본다.
817) Cf. Lightfoot, *Galatians*, 67; Burton, *Galatians*, 325,334; Meyer, *Galatians*, 320; Ridderbos, *Galatians*, 216-17.

한다.[818] 또한 본 섹션의 출발점이 어디에서 시작되는가에 대해서도 다양한 견해들이 개진되었다. 학자들마다 25절, 26절, 6:1을 그 출발점으로 달리 잡지만,[819] 대부분의 이들 논의들은 단지 아무런 설명없이 개진될 뿐이다. 가장 철저한 분석은 베츠(H.D. Betz)의 것이지만 그도 역시 5:25-6:10을 11개의 세부 섹션으로 구분하게 된 특별한 이유나 기준들을 설명하지 않는다. 그는 이 부분에서 논리가 정연하게 체계화되어 있지는 않지만 '내적 연관'을 통해서 모종의 상호 관련성이 제시된다고 말한다. 하지만 불행하게도 그는 '내적 연관'이 구체적으로 어떤 것인지를 전혀 밝히지 않는다.

물론 바울서신을 자세하게 구분된 섹션들로 구분하는 것은 좀 인위적인 시도라는 것을 인정해야 한다. 점진적인 이전, 논의 이탈, 되풀이되는 논의들은 전적으로 그의 서신의 특징적인 모습들이다. 그렇다고 해서 5:26-6:10이 내적인 연관도 없이 다양한 윤리적 교훈들을 되는대로 주어 모아놓은 것이라고 결론지을 필요는 없다. 필자는 25-26절을 후속되는 윤리적 교훈들의 '표제어'로 간주하고 싶다. 여기서 바울은 영과 육에 관한 이전 논의들을 마무리짓고 새로운 교훈 모음들을 소개한다. 이들 교훈 모음들 가운데서 우리는 다양한 경구들을 주제별로 구분할 수 있다. 어떤 교훈들은 갈라디아인들 상호 간에 짊어져야 할 집합적인 책임들을 강조하고(A), 반면에 다른 교훈들은 하나님 앞에서 짊어져야 할 개인의 책임을 강조한다(B). 따라서 본 섹션의 구조는 이들 두 주제들을 느슨하게 서로 엮어 놓은 것으로 보인다. 바클레이의 분석에 따르면 우리는 다음과 같은 구조를 얻게 된다.[820]

5:25-26 표제어 - 호소와 금지

---

818) Cf. M.-J. Lagrange, *Galates*, 155,159; Oepke, *Galater*, 166.

819) 25절을 출발점으로 잡는 학자들로는 Duncan, Oepke, Schlier, Betz; 26절을 출발점으로 잡는 학자들로는 Ridderbos, Bonnard, Mussner; 6:1을 출발점으로 잡는 학자들로는 Lightfoot, Ellicott, Lagrange, Bruce 등이 있다.

820) Barclay, *Obeying the Truth*, 149ff.

6:1상	범죄하는 교회 구성원을 바로잡을 공동체적 책임 (A)
6:1하	자기 자신을 돌아보아야 할 개인적 책임 (B)
6:2	짐을 서로 짊어져야 할 공동체적 책임 (A)
6:3-5	자신을 시험하고 자신의 짐을 져야 할 개인의 책임 (B)
6:6	가르치는 자들을 지원해야 할 공동체적 책임 (A)
6:7-8	뿌린 대로 거두는 개인의 책임 (B)
6:9-10	모든 사람들, 특히 성도들에게 선을 행해야 할 공동체적 책임 (A)

물론 우리는 위의 구조 분석이 최종적인 것이라고 생각하지 않는다. 하지만 그것이 본문의 내용을 이해하는 데 도움을 주기 때문에 우리는 이러한 주제적 분석에 기초하여 본 섹션에 대한 주석을 진행하고자 한다.

25. 헛된 영광을 구하여 서로 격동하고 서로 투기하지 말지니라

많은 학자들은 본절 이후로 제시되는 윤리적 경구들이 갈라디아 교회의 상황과 직접적으로 관계가 없다고 보려고 한다. 특히 디벨리우스(M. Dibelius)는 이들 경구들이 갈라디아의 구체적인 상황과 아무런 관련없이 수집된 것이라고 보았고 많은 학자들이 그의 견해를 추종한다.[821] 하지만 우리는 이미 5:15에서 묘사된 '물고 먹는' 분쟁적 상황과 5:19-21의 악목들 중에서 공동체의 분쟁 상황을 묘사하는 여러 악목들에 비추어 볼 때 본절에서도 바울이 갈라디아 교회의 분쟁적 상황을 염두에 두고 있다는 결론을 내릴 수밖에 없다. 26절은 앞절의 긍정적 권면에 대응되는 부정적 권면을 담고 있는데, 그것은 내용적으로

---

821) Bonnard, *Galates*, 126; cf. Burton, *Galatians*, 334.

5:15의 '물고 먹는' 갈라디아 교회의 공동체적 불화와 일치한다.[822]

갈라디아 교회의 공동체 생활을 무너뜨리는 것은 바로 '헛된 영광을 구하여 서로 격동하고 서로 투기하는' 행위 때문이었다(*μὴ γινώμεθα κενόδοξοι, ἀλλήλους προκαλούμενοι, ἀλλήλοις φθονοῦντες*). 어떤 학자들은 유대 기독교인들이 그들의 이방 기독교인들을 격동시킨다고 보기도 하고,[823] 다른 학자들은 율법을 준수하는 갈라디아인들이 그렇게 살기보다 자유분방하게 행동하는 다른 기독교인들을 질투한다고 보기도 한다.[824] 하지만 바울이 구체적인 정보를 주지 않기 때문에 우리는 누가 격동시키고 누구를 투기하는지를 정확하게 재구성할 수는 없다. 단지 분명한 것은 바울 사도가 '헛된 영광'(*κενοδοξία*)에 뿌리를 두고 있는 '격동'과 '투기'의 파괴적인 효과들에 관심을 기울인다는 사실이다. 헛된 영광을 구하는 자(*κενόδοξος*)란 "근거 없는 견해를 내세우려고 하며, 허풍을 떨고 자만하며 허영에 들뜬 자"를[825] 가리킨다. 갈라디아인들이 이처럼 허영을 부리는 자들이 되었기 때문에 그들 사이에 격동하고 투기하는 일이 생겼다. 그러한 행동은 성령의 열매로 열거된 '화평'과 '절제'와 날카롭게 대조를 이룬다. 헛된 영광을 구하는 삶은 분명히 성령을 좇아 행하는 삶과 양립할 수가 없다. 바울은 특별히 '투기'(*φθόνοι*)를 육체의 일들 속에 포함시켰기 때문에 서로 격동하고 투기하는 행위는 육을 따라 살고 있음을 보여주는 징후들이다.

6:1. 형제들아 사람이 만일 무슨 범죄한 일이 드러나거든 신령한 너희는 온유한 심령으로 그러한 자를 바로잡고 네 자신을 돌아보아 너도

---

822) 많은 학자들이 이러한 견해를 지지한다. Cf.D. Vögtle, *Tugend-und Lasterkataloge*, 30; B.S. Easton, "Ethical Lists," 5-6; S. Wibbing, *Tugend-und Lasterkataloge*, 91, 95-97; Furnish, *Theology and Ethics*, 84-86; Mussner, *Galater*, 380; Bruce, *Galatians*, 250 등.

823) Duncan, *Galatians*, 179.

824) Burton, *Galatians*, 323.

825) Oepke, *TDNT* 3, 662.

시험을 받을까 두려워하라

허영에 사로잡혀 서로 격동하고 투기하는 위험들을 경고한 후에, 바울은 즉시 이러한 오류들을 발생시킬 수도 있는 한 경우를 예로 든다. 조건절의 구조는(ἐάν과 가정법) 가능성이 있는 미래의 조건을 시사한다: '사람이 무슨 범죄한 일이 드러나게 될 때'(ἐὰν προλημφθῇ ἄνθρωπος ἔν τινι παραπτώματι). '프로렘프떼'(προλημφθῇ) 동사는 고전 헬라어 저술들 중에서 자주 나오는 단어로서 문자적으로는 '미리 취하다'는 뜻을 지니지만 후에 능동태로 쓰일 때는 '예견하다'를 뜻하고 수동태로 쓰일 때는 '갑자기 당하다' 또는 '걸려들다'를 뜻하게 되었다. 본절의 수동태 동사의 뜻은 불분명하지만 그것은 예기치 않게 죄에 빠지게 된 것을 지칭할 수도 있고,[826] 또는 죄를 범한 것이 다른 그리스도인에 의해서 발각되는 것을 가리킬 수도 있다.[827] 전치사 '엔'(ἐν)은 도구적이거나 또는 장소적일 수 있기 때문에, 위의 두 가지 해석들은 모두 가능하다 하겠다. '사람'(ἄνθρωπος)이란 주격 단수의 표현은 일반적인 의미를 지니기 때문에 얼마간의 사본들은 그것을 '어떤 사람'(τις)으로 변경시키려는 경향을 보이기도 한다. 그는 교회 밖에 있는 어떤 사람이 아니라 교회 내에 '형제들'로 불리워지는 사람들 가운데 하나이다. 다시 말해서 본절은 형제라 일컬어지는 어떤 사람이 예기치 않게 범죄에 빠지게 되었고 또한 그것이 다른 기독교인들에 의해 발각되는 경우를 상정한다. '범죄'(παράπτωμα)란 말은 신약에서 항상 윤리적 의미로 사용되며, 바울서신에서도 자주 나타난다(cf. 롬 4:25; 5:15-18,20; 11:11-12; 고후 5:19; 엡 1:7; 2:5; 골 2:13). 그것은 어원론적으로 '곁길로 나가다'는 뜻을 지니기 때문에 '줄을 서서 걷다'(στοιχεῖν)는 5:25의 동사와 날카로운 대조를 이룬다. 그렇다면 바울이 말하는 범죄가 구체적으로 어떤 죄를 지칭하는지는 분명치 않으나 아마도 그것은 성령을 좇아 걸어가지 않고 곁길로 빠진 육체의 행위들을 지칭하는

826) Cf. G. Delling, *TDNT* 4, 14-15.
827) Cf. Schlier, *Galater*, 270.

것으로 보인다(5:21-22).

어떤 경우이든 간에 바울은 범죄 자체보다는 문제를 처리하는 방식에 더 관심을 기울인다. 문장의 두 번째 부분은 죄에 빠진 형제를 어떻게 다루어야 할는지를 가르쳐주는 바울의 지침이다. 그는 갈라디아의 독자들을 '신령한 너희들'(ὑμεῖς οἱ πνευματικοί)로 부른다. 때로 '신령한 자들'이란 표현이 풍자적으로 쓰이고 있다고 생각되기도 했고,[828] 또는 갈라디아 교회 내에 신령주의자 그룹을 지칭하는 것으로 생각되기도 했으며,[829] 때로는 영지주의자들 그룹을 가리키는 것으로도 생각되었다.[830] 하지만 바울은 갈라디아인들이 이미 성령을 소유했고(3:2-5,14; 4:6,29; 5:5) 또한 지금 성령으로 살고 있음을(5:16-17,25; 6:8) 되풀이하여 언급해 왔다. 따라서 바울이 여기서 갈라디아 신자들 모두를 염두에 두고 있음은 분명하다. 그렇다면 '신령한 너희들'이란 표현은 '너희가 성령을 좇아 살아가는 사람들이라는 것이 사실이라면'을 함축한 뜻일 수 있다. 갈라디아인들이 모두 성령을 받았기 때문에 그들은 시종일관한 영적 태도를 보여야 한다.

그들이 실제로 성령의 인도하심을 받는 사람들이라면, 그들은 범죄한 형제를 흑백논리에 따라 그를 격동하고 정죄하여 매장시키지 말고 도리어 그러한 때를 성령의 열매를 나타내는 기회로 삼아야 한다: '신령한 너희는 온유한 심령으로 그러한 자를 바로잡고'. '신령한 자들'이란 표현은 직설법을 표현해 주고, 본절 후반부의 명령법은 바로 이 직설법에 기초해 있다. 갈라디아인들은 이미 성령의 인도하심을 받는 자들이기 때문에 바울은 그들이 성령의 열매 중의 하나인 '온유'(πραΰτης)를 나타낼 것을 호소한다. 공동체 내에서 이루어지는 갈라디아인들의 생활 형태는 범죄자들을 다루는 일에서부터 성령에 순종하는 삶을 보여주어야 한다. '바로잡으라'(καταρτίζετε)는 명령형 동사

828) Cf. Lietzmann, *Galater*, 38; Schlier, *Galater*, 270.
829) Cf. Lütgert, *Gesetz und Geist*, 12.
830) Cf. Schmithals, *Paul and the Gnostics*, 46-51.

는 '회복시키다', '온전케 하다', '질서를 바로잡다'는 뜻을 가진 동사로서 헬라 문헌이나 칠십인경에서 아주 흔하게 나온다. 신약에서 그것은 (1) 물질을 대상으로 할 때 전에 쓸 수 있는 상태로 '수선하다'는 뜻을 가지기도 하고(cf. 마 4:21; 막 1:19); (2) 종교적인 맥락에서는 사람의 믿음을 '온전하게 만드는' 것을 뜻하며(cf. 고후 13:11; 살전 3:10; 히 13:21); (3) 윤리적 맥락에서는 이전의 좋은 상태로 도덕적으로 '회복시키는' 것을 뜻한다(cf. 고전 1:10). 본절 후반부에서는 세 번째 윤리적인 의미로 쓰였다고 볼 수 있다. 따라서 형제가 범죄했을 때 정의를 위한다는 명분으로 그를 단죄하고 미움과 증오의 논리를 사용하는 것은 성령을 좇아 행하는 신령한 사람이 할 일이 아니다. 특별히 마태복음에서 온유는 예수 자신의 성품으로 묘사되기 때문에(마 11:29), 형제가 죄에 빠졌을 때일지라도 온유한 마음으로 그를 바로잡는 것이야말로 신령한 자가 가져야 할 마땅한 자세이다.

바울은 범죄한 형제를 바로잡는 공동체적인 책임을 언급한 후에 '자신을 돌아보아야 할' 개인적 책임에 주목한다: '네 자신을 돌아보아 너도 시험을 받을까 두려워하라'(**σκοπῶν σεαυτὸν μὴ καὶ σὺ πειρασθῇς**). 다른 사람을 교정하라는 복수 2인칭 명령은 이제 자신을 돌아보라는 단수 2인칭 명령으로 바뀐다. 바울이 단수 1인칭 명령형을 사용한 것은 그의 권면을 보다 개인적으로 적용하기 위한 것으로 보인다. '스코포'(**σκοπέω**) 동사는 '관찰하다', '주목하다', '주의하다'는 뜻을 지니고 있는데, 본절에서는 문제된 범죄를 피하기 위해 '스스로 조심하라'는 뉘앙스를 갖는 것이 분명하다. 자기 검토가 필요한 것은 시험에 들지(**πειρασθῇς**) 않기 위해서다.[831] 이것은 범죄한 형제처럼 자신도 동일한 죄에 빠질 수 있다는 겸손한 인식에서 나온다. 따라서 6:1의 두 부분은 모두 '온유한 심령으로 행한다'는 함축들을 지닌다. 왜냐하면 온유는 다른 사람들을 다룰 때의 부드럽고 온화한 태도를

831) **πειράζω** 동사는 신약에서 '죄를 짓도록 유혹하다' 또는 '시험하다'(cf. 약 1:13)는 의미로 흔히 사용된다.

나타낼 뿐만 아니라(1절 상) 하나님 앞에서 자신의 연약성을 인정하는 겸손으로 나타난다(1절 하).[832] 사람이 형제의 죄에 대해서 온유한 심령을 가져야 하는 것은 그의 죄를 바로잡는 자신도 처음 아담에 속한 연약하고 죄악된 존재이기 때문이다. 형제의 죄를 바로잡을 때 자기 자신도 죄인이며 죄에 빠질 수 있는 연약한 존재라는 사실을 깨닫는 그리스도인만이 온유한 마음을 가질 수 있고 또한 죄에 빠진 형제를 사랑할 수 있다. 자신을 스스로 의롭다고 여기는 교만한 사람은 결코 남을 사랑할 수 없다. 도리어 자신이 연약한 죄인이라는 것을 깨닫는 사람은 용서하시는 주님의 온유와 사랑을 느낄 수 있고 따라서 죄는 미워하되 죄에 빠진 형제를 사랑하고 이해할 수 있다. 이것은 결코 누구나 죄를 짓기 때문에 형제의 죄를 덮어버리고 눈 감아 버리자는 것이 아니다. 죄는 반드시 지적하고 바로잡아야 한다. 하지만 형제의 죄를 바로잡을 때 자신도 동일한 모순을 지니고 태어난 죄인이기 때문에 온유한 마음을 가져야 하며 따라서 자신의 연약성을 돌아볼 줄 아는 겸손한 인식을 가지라는 것이다. 그렇다면 바울은 여기서 공동체의 윤리적 파수꾼으로 자처하면서 스스로 의롭게 여기는 자들이 그의 교훈을 잘못 오용하는 위험을 비판한다고 할 수 있다. 자신의 연약성을 겸손하게 인정하는 것은 모든 '헛된 영광'을 배제한다(5:26).

2. 너희가 서로 짐을 지라 그리하여 그리스도의 법을 성취하라

공동체의 각 구성원이 누구나 실족하기 쉽다는 것을 알기 때문에 바울은 짐을 서로 짊어질 필요성을 강조하게 되었다.[833] 동료 그리스도인들을 도와주는 주제는 1절 상에도 함축되어 있기는 하지만, 본절의 초점은 어떤 종류의 신체적, 도덕적 또는 영적인 짐(*βάρη*)까지도 포함할 정도로 확대된다. 어떤 학자들은 여기서 '짐'이 1절에 언급하는 도

832) Cf. F. Hauck and S. Schulz, *TDNT* 6, 645-51; Barclay, *Obeying the Truth*, 158.
833) 헬라어 원문에는 '서로'(*ἀλλήλων*)라는 말이 강조적이 위치에 와 있다. 서로 짐을 짊어지는 상호적인 사역이 강조된 것이다.

덕적 연약성을 지시한다고 주장하기도 하고,[834] 또는 예루살렘 교회를 위한 재정적 지원을 지시한다고 주장하지만,[835] 로마서 15:1과 고린도전서 12:26의 평행 구절들은 그것을 보다 폭 넓은 의미로 해석하는 것이 타당함을 보여준다.[836] 왜냐하면 로마서의 구절은 강한 자가 연약한 자의 약점의 짐을 짊어질 것을(*βαστάζειν*) 권면하고 있고 고린도전서의 구절은 같은 지체들로서 다른 형제들의 고통에 동참할 것을 말하기 때문이다.

여러 학자들이 주목하듯이 6:2과 5:13-14 사이에 밀접한 연관성이 존재한다. 두 구절 모두 공동체 구성원 상호 간의 의무를 강조하며(5:13, *δουλεύετε ἀλλήλοις*; 6:2, *ἀλλήλων τὰ βάρη βαστάζετε*) '성취하다' 동사에서 파생된 동사들을 반복한다(5:14, *πεπλήρωται*; 6:2, *ἀναπληρώσετε*). 상호간의 의무, 좀더 구체적으로 말한다면 상호간의 종노릇이란 주제가 각 구절 중에 발견된다. 왜냐하면 짐을 짊어지는 일 역시 노예가 하던 일이었기 때문이다.[837] 여기에 언급되는 짐이 구체적으로 무엇을 지칭하든지 간에 바울이 본절에서 강조하는 것은 분명히 '사랑으로 서로 종노릇하는' 것이다(5:13). 만일 짐을 짊어지는 일이 그리스도인 공동체의 주요 특징인 사랑의 표현이라면, '그리스도의 법을 성취하라'는 다음 표현도 이웃 사랑의 계명을 통해 온 율법을 성취한다는 5:14의 진술과 관련해서 해석되어야 한다(cf. 5:6). 따라서 바울은 적어도 함축적으로 5:22-23에서 성령의 열매로 열거된 성품들을 다시 끌어들인다. 여기서 그는 최상의 덕목인 사랑이 어떻게 공동체의 상호 섬김과 지원 속에서 작용하는가를 보여준다. '서로' 섬기는

834) Ridderbos, *Galatians*, 213; Mussner, *Galater*, 399.
835) J.G. Strelan, "Burden-Bearing and the Law of Christ," *JBL* 94 (1975), 266-276. 이에 대한 답변으로는 E.M. Young, "'Fulfil the Law of Christ'. An Examination of Galatians 6.2," *Studia Biblica et Theologica* 7(1977), 31-42을 보라.
836) Burton, *Galatians*, 329; Betz, *Galatians*, 299.
837) Barclay, *Obeying the Truth*, 131 n.81을 참조하라. 여기서 그는 노예가 짐을 지는 경우들을 예증으로 든다.

이러한 사랑의 삶은 5:26의 헛된 영광을 좇아 '서로' 격동하고 투기하는 육신적 삶과 날카롭게 대조를 이룬다. 성령을 좇아 행함으로써 갈라디아인들은 그리스도의 법을 성취할 것이며 서로 격동하고 투기하는 현재의 삶을 바꾸어 서로 섬기고 사랑하는 삶을 살아가야 한다.

그러면 이제 본절에서 핵심적인 중요성이 있는 '그리스도의 법' (**ὁ νόμος τοῦ Χριστοῦ**)이 무엇을 말하는 표현인지 살필 때가 되었다.[838] 이 표현이 다른 바울서신 중에서 유일하게 나오는 곳은 고린도전서 9:21이다(**ἔννομος Χριστοῦ**). 문맥을 보면 바울은 '율법 아래' 있지도 않고 그렇다고 '하나님께 율법이 없는' 것도 아닌 자신의 입장을 묘사하기 위해 이 표현을 사용한다는 것을 알 수 있는데 그 정확한 의미가 무엇인지 정의하기가 쉽지 않다. 이제까지 그리스도의 법을 설명하려는 다양한 시도들이 있어 왔고,[839] 그것들을 여기서 상세히 소개하는 것은 무의미한 일이다. 여기서는 그 가능한 의미를 간단하게 제시하고자 한다. 우리는 방금 전에 '그리스도의 법을 성취하라'는 표현이 이웃 사랑의 계명을 통해서 온 율법이 성취된다는 5:14의 진술과 관련하여 해석되어야 한다고 주장했었다. 그렇다면 5:14에서 사랑으로 성취되는 '온 율법'이 모세의 율법을 가리키기 때문에, '그리스도의 법을 성취한다'는 바울의 표현은 모세의 율법을 지시하는 또 다른 방식일 수도 있다. 다만 그것이 '그리스도의' (**τοῦ Χριστοῦ**)라는 소유격 표현에 의해서 수식을 받는다는 점만이 다를 뿐이다. 결론적으로 '그리스도의 법을 성취하는' 것이(6:2) '사랑으로 율법을 성취하는' 일과 평행을 이룰 수 있다. 두 가지 관찰이 우리의 결론을 뒷받침한다.

첫째로, 초대교회의 다른 인물들처럼 바울도 이웃 사랑을 말하는 레

838) Betz, *Galatians*, 299. 그는 이 구절을 설명하는 일이 갈라디아서 전체 중에서 가장 중요한 문제들 가운데 하나라고 말하였는데 바른 지적이다.
839) 이 구절에 대한 전통적인 제안들에 대해서는 Barclay, *Obeying the Truth*, 126-142를 참조하라.

위기 19:18을 예수께서 율법을 요약하려고 사용하시던 본문으로 생각하였다.[840] 본절에서 바울이 예수의 교훈을 암시한다는 것은 불행하게도 가능성은 있지만 논증 불가능한 경우에 속한다. 왜냐하면 바울은 자신이 예수께 의존하고 있음을 분명히 밝히지 않고 있으며 사랑이 온 율법을 요약한다는 이 유명한 개념을 독립적으로 끌어다 썼을 수 있기 때문이다. 하지만 예수께서 이웃 사랑의 계명을 강조하셨다는 것이 이미 초대 기독교의 권면에 친숙한 것이었고 바울이 여기서 그것을 반영했을 가능성은 높다. 따라서 사랑으로 율법을 성취한다는 것은 그리스도에 의해서 교훈된 율법을 성취하는 것일 수 있다.

둘째로, 바울서신에는 자신의 죽음을 통해서 사랑의 본을 보인 사실 때문에 '사랑'과 '그리스도'를 밀접하게 연관시키려는 경향이 나타난다.[841] 갈라디아서의 앞 부분에서도 바울은 이미 그리스도를 '나를 사랑하사 나를 위해 자신을 주신 하나님의 아들'로 묘사한 바가 있다 (2:20; cf. 롬 5:8; 8:37-9; 고후 5:14-15; 엡 5:2,25). 앞서 지적하였듯이 또한 로마서 15:1-3은 본절과 가까운 평행을 이룬다. 이 구절에서 바울은 강한 자가 자신을 기쁘게 하지 않고 이웃(*τῷ πλησίον*)을 기쁘게 하기 위해서 연약한 자의 약점들을 짊어질(*βαστάζειν*) 것을 호소한다. 여기서 '이웃을 기쁘게 하는' 일은 로마서 13:9의 '이웃 사랑의 계명'을 반영하고 있고, 신자들이 이웃을 기쁘게 해야 할 이유를 '그리스도께서 자기를 기쁘게 하지 않고' 다른 사람들을 위해 스스로 비

840) 율법을 요약하기 위해 예수께서 레위기 19:18을 사용하신 것은 공관복음 전승에서 증언된다(막 12:31=마 22:39; 눅 10:27; 마 19:19; cf. 막 7:12). 이들 구절들은 예수께서 레위기 19:18을 인용하심으로써 도덕법을 요약하셨다는 초대교회의 강한 확신을 증거해 준다(cf. H. Montefiore, "Thou shalt Love thy Neighbour as Thyself," *NTS* 5(1962), 157-170).

841) 그리스도의 본을 가지고 이 구절을 해석하는 학자로는 H. Schürmann, " 'Das Gesetz des Christus' Gal 6,2. Jesu Verhalten und Wort als Letztgültige sittliche Norm nach Paulus," in *Neues Testament und Kirche*, ed. J. Gnilka, Freiburg 1974, 282-300; R.B. Hays, "Christology and Ethics in Galatians: The Law of Christ," *CBQ* (1987), 268-290을 보라.

방과 핍박을 당하신 '본보기' 가운데서 찾는다(15:3). 더욱이 '짐을 지다'(βαστάζειν)는 동사는 로마서 15:1과 갈라디아서 6:2에서 모두 사용된다. 따라서 사랑으로 율법을 성취하는 것은 그리스도의 본을 따라 율법을 성취하는 것이다.[842]

이것은 그리스도의 법을 성취한다는 것이 그리스도께서 교훈하시고 본을 보이신 방식대로 율법을 성취하는 것, 다시 말해서 사랑으로 율법을 성취하는 것을 가리킨다는 것을 시사해 준다. 데이비스(W. D. Davies)가 주장하듯이 바울은 여기서 '메시야의 율법'으로 불리우는 새로운 법전을 암시하는 것이 아니다.[843] 물론 바울은 이웃 사랑의 계명이 예수의 교훈에서 특별히 강조된다는 점을 의식하고 있지만, 그는 예수의 말씀에 기초한 새로운 규칙들의 모음들을 지칭하고 있지 않다. 오히려 '법'(νόμος)은 5:14에서처럼 모세의 율법을 지시하며 다만 그것이 '그리스도의'란 소유격 표현에 의해 수식을 받는다는 점만 다를 뿐이다.[844] 이 소유격 표현은 그리스도에 의해 선포된 율법이란 의미로 이해되어서는 안되고 '그리스도에 의해서 재정의된' 율법이란 느슨한 의미로 이해되어야 한다.[845] 결과적으로 그리스도의 법은 '그리스도와의 관련성 속에 있는 율법', 다시 말해서 '그리스도께서 사랑을 통해

---

842) J. Barclay, *Obeying the Truth*, 133. 사랑은 '그리스도 안에' 있는 자들의 최상의 특징이다(갈 5:6,22).

843) W.D. Davies, *The Setting of the Sermon on the Mount*, Cambridge 1963, 109-190. 여기서 그는 '그리스도의 율법'이 '메시야의 율법'을 가리키며 그것은 새 시대에 메시야가 율법을 재해석하거나 재선포할 것이라는 랍비 유대교의 사상을 반영한다고 주장한다. 하지만 그가 인용한 구약과 랍비 문헌의 본문들은(사 2:1-5; 42:2-4; 렘 31:31-4; Lev Rabba 9.7; 13.3; Midrash Ps 146.7; b Sanhedrin 51b; b Sabbath 151b) 극히 빈약하기 때문에, 데이비스 자신도 자신의 연구 결과가 그렇게 결정적이지 못하다는 것을 시인한다(188)

844) Barclay, *Obeying the Truth*, 134; E.P. Sanders, *Paul, The Law, and the Jewish People*, 97-98.

845) W. Schrage, *Die konkreten Einzelgebote in der Paulinischen Paränese* (Gütersloh 1961), 237-8; U. Wilckens, "Zur Entwicklung des paulischen Gesetzverständnisses," *NTS* 28(1982), 175.

재정의하시고 성취하신 율법'을 가리킨다.

3. 만일 누가 아무 것도 되지 못하고 된 줄로 생각하면 스스로 속임이니라

바울은 다시 다음 몇 구절에서(3-5절) 신자 개인의 책임 문제에 주목하며 특별히 본절에서는 신자의 '자기 이해'를 다룬다. 자신이 아무 것도 되지 못하고 된 줄로 생각하는 것은 분명히 바울이 5:26의 서론에서 경고한 바 있는 '허영'(**κενοδοξία**)의 오류이다. 재미있게도 '헛된 영광'(**κενόδοξοι**)이라는 말은(5:26) 아무 것도 되지 못하고 된 줄로 '생각하는'(**δοκεῖ**, 6:3)것과 밀접한 관련이 있다. 바울이 말하려는 요점은 모든 사람이 무가치하기 때문에 모든 자기 의견은 거짓되다는 것이 아니다.[846] 왜냐하면 6:4절에서 어떤 자기 견해는 정당화되기 때문이다. 도리어 바울은 자기 자신의 중요성을 과대평가하고 자신을 속이는 일이 얼마나 쉬운가를 갈라디아인들에게 경고한다. '속인다'(**φρεναπατᾷ**)는 동사는 '마음'과 '속이다'는 두 술어를 결합한 것이기 때문에 바울 자신에 의해서 주조된 말로 보인다. 그렇다면 그것은 주관적인 환상의 개념을 나타내며 따라서 갈라디아인들이 이전에 가졌던 헛된 생각을 강조해 준다.

문장 초두에 '가르'(**γάρ**) 접속사는 2절에서 말한 내용을 설명해 주는 기능을 갖는다. 그렇다면 바울이 2,3절에서 함축하는 요점은 자신이 아무것도 아닌데 무언가 큰 인물로 생각하는 자기 기만은 다른 사람의 짐을 짊어지지 못하게 만든다는 것이다. 사람은 형제의 잘못을 바로잡을 때 자기 자신도 동일한 오류에 빠질 수 있는 연약한 사람이라는 겸손하고 온유한 인식을 가져야 한다(1절). 그같은 겸손한 인식을 가진 사람만이 연약한 형제의 약점을 대신 짊어지려는 사랑의 태

---

846) *Pace* Oepke, *Galater*, 189; Schlier, *Galater*, 273; Mussner, *Galater*, 400.

도를 가질 수 있다(2절). 이와는 반대로 자신을 너무 과대평가하고 헛된 영광을 구하는 사람은 자연히 남을 업신여기고 무시하는 자기 기만적 교만을 지니게 되기 때문에 그는 결코 연약한 형제의 약점들을 사랑으로 대신 짊어질 수 없다(3절; cf. 고전 10:12).

4. 각각 자기 일을 살피라 그리하면 자랑할 것이 자기에게만 있고 남에게는 있지 아니하리니

올바른 자기 이해를 가질 것을 교훈한 후에 바울은 이제 각 사람이 자신의 일을 시험해 볼 것을 권면한다. '각각' 그리고 '자기'란 말들은 이 점에서 개별 신자의 책임을 강조한다. 이러한 자기 검토는 바울이 그의 교회들에게 도전할 때 즐겨 쓰는 주제이기도 하다(롬 14:22; 고전 3:10-15; 11:28; 고후 13:5; 살전 5:21 등). 그리스도인은 다른 형제의 사역을 평가하거나 판단해서는 안되고 각 사람은 하나님 앞에서 자신의 일에 대해 책임을 져야 한다. 후접사 '데'(**δέ**)는 본절을 3절과 직접 연결시킨다고 보기 어렵다. 그 경우에 '그러므로'(**οὖν**)가 더 적합할 것이기 때문이다. 따라서 본절을 1-2절과 연결시키는 것이 타당하게 보인다. 자기 기만적인 사람은 죄에 빠진 형제에 대해서 자신의 우월성을 자랑하면서 자기 자신의 실재 상황을 살피지 못하는 수가 있다. '살피다'는 말로 번역된 헬라어 동사는 '시험하다' 또는 '검토하다'(**δοκιμάζω**)는 뜻을 갖는데, 그것은 고전 헬라 저술들, 칠십인경, 다른 헬레니즘적 유대 저술들, 그리고 신약에서 자주 나타난다.[847] 2절의 내용에 비추어 볼 때 그리스도인의 자기 검토는 그리스도

847) 그것이 바울서신에서 나타날 때는 다음 세 가지 상호보완적인 의미로 쓰일 수 있다: (1) '시험하다' 또는 '검토하다'(고전 3:13; 11:28; 고후 13:5; 살전 5:21; 딤전 3:10); (2) '증명된 것으로 받아들이다' 또는 '시인하다'(롬 2:18; 14:22; 살전 2:4; 고후 8:22); (3) '가장 좋게 생각하다' 또는 '선택하다'(고전 16:3). 롬 12:2의 동사는 이 세 가지 의미 중 어떤 의미로도 번역될 수 있으며 본절의 동사는 첫 번째 의미인 '시험하다' 또는 '검토하다'를 뜻하는 것이 분명하다(Longenecker, *Galatians*, 277).

의 법에 따라 이루어져야 한다.

사람은 육적인 타락된 성품 때문에 자신의 일이나 인격을 제대로 평가하기가 어렵다. 3절에서처럼 사람이 '자기 기만적 교만'을 갖게 되면 되지도 못하고 된 줄로 착각하게 된다. 고린도인들은 사실 시기와 분쟁을 일삼는 육적인 그리스도인들에 불과한데도 스스로 선 줄로 생각하였다(고전 10:12). 이러한 자만의 태도는 결국 사람을 실족하게 만든다. 신앙적 자만과 교만은 잠언의 말씀대로 패망의 선봉이요 넘어짐의 앞잡이다. 이스라엘 백성들은 성례도 경험했고 온갖 축복과 특권들을 다 지녔지만 죄에 빠져 멸망하고 말았다. 고린도인들도 마찬가지로 성례 의식을 의지하고 자신들을 하나님의 선택된 백성으로 여겼지만(고전 10:1-5), 그들이 의지하는 것은 변화된 인격과 성실한 삶의 자세가 없는 한 거짓된 안전책에 불과하다. 자만과 교만은 이처럼 자신을 올바로 평가할 수 있는 마음의 기능을 마비시킨다. 하나님과 이웃 앞에서 자신을 과대포장하게 만들기 때문에 자신을 올바로, 객관적으로 바로 볼 수 없게 만든다. 육의 세력이 지배하는 삶의 상황에서는 성령의 은혜가 아니고서 자신을 이해하고 평가할 수 없다. 그것은 하나님의 은총의 선물이다(cf. 5:18,25).[848]

흥미로운 것은 바울이 그리스도인이 시험해야 할 일(**ἔργον**)에 대해서 긍정적으로 평가한다는 사실이다. 많은 학자들은 '일을 자랑하는 것'이 바울의 신학 사상과 양립할 수 없다는 전제를 가지고 이 구절을 접근하지만,[849] 그는 그리스도인이 적절한 한계 속에서 자신의 일을 자랑하는 것이 옳다고 인정한다. 바울 사도는 논쟁적 상황에서 '율법

---

848) 이한수, 「하나님의 지혜, 세상의 지혜」, 도서출판 두란노 1993, 195.

849) Schlier, *Galater*, 274; Mussner, *Galater*, 401; E. Synofzik, *Die Gerichts- und Vergeltungsaussagen bei Paulus*, Göttingen 1977, 44. 하지만 H. Hübner, *Law in Paul's Thought*, 105-8은 정확하게 본절에서 바울이 일에 대해 긍정적인 견해를 갖는다고 지적한다.

의 행위들'(ἔργα νόμου)을 비평하지만 그것은 '행위' 자체가 나쁘기 때문이 아니다. 심지어 믿음도 사랑을 통해 일하지 않는가(5:6)! 여기서 '자기 일'(τὸ ἔργον ἑαυτοῦ)은 인간 존재의 기본적인 성격을 지칭하는 것으로 보인다. 왜냐하면 인간 존재는 그의 행위나 활동 속에서 표현되기 때문이다.[850]

본절의 두 번째 부분은 방금 주어진 권면의 이유를 제시하지만 해석하기가 쉽지 않은 문장이다. 보통 다음과 같은 방식으로 번역되고 있다: '그리하면 자랑할 이유가 자신에게만 있고 다른 형제들에게 있지 않을 것이다'(한역 성경, RSV, AV, NIV). 이 번역은 '에이스'(εἰς) 전치사를 '…에 관련하여'(with regard to) 또는 '…에 비교하여'의 의미로 취한 것인데, 이 번역을 추종하는 대부분의 주석가들은 바울이 여기서 자기 자신의 일에 기초해서만 자랑할 것을 허용하고 다른 사람들과 비교해서 자랑할 것을 허용하지 않는다고 주장한다.[851] 물론 이것은 문맥과 잘 어울리고 '카우케마'(καύχημα)를 '자랑의 근거'라는 흔한 의미로 이해하는 장점이 있지만, 두 개의 '에이스'(εἰς) 전치사들이 어떻게 서로 조화를 이루는지를 보여주지 못하기 때문에 문제가 없는 것이 아니다. 예를 들면 두 번째 문구를 '다른 사람과 비교하여'라는 뜻으로 이해할 때 첫 번째 문구도 자연히 '자신과 비교하여'라는 뜻으로 이해해야 하는데, 첫 번째 문구의 이 의미가 부적절하게 보인다.[852] 도리어 '에이스'(εἰς) 전치사를 '방향'(direction)의 의미로 이해하는 것이 훨씬 타당하다: '그리하면 각 사람은 그의 자랑을 자신에게만 돌릴 것이지 다른 형제들에게 돌리지 아니하리라'.[853] 이 경

---

850) H. Hübner, *Law in Paul's Thought*, 161.
851) Burton, *Galatians*, 332; Longenecker, *Galatians*, 277; 많은 주석가들.
852) J. Bligh, *Galatians*, 210. 그래서 그는 각 사람이 자랑할 때 그는 이전의 자신의 모습과 비교해서('by comparison with his former self') 자랑해야 한다는 번역을 했는데, 별로 신빙성이 없을 뿐만 아니라 본문에 부적합한 의미를 부여하는 것에 불과하다.
853) H. Lietzmann, *Die Briefe des Apostels Paulus. 1. Die Vier Hauftbriefe* (Tübingen 1910), 260; U. Borse, *Galater*, 211; Bruce, *Galatians*,

우에 바울의 권면의 요점은 경쟁심을 평가절하시키고(5:26) 절제를 격려하는 것이다(5:24). 자신의 일을 살핀 후에 사람은 그것을 다른 사람들 앞에서 허풍떨지 말고 그의 자랑을 자신의 것으로만 삼아야 한다.

5. 각각 자기의 짐을 질 것임이니라

이 구절은 바울이 앞서 개인의 책임에 대해 말한 내용을 잘 요약해 준다.[854] '포르티온' (*φορτίον*)이란 말은 헬라 문헌, 칠십인경, 다른 헬레니즘적 유대교 문헌에서 흔하게 나오는 말이다. 그것은 사도행전 27:10에서 배의 화물을 가리키고(cf. Josephus, *Ant* 14.377) 마태복음 23:4과 누가복음 11:46에서는 바리세인들이 부과한 계율적 짐들을 가리키며 마태복음 11:30에서는 모세 율법의 짐과는 달리 예수께서 제자들에게 부과한 짐을 지칭한다. 본절에서 신자 개인이 짊어져야 할 '짐' 은 고난이나 죄의 부담을 나타내는 것 같지는 않고 하나님 앞에서 짊어져야 할 책임을 나타내는 것으로 보인다. 사실 '포르티온' 이란 단어가 의무 또는 책임의 의무로 쓰인 경우들이 헬라 문헌들 중에서 발견된다(Epictetus, *Diss* 2.9.22).[855] 그것은 6:2에서 이미 쓰인 '바레' (*βάρη*)와 의미상 별로 다르지 않다. 분명하지는 않지만 미래 시제가 여기서 격언적 미래일 수도 있지만, 특별히 최후 심판을 지시하는 종말론적인 미래일 가능성도 있다.[856]

---

259. 하지만 이들은 비슷한 번역을 하지만 아무런 설명을 제시하지 않는다. 어떤 성취나 사람에 대한 자랑을 말할 때 바울은 *ἐν*, *ἐπί*, *ὑπέρ* 전치사들을 사용한다. 그가 *εἰς* 전치사를 사람에 대해 사용할 때는 (cf. 고후 10:13,15,16; 11:10) '누구에 대해 자랑하다' 는 의미를 지닐 가능성이 많다(J. Barclay, Obeying the Truth, 160 n.51).

854) 3절에서처럼 여기서도 '가르' (*γάρ*) 접속사는 본절을 4절과 연결시켜 주고 그것을 설명해 주는 기능을 갖는다.

855) Betz, *Galatians*, 303f에 인용됨; cf. Barclay, *Obeying the Truth*, 162.

856) 격언적인 미래일 경우에 각 사람은 일상 생활에서 불가피하게 짊어져야 할 책임이 있고 그것을 감당하는 법을 배워야 한다는 뜻을 지니게 된다(Betz, *Galatians*, 304). 하지만 대부분의 학자

본절에 함축된 내용은 6:2의 것과 모순되는 것처럼 보인다. 6:2은 다른 형제들의 짐을 짊어지라고 권면하는 반면에 본절은 각자가 자신의 짐을 짊어지라고 말하기 때문이다. 하지만 두 구절은 서로 잘 어울린다. 우리가 앞서 밝힌 대로 본 섹션 전체는 공동체적인 책임과 개인적인 책임이라는 두 상호 보완적인 주제들을 함께 엮어 놓았다.[857] 다른 형제들을 도와주고 바로잡아 주는 동안, 개별 신자는 자신을 돌아보고 자신을 시험해 보며 자기 자신의 책임을 짊어져야 한다.

6. 가르침을 받는 자는 말씀을 가르치는 자와 모든 좋은 것을 함께 하라

이 구절을 해석하는 데 여러 주석가들이 어려움을 느낀다. 본절은 아무런 문맥적인 연관도 없이 갑자기 등장하여 분명한 이유도 없이 공동체 생활의 특정한 세부 사항들을 언급하는 것처럼 보인다. 버튼(Burton)은 주제가 새로운 것이어서 갈라디아 서신 전체의 주제와 아무런 직접적인 관련이 없다고 주장하며,[858] 무스너(Mussner)도 바울이 6절에서 갑작스럽게 한 독특한 권면을 삽입시킨다고 말한다.[859] 하지만 우리는 바울이 6:1-10에서 개인적 책임과 공동체적 책임이란 두 주제들을 섞어 놓았음을 살핀 적이 있기 때문에 적어도 문맥상의 난점은 어느 정도 풀릴 수 있을 것으로 보인다. 형제의 범죄를 바로잡아야 할 공동체적 책임이 자신을 돌아보아야 할 개인적인 책임과 균형을 이루듯이(1절), 자기 자신의 짐을 져야 할 개인적 책임은(5절) 이제 회중 속에서 특별히 지원해 주어야 할 자들을 도와주어야 할 공동체적 책임과(6절) 균형을 이루는 것이 분명하다. 따라서 접속사 '데'(δέ)는

들은 종말론적인 의미를 포함시킨다(Mussner, Bonnard, Bruce, Schlier).

857) Burton, *Galatians*, 334: "2절과의 역설적인 반제는 의심할 것도 없이 의식적이고 의도적이나…그의 동료의 짐을 기꺼이 짊어지려는 사람은 자신이 짊어져야 할 짐이 있다는 것을 아는 사람이다".

858) Burton, *Galatians*, 335.

859) Mussner, *Galater*, 402.

앞 절과의 부드러운 대조를 나타낼 수 있지만, 본절의 내용은 6:2의 내용을 반영하고 또한 확장시킨 것이다.

모든 좋은 것들을 나누어 가지는 교제는 다른 형제의 짐들을 져주는 사랑의 구체적인 표현이다. 따라서 가르침을 받는 제자가 그의 좋은 것들을 말씀을 가르치는 선생과 더불어 나누어 가지는 것은 성령의 열매를 실천적으로 적용한 것이다. 갈라디아인들은 '양선'을 실천함으로써 성령으로 행해야 한다(5:22). 여러 주석가들은 '좋은 것들'(**τὰ ἀγαθά**)이 여기서 물질적인 것들을 지칭하는 것으로 해석한다. 하지만 선생들은 보통 그들의 제자들로부터 물질적인 선물들을 받지 않는다. 반면에 어떤 주석가들은 '함께 하라'(**κοινωνείτω**)는 명령형 동사가 '교제조로 받게 하라'(let him receive in fellowship)는 의미를 가진 것으로 보고 '좋은 것들'이 영적인 축복들을 가리킨다고 해석한다.[860] 사람을 목적어로 삼는 여격 표현과 함께 쓰인 이 동사는 '가르치는 자와 함께 나누어 가지게 하라'(let him share with his teacher)를 뜻한다. 물론 그것은 물질적인 선물들을 주고 받는 교제를 분명히 의미할 때가 있지만(롬 12:13; cf. Barn 19.8), 본절의 '좋은 것들'은 물질적이고 육신적이며 영적인 모든 좋은 것들을 내포한다고 보는 것이 타당하다. 이것은 '좋은 것들'이란 표현 앞에 '모든'(**πᾶσιν**)이란 말이 수식어로 덧붙여진 점에서도 시사되어진다. 사랑과 양선은 성령 안에서 행하는 삶에서 나타나는데, 그것들은 특별히 본절에서 모든 좋은 것들을 가지고 말씀을 가르치는 자들을 도와주는 구체적인 삶 속에서 실천적으로 적용된다.

바울이 '말씀을 가르치는 자'를 지적해서 그를 도와주라고 한 사실은 그가 갈라디아 교사들을 무조건 비난하지 않는다는 것을 시사해준다. 그렇다면 유대주의적 선동자들은 말씀의 교사들을 바울과 그의 복음에 충성했던 자들로 대적하였을 것이다.[861] 이들 교사는 회중의 영

860) Oepke, *Galater*, 192-3; cf. Meyer, *Galatians*, 327-331.
861) Barclay, *Obeying the Truth*, 163 and n.59. 여기서 그는 '말씀을

적 생활을 가장 크게 책임진 사람들이기 때문에 그들이 성도들의 도움을 받는다는 것은 당연한 일이다. 말씀의 교사가 성도들에게 신령한 것을 뿌리고 그들에게서 육신의 것들을 거두는 것은 이상한 일이 아니다(고전 9:11). 교회 사역자들을 도우라는 바울의 권면은 그의 서신에서 자주 나타나며(고전 9:2; 11:7-11; 살전 2:7-10; 빌 4:10-11) 예수의 교훈 전승에도 반영된다(마 10:10; 눅 10:7; cf. 고전 9:14; 딤전 5:18). 본절의 독특한 면은 말씀을 가르치는 교사들이 갈라디아 기독교인들 중에 머물면서 그들의 지원으로 생계를 꾸려간다는 점일 것이다. 불행하게도 우리는 얼마나 많은 사람들이 이 범주에 속하고 또 이러한 관습이 얼마나 넓게 유행하고 있었는지를 이야기할 수 없다.

7. 스스로 속이지 말라 하나님은 만홀히 여김을 받지 아니하시나니 사람이 무엇으로 심든지 그대로 거두리라

바울은 이제 각 사람이(**ἄνθρωπος**, 7절) 하나님 앞에서 담당해야 할 개인적 책임에 대해서 마지막으로 언급한다. 문장은 갈라디아인들에게 '스스로 속지 말라'고(**μὴ πλανᾶσθε**) 호소하는 권면으로 시작한다. 이러한 호소는 준엄한 경고조 발언 앞에서 터져나온 감탄이며 바울 당시에 경고 진술을 소개하는 흔한 형식문이었던 것으로 추정된다. 그것은 스토아 철학의 저술들,[862] 마카비서(2 Macc 7:18), 그리고 신약 저술들 중에서(cf. 고전 6:9; 15:33; 약 1:16; 눅 21:8) 발견된다. 맹세를 지켜보시고(1:20) 불편부당함을 보이시지 않는(2:6) 하나님은 '만홀히 여김을 받지 않기'(**οὐ μυκτερίζεται**) 때문에 갈라디아인들은 진실의 세계를 직시해야만 한다. '만홀히 여기다'는 말로 번역된 헬라어는(**μυκτηρίζω**) '경멸하다', '수치스럽게 다루다', '조롱하다'는 뜻을 지닌 동사로서 바울서신에 한 번만 나온다. 아마도 그것은 바울 자신의 어휘에 뿌리를 둔 술어가 아니고 그가 인용한 어떤 경구에서 나온

가르치는 자'가 예루살렘 교회를 지칭한다고 생각하는 Hurtado를 비평한다.

862) Cf. H. Brown, *TDNT* 6, 244.

것일 수도 있다. 여기에 쓰인 언어는 비록 강하지만, 그렇다고 갈라디아인들이 의도적으로 신의 심판이란 사상을 거절했다는 시사는 없다.[863)]

바울은 잘 알려진 예증에 호소함으로써 하나님께서 인류를 공평하고 정의롭게 다루시는 방식을 제시한다: '사람이 무엇으로 심든지 그대로 거두리라'. 농경사회에서 나온 이 잠언은 대부분의 고대 사회에서 분명히 친숙했던 것이고 유대교 문헌과 초대 기독교 문헌들 중에서도 흔하게 나온다.[864)] 바울이 그것을 사용한 것은 하나님께서 뿌리고 거두는 자연의 질서를 확립해 놓으셨듯이 영적인 세계에서도 예외없이 동일한 원리가 적용된다는 것을 보여주기 위한 것이다. 그는 누구나 잘 아는 보편적인 잠언을 인용하면서도 그것을 자신의 목적에 적응시킨다. 8절에서 이미지가 변경되어 '뿌려진 씨'에 초점을 맞추기보다는 그것이 뿌려진 '토양'에 초점을 맞춘다. 그래서 성령과 육체가 마치 밭에 비유된다(*ὁ σπείρων εἰς τὴν σάρκα…εἰς τὸ πνεῦμα*). 또한 그는 뿌린 대로 거둔다는 잠언을 자신의 전형적인 영육 이원론에 적용시킨다. '뿌린다'는 술어는 따라서 신자들의 행위와 삶을 지칭한다. 그들이 성령의 밭에 뿌리든지 아니면 육체의 밭에 뿌리든지 간에 그 결과는 그가 어떻게 살아가느냐에 달려 있다. 그들은 자신의 삶의 결과에 따라서 축복을 경험할 수도 있고 심판을 경험할 수도 있다. 누구든지 자연 질서나 영적인 질서 속에서 작용하는 하나님의 이러한 정의를 조롱하거나 경멸할 수 없다. 그는 뿌린 대로 거둔다. 그것이 바로 경멸당할 수 없는 하나님의 정의다.

---

863) *Pace* R. Jewett, "The Agitators and the Galatian Congregation," *NTS* 17(1970 /71), 211-2.

864) 헬라와 로마의 문헌들로는, Plato, *Phdr* 260d; Demosthenes, *Cor* 159; Cicero, *Orat* 2.65; Plautus, *Mer* 71. 구약에서는, 욥 4:8; 시 126:5; 잠 22:8; 호 8:7 등. 필로의 저술에서는, *Conf* 21,152; *Mut* 268-9; *Som* 2.76 등; cf. Test Levi 13.6; 4 Ezra 4.28ff. 신약에서는, 눅 19:21-2; 요 4:35-6; 고전 9:11; 고후 9:6.

8. 자기의 육체를 위하여 심는 자는 육체로부터 썩어진 것을 거두고 성령을 위하여 심는 자는 성령으로부터 영생을 거두리라

여기서 바울은 7절의 잠언을 영육 이원론에 기초한 자신의 신학의 맥락에서 해석한다. 영육 이원론은 신학적인 변증 부분에서나 윤리적 권면 부분에서 주도적인 주제인데(3:2-5; 4:21-31; 5:16-25) 본절이 그 주제를 넘겨 받고 있다. 뿌리고 거두는 농경적 은유는 이제 알레고리적 해석으로 대체된다. 왜냐하면 뿌리는 자는 '육체의 밭에'(*εἰς τὴν σάρκα*) 뿌리거나 '성령의 밭에'(*εἰς τὸ πνεῦμα*) 뿌려서 그에 상응하는 '썩어짐'(*φθορά*)의 열매나 또는 '영생'의 열매를 거두기 때문이다.[865] 성령과 영생이 연관된 것은 5:16,18,22-25에서 성령으로 살아가는 삶을 언급한 바울의 진술들과 일치한다. 육과 멸망(*φθορά*)이 연관된 것은 바울의 이전 진술들 중에서 분명하게 언급이 되지는 않지만, 그것은 하나님 나라를 유업으로 받지 못한다는 개념을 넘겨 받아 회화적으로 표현한 것으로 보인다. 한글 성경에 '썩어짐'으로 번역된 헬라어 명사(*φθορά*)는 반드시 틀린 것은 아니지만 부적절한 번역이다. 도리어 그것은 '(영원한) 멸망'으로 번역되어야 마땅하다.

중요한 것은 '영생'이나 '멸망' 모두 구원론적인 술어들이란 사실이다. 갈라디아 기독교인들이 어떻게 살아가느냐에 따라서 영원한 생명과 영원한 멸망의 갈림길이 결정된다. 그들이 육체를 따라 살게 되면 영원한 멸망을 경험하게 될 것이고 성령을 따라 살아가면 영원한 생명을 경험하게 될 것이다. 근접문맥에서 영생과 멸망의 갈림길은 하나님 나라를 유업으로 받느냐 아니면 못 받느냐의 갈림길로 설명되기도 한다(5:21; cf. 고전 6:9-10; 엡 5:4-5). 바울이 영육 이원론을 죽음과 삶의 주제와 연결시킨 곳은 로마서에서도 발견된다(롬 8:13). 그는 로마인들에게 육신을 따라 살면 '반드시 죽을' 것이지만 성령을 따라

865) 한글 성경에서 '육체를 위하여', '성령을 위하여'란 번역은 어색하고 너무 문자에 얽매인 번역이기 때문에 부적합하다.

육신의 정욕을 죽이면 '살리라'고 강조한다. 여기서 '죽고 사는' 일은 모두 구원론적인 술어들이다. 이것은 바울이 그리스도인의 삶을 어떻게 구원론적인 맥락 속에서 이해했는가를 분명히 밝혀 준다. 물론 바울의 이러한 진술들은 사람이 자신의 선행을 통해서 구원을 얻는다는 것을 교훈하지 않는다. 죄인이 구원을 얻는 길은 선행이 아니라 오직 믿음의 길밖에 없다. 하지만 은혜로 말미암아 믿음으로 값없이 구원을 얻은 그리스도인은 하나님의 거룩하고 의로운 백성된 표지를 자신의 삶을 통해서 나타내고 논증해야 한다. 구원하는 믿음은 행위의 결핍을 뜻하지 않고 선한 삶으로 나타나야 한다. 왜냐하면 바울에게 있어서 참된 믿음은 사랑을 통해서 일하기 때문이다(5:6). 어떤 사람이 죄를 지어도 회개치 않고 계속해서 육체를 따라 살아간다는 것은 그의 믿음이 공허한 것에 불과하다는 것을 증명해 줄 뿐이다. 그리스도인에게 있어서 선행이 구원하는 믿음의 필수적인 표현이라면 그의 선행은 분명히 미래의 구원과 관련이 있다.[866)]

9. 우리가 선을 행하되 낙심하지 말지니 피곤하지 아니하면 때가 이르매 거두리라

마지막 두 구절은(9-10절) 다시 공동체 내에서 상호간에 선한 일을 해야 할 책임을 거론한다. 이들 구절은 권면적 가정법을 사용하는 점에서는 5:25-6과 같지만, 언어적인 면에서 볼 때 9절의 '거둔다'는 동사는 8절의 동사를 넘겨 받은 것이고 '때'를 언급하는 것은 9절과 10절이 동일하다. 사실 9-10절은 이제까지 함축되어 온 내용을 분명히 밝혀준다: 신자 개인의 책임은 다른 사람들을 향한 그의 책임과 내면적으로 연관되어 있다. 왜냐하면 성령의 밭에다 뿌리고 그 결과를 거두는 신자 개인의 생활 속에는 모든 사람들에게 선을 행하는 삶이 내포되어 있기 때문이다. 따라서 두 주제는 구분되어 있기는 하지만 상

866) Cf. 이한수, 「하나님의 지혜, 세상의 지혜」, 도서출판 두란노 1993, 60-75.

호 배타적인 것이 아니고 서로 보완해 주고 해설해 주는 역할을 한다. 바울이 두 구절에서 비슷한 표어들을 사용한 것은 인위적인 것이 아니고 개념 상의 근본적인 연결을 나타낸다.

바울은 갈라디아인들이 속지 않기 위해서 뿐만 아니라(3,7절) 낙심하면(ἐγκακεῖν) 피곤하게 된다(ἐκλύειν)는 것을 알기 때문에 그들에게 선을 행하라고 권면한다. 선을 행한다는 것은 그리스도인이 마땅히 행해야 할 모든 일을 포함하며, 따라서 본질적으로 '양선'이나 '사랑'과 같은 성령의 열매를 실천한 것이며(5:22-23) 성령을 좇아 행하는 삶을(cf. 5:16,25) 나타낸 것이다. 어떤 의미에서 본절의 내용은 6:1-6에서 교훈된 것을 요약해 준다고 할 수 있다. 이웃에게 선을 행하는 것은 죄에 빠진 형제를 바로잡아 주고(1절) 약한 형제의 짐을 대신 져주며(2절) 말씀을 가르치는 자와 함께 좋은 것들을 함께 나누어 가지는 일 등을(6절) 지칭한다.

한글 성경에 '낙심하다'와 '피곤하다'는 말로 번역된 동사들은 사실 거의 동의어적으로 쓰이지만, 전자(ἐγκακεῖν)는 '낙심하다'를 뜻하는 반면 후자(ἐκλύειν)는 '힘을 잃다'를 뜻한다는 점에서 서로 구별될 수도 있다.[867] 바울이 두려워하는 점은 갈라디아 신자들이 처음 시작은 잘했는데(3:2-5; 5:7) 세월이 흐르면서 성령을 좇아 살아가려는 그들의 처음 열정을 상실하여 육체의 일들을 허용하는 것이다. 특별히 그들은 다른 사람들의 복지를 구하는 기독교 신앙의 정도를 버리고 오히려 서로 격동하고 투기하는 자기중심적인 삶을 살아가기 시작하였다(5:15,26). 따라서 바울은 선을 행할 때 낙심하거나 피곤해지지 말라고 권면한다.

바울은 자신의 권면을 뒷받침하기 위해 설명적 기능을 지닌 '가르'(γάρ) 접속사에 의해 소개되는 또 다른 전통적 경구를 덧붙인다: '힌

867) Lightfoot, *Galatians*, 165; Barclay, *Obeying the Truth*, 165 n.66.

을 잃지 아니하면 때가 이르매 거두리라'. 이 경구는 바울의 권면을 뒷받침할 뿐만 아니라 힘을 잃지 않고 끝까지 선을 행하는 자들에게 좋은 결과가 나타날 것을 약속한다. '때가 이르매'(καιρῷ ἰδίῳ)란 표현은 어느 특정한 순간이나 계절 또는 시간을 염두에 두지 않고 단지 '적절한 시기에', '제때에'를 지칭하는 숙어로 보인다.[868] 주목할 만한 것은 '카이로스'(καιρός)란 말이 추수 때(마 13:30; 막 11:13; 행 14:17) 또는 역사의 종말을 지칭할 때(막 13:33; 살전 5:1; 고전 4:5; 7:29; 계 1:3 등) 아주 적절한 술어라는 점이다. 따라서 선을 행한 결과를 거두어들일 때는 세상 역사 속에서 이루어질 수도 있고 종말의 때에 가서 이루어질 수도 있다. 8절에서 씨를 뿌린 결과는 '영생'과 '파멸'로 이어질 뿐만 아니라 8-9절에서 모두 '거둔다'는 동사가 사용되기 때문에 9절에서도 마지막 종말의 때를 염두에 두고 있을지도 모른다. 하지만 바울의 용어가 일반적이기 때문에 포괄적인 의미를 담는다고 보는 것이 타당할 것으로 보인다. 이렇게 하나님의 영적 질서가 확립되어 있음을 믿고 선을 행할 때 낙심하거나 포기하지 않고 때가 이를 때까지 견인하고 인내하는 것은 분명히 '오래 참음'이라는 성령의 열매를 나타내는 것이다(5:22).

10. 그러므로 우리는 기회 있는 대로 모든 이에게 착한 일을 하되 더욱 믿음의 가정들에게 할지니라

바울은 이러한 종말론적 전망에 기초해서 '기회 있는 대로'(ὡς καιρὸν ἔχομεν) 모든 사람들에게 착한 일을 하라는 결론적인 호소를 덧붙인다(cf. ἄρα οὖν). 여기서 다시 한번 성령의 열매 가운데서 '양선'(ἀγαθωσύνη)을 모든 사람에게 착한 일을(τὸ ἀγαθόν) 하는 생활에 적용시킨다. 주목할 만한 점은 '착한 일'은 모두 '하다'(ποιοῦντες, 9절) 또는 '일하다'(ἐργαζώμεθα, 10절) 동사들과 연결되어 있다는 사실이다. 이들 동사들은 성령의 열매가 아무 노력도 없이 자연스럽게 맺거나

868) Cf. Delling, *TDNT* 3, 455-62.

받는 것이 아니고 신자의 노력과 활동을 포함한다는 것을 분명히 해준다. 그것들은 또한 신자 각자가 시험해 보아야 할 '일'(ἔργον)과도 관련이 있다(6:4). 신자는 자신이 성령의 열매인 착한 '일'을 하는지 아니면 육체의 '일'을 하는지 살피고 시험해 보아야 한다.

'기회 있는 대로'(ὡς καιρὸν ἔχομεν)란 표현은 사본상 변이형들을 가지고 있다. 어떤 사본은 현재 직설법으로(ὡς καιρὸν ἔχομεν) 되어 있는 반면에 다른 사본들은 현재 가정법으로(ὡς καιρὸν ἔχωμεν) 되어 있다. 하지만 두 본문들은 거의 같은 의미를 갖는다. 여기서 '기회'로 번역된 헬라어는 9절에서 '때'로 번역된 헬라어와 동일한 단어이다(καιρός). 이미 앞 절에서 지적한 대로 이 단어는 역사 상의 어떤 때를 지칭할 수도 있고 마지막 종말의 때를 지칭할 수도 있다. 하지만 쓰여진 동사가 현재 시제이기 때문에 본절에서 마지막 종말의 때를 지칭하는 것으로 보이지 않는다. 학자들은 그것이 어떤 우연한 기회나 때를 지시하기보다는 하나님이 주신 어떤 적절한 때나 기회를 가리킨다고 주장한다.[869] 따라서 바울의 요점은 신자들이 선을 행할 때 하나님이 주신 적절한 기회들을 잘 활용하라는 것일 것이다. 바울은 어떤 사람들이 이 표현을 이해하는 것처럼 기독교인의 윤리를 어떤 우연하고 임의적인 유형의 삶으로 간주하지 않는다. 그가 말하려는 것은 기회가 주어지면 착한 일을 하고 기회가 주어지지 않으면 안 해도 된다는 것이 아니다. 오히려 그는 '카이로스'라는 독특한 술어를 사용함으로써 하나님께서 그리스도인이 선한 일을 할 수 있도록 제공하시는 기회들을 십분 활용하라는 것을 말할 뿐이다.

본절은 선한 일을 해야 할 대상을 보편화시킨다: '모든 사람들에게 착한 일을 하자'. 어떤 사본들은 현재 직설법 동사를 지니고 있지만(ἐργαζόμεθα) 보다 무게 있는 사본들은 현재 가정법 동사를 지니고 있다(ἐργαζώμεθα). 가정법 복수 일인칭 동사는 흔히 '…하자'(let us do)

---

869) Cf. G. Delling, *TDNT* 3, 455-62.

는 권유적 의미를 갖는다. '착한 일'(*τὸ ἀγαθόν*)은 단수 형태로 되어 있지만 선하고 유익한 모든 일들을 포괄적으로 지칭하는 일반적인 술어이며, 그것은 6절의 '모든 좋은 것들'과 일치한다. 그것은 죄에 빠진 형제를 바로잡아 주며, 연약한 형제의 짐을 대신 짊어지며, 가르치는 자와 주고받는 교제를 하는 일 등을 포함하기 때문에 물질적인 지원이나 육신적이고 영적인 도움들을 모두 지칭한다. 바울은 이와 같은 착한 일들을 모든 사람들에게 하라고 권면한다. 모든 사람들 속에는 유대인들뿐만 아니라 이방인들도 포함하고 신자뿐만 아니라 불신자도 포함한다. 기독교의 복음 정신은 인종적, 사회적 모든 차이들을 뛰어넘어야 한다. 이러한 기독교 복음의 보편적 정신은 갈라디아 서신의 앞 부분에서 여러 차례 강조된 바가 있다(cf. 2:16; 3:8,22,26-28에 강조된 '모든 사람들'). 베츠(Betz)가 지적한 대로, "하나님의 구속의 보편적 성격은 그리스도인의 윤리적이며 사회적인 책임들의 보편성과 상응한다. 만일 그리스도 안에 있는 하나님의 구속이 보편적이라면, 기독 공동체는 인류 사회 내에 있는 모든 인종적, 국가적, 문화적, 사회적, 성적, 심지어는 종교적인 차별들까지도 제거해야만 한다. 하나님 앞에서는 편견이 존재하지 않기 때문에 그의 동료를 향한 그리스도인의 태도에도 편파나 편견이 있을 수 없다".[870] 이러한 기독교 복음 정신의 보편성은 유대주의자들의 편파적이고 배타주의적인 성향과 날카로운 대조를 이룬다. 우리가 이미 안디옥 사건에서 살핀 대로 유대인들은 스스로를 선택받은 특별한 하나님 백성으로 간주하기 때문에 이방 기독교인들과 식탁 교제까지 거부하였다(2:11-14).

유대인들의 배타적 성향은 공관복음서에 나타난 그들의 이웃관에서도 증명된다(cf. 눅 10:29-37). 예수 당시에 유대인들에게는 아무나 이웃이 될 수 있었던 것은 아니었다. 그들의 이웃관은 일종의 원으로 설명할 수 있다. 원의 중심에는 자기 자신이 있고, 중심에 있는 자신과의 이해 관계에 따라 이웃의 정도가 결정되었다. 자신과 가장 가까운

---

870) Betz, *Galatians*, 311.

위치에 있는 사람은 자신의 가족이며, 다음에는 자신의 친척과 친구들이 존재하고, 그 다음에는 같은 신앙과 혈통을 지닌 유대 동족들이 있고, 원의 제일 가장자리에는 같은 혈통은 아니지만 유대교로 개종하여 같은 신앙을 가진 사람들이 위치에 있다. 그 원 바깥에 있는 모든 사람들은 유대인들의 이웃이 될 수 없었고 따라서 그들에게 사랑과 긍휼을 베풀 의무도 없었다. 선한 사마리아 사람의 비유에서 어떤 한 율법사가 예수께 나와서 '누가 나의 이웃인가?' 고 물은 것은 바로 이러한 배타적인 유대교의 이웃관을 반영한다. 율법사의 이러한 질문은 상당히 의도적인 것이다. 왜냐하면 예수께서 만일 유대인들의 전통적인 이웃관을 따라 대답하셨더라면 율법사는 예수께서 지금까지 세리나 죄인들, 이방인들과 교제한 것을 반율법적인 행위로 폭로시킬 참이었기 때문이다. 하지만 예수께서는 선한 사마리아 사람의 비유에서 영웅으로 등장시킨 사람은 제사장이나 레위인 같은 유대 종교 지도자들이 아니고 그들이 천대하는 사마리아인이었다. 예수께서는 여기서 유대인들의 배타적이고 민족주의적인 이웃관을 비판하신 것이 분명하다.[871] 예수의 이러한 보편적 정신은 바울의 권면에서도 배어 있다.

바울은 좀 역설적이기는 하지만 그의 보편적인 권면에 착한 일을 '더욱 믿음의 가정들에게 하라' 는 진술을 덧붙인다. 이것은 방금 전에 피력한 보편적인 관심에서 이탈해 나간 것을 의미하는가? 아니다. 바울의 요점은 모든 사람들에 대해 관심을 기울이는 가운데 갈라디아인들은 그리스도인들이기 때문에 동료 그리스도인들의 복지에 특별한(**μάλιστα**) 관심을 기울이라고 말할 뿐이다. 바울은 그리스도 안에 있는 신자들을 '믿음의 가정들' (**τοὺς οἰκείους τῆς πίστεως**)로 묘사하는데, 이것은 그리스도인들의 집합적 통일체 또는 신자들로 구성된 교회를 은유적으로 지칭한 표현이다(cf. 고전 3:9-17; 고후 6:14-16; 엡 2:19-22). 따라서 기독교인들은 교회의 구성원들에게 특별한 관심을 가지고 돌보아야 한다.

---

871) 최갑종, 「예수님의 비유 연구」, 기독교문서선교회 1993, 53-76.

결론적으로 5:26-6:10의 다양한 경구들은 바울 당대의 관습적인 윤리적 교훈들을 단순히 서신 말미에다 덧붙여 놓은 것이 아니고, 바울이 앞서 설명한 '성령을 좇아 행하라'는 핵심적 윤리 교훈을 구체적으로 예증하고 설명한 것이라고 할 수 있다. 따라서 본 섹션의 주요 경구들은 '온유'(6:1), '사랑'(6:2), '절제'(5:26; 6:4), '오래 참음'(6:9-10), '양선'(6:6,9,10) 등과 같은 성령의 주요 열매들을 구체적인 상황을 실례로 들어 실천적으로 예증하는 기능을 갖는다. 그것들은 추상적인 윤리적 성품들을 구체적인 윤리적 교훈에다 뿌리를 박는 역할을 한다.[872] 본 섹션 내내 바울은 갈라디아인들에게 그들이 하나님께 대해 갖는 책임과 공동체 구성원들 상호간에 갖는 책임들을 상기시켜 주려고 노력했다. 이렇게 함으로써 그는 갈라디아 교회를 무너뜨리려고 위협하는 분쟁과 투기의 문제들에 특별한 관심을 기울인다. 그는 성령의 열매만이 그들을 위협하는 이런 문제들을 극복할 수 있음을 보여줌으로써 그들에게 육체를 위해 심지 말고 성령을 위해 심을 것을 호소한다. 이와는 반대로 율법 아래서 살 것을 충동질하는 유대주의자들의 선동은 교회 내에 분쟁과 싸움만을 불러일으켰다. 바울은 일찍이 율법 아래서의 삶과 육체의 개념을 결합시킨 적이 있는데 (3:3; cf. 4:21-31), 이것은 유대주의자들의 율법 중심적인 제안이 교회 문제의 해결에 도움이 되지 않고 도리어 '육의 징후들'만 불러일으킨다는 것을 함축적으로 시사한다. 우리는 악목들의 세부 사항이 갈라디아 교회 내에서 자행되는 극악한 범죄를 가리킨다고 보지도 않으며(*contra* Betz), 또한 갈라디아 교회 내에 '영지주의적', '자유방임적' 또는 '헬레니즘적' 경향들을 보여주는 확고한 증거도 없다고 본다(*contra* Schmithals). 바울은 단지 유대주의자들의 선동으로 가해지는 분쟁과 싸움의 위협에 직면하여 갈라디아 교회의 통일과 화목에 큰 관심을 보인다.

---

872) Cf. W. Schrage, *Die konkreten Einzelgebote*, 61-64.

결론적 훈계와 마지막 축도(6:11-18)

대부분의 주석가들은 감사말이나 본론에서 발견되는 보다 중요한 문제들에 초점을 맞추려는 경향을 보여 왔고 바울서신을 시작하고 끝맺는 부분들이 일차적으로 관습적인 성격을 띤다고 생각해 왔기 때문에 서신의 결론 부분들을 대충 간단하게 다루어 왔다. 하지만 갈라디아서의 결론 부분은 바울서신의 다른 결론 부분들보다는 학자들의 더 많은 관심을 끄는 대상이 되었다. 이렇게 관심을 끌게 된 것은 일차적으로 갈라디아서의 결론 부분이 차지하는 길이 때문만 아니라 그것이 편지의 본론 부분의 핵심적 내용과 맺고 있는 깊은 연관성 때문인 것으로 보인다. 예를 들어 라이트푸트(J.B. Lightfoot)는 6:11-18이 갈라디아 서신의 주된 교훈들을 거칠고 열정적이며 끊어진 문장들로 요약해 주는 기능을 갖는다고 지적하였고[873] 다이스만(A. Deissmann)도 역시 다른 서신과는 달리 갈라디아서의 결론 부분을 특별하게 주목할 만한 가치가 있다고 주장하였다.[874] 최근에 와서 베츠(H.D. Betz)는 6:11-18이 갈라디아 서신의 주요 내용을 요약해 줄 뿐만 아니라 바울의 저술 의도들을 밝힐 수 있는 해석학적 실마리들을 제공해 주는 가장 중요한 부분들 중의 하나라고 주장하였다.[875] 이들 학자들의 주장은 분명히 우리가 이제 주석할 결론 부분을 서신의 본론적 핵심적 논의들에 비추어 조심스럽게 다루어야 한다는 것을 교훈해 준다.

---

873) Lightfoot, *Galatians*, 220.
874) A. Deissmann, *Bible Studies*, 347-48.
875) Betz, *Galatians*, 313.

다른 서신들과는 달리 갈라디아서의 결론 부분은 여러 면에서 독특한 점들을 가지고 있다. 바울서신의 끝머리에는 보통 '은혜와 평강을 비는 축도'와 '독자들에게 보내는 인사말'이 흔하게 나온다. 하지만 갈라디아서의 끝머리에는 인사말이 없다. 기쁨의 표현도 기도의 요청도 송영도 담고 있지 않다. 이들 요소들은 바울과 그의 독자들 사이에 존재하는 교제와 감사의 관계를 나타내는데, 그것들의 결핍은 바울과 갈라디아인들 사이에 모종의 긴장 관계가 존재한다는 것을 시사해 준다. 다른 특징들은 갈라디아서의 결론 부분이 바울 자신의 '자필 부분'을 담고 있으며(6:11; cf. 고전 16:21; 골 4:18; 살후 3:17; 몬 19), 더욱이 본론에서 논의된 주요 내용들을 직접적으로 다시 부각시키면서(12-15절) 유대주의자들의 위협을 환기시킨다는 점들이다. 그것은 헬레니즘 사회에서 관습적으로 쓰이는 표준적 편지 형식들을 지니고 있으면서도 그 형식들을 갈라디아서의 본질적 관심들과 교훈들을 반영하는 방식으로 통합시킨다. 본 서신의 끝머리 부분이 이제까지 논의된 내용을 반영하는 '프리즘' 역할을 하는 것은 바로 이 점 때문이다.

11. 내 손으로 너희에게 이렇게 큰 글자로 쓴 것을 보라

바울 당대의 헬레니즘적 편지들은 두 가지 필사 형태들을 나타내었다. 하나는 필사자나 서기가 편지를 보내는 사람을 대신해서 편지의 모든 내용을 받아서 적어 놓은 경우이고, 다른 하나는 편지를 보내는 사람이 필사자나 서기에게 내용을 불러주다가 끝머리에 가서 자필 내용을 덧붙이는 경우이다. 본절은 바울이 편지의 모든 내용을 손수 썼을 가능성은 있다. 1:20에서 그는 '쓰다'(γράφω)는 현재 동사를 사용하지만 편지를 어떻게 기록하는가에 대한 암시는 던져주지 않는다. 보다 가능성이 있는 견해는 바울이 이제까지 필사자나 서기에게 편지 내용을 불러주다가 끝머리에 가서 펜을 들고 나머지 문장들을 자필로 기록했다고 보는 것이다.[876] 물론 그의 필사자는 전문적인 서기이기보다는 개인적인 동료이거나 또는 여러 교회의 유능한 동료 신자들이었을 것이다.

'내 손으로'(τῇ ἐμῇ χειρί)란 표현은 바울의 독자들이 지금 바울의 필사자가 기록해 오다가 바울 자신이 손수 기록한 내용을 읽거나 또는 듣고 있음을 그들에게 환기시키는 문구이다. 그렇게 함으로써 그는 아마도 그의 편지를 위조할 가능성을 배제하고 그것의 진정성을 나타내려 했던 것으로 보인다. 흔히 바울은 필사자에게 편지 내용을 불러서 적게 하다가 끝머리에 가서 한두 문장의 마지막 축도나(살후 3:17,18) 권면을(고전 16:21-24; 골 4:18) 덧붙였다. 하지만 갈라디아서에서는 결론 부분 전체를 손수 기록하면서 그 주된 교훈들을 거칠고 열정적이며 끊어진 문장들로 요약한다. 바울은 그것은 '큰 글자'(πηλίκοις γράμμασιν)라고 기록하는데, 그 이유에 대해서는 많은 추측들이 있어 왔다. 어떤 학자는 4:15에 근거해서 그것이 바울의 시력이 나쁘다는 것을 나타낸 것이라고 보기도 하고, 또 어떤 학자는 바울이 실제로 밤빌리아의 버가에서 십자가에 못박힌 적이 있기 때문에 손에 손상을 입었다고 보기도 한다.[877] 하지만 가장 가능성이 있는 견해는 바울이 여기서 자신의 저술 의도를 강조하려는 목적으로 큰 글자로 기록했다고 보는 것이다. 바울은 사람들의 주목을 끌기 쉬운 큰 글자들로 기록함으로써 갈라디아 독자들이 다음의 진술 내용들에 주목할 것을 요구한다.[878] 이미 지적한 대로 결론 부분은 갈라디아 서신의 핵심적 강조점들을 담고 있기 때문에 바울은 위기에 처한 그의 독자들이 다시 한번 그의 핵심적인 주장들에 주목하기를 기대했을 것이다. 바울은 분명히 자신의 편지가 갈라디아 교회들에 회람되어 읽혀지기를 기대했던 것일 것이다. 갈라디아 교회의 모든 구성원들이 그가 쓴 큰 글자들을 다 보았을 리는 없기 때문이다.

---

876) Cf. Bruce, *Galatians,* 268; Lightfoot, *Galatians*, 220; Longenecker, *Galatians*, 289, 그리고 대부분의 학자들.

877) Cf. Bruce, *Galatians*, 268.

878) Bruce, *Galatians*, 268; Lightfoot, *Galatians*, 220; Longenecker, *Galatians*, 290; Burton, *Galatians*, 348; Schlier, *Galater*, 280, 그리고 대다수의 학자들.

12. 무릇 육체의 모양을 내려 하는 자들이 억지로 너희로 할례받게 함은 저희가 그리스도의 십자가를 인하여 핍박을 면하려 함뿐이라.

12-17절은 유대주의자들의 위협을 반박하는 바울의 이전 신학적 논의들과 권면들을(1:6-5:12) 넘겨 받는다. 이 점을 보여주는 한 가지 특징적 요소는 '육체'(*σάρξ*)라는 술어의 사용이다(12-13절). 여기서 할례와 '육'의 개념의 연결은 이미 바울의 신학적 논증 부분에서 여러 차례 나타난 바 있다(3:2-3; cf. 4:23,29). 여기서 육의 개념은 선동자들의 활동의 본질을 잘 나타낸다. 갈라디아 서신의 다른 곳에서처럼 선동자들의 이름이 거명되지 않는다. 다만 본절에서 할례를 집요하게 요구하고[879] 심지어 '강요까지 하는'(*ἀναγκάζουσιν*) 선동자들은 '육체의 모양을 내기를 원하는 자들'(*ὅσοι θέλουσιν εὐπροσωπῆσαι ἐν σαρκί*)로 정체가 확인된다. 바울은 사실 그들의 이름을 잘 모르지만 그는 분명히 그들의 활동들에 대해서는 알고 있다. '모양을 내다'(*εὐπροσωπέω*)는 헬라어 동사는 '잘 보이다' 또는 '좋은 모양을 내다'는 뜻을 가진 말로서 헬라 문헌에서는 드문 단어이다. 이 동사를 뒤에서 수식하는 '육체의'(*ἐν σαρκί*)란 전치사 표현은 할례와 연결되어 있기 때문에 그것은 보통 영적이거나 내적인 어떤 것에 대조가 되는 외적인 어떤 것을 의미하는 것으로 해석되고 있다.[880] 바울은 그의 회심자들 속에 역사하는 성령의 내면적인 사역에 관심을 갖는 반면에, 유대주의자들은 육체에 표시해 두는 외적인 표시에 관심을 둔다는 것이다. 그러나 바울이 여기서 단순히 외적인 것과 내면적인 것을 대조시키는 데 일차적인 관심을 기울이는 것 같지는 않다. 왜냐하면 바울도 '세례'와 '성만찬' 같은 외면적인 의식들을 전혀 무시한 것이 아니기 때문이다. 우리가 앞선 주석에서 육의 개념을 살폈듯이 묵시적인 맥락에서 그것은 신적인 것에 대조되는 단순히 '인간적인 어떤 것'을 지시한다. 유대교의

---

879) 그들은 갈라디아인들을 '꼬이고'(3:1) '설득하는'(5:7-8) 자들로 묘사되는 반면에 6:12에서 할례를 '강요하는'(*ἀναγκάζουσιν*) 사람들로 보다 구체적으로 묘사된다.

880) Cf. Bruce, *Galatians*, 268; Longenecker, *Galatians*, 291.

토라 전승은 바울이 다메섹 도상에서 받은 신적인 복음의 계시와 비교할 때 '조상의 유전' 또는 '인간적인 전승'에 불과하며(1:14-16), 육체를 따라 난 하갈의 아들 이스마엘은 육신적인 혈통이나 조상들의 유전 그리고 선민적 배타주의 같은 인간적인 삶의 표준들에 의지하는 불신 이스라엘 백성을 가리킨다(4:21-31). 그렇다면 '육'과 '영'의 개념은 단순히 외적이고 내면적인 어떤 것의 대조가 아니라 하나님 앞에서 인간이 소유하고 있는 '존재 양식들'(modes of existence)의 대조이다.[881] 유대주의자들과의 논쟁적 문맥에서 '육체'는 하나님과의 관계를 육신적인 혈통이나 조상들의 유전 그리고 민족적 배타주의 같은 인간적 삶의 유형들에 의존시키려는 인간의 존재 양식을 가리키며, '영'은 이와 반대로 하나님과의 관계를 믿음의 순종, 약속에 대한 신뢰, 성령의 사역 등에 의존시키려는 인간의 존재 양식을 가리킨다.

유대주의적 선동자들이 이렇게 할례를 강요하여 육체의 모양을 내려한 것은 '저희가 그리스도의 십자가를 인하여 핍박을 면하려 함뿐이다'(*μόνον ἵνα τῷ σταυρῷ τοῦ Χριστοῦ μὴ διώκωνται*). 만일 '육'이 여기서 혈통이나 민족적 배타주의 같은 인간의 존재 양식을 가리킨다면, 선동자들이 할례를 강요한 것은 유대 민족의 정체성을 유지하기 위한 한 방편이라고 할 수 있다. 더욱이 '핍박'에 대한 언급은 유대 민족의 정체성을 지키는 데 특별한 열심을 보이는 자들이 할례와 율법을 준수하지 않는 이방 기독교인들과 교제하는 유대 기독교인들을 위협하고 핍박했다는 것을 시사한다. 유대교의 삶과 종교에 순응하도록 가해졌던 종교 사회적인 압력은 초기 기독교회 밖에서뿐만 아니라 그 안에서도 발견되었다. 헤롯 왕에게 체포되기 전에 베드로가 할례받지 않은 이방인 고넬료의 집에 들어가 그와 함께 식사한 일 때문에 그가 할례자들에게 비난을 당한 것은 결코 우연한 일이 아니었다(행 11:2-3). 할례의 필요성에 관한 논쟁들을 보면 많은 유대인들은 이방인들이

881) Barclay, *Obeying the Truth*, 178-215; Dunn, "Jesus- Flesh and Spirit: an Exposition of Romans 1.3-4," *JTS* 24(1973), 43-49.

유대인들의 특권적 지위에 참여하려면 할례를 받아야 한다고 믿었음이 분명하다. 유대인들의 특권이나 자기 정체성이 위협받고 있다고 생각되기만 하면 그들의 반응은 즉각적이고도 격렬하였다. 특히 유대 민족과 종교의 정체성을 위협하는 신앙과 행습을 따라 산다고 여겨지는 유대 기독교인들은 의심할 여지도 없이 독특한 유대 종교적 유산에 충성하는 다른 동료 유대인들로부터 심한 사회적 압력에 직면해야만 했다.[882] 바울에 따르면 갈라디아의 유대주의적 기독교인들이 할례를 집요하게 강요한 것은 할례나 율법도 준수하지 않는 이방 기독교인들과 교제하는 데 대해서 동료 유대인들로부터 가해질지 모를 이러한 사회적 압력과 핍박을 면하려는 내면적 동기에서 나온 것에 불과하다 (cf. *μόνον*).

이러한 핍박은 '그리스도의 십자가로 인해서'(***τῷ σταυρῷ τοῦ Χριστοῦ***) 생긴 것이다. 그리스도의 십자가를 전하는 바울의 복음이 왜 핍박을 불러일으키는가? 여기에는 여러 가지 이유가 있을 것이다. 첫째로, 유대인들이 보기에 메시야가 십자가에 못박혀 죽었다는 기독교의 메시지는 '거침돌'(***σκάνδαλον***)로 보였을 것이 분명하다(cf. 5:11). 그들에게 있어서 십자가는 패배와 수치의 상징이요 저주의 심볼이었기 때문에 메시야가 그러한 죽음을 죽었다는 기독교의 메시지는 분명히 하나님을 모독하는 것이며 유대교의 존엄과 기본적인 입장을 무너뜨리는 것이었을 것이다. 둘째로, 만일 할례와 율법 준수에 복종하게 되면 '십자가의 거치는 것'이 제거된다는 바울의 진술은 (5:11) 그가 두 종교를 대립적인 관계로 보았다는 것을 시사한다. 할례와 율법은 유대 민족의 특수주의적이고 배타적인 표지들이 되었기 때문에 인류의 구속을 지향하는 신적인 구속사의 흐름을 가로막는 방해물 구실을 하였다. 그리스도의 십자가 상의 구속적 죽음은 유대인과 이방인 사이를 가로막는 '적대의 담'을 허물어버림으로써(엡 2:12-19) 믿음 안에서 그들을 한 하나님의 백성으로 만들어 놓았고 아브라

882) Cf. Dunn, *Jesus, Paul and the Law,* 133-36.

함의 축복을 이방인에게도 주어지게 만들었다(3:14). 하지만 유대인들은 자신들만이 하나님의 언약 백성이라는 선민적 배타주의에 빠져 그리스도의 십자가에 나타난 하나님의 구속 목적을 거부하고 십자가의 복음을 핍박하게 된 것이다. 셋째로, 이들 두 종교의 대립과 핍박은 최근에 생긴 것이 아니라 구속사의 근본적인 흐름이었다. 바울은 이미 4:29에서 하갈의 아들 이스마엘이 자유하는 여인인 사라의 아들 이삭을 핍박한 것같이 '이제도 그러하다'고 말한 적이 있다. 기독교의 십자가의 복음은 사라와 이삭의 노선에 서 있고 유대인들의 토라 중심의 메시지는 하갈과 이스마엘의 노선에 서 있다. 유대인들이 기독교인들을 핍박하는 것은 이스마엘이 이삭을 핍박한 데서 예증된 두 종교간의 구속사적인 대립을 나타낼 뿐이다. 넷째로, 그리스도의 십자가 죽음의 구속적 효과를 믿는 기독교의 신앙은 필연적으로 할례와 율법 준수의 필요성을 내면적으로 거부할 수밖에 없다. 만일 할례와 율법의 준수가 구원에 필요한 부가적인 조건들이라면, 그리스도의 죽음은 그 자체로 불충분한 것으로 드러나게 된다. 이것은 바울이 볼 때 십자가 복음의 충족성을 거부한 것이나 마찬가지다(2:21; 5:4). 역으로 할례와 율법 준수의 충족성 또는 필요성 자체를 거부하는 기독교의 복음은 거꾸로 유대교의 정체성 자체를 위협하는 것이기 때문에 유대인들에게 거침돌이 될 수밖에 없고 따라서 기독교인들을 핍박할 수밖에 없었다.[883] 따라서 본절의 함축적인 진술은 사실상 바울이 앞서 논의했던 전체 내용들을(2:1-4:31) 요약한 것이라고 할 수 있다.

13. 할례받은 저희라도 스스로 율법은 지키지 아니하고 너희로 할례받게 하려 하는 것은 너희의 육체로 자랑하려 함이니라

앞 절에서 바울은 유대주의자들의 내면의 동기를 강조하였다. 그는 본절에서 그들에 관한 한 가지 점을 덧붙이면서도 그들의 활동의 실제 이유라고 생각되는 것을 다시 진술한다. 이유를 말하는 접속사 '가

883) Cf. I. Hong, *The Law in Galatians*, 125.

르'(γάρ)는 앞 절의 목적절에서 표현된 내용을 확인해 주는 역할을 한다: 유대주의자들의 활동의 유일한(μόνον) 이유는 핍박을 피해 보고자 하는 것일 뿐이다. 앞 절에서처럼 여기서도 바울은 그의 반대자들의 이름을 거명하지 않지만 그들을 단순히 '할례받는 저희들' (οἱ περιτεμνόμενοι)이라고 부른다.

몇몇 학자들은 이 헬라어 표현을 수동태 분사로 취한다. 이 경우에 본절의 헬라어 표현은 '스스로 할례를 받는 자들'을 뜻하게 되고 결국 바울의 반대자들은 유대주의적 이방인들이라는 것을 시사하게 된다.[884] 하지만 다수 견해를 따라서 그들을 이방인들이 아니라 유대인들로 보는 것이 타당하다. 그들은 바울이 4:30에서 공격하던 대상들이었고('계집종과 그 아들을 내어 쫓으라') 3-4장에서 기묘하고도 상세한 성경 해석들을 제시한 것으로 보인다. 따라서 많은 학자들은 본절의 분사를 중간태로 취하여 '자원해서 할례에 동참한 자들'이란 뜻으로 해석하려고 한다.[885] 그들은 1:7에서 다른 복음을 전하고 있었기 때문에 기독교적 배경을 지닌 사람들임에 틀림없다(cf. 2:4). 만일 우리의 해석이 정당하다면 바울의 반대자들은 분명히 유대주의적 유대 기독교인들이라고 할 수 있다. 이들이 갈라디아인들에게 할례를 요구하면서도 '스스로 율법은 지키지 않았다'(οὐδὲ γὰρ οἱ περιτεμνόμενοι αὐτοὶ νόμον φυλάσσουσιν)는 말은 도대체 무엇을 뜻하는가?

이 문구의 의미에 대해서 학자들은 이제까지 견해를 달리해 왔다. 첫째로, 이 논쟁적 진술은 유대주의적 선동자들이 율법 준수에 별 관

884) J. Munck, *Paul and the Salvation of Mankind* (1959), 87-89; cf. E. Hirsch, "Zwei Fragen zu Galater 6," *ZNW* 29(1930), 192-7; W. Michaelis, "Judaistische Heidenchristen," *ZNW* 30(1931), 83-89 등.

885) Cf. O. Holtmann, "Zu Emanuel Hirsch, Zwei Fragen zu Galater 6," *ZNW* 30(1931), 76-83; W. Schmithals, *Gnostics*, 26-28; R. Jewett, "Agitators and the Galatian Congregation," *NTS* 17 (1970), 198-212, 그리고 대다수의 학자들.

심이 없거나 신실치 못했다는 의미로 취해질 수도 있다. 예를 들면, 슈미탈스(W. Schmithals)는 5:3과 6:13에 근거해서 선동자들이 율법 준수에는 전혀 관심이 없고 월력이 지니는 우주적이며 영지주의적 의의에만 관심을 두었다고 주장한다.[886] 둘째로, 이 보다 덜 극단적인 가설들이 주에트(R. Jewett)에 의해서 제안되었다. 그는 선동자들이 할례를 받으면 온 율법을 순종해야 할 의무가 뒤따른다는 사실을 언급하지 않는 기묘한 정책을 폈다고 생각한다(cf. 5:3). 따라서 그들은 단지 신속하고도 관찰 가능한 결과들에만 관심을 기울였기 때문에 갈라디아인들이 할례를 받고 유대교 명절들을 지키기 시작한 데만 만족했다는 것이다.[887] 셋째로, 몇몇 다른 학자들은 선동자들이 율법 준수를 요구함에 있어서 불성실하거나 선택적이었다는 것을 시사한다는 식으로 본절을 해석하려고 했다.[888] 이들 해석들의 공통점은 바울의 반대자들이 율법 준수에 관심이 없었거나 불성실했다고 보는 데 있다.

하지만 우리는 반대 방향을 지시하는 다른 증거들을 주목해야만 한다. 바울은 4:21에서 '율법 아래 있고자 하는 자들아 너희가 율법을 듣지 못했느냐?' 고 질문하는데, 만일 갈라디아인들이나 선동자들 중에 아무도 율법에 경청하거나 복종하는 일에 진지한 관심을 기울이지 않았다면 이후에 뒤따르는 알레고리는 완전히 무가치한 논증이 되었을 것이다. 사실 알레고리는 '종의 멍에' (ζυγῷ δουλείας)를 메지 말 것을 (5:1) 호소하는 내용으로 결론짓는다. 이 헬라어 문구는 '율법의 멍에' 를 지칭하는 유대적 표현임이 분명하기 때문에(cf. M Aboth 3.5; b Sanhedrin 94b),[889] 갈라디아인들이나 선동자들이 율법을 준수하는 데 관심이 없었다면 그것은 아주 핵심이 없는 표현이 되었을 것이다. 이

886) Schmithal, *Gnostics*, 33.
887) R. Jewett, "Agitators," 207-8; cf. Sanders, *Paul, The Law, and the Jewish People*, 29.
888) B.H. Brinsmead, *Galatians*, 64-5,119; Lightfoot, *Galatians*, 219; Schlier, *Galater*, 231-2, 281.
889) K. Rengstorf, *TDNT* 2, 900-1; M. Maher, " 'Take my yoke upon you' (Matt XI.29)," *NTS* 22(1974-6), 97-103.

런 식의 결론을 뒷받침하는 것은 이들 몇 구절뿐만 아니다. 만일 우리가 본 서신 전체를 갈라디아 교회의 위기에 대한 답변으로 이해한다면, 우리는 2:15 이후로 율법의 행위와 율법의 복종에 대항해서 이신칭의 복음을 변증하는 바울의 논쟁을 소홀히 할 수 없다. 율법의 의의를 제한시키고, 율법과 아브라함 전승을 분리시키며, 율법과 그리스도에 대한 믿음을 대조시키려는 바울의 시종일관하고 명확관화한 시도들은 선동자들의 율법 중심적인 메시지들을 비판하는 과정에서 나온 것들이다. 만일 그렇지 않다면 바울의 논증의 핵심은 전혀 방향을 잘못 잡은 것이 되고 말 것이다. 따라서 거룩한 날과 명절에 대한 언급이나(4:10) 할례의 함축들에 관한 바울의 경고들은(5:3-4) 선동자들이나 갈라디아인들이 의식적으로 율법 준수의 필요성을 거부하거나 평가절하시켰다는 식으로 이해되어서는 안 될 것이다. 그렇다면 여기서 선동자들이 갈라디아인들에게 할례를 요구하면서도 '스스로 율법은 지키지 않았다'는 바울의 진술은 다음과 같은 뜻으로 이해될 수 있다. 바울은 선동자들이나 갈라디아인들이 전적으로 무지하지는 않았지만 좀 순진하게 생각했던 사실을 꼬집어 지적하려 했을 수 있다. 그들은 율법에 복종할 마음이 있었지만, '온 율법'을 준수할 의무가 있다는 함축들을 현실적으로 직면할 필요가 있었다.[890)]

선동자들이 이렇게 갈라디아인들에게 할례를 요구한 것은 '너희의 육체로 자랑하려 함이었다'(**ἵνα ἐν τῇ ὑμετέρᾳ σαρκὶ καυχήσωνται**). 이 '히나'(**ἵνα**) 목적절은 유대주의자들의 실제 동기들에 대한 바울의 비평을 담고 있다. 앞 절에서는 그들이 '핍박을 면하려는' 부정적 동기 때문에 갈라디아인들에게 할례를 요구했다고 말하는 반면에(12절), 본 절에서는 그들이 '(갈라디아인들의) 육체로 자랑하려는' 능동적인 동기 때문에 그들에게 할례를 요구했다고 말한다(13절). '자랑한다'(**καυχάομαι**) 동사는 바울서신에서 나쁜 뜻으로만 사용되지 않고 긍

890) Cf. Barclay, *Obeying the Truth*, 61-64; P. Vielhauer, "Gesetzdienst und Stoicheiadienst im Galaterbrief," in *Rechtfertigung* (FS für E. Käsemann), Tübingen 1975, 545.

정적인 뜻으로도 사용되기 때문에(cf. 6:4) 그 정확한 의미는 문맥을 통해서만 결정할 수 있다. 물론 여기서 유대주의자들의 자랑은 두 가지 이유 때문에 잘못되고 그릇된 것이다. 첫째로, 그들이 바울의 회심자들에게 할례받기를 요구한 것은 불신 동료 유대인들에게서 제기되는 핍박에서 자신들을(여기에 유대에 있는 유대 기독교인들도 포함될 것이다) 보호하려는 숨은 동기에서 나왔기 때문이다. 둘째로, 그들의 자랑은 이방인들에게 육신의 할례를 받게 하여 유대교 개종자들로 만들므로써 자신들을 마치 율법에 열심 있는 헌신자들로 치부하려는 동기에서 나온 것이기 때문이다. 만일 그들의 자랑이 하나님의 뜻에서 나온 것이 아니라면 그들은 이리 저리 다니다가 전리품 하나를 찾으면 주변의 사람들에게 허풍을 떨며 자랑하는 자들에 불과하다.[891]

14. 그러나 내게는 우리 주 예수 그리스도의 십자가 외에 결코 자랑할 것이 없으니 그리스도로 말미암아 세상이 나를 대하여 십자가에 못박히고 내가 또한 세상을 대하여 그러하니라

바울은 본절에서 유대주의자들의 그릇된 자랑을 그리스도 안에 있는 올바른 자랑과 날카롭게 대조시킨다. 반의접속사 '데'(*δέ*)와 '결코 그럴 수 없다'(*μὴ γένοιτο*)는 희구법 표현이 그러한 대조를 부각시킨다. 문장의 전반부는 두가지 문제들을 강조한다. 첫 번째 것은 그리스도인된 바울의 현재 전망과 관련이 있고, 그것은 강조적 위치에 있는 '내게는'(*ἐμοί*)이란 말을 통해 표현된다. 바울은 갈라디아서의 자서전적 부분에서 인간적 전망에서 볼 때 자랑할 만한 근거가 되는 여러 점들을 열거한다(1:13-14). 바리새인 시절에 가졌던 인간적 자랑들은 바울서신 다른 곳에서도 나타난다(고후 11:21-29; 빌 3:4-6). 하지만 그리스도인이 된 이후로 그는 어떤 것도 단순히 인간적인 전망에서(*κατὰ σάρκα*, 고후 5:16) 판단하지 않기로 결심하였다. 따라서 그는 자랑에 관한 한 '육체'와 관련된 것들을 가지고 기뻐하지 않겠다는 단

891) Bruce, *Galatians*, 270; Lightfoot, *Galatians*, 223.

호한 결심을 표시한다. 두 번째 것은 그리스도의 십자가와 관련이 있다. 오늘날 십자가는 성스러운 상징이 되었지만 바울 당대에는 십자가가 수치와 거리낌의 상징이었다. 하지만 그리스도의 십자가만이 바울의 자랑의 대상이 된 것은 갈라디아서에 나타난 십자가 신학과 연관지어 이해되어야 한다. 십자가 사건은 아브라함의 복이 이방인에게 미치게 만들었으며(3:14 상), 아브라함에게 약속된 성령의 약속을 믿음의 자손들에게 부어주게 만들었고(3:14 하), 유대인과 이방인 사이에 존재하는 '적대의 담'을 허물어버렸으며(3:14,27-28), 율법의 저주 아래 있는 자들을 구속하여 그들에게 참 자유와 해방을 가져다 주었으며(3:13), 현 세대 또는 세상을 지배하는 악과 죄의 세력들로부터 신자들을 구속하여 은총의 통치 아래 있는 새 피조물로 만든 사건이었다(6:14-15). 바울 신학적 전망에서 볼 때 하나님이 주시는 모든 축복들이 모두 그리스도의 십자가 사건을 통해서 주어지기 때문에 종말론적인 새로운 전망을 가지게 된 그리스도인이 십자가를 자랑하지 않는다는 것은 이상한 일이다!

특별히 방금 전에 언급한 십자가의 축복들 중의 마지막 내용은 14절 후반절에 잘 나타나 있다: '그리스도로 말미암아 세상이 나를 대하여 십자가에 못박히고 내가 또한 세상을 대하여 그러하니라' (**δι' οὗ ἐμοὶ κόσμος ἐσταύρωται κἀγὼ κόσμῳ**). 전치사 문구 '디 후' (**δι' οὗ**)에서 전치사 '디아' (**διά**)는 수단의 의미를 갖는다. 그리고 관계대명사 '후' (**οὗ**)는 남성일 수도 있고 중성일 수도 있다. 남성일 경우에는 '예수 그리스도 우리 주'를 지칭하고, 중성일 경우에는 '십자가'를 지칭한다. 아마도 바울은 여기서 그의 생애가 급진적으로 변하게 된 것이 십자가로 말미암아 생긴 것이라는 점을 말할 가능성이 높다. 왜냐하면 주변 근접문맥이 십자가에 일차적으로 주목하기 때문이다(cf. 12,14절). 그러나 궁극적으로 그 십자가는 그리스도의 십자가를 가리킨다. 바울에 있어서 '그리스도'는 항상 십자가에 못박힌 구속자 그리스도이다. 바울은 자신의 삶 속에서 그리스도의 십자가를, 또는 십자가에 못박힌 그리스도를 경험하게 되었다: '세상이 나를 대하여 십자가에 못박히고 내가 또한 세상을 대하여 그러하니라'. 완료 수동태인 '십자가에 못박혔다'(**ἐσταύρωται**)는 동사는 현재 결과들을 지닌 과거의 행위를 가리킨다. '세상'(**κόσμος**)은 여기서 단순히 물질적인 세계를 지시하기보다는 죄와 악의 세력의 지배를 받는 세상 질서와 또한 그것의 규제를 받는 인간의 삶의 방식을 가리킨다.[892] 갈라디아서의 문맥에서 세상은 '악한 현 세대'와 유사한 뜻을 갖는다(1:4). 분명히 바울은 여기서 그리스도인들이 십자가를 경험하게 될 때 이제 더 이상 물질적인 이 세상과 관계를 끊고 불교에서처럼 속세를 떠나야 한다는 것을 말하지 않는다. 기독교 신앙은 그러한 염세주의적 세상관을 찬양하지 않는다. 도리어 이 세상은 하나님의 창조 영역이며 하나님께서 여전히 사랑과 관심을 기울이는 영역이다(cf. 요 3:16). 따라서 예수께서는 그의 제자들을 세상 한가운데로 빛과 소금의 역할을 다하라고 보내신다(cf. 요 17:18). 그렇다면 바울이 여기서 말하려는 요점은 그리스도인들이 십자가를 경험할 때 악과 죄가 지배하는 세상의 본을 따라 삶을 영위하지 않는다는 것이다. 악한 현 세대가 더 이상 십자가를 경험한 그들의 삶을 지배하거나 규정할 수가 없다.

여기서 바울이 채용하는 묵시적 언어의 성격이 나타난다. 첫째로, 그는 '세상의 종말'이라든가(13절) '새 창조의 시작'(14절) 이라는 묵시적 언어들을 사용하지만, 이러한 바울의 묵시적 언어들은 중간사 시대의 묵시적 사상과는 달리 물질적이고 가시적인 의미로 쓰이고 있지 않다(롬 8:18ff과 대조). 그것들은 오히려 '할례자'와 '무할례자' 간에 사회적 구분을 일삼는 '옛 세상'의 질서가 폐지되고 새로운 공동체가 창조되는 '사회적 관계들의 재정립'을 의미한다.[893] 세상이 '나를'

---

892) Burton, *Galatians*, 354,514; Longenecker, *Galatians*, 295. Cf. 마태복음 16:26; 야고보서 1:27; 4:4; 요한일서 2:15. 특히 요한일서 2:15에서는 세상은 '안목의 정욕', '육신의 정욕', '이생의 자랑' 등과 같은 세상적인 삶의 방식들과 동일시된다.

893) P.S. Minear, "The Crucified World: The Enigma of Galatians," in *Theologia Crusis - Signum Crucis*, ed. C. Andersen and G. Klein, Tübingen 1979, 395-407; cf. J. Barclay, *Obeying the Truth*, 102f.

(ἐμοί) 대하여 십자가에 못박혔다는 바울의 진술은 그가 경험한 십자가 사건이 일차적으로 물질적인 의미보다는 '인간론적인' 의미로 파악되어야 한다는 것을 보여 준다. 환언하면 바울은 그리스도 사건에 의해 창조된 새로운 존재 양식을 묘사하기 위해 묵시적인 동기들을 채용하는 것으로 보인다. 이러한 새로운 존재 양식은 유대교의 전통들을 무너뜨리고 그리스도 안에서 유대인과 이방인으로 구성된 새로운 공동체를 확립해 놓았다.

둘째로, 본절에 나타난 십자가 사건에 대한 강조점을 살필 때 갈라디아서 전체를 통해서 바울의 묵시적 사상의 초점은 그리스도의 재림에 있지 않고 그의 죽음에 있다는 것을 알 수 있다.[894] 옛 세상의 죽음을 가져온 것은 그리스도의 십자가였으며, 바로 이 십자가 사건이 옛 세상의 사고와 행위 패턴들에 대해서 '거침돌' 역할을 한다(2:19-21; 3:1, 13-14; 5:11; 6:12-14). 사실 바울의 다른 서신들 중에는 그리스도의 부활이나 재림이 두드러진 묵시적 사건들인데 반해서(고전 15; 살전 5) 그런 사건들은 갈라디아서에서 전적으로 결핍되어 있다(cf. 1:1). 부활의 자리를 대신해서 '성령'이 새 시대가 동터 옴을 보여주는 긍정적 징표 구실을 하는 반면에, 십자가에 대한 강조는 율법 아래서 생활하던 옛 시대는 지나갔다는 것을 보여주는 부정적인 징표 구실을 한다. 십자가는 그리스도 안에서 갈라디아인들이 옛 존재 방식들에 대해서 죽었다는 것을 그들에게 적나라하게 보여주는 사건이었다. 그리고 십자가 복음이 당대인들에게 이상하고 혐오스러운 것이었음을 인식할 때, 바울이 그것을 복음의 특징적인 표지로 강조한 것은 십자가 복음이 그리스도인들과 교회 밖에 있는 불신자들을 구분하는 사회적 표지 역할을 한다는 것을 부각시켜 준다.[895]

---

894) J.L. Martyn, "Apocalyptic Antinomies in Paul's Letter to the Galatians," *NTS* 31(1985), 420.
895) Cf. Barclay, *Obeying the Truth*, 103.

15. 할례나 무할례가 아무것도 아니로되 오직 새로 지으심을 받은 자 뿐이니라

갈라디아서의 저술 목적과 결론 부분의 초점이 본절에서 발견된다. 바울은 12-13절에서 유대주의자들이 갈라디아인들에게 할례를 요구하게 된 내면적 동기들에 대해서 말했고 14절에서는 그리스도의 십자가가 육체로 특징화되는 삶의 방식에 종지부를 찍게 만들었다는 것을 말하였다. 이제 그는 갈라디아 논쟁과 관련하여 14절의 결과들을 덧붙인다. 본절의 진술은 극히 간단하다. 16절에서 바울은 그것을 '규례' (*ὁ κανών*)라고 부른다.

이 규례는 몇 가지 정의들로 구성되어 있고 갈라디아 서신의 핵심을 담고 있다. 기독교인이 자랑해야 할 근거는 '새 피조물' (*καινὴ κτίσις*)로 불리운다. 이 개념은 때로 '삶의 새로운 출발점' 이란 뜻밖에는 가지지 못한 것으로 이해되었지만,[896] 기본적으로 묵시적 신학의 영향을 반영한 언어이다. 갈라디아서에서 바울은 구속사적 언어들을 사용하지만 때때로 묵시적 배경에서 나온 중요한 개념들을 채용한다. 예를 들면, 그는 현재를 '악한 현 세대' 로 묘사하면서 사람들이 거기서 구원받을 필요가 있다고 말한다(1:4). 또한 그는 그리스도 안에 있는 구원을 율법, 육체 그리고 세상에 종노릇하는 것과 완전히 반대되는 것으로 묘사한다. 이런 전망에서 보면 그리스도 사건은 세계사의 완성이 아니라 그 완전한 뒤바꿈이요 역전이다. '새 창조' 는 '현 악한 세대' 와 정반대되는 개념 범주에 속한다. 전자는 오는 세대에 속한 개념 범주이고 후자는 현 세대에 속한 개념 범주이기 때문이다. 전통적인 묵시문헌에서 오는 세대는 현 세대로부터 연속적으로 발전된 것이 아니고 그것과 완전히 단절되어 발전된 것이다.

---

896) 예를 들면 개종자들에 대한 랍비들의 논의에서(Gen Rabba 39. 14; b Yebamoth 48b). Cf. E. Sjöberg, "Wiedergeburt und Neuschöpfung im palästinischen Judentum," *STh* 4(1950), 44-85.

바울에게 특징적인 것은 그러나 오는 세대의 축복들이 이미 현 세대 속에서 경험된다는 사실이다. 세상 속에는 할례자니 무할례자니 하는 옛 세상의 구분들이 여전히 사람들의 삶의 방식들을 지배하고 있지만, 그리스도인들은 옛 세상 질서 속에서 새로운 종말론적 시대의 도래를 경험하고 있다. 따라서 바울 사도는 세상이 이미 십자가에 못 박혔으며(6:14), 새 창조가 시작되었으며(6:15), 그리스도인들은 '악한 현 세대'에서 구출받고 있다고(1:4) 말한다. 아직도 간절한 고대의 대상인 최후심판은 칭의를 경험한 신자들의 체험으로 부분적으로 예견되고 있다. 따라서 묵시적인 이원성과 이율배반들이 현 시대 속에서 생생하게 묘사된다. 그것들은 '영'과 '육'의 전투에서, 그리고 종노릇과 자유의 대조 속에서 경험된다. 이들 전투는 옛 창조 질서의 일부이거나 세상 속에 내재하는 요소가 아니라, 그리스도의 강림과 새 창조의 도래 같은 묵시적 사건에 의해서 생겨난 것들이다.[897]

앞 절의 주석에서 살폈듯이 세상의 죽음이라든가 새 창조의 도래 등과 같은 묵시적 언어들은 그러나 물질적이고 가시적인 의미보다는(롬 8:18ff과 대조) 인간론적인 의미로 적용되어진다. '새 창조'의 개념은 그것이 기독교인의 실존과 관련되는 한 바울의 구원론을 요약해 주고 그의 인간론을 해석해 준다. 그리스도인은 세례를 받을 때 그리스도를 옷입었으며(3:27) 그리스도의 형상을 본받아 새롭게 지으심을 받았고(고후 5:17) 그의 영으로 말미암아 '새 생명' 가운데서 행할 수 있게 되었기 때문에(롬 6:4) 새 피조물이다. 이와는 반대로 '옛 창조'에 속한 인간은 갈라디아서에서 단순히 '사람' 또는 '육체', 즉 그리스도 안에 있는 하나님의 구속과 관계가 없는 인간 존재로 지칭된다(1:10; 2:16; 4:22-31; 6:1,7). 인간의 존재 방식들을 나타내는 이들 개념은 또한 사회적인 함축들을 지닌다. '새 피조물'(καινὴ κτίσις)은 할례자니 무할례자니 하는 사회적 구분을 일삼는 옛 세상이 폐지되고

---

897) J.L. Martyn, "Apocalyptic Antinomies in Paul's Letter to the Galatians," *NTS* 31(1985), 416-421.

새로운 사회적 실재가 창조되는 '사회적 관계들의 재정립'을 뜻하기 때문이다.[898] '할례'와 '무할례'는 하나님의 백성을 이방인들과 구분하는 유대교의 전통적 개념들이다. 할례는 율법과 함께 유대인들이 이방인들과 교제하지 못하도록 만드는 '적대의 담'이었다(엡 2:14-15). 그러나 그리스도께서 십자가 상에서 옛 세상을 못박아버림으로써 새로운 종말론적 시대를 도래시켰다(6:14). 따라서 그리스도 안에서 옛 세상을 지배하던 낡은 삶의 방식들도 폐지되게 된 것이다. 그리스도를 믿음으로 십자가 사건을 경험한 기독교인들은 이제 유대인이든지 이방인이든지 관계없이 '새 피조물', 즉 새로운 하나님 백성이 되었다. 유대인들과 이방인들을 구분하던 할례와 율법의 사회적 기능들은 이제 종말을 고한 것이다. 그리스도에게 속한 자들은 이제 모두 하나다(3:28).

16. 무릇 이 규례를 행하는 자에게와 하나님의 이스라엘에게 평강과 긍휼이 있을지어다

바울은 본절에서 15절에서 소개한 '규례'(*κανών*)를 따라 걸어가는 자들에게 조건적인 축복을 선언한다. 이 조건적인 축복은 사실 바울의 규례를 따라 걸어가지 않는 자들에게는 위협이 될 수 있다. 왜냐하면 그것에 순응하지 않는 자들에게 결과적으로 저주가 임하기 때문이다(1:8-9; cf. 고전 16:22). 이것은 갈라디아서의 본론이(1:6-6:10) 저주를 받는 길과 축복을 받는 두 갈림길에 대한 해설이라는 것을 의미한다. '규례'로 번역된 헬라어 단어는 본래 규범 또는 표준을 뜻하는 단어이며, 그 앞에 지시대명사 '후토스'(*οὗτος*)가 수식하기 때문에 '이 규례'란 방금 전 15절에서 소개된 격언을 가리킨다. '걷는다'(*στοιχήσουσιν*)는 단어는 '줄을 서서 거다'는 뜻을 가지고 있고 이미 '성령을 좇아 걷는다'는 5:25의 표현에서 사용된 바가 있다. 따라서 15절의

898) P.S. Minear, "The Crucified World: The Enigma of Galatians 6. 14," 395-407.

규례를 따라 걷는 것은 5:25의 성령을 좇아 걷는 것과 마찬가지의 뜻을 지닌다. 성령을 좇아 걷는다는 것은 아무런 규범이나 표준도 없이 행하는 주관적인 삶을 말하지 않는다. 그것은 그리스도의 법을 성취하는 삶이다. 이렇게 성령을 좇아 걷지 않고 율법 아래서 생활하려는 것은 결국 저주를 자초하고 만다.

바울의 규례를 따르고 성령을 좇아 행하는 자들은 특별히 '하나님의 이스라엘'로 묘사된다. 이 구절에 대한 전통적인 해석은 바울이 이방 기독교인들을 '하나님의 이스라엘'로 간주하면서 영적인 참 이스라엘인 이방 기독교회가 육적인 유대 민족을 대체시켰다고 보는 것이다.[899] 하지만 만일 이 해석이 맞는다면, 그것은 하나님께서 아직 '이스라엘'을 버리시지 않았음을 말하는 로마서 9-11장의 내용과 조화를 이루기가 어렵다. 어떤 학자들은 '하나님의 이스라엘'이란 문구가 갈라디아에 있는 비유대주의적인 유대 기독교인들을 가리킨다고 주장하기도 한다.[900] 다른 학자들은 그것이 로마서 11:26-27에서 말한 대로 구원받게 될 '온 이스라엘'을 종말론적으로 지칭한 표현이라고 생각한다.[901] 하지만 '하나님의 이스라엘'이 이방인들이 아니라 유대인들을 지칭한다고 보는 모든 견해들은 갈라디아서 자체의 문맥을 진지하게 살피는데 실패한 견해들이다. 왜냐하면 바울은 바로 앞절에서(15절)뿐만 아니라 갈라디아서 전체에서도 유대 기독교인들과 이방 기독교인들간의 구별에 대해서 무관심하고 도리어 그리스도 안에서 그들의 동등성을 변호해 왔는데, 그의 서신 끝머리에 와서 갈라디아 교회들 중에서 유대인들 그룹을—그들이 믿는 유대인들이든지 아니면 그리스도의 재림 때에 구원받게 될 종말론적인 이스라엘이든지 간에—구별시키고 그들에게 특별한 축복을 빈다는 것은 불가해하기 때문이다. 다른

899) Cf. Justin, *Dial* 11.5; 또한 J. Chrysostom, *Commentary on the Epistle to the Galatians, ad hoc*; N.A. Dahl, *Judaica* 6(1950), 161-70.

900) Cf. G. Schrenk, *Judaica* 5(1949), 81-94; D.W.B. Robinson, *ABR* 13(1965), 29- 44.

901) Cf. Mussner, *Galater*, 417; Bruce, *Galatians*, 275.

바울서신에서 위의 견해들을 지지하는 것으로 보이는 요소들이 존재하기는 하지만 갈라디아서를 그런 식으로 쉽게 이해하기는 어렵다.

도리어 유대주의자들과의 논쟁이라는 맥락에서 볼 때 바울이 여기서 공식적인 유대교에 반대하여 '성취된' 유대교 형태를 지칭한다고 보는 것이 더 타당하다.[902] '하나님의'란 수식어가 덧붙여진 것은 분명히 참된 이스라엘과 거짓된 이스라엘을 구분하려는 바울의 의도를 엿보이게 만들며, 참된 이스라엘이란 개념을 그리스도 안에서 계시된 하나님의 뜻대로 살아가려는 이방 기독교인들과 유대 기독교인들을 포괄적으로 지시하는 술어로 사용한 용례들은 이미 다른 바울서신의 구절들 중에서 발견된다(cf. 롬 2:25-29). '하나님의 이스라엘'이란 문구는 제2성전 유대교나 후대의 랍비 유대교의 기존 저술들 중에서 발견되지 않으며 다른 바울서신 중에서도 나타나지 않는다. 따라서 그것이 유대주의자들이 갈라디아 독자들에게 전하던 그들의 메시지의 일부일 가능성이 있다. 그렇다면 바울은 선동자들이 사용하던 유대적 술어들을 넘겨 받되 그것들을 기독교 신앙에 비추어 재형성하고 재정의하였을 것이다.

본절의 이상한 문장 구조는 바울이 여기서 유대적 축복문을 적용시키고 있음을 시사할 수도 있다. 본절의 축도는 바울에게는 독특한 것이다. 그것은 바울이 사용하는 다른 축복문들과 다를 뿐만 아니라 도리어 유대적 축복문들과 두드러진 유사점이 엿보인다. '카디쉬'(Kaddisch)와 '쉐모네 에스레'(Shemoneh Esre)에서 유사한 전통적 축복문들이 발견된다. 특별히 19번째 축도문은 이렇게 끝을 맺는다: "평화, 행복, 축복, 그리고 은혜, 인애, 자비를 당신의 백성인 우리와 온 이스라엘 위에 베푸소서".[903] 어느 시대의 것인지는 불분명하지만 적어도 바울 당대에도 알려진 것이 분명한 것 같다. 바울은 이러한 전

902) Cf. Longenecker, *Galatians*, 298; Betz, *Galatians*, 323.
903) Cf. H.D. Betz, *Galatians*, 321.

통적인 축복문 문구를 변경시켜 자신의 문맥에 맞도록 적응시켰을 것이다. '평강과 긍휼'(εἰρήνη καὶ ἔλεος)도 기독교적인 표현이라기 보다는 유대적인 전통적 표현으로 보인다. 신약에서 평강과 긍휼이 인사말에서 연결되기는 하지만(cf. 딤전 1:2; 딤후 1:2; 요이 3; 유 2) 주요 바울서신에서는 '은혜와 평강'이 더 자주 쓰인다.[904] 그리고 평강과 긍휼을 비는 축복을 바울의 규례를 지키는 '그들에게'(ἐπ' αὐτούς) 한정시킨 것은 쉐모네 에스레의 축복문에 나오는 '우리에게'를 변경시킨 것으로 보인다. 특별히 '하나님의 이스라엘'이란 표현을 그 뒤에 덧붙임으로써 바울은 전통적인 축복문을 자신의 신학적 목적에 적합하도록 적응시켰다. 그가 '에피'(ἐπί) 전치사를 두 번 반복한 것은 바울의 규례를 지키는 '그들'(αὐτούς)과 '하나님의 이스라엘'을 두 다른 그룹의 사람들로 구분하려는 것을 시사하기보다는 바울의 규례를 따라 걷는 자들을 하나님의 이스라엘로 정의하려는 의도를 시사한다. 따라서 '카이'(καί, '그리고') 접속사는 '즉' 또는 '다시 말해서'(that is)를 뜻한다고 보아야 한다.[905]

17. 이후로는 누구든지 나를 괴롭게 말라 내가 내 몸에 예수의 흔적을 가졌노라

유대주의자들의 위협에 관한 결론적 진술들을 제시하고 바울의 규례를 따라 행하는 자들에게 축복을 선언한 후에, 바울은 이제 좀 이상하고 수수께끼 같은 또 다른 진술을 덧붙인다. '이후로는'(τοῦ λοιποῦ)으로 번역된 헬라어 문구는 시간적인 의미로 쓰일 때는 '이 후로는'(from now on)을 뜻하지만(cf. 고전 7:29; 딤후 4:8; 마 26:45; 히 10:13) 논리적인 의미로 쓰일 때는 '덧붙여서' 또는 '마지막으로'를

904) 은혜가 평강보다 선행하며 후자는 전자의 결과이듯이, 긍휼은 평강보다 선행하며 전자는 후자의 결과이다. 하지만 본절에서 긍휼보다 평강을 앞세운 것은 이상하게 보이고 심지어 비논리적이기까지 하다는 주장이 제기되기도 한다(cf. Burton, *Galatians*, 357-58; Longenecker, *Galatians*, 297).

905) Bligh, *Galatians*, 221.

뜻한다(cf. 고전 1:16; 고후 13:11; 엡 6:10; 빌 3:1; 살전 4:1; 살후 3:1). 두 가능성들 가운데 하나를 선정하기는 어렵지만 본절에서는 아마도 논리적인 의미로 취하는 것이 더 나을 것 같다. 왜냐하면 그것을 시간적인 의미로 이해하게 되면 자연히 미래적인 뜻을 갖게 되는데, 하지만 미래적인 의미는 '야기시키다'(**παρεχέτω**)는 뜻을 지닌 권면적 현재시제 동사와 조화를 이루지 못하기 때문이다. '코포스'(**κόπος**) 명사는 '노동', '수고' 또는 '고통'을 뜻한다. 데살로니가 1:3에서 그것은 사랑의 '수고'란 말로 번역되었지만, 본절에서는 '괴로움' 또는 '고통'을 가리킨다(cf. 마 26:10; 막 14:6; 눅 11:7; 18:5; Josephus, *Ant* 2.257; 1 Macc 10:15 등). 현재 명령법 동사(**παρεχέτω**)를 사용한 것은 바울에게 괴로움을 야기시키는 행위가 지금 진행 중에 있다는 것을 시사한다. 그리고 '나를'(**μοι**)이란 여격 인칭대명사를 사용한 것은 유대주의자들이 복음을 무너뜨리려고 한 행위는 결국 바울 자신에게 고통을 주는 것이라는 것을 함축한다.

바울이 17절 전반부의 경고를 하게 된 이유는 17절 후반절의 설명적 구절에서 발견된다: '왜냐하면 내가 내 몸에 예수의 흔적을 가졌기 때문이다'. '흔적들'(**τὰ στίγματα**)이란 말은 고대세계에서 종교적인 문신이나 노예 표시를 가리키는 흔한 단어였다(cf. Betz, *TDNT* 7, 657-64). 그래서 어떤 주석가들은 초대 기독교인들이나 특별히 바울이 자신이 그리스도인임을 표시하기 위해 문신이나 또는 종교적 표시들을 지니고 다녔다고 해석하기도 했다. 하지만 보다 가능성이 있는 해석은 바울이 여기서 사도로서 고난을 당하는 동안 그의 몸에 남겨진 상처 흔적들을 염두에 두고 있다고 보는 것이다(고후 6:4-6; cf. 갈 4:13-14). 바울이 말하는 흔적들이 육체적인 상처들을 가리킨다는 것은 '내 몸에'라는 표현을 통해서 분명해진다. 바울이 그러한 육신적 상처들을 '예수의' 흔적들이라고 말한 사실은 그가 그 상처들을 자신의 사도직을 나타내는 표시들로 여겼음을 시사해 준다. 물론 바울의 이러한 진술은 어떤 자만에 빠진 경건에서 나온 것이 아니다. 오히려 그것은 바울이 예수와 맺고 있는 인격적인 친밀한 관계와 예수에 의해서 부여된 그의 사도직을 부각시킬 뿐이다. 더욱이 본절의 진술은 갈라디아 교회 내에서 진행 중에 있는 유대주의자들의 선동에 대한 경고 구실을 한다. 바울은 예수에 의해 소유된 사람이며 그의 권위로 파송을 받은 사역자이다. 따라서 그를 괴롭히는 자들은 결국 그를 보내신 하나님의 아들 자신을 괴롭히는 사람들이다. 그들은 궁극적으로 그리스도 자신의 저주와 심판을 받게 된다.

18. 형제들아 우리 주 예수 그리스도의 은혜가 너희 심령에 있을지어다 아멘

바울서신 끝머리에는 보통 축도가 나온다(cf. 롬 16:20; 고전 16:23; 고후 13:14; 엡 6:24; 빌 4:23; 골 4:18; 살전 5:28; 살후 3:18; 딤전 6:21; 딤후 4:22; 딛 3:15; 몬 25). 본절의 축도는 바울서신의 다른 축도문들과 평행을 이룬다. '우리 주 예수(그리스도)의 은혜'란 표현은 골로새서와 목회서신만 제외하고는 모든 바울서신에 나오며, '너희 심령에'란 표현도 빌립보서와 빌레몬서에 나온다. 보다 간단한 형태인 '너희에게' 또는 '너희 모두에게'가 다른 서신에서 쓰이기도 한다. 갈라디아서의 은혜 축도가 지니는 유일한 차이점은 '형제들아'(ἀδελφοί)란 호격 명사와 끝머리에 '아멘'(ἀμήν)이 덧붙여진 점이다. 바울이 갈라디아인들을 '형제들'로 부른 것은 그가 그들을 엄한 논조로 비판하는 중에도 그들에게 여전히 애정을 가지고 있음을 부각시켜 준다.

'은혜'란 말은 바울의 서두 인사에서 정규적으로 나타나는 술어이지만, 갈라디아서에서 그것이 사용된 것은 특별한 의미가 있다. 1:3에서는 '하나님 우리 아버지와 주 예수 그리스도에게서' 나오는 은혜를 말하는 반면에, 6:18에서는 '우리 주 예수 그리스도의 은혜'를 언급한다. 바울 사상에서 은혜는 정확하게 말해서 그리스도 안에서 주어지는 하나님의 은혜이다. 갈라디아서에서 그는 그것을 보다 직접적으로 '그리스도의 은혜'라고 부르거나 또는 '(하나님의) 은혜'라고 부른다. 갈라디아인들은 그리스도의 은혜로 말미암아 부르심을 받았고(1:6), 바울도 하나님의 은혜로 말미암아 사도로 부르심을 받았으며(1:15), 예루살렘 사도들도 하나님이 바울에게 주신 은혜를 알았다고 말한다(2:9). 동사 형태를 사용하기는 하지만 하나님께서는 아브라함에게 유업을 주시되 율법에 기초해서 주시지 않고 약속을 따라 '은혜로 주셨다'(3:18). 사실 갈라디아 서신 전체에 걸쳐 그리스도의 은혜와 모세의 율법은 양 극단들로 제시된다. 이들 두 실재들 간의 대조는 하나님 앞에서 의롭다 하심을 얻는 구원론적 문제와 관련해서만 나타나는 것이 아니고(2:15-16,21; 3:1-8; 5:4) 그리스도인이 마땅히 거부하거나 받아들여야 할 삶의 유형들과 관련해서도 나타난다(2:11-21; 3:11-12; 4:1-11). 따라서 바울이 본서를 마감하면서 갈라디아서의 중심적 논의를 주도하는 은혜의 주제로 결론짓는 것은 자연스러운 일이다.

갈라디아서의 결론 부분은(6:11-18) 바울이 이전에 유대주의자들의 위협과 관련해서 논의한 세 가지 문제들을 부각시켜 준다. 첫째로, 그것은 유대주의자들이 갈라디아인들에게 할례를 요구했던 실재의 내면적 동기들을 밝혀주고(12-13절); 둘째로, 그것은 바울이 전하는 십자가 복음의 중심성을 확립해 주며(14절); 셋째로, 그것은 그리스도인들이 취하여야 할 마땅한 삶의 유형들을 제시한다(15절). 그리고 15절에 제시된 대로 그리스도인의 삶을 살아가는 자들에게 평강을 비는 확장된 축도문이 나오며(16절), 그 후에 바울 자신을 괴롭히는 유대주의자들에 대한 경고하는 진술과(17절) 갈라디아 독자들에게 은혜를 비는 축도가 뒤따른다(18절). 이미 본 섹션의 서문에서 지적한 대로 결론 부분은 갈라디아서 전체에 걸쳐 논의된 이슈들, 특별히 유대주의자들이 끌어들인 위협과 관계된 문제들을 이해할 수 있도록 도와주는 중요한 실마리들을 제공해 준다.

그리스도의 십자가 사건에 나타난 하나님의 은혜는 바울 복음이 지향하는 궁극적인 목표이며 그것을 특징화하는 지표이다. 십자가 사건은 할례와 율법이 지배하던 옛 세상 질서를 폐지시키고 하나님 앞에서 새로운 존재 양식과 삶의 유형을 확립해 놓은 신적 사건이었다. 십자가의 복음은 한편으로는 아브라함에게 주어진 약속을 계승한 것이며 그와 같이 믿음의 발자취를 따라가는 자들에게 그에게 은혜로 약속된 축복들을 제공하게 해준 구속사적 사건이면서도, 다른 한편으로는 할례와 율법 그리고 세상의 초등학문이 지배하는 옛 세상의 질서를 폐지시키고 그것과 완전히 다른 새 창조 질서를 도래시킨 묵시적인 사건이기도 하였다. 이제 십자가에 못박힌 그리스도 안에서 새 시대가 열렸기 때문에 그리스도인들은 마땅히 새 시대를 규정하는 방식에 따라 살아가야 한다. 할례와 율법으로 특징짓는 옛 삶의 유형들이 아니라 믿음과 성령으로 특징지어진 새로운 삶의 유형들을 나타내야 한다. 갈라디아서의 이러한 주장들은 역사적으로 기독교 사상과 선포 그리고 기독교적 삶의 행습을 이해할 수 있는 근본적인 기초 역할을 해왔다. 따라서 오늘 우리 시대에도 갈라디아서의 메시지는 살아 숨쉬는 역동적인 메시지들이 될 수 있고, 그것을 이해할 때만 적어도 바울의 근본적인 정신을 이해했다고 할 수 있다.

갈라디아서(한국성경주석총서)

1997년 11월 15일 초판 발행
2009년 3월 15일 10쇄 발행
지은이 • 이한수
발행인 • 이형자
발행처 • 도서출판 횃불
등록일 • 1992년 6월10일 제 21-355호
등록주소 • 서울시 송파구 삼전동 103번지
전 화 • 02-2203-2739
팩 스 • 02-2203-2738

ISBN 89-89615-90-9 03230

총 판 • 선교횃불